Frank Decker
Viola Neu (Hrsg.)

KV-512-240

Handbuch der deutschen Parteien

VS VERLAG FÜR SOZIALWISSENSCHAFTEN

Bibliografische Information Der Deutschen Nationalbibliothek
Die Deutsche Nationalbibliothek verzeichnet diese Publikation in der
Deutschen Nationalbibliografie; detaillierte bibliografische Daten sind im Internet über
<http://dnb.d-nb.de> abrufbar.

1. Auflage März 2007

Alle Rechte vorbehalten
© VS Verlag für Sozialwissenschaften | GWV Fachverlage GmbH, Wiesbaden 2007

Lektorat: Frank Schindler

Der VS Verlag für Sozialwissenschaften ist ein Unternehmen von Springer Science+Business Media.
www.vs-verlag.de

Das Werk einschließlich aller seiner Teile ist urheberrechtlich geschützt. Jede
Verwertung außerhalb der engen Grenzen des Urheberrechtsgesetzes ist
ohne Zustimmung des Verlags unzulässig und strafbar. Das gilt insbesondere
für Vervielfältigungen, Übersetzungen, Mikroverfilmungen und die Einspei-
cherung und Verarbeitung in elektronischen Systemen.

Die Wiedergabe von Gebrauchsnamen, Handelsnamen, Warenbezeichnungen usw. in diesem
Werk berechtigt auch ohne besondere Kennzeichnung nicht zu der Annahme, dass solche
Namen im Sinne der Warenzeichen- und Markenschutz-Gesetzgebung als frei zu betrachten
wären und daher von jedermann benutzt werden dürften.

Umschlaggestaltung: KünkelLopka Medienentwicklung, Heidelberg
Druck und buchbinderische Verarbeitung: Krips b.v., Meppel
Gedruckt auf säurefreiem und chlorfrei gebleichtem Papier
Printed in the Netherlands

ISBN 978-3-531-15189-2

Fra

Har ... der deutschen Parteien

3 0116 00458 4726

This book is due for return not later than the
last date stamped below, unless recalled sooner.

SHORT LOAN COLLECTION

7 DAY LOAN

Inhaltsübersicht

Vorwort

Die bundesdeutsche Parteienlandschaft ist in Bewegung geraten. Spätestens mit der Bundestagswahl 2005 wurde zur Gewissheit, was sich schon seit längerem angebahnt hatte, in seinen vollen Konsequenzen aber noch nicht sichtbar geworden war: dass die Ära des stabilen Parteiensystems, das bisher noch stets die Bildung einer Regierung nach dem vertrauten Muster (kleiner) Zweierkoalitionen ermöglichte, fürs erste vorüber ist. Obwohl man diese Entwicklung hätte vorausahnen können, hinterließ sie die parteipolitische Klasse am Wahlabend des 18. September ratlos. Plötzlich erschien alles machbar und kein Tabu mehr heilig – von der schwarz-gelb-grünen „Jamaika"-Koalition bis hin zum israelischen Modell einer rotierenden Kanzlerschaft. Selbst über die Möglichkeit einer lediglich geduldeten Minderheitsregierung wurde munter schwadroniert – so als ob es das „Magdeburger Modell" oder die heftige Debatte um die Rolle des SSW nach der Landtagswahl in Schleswig-Holstein nicht gegeben hätte. Union und SPD trösteten sich in der Folge mit der vermeintlichen Gewissheit, dass die von ihnen widerwillig gebildete Große Koalition ohnehin nur eine Übergangslösung sein werde. Diese Erwartung wurde auch vom Mainstream der Politikwissenschaft ausgesprochen oder unausgesprochen geteilt. Allein auf die Frage nach möglichen Auswegen wusste und weiß man sich auch hier keinen rechten Reim.

Die neuen Herausforderungen für die Regierungsbildung stehen in engem Zusammenhang mit der Wechselmobilität der Wähler, die seit den achtziger Jahren deutlich zugenommen hat. Zweistellige Veränderungen von Wahl zu Wahl sind dabei längst keine Ausnahme mehr. Dieser Trend macht sich nicht nur in den neuen Ländern bemerkbar, wo die Bindungen der Wähler an die Parteien und deren Vorfeldstrukturen traditionell schwach ausgeprägt sind. Das Abschneiden der Schill-Partei bei der Hamburger Bürgerschaftswahl 2001, die aus dem Stand 19,4 Prozent der Stimmen erreichte, oder der Stimmenverlust der CDU bei der Wahl zum Berliner Abgeordnetenhaus im selben Jahr (minus 17 Prozentpunkte), dokumentieren eine ähnlich hohe Wechselbereitschaft in der Altbundesrepublik. Auch die Beteiligungsraten schwanken von Wahl zu Wahl und zwischen den verschiedenen Wahlebenen erheblich. Warum die Wähler sich so verhalten, von welchen Motiven sie sich bei ihrer Stimmabgabe leiten lassen, bleibt zunehmend im Nebel. Protest, Unzufriedenheit, Unsicherheit, Desinteresse, Verlust sozialer Einbindung oder Atomisierung machen die Wahlentscheidung

gleichermaßen emotional, unmittelbar und somit unberechenbar. Dies hat zu
einer neuen Dynamisierung des Parteiensystems geführt, die mehr Fragen auf-
wirft als mit der traditionellen Wahlforschung bislang beantwortet werden können. Symptomatisch für die Fragmentierung der Parteienlandschaft sind die
wachsenden Stimmenanteile für die kleinen Parteien. Hierzu gehören zum einen
– als etablierte Vertreter – die FDP und die Grünen, zum zweiten die systemoppositionellen bzw. -kritischen Parteien am rechten und linken Rand und zum
dritten die übrigen nicht-etablierten Kleinparteien, die in der Wahlberichterstattung gerne unter den „Sonstigen" abgelegt werden. Letztere kamen in der Ära
des stabilen Parteiensystems in den sechziger und siebziger Jahren zusammengenommen nur selten über zwei Prozent der Stimmen hinaus. Heute erreichen sie
mitunter zehn Prozent oder mehr wie etwa bei der Abgeordnetenhauswahl in
Berlin im September 2006 (13,7 Prozent). Dennoch wurde ihnen in der Parteienforschung bislang wenig Beachtung geschenkt.

Diese unbefriedigende Situation hat die Herausgeber bewogen, sich an einer
lexikalischen Bestandsaufnahme des bundesdeutschen Parteiensystems zu versuchen. Wir knüpfen dabei bewusst an die Konzeption des 1983 erschienen, mehr-
bändigen „Parteien-Handbuches" von Richard Stöss an, das 1986 in einer identischen Taschenbuchausgabe wieder aufgelegt, anschließend aber nicht mehr fort-
geschrieben wurde. Frank Schindler hat das Projekt als Lektor des VS-Verlages
von Beginn an ermutigt und positiv begleitet. Für die Aufsätze im allgemeinen
Teil und die Bearbeitung der insgesamt 82 Parteien konnten 27 Autorinnen und
Autoren gewonnen werden, von denen einige dankenswerterweise gleich mehrere Beiträge übernommen haben. Die Anfertigung des Personenregisters, die Zusammenstellung des Zahlenmaterials und die übrigen angefallenen Recherche-
und Korrekturarbeiten wurden von Dominik Rudolf und Marcel Solar zuverläs-
sig erledigt. Prof. Dr. Werner Müller hat sich die Mühe gemacht, das abschlie-
ßende Manuskript gründlich durchzusehen. Ihnen allen möchten die Herausgeber für ihre Unterstützung und Mitarbeit herzlich danken.

Bonn und Berlin im Januar 2007   Frank Decker / Viola Neu

Inhalt und Systematik des Handbuches

Das vorliegende Handbuch möchte eine Bestandsaufnahme des aktuellen Parteiensystems in der Bundesrepublik liefern und dessen Entwicklung insbesondere seit den achtziger Jahren im Detail beleuchten. Das Buch gliedert sich in einen allgemeinen und einen lexikalischen Teil. Im allgemeinen Teil, der vier Beiträge umfasst, werden grundlegende Fragestellungen erörtert. Der Einleitungsbeitrag von Frank Decker lenkt den Blick zunächst auf die zunehmenden Legitimationsprobleme des parteiendemokratischen Systems, deren Ursachen, Erscheinungsformen und Konsequenzen am Beispiel der Bundesrepublik dargestellt werden. Der niederländische Politikwissenschaftler Paul Lucardie unternimmt es anschließend, die verschiedenen Begriffsmerkmale und Typologisierungsversuche politischer Parteien systematisch zu ordnen. Unterschieden wird dabei nach der Programmatik oder Ideologie der Partei, ihren Zielen und Funktionen im politischen System, dem Ursprung der Partei, der Parteiorganisation sowie der soziologischen Basis und Wählerstruktur. Der dritte Beitrag wendet sich schließlich den rechtlichen Grundlagen der Parteiendemokratie in Deutschland zu. Die Düsseldorfer Rechtswissenschaftlerin Heike Merten behandelt hier zum einen die im Parteiengesetz geregelten Modalitäten des Parteiwesens und des Parteienwettbewerbs (Chancengleichheit, innerparteiliche Demokratie, Parteienfinanzierung, Parteienverbot u.a.), zum anderen die für die Strukturen des Parteiensystems nicht minder bedeutsamen Wahlrechtsregelungen. Den Abschluss des allgemeinen Teils bildet Oskar Niedermayers Versuch, die Entwicklungslinien des bundesdeutschen Parteiensystems von 1949 bis heute in einem kompakten Überblick nachzuzeichnen. Die gängigen Kriterien der deskriptiven Parteiensystemanalyse verwendend (Fragmentierung, Symmetrie/Asymmetrie, Polarisierung u.ä.), unterscheidet der Berliner Politikwissenschaftler dabei insgesamt fünf Phasen, die von der Formierung des Systems in der unmittelbaren Nachkriegszeit bis zur fluiden Fünfparteienstruktur der Gegenwart reichen.

Im lexikalischen Teil werden – von 25 Autoren bearbeitet – insgesamt 82 Parteien abgehandelt. Berücksichtigung finden nur diejenigen Parteien, die ab 1982 an Bundestags-, Europa- und / oder Landtagswahlen teilgenommen haben. Vollständigkeit sollte und konnte dabei nicht angestrebt werden; deshalb wurde eine Mindesterfolgs- bzw. Teilnahmeschwelle festgelegt: Aufgenommen sind die Parteien, die auf allen drei Ebenen (Land, Bund, Europa) bei Wahlen angetreten

sind sowie jene Parteien, die bei mindestens einer Wahl (auf Landes-, Bundes-
oder europäischer Ebene) mehr als 0,5 Prozent der Stimmen erzielt haben.[1] Diese
Marke ist gleichbedeutend mit dem Schwellenwert für die Inanspruchnahme der
staatlichen Wahlkampffinanzierung bei Bundestags- oder Europawahlen. Sie
liegt unterhalb der Zwei-Prozent-Schwelle, die laut Sartori überschritten sein
muss, um von einer relevanten Partei zu sprechen, doch geschieht das hier mit
voller Absicht: Das Handbuch soll gerade den Klein- und Kleinstparteien gebüh-
renden Platz einräumen, die nicht nur in der öffentlichen Aufmerksamkeit, sondern auch von der Forschung regelmäßig vernachlässigt werden. Rechnung getragen wird dem zugleich durch eine Abstufung des Umfangs der Artikel, der
zwischen 12 bis 20 Seiten für die Bundestagsparteien und 1 bis 5 Seiten für die
marginalisierten (nicht-relevanten) Splitterparteien schwankt; die letztgenannten
werden insofern überproportional berücksichtigt.

Die Artikel folgen einem identischen Muster. Nach einem einleitenden Überblick zur Entstehungs- und Entwicklungsgeschichte der Partei werden zuerst die
Wahlergebnisse und Wählerstruktur, sodann die Programmatik und schließlich
die Organisation der Partei behandelt, bevor ein kurzes Fazit die Darstellung
abrundet; einzig der Beitrag über die →Freien Wähler, die als Dachorganisation
kommunaler Wählergemeinschaften keine Partei im üblichen Sinne sind, weicht
von diesem Schema geringfügig ab. Am Ende der Artikel wird – falls verfügbar –
auf wissenschaftliche Literatur hingewiesen und die Internetadresse der Partei
angegeben.

Die Bearbeitung gestaltete sich insbesondere bei denjenigen Kleinstparteien
schwierig, zu denen es keine wissenschaftliche Literatur und auch ansonsten
kaum Material gibt. Die Autoren mussten sich hier häufig mit nur wenigen Zei-
tungsartikeln sowie eigenen Angaben der Parteien behelfen, die natürlich immer
mit Vorsicht zu genießen sind. Diese Quellen werden unter den Literaturangaben
in der Regel nicht eigens aufgeführt. Dasselbe gilt für die Unterlagen der Wahlleiter sowie – im Falle extremistischer Parteien – die Verfassungsschutzberichte,
soweit sie Informationen zu den betreffenden Parteien enthalten.

Wer den lexikalischen Teil etwas genauer durchmustert, wird eine Unzahl
von Querverbindungen zwischen den meisten der behandelten Parteien feststellen. Auch die Herausgeber waren überrascht, wie viele Abspaltungen, Neugründungen, Fusionen und Kooperationen es in der bundesdeutschen Parteienland-

---

[1] Eine vollständige Liste aller Parteien und Vereinigungen, die seit 1946 bei Landtags-, Bundestags- und Europawahlen angetreten sind, ist beim Bundeswahlleiter erhältlich. Statistisches Bundesamt, Hg. (2005), Wahl zum 16. Deutschen Bundestag am 18. September 2005. Heft 1: Ergebnisse und Vergleichszahlen früherer Bundestags-, Europa- und Landtagswahlen sowie Strukturdaten für die Bundestagswahlen, Wiesbaden, S. 191 ff.

schaft im fraglichen Zeitraum gegeben hat, als sie die Summe der Einzelartikel in Augenschein nahmen. Um dem Benutzer die Orientierung zu erleichtern, sind in die Beiträge bei Bedarf Verweisungspfeile auf andere Parteien eingefügt worden; darüber hinaus findet sich am Ende des Bandes ein umfangreiches Personenregister.

Im lexikalischen Teil werden die Parteien alphabetisch nach ihrem vollen Namen aufgelistet – für alternative (frühere oder spätere) Namensgebungen oder Zusatzbezeichnungen, wie sie gerade von den Kleinstparteien gerne verwendet werden, finden sich entsprechende Verweise. Die Schreibweise folgt der offiziellen Benennung im Verzeichnis des Bundeswahlleiters. Bestimmte Artikel bleiben als Namensbestandteil bei der Alphabetisierung unberücksichtigt. In den Artikeln selbst werden die Parteien in der Regel bei ihrem offiziellen Kürzel genannt; dasselbe gilt für die anderen dort erwähnten (und im Handbuch berücksichtigten) Parteien. Eine alphabetische Auflistung der Parteien nach ihren Abkürzungen bzw. Kurzbezeichnungen ist dem allgemeinen Teil vorangestellt. Parteien oder Vereinigungen, die im Handbuch nicht eigens behandelt werden, sind in den Artikeln stets mit vollem Namen genannt.

Kurzbezeichnungen der Parteien

50 Plus	50 Plus – Bürger- und Wählerinitiative für Brandenburg
AFB	Arbeit für Bremen und Bremerhaven
AfW	Allianz freier Wähler
AFP	AUTOFAHRER PARTEI (→APD)
AL	Alternative Liste (→GRÜNE)
AL	Alternative Liste Hamburg
ALP	Arbeitslosen-Partei
APD	AUTOFAHRER- und BÜRGERINTERESSEN PARTEI DEUTSCHLANDS
APPD	Anarchistische Pogo-Partei Deutschlands
ASD	Alle Sozialversicherten und Rentner Deutschlands (Rentnerpartei) Arbeits-Solidargemeinschaft der Rentner, Angestellten und Arbeiter – Rentnerpartei Deutschlands
AUB-Brandenburg	Allianz Unabhängiger Bürger – Brandenburg e.V.
AUFBRUCH	Aufbruch für Bürgerrechte, Freiheit und Gesundheit
BAL	Betrieblich-Alternative Liste
BFB	BUND FREIER BÜRGER – OFFENSIVE FÜR DEUTSCHLAND Die Freiheitlichen
BFD	Bund Freier Demokraten (→FDP)
BFWG	Brandenburgische Freie Wähler-Gemeinschaften (→FW)
BID	Bürgerinitiative für Deutschland (→BSP Berlin)
BP	Bayernpartei
BRB	Pro Brandenburg – Bürger rettet Brandenburg
BSA	Bund Sozialistischer Arbeiter, deutsche Sektion der Vierten Internationale (→PSG)
BSP Berlin	Bürger- und Stadtpartei Berlin
Bü. 90	Bündnis 90
Bürger	BürgerBündnis freier Wähler
BüSo	Bürgerrechtsbewegung Solidarität
C.B.V.	Christliche Bayerische Volkspartei (Bayerische Patriotenbewegung)
CDU	Christlich Demokratische Union Deutschlands

CHR.L.	→LIGA
CLP	CHRISTLICHE MITTE – Für ein Deutschland nach
	GOTTES Geboten
CPL	Christliche Partei für das Leben (→LIGA)
CSU	Christlich-Soziale Union in Bayern e.V.
DA	Bürgerbewegung Demokratischer Aufbruch
DA	Demokratische Alternative für Umweltschutz,
	Steuerzahler und Arbeitsplätze
DAP	Deutsche Arbeitslosenpartei (→ALP)
DBU	Deutsche Biertrinker Union
Deutsche Liga	→DLVH
Deutschland	Ab jetzt ... Bündnis für Deutschland
DFD	Demokratischer Frauenbund Deutschlands
DFP	Deutsche Forumpartei (→FDP)
DIE FRAUEN	Feministische Partei DIE FRAUEN
DIE GRAUEN	→GRAUE
Die Grünen	→GRÜNE
Die Linke	→PDS
Die Linke.PDS	→PDS
Die Linkspartei	→PDS
Die Tierschutzpartei	Mensch Umwelt Tierschutz
DKP	Deutsche Kommunistische Partei
DLVH	Deutsche Liga für Volk und Heimat
DP	DEUTSCHE PARTEI
DSU	Deutsche Soziale Union
DVU	DEUTSCHE VOLKSUNION
EAP	Europäische Arbeiterpartei
EFP/EP	Europäische Föderalistische Partei – Europa Partei
Eltern	Elternpartei – für eine familienfreundliche Politik
FAG Hessen	FAG FlughafenAusbauGegner Hessen
FAMILIE	FAMILIEN-PARTEI DEUTSCHLANDS
FAP	Freiheitliche Deutsche Arbeiterpartei
FDP	Freie Demokratische Partei
FDP/DPS	Freie Demokratische Partei/Demokratische Partei Saar
	(→FDP)
FDP/DVP	Freie Demokratische Partei/Demokratische Volkspartei
	(→FDP)
FDVP	Freiheitliche Deutsche Volkspartei – Die Freiheitlichen in
	Deutschland

FORUM	NEUES FORUM
FRAUEN	FRAUENPARTEI
FRIEDEN	DIE FRIEDENSLISTE
Für Kinder	Zukunft für alle Kinder
future!	future! – die jugendpartei
FW	Freie Wähler
FWG	→FW
GAL	Grün Alternative Liste (→GRÜNE)
GRAUE	DIE GRAUEN – Graue Panther
GRÜNE	BÜNDNIS 90/DIE GRÜNEN
GUT	Gerechtigkeit – Umwelt – Tierschutz (→GRAUE, →ödp, →Die Tierschutzpartei)
HLA	Hamburger Liste für Ausländerstopp
HP	Humanistische Partei
KABD	Kommunistischer Arbeiterbund Deutschlands (→MLPD)
LIGA	CHRISTLICHE LIGA – Die Partei für das Leben
Linke Alternative	Linke Alternative – Wehrt Euch
Linkspartei	→PDS
Liste D	→DVU
LL/PDS	→PDS
MLPD	Marxistisch-Leninistische Partei Deutschlands
Mündige Bürger	Die Mündigen Bürger
MUT	→Die Tierschutzpartei
NATURGESETZ BEWUSSTSEIN	NATURGESETZ PARTEI, AUFBRUCH ZU NEUEM-
NEUES FORUM	→FORUM
NEUE STATT PARTEI	DIE NEUE STATT PARTEI Landesverband Niedersachsen
NFGRDJ	Neues Forum Die Grünen Demokratie Jetzt (⊕FORUM)
NPD	Nationaldemokratische Partei Deutschlands
ödp	Ökologisch-demokratische Partei
ÖDP	→ödp
ÖKO-UNION	DEUTSCHE SOLIDARITÄT, Union für Umwelt- und Lebensschutz
Offensive D	→Schill
PASS	Partei der Arbeitslosen und Sozial Schwachen
PBC	Partei Bibeltreuer Christen
PDS	Partei des demokratischen Sozialismus

PDS/Linke Liste	→PDS
PDS – LL	→PDS
PRO	Partei Rechtsstaatlicher Offensive (→Schill)
Pro DM	Initiative pro D-Mark – neue liberale Partei
Pro DM/Schill	Pro Deutsche Mitte (→Schill)
PSG	Partei für Soziale Gleichheit, Sektion der Vierten Internationale
REGENBOGEN	REGENBOGEN – Für eine neue Linke
Rentnerpartei	→ASD
REP	DIE REPUBLIKANER
Schill	Schill-Partei (Partei Rechtsstaatlicher Offensive)
SED	Sozialistische Einheitspartei Deutschlands (→PDS)
SED-PDS	Sozialistische Einheitspartei Deutschlands – Partei des Demokratischen Sozialismus (→PDS)
SED-W	Sozialistische Einheitspartei Deutschlands – Westberlin (→SEW)
SEW	Sozialistische Einheitspartei Westberlins
SI	Sozialistische Initiative (→SEW)
SLP	Sozial-Liberale Deutsche Partei (→FAP)
SPASSPARTEI	Die Spaßpartei für Deutschland
SPD	Sozialdemokratische Partei Deutschlands
SSW	Südschleswigscher Wählerverband
STATT Partei	STATT Partei DIE UNABHÄNGIGEN
Tierschutzpartei	→Die Tierschutzpartei
UFV	Unabhängiger Frauenverband
UWSH	Unabhängige Wählergemeinschaft Schleswig-Holstein
VIBT	Volksinteressenbund Thüringen
VPD	Vierte Partei Deutschlands – Union für Umwelt und Lebensschutz (→ÖKO UNION)
WASG	Arbeit & soziale Gerechtigkeit – Die Wahlalternative
WBK	Wählerinitiative Berliner Kleingärtner und Bürger Wählerinitiative Bürger und Kleingärtner
WIB	Wähler in Berlin (→BSP Berlin)
WSH	Wählergemeinschaft Schleswig-Holstein
Zentrum	Deutsche Zentrumspartei

Allgemeiner Teil

Frank Decker

Parteiendemokratie im Wandel

1 Parteien und Parteiensysteme als politikwissenschaftlicher Analysegegenstand

Das Studium von Parteien und Parteiensystemen gehört von jeher zu den faszinierendsten Gebieten der politikwissenschaftlichen Regierungslehre. Der Grund dafür liegt nicht allein im gewaltigen Einfluss, den die Parteien auf das politische Geschehen ausüben. Ein solcher Einfluss geht in der Bundesrepublik auch von anderen Institutionen und Akteuren aus – seien es Regierungen, Parlamente, Verwaltungen, Interessengruppen, supranationale Einrichtungen, Verfassungsgerichte oder Notenbanken. Was die Parteien von diesen unterscheidet und sie zu einer „ubiquitären" Erscheinung macht, ist ihr Querschnittscharakter:

- Die politologischen Lehrbücher betrachten Parteien nach wie vor als die klassischen Vermittlungsinstanzen zwischen Gesellschaft und Staat und schreiben ihnen eine führende Rolle im Willensbildungsprozess und bei der Elitenrekrutierung zu.
- Parteien begegnen uns an sämtlichen Schnittstellen des politischen Systems: Sie wirken in Parlamenten, in der Regierung, auf der lokalen und regionalen Ebene bis hin in die politikferneren Bereiche der Verwaltung, Rechtsprechung und öffentlichen Wirtschaft.
- Die verschiedenen Erscheinungsformen des Politischen werden von den Parteien exemplarisch verkörpert: Als Teile der Verfassungsstruktur (*polity*) formen sie handfeste politische Institutionen, als Akteure im Willensbildungsprozess sind sie die eigentlichen Träger des demokratischen Wettbewerbs (*politics*), als *"parties in government"* entscheiden und verfügen sie über politische Inhalte (*policies*).

Die politikwissenschaftliche Antwort auf diese Ubiquität bestand in der Aufstellung immer ausgedehnterer Funktionskataloge, entlang derer die Parteienanalyse betrieben wurde (vgl. z.B. von Beyme 1984, Steffani 1988, Helms 1995, Dalton/ Wattenberg 2000). Dass die Politologen ihrem Gegenstand damit gewissermaßen selbst auf dem Leim gingen, sei nur am Rande vermerkt. Die Ausweitung der Funktionen der Parteien war ja kein naturgegebener Prozess, sondern wurde von den politischen Akteuren selbst betrieben. Symptomatisch für diesen Herrschaftsanspruch, durch den die Parteiendemokratie mehr und mehr zum Parteienstaat mutierte, ist die Entwicklung der gesetzlichen Grundlagen. Begnügte sich das Grundgesetz in Art. 21 noch damit, den Parteien eine allgemeine Mitwirkungsfunktion an der politischen Willensbildung zuzuschreiben, so postulierte das 1967 erlassene Parteiengesetz diese Funktion gleich „für alle Gebiete des öffentlichen Lebens". Länder wie Italien und Österreich sind in der parteienstaatlichen Transformation ihres politischen Systems noch sehr viel weiter gegangen.

Auch die politikwissenschaftlichen Funktionenkataloge haben durch ihre normative, von demokratietheoretischen Vorstellungen geleitete Aufladung den Blick auf die Wirklichkeit zuweilen getrübt. Bis heute krankt ein Großteil der Arbeiten über Parteien und Parteiensysteme daran, dass sie sich an einem demokratischen Leitbild orientieren, über das die Zeit längst hinweg gegangen ist. Die Folgen waren voreilige Prognosen über den Niedergang der Parteien, die dem tatsächlichen Bild ihres Funktionenwandels nicht standhielten.

Dennoch gibt es genug Gründe, sich über den Zustand des parteiendemokratischen Systems in der Bundesrepublik Sorgen zu machen. Ohne sich auf die wenig fruchtbare Diskussion um den sozialwissenschaftlichen Krisenbegriff einzulassen, scheint es nicht übertrieben, von einer Vertrauens-, Repräsentations- oder Legitimationskrise des Parteienstaates zu sprechen. Streicht man die unterschiedlichen Nuancen ab, besagen all diese Begriffe mehr oder weniger dasselbe. Kern der Krise ist eine gestörte Beziehung zwischen Bürgern und Parteien, die sich in Wahlabstinenz, abweichendem Stimmverhalten und der Zunahme anderweitiger Protestformen ausdrückt. All das zieht Veränderungen im Parteiensystem und den Strukturen des Parteienwettbewerbs nach sich, die wiederum für die Koalitionsbeziehungen und Regierungsbildung maßgeblich sind. Anknüpfend an die Systemtheorie von David Easton könnte man „Krise" auch mit wachsender politischer Unzufriedenheit übersetzen (was gleichbedeutend ist mit dem Entzug politischer Unterstützung). Diese Begrifflichkeit wird im Englischen vorgezogen. Im Deutschen hat sich demgegenüber der Begriff der Verdrossenheit durchgesetzt, der inzwischen auch von der Alltagssprache vereinnahmt wurde. Als „Politikverdrossenheit" birgt dieser allerdings die Gefahr, mit Apathie oder politischem Desinteresse verwechselt zu werden. Dem Deutschen mangelt es hier an der Differenziertheit des angelsächsischen Politikbegriffs. Um Missverständnisse zu vermeiden, müsste man deshalb genauer von Politiker-, Parteien- oder – noch umfassender – Systemverdrossenheit sprechen (Lösche 1995).

Nun ist die Rede von einer Krise der Parteien und der Parteiendemokratie ebenso wenig neu wie die Niedergangsthese. Sie kann an den immer gleichen Buch- und Aufsatztiteln abgelesen werden kann, in denen das Thema in regelmäßigen Abständen aufbereitet wird. Für die siebziger Jahre seien hier stellvertretend der Band von Dittberner/Ebbighausen (1973), für die achtziger Jahre Krockow/Lösche (1986) genannt. Von Anfang bis Mitte der neunziger Jahre erlebte die Debatte einen neuen Höhepunkt. War der Ausstoß in den früheren Krisenperioden noch bescheiden, ergoss sich jetzt eine wahre Flut von journalistischen und wissenschaftlichen Veröffentlichungen auf das Publikum, von denen die meisten den Begriff der Parteien- oder Politikverdrossenheit im Titel führten (vgl. den Literaturüberblick bei Arzheimer 2002). Die rechts- und politikwissenschaftlichen Beiträge spiegelten dabei den Methodenpluralismus der Disziplinen wider; sie reichten von der normativ aufgeladenen Streitschrift (z.b. von Arnim 1993) bis hin zur nüchternen quantitativ-empirischen Analyse (z.b. Pickel / Walz 1997), wobei sich der politikwissenschaftliche Mainstream um eine mittlere Position bemühte (z.b. von Beyme 1994). Die Diskussion blieb nicht ohne Konsequenzen. Sie nötigte die Parteien zu einer plebiszitären Öffnung der Vermittlungsstrukturen, um der Kritik Wind aus den Segeln zu nehmen. Die flächendeckende Einführung der Volksgesetzgebung in den Ländern, die Reform des Wahlrechts und der Ratsverfassungen in den Kommunen und der Ausbau der Basisdemokratie in den Parteien selbst durch Urwahlen und Mitgliederentscheide müssen vor diesem Hintergrund gesehen werden (Scarrow 1997). Die politische Klasse wollte mit deren Hilfe einem weiteren Ansehensverlust vorbeugen. Die Reformen führten allerdings weder zur Selbstentmachtung der Parteien, noch konnten sie einen nennenswerten Anstieg der Partizipationsbereitschaft bewirken.

In der nachfolgenden Darstellung sollen nach einem einleitenden Blick auf die äußeren Erscheinungsformen des Parteiensystemwandels (2) und dessen unterschiedlichen Verlauf in West- und Ostdeutschland (3) die Ursachen der Vertrauenskrise systematisch herausgearbeitet werden. Diese reichen von der gesellschaftlichen Entwurzelung der Parteien (4) über die gestiegenen Anforderungen des Regierens (5) bis hin zur „Belagerung" der Politik durch die Medien (6) und die nur schwer vermittelbare Selbstprivilegierung der politischen Klasse (7). Anschließend wird gezeigt, wie sich diese Krisenzeichen in der Organisationswirklichkeit der Parteien bemerkbar machen (8) und – darauf aufbauend – nach Möglichkeiten gefragt, dem entgegenzuwirken. Das Hauptaugenmerk liegt hier auf der Einführung direktdemokratischer Beteiligungsformen inner- und außerhalb der Parteien (9).

2   Der Wandel des Parteiensystems seit den achtziger Jahren

Es ist nicht ohne Ironie, dass die bisher umfangreichste Bestandsaufnahme des bundesdeutschen Parteiensystems – das mehrbändige Parteien-Handbuch von Richard Stöss – zu einer Zeit erschien, als das Parteiensystem seinen höchsten Konzentrationsgrad erreicht hatte (Stöss 1983). Von den 47 Parteien, die in dem Handbuch zumeist sehr ausführlich abgehandelt wurden, spielten in den siebziger Jahren nur noch die vier Bundestagsparteien (→CDU, →CSU, →SPD und →FDP) eine nennenswerte Rolle. Der zusammengenommene Stimmenanteil der sonstigen, nicht-etablierten Kleinparteien blieb marginal. Selbst auf der Länderebene konnte sich keine dieser Parteien durchsetzen oder behaupten, wenn man von der schleswig-holsteinischen Besonderheit des →SSW, den Achtungserfolgen einiger linksextremistischer Vertreter in den drei Stadtstaaten eingangs der siebziger Jahre und dem singulären Erfolg des rechtskonservativen „Bundes Freies Deutschland" (BFD) bei der Berliner Abgeordnetenhauswahl 1975 einmal absieht. Dessen Ergebnis (3,4 Prozent) blieb das beste Wahlresultat einer „vierten Partei" in den siebziger Jahren und sollte ab 1979 erst von den Grünen übertroffen werden.

Die Ära der Stabilität des deutschen Parteiensystems währte bis etwa Mitte der achtziger Jahre. Der fortwährende Konzentrationsprozess, der zu Beginn der sechziger Jahre zur Herausbildung eines Zweieinhalb-Parteiensystems mit Union, SPD und FDP geführt hatte, wurde lediglich durch die sogenannte „zweite Welle" des Rechtsextremismus kurzzeitig unterbrochen, die die 1964 gegründete →NPD ab Mitte der sechziger Jahre in mehrere Landtage spülte. Bei der Bundestagswahl 1969 unterschritten die Rechtsextremen die Fünf-Prozent-Hürde nur knapp. Danach fielen sie jedoch rasch in elektorale Bedeutungslosigkeit und konnten auch in den Ländern an ihre Erfolge nicht mehr anknüpfen.

Am linken Rand des politischen Spektrums verlief die Entwicklung anders. Hier gelang den aus der Bürgerinitiativ- und Friedensbewegung hervorgegangenen Grünen Listen, die sich ausgangs der siebziger Jahre zur Partei der Grünen vereinigten, die dauerhafte Etablierung (→Bündnis 90/Die Grünen). Zunächst eine radikale Protestpartei, wuchsen die Newcomer schnell in die politische Verantwortung hinein. Nachdem sie 1983 erstmals in den Bundestag eingezogen waren, kam es bereits 1985 zu einer Regierungskoalition mit den Sozialdemokraten auf Landesebene (in Hessen), der zahlreiche weitere rot-grüne Bündnisse folgten. Der Wahlsieg von SPD und Grünen bei der Bundestagswahl 1998 ging auch darauf zurück, dass es letzteren gelungen war, die Freien Demokraten ab Mitte der neunziger Jahre vom angestammten dritten Platz im Parteiensystem zu verdrängen. Diese Position konnten die Grünen auch als Regierungspartei erfolgreich behaupten.

Noch ehe es sich konsolidiert und zu einer neuen bipolaren Struktur verfestigt hatte (mit dem bürgerlichen Lager aus Union und FDP auf der einen und Rot-Grün auf der anderen Seite), wurde das Vierparteiensystem in den achtziger Jahren durch andere Entwicklungen herausgefordert. Eine davon war die auf allen Ebenen sinkende Wahlbeteiligung, die von einer gelockerten Bindung der Wähler an die Parteien und das demokratische System kündete (Niedermayer 2001: 163 ff.). Dass ein Teil der Wahlenthaltung auf Frustration und Unzufriedenheit zurückzuführen war, konnte man auch an den gleichzeitig wachsenden Stimmenanteilen für die „sonstigen" Parteien ablesen, von denen sich manche als ausdrückliche Protestparteien verstanden. Den Hauptnutzen daraus zogen erneut die rechtsextremen Vertreter, die sich nun vor allem im populistischen Gewande präsentierten. Die dritte Welle des Rechtsextremismus hob ausgangs der achtziger Jahre an und ist bis heute nicht abgerissen (Decker / Miliopoulos 2005). Auf ihr konnten die 1983 als Abspaltung von der CSU entstandenen →Republikaner (REP) drei Mal und die 1987 gegründete →DVU des Münchener Verlegers Gerhard Frey sieben Mal in die Landesparlamente einziehen. Hinzu kam der Wahlerfolg der Republikaner bei der Europawahl 1989, als sie mit 7,1 Prozent das bis heute beste Ergebnis einer rechtsextremen Partei auf nationaler Ebene verbuchten. An der NPD lief diese Entwicklung zunächst vorbei – wenn man von einem singulären Kommunalwahlerfolg in Frankfurt a.M. Ende der achtziger Jahre einmal absieht. Die extremste der drei Rechtsaußenparteien sollte erst wieder im Jahre 2004 in Sachsen an ihre einstige Stärke anknüpfen, das sie zuvor gezielt zur Hochburg ausgebaut hatte. Mit ihrem neuerlichen Erfolg in Mecklenburg-Vorpommern im September 2006 hat die NPD inzwischen die Führungsrolle im rechtsextremen Lager übernommen, während die so verheißungsvoll gestarteten Republikaner heute nur noch ein Schattendasein fristen. Auch ideologisch gemäßigtere Neugründungen wie die →Statt-Partei in Hamburg (1993), die Partei →Arbeit für Bremen und Bremerhaven (1995) oder die →Schill-Partei waren nicht in der Lage, ihre Anfangserfolge auf Dauer zu stellen und zu einer festen Größe im Parteiensystem zu werden. Besonders krass zeigte sich dieses Unvermögen bei der Schill-Partei, die bei der Hamburger Bürgerschaftswahl im September 2001 mit 19,4 Prozent mehr Stimmen erzielt hatte als sämtliche Newcomer vor ihr.

Haben sich die Fragmentierungstendenzen im Parteiensystem der alten Bundesrepublik seit den achtziger Jahren kontinuierlich aufgebaut, so kam es mit der deutschen Einheit 1990 zu einem weiteren, abrupten Einschnitt. Der Beitritt der neuen Länder bescherte dem gesamtdeutschen Parteiensystem eine fünfte

Partei in Gestalt der SED-Nachfolgepartei PDS, die entgegen den ursprünglichen
Erwartungen aus der deutschen Politik nicht verschwand, sondern überraschend
schnell wieder Tritt fasste. Dank ihrer Stärke in den neuen Ländern schaffte die
PDS bei den Bundestagswahlen 1990, 1994 und 1998 dreimal hintereinander den
Sprung in den Bundestag, bevor sie 2002 an der Fünf-Prozent-Hürde scheiterte.
Ihre gesamtdeutschen Ergebnisse blieben aber zunächst noch zu schwach, um die
Bildung einer Mehrheitsregierung nach dem vertrauten Muster zu vereiteln. Dies
sollte sich im Jahre 2005 dramatisch ändern. Die Gründung einer linken Wahlalternative im Westen aus Protest gegen die von der rot-grünen Bundesregierung
eingeleiteten Sozialreformen und deren Wahlbündnis mit der PDS ermöglichte
den Postkommunisten eine Verbreiterung ihrer Wählerbasis in die Altbundes-
länder, wo sie bis dahin gänzlich erfolglos gewesen waren. Der Erfolg der
→Linkspartei.PDS, die ihr Ergebnis von 2002 nahezu verdoppeln konnte, führte
dazu, dass es bei der vorgezogenen Bundestagswahl 2005 für keines der beiden
politischen Lager (Rot-Grün oder Schwarz-Gelb) mehr zur Mehrheit reichte.

Seit der deutschen Einheit haben wir es in der Bundesrepublik mit zwei regional unterschiedlichen Parteiensystemen zu tun. Im Osten entstand nach der
Wende zunächst ein Fünfparteiensystem mit drei großen bzw. mittelgroßen
(Union, SPD und PDS) sowie zwei kleineren Parteien (FDP und Bündnis 90/Grü-
ne). Dieses System entwickelte sich Mitte der neunziger Jahre auf eine Dreipartei-
enstruktur mit Union, SPD und PDS zurück, wobei die Postkommunisten zu den
beiden Volksparteien immer mehr aufschließen konnten. Mit dem Wiedererstar-
ken von FDP und Grünen dürfte diese Phase inzwischen beendet sein. Nimmt
man die gelegentlichen Wahlerfolge der Rechtsaußenparteien und den nach wie
vor großen Zulauf der Linkspartei.PDS hinzu, zeichnet sich die Parteienlandschaft im Osten mithin durch eine hohe und weiter wachsende Fragmentierung
aus. In den alten Ländern bleibt es dagegen bei der in den achtziger Jahren konsolidierten Vierparteienstruktur mit zwei annähernd gleich starken Blöcken, auch
wenn die Fragmentierung hier durch das Auftreten der →WASG und die gelegentlichen Wahlerfolge rechtsextremistischer und -populistischer Parteien ebenfalls zugenommen hat. Unterstellt man, dass die Große Koalition diesen Prozess
weiter beschleunigen wird, scheint eine Rückkehr zum alten System der kleinen
Koalitionen nach der kommenden Bundestagswahl schwer vorstellbar.

3   Der Osten als Trendsetter des Westens

Aufschlussreich ist ein Vergleich zwischen den Parteiensystemen der beiden
deutschen Teilgesellschaften unter dem Gesichtspunkt der Modernität. Er stellt

ein Spiegelbild der allgemeinen wirtschaftlichen und sozialen Entwicklung dar. Im Westen scheint man immer noch nicht richtig zu verstehen, welche enormen Anpassungsleistungen die Ostdeutschen in den eineinhalb Jahrzehnten seit der Wende erbracht haben (Dürr 2004). Dass die industrielle Entleerung, die ganze Landstriche veröden lässt und Teile der Bevölkerung vom gesellschaftlichen Geschehen auf Dauer abkoppelt, ein Vorbote auch für die alte Bundesrepublik sein könnte, weil sie den Gesetzlichkeiten der globalen Wissensökonomie entspricht, mag dort verständlicherweise niemand wahrhaben. Die Ungleichzeitigkeit der in der früheren DDR und anderen postkommunistischen Gesellschaften ablaufenden Modernisierung besteht darin, dass die Menschen einerseits in einer kurzen Zeitspanne Erfahrungen und Lernprozesse nachholen müssen, die in den etablierten demokratischen Staaten über eine sehr viel längere Strecke kontinuierlich aufgebaut wurden. Dies gilt in ökonomischer, politischer wie auch in kultureller Hinsicht. Andererseits haben diese Gesellschaften in vielen Bereichen die Möglichkeit, gleich auf dem höchsten Niveau der Entwicklung einzusteigen, weil sie die Relikte der Vergangenheit nicht mit sich schleppen müssen. Wo das Alte keinen Bestand hat und das politische Feld noch nicht von Interessenwiderständen verstellt ist, kann auch das Neue leichter gedeihen. Das Problem besteht allerdings darin, dass dieses Neue nicht automatisch zu einer größeren Lebenszufriedenheit führt. Modernisierungsprozesse teilen die Gesellschaft in Gewinner und Verlierer und gehen daher stets mit „Schließungsreaktionen" einher. Dabei muss es sich gar nicht um objektive Verluste handeln; entscheidend ist das Gefühl der (relativen) Benachteiligung, das sich aus der Orientierung an Erwartungen oder Referenzgruppen ergibt. Für die Ostdeutschen bilden die Bewohner der alten Bundesrepublik naturgemäß die wichtigste Referenzgruppe. Vergleicht man die Entwicklung in der früheren DDR mit den Modernisierungsprozessen in anderen postkommunistischen Transformationsgesellschaften, so war die Existenz des großen Bruders im Westen für die Ostdeutschen in vielerlei Hinsicht ein Segen. Ob er sich auch bewusstseinsmäßig per saldo positiv ausgewirkt hat, darf aber bezweifelt werden, wie die anhaltend hohe Unzufriedenheit vieler Ostdeutscher mit dem politischen System deutlich macht (Leggewie 2006).

An der Entwicklung des parteiendemokratischen Systems lassen sich die Konsequenzen und Widersprüche der Modernisierung gut veranschaulichen. Auch hier hat der Osten einen gewaltigen Lern- und Anpassungsprozess durchlaufen. Was die gesellschaftliche Verwurzelung der Parteien und ihre Organisationsbasis betrifft, bestehen aber weiterhin unüberbrückbare Unterschiede, die einer Angleichung an das westdeutsche Modell Grenzen ziehen. Laut einer neuen, von der Friedrich-Ebert-Stiftung in Auftrag gegebenen Erhebung des Infratest-Instituts gehören in Ostdeutschland 25 Prozent der Bevölkerung zum „ab-

Abbildung 1:   Demokratiezufriedenheit in West- und Ostdeutschland 1990 bis
2006 in Prozent

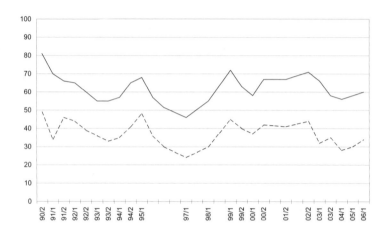

Quelle: Eurobarometer-Daten, eigene Zusammenstellung

gehängten Prekariat" – gegenüber 4 Prozent in den Altbundesländern; gesamtdeutsch entspricht dies einem Anteil von 8 Prozent (Müller-Hilmer 2006). Diese
Personengruppe weist eine besonders große Distanz zur Politik insgesamt und zu
den etablierten Parteien auf (höchster Nichtwähleranteil und größtes Stimmenpo-
tenzial für die Linkspartei.PDS und die Rechtsaußenparteien). Auch bei anderen
Wählergruppen ist die Anwendbarkeit von milieu- oder konflikttheoretischen
Modellen auf das Parteiensystem in den neuen Ländern erschwert, können von
der sozialen Zugehörigkeit also nur bedingt Rückschlüsse auf das Wahlverhalten
gezogen werden. Mit Blick auf das religiös-konfessionelle Cleavage entspricht die
Zuordnung zwar dem aus dem Westen geläufigen Muster, wonach die Union bei
Katholiken und kirchengebundenen Protestanten auf mehrheitliche Unterstüt-
zung rechnen kann, doch wird durch diese Konfliktlinie in der zu über zwei
Dritteln konfessionslosen ostdeutschen Bevölkerung nur ein marginaler Wähleranteil erfasst. Das klassische sozialökonomische Verteilungscleavage erzeugte in
den neuen Ländern zunächst sogar eine inverse Zuordnung, indem die Union in
der (im Vergleich zu Westdeutschland quantitativ bedeutsameren) Gruppe der
Arbeiter 1990 und 1994 zur bevorzugten Partei avancierte (Thumfart 2002: 272).
Zu einer Annäherung an die alten Länder kam es hier erst ab Mitte der neunziger

Jahre. Mit der Abwendung der „unnatürlichen" Klientel hat die CDU ihre Position als stärkste Partei im Osten seither an die organisatorisch noch weit schwächere SPD abgegeben. Interessant ist auch der Blick auf die PDS. Anders als die Rede von der „Partei der Vereinigungsverlierer" suggeriert, hat diese ihre Wähler bis 2005 nicht primär aus der Gruppe der Arbeiter oder der nach Einkommen, Schichtzugehörigkeit oder Bildung Unterprivilegierten rekrutiert, sondern aus Beamten, Angestellten und Arbeitslosen mit vergleichsweise hoher formaler Bildung, die früher zur DDR-Elite gezählt hatten. Erst zur Bundestagswahl 2005 sollte sich die Sozialstruktur in Richtung der Arbeiter und Arbeitslosen mit niedriger Bildung verschieben, wobei diese Gruppe unter den Wählern der Linkspartei.PDS in den alten Bundesländern noch sehr viel stärker überrepräsentiert ist als im Osten (Niedermayer 2006). Berücksichtigt man zusätzlich, dass auch die in den neuen Ländern zuletzt sehr erfolgreichen rechtsextremen Parteien ihre Unterstützung vornehmlich aus dieser Gruppe beziehen, wird das Ausmaß der sozialen Verwerfungen in Ostdeutschland deutlich.

Auch bei den Wertorientierungen zeigen sich im Vergleich zur alten Bundesrepublik große Unterschiede (Jagodzinski/Kühnel 2001). Die ostdeutschen Wähler sind in dieser Beziehung erstens homogener; zweitens bleiben ihre Ansichten weiterhin stark von „Elementen des sozialistischen Gesellschaftsmodells" geprägt, was sich z.b. in der hohen Wertschätzung von Gleichheits- und Fürsorgevorstellungen ausdrückt. Dies führt dazu, dass ein ostdeutscher CDU-Wähler mit einem ostdeutschen SPD-Wähler häufig mehr gemeinsam hat als mit einem CDU-Wähler aus dem Westen. Dennoch ist das ostdeutsche Parteiensystem in ideologischer Hinsicht stärker polarisiert als das westdeutsche, da infolge der nachwirkenden SED-Vergangenheit zwischen der postkommunistischen PDS und den Ablegern der Westparteien sich immer noch tiefe Gräben auftun. Diese Gräben dürften aber in Zukunft an Bedeutung verlieren, wenn die Erinnerung an das DDR-Regime verblasst und die Einbeziehung der Postkommunisten in die Regierungsverantwortung dazu führt, dass diese von ihren systemfeindlichen Positionen abrücken müssen.

Richten wir den Blick weiter auf die organisatorische Seite. Auch hier begegnet uns eine unter dem Gesichtspunkt der Modernität eigentümliche Ambivalenz. So wie das ostdeutsche Parteiensystem in seiner gesellschaftlichen Verankerung einen Zustand beschreibt, von dem das westdeutsche Pendant einstweilen zwar noch entfernt ist, auf den es sich aber schrittweise zubewegt, so nehmen die Parteien in den neuen Ländern auch als Organisationen manches von dem vorweg, was die künftige Wirklichkeit der Parteiendemokratie ausmachen wird. Die Rede von „eklatanten Organisationsdefiziten" (Birsl/Lösche 1998: 10) ist daher zumindest missverständlich. Natürlich kommen die Parteien auch in Ostdeutschland um den Aufbau einer flächendeckenden Infrastruktur auf den verschiedenen föderalen Ebenen nicht umhin, wenn sie im Parteienwettbewerb durch eine erfolgreiche Wählerwerbung bestehen wollen. Dass dies ohne eine gewisse Mitgliederdichte nur schwer möglich ist, hat nach der Wende gerade die SPD schmerzhaft erfahren. Während Union und FDP auf die Ressourcen der gleichnamigen Blockparteien zurückgreifen konnten, mussten die Sozialdemokraten in den neuen Ländern als Organisation praktisch bei Null beginnen. Auch heute hat die SPD in Ostdeutschland insgesamt eben mal so viele Mitglieder wie ein durchschnittlicher mittlerer Parteibezirk im Westen. Ihre schwache gesellschaftliche Anbindung benachteiligt sie nicht nur bei der Wähleransprache; sie führt auch dazu, dass es der Partei mitunter an Kandidaten mangelt, um Vorstandsposten und kommunale Wahlämter zu besetzen. In den neuen Ländern gehört deshalb ein sehr viel höherer Prozentsatz unter den Mitgliedern als in den westlichen Parteigliederungen zu den „Aktivisten" (50 gegenüber 10 Prozent), was sich zugleich in der Häufigkeit der Ein- und Austritte niederschlägt.

Wie gravierend sich die Organisationsprobleme auswirken, wenn es darum geht, eine zunehmend abwanderungsbereite Wählerschaft bei der Stange zu halten oder gegen die Verführungen populistischer oder extremistischer Protestparteien zu schützen, hat zuletzt die Landtagswahl in Mecklenburg-Vorpommern gezeigt, wo SPD und CDU der rechtsextremen NPD in bestimmten Regionen des Landes (etwa Ostvorpommern) noch nicht einmal mehr ihre schiere Präsenz entgegensetzen konnten. Genau aus diesem Grund haben ja die zumeist aus dem Westen stammenden Funktionäre der NPD die neuen Länder als ihr bevorzugtes Terrain erkannt. Auch in anderen Bereichen hat sich die Strategiefähigkeit der Rechtsaußenparteien in den letzten Jahren verbessert. Dies stellt die etablierten Parteien vor eine ungewohnte Situation, nachdem sie sich in der Vergangenheit auf die Selbstzerstörungskraft ihrer rechtsextremen Herausforderer relativ sicher verlassen konnten.

4   Die gesellschaftliche Entwurzelung der Parteien

So wichtig die Schaffung funktionierender Mitgliederorganisationen aus den geschilderten Gründen ist, so wenig können die Parteien in den neuen Bundesländern dabei auf alte Vorbilder zurückgreifen. Wenn die Ära der herkömmlichen Massenintegrationsparteien in den etablierten demokratischen Systemen vorbei ist, wird sie in den sich demokratisierenden Staaten Mittel- und Osteuropas wohl kaum neu anbrechen! Im Gegenteil: Die dort entstandenen bzw. in

Entstehung begriffenen Parteien werden die Herausbildung eines neuartigen Parteientypus auch in den westlichen Ländern beschleunigen. Haupttriebfeder dieses Prozesses ist die Lockerung der gesellschaftlichen Bindungen der Parteien, die sich in rückläufigen Mitgliederzahlen und einer Erosion der Kernwählerschaft ausdrückt. Diese Entwicklung, die bereits vor der Wende in der alten Bundesrepublik angebahnt wurde, beschleunigte sich rasant in den neunziger Jahren. So ging im Zeitraum 1990 bis 2002 die Gesamtmitgliederzahl der politischen Parteien von 2,3 auf rund 1,6 Millionen zurück, was einem Minus von 30 Prozent entspricht. Ende 2006 betrug sie nur noch rund 1,4 Millionen, nachdem allein die SPD seit Verkündung der Agenda 2010 den Austritt von weiteren 130.000 Mitgliedern zu verkraften hatte.

Abbildung 2:   Mitgliederentwicklung der Bundestagsparteien seit 1982

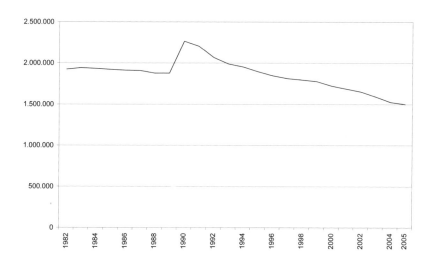

Quelle: eigene Berechnung nach den jährlichen Angaben der Geschäftsstellen

Nicht minder eindrucksvoll ist die Verschiebung des Verhältnisses von Stamm- und Wechselwählern. Nach einer Untersuchung der Konrad-Adenauer-Stiftung waren im Jahre 1990 19 Prozent der Wähler sichere Stammwähler der CDU / CSU und 13 Prozent sichere Stammwähler der SPD.[1] Bei den damaligen Kräfteverhält-

---

[1] Zur Bestimmung des „sicheren" Stammwählers wurden dabei vier Kriterien zugrunde gelegt: die Wahlabsicht, das erinnerte Stimmverhalten bei der letzten Wahl (recall), die Parteiidentifikation und der

nissen entsprach dies einem Stammwähleranteil von rund 40 Prozent bei der Union und 30 Prozent bei den Sozialdemokraten. Bis zum Jahre 2001 gingen die Werte auf 10 bzw. 8 Prozent aller Wähler zurück. Umgerechnet auf die jeweiligen Stimmenanteile heißt das, dass von den Unionswählern heute nur noch 25 Prozent, von den SPD-Wählern sogar nur noch 20 Prozent zur sicheren Stammwählerschaft gerechnet werden können. Die restlichen 75 bzw. 80 Prozent sind lediglich mobilisierbare Wechselwähler, die von den Parteien gezielt umworben werden müssen (Brunner/Graf/Neu 2001).

Der Anstieg des Wechselwähleranteils hat zur Folge, dass auch die Volatilität steigt, das heißt: die Schwankungen der Wahlergebnisse zunehmen. Zwischen Volatilität und Parteiensystemstruktur besteht dabei ein wechselseitiger Zusammenhang. Je wankelmütiger die Wähler werden, um so größere Chancen haben neue Parteien, relevante Stimmenanteile zu ergattern und sich womöglich dauerhaft zu etablieren. Und umgekehrt: Je mehr Parteien es in einem Parteiensystem gibt, um so größer sind die Auswahlmöglichkeiten für den Wähler.[2] Hinzu kommt die Option der Nichtwahl, die bei den Volatilitätsindizes noch gar nicht berücksichtigt ist. Die Wahlbeteiligung ist in der Bundesrepublik – wie in anderen westlichen Demokratien – auf allen Ebenen des politischen Systems rückläufig, unterliegt aber auch stärkeren Schwankungen als früher. Bei Landtagswahlen erreichte sie ihren bisherigen Tiefststand im März 2006 in Sachsen-Anhalt (44,4 Prozent), während in Mecklenburg-Vorpommern und Berlin ein halbes Jahr später immerhin noch 59,2 bzw. 58,0 Prozent der Wahlberechtigten zur Urne gingen. Ein vergleichbares Bild zeigt sich bei Betrachtung der zusammengefassten Stimmenanteile der sogenannten „Sonstigen", nicht etablierten Kleinparteien, die in der Wahlberichterstattung gerne vernachlässigt werden.[3] Diese haben bei den Zwischen- oder Nebenwahlen (wozu neben den Landtagswahlen insbesondere

---

Sympathiefaktor. Wo weichere Kriterien verwendet werden, weisen die Untersuchungen naturgemäß einen höheren Stammwähleranteil aus (vgl. z.B. Stöss 2000).

[2] Die steigende Zahl der Wettbewerber, die in der Bundesrepublik zu Wahlen antreten, mag dies belegen. Wurden vom Bundeswahlleiter 1980 die Listen von 12 Parteien bzw. Wählervereinigungen zur Bundestagswahl zugelassen, so waren es 1998 bereits 29. Zu den Europawahlen traten 2004 fast dreimal soviel Parteien an wie 1979 (24 gegenüber 9). Der Wert für 1989 (22 Parteien) zeigt, dass dieser Anstieg schon vor der deutschen Einheit eingesetzt hatte.

[3] Auch das wissenschaftliche Interesse an den nicht-etablierten Kleinparteien ist in der Bundesrepublik lange Zeit gering geblieben. Während die Vertreter der verschiedenen Parteienfamilien, insbesondere an den äußeren Rändern, als durchaus gut erforscht gelten können, dauerte es nach Manfred Rowolds (1974) Bonner Dissertation exakt ein Vierteljahrhundert, bis mit Dirk van den Booms (1999) Habilitationsschrift erstmals wieder eine Gesamtdarstellung vorgelegt wurde. Auch wenn sich die Literaturlage inzwischen etwas verbessert hat (z.B. Schulze 2004, Jun/Kreikenbom/Neu 2006), fehlt es weiterhin an einem umfassenden Überblick. Für eine komprimierte Darstellung vgl. das 1964 erstmals erschienene Taschenbuch des Olzog-Verlages, das inzwischen in der 27. Auflage vorliegt (Oberreuter 2006).

die Europawahl gehört) zuletzt immer mehr Zuspruch erfahren. Bei der Landtagswahl in Mecklenburg-Vorpommern im September 2006 kamen die „Sonstigen" auf 3,9 Prozent, bei der am selben Tag stattfindenden Abgeordnetenhauswahl in Berlin auf 11,1 Prozent (darunter allein 3,8 Prozent für die →Grauen).
Nimmt man das Resultat für die NPD hinzu, belief sich die Quote des „abweichenden" Stimmverhaltens in Mecklenburg-Vorpommern auf 11,2 und in Berlin
auf 13,7 Prozent. Bei den bundesweit stattfindenden Europawahlen im Juni 2004,
die aufgrund ihrer gering eingeschätzten Bedeutung noch stärker zur Sanktions-
wahl einladen als die Landtagswahlen, lag sie mit 15,9[4] sogar noch darüber. Nahezu spiegelbildlich dazu verhält sich der Stimmenanteil, den Union und SPD
gemeinsam auf sich vereinigen konnten. In Berlin, Brandenburg und Sachsen
betrug dieser zuletzt kaum mehr als 50 Prozent, während er bundesweit und im
Durchschnitt der alten Länder von über 90 Prozent in den siebziger Jahren auf
heute weniger als 80 Prozent zurückgegangen ist. In Verbindung mit der sinkenden Wahlbeteiligung heißt das, dass die beiden Volksparteien nur noch gut 60
Prozent der Wähler hinter sich versammeln können (→Niedermayer in diesem
Band).

Abbildung 3:   Wahlbeteiligung bei Bundestags- und Europawahlen seit 1983
bzw. 1984

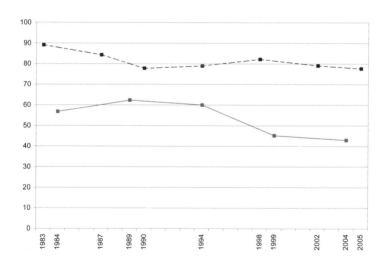

---

[4] Das Ergebnis der im Westen damals noch nicht etablierten PDS ist hier mit eingerechnet.

Abbildung 4:   Quote des „abweichenden" Stimmverhaltens bei Bundestags-
und Europawahlen seit 1983 bzw. 1984 (zusammengefasste
Stimmenanteile der sonstigen Parteien und der PDS)

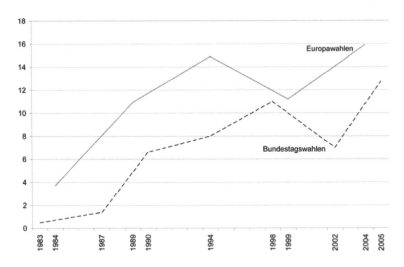

Der Rückgang der Parteibindungen kann auf gesellschaftliche (sozialstrukturelle)
und politische Gründe zurückgeführt werden. Die sozialstrukturellen Faktoren
sind längerfristig wirksam und insofern weniger kontingent als das Handeln der
politischen Akteure. Deshalb und weil sie sich mit den quantitativ-statistischen
Methoden der Wahlsoziologie gut einfangen lassen, haben sie die Forschung
lange Zeit dominiert. Mit dem Bedeutungsverlust der einstmals parteibildenden
Konfliktlinien (*cleavages*) und Milieus sind die politischen Faktoren stärker ins
Blickfeld geraten. Über Formen und Ursachen der gesellschaftlichen Entwurzelung existiert eine umfangreiche Literatur, die hier nicht weiter ausgebreitet werden muss (vgl. statt vieler Brettschneider/van Deth/Roller 2002). Die Stichworte
lauten Tertiarisierung, Ausbau des Wohlfahrtsstaates, Individualisierung, Säkularisierung und Wertewandel. Zusammengefasst werden können sie im Begriff
der „Pluralisierung". Diese findet ihren Niederschlag darin, dass „die großen
Effekte der politisierten Sozialstruktur allmählich durch kleinere Effekte bestimmter sozialstruktureller Lagen abgelöst werden, die sich nicht mehr zu einem
großen Gesamteffekt der ‚Sozialstruktur' oder zumindest der ‚Klassenstruktur'
aufaddieren" (Pappi 2002: 42). So wie der sozioökonomische Konflikt sich in
mehrere disparate Verteilungscleavages „verflüchtigt", bei denen die Interessen

der verschiedenen Gruppen immer weniger Übereinstimmungspunkte aufweisen, so werden auch die kulturellen Orientierungen und Lebensstilmerkmale vielfältiger. Gleichzeitig entkoppeln sich beide Aspekte, sodass von der sozialökonomischen Lage einer Person nur noch bedingt auf ihre Wertvorstellungen geschlossen werden kann. Ob die kulturellen gegenüber den verteilungsbezogenen Konflikten in der nachindustriellen Gesellschaft generell an Bedeutung zunehmen, wie es manche Autoren behaupten, können wir an dieser Stelle dahingestellt sein lassen (Decker 2004: 233 ff.). Ihre Brisanz liegt vor allem in der polarisierenden Wirkung, da Wertfragen – anders als Verteilungsfragen – der Natur nach wenig kompromissfähig sind. Wie ein Vergleich zwischen Europa und den USA zeigt, gibt es dabei aber innerhalb der westlichen Demokratien immense Unterschiede, die manche Erkenntnis von früher auf den Kopf stellen.[5]

Dies bedeutet selbstverständlich nicht, dass sozialstrukturelle Merkmale für das Wahlverhalten irrelevant wären – wie der bleibende Stammwähleranteil zeigt, sind sie es keineswegs (Thaidigsmann 2004). Nach wie vor wählen kirchentreue Katholiken überproportional häufig CDU/CSU und Gewerkschaftsmitglieder SPD. Die Merkmale verlieren aber in qualitativer und quantitativer Hinsicht an Bedeutung. Die Bindungen schwächen sich auch bei den Traditionswählern ab, und durch das Cleavage wird ein immer kleinerer Teil der Gesellschaft erfasst. Beide Effekte können sich unterschiedlich verteilen. So ist z.B. die Quote der regelmäßigen Kirchgänger unter den Katholiken in den letzten fünfzig Jahren von 60 auf 12 Prozent (!) gesunken, sodass der Union die vergleichsweise große Treue dieser Wählergruppe nur wenig nützt. Umgekehrt stellt sich das Problem bei der SPD dar: Hier hält sich der Schrumpfungsprozess ihrer Kernklientel in der Industriearbeiterschaft noch in Grenzen, doch kann die Partei diese schon lange nicht mehr als sicheres Rekrutierungsreservoir betrachten. Beide Volksparteien stehen mithin vor der Situation, ihre Mehrheitsfähigkeit nur durch eine programmatische Öffnung für neue Wählerschichten retten zu können. Gerade damit laufen sie aber Gefahr, die getreuen Stammwähler weiter zu verprellen. Der Hamburger Politologe Elmar Wiesendahl (1992) spricht treffend von einer „Modernisierungsfalle".

---

[5] Wenn die „Amerikanisierung" der Wahlen eine Antwort auf abnehmende Parteibindungen darstellt, dann ist kein politisches System heute weniger „amerikanisiert" als das US-amerikanische. Neuere Untersuchungen kommen zu dem Ergebnis, dass in den USA nur noch 7 bis 8 Prozent der Wähler als echte Wechselwähler bezeichnet werden können. Der Hauptgrund dafür liegt in einer Verschärfung der sozialkulturellen Gegensätze, die zu einer Zunahme und Verfestigung der Parteiidentifikationen geführt hat. Ablesen lässt sich das u.a. am Rückgang des *split-ticket-votings* und der geringen Quote der unentschiedenen Wähler. Republikaner und Demokraten sind deshalb gut beraten, sich bei der Wählermobilisierung vorrangig um die eigene Klientel zu bemühen, wenn sie ihre Chancen optimieren wollen (Lösche 2004). Zur Übertragbarkeit der „Amerikanisierungsthese" auf die Bundesrepublik vgl. unten Punkt 8.

Die schwierige Gratwanderung zwischen alten und neuen Wählern lässt sich auch am vermeintlichen Widerspruch von „Tradition" und „Modernisierung" festmachen. Politologen wie der Berliner Politikberater Tobias Dürr (2005: 35 f.) vermuten, dass die Gegensätze Staat vs. Markt, Kapital vs. Arbeit oder Materialismus vs. Postmaterialismus, die dem hergebrachten Rechts-Links-Schema zugrunde liegen, die wahren Konfliktlagen im deutschen Parteiensystem gar nicht mehr abbilden. Entscheidend sei vielmehr die Bruchlinie zwischen den beharrenden und den veränderungsbereiten Kräften, die – in unterschiedlicher Mischung und Färbung – in allen bundesdeutschen Parteien vertreten sind und die genannten Gegensätze überlagern. Die Hauptspaltungslinie verläuft demnach nicht zwischen den Parteien, sondern innerhalb dieser. Dies gilt laut Dürr selbst für „den Anhang der in vieler Hinsicht völlig zu Unrecht als besonders bewegungsfreudig geltenden FDP. Einzig die um dieselben sozial marginalisierten Wählergruppen konkurrierenden Parteien NPD, DVU und ‚Linkspartei' lassen sich – unbeschadet unterschiedlicher ideologischer Wurzeln – eindeutig als reine ‚Parteien der Beharrung' charakterisieren: In ihrem gemeinsamen Populismus und Protektionismus eint sie de facto weitaus mehr, als sie voneinander trennt."

Der Ausgang der Bundestagswahl 2005 hat gezeigt, wie stark das sozialstaatliche Sicherheitsdenken in der Bundesrepublik ausgeprägt ist. Die drohende Abwanderung von SPD-Wählern zur Linkspartei.PDS führte einerseits zu der Merkwürdigkeit, dass die Regierungspartei im Wahlkampf wie eine Oppositionspartei auftrat und ihre Reformpolitik der vergangenen Jahre im Grunde dementierte. Auf der anderen Seite musste die Union lernen, dass ihr Versuch, mit einer „Strategie der Ehrlichkeit" noch sehr viel weiter reichende Reformziele zu propagieren, auch in der eigenen Anhängerschaft auf wenig Gegenliebe stieß. Nachdem das Wahlergebnis die beiden Volksparteien in eine Große Koalition gezwungen hatte, herrschte unter vielen Beobachtern die Erwartung, Union und SPD würden ihr Wettbewerbsinteresse nun der gemeinsamen Suche nach Problemlösungen unterordnen und die veränderungsbereiten Kräfte in ihren Parteien zu einer mutigen Reformkoalition zusammenführen. Diese Erwartung wurde jedoch schon bald enttäuscht. Die Große Koalition konnte zwar in einigen Bereichen Entscheidungen durchsetzen, die unter der rot-grünen Vorgängerregierung vom unionsdominierten Bundesrat verhindert worden waren (etwa bei der Haushaltskonsolidierung und Kürzung von Steuersubventionen). In anderen Fragen scheiterte sie aber am wechselseitigen Misstrauen der beiden Partner, die ihre über Jahrzehnte aufgebaute gegnerschaftliche Orientierung nicht ablegen wollten und deshalb nur kleinteilige Kompromisse zustandebrachten (Gesundheitspolitik). Dieses Misstrauen war auch auf die parteiinternen Konflikte und Meinungsunterschiede zurückzuführen. Einerseits gab es in der SPD-Führung wenig Bereitschaft, gegen die widerstrebenden Kräfte der Parteilinken über die Politik der Agenda 2010 wesentlich hinauszugehen. Auf der anderen Seite konnte die Kanzlerin die Ministerpräsidenten aus dem Unionslager nur mühsam bei der Stange halten, die mit Blick auf die Wählerschaft im eigenen Bundesland eine Politik der (zu) harten Zumutungen fürchteten. Die politischen Akteure verharrten also im Zustand der Selbstblockade, den man durch die Bildung der Großen Koalition gerade zu überwinden gehofft hatte. Vor diesem Hintergrund war es nicht überraschend, dass die Zustimmungswerte der Regierung schon nach wenigen Monaten auf ein Rekordtief fielen.

5   Staatliche Handlungsfähigkeit und der Gestaltwandel des Parteienwettbewerbs

An dieser Stelle kommt der Faktor „Politik" ins Spiel. Als Daniel Bell in den sechziger Jahren seine These vom „Ende der Ideologien" formulierte, lag der Zusammenbruch des Sowjetkommunismus noch ebenso in Ferne wie der beschleunigte Globalisierungsprozess. So wie die Blütenträume eines sozialistischen oder anderen „dritten" Weges jenseits des Kapitalismus endgültig verflogen sind, so ist auch die Fähigkeit der demokratisch verfassten Nationalstaaten, die wirtschaftliche und gesellschaftliche Entwicklung aktiv zu gestalten, seither deutlich geschrumpft. An die Stelle autonomer Politik tritt vermehrt der bloße Nachvollzug heteronomer Sachgesetzlichkeiten. Für die parteipolitischen Akteure erwächst daraus ein schwieriges Dilemma. Einerseits kommen sie nicht umhin, sich in ihren programmatischen Standpunkten und tatsächlichen Handlungen anzugleichen, wenn sie den Sachgesetzlichkeiten Rechnung tragen wollen. Andererseits beruht die Legitimität des in Wahlen ausgetragenen demokratischen Wettbewerbs gerade darauf, dass es einen Unterschied macht, wer regiert. Um beide Anforderungen miteinander zu vereinbaren, haben die politischen „Anbieter" im Prinzip drei Möglichkeiten:

Die *erste* Strategie besteht darin, vor der Wählerschaft auf die unterschiedlichen Details in den Problemlösungen zu verweisen. Von einem normativen Standpunkt aus betrachtet bleibt die programmatische Funktion der Parteien insoweit unentbehrlich. Dennoch erscheint die Strategie wenig praktikabel. Weil die Details in der Regel kompliziert sind und sich nur schwer vermitteln lassen, würde ein ausschließlich an der Sache orientierter Wahlkampfs das Publikum im Zweifel überfordern oder langweilen. Dies gilt auch dann, wenn die politischen Konzepte mit einem ideologischen „Überbau" versehen werden, der an die

Grundwerte der Partei anschließt. Denn diese sind in der Regel so allgemein gehalten, dass sich der politische Gegner genauso in ihnen wiederfinden könnte.[6] Um dem auszuweichen, könnten die Parteien *zweitens* Themen außerhalb der Sozial- und Wirtschaftspolitik aufgreifen, bei denen ihre Positionen stärker auseinander klaffen. Hier wäre insbesondere an kulturelle oder gesellschaftspolitische Fragen zu denken, in bestimmten Situationen vielleicht auch an die Außenpolitik. Eine solche Strategie funktioniert allerdings nur für den Fall, dass diese Themen auf der Agenda ganz nach oben gelangen, was in der Bundesrepublik bislang die Ausnahme gewesen ist (etwa bei der Bundestagswahl 2002). Zudem lässt sich die Priorisierung der Themen durch die Parteien nicht einseitig steuern. Einerseits stehen die politischen Anbieter auch hier untereinander im Wettbewerb; andererseits befinden sie sich in Abhängigkeit von den Medien, denen in der pluralistischen Demokratie die eigentliche Agenda setting-Funktion obliegt.

Größeren Nutzen verspricht da die *dritte* Möglichkeit, die den Charakter der heutigen Wahlkämpfe wohl am besten umschreibt: das Ausweichen auf Personalisierung, Inszenierung und politische Symbolik. Ihre Logik besteht darin, den Wettbewerb zu „entsubstanzialisieren", die Verpackung anstelle des Inhalts zu setzen. Ein verantwortungsvoller Gebrauch dieser Strategie fällt nicht leicht. Denn hier beginnt zugleich das Reich der Verführung, wo man unhaltbare Versprechungen macht, eine in Wahrheit längst verloren gegangene Handlungsmacht vortäuscht, Emotionen anstelle von Sachargumenten setzt oder sich in populistischer Stimmungsmache übt. Geben die Politiker dieser Versuchung allzu sehr nach, drohen sie die Legitimität der gesamten Parteiendemokratie zu untergraben.

Die Erosion der sozialstrukturellen Bindungen der Parteien und das Schwinden der ideologischen Gegensätze haben für den Parteienwettbewerb ambivalente Folgen. In der Vergangenheit war es die Gleichzeitigkeit von gesellschaftlicher Segmentierung und ideologischer Polarisierung, welche die demokratische Funktionalität des Parteiensystems gewährleistete und damit zugleich eine Schutzvorkehrung gegen den Populismus bildete. Die Massenintegrationsparteien waren repräsentativ, indem sie eine klar umrissene politische Identität ausbildeten. Sie standen für die Interessen ganz bestimmter Bevölkerungsgruppen und waren in

---

[6] In einer am 1. Juni 2006 gehaltenen Rede anlässlich der 11. Internationalen Berliner Begegnung identifizierte die CDU-Vorsitzende und Bundeskanzlerin Angela Merkel „Freiheit, Gerechtigkeit und Solidarität" als gleichrangige Grundwerte der CDU, „die im Übrigen auch für die Sozialdemokratische Partei gelten." Auch in ihrem Referat auf dem CDU-Grundsatzkongress wenige Wochen später wollte sie den von der CDU früher betonten Vorrang der Freiheit nicht mehr aufrechterhalten. Der SPD-Vorsitzende Kurt Beck gratulierte Merkel daraufhin ironisch zu ihren „guten Einsichten".

deren gesellschaftlichen Milieus fest verankert. Pflegten die Parteien diese Bindungen, konnten sie sich auf die Unterstützung ihrer natürlichen Anhängerschaft verlassen. Ihre kompetitive Orientierung blieb dadurch begrenzt. Die Parteien verfügten über gesicherte Stimmanteile und brauchten sich deshalb um die Stimmen der Konkurrenz nicht sonderlich zu scheren (Mair 2002).

Die politischen Systeme zogen aus dieser Situation unterschiedliche Konsequenzen. In einigen Ländern wurden die gesellschaftlichen und ideologischen Spaltungen durch ein Konsenssystem an der politischen Spitze überbrückt, in dem die Parteieliten vertrauensvoll zusammenarbeiteten. Exemplarisch dafür standen früher Österreich oder die Niederlande. In anderen Ländern (Großbritannien, Frankreich, Deutschland) sorgte der mehrheitsdemokratische Parlamentarismus dafür, dass die weltanschaulich-programmatischen Differenzen zwischen den Parteien zum Tragen kamen und der Wettbewerb sein Steuerungspotenzial behielt. Hier machte es tatsächlich einen Unterschied, wer regierte. Je nachdem, wie die Konfliktlinien in der Gesellschaft verliefen, konnte es dabei auch vorkommen, dass eine Partei oder ein Lager für längere Zeit die Hegemonie errang. In der Bundesrepublik war das z.B. in den fünfziger und sechziger Jahren der Fall, als die Union im Parteiensystem über ein deutliches Übergewicht verfügte.

Abbildung 5:   Typologie westeuropäischer Parteiensysteme

		Parteienwettbewerb	
		gegnerschaftlich	konkordant
gesellschaftlich-ideologische Polarisierung	schwach	Großbritannien Deutschland	Skandinavien
	stark	Frankreich	Italien (bis 1994) Schweiz Benelux Österreich

Auch nachdem die ideologischen Gegensätze allmählich verblassten und ihr gesellschaftlicher Rückhalt schwächer wurde, gelang es den Parteien zunächst weiter, ihre jeweiligen Klientelen bei der Stange zu halten. Die Grundlage dafür schuf eine Politik der materiellen Interessenbefriedigung. Die hohen Wachstumsraten in der „Goldenen Ära" des Keynesianismus hielten nicht nur die Arbeitslosigkeit gering, sie führten auch dazu, dass der Wohlfahrtsstaat stetig ausgebaut werden konnte und es für alle Gruppen genügend zu verteilen gab. Der soziale Ausgleich bereitete unter diesen Bedingungen kaum Probleme. Doch schon in den siebziger Jahren änderte sich das Bild. Wachstumseinbrüche und die zunehmende finanzielle Überbeanspruchung des Staates machten es schwieriger, die Interessenunterschiede innerhalb der Wählerschaft ökonomisch zu überbrücken. Hinzu kam, dass Teile der Gesellschaft – unter dem Einfluss des Wertewandels – jetzt auch grundsätzliche Zweifel am Verteilungsparadigma hegten. Die Politik geriet in das Dilemma, einerseits die Negativfolgen des auf Wachstum programmierten industriegesellschaftlichen Systems bekämpfen und andererseits die Grundlagen eben dieses Wachstums sichern zu müssen. Nachdem die Globalisierung der Finanzmärkte die Möglichkeiten einer nachfrageorientierten Vollbeschäftigungspolitik („Keynesianismus in einem Lande") drastisch eingeschränkt hatte, musste sie dazu verstärkt auf angebotsseitige Maßnahmen zurückgreifen, die in vorhandene Besitzstände eingriffen. Um die hohe Arbeitslosigkeit zurückzuführen, kam man nicht umhin, die Löhne und Lohnersatzleistungen zu begrenzen sowie den Arbeitsmarkt zu flexibilisieren. Auch in der Kranken- und Altersversicherung galt es das Versorgungsniveau zu reduzieren, wenn man einen weiteren Anstieg der Arbeitskosten verhindern und zugleich den Auswirkungen des demographischen Wandels begegnen wollte. Letzterer hat dazu geführt, dass einer gleich bleibenden bzw. sinkenden Zahl von Beitragszahlern immer mehr Leistungsempfänger gegenüberstehen.

Während die konsensdemokratischen Systeme in Schweden, Dänemark oder den Niederlanden mit diesen Herausforderungen vergleichsweise gut fertig geworden sind, hat die Bundesrepublik die Reformnotwendigkeiten lange Zeit negiert und vor sich her geschoben. Erst im Jahre 2003 kam es unter der rotgrünen Regierung Gerhard Schröders zu einer größeren Kraftanstrengung, für die der sozialdemokratische Teil der Koalition prompt mit massivem Stimmentzug bestraft wurde. Da die SPD ihre Wähler vor der Bundestagswahl 2002 über den einzuschlagenden Kurs im Unklaren gelassen hatte, musste sie mit dieser Quittung rechnen. Aus elektoraler Sicht war ihr damaliges Handeln nachvollziehbar. Die kompetitive Logik des bundesdeutschen Parteiensystems, nach der die Großparteien um eine zunehmend wechselbereiter werdende Wählerschaft buhlen müssen, macht die Akteure nicht unbedingt geneigt, unangenehme Wahrheiten zu verkünden, wenn sie im Rennen um die Wählergunst die Nase vorn haben wollen. Der Drang zur Mitte wirkt hier in doppelter Hinsicht verhängnisvoll. Zum einen hält er die Parteien davon ab, jenen Mittelschichten, die vom Ausbau des Wohlfahrtsstaates in der Vergangenheit am meisten profitiert haben, die nötigen Reformen zuzumuten, weil diese das Gros ihrer (potenziellen) Wähler ausmachen. Zum anderen nimmt er ihnen die Fähigkeit – und zum Teil auch den Willen –, die vom Modernisierungsprozess abgekoppelten, randständigen Bevölkerungsgruppen zu repräsentieren, die heute die wichtigste Wählerreserve rechtsextremer oder -populistischer Protestparteien darstellen (Decker 2004: 195 ff.).

6 Die Politik im permanenten Belagerungszustand

Wenn die bisher vorgelegte Diagnose stimmt, dann ist von der Politik vor allem Führungswillen und -fähigkeit gefordert. Für die Parteien heißt das z.b., dass ihre Programmarbeit heute im Zweifel eine noch größere Bedeutung gewinnt als früher, wo sie in erster Linie der ideologischen Selbstvergewisserung der eigenen Klientel diente. Die brutale Abstrafung des von Gerhard Schröder 2003 eingeleiteten Reformkurses in der Sozial- und Wirtschaftspolitik hat gezeigt, was passiert, wenn man die politische Richtung ständig verändert und die Wähler auf dem einzuschlagenden Weg nicht rechtzeitig mitnimmt. Falsch wäre es aber, die Forderung nach Führung „voluntaristisch" zu überhöhen. Dieselben Gründe, die Führung heute so notwendig erscheinen lassen, machen sie zugleich zu einem schwierigen Unterfangen. Dies gilt nicht nur für die eben beschriebenen Versuchungen des Parteienwettbewerbs, das elektorale Interesse über die eigentliche Problemlösung zu stellen. Es zeigt sich auch an anderen Erscheinungsformen des parteiendemokratischen Systems, die eine konsistente und problemlösende Politik „aus einem Guss" behindern. Der Regierung „handwerkliche Fehler" vorzuwerfen, gehört mittlerweile zum Standardrepertoire der Oppositionsparteien. Hier muss die Frage gestellt werden, ob solche Fehler nicht vielleicht auch strukturelle Ursachen haben.

Die erste – von der Politikwissenschaft hinlänglich bestätigte – Ursache könnte darin liegen, dass im deutschen Regierungssystem die Handlungsmöglichkeiten der gewählten Bundesregierung durch eine (zu) hohe Zahl von Vetospielern über Gebühr beschränkt werden. Als Problem erweist sich hier insbesondere der Föderalismus, der durch seine hochgradig verflochtenen Strukturen zu Entscheidungsblockaden tendiert, statt ein produktives Zusammenwirken der beteiligten Institutionen und Akteure zu gewährleisten. In normalen Zeiten haben sich diese Strukturen als Fehlervermeidungssystem glänzend bewährt. Unter Reformstress geraten sie jedoch immer mehr zu einer Fehlerquelle. Bei der Verabschiedung des großen Gesetzespaketes zur Steuer-, Wirtschafts-, Renten- und Arbeitsmarktpolitik im Dezember 2003 hat sich das eindrucksvoll gezeigt. Im Vermittlungsausschuss wurden damals von den Regierungs- und Oppositionsparteien so viele komplexe Vorhaben gleichzeitig verhandelt und miteinander verrechnet, dass Sachgerechtigkeit und Sorgfalt auf der Strecke blieben. Auch unter der Großen Koalition hat sich daran im Prinzip nichts geändert. Dass diese ausgerechnet die Gesundheitspolitik zum Lackmustest auf ihre Reformfähigkeit stilisierte, mutet angesichts der weit auseinanderliegenden Grundpositionen von Union und SPD in dieser Frage merkwürdig an. Das Ergebnis war, dass der zum 1. April 2007 in Kraft getretene, mühsam errungene Kompromiss auf der Finanzierungsseite weitgehend alles beim Alten beließ und die im Koalitionsvertrag vereinbarte Senkung der Krankenversicherungsbeiträge ins Gegenteil verkehrte. Der wichtige Teil der Strukturreform – die Einführung eines sogenannten Gesundheitsfonds – wurde unterdessen auf 2009 vertagt.

Ein zweiter Punkt hängt damit eng zusammen: die zunehmenden Anforderungen an das Regieren selbst. Mit wachsender gesellschaftlicher Differenzierung steigt die Zahl der Akteure und Interessen, die im politischen Prozess berücksichtigt werden wollen. Die Konsequenz ist eine immer rascher voranschreitende Verrechtlichung der sozialen Beziehungen, die sich durch die europäische Integration noch beschleunigt hat. Experten schätzen, dass heute bereits mehr als die Hälfte der nationalen Gesetze allein durch europäisches Recht beeinflusst bzw. veranlasst werden. Um nicht in Handlungsunfähigkeit zu erstarren, muss das politische System diesen Komplexitätszuwachs irgendwie bewältigen. Die dazu eingesetzten Strategien – Auslagerung der Regierungsgeschäfte in spezialisierte Kommissionen, in denen Experten und Interessenvertreter unter sich bleiben, und/oder Informalisierung des Entscheidungsprozesses an der Regierungsspitze – haben allerdings ihren Preis. Indem sie den Handlungsspielraum der Regierung verbreitern, erhöhen sie zwar einerseits die Entscheidungseffizienz. Andererseits entwerten sie jedoch die demokratisch verfassten Regierungsorgane und tragen so zur weiteren Delegitimierung des Systems bei. Auch hier bieten die sieben Regierungsjahre von Rot-Grün genügend Anschauungsmaterial.

Die Auswanderung der Politik aus den Institutionen stellt – drittens – zugleich eine Reaktion auf die omnipräsenten Medien dar, die die Politik heute in einen permanenten plebiszitären Belagerungszustand versetzen. Dies führt dazu, dass die öffentliche Darstellung der Entscheidungen mit deren tatsächlichem Inhalt und Zustandekommen immer weniger zu tun hat. Autoren wie Thomas Meyer (2001) gehen sogar soweit, von einer „Kolonialisierung" zu sprechen, bei der das Mediensystem die Politik seiner eigenen Handlungslogik unterwerfe. Die Gründe dafür liegen zunächst in der technologischen Entwicklung, die in den achtziger Jahren durch die Vervielfachung des Programmangebots zu einer Verbesserung der Zugangschancen für Parteien und Politiker zu den elektronischen Medien geführt hat. In Verbindung mit den oben beschriebenen Versuchungen des Parteienwettbewerbs gewinnt diese ständige mediale Verfügbarkeit Brisanz. Dass die Politiker heute im Fernsehen gut „rüberkommen" wollen und sich deshalb in der (Selbst)darstellung den Gesetzen des Mediums anpassen, wird ihnen im Ernst niemand vorwerfen. Die eigentlichen Probleme beginnen dort, wo die Darstellungslogik die Oberhand gewinnt und auf die materiellen Entscheidungen zurückwirkt. Wenn die politischen Akteure sich von Stimmungen nicht nur leiten lassen, sondern diese Stimmungen selbst aktiv herbeiführen und beeinflussen, dann droht die plebiszitäre Ansprache in Gefälligkeitspolitik und populistische Anbiederung abzugleiten. Hinzu kommt, dass die Medien in ihrem Hang zur Personalisierung und Dramatisierung jenen Allmachtsmythos der Politik bestärken, den diese selbst glaubt vor der Wählerschaft erzeugen zu müssen. In Wahrheit wissen es beide besser. Die Journalisten drehen also einerseits selbst kräftig mit an der Spirale der Erwartungen. Auf der anderen Seite stellen sie die Politiker an den Pranger, wenn die Erwartungen nicht in Erfüllung gehen bzw. sich als unhaltbar erweisen.

Das heißt aber, dass die Medien für den Ansehensverlust des parteiendemokratischen Systems auch ganz unmittelbar verantwortlich sind. Weil negative Berichterstattung mehr Resonanz verspricht als positive, ist die Haltung, die sie der politischen Klasse gegenüber an den Tag legen, grundsätzlich gegnerschaftlich. Nicht wenige Sozialwissenschaftler sehen hierin den eigentlichen Grund für den empirisch nachweisbaren Anstieg der Politikverdrossenheit. Bei der Frage, warum die Medien immer negativer berichteten, gehen die Meinungen allerdings auseinander. Kepplinger (1998) führt dies vor allem auf das veränderte Selbstverständnis der Journalisten (infolge des Generationswechsels) zurück, während andere Autoren die Kommerzialisierung des Mediensystems als Hauptursache hervorheben. Beiden Erklärungen ist gemeinsam, dass sie die negative Darstellung der Politik als unabhängig betrachten von deren realen Leistungen und Versäumnissen. Folgt man der umfangreichen Responsivitätsstudie[7] von Frank Brettschneider (1995), wurden diese Leistungen von der bundesdeutschen Bevölkerung bis Anfang der neunziger Jahre durchaus positiv bewertet – zu einem Zeitpunkt also, als die Politikverdrossenheit bereits angestiegen war. Wie lässt sich dieser Widerspruch erklären? Brettschneider (ebd.: 149 f.) vermutet zum einen, dass die Politiker heute dank der Umfragen besser als früher imstande

---

[7] Unter Responsivität versteht man in der Demokratieforschung die Übereinstimmung des Regierungshandelns mit den Wählerpräferenzen. Vgl. Brettschneider 1995: 18 ff.

seien, sich responsiv zu verhalten. Zum anderen stelle die Responsivität nur ein Durchschnittsmaß dar, das die unterschiedliche Dringlichkeit der Themen unberücksichtigt lasse. Es sei daher denkbar, dass sich die Negativurteile auf diejenigen Themen konzentrierten, die hohe Medienaufmerksamkeit erzielten und von der Bevölkerung als besonders wichtig eingestuft würden. Genauso naheliegend könnte es aber sein, die Erklärung in den unterschiedlichen Gegenständen von „Responsivität" und „Verdrossenheit" zu suchen. Während Responsivität die Einstellungen der Bevölkerung zu ganz konkreten Sachfragen (*issues*) misst, geht es bei der Verdrossenheit um allgemeine Bewertungen der politischen Klasse und ihrer Institutionen. Dass diese häufig vorurteilsbeladen sind und darum im Tenor negativer ausfallen als die Sachurteile, ist nicht sonderlich überraschend. Dies gilt um so mehr, als die mit der Verdrossenheit zusammenhängenden Themen (Amtsmissbrauch, Korruption, Verschwendung von Steuergeldern etc.) aufgrund ihres höheren Nachrichtenwertes von den Medien regelmäßig in den Vordergrund gespielt werden. Autoren wie Andreas Schedler (1993) haben daraus den Schluss gezogen, dass es sich bei der behaupteten Politikverdrossenheit zumindest teilweise um ein demoskopisches Konstrukt handelt.

7 Die Selbstprivilegierung der politischen Klasse im Parteienstaat

Die Abschwächung der gesellschaftlichen Bindungen der Parteien hat nicht nur zur Folge, dass die Bürger im Falle von Leistungseinbußen der Politik anfälliger für Abwanderungs- und Widerspruchsreaktionen werden; sie rückt auch die vermeintliche Selbstprivilegierung der Parteien als Thema in den Vordergrund. Der Anti-Parteien-Affekt, der sich in vielen westlichen Demokratien einer langen Tradition rühmen kann, findet hier sein bevorzugtes Betätigungsfeld. Anders als in Österreich und Italien hat er in der Bundesrepublik bislang allerdings nicht zur Gründung dezidierter Anti-Parteien-Parteien geführt, sondern ist eher eine Angelegenheit von Intellektuellen geblieben. Interventionen politischer Würdenträger gegen den Parteienstaat wie die des früheren Bundespräsidenten Richard von Weizsäcker (1992) sind die Ausnahme oder erfolgen erst, wenn die Betreffenden aus dem aktiven Dienst ausscheiden (z.B. Apel 1991).

Am Ausgangspunkt der Parteienstaatskritik steht ein Paradox. Auf der einen Seite sind die Wurzeln der Parteien in der Gesellschaft schwächer geworden. Auf der anderen Seite hat die Entwurzelung keinen gleichlautenden Machtverlust im staatlichen Bereich bewirkt. Unterschiedliche Auffassungen gibt es darüber, wie diese beiden Prozesse zusammenhängen. Einige Autoren (z.B. Mair 1994) unterstellen, dass die Parteien das Wegbrechen ihrer gesellschaftlichen

Basis durch eine Stärkung der Position im Staat gezielt wettgemacht hätten. Dies dürfte in zweierlei Hinsicht zu kurz greifen. *Erstens* wäre es falsch, von einem generellen Machtzuwachs der Parteien im staatlichen Bereich zu sprechen. Berücksichtigt man, dass der Staat als ganzes an Steuerungsfähigkeit eingebüßt hat, sind die Parteien heute weniger „mächtig" als früher, obwohl sie unter dem Druck des Parteienwettbewerbs den gegenteiligen Anschein erwecken müssen – hierin liegt einer der Gründe für die beklagte Vertrauenskrise. *Zweitens* handelt es sich beim Hineinwachsen der Parteien in den Staat um einen Prozess „sui generis", der mit ihren gesellschaftlichen Funktionen zunächst gar nichts zu tun hat. Der Parteienstaat ist vielmehr das natürliche Pendant einer Entwicklung, die im 20. Jahrhundert zur Herausbildung des „arbeitenden" oder „Leistungsstaates" geführt hat und ein Produkt der modernen Industriegesellschaft darstellt. Je mehr sich der Staat aufgerufen fühlte, in das soziale und Wirtschaftsgeschehen regulierend einzugreifen, desto enger wurde auch die Symbiose zwischen Parteien und Staat. Betrachtet man die Folgen dieser Entwicklung, so stellt sich der erwähnte Zusammenhang genau umgekehrt dar. Der Ausbau des Wohlfahrtsstaates ermöglichte es den Bürgern, die Bindungen zu „ihren" Parteien zu lockern, weil sie auf deren Fürsorge nicht mehr im selben Maße angewiesen waren (Koole 1996: 512). Für die Parteien bedeutete das nicht nur, dass sie verstärkt um neue Wählergruppen werben mussten. Sie wurden nun auch von staatlichen Ressourcen abhängig, um ihren politischen Einfluss weiter zu gewährleisten. An dieser Stelle beginnt die Kompensationsthese zu greifen.

Beleuchten lässt sich dies insbesondere an der Ausdehnung der staatlichen Parteienfinanzierung. In den sechziger Jahren eingeführt, hat deren Anteil an den Gesamteinnahmen der bundesdeutschen Parteien im Laufe der Zeit immer mehr zugenommen. Betrachtet man nur die Zuwendungen aus der sogenannten Wahlkampfkostenerstattung und stellt man sie den aus Mitgliedsbeiträgen und Spenden aufgebrachten Eigenmitteln der Parteien gegenüber, wird dieser Effekt zunächst nicht sichtbar. Hier zeigt sich im Gegenteil ein erstaunlicher Anstieg der Beitragsfinanzierung von etwa einem Drittel (1968) auf nahezu 50 Prozent der Gesamteinnahmen (2003), während der staatliche Finanzierungsanteil im selben Zeitraum von 55 auf gut 40 Prozent zurückgegangen ist (→Merten in diesem Band). Das Bild vervollständigt sich erst, wenn man über die Wahlkampfmittel hinaus auch die Quellen der indirekten staatlichen Finanzierung mit einbezieht. Hierzu gehören z.B. die Abgaben von Mandatsträgern, die als „Parteisteuern" offiziell bei den Mitgliedsbeiträgen mit gezählt werden und deren Anteil dadurch künstlich in die Höhe treiben, die Finanzierung der Abgeordnetenmitarbeiter, die Zuschüsse an die Fraktionen, die Steuerbegünstigung von Spenden und Mitgliedsbeiträgen sowie – als größter Posten – die Zuwendungen an die Parteistiftungen, soweit sie in die Schulung- und Weiterbildung des politischen Personals fließen. Summiert man all diese Mittel, so lag der staatliche Finanzierungsanteil ausgangs der neunziger Jahre mit annähernd 80 Prozent weit über der vom Bundesverfassungsgericht 1992 als zulässige Obergrenze festgelegten 50 Prozent-Marge. Profitiert von dieser Entwicklung haben vor allem die Parteizentralen. „Die direkte und indirekte Staatsfinanzierung öffnete ein Tor, um den Serviceapparat für Abgeordnete und Parteispitzen auf Partei-, Wahlkreis- und Parlamentsebene auf eine von anderen Finanzierungsquellen unabhängige Basis zu stellen. All dies geht auf gesetzliche Regelungen zurück, die sich die Parteien selbst schufen" (Wiesendahl 2006: 116).

Abbildung 6:   Indirekte Staatsfinanzierung der Parteien (Parteiensteuern, Fraktionszuschüsse, Finanzierung der Abgeordnetenmitarbeiter, Stiftungsfinanzierung[1] – jährliche Zuwendungen in Mio. Euro)

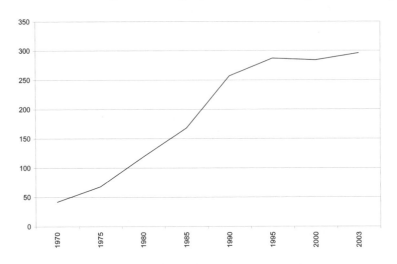

[1]zu 40 Prozent. Dieser von Wiesendahl angenommene Wert bezieht sich auf die Globalzuschüsse, die die Stiftungen für die politische Bildungsarbeit erhalten. Auch wenn man das Attribut „indirekt" in Bezug auf die Parteienfinanzierung sehr weit auslegt, dürfte er etwas zu hoch gegriffen sein, da nicht alle diese Gelder in die Schulung und Weiterbildung des politischen Personals fließen.
Quelle: Wiesendahl 2006: 115.

Der letztgenannte Punkt macht das Dilemma deutlich. Dass die politische Klasse über die sie begünstigenden Regelungen selbst entscheiden muss und deshalb dazu neigt, in diesen Fragen nach Art eines Kartells zusammenzuarbeiten[8], wäre schon für sich genommen heikel genug. Zum eigentlichen Problem wird es jedoch erst dadurch, dass der Selbstprivilegierung kein vergleichbares Gewicht der Parteien mehr in Gesellschaft und Staat entspricht, das als Vertrauensvorschuss wirkt und ihnen ein „Legitimationspolster" verschafft. Die Akzeptanz des parteiendemokratischen Systems steht und fällt damit ausschließlich mit den durch die Politik erbrachten Leistungen. Bleiben diese hinter den Erwartungen zurück, dürfte auch die Bereitschaft der Bürger sinken, die „Machtanmaßungen" der Parteien weiterhin als notwendiges Übel zu betrachten.

Dass es in der Bundesrepublik trotz dieser Negativseiten bisher nicht zu einer vollständigen Delegitimierung des Parteienstaates gekommen ist, lässt sich auf zwei Gründe zurückführen. Zum einen wird der Parteieneinfluss hierzulande durch mächtige institutionelle Gegengewichte wie Föderalismus, Verfassungsgerichtsbarkeit, Ministerialbürokratie und Medien begrenzt, sodass von einem faktischen Herrschaftsmonopol der Parteien keine Rede sein kann. Zum anderen zeichnete sich das deutsche Regierungssystem in der Vergangenheit durch einen äußerlich funktionierenden, stark gegnerschaftlich geprägten Parteienwettbewerb aus, der den politischen Wechsel über die Koalitionsbildung stets ermöglichte; die Kartellisierungstendenzen blieben insoweit auf den Bereich der institutionellen Eigeninteressen der Parteien beschränkt. Beides unterscheidet die Bundesrepublik von klassischen Parteienstaaten wie Österreich oder Italien, wo die Kartellstrukturen jahrzehntelang in ein konkordanzdemokratisches System eingebunden waren, das den Wettbewerb auch auf der Regierungsebene zurück drängte. Dies hat sich dort erst in jüngster Zeit geändert. Insofern ist es nicht ohne Ironie, dass mit der Großen Koalition die Zeichen in Deutschland – zumindest vorderhand – jetzt genau in die umgekehrte Richtung deuten.

Ein Vergleich der unterschiedlichen Systemtypen zeigt, dass es gegen populistische Delegitimierungstendenzen der Parteien und Parteiensysteme kein institutionelles Patentrezept gibt. In den konsensdemokratischen Systemen, die sich in erster Linie funktionell über den Entscheidungsoutput legitimieren, neigen die Eliten zur Abgehobenheit und müssen deshalb mit populistischen Protestakti-

---

[8] Ablesen lässt sich dies zum einen an der Häufigkeit, in der das Bundesverfassungsgericht bei der Regelung der Parteienfinanzierung korrigierend eingreifen musste, zum anderen an der Phantasie, die die etablierten Parteien entwickelt haben, um die von dort vorgenommenen Begrenzungen erneut zu umgehen bzw. zu unterlaufen. Aktuell gehen die Bestrebungen der Schatzmeister z.B. dahin, die als zu niedrig angesehene absolute Obergrenze der direkten Staatsfinanzierung anzuheben, die sich auf 133 Mio. Euro beläuft. Darüber hinaus gibt es Überlegungen, die Sanktionsvorschriften bei fehlerhaften Rechenschaftsberichten zu lockern. „Diskrete Operation", in: Der Spiegel Nr. 43 vom 23. Oktober 2006, S. 36 f.

onen rechnen. Wie sich an den Beispielen Österreichs, der Schweiz und der Niederlande ablesen lässt, geraten die politischen Systeme dadurch unter Druck, sich strukturell in Richtung Wettbewerb stärker zu öffnen. In den Mehrheitsdemokratien wiederum besteht das Problem, dass im Zuge der inhaltlichen Entleerung des Parteienwettbewerbs populistische Elemente dortselbst Einzug halten und die plebiszitäre Verwandlung des Regierungsprozesses befördern. Dies kennzeichnete bis zuletzt auch die Situation in der Bundesrepublik. Manche Autoren gehen sogar soweit, hierin den eigentlichen Grund für das Scheitern des neuen, parteiförmigen Rechtspopulismus in Deutschland zu sehen. Selbst wenn man das so nicht teilt, bleibt doch das Bild eines dramatischen Wandels. Nicht nur, dass die gesellschaftliche Integrationsleistung der Parteien nachlässt. Mit der Verschiebung der Gewichte von der Innen- zur Außenseite der Parteiendemokratie wächst zugleich auch die Gefahr politischer Fehlsteuerungen, weil der elektoralen Funktion nun alle anderen Ziele untergeordnet werden. Der eingebaute Populismus der konkurrenzdemokratischen Systeme und der antiparteienstaatliche Protestpopulismus in den Konsensdemokratien sind so betrachtet Seiten derselben Medaille.

Abbildung 7:   Selbstprivilegierung der politischen Klasse in westeuropäischen Parteiensystemen

		Parteienwettbewerb	
		gegnerschaftlich	konkordant
Kartellisierung der Privilegien	schwach	Großbritannien Frankreich	Schweiz
	stark	Deutschland	Italien (bis 1994) Skandinavien Benelux Österreich

8 Mitgliederpartei oder professionelle Wählerpartei: ein Widerspruch?

Damit wendet sich der Blick zur Binnenorganisation der Parteien. Wenn die Verankerung der Parteien in der Gesellschaft schwächer wird und sie sich gleichzeitig immer mehr „etatisieren", hat das naturgemäß auch für ihr Innenleben Folgen. In der Parteienforschung gibt es deshalb eine anhaltende Debatte darüber, ob der Typus der Volks- oder Allerweltspartei[9], der seit den sechziger Jahren in der Nachfolge der alten Massenintegrationsparteien herausgebildet wurde, heute noch Bestand habe oder von einem neuartigen Typus der Parteiorganisation abgelöst worden sei.

Richard Katz und Peter Mair (1995) haben dies in einem häufig zitierten Aufsatz bejaht und für den heute dominierenden Organisationstypus den Begriff der „Kartellpartei" vorgeschlagen. Ausgangspunkt ihrer Charakterisierung ist die oben beschriebene Penetration des Staates durch die Parteien. Während die Allerweltsparteien mangels ideologischer Unterschiede einen starken Antrieb verspürt hätten, sich von der Konkurrenz abzugrenzen, trete die Gegnerschaft der heutigen Kartellparteien hinter das gemeinsam geteilte Interesse zurück, als Organisation zu überleben. Tatsächlich lassen sich für die von Katz/Mair behauptete „Selbstreferentialität" der Parteien und die Entstehung einer von der Bevölkerung abgehobenen politischen Klasse – wie oben gesehen – zahlreiche Belege finden. Gleichwohl ist das Konzept der Kartellpartei in der Literatur überwiegend zurückgewiesen worden (zur Kritik vgl. zusammenfassend Helms 2001). Seine offenkundige Hauptschwäche besteht darin, dass es einen bestimmten Aspekt des Organisationswandels – die auf den Staat gerichteten institutionellen Eigeninteressen der Parteien – verabsolutiert. In der Konsequenz werden deshalb sowohl die Selbstbehauptung des Staates als auch der fortbestehende Anreiz zum „inhaltlichen" Parteienwettbewerb unterschätzt. Ersteres lässt sich z.B. an der Rolle der öffentlich-rechtlichen Medien festmachen, auf deren Berichterstattung die Parteien längst nicht so stark einwirken können, wie Katz und Mair vermuten. Letzteres verweist auf die mit einer Regierungsübernahme oder -beteiligung verbundenen Pfründe, die zu lukrativ sind, als dass die Parteien sie mit der Konkurrenz freiwillig teilen würden. Dies gilt (bis zu einem gewissen Grade) sogar

---

[9] Beide Bezeichnungen werden zumeist synonym verwandt, was aber über vorhandene Begriffsnuancen hinwegtäuscht. Während die *catch all-party* als nachideologische Partei den moderneren Typus repräsentiert, bestehen bei der Volkspartei größere Überschneidungen zur stärker ideologisch geprägten Massenintegrationspartei. Die Differenz zwischen beiden Konzepten könnte auch so aufgefasst werden, dass es sich bei der Allerweltspartei um eine eher idealtypische und bei der Volkspartei um eine realtypische Umschreibung handelt.

für die institutionalisierten Parteienstaaten, an denen die Erfinder der Kartellpartei ihren Begriff offenbar abgeschaut haben.

Andere Autoren stellen demgegenüber bei der Bestimmung des heute vorherrschenden Organisationstypus gerade auf den Wettbewerbsaspekt ab. Unter den in der Literatur angebotenen Bezeichnungen hat sich hier der von Angelo Panebianco (1988: 264 f.) eingeführte Begriff der „professionellen Wählerpartei" weitgehend durchgesetzt. Der Begriff hat den Vorteil, dass er den Parteienwandel sowohl von der Nachfrage- als auch von der Angebotsseite her erfasst. Die Nachfrageseite betrifft die nachlassende gesellschaftliche Verankerung der Parteien, die sich in einem zunehmend sprunghafteren Wählerverhalten ausdrückt. Die Angebotsseite setzt bei den veränderten Möglichkeiten der politischen Kommunikation an. Begriffe wie die „moderne Kaderpartei" (Koole 1996), die „Partei der Berufspolitiker" (von Beyme 1997) oder die „professionalisierte Medienkommunikationspartei" (Jun 2004) erscheinen demgegenüber als zu verengt, auch wenn sie sich in der inhaltlichen Konkretisierung von Panebianco kaum unterscheiden. Zentrale Merkmale des „neuen" Parteimodells sind danach:

- die Aufgabenverlagerung von der traditionellen Parteienbürokratie hin zu professionell arbeitenden Spezialisten
- die Verselbständigung der einzelnen Organisationsebenen und -bereiche
- der Vorrang der elektoralen Funktion
- die direkte Ansprache der Wähler mittels moderner Kommunikationstechniken
- der Autonomiegewinn der Parteispitze gegenüber den Funktionären und Mitgliedern und – damit verbunden
- die Herausstellung der gehobenen Funktions- und Mandatsträger im Rahmen einer personalisierten Führungsstruktur

Ob es sich bei der „professionellen Wählerpartei" tatsächlich um einen neuen Typus handelt oder um eine bloße Fortentwicklung oder Spezifizierung der *catch all-party*, wird in der Literatur unterschiedlich eingeschätzt. Vieles spricht aber dafür, sie weniger als Ablösung denn als Anreicherung des vorangegangenen Modells zu betrachten. Selbst der noch ältere Typus der Massenintegrationspartei ist durch den Wandel nicht gänzlich obsolet geworden, sondern wirkt in den bestehenden Organisationen fort (→Lucardie in diesem Band).

Diese Feststellung lenkt den Blick zugleich auf die Unterschiede, die in organisatorischer Hinsicht zwischen großen und kleinen Parteien sowie zwischen etablierten Parteien und Newcomern bestehen. Die kleinen Parteien haben es im Vergleich zu den großen insofern leichter, als sie sich in der Wähleransprache auf einen relativ schmalen, dafür aber homogenen Ausschnitt der Bevölkerung beschränken können. Welche Organisationsform damit einhergeht, hängt von ihrer strategischen Position im Parteiensystem ab. Handelt es sich um Parteien mit hohem Koalitionspotenzial und entsprechend langjähriger Regierungserfahrung, was in Westeuropa z.b. auf viele liberale Parteien zutrifft, so begünstigt das dadurch eintretende Übergewicht der parlamentarischen gegenüber der Hauptorganisation eine eliten- oder kaderbasierte Struktur. Die in den siebziger und achtziger Jahren entstandenen grünen Parteien, für die eine Regierungsbeteiligung zunächst nicht zur Debatte stand, verkörpern wiederum einen Typus, der von der straffen Organisationsform der Kader- und Massenparteien bewusst Abstand nimmt und anstelle dessen eine Bewegungs- oder Rahmenstruktur setzt. Ob und wieweit davon Ausstrahlungseffekte auf die großen Parteien ausgegangen sind, lässt sich nur schwer abschätzen. Immerhin zeigt das Beispiel der Grünen, dass es neue Parteien leichter haben, eine moderne Organisation aufzubauen, weil sie die Relikte der Massenpartei nicht mit sich schleppen müssen. Die in den achtziger und neunziger Jahren aufgekommenen populistischen Parteien der Rechten fügen sich in dieses Bild: Ihrer parteienfeindlichen Grundeinstellung entsprechend stehen sie für ein Modell, das in der Kombination von autoritären Kaderstrukturen und elektoraler Strategie ebenfalls ohne größere Mitgliederorganisation auskommt.

Bei den Großparteien handelt es sich demgegenüber um ausgesprochene „Dinosaurier" (Wiesendahl), die den organisatorischen Wandel eher unmerklich und in kleinen Schritten vollziehen. Gezielt herbeigeführte Reformen bleiben hier auf Situationen beschränkt, in denen die Parteien mit Veränderungswünschen direkt und massiv konfrontiert werden. Dem lässt sich durchaus auch Positives abgewinnen. Verglichen mit der Organisation der alteingesessenen Großparteien wirken die linken und rechten Newcomer in vielerlei Hinsicht beweglicher und somit auch moderner. Über ihre Professionalität besagt das allerdings nicht viel, da diese zugleich von personellen Ressourcen – Pragmatismus, administrative Führungsfähigkeit, Fachkompetenz usw. – abhängt, welche nur in langjähriger Erfahrung erworben werden können. Auch unter strukturellen Gesichtspunkten hat das beweglichere Modell seine Schattenseiten. Von Beymes (1997: 371) Diktum über die bundesdeutschen Grünen, wonach "die Betroffenheitsrituale einer bewegungsnahen Partei ... nicht leicht kompatibel (sind) mit der Gewährung von Autonomie an professionelle Politiker", trifft mit derselben Berechtigung auf die neuen populistischen Parteien zu. Der Anpassungsbedarf weist bei beiden allerdings in gegensätzliche Richtungen: Während die Grünen sich von der Priorität des innerparteilichen Demokratisierungsziels (ausgedrückt durch Rotation, Ämterbegrenzung u.ä.) lösen mussten, um ihre Politikfähigkeit zu beweisen, liegt das strukturelle Problem der Rechtsparteien gerade in der Abwesenheit oder im Versagen der innerparteilichen Demokratie. Dies setzt sie der ständigen Gefahr aus, durch interne Führungskämpfe zerrieben zu werden. Als „lernende Organisationen" stehen die neuen und alten Parteien mithin vor unterschiedlichen Herausforderungen. Für die Newcomer erweist sich die Modernisierung in erster Linie als ein „rückwärtsgewandtes" Problem. Damit die Organisation funktioniert, müssen sie die darin eingeflossenen Erfahrungen gleichsam nachholend verinnerlichen, was an die Lernbereitschaft der beteiligten Akteure hohe Anforderungen stellt. Schon etliche Neugründungen sind an dieser Aufgabe gescheitert.

Bei den alteingesessenen Vertretern richtet sich der Blick demgegenüber nach vorne. Sie müssen ihre Organisation an die veränderten Bedingungen des Wählerwettbewerbs anpassen. Dies stellt vor allem für die großen Parteien eine immense Herausforderung dar, die ihre Mehrheitsfähigkeit ja nur dann aufrecht erhalten oder zurückgewinnen können, wenn es ihnen gelingt, verschiedene Bevölkerungsteile zu einer möglichst umfassenden Wählerkoalition zusammenzuschmieden. Je mehr diese in ihren Interessen und Werteinstellungen auseinanderfallen, um so größere Schwierigkeiten ergeben sich bei der Strategiewahl und Zielgruppenansprache. Mit Blick auf die Organisation sind hier zwei Bereiche besonders betroffen. Zum einen geht es um die Rolle der Parteimitglieder, zum anderen um die Wahlkampfführung.

In der Parteienforschung ist es weithin unbestritten, dass die Mitglieder einer Partei unter Demokratiegesichtspunkten eine unverzichtbare Funktion erfüllen. Als Scharnier zwischen Mandatsträgern und Wählern tragen sie zur Verankerung der Partei in der Gesellschaft und damit zur besseren Integration und Repräsentation der Bevölkerungsinteressen bei. Je enger diese Beziehungen geknüpft werden, um so glaubwürdiger ist der Legitimationsanspruch, den die Parteien für sich und die Parteiendemokratie insgesamt erheben. Auch das verfassungsrechtlich festgeschriebene Gebot der innerparteilichen Demokratie würde ohne einen Mindestbestand an Parteimitgliedern ins Leere laufen.

Unterschiedliche Ansichten gibt es darüber, ob die Mitglieder dieser Rolle in der Praxis noch gerecht werden und welchen Nutzen sie für die Parteien in organisatorischer Hinsicht erbringen. Die These vom Funktionsverlust oder gar Niedergang der Mitgliederpartei stellt vor allem auf den Ressourcenaspekt ab. Festgemacht wird sie daran, dass die Parteien infolge ihrer Verstaatlichung von den finanziellen Leistungen der Mitglieder immer unabhängiger geworden seien. Zudem hätten die Mitglieder ihre einstige Bedeutung in der Wahlkampfkommunikation eingebüßt, die heute primär von den Medien wahrgenommen werde. Ortsverein und Ortsverband würden durch die Talkshow ersetzt (Müller 1999:

59). Daraus den Schluss zu ziehen, die Mitglieder seien gänzlich entbehrlich und die Mitgliederpartei folglich ein Auslaufmodell, scheint indessen arg übertrieben. Ein nüchterner Blick auf die Fakten belegt eher das Gegenteil. Nicht nur, dass die Mitglieder – wie gesehen – eine äußerst wichtige Finanzquelle bleiben, auch bei der Wählerwerbung sind ihre Dienste letztlich unverzichtbar. „Neben dem Medienwahlkampf kommen weiterhin alle Register des modernen Straßenwahlkampfs zum Zuge, die ohne den Einsatz freiwilliger Helfer nicht umgesetzt werden können. Zudem kann nach jüngeren amerikanischen und englischen Untersuchungen von einer Renaissance der lokalen Wahlkreiskampagne gesprochen werden, bei der freiwillige Parteiaktive eine Schlüsselstellung einnehmen. Beim organisatorischen Nutzen von Parteimitgliedern muss obendrein bedacht werden, dass sie über ihre soziale Einbettung in die Lebenswelt der Menschen eine unmittelbare und dauerhafte Beziehung zur Wählerumwelt herstellen. Diese direktdemokratische Botschafter- und Multiplikatorenrolle von Parteimitgliedern kann durch indirekte Medienkommunikation nicht ersetzt werden" (Wiesendahl 2006: 110 f.).

Dasselbe gilt für die innerparteiliche Demokratie. Gewiss ist es für eine Parteiführung lästig, wenn sie in ihrer strategischen Manövrierfähigkeit durch aufmüpfige Mitglieder eingeschränkt wird. Ob dies aus elektoraler Sicht immer schaden muss, ist jedoch nicht ausgemacht. Entfernt sich die Führung zu sehr von der Basis, könnten sich ja auch die Wähler von der Partei abwenden. Die Mitglieder erfüllen insoweit eine wichtige Korrektivfunktion. Indem sie die Führung anhalten, ihre Entscheidungen sorgfältig zu begründen und in die Partei hinein zu vermitteln, leisten sie einen Beitrag zur Pflege der eigenen Klientel. Deren Mobilisierbarkeit kann für den Wahlausgang genauso große (vielleicht sogar größere) Bedeutung gewinnen wie die Ansprache der parteipolitisch nicht festgelegten Wechselwähler.[10]

Wenn diese Feststellungen stimmen, dann muss auch die verbreitete Rede von einer „Amerikanisierung" der Wahlkämpfe korrigiert werden. „Verantwortlich hierfür sind die unterschiedlichen Zielorientierungen amerikanischer und deutscher Kampagnen; in US-Wahlkämpfen dominiert der medienorientierte

---

[10] Je nach Ausgangslage und Verlauf des Wahlkampfes empfehlen sich deshalb unterschiedliche Strategien. Sind die eigenen Anhänger schon weitgehend überzeugt, könnten die Parteien versuchen, durch einen möglichst unideologischen Wahlkampf mit Hilfe der Medien zusätzliche Wähler aus dem gegnerischen Lager und dem Lager der Unentschiedenen zu gewinnen. Dieses Rezept hat die SPD im Bundestagswahlkampf 1998 erfolgreich eingesetzt. Bleiben die eigenen Anhänger dagegen distanziert, muss der Wahlkampf zunächst auf deren Mobilisierung abzielen. Hier empfiehlt sich eine stärkere Ideologisierung und der Einsatz der Mitglieder als Kommunikatoren. Mit dieser Strategie hat die SPD ihre Niederlage bei der Bundestagswahl 2005 zwar nicht verhindern, aber doch in Grenzen halten können.

Ansatz, während in Deutschland ein (noch) eher politischer Ansatz besteht. Folglich stehen in den USA die Massenmedien und in der Bundesrepublik der mehrheitlich über die Parteien transportierte direkte Kontakt zum Wähler im Vordergrund" (Wagner 2005: 402 f.). Dem steht nicht entgegen, dass es jenseits des konventionellen Organisationswahlkampfes eine Hinwendung zu Stilmitteln und -techniken gibt, die mit dem Amerikanisierungsbegriff für gewöhnlich in Verbindung gebracht werden. Diese reichen von einer stärker personen- und imagefixierten Wähleransprache über den Einsatz externer Wahlkampfberater bis hin zum strategischen Zielgruppenmarketing (einschließlich des *direct mailing*). Einem spezifischen Rückgriff auf US-amerikanische Vorbilder und Erfahrungen entspringen die „postmodernen" Wahlkämpfe nicht, wenn man von einzelnen Elementen wie dem 2002 erstmals abgehaltenen, an sich systemfremden Fernsehduell der beiden Spitzenkandidaten einmal absieht (das in seiner Wirkung prompt überschätzt wurde). Vielmehr handelt es sich um generelle Erscheinungen einer medieninduzierten Modernisierung und Professionalisierung der Wahlkampagnen, wie sie in allen westlichen Demokratien heute in ähnlicher Form anzutreffen sind.

9   Auswege aus der Politikverdrossenheit

Über die Möglichkeit, den beschriebenen Legitimationsproblemen der Parteiendemokratie durch eine Reform der Parteien selbst entgegenzuwirken, sollte man sich keinen übertriebenen Hoffnungen hingeben (vgl. z.B. Dittberner 2004). Auch wenn die in diesem Zusammenhang diskutierten Rezepte wie Abrufung zivilgesellschaftlichen Engagements, Schaffung neuer Partizipationsformen, Netzwerkbildung etc. in die richtige Richtung weisen, reichen sie zur Behebung der Krise alleine nicht aus. Dies gilt umso mehr, als ja auch die Mitwirkungspotenziale nicht voraussetzungslos sind, sondern an den verschiedenen Stellen der Gesellschaft erst heranreifen müssen. Eine andere Gruppe von Autoren und Beobachtern empfiehlt den Parteien, ihr Image dadurch aufzupolieren, dass sie auf Macht und Privilegien freiwillig verzichten. Auch darauf sollte man nicht allzu viel geben. Bei den Machtinsignien handelt es sich ja – wie gezeigt – eher um ein Symptom der Politikverdrossenheit denn um die eigentliche Ursache. Außerdem stellt sich die Frage, warum die Parteien bereit sein sollten, in ihre eigene Entmachtung einzuwilligen. Die bisherigen Erfahrungen – von der Politikfinanzierung bis zur Wahlrechtsreform – stimmen hier nicht gerade optimistisch. Einzig die Zulassung plebiszitärer Elemente auf kommunaler und Landesebene könnte als ermutigendes Gegenbeispiel genannt werden, das allerdings bei genauerem

Hinsehen an Erstaunlichkeit verliert. *Erstens* sind die Parteien bei der Ausgestaltung der Volksrechte betont vorsichtig zu Werke gegangen, sodass sie um ihre Position nicht wirklich fürchten mussten. Und *zweitens* rührt der Siegeszug der direkten Demokratie in den neunziger Jahren auch aus der hervorragenden Eignung des Themas für den Parteienwettbewerb. Die Parteien verfolgten bei ihrer Einführung also keineswegs nur altruistische Motive.

Damit wendet sich der Blick zur Außenseite des Parteienwettbewerbs, die unter Legitimationsaspekten zweifellos das schwierigere Problem darstellt. Wenn es einen Hebel zur Bekämpfung der Politikverdrossenheit gibt, dann liegt er auf der Output-Seite – im „guten Regieren." Dies bedeutet nicht, die Output-Legitimation gegen die Mitwirkungs- und Beteiligungsrechte der Bürger auf der Input-Seite aufzurechnen, so als ob es sich bei der Demokratie um ein Nullsummenspiel handelt. Die Beteiligungsrechte müssen aber so zurecht geschnitten sein, dass sie nicht zu Lasten des „guten Regierens" gehen. Das deutsche Regierungssystem wird dieser Forderung heute leider kaum noch gerecht. Seine Konsensstrukturen, die bis in die achtziger Jahre hinein als vorbildlich gerühmt wurden, scheinen vor den Herausforderungen des 21. Jahrhunderts zu versagen. Das Problem liegt dabei nicht, wie Kritiker häufig meinen, im Konsensualismus als solchem. Entscheidend ist vielmehr die Art und Weise, wie der Konsens im Regierungssystem organisiert wird. Das bundesdeutsche Zusammenspiel von gegnerschaftlichem Parteienwettbewerb und föderativen Aushandlungszwängen hat sich hier als wenig zweckmäßig erwiesen, weil es dieselben politischen Akteure ganz unterschiedlichen Handlungslogiken unterwirft. Unter Legitimationsgesichtspunkten ist das gleich in doppelter Hinsicht schädlich. Zum einen führt es zu Ineffizienz und Blockaden. Zum anderen stößt es das Publikum ab, das hinter dem auf offener Bühne aufgeführten, mit allen Winkelzügen und Raffinessen ausgetragenen Machtschauspiel kein wirkliches Problemlösungsinteresse mehr zu erkennen vermag.

Theoretisch betrachtet bieten sich zwei Auswege aus dem Dilemma an: eine Zurückdrängung der föderativen Aushandlungszwänge oder eine Verstärkung der konsensuellen Elemente im parlamentarischen Parteienwettbewerb. Es ist nicht ohne Ironie, dass man mit der Föderalismusreform und der Bildung einer Großen Koalition im Bund beide Wege nahezu zeitgleich beschritten hat. Ob die Bundesrepublik damit einer Lösung ihrer institutionellen Regierungsprobleme näher gekommen ist, bleibt allerdings fraglich.

Die seit dem 1. September 2006 geltende Föderalismusreform wird auch von wohlmeinenden Beobachtern als misslungen bezeichnet. Hinter dem selbst gesetzten Ziel einer Entflechtung der Gesetzgebungszuständigkeiten zwischen Bund und Ländern ist sie weit zurückgeblieben: Die Länder haben – bis auf die

Beamtenbesoldung – kaum substanzielle Kompetenzen zurückerhalten, die Zuordnung der Zuständigkeiten ist eher noch unübersichtlicher als früher, und von
der in Aussicht gestellten Beschneidung der Beteiligungsposition des Bundesra-
tes ist bis jetzt kaum etwas zu spüren. Dies hat inzwischen auch die Große Koalition leidvoll erfahren. Nicht nur, dass die Unionsministerpräsidenten aus deren
wichtigstem Reformprojekt, der Neuordnung des Gesundheitswesens, zentrale
Bausteine herausbrachen, indem sie den – von ihrer eigenen Kanzlerin befürworteten – Einstieg in eine stärkere Steuerfinanzierung verhinderten. Auch in anderen für die Lebenswirklichkeit der Menschen (und ihren Wahlerfolg) bedeutsamen Feldern mischten sie sich wie ehedem in die Bundespolitik ein. Wenige Monate nach dem Inkrafttreten der zumindest quantitativ umfangreichsten Grund-
gesetzänderung, die die Bundesrepublik bis dahin erlebt hatte, ergab eine erste
vorläufige Untersuchung, dass der Anteil der zustimmungspflichtigen Gesetze
trotz Reform genauso hoch lag wie vorher (Süddeutsche Zeitung, 19.01.2007).
Nur der Sperrigkeit des für den Normalbürger schwer durchdringlichen Themas
war es zu danken, dass die politischen Akteure das Projekt der Öffentlichkeit
dennoch weiter als großen Erfolg verkauften.

Genauso enttäuscht wurden die Hoffnungen, die man nach dem Scheitern
der rot-grünen Regierung in die Große Koalition gesetzt hatte. Die Erwartung,
mit der Zwangsehe von Union und SPD werde in der Bundesrepublik eine neue
Ära des Parlamentarismus anbrechen, sollte sich rasch als Illusion erweisen. Zu
einer vertrauensvollen Zusammenarbeit, die den Weg zu einem konsensuelleren
Politikstil hätte ebnen können, waren die beiden Partner weder bereit noch in der
Lage. Deshalb beharkten sie sich auch dort, wo vorhandene Erfolge der Regierungspolitik eine gemeinsame Darstellung nach außen nicht nur ermöglicht,
sondern auch erfordert hätten. Die niedrigen Zustimmungswerte in der Bevölkerung und ihre fehlende Akzeptanz als Regierungsmodell haben also weniger mit
den Leistungen der Großen Koalition zu tun als mit ihrem Auftreten.

Dieses Problem könnte man verschmerzen, wenn die Große Koalition tatsächlich nur eine Übergangslösung wäre, wie es die beiden Regierungsparteien sich
selbst und der Wählerschaft offenbar gerne einreden wollen. Realistische (und
bessere) Alternativen zu ihr sind auf der Bundesebene aber nicht wirklich in Sicht:

▪ Der Rückweg zum alten Modell der Zweierkoalitionen ist – wie gesehen –
   durch das erwartbare Wählerverhalten wahrscheinlich versperrt. Das Sank-
   tionswahlverhalten begünstigend, entwickeln Große Koalitionen sogar eine
   Tendenz zur Selbstperpetuierung: Verlieren beide Partner an Stimmen, sinkt
   die Wahrscheinlichkeit erst recht, dass andere (kleine) Koalitionen zustande
   kommen. Die Bildung zweier weiterer Großer Koalitionen nach den Land-

tagswahlen in Sachsen-Anhalt (März 2006) und Mecklenburg-Vorpommern (September 2006) hat dies bereits belegt. Mit ihr konnte die Regierung nebenher auch ihre Mehrheit im Bundesrat weiter ausbauen.

- Dreier-Koalitionen (mit einer großen und zwei kleinen Parteien) sind zwar rechnerisch in mehreren Varianten vorstellbar, funktionieren aber politisch nicht. Entweder sie werden von mindestens einem der Partner prinzipiell ausgeschlossen (rot-rot-grün) oder sie hatten noch keine Gelegenheit, ihre Funktionsfähigkeit zu beweisen (Ampelkoalitionen).[11] Letzteres hängt mit den unterschiedlichen Strukturen der Parteiensysteme in West- und Ostdeutschland zusammen. In den neuen Ländern konnten CDU, SPD und PDS die Koalitionen dank der Schwäche der kleinen Parteien bislang weitgehend unter sich ausmachen. Umgekehrt besteht in den alten Ländern, wo weder die Linkspartei noch eine rechtsextreme oder -populistische Kraft Fuß fassen konnte, weiter die Möglichkeit, Zweier-Koalitionen (mit FDP oder Grünen) zu bilden. Eine rote oder schwarze Ampel müsste also vermutlich ohne vorherigen Testlauf in den Ländern auskommen.

- Einen anderen Ausweg aus der Koalitionsproblematik könnten Minderheitsregierungen bieten. Vor dem Hintergrund der Weimarer Erfahrungen verständlich, hat dieses aus den skandinavischen Ländern geläufige Modell in der parlamentarischen Kultur der Bundesrepublik allerdings keine Wurzeln geschlagen. Das Dogma der stabilen Mehrheitsregierung scheint hierzulande in der Wirkung ungebrochen. Symptomatisch dafür ist das Scheitern des „Magdeburger Modells" in Sachsen-Anhalt, dem auch der Mainstream der Politikwissenschaft nicht viel abzugewinnen mochte. Dabei würde eine unvoreingenommene Analyse zeigen, dass eine gestützte oder lediglich geduldete Minderheitsregierung mit den Funktionsbedingungen des parlamentarischen Systems besser vereinbar ist als eine Große Koalition (Renzsch/ Schieren 1997).

---

[11] Koalitionen von SPD, FDP und Grünen amtierten mit geringem Erfolg für kurze Zeit in Brandenburg und in Bremen. Sie scheinen politisch machbarer als ein Zusammengehen von FDP und Grünen mit der CDU, das auf der Länderebene bisher ebenso wenig versucht worden ist wie eine schwarz-grüne Zweierkoalition. Eine „rote Ampel" hätte allerdings den gravierenden Nachteil, dass ihr im Bundesrat eine deutliche Übermacht der unionsregierten Länder gegenüberstünde. Nach heutigem Stand könnte sie lediglich auf die vier Stimmen des SPD-regierten Landes Rheinland-Pfalz rechnen. Wenn die Wähler die Landtagswahlen wie gehabt für eine Abstrafung der gerade im Amt befindlichen Bundesregierung benutzen, hätte eine solche Konstellation vermutlich dauerhaft Bestand. Eine rote Ampel würde damit in der Praxis auf eine verkappte Allparteienregierung hinauslaufen, von der lediglich die Linkspartei ausgeschlossen wäre.

Wenn die Entwicklung des Parteiensystems eine Rückkehr zum alten Wettbewerbsmodell vereitelt und die durch den Föderalismus hervorgerufenen Konsenszwänge in nur unwesentlich gemilderter Form fortbestehen, wird sich an den vorhandenen Blockierungstendenzen im deutschen Regierungssystem vermutlich nichts ändern. Verbunden mit den demokratiepolitischen Nebenwirkungen einer informellen oder tatsächlichen Großen Koalition, die mit einer gewissen Zwangsläufigkeit zu einer weiteren Zunahme der politischen Entfremdung und einem Erstarken der extremen Ränder führen würde, birgt dies unter Legitimitätsgesichtspunkten enorme Brisanz. Von daher stellt sich die Frage, ob man die Funktionsschwäche der Parteiendemokratie nicht auf andere Weise institutionell bekämpfen könnte oder müsste.

Als erstes kommen einem hier die Elemente der direkten Demokratie in den Sinn. Theoretisch könnten diese das Legitimationsdefizit in zweierlei Hinsicht beheben. Zum einen wären sie ein mögliches oppositionelles Korrektiv, das die vorhandene Schwäche der regulären Opposition ausgleichen und der Wählerschaft ein Instrument an die Hand geben würde, die Regierungspolitik zu Veränderungen zu zwingen. Auf konkrete Sachentscheidungen bezogen, wäre ein solches Instrument systemfunktionaler als eine Abstrafung der Regierung über die Zwischenwahlen, wie sie heute üblich ist (Decker 2006a). Zum anderen – und daraus folgend – könnten direktdemokratische Elemente mögliche Blockaden aufbrechen, die durch die Wettbewerbsorientierung des Parteiensystems entstehen und damit den Konsensualismus der Entscheidungsprozesse befördern. Insofern würden sie sowohl auf der Input-Seite als auch auf der Output-Seite zu einem Legitimationsgewinn führen.

Beide Wirkungen kann die direkte Demokratie allerdings nur entfalten, wenn sie systemgerecht ausgestaltet ist. Leider weist der durch die Verfassungsentwicklung auf Länderebene vorgezeichnete institutionelle Pfad in der Bundesrepublik an dieser Stelle in die völlig falsche Richtung. Statt sich auf die Einführung einer Vetoinitiative nach dem Vorbild des schweizerischen fakultativen Referendums zu beschränken, hat man sich hierzulande auf die vermeintlich fortschrittlichste Variante der Direktdemokratie kapriziert: die sogenannte Volksgesetzgebung. Der Unterschied zwischen beiden Varianten liegt darin, dass die Wähler im ersten Falle nur über vom Parlament bereits verabschiedete Gesetze abstimmen (und diese dann gegebenenfalls zu Fall bringen) können, während sie im zweiten Falle selbst als Gesetzgeber initiativ werden. Gerade das wirft freilich große Probleme auf. Zum einen erhält das Volk damit die Möglichkeit, Gesetze auch gegen den Willen des Parlaments bzw. der Parlamentsmehrheit durchzusetzen[12], zum anderen stellt sich die Frage, wie die Länder bzw. Länderregierungen an einem plebiszitären Gesetzgebungsverfahren beteiligt werden sollen. Um dem ersten Problem auszuweichen, haben die Verfassungsgeber in den Ländern die Anwendungsmöglichkeiten der Direktdemokratie durch hohe Quoren und weitreichende Ausschlussgegenstände vorsorglich so stark beschnitten, dass diese in der Praxis kaum eine Rolle spielt. Und für das zweite Problem (der Bundesratsbeteiligung) wurden bislang nur unbefriedigende Surrogatlösungen entwickelt (Decker 2005).

So gesehen wird die Einführung der Direktdemokratie auf Bundesebene in Deutschland heute paradoxerweise weniger von den Gegnern verhindert (die sich hierbei zumeist auf die vermeintlich negativen Weimarer Erfahrungen berufen), als von den Befürwortern. Solange letztere an einem untauglichen Modell der Plebiszite festhalten, das in dieser Form noch nicht einmal in der Schweiz existiert, werden alle Versuche, das Grundgesetz um direktdemokratische Elemente zu erweitern, auch in Zukunft zum Scheitern verurteilt sein. Gewiss sind die Plebiszite kein Allheilmittel gegen die um sich greifende Parteien- und Politikverdrossenheit. Eine Möglichkeit, die Legitimationsbasis der Parteiendemokratie zu verbreitern, wären sie jedoch allemal. Nachdem die beiden einzigen Anläufe zu einer größer angelegten Demokratiereform – die Enquete-Kommission 1976 und die Gemeinsame Verfassungskommission von Bundestag und Bundesrat 1994 – bis auf wenige marginale Korrekturen im Sande verlaufen sind und die Bundesstaatskommission sich ganz auf das Feld der Bund-Länder-Beziehungen (bzw. einen Teil davon) konzentriert hat, könnte es sich lohnen, die Debatte darüber erneut aufzunehmen.[13] Die jetzige Regierungskonstellation böte dazu eine gute Gelegenheit.

---

[12] Zu welchen Weiterungen das führen kann, zeigt die aktuelle Diskussion in Hamburg, wo die mit absoluter Mehrheit regierende CDU seit 2004 gleich in mehreren Fällen ihr nicht genehme Volksbeschlüsse durch Parlamentsgesetze korrigiert bzw. aufgehoben hat. Besonders umstritten geriet zuletzt die Außerkraftsetzung der vom Volk 2004 gegen den Willen der beiden großen Parteien durchgesetzten Wahlrechtsreform, mit der die Wähler der Hansestadt zum ersten Male Gelegenheit erhalten hätten, auch auf die personelle Zusammensetzung der Bürgerschaft nennenswerten Einfluss zu nehmen. Vgl. Decker 2006b.

[13] Dies gilt zumal, als die Große Koalition zur Zeit ernsthaft über eine Verlängerung der Legislaturperiode von vier auf fünf Jahre nachdenkt. Begründet wird das Vorhaben in erster Linie damit, dass eine weniger dichte Folge von Landtags- und Bundestagswahlen zu einer Verbesserung der Regierungseffizienz führe. Die Befürworter verweisen in diesem Zusammenhang gerne auf die Länder, wo die fünfjährige Wahlperiode mit Ausnahme der Stadtstaaten inzwischen überall eingeführt sei und sich angeblich bewährt habe. Das Argument übersieht, dass die entdemokratisierenden Wirkungen, die mit einer längeren Wahlfrist zwangsläufig einhergehen, in den Ländern durch die gleichzeitige Einführung bzw. Ausweitung der direktdemokratischen Beteiligungsformen aufgefangen worden sind. Ob ein solcher

Literatur

Apel, Hans (1991), Die deformierte Demokratie. Parteienherrschaft in Deutschland, Stuttgart.

Arnim, Hans Herbert von (1993), Demokratie ohne Volk. Plädoyer gegen Staatsversagen, Machtmissbrauch und Politikerverdrossenheit, München.

Arzheimer, Kai (2002), Politikverdrossenheit. Bedeutung, Verwendung und empirische Relevanz eines politikwissenschaftlichen Begriffs, Wiesbaden.

Beyme, Klaus von (1984), Parteien in westlichen Demokratien, München/Zürich.

Beyme, Klaus von (1994), Politikverdrossenheit und Politikwissenschaft, in: Claus Leggewie (Hg.), Wozu Politikwissenschaft?, Darmstadt, S. 21-33.

Beyme, Klaus von (1997), Funktionenwandel der Parteien in der Entwicklung von der Massenmitgliederpartei zur Partei der Berufspolitiker, in: Oscar W. Gabriel/Oskar Niedermayer/Richard Stöss (Hg.), Parteiendemokratie in Deutschland, Bonn, S. 359-383.

Birsl, Ursula/Peter Lösche (1998), Parteien in West- und Ostdeutschland: Der gar nicht so feine Unterschied, in: Zeitschrift für Parlamentsfragen 29 (1), S. 7-24.

Boom, Dirk van den (1999), Politik diesseits der Macht? Zu Einfluss, Funktion und Stellung von Kleinparteien im politischen System der Bundesrepublik Deutschland, Opladen.

Brettschneider, Frank (1995), Öffentliche Meinung und Politik. Eine empirische Studie zur Responsivität des deutschen Bundestages zwischen 1949 und 1990, Opladen.

Brettschneider, Frank/Jan van Deth/Edeltraud Roller, Hg. (2002), Das Ende der politisierten Sozialstruktur?, Opladen.

Brunner, Wolfgang/Jutta Graf/Viola Neu (2001), Die politische Meinungslage in Deutschland 1990 – 2001, Sankt Augustin (Arbeitspapiere der Konrad Adenauer-Stiftung, Nr. 35).

Dalton, Russell J./Martin P. Wattenberg, Hg. (2000), Parties without Partisans. Political Change in Advanced Industrial Democracies, Oxford.

Decker, Frank (2004), Der neue Rechtspopulismus, Opladen.

Decker, Frank (2005), Die Systemverträglichkeit der direkten Demokratie. Dargestellt an der Diskussion um die Einführung von plebiszitären Elementen in das Grundgesetz, in: Zeitschrift für Politikwissenschaft 15 (4), S. 1103-1147.

Decker, Frank (2006a), Höhere Volatiliät bei Landtagswahlen? Die Bedeutung bundespolitischer „Zwischenwahlen", in: Eckhard Jesse/Roland Sturm (Hg.), Bilanz der Bundestagswahl 2005, München, S. 259-279.

Decker, Frank (2006b), Der verhöhnte Souverän. Wie die Hamburger CDU das Wahlrecht aushebelt, in: Blätter für deutsche und internationale Politik 51 (9), S. 1105-1112.

Decker, Frank (2006c), Demokratiereform auf Abwegen, in: MUT. Forum für Kultur, Politik und Geschichte Nr. 461, S. 8-13.

Ausgleich auch auf der Bundesebene stattfinden würde, wenn man dort die fünfjährige Periode einführte, bleibt zweifelhaft. Vgl. Decker 2006c.

Decker, Frank/Lazaros Miliopoulos (2005), Rechtsextremismus und Rechtspopulismus in der Bundesrepublik. Eine Bestandaufnahme, in: Jahrbuch Öffentliche Sicherheit 2004/2005, hgg. von Martin H.W. Möllers und Robert Chr. van Ooyen, Frankfurt a.M., S. 117-155.

Dittberner, Jürgen (2004), Die deutschen Parteien. Defizite und Reformideen, in: Aus Politik und Zeitgeschichte B 40, S. 12-18.

Dittberner, Jürgen/Rolf Ebbighausen, Hg. (1973), Parteiensystem in der Legitimationskrise. Studien und Materialien zur Soziologie der Parteien in der Bundesrepublik Deutschland, Opladen.

Dürr, Tobias (2004), Ankunft in der Wirklichkeit, in: Berliner Republik 6 (5), S. 40-49.

Dürr, Tobias (2005), Bewegung und Beharrung. Deutschlands künftiges Parteiensystem, in: Aus Politik und Zeitgeschichte B 32-33, S. 31-38.

Helms, Ludger (1995), Parteiensysteme als Systemstruktur. Zur methodisch-analytischen Konzeption der vergleichenden Parteiensystemanalyse, in: Zeitschrift für Parlamentsfragen 26 (4), S. 642-657.

Helms, Ludger (2001), Die „Kartellparteien"-These und ihre Kritiker, in: Politische Vierteljahresschrift 42 (4), S. 698-708.

Jagodzinski, Wolfgang/Steffen Kühnel (2001), Werte und Ideologien im Parteienwettbewerb, in: Oscar W. Gabriel/Oskar Niedermayer/Richard Stöss (Hg.), Parteiendemokratie in Deutschland, 2. Auflage, Bonn, S. 204-227.

Jun, Uwe (2004), Der Wandel von Parteien in der Mediendemokratie. SPD und Labour Party im Vergleich, Frankfurt a.M.

Jun, Uwe/Henry Kreikenbom/Viola Neu, Hg. (2006), Kleine Parteien im Aufwind. Zur Veränderung der deutschen Parteienlandschaft, Frankfurt a.M.

Katz, Richard S./Peter Mair (1995), Changing Models of Party Organization and Party Democracy. The Emergence of the Cartel Party, in: Party Politics 1 (1), S. 5-28.

Kepplinger, Hans Mathias (1998), Die Demontage der Politik in der Informationsgesellschaft, Freiburg/München.

Koole, Ruud (1996), Cadre, Catch-All or Cartel? A Comment on the Notion of Cartel Party, in: Party Politics 2 (4), S. 507-523.

Krockow, Christian Graf von/Peter Lösche, Hg. (1986), Parteien in der Krise. Das Parteiensystem der Bundesrepublik und der Aufstand des Bürgerwillens, München.

Leggewie, Claus (2006), Die Zukunft der Veröstlichung, in: Blätter für deutsche und internationale Politik 51 (10), S. 1244-1254.

Lösche, Peter (1995), Parteienverdrossenheit ohne Ende? Polemik gegen das Lamentieren deutscher Politiker, Journalisten, Politikwissenschaftler und Staatsrechtler, in: Zeitschrift für Parlamentsfragen 26 (1), S. 149-159.

Lösche, Peter (2004), Gespaltenes Land. Die Vereinigten Staaten vor den Präsidentschaftswahlen, in: Blätter für deutsche und internationale Politik 49 (8), S. 984-991.

Mair, Peter (1994), Party Organizations. From Civil Society to the State, in: Richard S. Katz/ders. (Hg.), How Parties Organize, London/Thousand Oaks/New Delhi, S. 1-22.

Mair, Peter (2002), Populist Democracy vs Party Democracy, in: Yves Mény/Yves Surel (Hg.), Democracies and the Populist Challenge, Houndmills/New York, S. 81-98.

Meyer, Thomas (2001), Mediokratie. Die Kolonialisierung der Politik durch das Mediensystem, Frankfurt a.M.

Müller, Albrecht (1999), Von der Parteiendemokratie zur Mediendemokratie. Beobachtungen zum Bundestagswahlkampf 1998 im Spiegel früherer Erfahrungen, Opladen.

Müller-Hilmer, Rita (2006), Gesellschaft im Reformprozess. Umfrage im Auftrag der Friedrich Ebert-Stiftung, Berlin (TNS Infratest Sozialforschung).

Niedermayer, Oskar (2001), Bürger und Politik. Politische Orientierungen und Verhaltensweisen der Deutschen. Eine Einführung, Wiesbaden.

Niedermayer, Oskar (2006), Die Wählerschaft der Linkspartei.PDS 2005. Sozialstruktureller Wandel bei gleichbleibender politischer Positionierung, in: Zeitschrift für Parlamentsfragen 37 (3), S. 523-538.

Oberreuter, Heinrich u.a. (2006), Die politischen Parteien in Deutschland, 27. Aufl., München.

Panebianco, Angelo (1988), Political Parties. Organization and Power, Cambridge.

Pappi, Franz Urban (2002), Die politisierte Sozialstruktur heute. Historische Reminiszenz oder aktuelles Erklärungspotenzial, in: Frank Brettschneider/Jan van Deth/Edeltraud Roller, Hg. (2002), Das Ende der politisierten Sozialstruktur?, Opladen, S. 25-46.

Pickel, Gert/Dieter Walz (1997), Politikverdrossenheit in Ost- und Westdeutschland. Dimensionen und Ausprägungen, in: Politische Vierteljahresschrift 38 (1), S. 27-49.

Renzsch, Wolfgang/Stefan Schieren (1997), Große Koalition oder Minderheitsregierung. Sachsen-Anhalt als Zukunftsmodell des parlamentarischen Regierungssystems in den neuen Bundesländern?, in: Zeitschrift für Parlamentsfragen 28 (3), S. 391-407.

Rowold, Manfred (1974), Im Schatten der Macht. Zur Oppositionsrolle der nicht-etablierten Parteien in der Bundesrepublik, Düsseldorf.

Sartori, Giovanni (1976), Parties and Party Systems. A Framework for Analysis, Cambridge.

Scarrow, Susan E. (1997), Party Competition and Institutional Change. The Expansion of Direct Democracy in Germany, in: Party Politics 2 (4), S. 451-472.

Schedler, Andreas (1993), Die demoskopische Konstruktion von 'Politikverdrossenheit', in: Politische Vierteljahresschrift 34 (3), S. 414-435.

Schulze, Andreas (2004), Kleinparteien in Deutschland. Aufstieg und Fall nicht-etablierter politischer Vereinigungen, Wiesbaden.

Statistisches Bundesamt, Hg. (2005), Wahl zum 16. Deutschen Bundestag am 18. September 2005. Heft 1: Ergebnisse und Vergleichszahlen früherer Bundestags-, Europa- und Landtagswahlen sowie Strukturdaten für die Bundestagswahlen, Wiesbaden.

Steffani, Winfried (1988), Parteien als soziale Organisationen. Zur politologischen Parteienanalyse, in: Zeitschrift für Parlamentsfragen 19 (4), S. 549-560.

Stöss, Richard, Hg. (1983), Parteien-Handbuch. 2 Bände, Opladen.

Stöss, Richard (2000), Anmerkungen zur Situation der Großparteien, in: Stefan Immerfall (Hg.), Parteien, Kulturen und Konflikte, Opladen, S. 189-221.

Thaidigsmann, S. Isabell (2004), Sozialstruktur und Wählerverhalten. Das Ende einer alten Beziehung?, Berlin (Arbeitspapiere der Konrad Adenauer-Stiftung, Nr. 126).

Thumfart, Alexander (2002), Die politische Integration Ostdeutschlands, Frankfurt a.M.

Wagner, Jochen W. (2005), Deutsche Werbekampagnen made in USA? Amerikanisierung oder Modernisierung bundesdeutscher Wahlkampagnen, Wiesbaden.

Weizsäcker, Richard von (1992), Im Gespräch mit Gunter Hofmann und Werner A. Perger, Frankfurt a.M.

Wiesendahl, Elmar (1992), Volksparteien im Abstieg. Nachruf auf eine zwiespältige Erfolgsgeschichte, in: Aus Politik und Zeitgeschichte B 34-35, S. 3-14.

Wiesendahl, Elmar (2006), Parteien, Frankfurt a.M.

Paul Lucardie

Zur Typologie der politischen Parteien

1 Einleitende Bemerkungen

Wir brauchen Typologien, weil unsere Gehirne zu klein sind, um die große Welt in all ihren Einzelheiten zu erfassen. Wenn wir vielen unbekannten Menschen begegnen, zum Beispiel auf einer Party, stufen wir sie sofort ein: "Diese Frau gefällt mir, jene aber ist bestimmt nicht mein Typ." Eine solche Auslese ist praktisch notwendig, weil uns einfach die Zeit fehlt, um alle Menschen richtig kennenzulernen. Die Auswahl setzt dann eine intuitive Typologie voraus. Ein Mensch wird als sympathisch gekennzeichnet, wenn er bestimmte Merkmale kombiniert – etwa über eine schlanke Figur verfügt, mit einer heiteren Stimme spricht und Interesse für uns zeigt. Diese Typologie ist durchaus subjektiv und abhängig von persönlichen Umständen und Stimmungen. Psychologen versuchen seit langem, Menschen objektiv in Typen einzuteilen, wie "Melancholiker", "Choleriker", "Phlegmatiker" usw., konnten sich allerdings bisher nicht auf eine allgemein akzeptierte Einteilung einigen. Biologen und Chemiker dagegen haben sich schon im 19. Jahrhundert über eine solche Typologie der Pflanzen und Tiere bzw. Elemente verständigt.

Politische Parteien sind Menschen ziemlich ähnlich: Sie werden seit Jahrzehnten von Politikwissenschaftlern auf verschiedene Weisen eingestuft, ohne dass sich ein Konsens über die Einteilungsmerkmale abzeichnete (vgl. z.B. Hättich 1967). Der eine Politikwissenschaftler unterscheidet zwischen Arbeiterparteien, Mittelstandsparteien und Volksparteien, der zweite zwischen Kader- und Massenparteien, der dritte zwischen Weltanschauungsparteien, Klassenparteien und Patronageparteien, usw. Vielleicht versuchen sie, zu viele relativ unabhängige Merkmale zu gemeinsamen Typen zusammenzufassen. Zweckmäßiger erscheint es, die Parteien nach verschiedenen Merkmalsdimensionen oder Perspektiven einzuteilen. Statt einer Typologie würde man sozusagen mehrere Sub-Typologien anbieten. Fünf Dimensionen oder Aspekte könnte man dabei unterscheiden:

- Programmatik oder Ideologie
- Ziele oder Funktionen im politischen System
- Ursprung oder Genese der Partei
- Aufbau oder Struktur der Parteiorganisation
- Wählerschaft oder soziologische Basis der Partei

2 Programmatik oder Ideologie

Parteien werden oft in ideologische "Parteifamilien" eingeteilt (von Beyme 1982: 43 ff.; Seiler 1993: 68 ff.). Man könnte drei "Großfamilien" unterscheiden: die Liberalen, Sozialisten und Konservativen. Daneben gibt es mehrere "entfernte Vetter" und "angeheiratete Schwiegerfamilien", wie Anarchisten, Kommunisten, Feministen, Grüne oder Ökologisten, Faschisten usw. Wir werden sie hier nur ganz kurz und grob beschreiben können.

(1) *Liberale* Parteien versuchen Staat und Gesellschaft zu trennen. Der Staat soll sich möglichst wenig in der Gesellschaft einmischen. Er soll vor allem die Grundrechte der Bürger schützen und Bedingungen schaffen für die freie Entfaltung von Individuen und Unternehmen. Individuelle Freiheit ist der höchste Wert. Wettbewerb dient dem Gemeinwohl, sowohl in der Wirtschaft (Marktwirtschaft) als auch im politischen Bereich (Wettbewerb zwischen Parteien) und im kulturellen Bereich (Wettbewerb zwischen Ideen, Weltanschauungen, Kirchen usw.).

(2) *Sozialisten* möchten die Gesellschaft durch Staatsintervention aktiv ändern und steuern. Statt Wettbewerb und individuelle Freiheit wollen sie Zusammenarbeit, Solidarität und soziale Gleichheit fördern. Allerdings gibt es wichtige Meinungsverschiedenheiten innerhalb der sozialistischen Großfamilie, wie weit diese Staatseinmischung gehen sollte. Plansozialisten möchten alle wirtschaftlichen Entscheidungen völlig dem Staat überlassen und deswegen das Privateigentum sozialisieren oder nationalisieren, während Marktsozialisten – die sich heutzutage meist "Sozialdemokraten" nennen – Privateigentum und Marktwirtschaft nicht abschaffen, sondern nur regulieren oder korrigieren wollen.

(3) *Konservative* Parteien befürworten eine soziale Marktwirtschaft, wo der Wettbewerb nicht primär vom Staat, sondern von den "Sozialpartnern", also Arbeitgeberverbänden, Gewerkschaften und sonstigen Organisationen reguliert wird. Aus konservativer Sicht gleicht die Gesellschaft einem Organismus: Gruppen und Individuen sind voneinander abhängig und sollten zusammenarbeiten. Der

Staat soll die organische Einheit der Gesellschaft fördern und deswegen verein-
heitlichende Traditionen und Institutionen wie Kirche, Familie und Monarchie
pflegen und schützen.

Zur konservativen "Großfamilie" werden nicht nur die meisten christlich-
sozialen und christlich-demokratischen Parteien, sondern auch die katholischen
und evangelischen Konfessionsparteien gerechnet – wie die alte →Deutsche
Zentrumspartei, und heutzutage die →Christliche Mitte (CM) sowie die →Partei
Bibeltreuer Christen (PBC) –, obwohl sie selber diese Verwandtschaft selten beja-
hen. Das trifft auch auf islamische Parteien zu (die es allerdings zur Zeit in
Deutschland noch nicht gibt) – und auf Parteien, die sich von buddhistischen
oder hinduistischen Ideen inspirieren lassen, wie etwa die →Naturgesetzpartei.

(4) *Anarchisten* sind sozusagen entfernte Vettern der liberalen Großfamilie. Sie
wollen die Gesellschaft von jeglicher Staatseinmischung befreien und den Staat
im Grunde ganz abschaffen. Aktivitäten im staatlichen Bereich wie Beteiligung an
Parlamenten, Wahlen und politische Parteien lehnen sie prinzipiell ab, es sei
denn, es dient der Provokation. Ein Beispiel ist die →Anarchistische Pogo Partei
Deutschlands (APPD).

(5) *Kommunisten* könnten als entfernte (sogar entfremdete) Verwandte der Sozialisten betrachtet werden, weil auch sie den Plansozialismus befürworten. Im 19.
Jahrhundert wurden die Begriffe "Kommunismus" und "Sozialismus" nicht
immer klar unterschieden – auch nicht von Karl Marx, dem vielleicht wichtigsten
Vordenker dieser Strömung. Seit 1918 hat man den Begriff "Kommunismus"
immer mehr mit dem politischen und sozialen System der Sowjetunion identifiziert, dessen Anhänger sich nahezu ausnahmslos als "Kommunisten" bezeichneten. Allerdings standen nicht alle Angehörigen der kommunistischen Parteienfamilie der Sowjetunion unkritisch gegenüber. So warfen insbesondere die vom
chinesischen Führer Mao tse-tung beeinflussten Gruppen – die sich meist "Mar-
xisten-Leninisten" nannten – der Sowjetunion Revisionismus und Verrat an den
kommunistischen und marxistischen Prinzipien vor. Das tun bis heute auch noch
die Trotzkisten, die sich weniger von Lenin als von einem anderen russischen
Revolutionär, Leo Trotzki, haben inspirieren lassen.

(6) *Grüne* oder *ökologische* Parteien könnte man als "angeheiratete Schwager" der
Sozialisten betrachten, weil sie sehr oft mit diesen zusammenarbeiten (→Bündnis
90/Die Grünen). Der *Ökologismus* ist zwar keine vollständige Ideologie – die Grünen haben zum Beispiel kaum eigenständige Ideen über Wirtschaftspolitik entwickelt –, zumindest aber eine "dünne" Ideologie (Freeden 1996: 550). Von ihren

sozialistischen oder sozialdemokratischen Partnern unterscheiden sich die Grünen vor allem durch ihre Ideen über das Verhältnis zwischen Mensch und Natur.
Die Menschen hätten die Natur ausgebeutet und teilweise vernichtet, indem sie
Wälder und Berge, Seen und Flüsse, Pflanzen und Tiere dem Wirtschaftswachstum und Konsum aufopferten. Der Staat solle die Natur besser schützen, meinen
die meisten Grünen – was sie aber nicht davon abhält, dem Staat in anderen Bereichen gehörig zu misstrauen oder sogar anarchistischen Gedanken zuzuneigen.

(7) *Feminismus* ist – wie Ökologismus – eine relativ neue Ideologie, die das Verhältnis zwischen Frauen und Männern in Staat und Gesellschaft problematisiert.
Feministinnen haben sich allerdings meist sozialistischen, liberalen oder grünen
Parteien angeschlossen und nur selten eine eigene Partei gegründet – die
→feministische Partei Die Frauen in der Bundesrepublik dürfte eine Ausnahme
bilden. Auch der Feminismus wird manchmal als "dünne", unvollständige Ideologie betrachtet, die mit Sozialismus oder Liberalismus gut zu kombinieren sei.

(8) Der *Nationalismus* gilt ebenfalls als "dünne" Ideologie, die sich in der Vergangenheit oft mit liberalen oder konservativen Strömungen verbunden hat – oder
mit dem Sozialismus. Der *National-Sozialismus* ist aber mehr als eine Zusammenlegung von zwei ideologischen Traditionen, er hat besonders durch die Rassen-
lehre eigene Kerngedanken entwickelt. Er unterscheidet sich durch seinen rassis-
tischen und völkischen Nationalismus auch vom *Faschismus*, der eher als extreme
Variante des Staatsnationalismus angesehen werden könnte. Stellen Einheit,
Macht und Unabhängigkeit der Nation für alle Nationalisten die höchsten Werte
in der Politik dar, so fallen für die Staatsnationalisten Staat und Nation praktisch
zusammen. Klaus von Beyme (1982: 175) und viele andere Wissenschaftler nennen die nationalistische Parteifamilie "rechtsextremistisch", was allerdings dem
Selbstbild dieser Parteien nicht entspricht. Zum Teil könnte man die Vertreter des
Nationalismus auch als populistisch bezeichnen, weil sie den Gegensatz zwischen dem einfachen, "guten" Volk und der "schlechten" Elite betonen.

(9) Die Charakterisierung des *Populismus* ist umstritten. Manche Autoren billigen
ihm ebenfalls die Eigenschaften einer "dünnen" Ideologie zu, während andere
den Populismus lediglich als ein formales oder Stilmerkmal der Politik betrachten, das mit den unterschiedlichsten Ideologien kombiniert werden könne (Decker 2000: 23 ff.). Der Populismus wird auch nicht immer trennscharf vom demokratischen *Radikalismus* unterschieden, der von Jean-Jacques Rousseau inspiriert
wurde und auch als entfernter Vetter der liberalen Familie angesehen wird (von

Beyme 1982: 47 ff.). Beide Strömungen streben nach einer möglichst vollständigen Übereinstimmung zwischen den Regierenden und Regierten und propagieren eine Verdrängung der herrschenden repräsentativen Demokratieform durch direkte Bürgerbeteiligung. Laut den Radikalen haben die Bürger eines Staates nicht nur das Recht, sondern auch die Pflicht, sich regelmäßig an politischen Aktivitäten zu beteiligen. In diesem letzten Punkt unterscheiden sie sich vielleicht von den Populisten, die weniger von Bürgerpflichten reden, sondern primär das Versagen der politischen Klasse und deren Entfremdung vom Volk geißeln.

Viele, aber nicht alle Parteien bekennen sich zu einer dieser ideologischen Familien. Einige wollen nur pragmatisch und sachlich definierte Interessen für eine bestimmte Bevölkerungsgruppe oder -klientel vertreten, ohne sich auf eine Ideologie zu beziehen. In Deutschland sind sie zur Zeit relativ schwach: Die →Familienpartei, die →Grauen, die →Tierschutzpartei und die →Partei der Arbeitslosen und Sozial Schwachen (PASS) sind weder im Bundestag noch in irgendeinem Landtag vertreten. Wo sich die Interessen- oder Klientelparteien ein Grundsatzprogramm zulegen, enthält dieses zumeist nur allgemeine, von der ganzen Bevölkerung getragene Prinzipien und Werte wie "Gerechtigkeit" und "Demokratie". Ob die Partei dennoch bestimmte ideologische Grundgedanken verinnerlicht hat, wird sich in der Praxis zeigen – wenn sie sich z.B. zu politischen Fragen äußern muss, die nicht rein sachlich zu lösen sind. Auch scheinbar sachliche Problemlösungen haben oft Nebenwirkungen etwa auf die Einkommensverteilung: Die eine Lösung dürfte günstiger sein für Unternehmer und höhere Einkommensschichten, eine andere Lösung günstiger für Arbeitnehmer und niedrigere Einkommensschichten. Hier kann eine Partei sich letztlich nur aufgrund ideologischer Prinzipien entscheiden, auch wenn diese nicht explizit gemacht werden. Allerdings braucht man dabei nicht immer konsequent zu sein. Interessenparteien schwanken zwischen verschiedenen Ideologien häufig hin und her. Dies trifft gelegentlich sogar auf die explizit ideologischen Parteien zu.

Schließlich gibt es Parteien, die sich ausdrücklich zu mehreren Ideologien bekennen. Die →CDU, zum Beispiel, "hegt wertkonservative Gedanken ebenso wie christlich-soziale und liberale Überzeugungen" (Christlich-Demokratische Union 1994: 5). Die französische Regierungspartei *Union pour un Mouvement Populaire* (UMP, Union für eine Volksbewegung) rechnet sich nicht weniger als sechs ideologischen Familien zu: "Nos familles – gaulliste, démocrate-chrétienne, libérale, radicale, sociale et indépendante" (Union pour un Mouvement Populaire 2004). Die italienische Partei *Forza Italia*, vom Unternehmer Silvio Berlusconi gegründet, bekennt sich zu Liberalismus, Sozialismus und liberalem Katholizismus (Forza Italia 2005). Wenn eine Partei sich so vieler Ideologien bedient, darf man allerdings bezweifeln, ob sie alle wirklich ernst nimmt. Der Stellenwert der Ideologie dürfte bei diesen pragmatischen Regierungsparteien relativ klein sein – was wiederum mit den politischen Zielen zusammenhängt, die sie schwerpunktmäßig verfolgen.

3 Ziele oder Funktionen im politischen System

Eine Partei, die beabsichtigt, die Welt radikal zu ändern, nimmt ihre Ideologie wahrscheinlich sehr ernst – mehr als eine Partei, die die Welt nur verwalten möchte. Wenn man die Zielsetzungen der Parteien vergleicht, könnte man drei Typen unterscheiden (Lucardie 2000).

(1) Parteien die ihre Ideologie wie *Propheten* zu verkündigen und verbreiten versuchen. Die Ideologie ist für sie wichtiger als die Partei, die nur als Werkzeug dient. Die Wahrheit der Ideologie steht fest, Kompromisse und Anpassungen sind kaum möglich. Das Hauptziel der prophetischen Partei besteht nicht darin, Mandate und Regierungsmacht zu gewinnen, sondern Menschen zu ihrer Weltanschauung zu bekehren und "Überzeugungsarbeit" zu leisten. Parteimitgliedschaft ist keine unverbindliche Sache, sondern stiftet eine neue Identität. Neulinge treten einer Gemeinschaft bei, die sich oft isoliert von der übrigen Gesellschaft. Die Ideologie ist eine ziemlich geschlossene Weltanschauung, sie umfasst und bestimmt das ganze Leben, nicht nur das politische Leben im engeren Sinne, sondern auch das Privatleben. Das trifft auf Anarchismus, Kommunismus und Nationalsozialismus zu, aber auch auf den radikalen Feminismus und Ökologismus sowie den religiösen Fundamentalismus – egal ob in der christlichen oder islamischen Spielart.

(2) Parteien, die ihre Ideologie pflegen und hüten, aber unter Umständen auch anpassen und – wenn es sein muss – kompromittieren. Ideologie sollte kein Selbstzweck sein. Der *Ideologiehüter* will zwar bestimmte politische Ziele verwirklichen, die Institutionen in der Gesellschaft ändern oder gerade erhalten; aber er will auch Mandate gewinnen und Regierungsmacht ausüben. Er möchte sich nicht isolieren, sondern sich für neue Ideen öffnen. Mitglieder treten der Partei vielleicht aus Überzeugung bei, aber opfern nicht ihr Privatleben für sie auf. Die Ideologie ist relativ offen und etabliert – sie gehört sozusagen zum *mainstream* in der Gesellschaft. Beispiele sind heutzutage der Liberalismus, die Sozialdemokratie und der christlich-soziale oder christlich-demokratische Konservativismus.

ASTON UNIVERSITY
LIBRARY & INFORMATION SERVICES

(3) *Pragmatische* Parteien, die ohne Ideologie "sachliche" Politik betreiben möchten. Diese halten Ideologien für überaltet. Sie bekennen sich zwar zu bestimmten Grundwerten wie Demokratie und Gerechtigkeit, sind aber stets kompromissbereit. Es geht um die Interessen ihrer Wähler. Dafür streben sie nach Mandaten und Regierungsmacht. Mitglieder treten der Partei oft aus opportunistischen Gründen bei, etwa um eine (bessere) Stelle zu finden, oder um einem Vorgesetzten einen Gefallen zu tun.

Diese Typologie fällt teilweise zusammen bzw. überschneidet sich mit der Einteilung des norwegischen Politikwissenschaftlers Kaare Strøm (1990). Dieser hat eine Unterscheidung zwischen drei Hauptzielen getroffen, die politische Parteien verfolgen: *policy, votes* und *office*, also Politikgestaltung, Stimmenwerben und Regierungsmacht. Fast alle Parteien verfolgen diese drei Ziele gleichzeitig, aber sie messen dem einen oder anderen Ziel mehr Gewicht bei. Allerdings dürfte es nicht immer einfach zu beobachten sein, welchem Ziel der Vorzug gebührt. Opportunismus hat einen schlechten Ruf in der Politik. Nur wenige Parteien werden also offen gestehen, dass für sie Regierungsmacht oder Stimmengewinne wichtiger seien als politische Ideale.

Ähnliche methodologische Schwierigkeiten ergeben sich auch aus der Typologie, die Richard Stöss (1983: 145 ff.) für das von ihm herausgegebene, Anfang der achtziger Jahre erschienene Parteien-Handbuch entworfen hat. Aus einer marxistischen oder sozialistischen Gesellschaftstheorie leitet Stöss die gesamtgesellschaftlichen Aufgaben oder Funktionen ab, die Parteien in einem kapitalistischen System erfüllen. Bürgerlich-demokratische Parteien und demokratische Massenlegitimationsparteien versuchen die Herrschaft des bürgerlichen Staates auf der Grundlage eines Verfassungskonsenses bzw. eines breiteren Basiskonsenses zu legitimieren. Anti-demokratische Parteien lehnen diesen Basiskonsens wenigstens teilweise ab, wollen aber die Autorität des Staates festigen und die kapitalistische Gesellschaftsordnung sichern. Anti-kapitalistische Parteien dagegen versuchen die kapitalistische Klassengesellschaft zu beseitigen, mit oder ohne Erhaltung der freiheitlich-demokratischen Ordnung. Unterhalb dieser vier Grundtypen unterscheidet Stöss drei Subtypen, die bestimmte Legitimationsdefizite im System aufzeigen: ökonomisch-soziale Interessenparteien, konfessionelle Parteien und teiloppositionelle Parteien wie die Grünen oder die →Bayernpartei. Diese Typologie zeichnet sich im Vergleich zu anderen aus durch ihre theoretische Kohärenz und logische Begründung. Das ist ohne Zweifel ein Vorteil. Sie hat aber auch Nachteile: Zum einen entspricht sie nur teilweise dem Selbstverständnis der Parteien – wahrscheinlich wäre das nur bei den anti-kapitalistischen Parteien der Fall. Zum anderen – und damit zusammenhängend – entspringt sie einer sozialistischen Gesellschaftstheorie, die heutzutage auf wesentlich weniger Zustimmung unter Politikwissenschaftlern treffen dürfte als noch vor zwanzig Jahren.

4 Ursprung oder Genese der Partei

Der Urspung oder die Genese wirkt auf das ganze Leben einer Partei ein, schrieb der französische Politikwissenschaftler Maurice Duverger vor etwa fünfzig Jahren (1958: 14). Parteien entstehen entweder zuerst als Fraktion im Parlament (*création parlementaire*) oder zuerst als außerparlamentarische Organisation (*création extérieure*). Im ersten Fall werden die Volksvertreter wahrscheinlich auf ihre Autonomie achten und sich gegen Zentralisation und ideologische Geschlossenheit sträuben. Die relativ pragmatische Partei wäre vor allem bestrebt, Mandate zu gewinnen und an der Regierung teilzunehmen. Im zweiten Fall würde der Parteivorstand versuchen, die Volksvertreter zu disziplinieren und eine ideologisch einheitliche Massenorganisation aufzubauen, die nicht nur Wahlen gewinnen, sondern auch auf die Gesellschaft einwirken und ihre Ideologie verbreiten möchte.

Duverger hat seine These mit vielen Beispielen belegt, vor allem aus dem 19. und frühen 20. Jahrhundert. Heutzutage dürfte die *création parlementaire* wenigstens in Westeuropa relativ selten vorkommen, weil fast alle ins Parlament gewählten Volksvertreter schon einer Partei angehören und ihre Autonomie vor der Wahl weitgehend eingebüßt haben. Allerdings können Parlamentarier sich von der Fraktion abspalten und eine neue Partei gründen. In der Bundesrepublik geschieht dies ziemlich selten, in Ländern wie Frankreich, Italien oder in den Niederlanden etwas häufiger. Abspaltungen gehen oft aus ideologischen Flügelkämpfen, aber auch aus Rivalitäten zwischen Führungsgruppen und -persönlichkeiten hervor. Sie entstehen nicht nur auf der parlamentarischen Ebene, sondern können auch von der Basis der Partei vorangetrieben werden – wie im Fall der Wahlalternative →Arbeit & Soziale Gerechtigkeit (WASG), die sich 2005 von der SPD abgespalten hat. Abgespaltene Parteien sind oft ideologisch radikaler und selten pragmatischer als ihre Mutterpartei.

Parteien können sich nicht nur spalten, sondern auch vereinigen. Besonders kleinere Fraktionen, die um ihre Zukunft im Parlament bangen, schließen sich manchmal zu größeren Einheiten zusammen. Das tun gelegentlich auch Parteien, die noch nicht (oder nicht mehr) im Parlament vertreten sind. So vereinigten sich mehrere nationalistische Parteien und Gruppen 1964 zur →Nationaldemokratischen Partei Deutschlands (NPD). Die Vereinigte Sozialistische Partei (VSP) entstand 1986 aus einer Verschmelzung der Kommunistischen Partei Deutschlands/Marxisten-Leninisten (KPD/ML) mit der trotzkistischen Gruppe Internationaler Marxisten (GIM). Allerdings gelang es weder der NPD noch der VSP, Mandate im Bundestag zu erringen, wobei die Rechtsextremen 1969 mit 4,3 Prozent aber nur knapp scheiterten. (Die NPD existiert heute noch, die VSP nicht mehr). Wesentlich erfolgreicher war die 1980 gegründete Partei Die Grünen, die nach der deutschen Vereinigung mit der ostdeutschen Bürgerbewegung Bündnis 90 fusionierte und seither den Namen "Bündnis 90/Die Grünen" trägt.

Auch die Grünen können von ihrer Genese her als eine Verschmelzung verschiedener grüner und "alternativer" Landesparteien und sonstiger Gruppierungen betrachtet werden. Aus einer anderen Sicht stellen sie ein Produkt der Bürgerinitiativbewegung dar, sind sie also aus Gruppierungen hervorgegangen, die sich zum Entstehungszeitpunkt der Partei alle außerhalb des Spektrums der etablierten Politik befanden. Die Mehrzahl der seit 1949 neu gegründeten Parteien in der Bundesrepublik gehört wahrscheinlich zu diesem letztgenannten Typus und sollte deshalb weder als Abspaltung noch als Verschmelzung von bereits existierenden Parteien gesehen werden.

Neben diesen drei Typen gibt es noch einen vierten genetischen Typus: die Transformation einer existierenden Partei zu einer Organisation, mit nicht nur einem neuen Namen, sondern teilweise auch neuen Mitgliedern und neuen Ideen. Die Frage ist allerdings objektiv oft schwer zu beantworten, ob dabei eine wirklich neue Partei entsteht oder lediglich eine neue Fassade. Darüber streiten sich sowohl Politiker wie auch Wissenschaftler z.B. im Fall der Partei des Demokratischen Sozialismus (→Linkspartei.PDS) die aus der Sozialistischen Einheitspartei Deutschlands (SED) der untergangenen DDR hervorgegangen ist.

Fassen wir die vorstehenden Überlegungen kurz zusammen. Neue Parteien können entweder aus Abspaltungen oder Verschmelzungen von parlamentarischen oder außerparlamentarischen Parteiorganisationen entstehen, aus Initiativen von Bürgern oder durch Transformation einer bestehenden Partei. Die Genese wirkt auf die Entwicklung und den Charakter der Partei ein, wie Duverger klar gemacht hat. Freilich sollte man an dieser Stelle nicht übertreiben: Parteien können sich auch ohne nominellen oder formalen Neubeginn im Charakter wesentlich verändern, indem sie etwa unter Druck der Umwelt ihre Ideologie und Organisationsstruktur anpassen. Der italienische Politologe Angelo Panebianco (1988) hat dies an mehreren Beispielen eindrucksvoll gezeigt.

5 Aufbau oder Struktur der Parteiorganisation

Parteien sind relativ komplizierte Organisationen. Es gibt territoriale Gliederungen wie Orts-, Kreis- und Landesverbände, Fraktionen in Parlamenten auf verschiedenen Ebenen, häufig Jugend- und Frauenverbände oder anderweitige soziologische Gruppen, ein Parteibüro und manchmal mehrere Stiftungen, die mit der Partei verbunden sind. Man kann die Organisationen aufgrund von verschiedenen Strukturmerkmalen einordnen und beschreiben, etwa: Mitgliederzahl, Zahl und Funktionen der Ortsverbände und sonstigen Basisorganisationen, Bürokratisierung und Professionalisierung (Zahl der Büroangestellten und professionellen Berater, Meinungsforscher usw.) oder Zentralisation der Entscheidungsmacht.

Obwohl es auch hier verschiedene Meinungen und Vorschläge gibt, würden wohl die meisten Politologen zustimmen, dass man folgende drei Grundtypen unterscheiden kann:

(1) Der älteste Typ ist die *Honoratioren-* oder *Kaderpartei* – von Duverger *parti de cadres* genannt. Die Kaderpartei wird nur im Wahlkampf aktiv. Dann treffen sich die (relativ wenigen) Mitglieder in der Regel in einem Herrenklub oder einer Sozietät, um einen Kandidaten zu wählen und diesen im Wahlkampf zu unterstützen. Zwischen den Wahlen kommen sie höchstens einmal im Jahr für eine Vollversammlung oder andere gesellige Aktivitäten zusammen. Die Grundorganisation ist ein Wahlkomitee oder Wahlverein, den die Notablen oder Ehrwürdigen der Stadt – Professoren, Rechtsanwälte, Ärzte, Bankherren – angehören. Daher kommt der Name "Honoratiorenpartei". Deren Grundorganisationen sind meistens relativ autonom, werden nur locker von einem Landes- oder Bundesvorstand koordiniert. Solche Parteien wurden meist von Parlamentariern im 19. Jahrhundert gegründet und sind heutzutage in Westeuropa relativ selten geworden.

Daneben gibt es straff hierarchisch strukturierte Organisationen, die ebenfalls "Kaderparteien" genannt werden, aber nicht von Honoratioren, sondern von Berufsrevolutionären geführt werden. Diese revolutionären Kaderparteien betrachten sich selbst nicht als Endstation, sondern als Vorhut einer Massenbewegung. Tatsächlich entwickelten einige sich später zu Massenparteien (etwa die von Lenin gegründeten russischen Bolschewiki); andere dagegen blieben kleine Splitterparteien, wie die →Marxistisch-Leninistische Partei Deutschlands (MLPD) in der Bundesrepublik.

(2) *Massenparteien* (in der Literatur gelegentlich auch Massenintegrations- oder Mitgliederparteien genannt) entstanden im späten 19. und frühen 20. Jahrhun-

dert, fast immer außerhalb der Parlamente (*création extérieure*). Sie sind nicht nur im Wahlkampf, sondern ständig aktiv. Die Mitglieder der Grundorganisationen (meist Ortsvereine, aber auch manchmal Gruppen in Betrieben, sogenannte Betriebszellen) treffen sich häufig im Parteilokal oder auf der Straße, sie demonstrieren und marschieren, verteilen Flugblätter und studieren die Ideologie und Geschichte der Partei. Die Mitglieder gehören oft derselben Kirche oder Klasse an. Man unterscheidet manchmal zwischen demokratischen und totalitären Massenparteien (so etwa Neumann 1956: 400 ff.). Letztere versuchen das Leben der Mitglieder total zu beherrschen, allerdings ohne sie an wesentlichen Entscheidungen zu beteiligen. Beispiele dieses totalitären Subtypus sind die Kommunistische Partei Deutschlands (KPD) und die Nationalsozialistische Deutsche Arbeiterpartei (NSDAP), während die →Sozialdemokratische Partei Deutschlands (SPD) als demokratische Massenpartei betrachtet wird. Jedoch gilt es auch hier zu differenzieren. Während in der NSDAP das Führerprinzip galt und jede Demokratie verpönt war, stellte der sogenannte demokratische Zentralismus der KPD zumindest vom Anspruch her den Versuch dar, die Bedürfnisse der Parteidemokratie und einer straffen Führung miteinander in Einklang zu bringen. Dass sich das Ideal der innerparteilichen Demokratie in der Praxis nur unvollständig realisieren ließ, hatte der Soziologe Robert Michels (1911) im frühen 20. Jahrhundert am Beispiel der deutschen Sozialdemokraten festgestellt. Massenparteien sind nahezu ausnahmslos straff hierarchisch organisiert, werden aber nicht immer von einer geschlossenen Gruppe geführt. Wenn sich zwei oder mehr Führungspersonen oder -gruppen um die Macht bewerben, können einfache Mitglieder meistens auch Einfluss ausüben.

(3) Gegen Ende des 20. Jahrhunderts sterben die Massenparteien allmählich aus; die Massen langweilen sich im Parteilokal und ziehen sich zurück ins Privatleben. Es entwickelt sich ein neuer Typus, der in der Literatur zumeist als *Wählerpartei* bezeichnet wird (Panebianco 1988, Seiler 1993, Gunther/Diamond 2003). Wie die alte Kaderpartei beschäftigt die Wählerpartei sich fast nur mit Wahlen – sie wird vom niederländischen Politologen Ruud Koole (1996) deshalb "moderne Kaderpartei" genannt. Mitglieder spielen kaum eine Rolle. Kandidaten für das Parlament werden entweder von den Wählern selbst in offenen Vorwahlen (*primaries*) selektiert – wie es bei amerikanischen Parteien üblich ist – oder von der Parteiführung ausgewählt. Der Wahlkampf wird von Profis geführt: Meinungsforschern und Werbungsmachern, Journalisten und Fernsehproduzenten, *ghost writers* und *spin doctors*. Die Kosten werden nicht wie bei der Massenpartei von den Mitgliedern getragen, sondern von Spendern und teilweise vom Staat, der die Wahlkämpfe und die Parteiorganisationen selbst in wachsendem Maße sub-

ventioniert. Die italienische Partei *Forza Italia* wurde vom Unternehmer Berlusconi teilweise selbst finanziert. Seine Partei kann als Beispiel einer Betriebspartei oder *business firm party* gelten, ein Subtypus der Wählerpartei (Hopkin/Paolucci 1999). Ein zweiter Subtypus wäre die Kartellpartei, die von Richard Katz und Peter Mair (1995) in die Literatur eingeführt wurde. Diese Partei ist finanziell abhängig vom Staat, den sie gleichzeitig in Zusammenarbeit mit anderen, nur scheinbar konkurrierenden Kartellparteien beherrscht. Als dritten Subtypus könnte man die amerikanische *campaign party* einführen. Bei dieser handelt es sich um kaum formal organisierte, dezentralisierte Netzwerke, die fast nur im Wahlkampf aktiv werden und sich dort für bestimmte Kandidaten einsetzen (McSweeney/Zverper 1991: 99 ff.).

Diese drei Typen kommen ab und zu in Reinkultur vor, häufiger jedoch in Mischungen. Die deutschen Volksparteien CDU und SPD sind zur Zeit wahrscheinlich weder reine Massenparteien noch reine Wählerparteien, sondern bewegen sich irgendwo auf halbem Wege dazwischen. Die Grünen konnte man am Anfang als mehr oder weniger revolutionäre Kaderpartei betrachten – obwohl ihre Organisation immer sehr locker und kaum zentralisiert war; heutzutage stellen sie eher eine Mischung aus Kaderpartei und Wählerpartei dar. Joachim Raschke (1991: 193 ff.) beschreibt die Organisation der deutschen Grünen als professionelle Rahmenpartei: eine professionelle Wahlkampforganisation, vernetzt mit relativ autonomen Netzwerken von Aktivisten.

6 Wählerschaft oder soziologische Basis der Partei

Schließlich kann man Parteien auch nach ihrer soziologischen Basis einordnen, das heißt: nach den sozialen Klassen oder Gruppen, die besonders oft und treu die Partei wählen. Die Wähler tun das wahrscheinlich, weil sie meinen, diese Partei wahre am besten ihre Interessen. Das gilt nicht nur für Interessen- oder Klientelparteien, sondern auch für Ideologiehüter und prophetische Parteien. Interessen müssen ja im Rahmen einer Ideologie interpretiert werden. Es gibt Interessen, die selten politisiert werden, und andere, die großen politischen und ideologischen Sprengstoff bergen. Die nachfolgende Liste ist wahrscheinlich nicht ganz vollständig und erschöpfend.

(1) Sozio-ökonomische Interessen einer Berufsgruppe oder Klasse werden in fast allen mehr oder weniger demokratischen politischen Systemen politisiert, wie Seymour Lipset und Stein Rokkan (1967) historisch belegt haben. Sozialistische und kommunistische Parteien versuchten im 19. und frühen 20. Jahrhundert die

Arbeiterklasse zu politisieren und mobilisieren. Nicht nur ihre Stammwähler, sondern auch ihre Mitglieder entstammten – soweit wir wissen – in der Regel dieser Klasse. Liberale Parteien warben demgegenüber vor allem um selbstständige Unternehmer und Angestellte, während konservative Parteien um die Gunst der Gutsbesitzer und Bauern buhlten.

(2) Kulturelle und religiöse Interessen wurden ebenfalls häufig politisiert. Konfessionelle Parteien wie das Zentrum in Deutschland mobilisierten schon im 19. Jahrhundert die Angehörigen der katholischen Kirche. Im späten 20. Jahrhundert wurden auch Islam und Hinduismus politisiert, vor allem im Nahen Osten und Indien. Während das religiöse *cleavage* hier an Bedeutung gewonnen hat, ist es in den meisten westlichen Industriegesellschaften heute im Rückzug begriffen. Wie das Beispiel der USA zeigt, gibt es dabei aber bemerkenswerte Ausnahmen.

(3) Ethnische und regionale Minderheiten wählten manchmal Parteien, die ihre Interessen besonders hervorhoben. Die Parteien stellten diese nicht selten in den Rahmen einer nationalistischen Ideologie. Je nach Reichweite ihrer politischen Zielsetzung, die von der Forderung nach größerer kultureller Autonomie bis hin zu Separationsbestrebungen reichen können, werden solche Parteien als regionalistische oder Regionalparteien bezeichnet. Beispiele sind die →Bayernpartei und der →Südschleswigsche Wählerverband (SSW) in der Bundesrepublik, die Südtiroler Volkspartei (SVP) und die *Lega Nord* in Italien oder der belgische *Vlaams Belang*. Die beiden zuletztgenannten kombinieren den Regionalismus dabei gleichzeitig mit populistischen Ideologiemerkmalen.

(4) Alter und Geschlecht werden nur selten politisiert. In einigen Ländern haben Seniorenparteien vorübergehend Mandate im Parlament gewonnen – den deutschen "Grauen" war das bislang noch nicht vergönnt. Auch die Ffeministische Partei Die Frauen hat absolut betrachtet nur wenige Wählerinnen für sich einnehmen können.

Die Typologisierung der Parteien nach der Struktur ihrer Wählerschaft orientiert sich vor allem an den Stammwählern. Deren Anteil ist in den letzten Jahrzehnten jedoch in fast allen demokratischen Ländern zurückgegangen, während der Anteil der Wechselwähler im Gegenzug immer stärker gestiegen ist. Diese überlegen bei jeder Wahl neu, welcher Partei sie ihre Stimme schenken möchten. Sozialdemokratische Parteien wie die SPD sind schon lange keine reinen Arbeiterparteien mehr, sondern begreifen sich als Volksparteien, die alle Schichten und Klassen der Bevölkerung ansprechen. Christdemokratische Parteien tun das genauso und beschränken sich nicht mehr auf kirchentreue Katholiken und Protestanten. Der Politikwissenschaftler Otto Kirchheimer (1965) hat schon in den sechziger Jahren beobachtet, dass Klassenparteien und konfessionelle Parteien sich zu Allerwelts-parteien (auf englisch: *catch-all parties*) entwickelten, die versuchen, alle Schichten und Gruppen für sich zu gewinnen. Das gilt weniger für die eben erwähnten Regionalparteien, die sich allenfalls in ihrem begrenzten Verbreitungsgebiet als Volksparteien gerieren können.

7 Schlussbemerkungen

Statt einer Typologie haben wir fünf Typologien dargestellt, die sich auf ver-schiedene Aspekte oder Dimensionen der politischen Partei beziehen. Diese sind relativ unabhängig voneinander – aber nicht völlig. Rechnerisch gäbe es mehr als tausend Möglichkeiten, die Merkmale zu unterschiedlichen Typen zu kombinie-ren. Viele Kombinationen wird man in der empirischen Wirklichkeit nicht oder nur sehr selten vorfinden, während andere häufiger oder sogar regelmäßig vor-kommen, wie im folgenden an einigen Beispielen belegt werden soll.

So waren und sind sowohl die liberalen als auch die konservativen Parteien zumeist "Ideologiehüter", die ihre Ideologie zwar pflegen, aber auch anpassen und – wenn es sein muss – kompromittieren. Sie entstanden sehr oft im 19. Jahr-hundert als Fraktion oder Klub im Parlament. Dieser Ursprung hat ihre Organisa-tion bis weit ins 20. Jahrhundert geprägt: Es waren zum größten Teil Kader- oder Honoratiorenparteien, die vor allem von Unternehmern, Bildungsbürgern, Kauf-leuten, Freiberuflern und selbständigen Bauern unterstützt wurden. Das dürfte zutreffen auf die britische *Conservative Party*, die *Parti Radical* in Frankreich und die Nationalliberale Partei im deutschen Kaiserreich. Allerdings haben viele kon-servative und (etwas weniger) liberale Parteien sich später, also im Laufe des 20. Jahrhunderts, zu Allerwelts- oder Volksparteien entwickelt.

Die sozialistischen und kommunistischen Parteien entstanden dagegen in der Regel außerhalb der Parlamente, oft zuerst als prophetische Vorhut oder Kaderpartei und etwas später als Massenpartei. Obwohl manchmal von Intellek-tuellen gegründet und geführt, waren ihre Mitglieder und Wähler doch größten-teils Industrie- und Landarbeiter. Erst nach dem Zweiten Weltkrieg wandelten sich diese Arbeiterparteien zu Volksparteien, die nicht länger als Propheten, son-dern auch als Hüter einer Ideologie auftraten. Obwohl sie ihre Struktur als Mas-senparteien aufrecht zu erhalten versucht haben, entwickeln sie sich heute zu-nehmend in Richtung reiner Wählerparteien. Sie verlieren Mitglieder, schränken ihre außerparlamentarischen Aktivitäten ein und professionalisieren ihren Wahlkampf. Man könnte das am Beispiel der britischen *Labour Party*, der italienischen Kommunistischen Partei (*Partito Communista Italiano*, PCI – heutzutage *Democratici di Sinistra*, DS genannt) oder der Sozialdemokratischen Partei Deutschlands (SPD) belegen.

Die meisten grünen Parteien fingen ebenfalls als prophetische Kaderparteien an, wuchsen sich aber nie zu Massenparteien aus. Heutzutage kombinieren sie Merkmale einer intellektuellen und aktivistischen Kaderpartei und professionellen Wählerpartei. Sie beziehen ihre Wähler meist aus den gebildeten Mittelschichten – Beamte, Freiberufler, Angestellte und Studenten.

Nationalistische Parteien wie die NPD, der belgische *Vlaams Belang* oder der *Front National* in Frankreich sind von ihrer Struktur her gleichfalls Massenparteien, auch wenn ihre Massen relativ klein sind. Auch sie entstanden eigentlich als prophetische Kaderparteien, gebärden sich aber immer noch als Propheten einer Ideologie, die von den etablierten Parteien oft als gefährlich und unanständig betrachtet wird. Gewählt werden sie häufig aus Protest gegen die Politik der etablierten Parteien – und nicht, weil ihre Ideologie von den Wählern geteilt wird. (Dies gilt allerdings auch für andere Parteien.)

Pragmatische Interessenparteien, die sich zu keiner Ideologie bekennen, haben sich in der Bundesrepublik und den meisten westeuropäischen Staaten selten durchsetzen können. Dagegen erzielen pragmatische Volksparteien, die sich von mehreren Ideologien oder nur von bestimmten Grundwerten inspirieren lassen, in West- und Osteuropa bis heute bemerkenswerte Erfolge. Es sind fast immer professionalisierte Wählerparteien, die entweder aus Massenparteien oder Kaderparteien hervorgingen oder neu gegründet wurden. *Forza Italia* gehört eindeutig zu dieser Kategorie, aber wahrscheinlich auch die französische UMP und die Unionsparteien in der Bundesrepublik. Stellt *Forza Italia* eine komplette Neuschöpfung dar, die durch den Totalzusammenbruch des italienischen Parteiensystems Anfang der neunziger Jahre möglich wurde, so sind CDU/CSU und UMP als Verschmelzung aus mehreren (konfessionellen, konservativen, liberalen oder nationalistischen) Massen- und Kaderparteien nach dem Zusammenbruch des Dritten Reiches bzw. in der Fünften Republik entstanden.

Nicht alle Parteien kann man so (relativ) leicht einordnen. Besonders die vielen Kleinparteien, die nur kurze Zeit oder überhaupt nicht im Bundestag und in den Landtagen vertreten sind, kombinieren manchmal ganz andere Merkmale, zum Teil in überraschender Weise. Die Tierschutzpartei beispielsweise versucht fast prophetisch, ihre ökozentrischen, radikaldemokratischen und konservativen Ideen zu verbreiten, ist aber auch eine Interessenpartei, die Wähler aus allen sozialen Schichten zu gewinnen versucht. Hinzu kommt, dass Parteien sich häufig ändern, ihre Zuordnung zu dem einen oder anderen Typus also im Laufe der

Zeit fraglich werden kann. Parteien lassen sich also in der Tat nicht so leicht in eine Schublade stecken – genau wie die Menschen.

 Literatur

Beyme, Klaus von (1982), Parteien in westlichen Demokratien, München.

Christlich-Demokratische Union (1994), Grundsatzprogramm der CDU Deutschlands "Freiheit in Verantwortung" www.grundsatzprogramm.cdu.de/doc/grundsatzprogramm.pdf

Decker, Frank (2000), Parteien unter Druck. Der neue Rechtspopulismus in den westlichen Demokratien, Opladen.

Duverger, Maurice (1958), Les partis politiques, 3. Aufl., Paris.

Forza Italia (2005), Carta dei valori www.forza-italia.it/images/cdv/cartadeivalori.pdf

Freeden, Michael (1996), Ideologies and political Theory. A Conceptual Approach, Oxford.

Gunther, Richard/Larry Diamond (2003), Species of Political Parties: A New Typology, in: Party Politics 9 (2), S. 167-199.

Hättich, Manfred (1967), Zur Typologie politischer Parteien, in: Politische Bildung 1 (1), S. 37-60.

Hopkin, Jonathan/Caterina Paolucci (1999), The Business Firm Model of Party Organisation: Cases from Spain and Italy, in: European Journal of Political Research 35 (3), S. 307-339.

Katz, Richard S./Peter Mair (1995), Changing Models of Party Organization and Party Democracy. The Emergence of the Cartel Party, in: Party Politics 1 (1), S. 5-28.

Kirchheimer, Otto (1965), Der Wandel des westeuropäischen Parteiensystems, in: Politische Vierteljahresschrift 6 (1), S. 20-41.

Koole, Ruud (1996), Cadre, Catch-all or Cartel? A Comment on the Notion of the Cartel Party, in: Party Politics 2 (4), S. 507-523.

Lipset, Seymour M./Stein Rokkan, Hg. (1967), Party Systems and Voter Alignments: Cross-National Perspectives, New York.

Lucardie, Paul (2000), Prophets, Purifiers and Prolocutors. Towards a Theory on the Emergence of New Parties, in: Party Politics 6 (2), S. 175-185.

McSweeney, Dean/John Zverper (1991), American Political Parties. The Formation, Decline and Reform of the American Party System, London/ New York.

Michels, Robert (1911), Zur Soziologie des Parteiwesens in der modernen Demokratie, Leipzig.

Neumann, Sigmund (1956), Towards a Comparative Study of Political Parties, in: ders. (Hg.), Modern Political Parties, Chicago, S. 395-421.

Panebianco, Angelo (1988), Political Parties. Organisation and Power, Cambridge.

Raschke, Joachim (1991), Krise der Grünen. Bilanz und Neubeginn, Marburg.

Seiler, Daniel-Louis (1993), Les partis politiques, Paris.

Stöss, Richard (1983), Einleitung: Struktur und Entwicklung des Parteienwesens in der Bundesrepublik – Eine Theorie, in: ders. (Hg.), Parteien-Handbuch. Band 1, Opladen, S. 17-309.

Strøm, Kaare (1990), A Behavioral Theory of Competitive Political Parties, in: American Journal of Political Science 34 (2), S. 535-598.

Union pour un Mouvement Populaire (2004), Charte des valeurs www.u-m-p.org/site/index/php/ump/l_ump/nos_valeurs

Heike Merten

Rechtliche Grundlagen der Parteiendemokratie

1 Funktion und Status der politischen Parteien

Es gibt keine Demokratie ohne politische Parteien. Parteien sind unabdingbar für die Verwirklichung eines demokratischen parlamentarischen Regierungssystems. Sie sind wesentliche Faktoren für die Willensbildung der Bürger und erfüllen eine maßgebliche Transformationsfunktion des Willens von den Bürgern zu den Entscheidungsträgern. Der entscheidende Einfluss, der unter der Geltung der Volkssouveränität dem Volk bei der Rechtfertigung und inhaltlichen Bestimmung der Staatsgewalt zukommt, bedarf der Organisation. Folgerichtig benötigt man Organisationen, welche die Willensbildung des Volkes ermöglichen und politisch zur Geltung bringen. Normativ betrachtet ist das Parteiwesen und sein rechtlicher Schutz eine notwendige Spezifizierung der Volkssouveränität und mithin ein zentrales Element der Ausgestaltung des Demokratieprinzips. Dem trägt das Grundgesetz dadurch Rechnung, dass es die Parteien mit einem eigenen Artikel bedenkt. Artikel 21 des Grundgesetzes (GG) anerkennt und schützt die Parteien als wesentliche Faktoren bei der politischen Willensbildung, legt bestimmte Rechte und Pflichten der Parteien fest und regelt den Ausschluss verfassungswidriger Parteien. Das Nähere ist einer bundesgesetzlichen Regelung überlassen (Art. 21 Abs. 3 GG).

Die Regelung des Art. 21 Abs. 1 GG gibt den Parteien eine Reihe von Rechten und Pflichten auf. Diese werden strukturiert als Status der Freiheit, der Gleichheit und der Öffentlichkeit der Parteien (so bereits Hesse 1959: 11 ff.; vgl. auch Häberle 1967: 64 ff., Morlok 2006: 350 ff.), sowie als Prinzip der innerparteilichen Demokratie. Diese vier Aspekte sind keinesfalls isoliert zu betrachten, sondern als ein einheitliches, ohne gegenseitigen Bezug unverständliches Bündel von Rechten und Pflichten. Der Status der Freiheit soll gewährleisten, dass der demokratische Prozess der Willensbildung und der Gewährung politischer Unterstützung frei von staatlicher Einflussnahme ist. Der Status der Gleichheit will dafür Sorge tragen, dass die politischen Parteien am demokratischen Wettbewerb unter gleichen Bedingungen teilnehmen können. Der Status der Öffentlichkeit soll schließlich gewährleisten, dass der Bürger das Parteigeschehen ungehindert verfolgen kann, insbesondere in finanzieller Hinsicht, um seine politische Unterstützung tatsächlich auch den Kräften zukommen zu lassen, die seinen Auffassungen und Interessen am nächsten stehen. Last but not least schreibt Art. 21 Abs. 1 GG das Gebot der innerparteilichen Demokratie fest. Das heißt, der Innenbereich der politischen Parteien muss nach demokratischen Regeln strukturiert sein.

Die Regelung des Art. 21 GG kann jedoch innerhalb des Grundgesetzes nicht isoliert betrachtet werden. Sie knüpft einmal an Art. 20 GG an, speziell an Art. 20 Abs. 2 GG, in dem die Volkssouveränität geregelt ist. Der Grundsatz der Volkssouveränität fordert, dass das Volk einen effektiven Einfluss auf die Ausübung der Staatsgewalt durch die Organe der Gesetzgebung, der vollziehenden Gewalt und der Rechtsprechung hat. Organe der Einflussnahme auf das politische Geschehen sind die politischen Parteien. In ihnen werden Interessen und Auffassungen erfasst und zu konkreten politischen Zielen gebündelt und formuliert. Sie haben eine Transformationsfunktion bei der Strukturierung und Bildung der politischen Auffassungen der Bevölkerung und ihrer Umsetzung in den Entscheidungen der staatlichen Organe. Systematisch nehmen sie eine Zwischenstellung zwischen dem von grundrechtlicher Freiheit geprägten Bereich des gesellschaftlichen Geschehens und dem verfassten Bereich der staatlichen Institutionen ein. Bei den Wahlen und Abstimmungen des Volkes, die das Prinzip der Volkssouveränität zum Ausdruck bringen, haben die politischen Parteien eine maßgebliche und zentrale Rolle, wenn auch keine Monopolstellung.

Zum anderen steht die Regelung des Art. 21 GG im Zusammenhang mit jenen Grundrechten, die auch demokratische Mitwirkungsrechte gewähren. Das Recht auf politische Betätigung bedingt das Recht auf Meinungsfreiheit aus Art. 5 Abs. 1 GG. Dieses kann wirkungsvoll nur im Zusammenhang mit anderen Bürgern wahrgenommen werden: in Form von Versammlungen und Demonstrationen (Art. 8 Abs. 1 GG), durch die festere und längerfristige Form der Vereinigung (Art. 9 Abs. 1 GG) und schließlich durch die Gründung von und die Mitarbeit in einer politischen Partei (Art. 21 Abs. 1 GG).

Zusammenfassend lässt sich festhalten, dass die Rolle der politischen Parteien bei der Gestaltung des politischen Geschehens verfassungsrechtlich anerkannt ist und folgerichtig in der Verfassung durch Art. 21 GG manifestiert wurde. Das Grundgesetz stattet die Parteien mit den notwendigen rechtlichen Sicherungen zur Erfüllung ihrer Funktionen aus. Diese Gewährleistungen gelten ausschließlich für politische Parteien und sind streng zu unterscheiden von den Gewährleistungen, die das Grundgesetz den Vereinigungen durch Art. 9 GG zukommen lässt. Klärungsbedürftig ist daher zunächst einmal die Frage, was unter dem Begriff politische Parteien verstanden wird.

2   Parteibegriff

Art. 21 Abs. 1 und 2 setzen den Begriff der Partei voraus, geben aber keine Definition. Eine Begriffsbestimmung enthält jedoch § 2 Abs. 1 des Parteiengesetzes (PartG). Wenn einfaches Recht einen vom Verfassungsgesetz verwendeten Begriff definiert, ist diese Definition grundsätzlich zunächst einmal nicht maßgeblich. Der Gesetzgeber kann die Verfassung nicht durch eine Begriffsbestimmung präjudizieren (Kunig 2005: 304). § 2 Abs. 1 PartG stellt deswegen keine authentische Interpretation des verfassungsrechtlichen Parteibegriffs dar (Morlok 2006: 344; Wietschel 1996: 143 ff.). Allerdings hat das Bundesverfassungsgericht (BVerfG) den Parteibegriff des § 2 Abs. 1 PartG für verfassungsgemäß erklärt[1], sodass er auch zu dessen Auslegung herangezogen werden kann. Danach sind Parteien „Vereinigungen von Bürgern, die dauernd oder für längere Zeit für den Bereich des Bundes oder eines Landes auf die politische Willensbildung Einfluss nehmen und an der Vertretung des Volkes im deutschen Bundestag oder einem Landtag mitwirken wollen, wenn sie nach dem Gesamtbild der tatsächlichen Verhältnisse ... eine ausreichende Gewähr für die Ernsthaftigkeit dieser Zielsetzung bieten." Maßgebend sind mithin vier Merkmale:

- Vereinigung von Bürgern
- feste und dauerhafte Organisation dieser Vereinigung
- Ziel, im Bundestag und/oder in einem Landtag mitzuwirken
- Ernsthaftigkeit dieser Zielsetzung

Im Einzelnen ist zu diesen vier Merkmalen folgendes zu bemerken: Politische Parteien sind körperschaftlich organisierte Vereinigungen natürlicher Personen. Die Beschränkung auf natürliche Personen als Mitglieder dient der Unmittelbarkeit des Einflusses der Bürger, welche Träger der Volkssouveränität sind. In struktureller Hinsicht muss eine Organisationsform vorliegen, die Gewähr gibt für eine gewisse Beständigkeit der Vereinigung. Unorganisierte Gesinnungsgemeinschaften fallen nicht darunter. Ferner muss jede Partei die feste Absicht haben, ihre politischen Vorstellungen und Ziele in einem Parlament, sei es auf Bundes- oder Landesebene zu vertreten und durchzusetzen. Dabei genügt die Absicht der parlamentarischen Mitwirkung. Sie muss in der Beteiligung an Parlamentswahlen (Bundestag, Landtag) zum Ausdruck kommen. Dabei ist es nicht erforderlich, dass die Partei zu allen Wahlen im Bund und in den Ländern antritt, sondern ausreichend, wenn sie an einigen oder wenigstens an einer Wahl teil-

---

[1] BVerfGE 91, 262 (267)

nimmt. Eine Partei kann auch für eine gewisse Zeit ganz aussetzen, etwa nach einer schweren Wahlniederlage, mit dem Ziel, sich zu regenerieren. Erst wenn sie sechs Jahre lang weder an einer Bundestagswahl noch an einer Landtagswahl teilgenommen hat, verliert sie den Status als Partei (§ 2 Abs. 2 PartG) und fällt damit nicht mehr unter Art. 21 GG, sondern unter Art. 9 GG. Sie kann sich jedoch jederzeit wieder als Partei konstituieren, wenn sie erneut an Parlamentswahlen teilnimmt. Die Ernsthaftigkeit der Teilnahme an Parlamentswahlen muss nicht nur subjektiv, sondern auch objektiv gegeben sein. Die Partei muss nach ihrem Organisationsgrad, ihrer Mitgliederzahl, ihrer finanziellen Grundlage usw. in der Lage sein, typische Parteiaufgaben wahrzunehmen, insbesondere in einem Parlament mitzuwirken.[2]

Für die Begriffsbestimmung ist unerheblich, welche politischen Ziele verfolgt werden. Es kommt auch nicht darauf an, ob sich die Partei dem Gemeinwohl verpflichtet fühlt oder spezifische Interessen verfolgt. Dies ergibt sich schon daraus, dass für die Feststellung des Gemeinwohls die erforderlichen Maßstäbe fehlen (Morlok 2006: 345 f.). Der Parteibegriff kann nur anhand formaler Kriterien bestimmt werden, um eine politische Kontrolle und Zäsur – etwa bei der Zulassung zur Wahl durch den Wahlleiter gemäß § 18 des Bundeswahlgesetzes (BWG) – von vornherein auszuschließen.

Umstritten ist die Beschränkung des Parteibegriffs auf die Teilnahme an Wahlen auf Bundes- und Landesebene. Dies führt zum Ausschluss der kommunalen Ebene, das heißt Vereinigungen, die lediglich auf der kommunalen Ebene tätig werden und nur eine Vertretung im Gemeinderat oder im Kreistag anstreben, werden von Art. 21 GG nicht erfasst. Diese gesetzliche Beschränkung ist nach Ansicht des Bundesverfassungsgerichts[3] und eines Teils der Literatur verfassungsgemäß, stößt aber in der Literatur zunehmend auf Widerspruch und Ablehnung (z.B. Kunig 2005: 303; Morlok 2006: 345).

Ausgeschlossen sind nach der Definition des § 2 Abs. 1 PartG auch solche Vereinigungen, die ausschließlich an den Wahlen zum Europäischen Parlament teilnehmen wollen (Europaparteien). Diese Beschränkung lässt sich wohl damit erklären, dass das Parteiengesetz etwa zehn Jahre vor der ersten Direktwahl des Europäischen Parlamentes erlassen wurde. Der Gesetzgeber hat mithin die Europaparteien nicht bewusst ausgeschlossen. Ein Ergänzungsbedarf wurde freilich bisher nicht gesehen. Da sich nunmehr die erste transeuropäische Partei „Newropeans" gebildet hat, die im Jahre 2009 unter dem gleichen Namen und mit dem gleichen Programm in allen EU-Ländern antreten will, besteht in Zukunft die

---

[2] BVerfGE 91, 262 (272 ff.), 276 (288 ff.).
[3] BVerfGE 2, 1 (76); 6, 367 (373); 11, 266 (276); 11, 266 (351 ff.)

Notwendigkeit, den supranationalen Bereich mit in die Definition der politischen Parteien einzubeziehen.

Nach § 2 Abs. 3 PartG sind Vereinigungen, die mehrheitlich aus Ausländern bestehen (sog. Ausländerparteien) oder die ihren Sitz im Ausland haben (sog. Exterritorialparteien), keine Parteien. Diese Regelung ist folgerichtig, wenn man auf den Zusammenhang zwischen Parteien und Wahlen abstellt. Sie ist jedoch in Frage zu stellen, wenn und soweit Ausländer ein Wahlrecht erhalten.

3   Gesetzliche Regelungen des Parteiwesens

a)   Privatrechtliche Vorschriften
Parteien sind Vereinigungen von Bürgern, die im gesellschaftlichen Bereich wurzeln (Seifert 1975: 77 ff.). Folgerichtig sind sie privatrechtliche Organisationen und entsprechend den in diesem Bereich geltenden Rechtsformen entweder rechtsfähige Vereine gemäß § 21 BGB oder nicht rechtsfähige Vereine gemäß § 54 BGB. Die Entscheidung zwischen diesen beiden Rechtsformen liegt bei den Parteien selbst. Nahezu alle Parteien votieren dabei für die Rechtsform des nicht rechtsfähigen Vereins, um den mit der Eintragung des rechtsfähigen Vereins in das Vereinsregister verbundenen staatlichen Auflagen und Kontrollen zu entgehen.

b)   Parteiengesetz
In Ausführung des Regelungsauftrages des Art. 21 Abs. 3 GG ist 1967 das Gesetz über die politischen Parteien ergangen, das seitdem unzählige Änderungen erfahren hat. Sowohl die ursprüngliche Fassung des Gesetzes als auch die folgenden Änderungen gründeten auf der Rechtsprechung des Bundesverfassungsgerichts.

Das Parteiengesetz beginnt mit einer Beschreibung der Stellung und der Aufgaben der Parteien (§ 1), einer Legaldefinition des Parteibegriffs (§ 2) und sodann einer Reihe von Regelungen einzelner Bereiche des Parteiwesens – angefangen von der Parteifähigkeit im Prozess (§ 3), über den Namen (§ 4), die Gleichbehandlung (§ 5), die innere Ordnung (§§ 6 ff.), die Parteienfinanzierung (§§ 18 ff.), die Rechenschaftslegung gemäß Art. 21 Abs. 1 Satz 4 GG (§§ 23 ff.) bis hin zum Parteiverbot und dessen Vollzug (§§ 32, 33).

c)   Ergänzende Regelungen des öffentlichen Rechts
Das Parteiengesetz wird durch andere öffentlich-rechtliche Vorschriften ergänzt. Zum einen durch das Bundeswahlgesetz, das u.a. die Aufstellung der Kandida-

ten durch die Parteien in den §§ 18 ff. eingehend regelt. Das Einkommensteuergesetz sieht steuerrechtliche Begünstigungen von Mitgliedsbeiträgen und Spenden für die Parteien vor (§ 10 b Abs. 2, § 34g EStG). Hinzu kommt noch das Verfassungsprozessrecht, welches zahlreiche Regelungen zum Parteiverbotsverfahren enthält (§§ 43 ff. BVerfGG), sowie Regelungen zum Organstreitverfahren, in welchem die politischen Parteien – wiederum aufgrund der Verfassungsrechtsprechung – als beteiligtenfähig angesehen werden.

d)   Regelungen auf europäischer Ebene
Art. 191 des Vertrags zur Gründung der Europäischen Gemeinschaft (EGV) schreibt die Funktion und Bedeutung der politischen Parteien auf der europäischen Ebene fest. Den europäischen politischen Parteien wird durch Abs. 1 die Aufgabe zugewiesen, den politischen Willen der Unionsbürger zu artikulieren. Abs. 2 ermächtigt den Rat und das Europäische Parlament, im Mitentscheidungsverfahren Regelungen für die politischen Parteien auf europäischer Ebene und insbesondere Vorschriften über ihre Finanzierung zu schaffen. Im Jahre 2003 haben das Europäische Parlament und der Rat der Europäischen Union daran anknüpfend die „Verordnung über die Regelungen für die politischen Parteien auf europäischer Ebene und ihre Finanzierung" erlassen. Die Verordnung enthält bei genauer Betrachtung hauptsächlich Regelungen über die öffentliche Parteienfinanzierung (Merten 2004/2005, von Arnim/Schurig 2004).

4   Die Rechte und Pflichten der Parteien

Die Rechte und Pflichten der politischen Parteien ergeben sich aus Art. 21 GG sowie aus den soeben dargelegten gesetzlichen Regelungen des Parteiwesens. Strukturiert nach dem Status der Freiheit, der Gleichheit, der Öffentlichkeit und der inneren Ordnung der Parteien wird im folgenden speziell auf die einzelnen Rechte und Pflichten eingegangen.

a)   Die Freiheit der Parteien
Die Gründung einer Partei ist frei (Art. 21 Abs. 1 Satz 2 GG). Die *Gründungsfreiheit* umfasst das sich Zusammenfinden, die Verständigung auf eine gemeinsame Programmatik sowie die Wahl der Organisationsform, und zwar ohne staatlichen Mitwirkungsakt. Sie bezieht sich nicht nur auf den Gründungsakt als solchen, sondern vermittelt auch das Recht, die Organisation und vor allem das Programm der Partei festzulegen. Die Vorgaben des Parteiengesetzes schränken die Gründungsfreiheit der Parteien in der Namensführung und in der inneren Orga-

nisation an einzelnen Punkten ein (§§ 4 und 6 PartG). Diese Einschränkungen sollen die Funktionsfähigkeit der Partei im Mehrparteiensystem herstellen. So muss sich z.b. der Name von dem einer bereits bestehenden Partei deutlich unterscheiden und die Satzung wesentliche Fragen der Organisation wie die Einrichtung von Gebietsverbänden und Organen, Rechte und Pflichten der Mitglieder, Finanzordnung usw. regeln.

Die Parteienfreiheit ist nicht nur ein Recht der Partei als Organisation, sondern auch der in ihr zusammengeschlossenen Individuen. Von daher schließt sie auch das Recht ein, einer bestimmten Partei beizutreten, in ihr zu verbleiben oder aus einer Partei auszutreten. Dieses Recht richtet sich gegen den Staat, aber auch gegen die Parteien selbst. Es verbietet zum einen staatliche Regelungen und Maßnahmen, die den Eintritt oder den Austritt erschweren, zum anderen aber auch Druckmittel der Parteien, mit denen jemand gezwungen werden soll, ihnen beizutreten oder sie wieder zu verlassen. Fraglich ist, ob der Bürger einen Anspruch gegenüber der Partei auf Aufnahme in die Partei oder auf Verbleib in der Partei hat. Diese Frage wird in § 10 PartG differenzierend geregelt. Nach § 10 Abs. 1 PartG besteht kein Aufnahmeanspruch. Das ist eine zwingende Konsequenz der Freiheit der Parteien. Müssten sie jeden, der Interesse zeigt, oder auch nur jeden, der bestimmte Voraussetzungen erfüllt, aufnehmen, dann würden sie in ihrer Organisations- und Programmfreiheit erheblich beeinträchtigt. Die Partei könnte auf diesem Wege unterwandert und politisch „umgedreht" werden. Diese Deutung des § 10 Abs. 1 PartG ist nicht unbestritten, wird aber von der Rechtsprechung und der überwiegenden Literatur bejaht (Morlok 1996: 231 ff.; Morlok 2006: 388). Ist ein Individuum erst einmal aufgenommen, genießt der dadurch erlangte Status jedoch einen besonderen Schutz, der durch die Ausschlussregelung des § 10 Abs. 4 PartG abgesichert ist. Der Ausschluss eines Parteimitglieds aus der Partei ist danach nur zulässig, wenn das Mitglied „vorsätzlich gegen die Satzung oder erheblich gegen Grundsätze oder Ordnung der Partei verstößt und ihr damit schweren Schaden zufügt" (§ 10 Abs. 4 PartG) und wenn dies in einem besonderen förmlichen Verfahren festgestellt wird (§ 10 Abs. 5 PartG). Die Beschränkung des Ausschlussrechts ist ein Instrument der Sicherung der innerparteilichen Demokratie.

Die Gründungsfreiheit enthält als ihr Gegenstück auch die Freiheit zur Auflösung und die Freiheit zur Vereinigung mit anderen Parteien.

Unmittelbar aus der Gründungsfreiheit herzuleiten ist die *Betätigungsfreiheit* der Partei. Der Schutz der Gründung einer Partei würde ins Leere laufen, wenn nicht zugleich auch die Individuen, die sich in einer Partei betätigen, und die Partei als Organisation selbst mit von dem Freiheitsschutz umfasst werden. Träger der Betätigungsfreiheit sind einerseits die Bürger, die sich in einer Partei engagieren, und andererseits die Partei selbst. Die Betätigungsfreiheit schützt alle spezifischen parteipolitischen Betätigungen, wobei keine Beschränkung auf herkömmliche Betätigungsformen einer Partei besteht. Auch bisher nicht von den Parteien durchgeführte neue Betätigungen sind geschützt, soweit es dabei um die Einflussnahme auf die politische Willensbildung geht. Auslandsaktivitäten der Parteien genießen ebenfalls Freiheitsschutz, soweit ihr Ziel die Einwirkung auf die deutsche Politik ist, also etwa der Wahlkampf bei Auslandsdeutschen. Dies gilt insbesondere für die politischen Anstrengungen, die auf das Europäische Parlament zielen.

b) Chancengleichheit

Die Chancengleichheit der Parteien ist im Grundgesetz und speziell in Art. 21 GG nicht ausdrücklich normiert, wird aber als ungeschriebener verfassungsrechtlicher Grundsatz anerkannt.[4] Sie ist die zwingende Folge unserer Mehrparteien- und damit Wettbewerbsdemokratie. Es muss ein funktionsgerechter Wettbewerb zwischen den politischen Vereinigungen sichergestellt werden, der den demokratischen Prozess für alle frei und offen hält. Daher müssen grundsätzlich alle Parteien formal gleichbehandelt werden. Das bedeutet die Sicherung der rechtlich gleichen Voraussetzungen für die Entfaltung der eigenen Möglichkeiten der Wettbewerber. Kurz gesagt: Die politische Minderheit von heute muss die Chance haben, die politische Mehrheit von morgen zu werden (Hesse 1959: 20). Die verfassungsrechtliche Statuierung der Chancengleichheit der Parteien ergibt sich nach der ständigen Rechtsprechung des Bundesverfassungsgerichts aus der Parteienfreiheit des Art. 21 Abs. 1 GG und dem der Verfassung zugrundeliegenden Mehrparteienprinzip.[5] Im Gegensatz zum allgemeinen Gleichheitsrecht des Art. 3 Abs. 1 GG, das sachlich begründete Differenzierungen zulässt, ist der Grundsatz der Chancengleichheit zwischen den Parteien strikt und formal. Differenzierungen sind nur zulässig, wenn zwingende Gründe dies erfordern. Besondere Bedeutung erlangt der Grundsatz der Chancengleichheit im Wahlrecht, wo er durch Art. 38 Abs. 1 Satz 2 GG besonders gewährleistet wird. Er beschränkt sich aber nicht auf diesen Bereich, sondern greift überall dort ein, wo es um die Parteien und damit um das Verhältnis der Parteien zueinander geht.

Der Grundsatz der Chancengleichheit wird vor allem dann aktuell, wenn der Staat einzelnen politischen Parteien Leistungen oder sonstige Vergünstigungen gewährt. Nach dem strengen Gleichheitssatz müssten die Parteien völlig gleichbehandelt werden. Dies ist jedoch nicht ganz unproblematisch, da zwischen

---

[4] BVerfGE 6, 273 (280)
[5] BVerfGE 82, 322 (337)

einer großen Partei, die im Bundestag vertreten ist und möglicherweise sogar Regierungsverantwortung trägt, und einer kleinen Splitterpartei erhebliche Unterschiede bestehen. Somit stellt sich die Frage, ob in einigen Fällen die egalitäre oder die proportionale Gleichheit angemessen ist. § 5 PartG lässt eine „abgestufte Gleichbehandlung" zu. Danach „sollen", wenn der Staat oder ein sonstiger Träger öffentlicher Gewalt den Parteien Einrichtungen zur Verfügung stellt oder andere öffentliche Leistungen gewährt, alle Parteien gleichbehandelt werden. Was den Umfang der Gewährung betrifft, kann nach der Bedeutung der Parteien abgestuft werden, wobei sich die Bedeutung insbesondere nach den Ergebnissen vorausgegangener Wahlen zu den Volksvertretungen bemisst. Das Bundesverfassungsgericht begründet dies damit, dass der Gesetzgeber „die vorgefundene Wettbewerbslage nicht verfälschen" darf.[6]

c) Innerparteiliche Demokratie
Nach Art. 21 Abs. 1 Satz 3 GG muss die innere Ordnung der Partei demokratischen Grundsätzen entsprechen. Das so ausgesprochene Gebot zur innerparteilichen Demokratie ist eine selbstverständliche Konsequenz der Funktion der Parteien, die politische Mitwirkung der Bürger an der Bildung der Parlamente zu organisieren. Da in einer Demokratie die Wahlen zu den Parlamenten demokratisch strukturiert sein müssen, kann eine freie und effektive Mitbestimmungsmöglichkeit der Bürger als Basis des politischen Prozesses nur gesichert werden, wenn die Strukturen und Verfahren der an den Wahlen teilnehmenden Parteien ebenfalls demokratisch ausgestaltet sind. So wird letztlich gewährleistet, dass tatsächlich alle Gewalt vom Volke ausgeht und damit die politische Herrschaft legitimiert wird.

Der Begriff „innere Ordnung" beinhaltet den gesamten Bereich der innerparteilichen politischen Willensbildung. Darin eingeschlossen sind die Organisationsstrukturen und Verfahrensbestimmungen, die diesen Bereich strukturieren. Ausgeschlossen bleibt der rein verwaltungsmäßige Geschäftsbetrieb.

Das Demokratieprinzip fordert vor allem, dass die Willensbildung innerhalb der Partei von unten nach oben erfolgt, dass sich also die Parteiführung nicht verselbständigt, sondern durch innerparteiliche Wahlen parteidemokratisch legitimiert wird, was durch eine Begrenzung der Amtszeiten und durch wiederkehrende Wahlen zu sichern ist. Allerdings ist zu beachten, dass die demokratischen Regelungen und Grundsätze, die für den Staat gelten, nicht einfach auf die Parteien übertragen werden dürfen. Dagegen spricht schon, dass der Staat ein Zwangsverband ohne Konkurrenz ist, während politische Parteien freie Verbän-

---

[6] BVerfGE 85, 264 (297)

de darstellen, die in Konkurrenz zu anderen Parteien stehen. Das muss sich vor allem auf das Verhältnis der Parteien zu ihren Mitgliedern auswirken. Die Gestaltung der Organisation ist grundsätzlich Sache der Parteien selbst. Sie wird jedoch durch die §§ 6 ff. PartG und die ergänzend eingreifenden Vorschriften des Vereinsrechts im BGB weitgehend präjudiziert. Wenngleich diese Vorschriften sehr detailliert sind, so sind sie doch auch in der Summe gut begründbar, da sie das Demokratiegebot verwirklichen, rein formalen Charakter tragen und der Sicherheit im Rechtsverkehr dienen. Für die wichtige Aufgabe der Parteien, die Aufstellung der Parlamentskandidaten, gelten die Wahlgesetze, etwa für die Bundestagswahl die §§ 18 ff. BWG.

d) Rechenschaftspflicht
Art. 21 Abs. 1 Satz 4 GG verpflichtet die Parteien, über die Herkunft und Verwendung ihrer Mittel öffentlich Rechenschaft abzulegen. Diese öffentliche Rechenschaftspflicht bezweckt zunächst, den Prozess der politischen Willensbildung für den Wähler durchschaubar zu machen und ihm zu offenbaren, welche Gruppen, Verbände oder Privatpersonen im Sinne ihrer Interessen durch Geldzuwendungen auf die Parteien politisch einzuwirken versuchen. Ferner dient sie der Trennung der Politik von der vom Geld beherrschten privaten Wirtschaft. Die Rechenschaftspflicht hat vor allem Kontrollfunktion. Sie wird durch die §§ 23 ff. PartG näher ausgestaltet.

5   Parteienfinanzierung

a) Grundlagen
Die finanziellen Mittel, die den Parteien für ihre Organisation und Tätigkeit zur Verfügung stehen, stammen im Wesentlichen aus Mitgliedsbeiträgen, Mandatsträgerbeiträgen, Einnahmen aus Vermögen, Spenden und staatlichen Zuwendungen. Die staatlichen Zuwendungen sind zu differenzieren nach unmittelbaren und mittelbaren Zuwendungen. Im ersteren Fall erhalten die Parteien direkte Zuwendungen aus der Staatskasse. Im zweiten Fall werden die Mitgliedsbeiträge und die Spenden an die Parteien steuerlich begünstigt, sodass der Staat durch Verzicht auf Steuerleistungen gleichsam mitbezahlt. Im Grundgesetz ist die Parteienfinanzierung nicht vorgesehen, aber auch nicht ausgeschlossen. Das Bundesverfassungsgericht hat eine Finanzierungspflicht der Parteien zuletzt unter Hinweis auf die frühere Rechtsprechung ausdrücklich verneint.[7] In der rechts-

---

[7] BVerfGE 111, 54 (98 f.)

wissenschaftlichen Literatur werden zunehmend Stimmen laut, die eine Pflicht zur staatlichen Parteienfinanzierung aus der staatlichen Gewährleistung eines funktionierenden Parteiwesens heraus interpretieren (Klein 2005: 187 f.). Die folgenden Tabellen geben einen Überblick über die wichtigsten Einnahmen und ihren Anteil an den Gesamteinnahmen der im Deutschen Bundestag vertretenen politischen Parteien von 1994 bis 2003:

Tabelle 1:　　Gesamteinnahmen[1] der Bundestagsparteien von 1994 bis 2003 in Tausend € (unter Abzug des innerparteilichen Geldtransfers)

Jahr	CDU	SPD	Grüne	CSU	FDP	PDS
1994	143.125	180.680	27.010	34.685	35.939	17.541
1995	111.624	145.819	24.765	27.031	23.487	20.868
1996	113.364	144.717	25.629	31.834	20.749	18.539
1997	111.581	143.661	26.219	28.645	21.244	18.831
1998	138.102	155.663	29.131	33.522	25.235	19.749
1999	132.412	156.476	26.267	32.606	23.580	20.827
2000	130.877	149.301	23.469	28.025	22.937	20.113
2001	131.023	159.971	23.842	34.590	25.718	20.491
2002	141.961	158.773	26.334	46.081	31.541	21.914
2003	139.723	179.845	26.179	47.417	27.772	22.159

Tabelle 2:　　Einnahmen aus Mitgliedsbeiträgen

Jahr	CDU		SPD		GRÜNE		CSU		FDP		PDS	
	Tsd. €	v.H.[2]	Tsd. €	v.H.	Tsd. €	v.H.	Tsd. €	v.H.	Tsd.€	v.H.	Tsd. €	v.H.
1994	47.866	33,44	78.040	43,19	7.862	29,11	9.355	26,97	6.461	17,98	7.458	42,52
1995	50.472	45,22	79.965	54,84	9.363	37,81	9.473	35,04	5.772	24,58	8.285	39,70
1996	51.342	45,29	78.251	54,07	10.378	40,49	10.016	31,46	5.619	27,08	8.660	46,71
1997	51.433	46,09	80.717	56,19	11.037	42,10	9.960	34,77	5.431	25,56	8.617	45,76
1998	51.488	37,28	80.699	51,84	11.057	37,96	9.845	29,37	5.334	21,14	8.841	44,77

Jahr	CDU		SPD		GRÜNE		CSU		FDP		PDS	
	Tsd. €	v.H.²	Tsd. €	v.H.	Tsd. €	v.H.	Tsd. €	v.H.	Tsd.€	v.H.	Tsd. €	v.H.
1999	53.848	40,67	80.512	51,45	10.685	40,68	10.103	30,99	5.509	23,36	8.952	42,98
2000	55.470	42,38	77.587	51,97	9.466	40,33	10.488	37,42	5.644	24,61	9.016	44,83
2001	57.031	43,53	78.231	48,90	9.129	38,29	12.633	36,52	5.679	22,09	8.926	43,56
2002	57.952	40,94	78.275	49,30	9.311	35,36	13.358	28,99	6.264	19,86	10.411	47,51
2003	42.748	30,60	53.890	29,97	5.333	20,37	10.240	21,60	6.120	22,04	9.875	44,57

Tabelle 3:   Einnahmen aus Mandatsträgerbeiträgen[3]

Jahr	CDU		SPD		GRÜNE		CSU		FDP		PDS	
	Tsd. €	v.H.	Tsd. €	v.H.	Tsd.€	v.H.	Tsd.€	v.H.	Tsd.€	v.H.	Tsd.€	v.H.
2003	18.051	12,92	22.430	12,47	4.470	17,07	3.252	6,86	1.271	4,58	1.139	5,14

Tabelle 4:   Einnahmen aus Spenden

Jahr	CDU		SPD		GRÜNE		CSU		FDP		PDS	
	Tsd. €	v.H.	Tsd. €	v.H.	Tsd.€	v.H.	Tsd. €	v.H.	Tsd. €	v.H.	Tsd.€	v.H.
1994	29.085	20,32	17.760	9,83	4.610	17,07	9.181	26,47	8.477	23,59	3.277	18,68
1995	18.365	16,45	12.720	8,72	4.473	18,06	7.343	27,17	5.591	23,80	2.572	12,33
1996	18.402	16,23	14.278	9,87	5.051	19,71	11.566	36,33	7.161	34,51	2.834	15,29
1997	17.295	15,50	11.837	8,24	4.648	17,73	7.066	24,67	7.288	34,31	3.001	15,94
1998	33.813	24,48	18.836	12,10	5.847	20,07	12.536	37,40	11.178	44,30	3.785	19,17
1999	33.368	25,20	17.236	11,02	5.140	19,57	7.806	23,94	9.843	41,74	3.839	18,43
2000	28.512	21,79	12.631	8,46	4.311	18,37	6.935	24,75	8.464	36,90	3.485	17,33
2001	25.459	19,43	16.528	10,33	5.121	21,48	10.887	31,47	10.799	41,99	3.699	18,05
2002	30.468	21,46	17.334	10,92	5.282	20,06	18.872	40,95	13.745	43,58	3.750	17,11
2003	17.397	12,45	10.445	5,81	3.435	13,12	9.717	20,49	7.351	26,47	1.753	7,91

[1]In den „Gesamteinnahmen" enthaltene weitere Einnahmearten sind: Einnahmen aus Vermögen, Einnahmen aus Veranstaltungen, Vertrieb von Druckschriften und sonstiger mit

Einnahmen verbundener Tätigkeit der Partei sowie sonstige Einnahmen.
[2]Jeweiliger Anteil an den Gesamteinnahmen in Prozent.
[3]Mandatsträgerbeiträge sind aufgrund der durch das Achte Gesetz zur Änderung des Parteiengesetzes vom 28. Juni 2002 geänderten Bestimmungen erstmals in den Rechenschaftsberichten für das Jahr 2003 gesondert auszuweisen. Bisher waren diese Beträge entsprechend den unterschiedlichen Parteistatuten im jeweiligen Ausweis als Mitgliedsbeiträge oder als Spenden erfasst.
Quelle: BT-Drucksache 15/6010: 5 ff.

b) Die unmittelbare staatliche Parteienfinanzierung

Gemäß § 18 Abs. 1 PartG erhalten die Parteien staatliche Mittel als Teilfinanzierung der ihnen nach dem Grundgesetz allgemein obliegenden und im Parteiengesetz konkretisierten Tätigkeiten. Maßstab für die Verteilung dieser Mittel ist die Verwurzelung der Parteien in der Gesellschaft. Die Verwurzelung wird zum einen am Erfolg gemessen, den eine Partei bei der jeweils letzten Europa- und Bundestagswahl und den jeweils letzten Landtagswahlen erzielt hat, zum anderen am Umfang der Zuwendungen natürlicher Personen. Zuwendungen in diesem Sinne sind eingezahlte Mitglieds- und Mandatsträgerbeiträge sowie rechtmäßig erlangte Spenden (§ 18 Abs. 3 Nr. 3 PartG). Die nachfolgenden beiden Tabellen vermitteln einen Überblick, in welcher genauen Höhe den Parteien von 1994 bis 2005 Mittel aus der Staatskasse zugeflossen sind. Tabelle 5 beschränkt sich dabei auf die im Bundestag vertretenen Parteien, während Tabelle 6 auch die sonstigen anspruchsberechtigten Parteien berücksichtigt.

Tabelle 5:   Staatliche Teilfinanzierung der Bundestagsparteien 1994 bis 2003

Jahr	CDU		SPD		GRÜNE		CSU		FDP		PDS	
	Tsd. €	v.H.	Tsd. €	v.H.	Tsd.€	v.H.	Tsd. €	v.H.	Tsd. €	v.H.	Tsd.€	v.H.
1994	59.247	*41,40*	68.125	*37,70*	10.586	*39,19*	13.885	*40,03*	12.336	*34,32*	5.666	*32,30*
1995	37.662	*33,74*	46.209	*31,69*	9.139	*36,90*	8.460	*31,30*	6.860	*29,21*	7.561	*36,23*
1996	37.086	*32,71*	46.245	*31,96*	8.468	*33,04*	8.574	*26,93*	6.321	*30,46*	6.058	*32,68*
1997	37.437	*33,55*	46.024	*32,04*	8.834	*33,69*	9.932	*34,67*	6.713	*31,60*	6.284	*33,37*
1998	37.777	*27,35*	49.514	*31,81*	9.308	*31,95*	8.950	*26,70*	6.740	*26,71*	6.398	*32,40*
1999	39.162	*29,58*	48.035	*30,70*	8.672	*33,01*	9.641	*29,57*	6.830	*28,97*	7.437	*35,71*
2000	40.501	*30,95*	47.772	*32,00*	8.289	*35,32*	8.717	*31,10*	7.414	*32,37*	7.050	*35,05*

Jahr	CDU		SPD		GRÜNE		CSU		FDP		PDS	
	Tsd. €	v.H.	Tsd. €	v.H.	Tsd.€	v.H.	Tsd. €	v.H.	Tsd. €	v.H.	Tsd.€	v.H.
2001	41.466	31,65	47.494	29,69	7.810	32,75	9.190	26,57	7.171	27,88	7.250	35,38
2002	43.602	30,71	48.871	30,78	8.705	33,06	11.916	25,86	8.299	26,31	7.171	32,72
2003	43.897	31,42	59.334	32,99	10.757	41,09	15.269	32,20	10.241	36,88	8.740	39,44

Quelle: BT-Drucksache 15/6010: 6

Tabelle 6:   Staatliche Teilfinanzierung 2004 und 2005 (alle
              anspruchsberechtigten Parteien)

Partei	Mittel 2005 Tsd. €	Mittel 2004 Tsd. €
CDU	45.235.439	43.707.969
SPD	43.774.251	46.355.407
CSU	10.550.126	11.774.413
FDP	9.584.877	9.009.113
GRÜNE	9.552.642	9.719.594
Linkspartei.PDS	8.518.879	7.518.734
REP	1.300.666	1.317.505
NPD	1.233.780	666.040
GRAUE	1.213.411	815.213
ödp	614.868	618.352
DVU	243.445	259.893
Offensive D	171.637	370.709
FAMILIE	155.010	87.166
WASG	126.860	–
Die Tierschutzpartei	61.037	59.380
SSW	60.174	68.838
DIE FRAUEN	32.486	39.566
Pro DM	41.581	34.468
FW in Thüringen	–	18.652
Deutschland	23.895	9.239
50 Plus	14.506	8.421

Quelle: www.bundestag.de/bic/finanz

Anspruch auf staatliche Teilfinanzierung haben nach § 18 Abs. 4 PartG grundsätzlich diejenigen Parteien, die nach dem endgültigen Wahlergebnis der jeweils
letzten Europa- oder Bundestagswahl mindestens 0,5 Prozent oder bei einer der

jeweils letzten Landtagswahlen 1 Prozent der abgegebenen gültigen Stimmen für ihre Listen erreicht haben. Ist eine Liste für die Partei nicht zugelassen, entsteht nach § 18 Abs. 4 PartG ein Anspruch, wenn die Partei 10 Prozent der in einem Wahl- oder Stimmkreis abgegebenen gültigen Erststimmen erreicht hat. Dies gilt nicht für Parteien nationaler Minderheiten, so § 18 Abs. 4 Satz 3 PartG (Köhler 2006: 147 ff.). Die Sperrklauseln stellen eine Beeinträchtigung der Chancengleichheit der Parteien dar. Gerechtfertigt sind sie insofern, als sie Mitnahmeeffekte erschweren und solchen Parteigründungen vorbeugen, die ausschließlich auf die Erlangung staatlicher Mittel abzielen. Als strategische Antwort auf die Sperrklausel haben sich die Kleinparteien häufig auf Wahlen in den kleineren Bundesländern (insbesondere den Stadtstaaten) konzentriert, um die Wahrscheinlichkeit einer Überschreitung der Ein-Prozent-Marke zu erhöhen. Der Gesetzgeber sah daher Handlungsbedarf und beschloss mit dem Achten Gesetz zur Änderung des PartG vom 28. Juni 2002 (BGBl. I 2002: 2268 ff.), die Voraussetzungen für die Teilhabe an der staatlichen Parteienfinanzierung zu verschärfen. Mit Wirkung zum 1. Januar 2005 sollte der Anspruch auf den Zuwendungsanteil gemäß § 18 Abs. 4 Satz 3 PartG nur dann bestehen, wenn ein Wahlerfolg von mindestens 1 Prozent in mindestens drei Bundesländern oder 5 Prozent in mindestens einem Bundesland erlangt wird (sog. Drei-Länder-Quorum oder auch lex Bremen). Die Partei →Die Grauen und die →ödp wandten sich in einem Organstreitverfahren vor dem Bundesverfassungsgericht gegen die Verschärfung der Anspruchsvoraussetzungen. Mit Urteil vom 26. Oktober 2004[8] erklärte das Bundesverfassungsgericht die Regelung für verfassungswidrig, weil sie die Chancengleichheit kleiner Parteien im politischen Wettbewerb ungerechtfertigt beeinträchtige. Die Norm ist mithin vor ihrem Inkrafttreten für verfassungswidrig erklärt worden. Daher gilt die skizzierte frühere Rechtslage.

Weitere Anspruchsvoraussetzungen sind die Vorlage des jeweils letztfälligen, den Gesetzesvorschriften entsprechenden Rechenschaftsberichts (§ 19 a Abs. 1 und 3 PartG) und für nicht bereits im Vorjahr anspruchsberechtigte Parteien ein schriftlicher Antrag auf Festsetzung und Auszahlung der staatlichen Mittel (§ 19 Abs. 1 PartG).

Für jede anspruchsberechtigte Partei wird gemäß § 18 Abs. 3 PartG jährlich für die bei den letzten Europa-, Bundestags- und Landtagswahlen insgesamt erzielten gültigen Stimmen bis zu einer Gesamtzahl von 4 Mio. Stimmen je Stimme ein Betrag von 0,85 € sowie für darüber hinaus erzielte Stimmen 0,70 € je Stimme in Ansatz gebracht (sogenannter Wählerstimmenanteil). Für die von natürlichen Personen gewährten Zuwendungen wird gemäß § 18 Abs. 3 Nr. 3

---

[8] BVerfGE 111, 382 ff.

PartG bis zu einer Gesamthöhe von 3.300 € je Person und Jahr ein Betrag von 0,38
€ je Euro eingesetzt (sogenannter Zuwendungsanteil). Den jeweiligen Gesamtbe-
trag der der Berechnung des Zuwendungsanteils zugrundezulegenden Zuwendungen weisen die Parteien in ihrem Rechenschaftsbericht für das dem Anspruchsjahr vorangegangene Jahr gemäß § 24 Abs. 8 PartG aus. Zuwendungen
natürlicher Personen über den berücksichtigungsfähigen Betrag von 3.300 € hinaus sind ebenso wie Zuwendungen von juristischen Personen grundsätzlich
zulässig. Sie bleiben aber bei der Berechnung des sogenannten Zuwendungsanteils außer Betracht und werden nur bei der Ermittlung der relativen Obergrenze
berücksichtigt.

   Die Summe der staatlichen Finanzierung aller Parteien darf nach § 19a Abs.
2 PartG eine „absolute Obergrenze" nicht überschreiten. Diese absolute Obergrenze ist ab dem Jahr 2002 auf 133 Mio. € festgesetzt worden (§ 18 Abs. 2 PartG).
Die soeben dargestellte Berechnung des Anspruchsumfanges führt regelmäßig zu
einem die absolute Obergrenze übersteigenden Betrag, sodass gemäß § 19a Abs. 4
Satz 2 PartG eine proportionale Kürzung der jeweiligen staatlichen Mittel aller
anspruchsberechtigten Parteien erforderlich wird. Das hat zur Folge, dass die
Parteien tatsächlich nicht die in § 18 Abs. 3 PartG genannten Beträge je Wählerstimme und Zuwendungseuro erhalten, sondern entsprechend gekürzte Beträge.

   Wegen des aus Art. 21 Abs. 1 GG abgeleiteten Verbots einer überwiegenden
staatlichen Parteienfinanzierung darf gemäß § 18 Abs. 5 Satz 1 PartG die staatliche Finanzierung bei den einzelnen Parteien die Summe ihrer jährlich selbst er-
wirtschafteten Einnahmen nicht überschreiten (sogenannte relative Obergrenze).
Ist letztere niedriger, beschränkt sich die staatliche Teilfinanzierung der betreffenden Partei auf die Summe dieser Eigeneinnahmen.

   Mittelverwaltende Behörde ist nach § 19a Abs. 1 PartG der Präsident des
Deutschen Bundestages. Dieser legt jährlich zum 15. Februar die Höhe der staatlichen Mittel der anspruchsberechtigten Parteien für das vorangegangene Jahr
(Anspruchsjahr) fest. Die hierbei zu berücksichtigenden Rechenschaftsberichte
für das dem Anspruchsjahr vorausgegangene Rechenschaftsjahr haben die Parteien bis zum 30. September des Anspruchsjahres einzureichen. Der Bundestags-
präsident kann gemäß § 19a Abs. 3 Satz 2 PartG die Abgabefrist um bis zu drei
Monate verlängern. Reicht eine Partei ihren Rechenschaftsbericht nicht fristgerecht ein, verliert sie nach § 19a Abs. 3 Satz 3 PartG den Anspruch auf den sogenannten Zuwendungsanteil. Hat eine Partei ihren Rechenschaftsbericht auch
nicht bis zum 31. Dezember des dem Anspruchsjahr folgenden Jahres (Festsetzungsjahr) eingereicht, verliert sie zudem den Anspruch auf den Wählerstimmenanteil und damit den gesamten Anspruch auf die staatliche Teilfinanzierung
für das Anspruchsjahr. Die Fristen werden nur dann gewahrt, wenn der Rechen-

schaftsbericht den Anforderungen des § 24 PartG entspricht und den Prüfvermerk gemäß § 30 Abs. 2 PartG trägt.
Die Auszahlung der errechneten Mittel erfolgt an die Landes- und Bundesverbände der Parteien. Die Verteilung ergibt sich aus § 19a Abs. 6 PartG.
Im Hinblick auf die nächsten Festsetzungen zum 15. Februar des dem Festsetzungsjahr folgenden Jahres haben die Parteien, für die im Festsetzungsjahr Mittel festgesetzt worden sind, ohne weiteren Antrag Anspruch auf Abschlagszahlungen jeweils zur Mitte der vier Quartale in Höhe von höchstens 25 Prozent des für das Vorjahr festgesetzten Betrages. Liegen Anhaltspunkte dafür vor, dass es zu einer Rückzahlungsverpflichtung kommen könnte, kann die Gewährung der Abschlagszahlung von einer Sicherheitsleistung abhängig gemacht werden (§ 20 Abs. 1 PartG). Die Abschlagszahlungen werden bei der Festsetzung zum 15. Februar des jeweiligen Folgejahres verrechnet. Überzahlungen müssen unverzüglich zurückgezahlt werden (§ 20 Abs. 2 PartG).

c)   Die mittelbare staatliche Parteienfinanzierung
Neben der unmittelbaren staatlichen Finanzierung der Parteien besteht auch eine mittelbare Finanzierung durch die Befreiung der Parteien u.a. von der Erbschafts- und Schenkungssteuer (§ 13 Abs. 1 Nr. 18 ErbStG), sowie durch die Möglichkeit für natürliche Personen, Zuwendungen an die Parteien (sogenannte Parteispenden) steuerlich bis zu einer Höhe von 1.650 € bzw. bei zusammen veranlagten Ehegatten 3.300 € abzusetzen (§ 10b Abs. 2 EStG, § 34g EStG). Im Einzelnen gilt:

- Die Befreiung von der Erbschafts- und Schenkungssteuer nach § 13 Abs. 1 Nr. 18 ErbStG erfasst nur unmittelbare Zuwendungen. Steuerfrei sind dabei solche Zuwendungen an die Parteien und ihre Gebietsverbände, die nicht aufgrund einer ausdrücklichen Auflage des Zuwendenden deren freier Verwendungsmöglichkeit entzogen sind. Bloße Verwendungswünsche des Zuwendenden beeinträchtigen die Steuerfreiheit nicht. Zuwendungen zu parteipolitischen Zwecken (sogenannte Zweckzuwendungen im Sinne des § 8 ErbStG) unterliegen damit der Steuerpflicht (Meinicke 2004: 489 f.).
- Mitgliedsbeiträge und Parteispenden mindern nach § 34g Satz 1 Nr. 1 und Satz 2 EStG einkommensunabhängig die Steuerschuld um 50 Prozent des geleisteten Betrages bis zu einer Höhe von 825 € jährlich und bei Zusammenveranlagung von Ehegatten 1.650 € jährlich (vgl. Maurer 2005: 371 f.).
- Nach § 10b Abs. 2 EStG sind Mitgliedsbeiträge und Spenden bis zur Höhe von insgesamt 1.650 € und bei Zusammenveranlagung von Ehegatten 3.300 € im Kalenderjahr als Sonderausgaben abzugsfähig. Dadurch wird nicht die Einkommensteuerschuld, sondern deren Bemessungsgrundlage reduziert,

was je nach Progressionsstufe unterschiedliche Auswirkungen hat (vgl.
Maurer 2005: 371 f.).

■ Spenden natürlicher Personen, die über diesen Betrag hinausreichen, sind
erlaubt, jedoch hinsichtlich des Mehrbetrages steuerlich nicht abzugsfähig.

■ Spenden juristischer Personen sind ebenfalls zulässig, jedoch in keinem Fall
steuerlich absetzbar.[9] Grund hierfür ist einmal, dass juristische Personen
keinen staatsbürgerlichen Willen haben, andererseits aber auch, dass die
hinter ihnen stehenden natürlichen Personen so ihre Einflussmöglichkeiten
vervielfachen und sich ein nicht vorgesehenes „Mitspracherecht" verschaffen könnten. Diesen Personen würde dann eine zusätzliche vom Staat geförderte Möglichkeit der Einflussnahme auf die politische Willensbildung geboten, die anderen Bürgern vorenthalten bliebe.

Die genannten Beschränkungen resultieren aus dem Recht des Bürgers auf gleiche Teilhabe an der politischen Willensbildung sowie dem Recht der Parteien auf
Chancengleichheit. Zweck ist die Verhinderung der staatlichen Bevorzugung von
politischen Parteien, die mit ihrem Programm und ihrer Tätigkeit primär ein-
kommensstarke Bevölkerungskreise ansprechen und deshalb über ein hohes
Spendenaufkommen verfügen. Zudem muss sichergestellt werden – als Ausfluss
des Grundsatzes der staatsbürgerlichen Gleichheit und zugleich als Grund für die
vorgenannten Grenzen –, dass Spenden nur in einer Größenordnung steuerlich
begünstigt werden, wie sie von durchschnittlichen Einkommensbeziehern er-
reichbar sind.

d)   Nichtstaatliche Einnahmen der Parteien
Die nichtstaatlichen Einnahmen der politischen Parteien setzen sich zusammen
aus Mitgliedsbeiträgen, Mandatsträgerbeiträgen, Spenden, Einnahmen aus Un-
ternehmenstätigkeit und -beteiligungen (Schindler 2006: 68 ff.), Einnahmen aus
sonstigem Vermögen sowie Einnahmen aus Veranstaltungen, Vertrieb von
Druckschriften und Veröffentlichungen und sonstigen Einnahmen. Die von den
Parteien jährlich einzureichenden Rechenschaftsberichte müssen nach diesen
Einnahmearten gegliedert sein (§ 24 Abs. 4 PartG).
    Einen zentralen Stellenwert nehmen aufgrund ihrer politischen Brisanz die
privaten Parteispenden ein. Deren Annahme ist grundsätzlich erlaubt (vgl. § 27
Abs. 1 Satz 1 PartG). Der Begriff der Parteispende ist in § 27 Abs. 1 Satz 3 und 4
PartG definiert. Danach sind Spenden über Mitglieds- und Mandatsträgerbeiträ-
ge hinausgehende Zahlungen natürlicher oder juristischer Personen, insbesonde-

---

[9] BVerfGE 85, 264 (315)

re Aufnahmegebühren, Sonderumlagen und Sammlungen sowie geldwerte Zuwendungen aller Art, sofern sie nicht üblicherweise unentgeltlich von Mitgliedern außerhalb eines Geschäftsbetriebes zur Verfügung gestellt werden. Erbschaften und Vermächtnisse fallen nicht unter den Spendenbegriff, sondern bilden eine Unterform der sonstigen Einnahmen.

Das grundsätzliche Recht, Spenden anzunehmen, erfährt jedoch durch das PartG einige Einschränkungen. So dürfen Barspenden nach § 25 Abs. 1 Satz 2 PartG nur noch bis zu einem Betrag von 1.000 € entgegengenommen werden. Generell unzulässig sind Spenden durch gemeinnützige Organisationen wie Stiftungen, Kirchen oder sonstige öffentlich-rechtliche Körperschaften (§ 25 Abs. 1 Satz 2 PartG).

e) Die Rechenschaftspflicht der Partei
Über die Herkunft und Verwendung ihrer Mittel sowie über ihr Vermögen müssen die Parteien gemäß Art. 21 Abs. 1 Satz 4 GG und §§ 23 ff. PartG öffentlich Rechenschaft ablegen. Diese Verpflichtung besteht unabhängig davon, ob sie einen Anspruch auf direkte staatliche Finanzierung haben. Zweck ist es, dem Wähler und der Öffentlichkeit die Möglichkeit zu geben, sich über die finanziellen Hintergründe der Partei, insbesondere über deren Geldgeber zu informieren. Insofern erfüllt die Rechenschaftspflicht primär eine Kontrollfunktion, weil durch finanzielle Zuwendungen leicht politische Abhängigkeiten geschaffen werden, die den freien demokratischen Meinungs- und Willensbildungsprozess unterlaufen und manipulieren könnten.

Um die Rechenschaftsberichte möglichst übersichtlich und damit für jeden transparent zu halten, gibt § 24 PartG die Gliederung und Bestandteile des Rechenschaftsberichts vor. Der Rechenschaftsbericht ist, nachdem er von einem Wirtschaftsprüfer oder einer Wirtschaftsprüfungsgesellschaft geprüft worden ist, beim Präsidenten des Deutschen Bundestages einzureichen und von diesem als Bundestagsdrucksache zu veröffentlichen (§ 23 Abs. 2 PartG). Verfügt eine „kleine", bei der staatlichen Parteienfinanzierung nicht anspruchsberechtigte Partei weder über Einnahmen noch über ein Vermögen von mehr als 5.000 €, kann auch ein untestiert eingereichter Rechenschaftsbericht veröffentlicht werden.

Gemäß § 23a PartG hat der Präsident des Deutschen Bundestages des Weiteren zu prüfen, ob der Rechenschaftsbericht den Vorschriften des 5. Abschnitts des PartG entspricht. Liegen ihm konkrete Anhaltspunkte vor, dass im Rechenschaftsbericht einer Partei enthaltene Angaben unrichtig sind, hat er den Sachverhalt in einem besonders geregelten Verfahren aufzuklären – gegebenenfalls unter Hinzuziehung von unabhängigen Wirtschaftsprüfern. In diesem Fall dürfen staatliche Mittel nur vorläufig festgesetzt und gegen eine Sicherheitsleistung der Parteien in Höhe der möglichen Zahlungsverpflichtung ausgezahlt werden (§ 19a Abs. 1 Satz 3 PartG). Das Ergebnis der Prüfung wird in den Bericht über die Rechenschaftsberichte der Parteien aufgenommen und ebenfalls als Bundestagsdrucksache veröffentlicht.

f) Verstöße gegen das Parteiengesetz
Treten bei den von den politischen Parteien einzureichenden Rechenschaftsberichten Fehler auf, dann sieht das Parteiengesetz ein detailliertes und abgestuftes Sanktionsverfahren vor. Dabei kann man unterscheiden nach Unrichtigkeiten im Zusammenhang mit entgegengenommenen Spenden, nach sonstigen Unrichtigkeiten im Rechenschaftsbericht sowie nach Strafvorschriften, die auf Einzelpersonen bezogen sind.

Sanktionen im Zusammenhang mit Spenden. Hat eine Partei entgegen der Publizitätspflicht gemäß § 25 Abs. 3 PartG Spenden und Mandatsträgerbeiträge, deren Gesamtwert in einem Kalenderjahr 10.000 € übersteigen, nicht unter Angabe des Namens oder der Anschrift des Spenders sowie der Gesamthöhe der Spende im Rechenschaftsbericht verzeichnet, entsteht gegen sie ein Anspruch in Höhe des Zweifachen des nicht veröffentlichten Betrages. Diese Rechtsfolge tritt nur dann nicht ein, wenn die Partei den Publizitätsverstoß unverzüglich dem Präsidenten des Deutschen Bundestages schriftlich zu einem Zeitpunkt angezeigt hat, in dem konkrete Anhaltspunkte für diese unrichtigen Angaben noch nicht vorlagen oder bekannt waren und die Partei den Sachverhalt umfassend offen legt und korrigiert (§ 23b PartG). Presseberichten zufolge gibt es in der Großen Koalition Überlegungen, diese relativ strengen Vorschriften durch eine Änderung des Parteiengesetzes zu lockern.[10]

Nach § 25 Abs. 3 PartG sind Spenden an die Gesamtpartei, die im Einzelfall die Höhe von 50.000 € übersteigen, dem Präsidenten des Deutschen Bundestages unverzüglich und unabhängig von der späteren Rechnungslegung anzuzeigen, um sie unter Angabe des Zuwenders zeitnah in einer gesonderten Bundestagsdrucksache veröffentlichen zu können. Verstößt die Partei gegen diese Anzeigepflicht, sieht das Gesetz keine Rechtsfolgen vor.

Hat eine Partei Spenden angenommen, die nach § 25 Abs. 2 PartG unzulässig sind, weil z.B. die Identität des Spenders nicht feststellbar ist oder die Spende erkennbar als Gegenleistung für einen bestimmten wirtschaftlichen oder politischen Vorteil gewährt wurde, und diese nicht gemäß § 25 Abs. 4 unverzüglich an den Präsidenten des Deutschen Bundestages weitergeleitet, entsteht gegen sie ein Anspruch in Höhe des Dreifachen des rechtswidrig erlangten Betrages. Nach § 25

---

[10] „Diskrete Operation", in: Der Spiegel Nr. 43 vom 23. Oktober 2006, S. 34 ff.

Abs. 1 Satz 2 PartG sind die Parteien berechtigt, Barspenden nur bis zu einem Betrag von 1.000 € anzunehmen. Ein Verstoß gegen diese Norm löst zwar keine Sanktionen aus, da sich deren Anwendungsbereich ausdrücklich auf die Fälle der nach Abs. 2 unzulässigen Spenden beschränkt; er führt aber dazu, dass solche Spenden gleichwohl nicht rechtmäßig erlangt sind. Sie dürfen daher nicht als Zuwendungen bei der Berechnung der staatlichen Teilfinanzierung nach § 18 Abs. 3 Nr. 3 PartG berücksichtigt und im Zuwendungsausweis des Rechenschaftsberichts entsprechend ausgewiesen werden. Geschieht dies dennoch, greifen die in den §§ 31a und 31b PartG niedergelegten Rechtsfolgen, da der Rechenschaftsbericht dann unrichtig ist.

Werden bei der Prüfung nach § 23a PartG Unrichtigkeiten im Rechenschaftsbericht festgestellt, die über die eben dargestellten Unrichtigkeiten im Zusammenhang mit Spenden hinausgehen, entsteht gegen die Partei ein Anspruch in Höhe des Zweifachen des den unrichtigen Angaben entsprechenden Betrages. Betreffen die Unrichtigkeiten das Haus- und Grundvermögen oder die Beteiligung an Unternehmen in der Vermögensbilanz, beträgt der Anspruch 10 Prozent des nicht aufgeführten oder der unrichtig angegebenen Vermögenswerte. Diese Rechtsfolge tritt ebenfalls dann nicht ein, wenn die Unrichtigkeiten unverzüglich dem Präsidenten des Deutschen Bundestages schriftlich zu einem Zeitpunkt angezeigt werden, in dem der Vorgang noch nicht öffentlich geworden ist.

Wer in der Absicht, die Herkunft oder die Verwendung der Parteimittel oder ihres Vermögens zu verschleiern oder die öffentliche Rechenschaftslegung zu umgehen, unrichtige Angaben über die Einnahmen und über das Vermögen der Parteien in einem eingereichten Rechenschaftsbericht bewirkt oder einen unrichtigen Rechenschaftsbericht einreicht oder als Empfänger einer Spende diese in Teilbeträge zerlegt und verbucht oder verbuchen lässt oder entgegen der in § 25 Abs. 1 Satz 3 PartG normierten Pflicht eine Spende nicht unverzüglich an ein für Finanzangelegenheiten von der Partei satzungsgemäß bestimmtes Vorstandsmitglied weiterleitet, wird mit Freiheitsstrafe bis zu 3 Jahren oder mit einer Geldstrafe bestraft. Das gilt nicht, wenn die betreffende Person beim Präsidenten des Deutschen Bundestages schriftlich zu einem Zeitpunkt eine Selbstanzeige erstattet, zu dem weder konkrete Anhaltspunkte für die Tathandlung öffentlich oder dem Präsidenten des Deutschen Bundestages oder anderer verfahrenszuständiger Amtsträger bekannt waren und der Täter den Sachverhalt umfassend offen legt und korrigiert (§ 31d Abs. 1 PartG). Ebenso wird bestraft, wer als Prüfer oder Gehilfe eines Prüfers über das Ergebnis der Prüfung eines Rechenschaftsberichts unrichtig berichtet, im Prüfbericht erhebliche Umstände verschweigt oder einen inhaltlich unrichtigen Bestätigungsvermerk erteilt. Handelt der Täter gegen Entgelt oder in der Absicht, sich oder einen anderen zu bereichern oder einen anderen zu schädigen, kann eine Freiheitsstrafe bis zu 5 Jahren oder eine Geldstrafe verhängt werden (§ 31d Abs. 2 PartG).

6   Parteiverbot

a)   Art. 21 Abs. 2 GG als Ausdruck einer wehrhaften Demokratie
Nach Art. 21 Abs. 2 Satz 1 GG sind Parteien, die ihren Zielen oder dem Verhalten ihrer Anhänger nach darauf ausgehen, die freiheitliche demokratische Grundordnung zu beeinträchtigen oder zu beseitigen oder den Bestand der Bundesrepublik Deutschland zu gefährden, verfassungswidrig. Obwohl im Wortlaut des Art. 21 Abs. 2 Satz 1 GG der historisch besetzte und belastete Begriff des Verbots im Gegensatz zum Vereinsverbot in Art. 9 Abs. 2 vermieden wurde, ist in der Sache ein Verbot von Parteien und damit deren gänzlicher Ausschluss von der politischen Willensbildung des Volkes gemeint. Art. 21 Abs. 2 GG ist damit wie auch Art. 18 GG Ausdruck einer „streitbaren" oder „wehrhaften" Demokratie, die den Gegnern des demokratischen Staates kämpferisch entgegentritt. Das Grundgesetz gewährleistet eine freiheitliche Ordnung, welche bei den Parteien durch die Gewährleistung der Parteienfreiheit zum Ausdruck kommt. Dies darf aber nicht die Freiheit einschließen, die Voraussetzungen der Freiheitlichkeit selbst zu beseitigen (Morlok 2006: 392 f.). Das Verbot verfassungswidriger Parteien stellt mithin eine verfassungsunmittelbare Grenze der Parteienfreiheit dar.

Politische Parteien im Sinne des Art. 21 GG erfüllen grundsätzlich, wie oben dargelegt, alle Merkmale einer Vereinigung im Sinne des Art. 9 Abs. 1 GG. Nach Art. 21 Abs. 2 Satz 2 GG können politische Parteien im Gegensatz zu anderen Vereinigungen jedoch nur vom Bundesverfassungsgericht verboten werden. Entsprechend der verfassungsrechtlichen Vorgabe fallen politische Parteien gemäß § 2 Nr. 1 VereinsG nicht unter den Begriff des Vereins und damit aus dem Regelungszugriff des Vereinsgesetzes hinaus. In diesem Zusammenhang spricht auch das Bundesverfassungsgericht vom sogenannten „Parteienprivileg".[11] Art. 21 Abs. 2 ist mithin lex specialis zu Art. 9 Abs. 2 GG.

Besonders anschaulich wurde der innere Zusammenhang zwischen dem Vereinsverbot und dem Parteiverbot beim Parteiverbotsverfahren vor dem Bundesverfassungsgericht bezüglich der Nationalen Liste (NL) und der Freiheitlichen Deutschen Arbeiterpartei (FAP). Im Jahre 1993 beantragte der Senat der Freien und Hansestadt Hamburg beim Bundesverfassungsgericht, die NL, die zu dieser Zeit nur in Hamburg tätig war, für verfassungswidrig zu erklären. Im selben Jahr

---

[11] BVerfGE 12, 296 (305); 17, 155 (166); 47, 130 (139)

beantragten die Bundesregierung und der Bundesrat, die Verfassungswidrigkeit der bundesweit auftretenden FAP festzustellen. Beide Gruppierungen wurden dem rechtsextremen Spektrum zugerechnet. Der zweite Senat des Bundesverfassungsgerichts lehnte die Anträge als unzulässig ab, da es sich bei NL und FAP nicht um Parteien im Sinne des § 2 Abs. 1 PartG handele.[12] Zur Begründung führte das Gericht an, dass beide Gruppierungen vorwiegend außerhalb der politischen Öffentlichkeit tätig seien und sich auf interne Vereinsarbeit beschränkten. Angesichts ihrer mangelnden Organisationsdichte, den kaum ausgebildeten Parteistrukturen und des fehlenden Widerhalls in der Bevölkerung sei die Ernsthaftigkeit der Absicht, an der politischen Willensbildung des Volkes mitzuwirken, in ihrem Fall nicht zu erkennen. Das Urteil eröffnete den dafür zuständigen Innenbehörden die Möglichkeit, die Gruppierungen durch Verbotsverfügungen nach dem Vereinsgesetz aufzulösen. Davon machten sowohl der Bundesinnenminister als auch der Hamburger Innensenator Gebrauch.

Bei einer Zuerkennung des Parteienprivilegs hätten NL und FAP demgegenüber nur durch das Bundesverfassungsgericht verboten werden können. Voraussetzung für ein solches Verbot ist die Feststellung der Verfassungswidrigkeit. Bevor diese Feststellung getroffen wird, dürfen die Parteien nicht als verfassungswidrig behandelt werden, mögen auch noch so viele Anzeichen dafür sprechen. Diese sogenannte „Sperrwirkung" beschränkt sich allerdings auf den rechtlichen und administrativen Bereich. In der politischen Auseinandersetzung dürfen die verfassungsfeindlichen Ziele einer Partei durchaus angesprochen werden. Dies jedoch nicht schrankenlos. Die öffentliche Bezeichnung einer Partei durch staatliche Stellen als „verfassungsfeindlich" ist nur zulässig auf gesetzlicher Grundlage und bei Vorliegen materieller Rechtfertigungsgründe. Die gesetzlichen Grundlagen normieren die Verfassungsschutzgesetze des Bundes und der Länder. Die Beobachtung einer Partei durch den Verfassungsschutz unter Einsatz nachrichtendienstlicher Mittel wird von Art. 21 Abs. 2 GG nicht ausdrücklich ausgeschlossen. Die Möglichkeit des Verbots setzt ja im Vorfeld eines Verfahrens das Sammeln von Informationen voraus. Eine solche Überwachung stellt jedoch einen schwerwiegenden Eingriff in den Binnenbereich der Parteien dar. Dies gilt insbesondere, wenn sogenannte V-Leute auf den Vorstandsebenen der Partei eingesetzt werden. Eine derartige nachrichtendienstliche Beobachtung bedarf laut Bundesverfassungsgericht einer „hinreichend bestimmten gesetzliche Grundlage" und einer „besonderen Rechtfertigung im Hinblick auf den Grundsatz der Verhältnismäßigkeit".[13] Die nachrichtendienstliche Beobachtung einer Partei durch V-Leute

---

[12] BVerfGE 91, 262 ff.
[13] BVerfGE 107, 339 (366)

auf Funktionärsebene ist vor und während der Durchführung eines Verbotsver-
fahrens mit der Parteifreiheit und mit rechtsstaatlichen Anforderungen an das
Verfahren nicht vereinbar. Die für die Überwachung der NPD verantwortlichen
Stellen in Bund und Ländern hätten dies eigentlich vorausahnen müssen, als sie
den Verbotsantrag gegen die rechtsextreme Partei vor dem Verfassungsgericht im
Jahre 2001 stellten. So blieb dem Gericht keine andere Wahl, als das Verfahren
noch vor dem eigentlichen Verhandlungsbeginn einzustellen.

b)   Verbotsverfahren

Das Parteiverbotsverfahren weist besondere Eigenheiten auf. Im verwaltungsge-
richtlichen Verfahren folgt die gerichtliche Rechtskontrolle den Maßnahmen der
Exekutive und ist vom Antrag des Betroffenen abhängig. Im Parteiverbotsverfahren wird die gerichtliche Rechtskontrolle in das Verbotsverfahren eingebaut.
Diese präventive Rechtskontrolle dient einem verstärkten Schutz der politischen
Parteien. Das Parteiverbotsverfahren richtet sich gemäß Art. 21 Abs. 3 GG nach
den §§ 43 ff. BVerfGG. Danach ist ein Antrag auf Feststellung der Verfassungswidrigkeit (Verbotsantrag) erfolgreich, wenn er zulässig und begründet ist.

Das Verbotsverfahren erfolgt nur auf Antrag des Bundestages, des Bundes-
rates oder der Bundesregierung und bei Parteien, deren Organisation sich auf das
Gebiet ihres Landes beschränkt, zusätzlich der jeweiligen Landesregierungen (§
43 Abs. 1 und 2 BVerfGG). Wegen ihrer besseren Erkenntnismöglichkeiten ist in
der Staatspraxis hauptsächlich die Bundesregierung als Antragstellerin aufgetreten. Lediglich im gescheiterten Verbotsverfahren gegen die NPD wurden Anträge
gleichzeitig von der Bundesregierung, dem Bundestag und dem Bundesrat eingereicht.

Antragsgegenstand ist die konstitutive Feststellung der Verfassungswidrigkeit, nicht jedoch der Verfassungsmäßigkeit einer politischen Partei. Antragsgeg-
ner kann nur eine politische Partei sein. Diese wird nach § 44 BVerfGG in Verbindung mit § 11 PartG vor Gericht durch ihren Vorstand vertreten. Gemäß § 45
BVerfGG ist ein Vorverfahren dergestalt durchzuführen, dass das Bundesverfassungsgericht dem Parteivorstand Gelegenheit zur Äußerung binnen einer bestimmten Frist gibt, und dann beschließt, ob der Antrag als unzulässig bzw. als
nicht hinreichend begründet zurückzuweisen oder ob die Verhandlung durchzuführen ist.

Die Begründetheit des Verbotsantrags bestimmt sich danach, ob eine Partei
die „freiheitlich demokratische Grundordnung" und/oder den „Bestand der
Bundesrepublik Deutschland" verletzt bzw. gefährdet. Letzteres betrifft das Verhältnis zu anderen Staaten, das heißt die territoriale Unversehrtheit und politische Unabhängigkeit der Bundesrepublik, ersteres ihre Stabilität im Inneren. Die

freiheitlich demokratische Grundordnung definiert das Bundesverfassungsgericht als eine Ordnung, „die unter Ausschluss jeglicher Gewalt und Willkürherrschaft eine rechtsstaatliche Herrschaftsordnung auf der Grundlage der Selbstbestimmung des Volkes nach dem Willen der jeweiligen Mehrheit und der Freiheit und Gleichheit darstellt. Zu den grundlegenden Prinzipien dieser Ordnung sind mindestens zu rechnen: Die Achtung vor den im Grundgesetz konkretisierten Menschenrechten, vor allem vor dem Recht der Persönlichkeit auf Leben und auf freie Entfaltung, die Volkssouveränität, die Gewaltenteilung, die Verantwortlichkeit der Regierung, die Gesetzmäßigkeit der Verwaltung, die Unabhängigkeit der Gerichte, das Mehrparteienprinzip und die Chancengleichheit für alle politischen Parteien mit dem Recht auf verfassungsmäßige Bildung und Ausbildung der Opposition."[14] Diese Interpretation des Bundesverfassungsgerichts, die in den beiden erfolgreichen Parteiverbotsverfahren gegen die Sozialistische Reichspartei (1952) und die Kommunistische Partei Deutschlands (1956) entwickelt wurde, hat keineswegs die erhoffte Klarheit geschaffen. Das rechtsstaatliche Gebot klar begrenzter Eingriffsvoraussetzungen wird nur ungenügend beachtet.

Die betreffende Partei muss „darauf ausgehen", die freiheitlich demokratische Grundordnung zu beeinträchtigen oder zu beseitigen. „Darauf ausgehen" bedeutet, dass sie eine aktiv kämpferische, aggressive Haltung gegenüber der bestehenden Ordnung zum Ausdruck bringt. Zum Verbot der betreffenden Partei genügt es daher nicht, dass diese die obersten Prinzipien einer freiheitlich demokratischen Grundordnung lediglich ablehnt; vielmehr muss sie ihre Gegnerschaft durch konkrete Handlungen belegen. Damit werden ein bestimmtes Verhalten, dessen Intention und Intensität, die Zurechnung von Handlungen sowie die für das Verbotsverfahren erheblichen Beweismittel angesprochen. Für die Bestimmung der Zielsetzung kommen vordringlich das Parteiprogramm, aber auch alle schriftlichen Veröffentlichungen einschließlich beeinflusster Presseerzeugnisse in Betracht. Da Parteien, denen ein Verbot droht, naturgemäß die Ziele, aus denen sich ihre Verfassungswidrigkeit ergeben könnte, nicht offen verkünden, sind auch geheime Zielsetzungen und nachträgliche tatsächliche Änderungen ursprünglich verlautbarter Zielsetzungen rechtserheblich, sofern sie nachweisbar sind. Maßgeblich ist die Gesamttendenz der Partei.

Daneben wird bei der Ermittlung der Zielsetzung auf das Verhalten der Anhänger der Partei rekurriert. Der Begriff „Anhänger" ist nach der Rechtsprechung des Bundesverfassungsgerichts weiter zu fassen als derjenige der Mitglieder – zu ihnen zählen alle, die sich für die Partei in irgendeiner Form einsetzen. Die Problematik des Begriffs liegt nicht nur in seiner Unbestimmtheit, sondern auch in

---

[14] BVerfGE 2, 1 (12 ff.)

der Frage, wie ein bestimmtes Verhalten der Anhänger der Partei als ganzer zugerechnet werden kann. Eine Partei haftet nicht für beliebige Handlungen, die von ihren Unterstützern bei allen möglichen Gelegenheiten begangen werden. Unstreitig ist die Verantwortlichkeit bei der Tätigkeit ihrer Organe, besonders der Parteiführung und leitenden Funktionäre, den Publikationsorganen, dem gesamten parteiamtlichen Schrifttum sowie dem Verhalten ihrer Teilorganisationen und nachgeordneten Gebietsverbände. Verfassungswidrige Handlungen von einfachen Parteianhängern können der Partei hingegen nur dann zugeschrieben werden, wenn diese keine Gegenmaßnahmen trifft. Es kommt mithin darauf an, ob bewiesen werden kann, dass die politische Partei selbst von einer verfassungswidrigen Grundtendenz beherrscht wird.

c) Verbotswirkungen

Erweist sich der Verbotsantrag als zulässig und begründet, stellt das Bundesverfassungsgericht die Verfassungswidrigkeit der politischen Partei fest (§ 46 Abs. 1 BVerfGG). Die Entscheidung ist konstitutiv und wirkt für die Zukunft. Das bedeutet, dass ein administratives Einschreiten gegen den Bestand einer politischen Partei ausgeschlossen ist, bevor das Bundesverfassungsgericht die Verfassungswidrigkeit festgestellt hat.

Mit der Feststellung durch das Bundesverfassungsgericht einher gehen die Auflösung der Partei und das Verbot, eine Ersatzorganisation zu gründen (§ 46 Abs. 3 Satz 1 BVerfGG). Das Bundesverfassungsgericht kann in diesem Fall außerdem die Einziehung des Parteivermögens zugunsten des Bundes oder des Landes zu gemeinnützigen Zwecken aussprechen (§ 46 Abs. 3 Satz 2 BVerfGG). Die Vollstreckung der Verbotsentscheidung richtet sich nach §§ 32 und 33 PartG. Sofern die verbotene Partei im Deutschen Bundestag mit Abgeordneten vertreten ist, verlieren diese mit der Entscheidung des Bundesverfassungsgerichts ihre Mandate und die Listennachfolger ihre Anwartschaft (§ 46 Abs. 4 Satz 1 BWG). Soweit es sich um Direktmandate handelt, findet in den betreffenden Wahlkreisen eine Wiederholungswahl statt (§ 46 Abs. 4 Satz 2 in Verbindung mit § 44 Abs. 2-4 BWG). Soweit die Abgeordneten über eine Landesliste in den Bundestag gelangt sind, bleiben die Sitze unbesetzt (§ 46 Abs. 4 Satz 3 BWG). Zu beachten sind auch § 22 Abs. 2 Nr. 5 EuWG sowie die Landeswahlgesetze, die analoge Vorkehrungen treffen.

Ob die Aberkennung der Mandate mit § 38 Abs. 1 Satz 2 GG (Grundsatz des freien Mandats) in Einklang zu bringen ist, bleibt zweifelhaft (Thiel 2003: 201 ff.). Alle Abgeordneten besitzen als Vertreter des ganzen Volkes den Status der Unabhängigkeit. Der vom Volk gewählte Abgeordnete darf von einem Parteiverbot lediglich in seiner Rolle als Mitglied der Partei getroffen werden. Gegen die Regelung eines Mandatsverlustes kann der kompetenzrechtliche Einwand vorgebracht werden, dass die Frage in den Wahlgesetzen geregelt ist und dadurch die Zuordnung zum Wahl- und Parlamentsrecht betont wird. Der Schwerpunkt liegt somit auf den Maßstäben aus Art. 38 Abs. 1 Satz 2 GG (so Morlok 2006: 398).

7 Wahlsystem und Wahlrecht

a) Allgemeines zum Wahlsystem
Wahlen haben in der Demokratie eine entscheidende Bedeutung für die Legitimation staatlicher Macht. Durch sie wird die vom Volk ausgehende Staatsgewalt praktisch ausgeübt. Die Abgeordneten des Deutschen Bundestages werden in allgemeiner, unmittelbarer, freier, gleicher und geheimer Wahl gewählt (Art. 38 Abs. 1 GG). Das Nähere bestimmt gemäß Art. 38 Abs. 3 GG ein Bundesgesetz, und zwar das Bundeswahlgesetz (BWG). Danach wird ein Teil der Abgeordneten nach dem Grundsatz der relativen Mehrheitswahl in Einer-Wahlkreisen, der andere Teil „en bloc" aufgrund „gebundener" Landeslisten nach den Grundsätzen der Verhältniswahl in den Ländern gewählt (§ 1 Abs. 2, §§ 4-7 BWG). Von der für jede Landesliste aufgrund des Zweitstimmenergebnisses ermittelten Abgeordnetenzahl wird die Zahl der von der Partei in den Wahlkreisen des Landes mittels der Erststimmen errungenen Sitze abgerechnet (Schreiber 2002: 150 f.).

Nach § 4 BWG hat der Wähler eine Stimme für die Wahl eines Wahlkreisabgeordneten (Erststimme) und eine weitere Stimme für die Wahl einer Landesliste mit den dort verzeichneten Parteibewerbern und in der dort festgelegten Reihenfolge (Zweitstimme). Es besteht die Möglichkeit des Stimmensplittings, das heißt der Abgabe der Erststimme für den Kandidaten einer Partei (oder Wählervereinigung) und der Zweitstimme für die Landesliste einer anderen Partei. Die Zweitstimme ist vom Stimmengewicht her die entscheidende Stimme, da sie das zahlenmäßige Gesamtwahlergebnis der einzelnen Parteien bestimmt. Allein die Zweitstimmen entscheiden über das für die endgültige Zusammensetzung des Bundestages wichtige Stärkeverhältnis der Parteien bzw. Fraktionen untereinander, vorbehaltlich einer „Korrektur" durch sogenannte Überhangmandate (§ 6 Abs. 5 BWG).

§ 6 BWG regelt die Berechnung und Verteilung der Landeslistenplätze. Grundsätzlich werden die für jede Landesliste abgegebenen Zweitstimmen zusammengezählt. Nicht berücksichtigt werden dabei die Zweitstimmen derjenigen Wähler, die ihre Erststimme für einen im Wahlkreis erfolgreichen Bewerber abgegeben haben, wenn dieser für eine Partei, für die in dem betreffenden Land keine Landesliste zugelassen war, kandidiert hat (§ 6 Abs. 1 Satz 2 BWG).

§ 6 der Vorschrift normiert eine auf das gesamte Wahlgebiet bezogene Sperrklausel. Danach werden bei der Verteilung der Sitze auf die Landeslisten – abgesehen von der Ausnahmeregelung für die Parteien nationaler Minderheiten in § 6 Abs. 6 und §§ 20 Abs. 2 Satz 3, 27 Abs. 1 Satz 4 BWG – nur die Parteien berücksichtigt, die mindestens fünf von hundert der im Wahlgebiet abgegebenen gültigen Zweitstimmen erhalten (sog. Fünf-Prozent-Hürde) oder in mindestens drei Wahlkreisen einen Sitz errungen haben (Grundmandatsklausel). Mit der Fünf-Prozent-Hürde bzw. Sperrklausel soll den mit dem Verhältniswahlsystem verbundenen Gefahren des Aufkommens kleinster Parteien und der Parteienzersplitterung vorgebeugt werden (Schreiber 2002: 199 ff., 217 ff.).

b) Wahlvorschlagsrecht

Das Recht, Wahlvorschläge einzureichen (Wahlvorschlagsrecht), ist integrativer Bestandteil des Wahlrechts. Als ein „Kernstück des Bürgerrechts auf aktive Teilnahme an der Wahl" steht es jedem Wahlberechtigten zu, zumindest im Zusammenwirken mit anderen (§ 20 Abs. 3 BWG). Die Aufstellung und Einreichung von Wahlvorschlägen ist mithin nicht auf politische Parteien beschränkt. Dies folgt aus den Verfassungsgrundsätzen der Allgemeinheit, Freiheit und Gleichheit der Wahl im Sinne des Art. 38 Abs. 1 Satz 1 GG, die auch für das Wahlvorschlagsrecht gelten.

Entsprechend dieser verfassungsrechtlichen Ausgangslage wird in § 18 Abs. 1 BWG sowohl den Wahlberechtigten als Gruppe als auch den politischen Parteien als den entscheidenden politischen Handlungseinheiten bei Wahlen das Wahlvorschlagsrecht zugesprochen. Für letztere ergibt sich dieses Recht bereits aus Art. 21 Abs. 1 GG, der die Mitwirkung der Parteien an der politischen Willensbildung des Volkes anerkennt und damit den Parteien eine herausragende Stellung im Wahlrecht zuweist (vgl. § 2 Abs. 1 Satz 1 PartG). In der politischen Wirklichkeit spielt das Wahlvorschlagsrecht der Parteien gegenüber dem traditionellen Wahlvorschlagsrecht der Wahlberechtigten die dominierende Rolle. Im Bereich der Landeslistenwahl sind nach § 27 Abs. 1 Satz 1 BWG sogar ausschließlich politische Parteien berechtigt, Wahlvorschläge aufzustellen und einzureichen.

Für die Aufstellung von Wahlbewerbern, die keine Parteibewerber sind, also solche Bewerber, die von Wahlberechtigten, das heißt in der Regel von Wählergruppen (Wählervereinigungen) vorgeschlagen werden (vgl. § 18 Abs. 1 in Verbindung mit § 20 Abs. 3 BWG), enthält das Bundeswahlgesetz keine Vorschriften. Hier sind gesetzlich keine offiziellen Versammlungen und geheimen Abstimmungen vorgeschrieben. Es genügt in verfahrensmäßiger Hinsicht die Einigung auf einen Kandidaten und ein Kennwort (vgl. § 20 Abs. 4 BWG), die Benennung des Bewerbers und schließlich die Beibringung von 200 Unterschriften von Wahlberechtigten des Wahlkreises (§ 20 Abs. 3 BWG; § 34 Abs. 4 BWO), sowie die form- und fristgerechte Einreichung des Wahlvorschlages (§ 19 BWG). Während in den ersten Bundestag noch drei parteilose Abgeordnete gewählt wurden, haben seitdem nur noch Kandidaten von politischen Parteien ein Bundestagsmandat erlangt. Damit hat sich bei Bundestagswahlen faktisch ein Parteienmonopol für die Erlangung eines Wahlkreismandates herausgebildet.

Hinsichtlich der politischen Parteien hat sich der Gesetzgeber in § 21 BWG für die Form der Bewerberaufstellung ausschließlich durch die Parteimitglieder in Parteiversammlungen entschieden. Die Parteimitglieder selbst entscheiden unmittelbar oder mittelbar durch Delegierte über die Kandidaten für die Bundestagswahl (§ 17 PartG). Jedes wahlberechtigte Parteimitglied hat auf der untersten Gebietsstufe der Parteiorganisation die rechtliche Möglichkeit, jedenfalls mittelbar durch die Wahl von Vertretern auf die Auswahl der Kandidaten Einfluss zu nehmen. Der Wahlversammlung geht in der Parteienpraxis üblicherweise ein parteiinternes Vorauswahlverfahren voraus, in dem durch ein in der Parteisatzung dazu bestimmtes Organ – etwa der Parteivorstand oder ein Wahlausschuss – Vorschläge für die Entscheidung des Wahlorgans erarbeitet und vorgelegt werden.

Die parteiinterne Kandidatenaufstellung ist ein wesentlicher Teil der verfassungsrechtlichen Funktion der politischen Parteien und eine Angelegenheit der inneren Ordnung der Parteien im Sinne des Art. 21 Abs. 1 Satz 3 GG (Tsatsos/Morlok 1982: 115 ff.). Als innerparteiliche Angelegenheit unterliegt sie, wie es auch in § 17 PartG zum Ausdruck kommt, neben den wahlgesetzlichen Regelungen der Satzungsautonomie. Sie gehört zu den wichtigsten und bedeutsamsten Aufgaben der Parteiwillensbildung. Damit ist die Aufstellung der Wahlkandidaten durch politische Parteien sowohl ein innerparteilicher Vorgang als auch eine Angelegenheit des Wahlrechts. Als Angelegenheit der inneren Ordnung einer Partei und zugleich als Teil der Wahl im Sinne des Art. 38 Abs. 1 GG hat das Wahlbewerberaufstellungsverfahren den elementaren demokratischen Grundsätzen einer Wahl und den Verfassungsprinzipien des Art. 38 Abs. 1 Satz 1 GG Rechnung zu tragen. Einzuhaltende Mindestregelungen einer demokratischen Kandidatenaufstellung hat das Bundesverfassungsgericht aufgestellt.[15]

Wahlvorschläge für die Wahl nach Landeslisten können im Gegensatz zu Wahlvorschlägen für die Wahl in den Wahlkreisen nur von politischen Parteien eingereicht werden. Dieser Regelung liegt die Erwägung zugrunde, dass die Wahl einer Liste nur dann sinnvoll ist, wenn die auf ihr bezeichneten Bewerber

---

[15] BVerfGE 89, 243 (252 f.)

durch ein gemeinsames Programm eng verbunden sind. Bei einer Verhältniswahl, wie sie das Bundeswahlgesetz vorsieht, sind Landeslisten der Parteien
unabdingbar. Sie sind eine auf politische Parteien zugeschnittene Besonderheit
der Verhältniswahl. Das Verfahren der Aufstellung der Landesliste ist in § 27
Abs. 5 BWG geregelt, in dem auf das Aufstellungsverfahren für die Kreiswahl-
vorschläge nach § 21 BWG verwiesen wird. Die Anzahl der Bewerber, die auf den
einzelnen Landeslisten nominiert werden, ist nach oben hin unbegrenzt. Eine
Mindestzahl ist gesetzlich nicht vorgeschrieben, sodass theoretisch ein einziger
Bewerber ausreicht. Ein Bewerber kann nur in einem Land und hier nur in einer
Landesliste vorgeschlagen werden. Die Bewerber brauchen auch nicht Mitglied
der die Liste einreichenden Partei zu sein.

c)   Listenverbindungen
§ 7 BWG lässt die Verbindung mehrerer Landeslisten derselben Partei zu. Die
Landeslisten derselben Partei gelten kraft Gesetzes als miteinander verbunden,
sofern nicht ausdrücklich der Ausschluss von der Verbindung erklärt wird (§ 29
BWG).
       Zulässig ist bei der Bundestagswahl freilich nur die einparteiige Listenver-
bindung, das heißt eine Verbindung von Listen, die dieselbe Partei in verschiedenen Ländern eingereicht hat (§ 7 Abs. 1 BWG). Sie dient der Sammlung möglichst
aller für die Partei abgegebenen Zweitstimmen, um bei der Sitzverteilung eine
möglichst gute Ausgangsposition zu haben. Die Listenverbindung ist eine wahl-
rechtliche Figur, die mit wahltaktischen Kooperationen verschiedener Parteien
rechtlich nichts zu tun hat.
       Bei der mehrparteiigen Listenverbindung können verschiedene Parteien ihre
Listen im gleichen Wahlkreis miteinander verbinden. Bei der Wahl selbst treten
die verbundenen Parteien selbständig auf, das heißt die Wähler stimmen nur für
ihre Partei, sind also, anders als beim gemeinsamen Wahlvorschlag, nicht gezwungen, formell ihre Stimmen auch für die Bewerber einer fremden Partei mit
abzugeben. Bei der Sitzverteilung hingegen werden die Listen im Verhältnis zu
den übrigen als eine Liste behandelt. Erst wenn der Verbund die ihm gebührende
Anzahl von Sitzen erhalten hat, werden diese zwischen den an der Listenverbindung beteiligten Parteien deren Stimmenanteil entsprechend aufgeteilt. Mehrpar-
teiige Listenverbindungen sind nach dem Bundeswahlgesetz ausgeschlossen. Das
ist zwar nicht ausdrücklich im Gesetz gesagt, ergibt sich aber durch Umkehr-
schluss aus § 7 Abs. 1 BWG und dem Fehlen gesetzlicher Vorkehrungen zur
Durchführung solcher Verbindungen (Schreiber 2002: 229). Im Zusammenhang
mit der ersten gesamtdeutschen Wahl am 2. Dezember 1990 ist zur Milderung der
Auswirkungen der Sperrklausel des § 6 Abs. 6 BWG auch die Möglichkeit der

Verbindung von Landeslisten verschiedener Parteien und politischer Vereinigungen diskutiert worden. Das Bundesverfassungsgericht hat dem einen Riegel vorgeschoben.[16] Jede Listenverbindung führe zu einem Verstoß gegen die Chancengleichheit, weil sie den Erfolg von Wählerstimmen ungleich gewichte, ohne dass dafür ein zwingender sachlicher Grund angeführt werden könne. Unter den besonderen Umständen der ersten gesamtdeutschen Wahl sah das Verfassungsgericht für bestimmte Formen der Listenverbindung hingegen keine verfassungsrechtlichen Bedenken: nämlich dann, wenn mehrere miteinander konkurrierende Parteien oder politische Vereinigungen eine gemeinsame Liste aufstellen, welche die Bewerber verschiedener Wahlvorschlagsträger in eine feste Rangfolge bringt und sich den Wählern stellt, es sich mithin um eine verfestigte Form des Zusammenwirkens handelt. Das Bundeswahlgesetz enthielt eine entsprechende, eigens für die Wahlen zum 12. Bundestag am 2. Dezember 1990 geschaffene Übergangsregelung, die inzwischen gestrichen wurde und für zukünftige Wahlen nicht mehr anwendbar ist.

Im Zusammenhang mit der Wahl des Deutschen Bundestages am 18. September 2005 entflammte die Diskussion um die Problematik der Listenverbindungen erneut. Stein des Anstoßes war die Kandidatur einer größeren Zahl von Mitgliedern der →WASG an aussichtsreicher Stelle auf den Landeslisten der →Linkspartei.PDS. Die 16 Landeswahlleiter kamen nach Prüfung der Unterlagen zu dem Ergebnis, dass eine unzulässige Listenverbindung bei der Linkspartei.PDS nicht gegeben sei. Bei der Beurteilung des Sachverhaltes komme es vor allem darauf an, zu prüfen, ob die Liste auch der entsprechenden Partei zuzuordnen sei. Dabei sei wichtig, ob die Linkspartei über die Reihenfolge ihrer Kandidaten in geheimer Wahl abgestimmt habe. Außerdem durften andere Parteien, sprich die WASG, keinen dominierenden Einfluss ausgeübt haben. Bewerber, die nicht der Linkspartei angehören, müssten aber mit deren Programm und Wahlzielen übereinstimmen.

Die Linkspartei erhielt bei der Bundestagswahl 8,7 Prozent der Zweitstimmen und wurde mit 54 Mandaten viertstärkste Fraktion des Parlaments. Nach der Wahl wurde fristgerecht ein Wahlprüfungsverfahren beim Bundestag eingeleitet. Zur Begründung wurde vorgebracht, der WASG sei es über den Umweg der Listenverbindung erspart worden, die Fünf-Prozent-Hürde aus eigener Kraft zu überspringen. Ebenso sei sie der Verpflichtung enthoben worden, die vom Wahlgesetz bei der erstmaligen Kandidatur einer Partei geforderte Zahl von Unterstützungsunterschriften für die Einreichung eigener Landeslisten beizubringen. Diese Wahlrechtsumgehung habe nicht nur der WASG, sondern auch

---

[16] BVerfGE 82, 322 (345 ff.)

der Linkspartei gleichheitswidrige Vorteile verschafft (indem die auf ihren Listen platzierten WASG-Bewerber zu Lockvögeln für die Wähler im Westen geworden seien). In der Rechtswissenschaft sind die Meinungen zur Zulässigkeit dieses Vorgehens äußerst umstritten. Nach einer Auffassung handele es sich bei einer Kandidatur von Mitgliedern einer Partei auf der Liste einer anderen Partei um eine verbotene Listenverbindung. Die andere Ansicht hält dagegen, dass es durchaus nicht unüblich sei, wenn auf Wahllisten einer Partei Kandidaten einer anderen Partei anträten. Es bleibt nun abzuwarten, was die Wahlprüfung ergeben wird. Nach Art. 41 des Grundgesetzes ist die Wahlprüfung zunächst Sache des Bundestages. Gegen dessen Entscheidung kann Beschwerde beim Bundesverfassungsgericht erhoben werden. Es ist daher davon auszugehen, dass bis zu einer endgültigen Klärung der Streitfrage noch einige Zeit ins Land gehen wird.

Grundsätzlich zulässig sind dagegen taktische Wahlabsprachen zwischen mehreren Parteien über ein gemeinsames Vorgehen bei der Einreichung von Wahlvorschlägen und dem anschließenden Wahlkampf. So kann z.b. verabredet werden, dass in bestimmten Wahlkreisen nur Bewerber der einen Partei kandidieren und die andere Partei ihren Anhängern empfiehlt, diese zu wählen, während in anderen Wahlkreisen das umgekehrte geschieht. Eine solche „horizontale" Aufteilung des Wahlgebietes für die Mehrheitswahl hat in einem Wahlsystem mit vollem Verhältnisausgleich jedoch im allgemeinen nur beschränkte Bedeutung, nämlich für die Gewinnung von Grundmandaten zum Überspringen der Sperrklausel des § 6 Abs. 6 BWG und gegebenenfalls für den Erwerb von Überhangmandaten. Einen Anspruch darauf, dass sich die eigene Partei überall zur Wahl stellt, haben die Parteimitglieder nicht (Schreiber 2002: 105).

Unzulässig ist jedoch eine vertikale Aufteilung der Wahlvorschläge, nach der von zwei Parteien die eine nur in den Wahlkreisen, die andere nur in den Landeslistenwahlen auftritt, da hierdurch das Prinzip der Anrechnung der errungenen Wahlkreismandate umgangen würde. Das Gesetz hat diesem Missbrauch vorgebeugt. Es schreibt vor, dass die Zweitstimmen derjenigen Wähler bei der Sitzverteilung unberücksichtigt bleiben, die ihre Erststimme einem im Wahlkreis erfolgreichen Bewerber gegeben haben, für dessen Partei in dem betreffenden Land keine Landesliste zugelassen war (§ 6 Abs. 1 Satz 2 BWG). Damit ist jedoch nicht der Fall erfasst, dass eine Landesliste nur formal und zum Schein eingereicht wird. Hier hilft nur noch das allgemeine Verbot des Rechtsmissbrauchs.

8 Schlussbemerkung

Die rechtlichen Regulierungen, denen die politischen Parteien in der Bundesrepublik Deutschland unterliegen, sind vielschichtig und ausgesprochen detailreich. Dieses umfangreiche Regelwerk ist aber auch in Zukunft kein Garant dafür, dass die politischen Akteure nicht doch einen Weg finden, an bestehenden Regelungen vorbei zu agieren, diese zu ihren Gunsten zu interpretieren oder ihnen unliebsame Bestimmungen zu beseitigen. Strittige Punkte werden dann einer gerichtlichen Klärung zugeführt werden, wie beispielsweise die Zulässigkeit der Listenverbindung von WASG und Linkspartei.PDS oder die Festsetzung der Kriterien für die Inanspruchnahme der staatlichen Parteienfinanzierung.

Immer lauter werden in letzter Zeit auch die Rufe nach mehr plebiszitären Elementen in der Verfassung. Davon verspricht man sich eine deutliche Stärkung der Volkswillensbildung. Die Reform des Hamburger Wahlrechts zeigt allerdings, dass diese Forderung nicht zwingend den gewünschten Erfolg bringen muss und verdeutlicht die Rolle, die Parteien und Gerichte im System einnehmen (→Decker in diesem Band). Ob die CDU-Mehrheit in der Hansestadt zur Aufhebung des volksbeschlossenen Gesetzes befugt war, ist umstritten; auch hierüber wird irgendwann das (Hamburgische) Verfassungsgericht zu befinden haben. Allein die Tatsache, dass sie das Risiko einer juristischen und damit auch politischen Niederlage in Kauf nimmt, unterstreicht jedoch die Bedeutung der institutionellen Eigeninteressen der Parteien, wenn es darum geht, die rechtlichen Grundlagen des parteiendemokratischen Systems zu gestalten. Fehlt es ihnen hier an der notwendigen Sensibilität und Zurückhaltung, dürfte ein weiterer Anstieg der Politikverdrossenheit unvermeidlich sein.

 Literatur

Hans Herbert von Arnim / Martin Schurig (2004), Die EU-Verordnung über die Parteienfinanzierung, Münster.

Häberle, Peter (1967), Unmittelbare staatliche Parteienfinanzierung unter dem Grundgesetz – BVerfGE 20, 56, in: Juristische Schulung 7 (2), S. 64-74.

Hesse, Konrad (1959), Die verfassungsrechtliche Stellung der Parteien im modernen Staat, in: Veröffentlichungen der Vereinigung Deutscher Staatsrechtslehrer 17, S. 11-52.

Klein, Hans H. (2005), „Art. 21", in: Theodor Maunz/Günter Dürig (Hg.), Grundgesetz Kommentar. Band III, München, S. 1-248.

Köhler, Jan (2006), Parteien im Wettbewerb. Zu den Wettbewerbschancen nicht-etablierter politischer Parteien im Rechtssystem der Bundesrepublik Deutschland, Baden-Baden.

Kunig, Phillip (2005), „Parteien", in: Josef Isensee/Paul Kirchhof (Hg.), Handbuch des Staatsrechts der Bundesrepublik Deutschland. Band III: Demokratie – Bundesorgane, Heidelberg, S. 297-356.

Maurer, Hartmut (2005), Staatsrecht I, München.

Meinicke, Jens Peter (2004), Erbschaftssteuer- und Schenkungssteuergesetz. Kommentar, München.

Merten, Heike (2004/2005), Verordnung über die Regelungen für die politischen Parteien auf europäischer Ebene und ihre Finanzierung, in: Mitteilungen des Instituts für Parteienrecht und Parteienforschung (Heft 12), S. 45-48.

Morlok, Martin (2006), „Art. 21", in: Horst Dreier (Hg.), GG-Kommentar, Band 2, Tübingen, S. 327 - 403

Morlok, Martin (1996), Der Anspruch auf Zugang zu den politischen Parteien, in: Detlef Merten (Hg.), Der Verwaltungsstaat im Wandel, München, S. 231-271.

Schindler, Alexandra (2006), Die Partei als Unternehmer, Baden-Baden.

Schreiber, Wolfgang (2002), Handbuch des Wahlrechts zum Deutschen Bundestag, 7. Aufl., Köln u.a.

Seifert, Karl-Heinz (1975), Die politischen Parteien im Recht der Bundesrepublik Deutschland, Köln u.a.

Thiel, Markus (2003), Das Verbot verfassungswidriger Parteien (Art. 21 Abs. 2 GG), in: ders. (Hg.), Wehrhafte Demokratie, Tübingen, S. 173-207.

Tsatsos, Dimitris Th./Martin Morlok (1982), Parteienrecht. Eine verfassungsrechtliche Einführung, Heidelberg.

Wietschel, Wiebke (1996), Der Parteibegriff. Zur verfassungsrechtlichen und verfassungspolitischen Funktion des Parteibegriffs unter besonderer Berücksichtigung der Verbotsproblematik, Baden-Baden.

Abkürzungsverzeichnis

BGB	Bürgerliches Gesetzbuch
BGBl.	Bundesgesetzblatt
BT	Bundestag
BVerfG	Bundesverfassungsgericht
BVerfGE	Entscheidungen des Bundesverfassungsgerichts
BVerfGG	Bundesverfassungsgerichtsgesetz
BWG	Bundeswahlgesetz
BWO	Bundeswahlordnung
EGV	Vertrag zur Gründung der Europäischen Gemeinschaft
ErbStG	Erbschaftsteuergesetz
EStG	Einkommensteuergesetz
EuWG	Europawahlgesetz

GG	Grundgesetz
PartG	Parteiengesetz
VereinsG	Vereinsgesetz

Oskar Niedermayer

Die Entwicklung des bundesdeutschen Parteiensystems

1 Parteiensysteme und ihre Eigenschaften

In der deutschen Parteienforschung wird oft nicht klar zwischen der Analyseebene der Einzelparteien und des Parteiensystems getrennt. Monographien und Sammelbände zum deutschen „Parteiensystem" beschäftigen sich auch und nicht selten sogar primär mit den einzelnen Parteien und ihren Interna. Dadurch wird die Gefahr groß, unter dem Parteiensystem lediglich die Gesamtheit der Parteien zu verstehen. Ein Parteiensystem ist jedoch mehr als die Summe der es bildenden Parteien. Für Sartori (1976: 44) ist es „ein System von Interaktionen, das aus dem Wettbewerb der Parteien untereinander entsteht." Damit wird jedoch der Systembegriff zum einen auf die Interaktion als spezifische Form der Koexistenz von Parteien und zum anderen auf den Wettbewerb als spezifische Form der Interaktion von Parteien eingeengt. Eine breitere Definition lieferte schon einer der frühen Klassiker der Parteienforschung, Maurice Duverger (1959: 217), der das Parteiensystem eines Landes durch „die Form und Art der Koexistenz" mehrerer Parteien bestimmt sah.

Von einem Parteiensystem kann also nur gesprochen werden, wenn im Rahmen eines politischen Systems mindestens zwei Parteien vorhanden sind. Der in der Literatur durchaus noch zu findende Typus des „Einparteiensystems" ist ein Widerspruch in sich. Die Koexistenz muss jedoch nicht unbedingt in Form eines Wettbewerbs unabhängiger Parteien bestehen, sondern kann sich auch als Über-/Unterordnungsbeziehung äußern, sodass sich kompetitive von nicht-kompetitiven Parteiensystemen unterscheiden lassen. (Letztere sind in der Regel Hegemonialsysteme, in denen institutionelle Regelungen verhindern, dass die Machtposition der Hegemonialpartei durch die anderen Satellitenparteien gefährdet wird.)

Duverger (1959: 221) verweist darauf, dass ein Vergleich der verschiedenen Parteien eines Parteiensystems die Bestimmung neuer Merkmale ermöglicht, „die an der einzelnen isolierten Partei nicht zu gewinnen sind, wie: die Anzahl, die verhältnismäßige Größe, die Koalitionen, die geographische Begrenzung, die politische Verteilung usw.", und dass ein Parteiensystem sich nach dem Verhältnis bestimmt, „in dem alle diese Merkmale zueinander stehen." Er benennt somit – allerdings nicht abschließend und ohne klare theoretische Fundierung – eine Reihe von relationalen, auf die Koexistenz von mehreren Parteien bezogenen Charakteristika, deren spezifisches Muster das Parteiensystem eines Landes zu einer bestimmten Zeit definiert. Diese Sichtweise wurde in der international vergleichenden Parteiensystemforschung grundsätzlich akzeptiert. Bis heute besteht in der Literatur jedoch keine Einigkeit darüber, welche dieser Parteiensystemeigenschaften in die Analyse einzubeziehen und wie sie zu operationalisieren sind (vgl. die Überblicke bei Niedermayer 2000 und Wolinetz 2006). Als allgemeine Maxime zur Auswahl der Parteiensystemeigenschaften kann nur dienen, dass eine maximale Systemvariation durch eine minimale Anzahl von Eigenschaften erfasst werden sollte. Die Systemvariation kann sich zum einen auf strukturelle und zum anderen auf inhaltliche Charakteristika des Parteiensystems beziehen und sie kann auf der elektoralen und auf der parlamentarischen Ebene analysiert werden.

Die Struktur eines Parteiensystems wird wesentlich durch die Anzahl der das System bildenden Parteien bestimmt. Neben dieser Systemeigenschaft, die als Format bezeichnet wird, stellen neuere Studien auch auf die Größenverhältnisse der Parteien ab, das heißt es wird die *Fragmentierung*, also der Grad an Zersplitterung oder Konzentration, als zentrales Strukturmerkmal eines Parteiensystems angesehen. Gemessen wird die Größe von Parteien auf der elektoralen Ebene durch ihre Stimmenanteile bei nationalen Wahlen und auf der parlamentarischen Ebene durch ihre Anteile an den Parlamentssitzen. Zur Operationalisierung dieser Eigenschaft wurde eine ganze Reihe von Indizes vorgeschlagen, wobei die „effective number of parties" von Laakso und Taagepera (1979) aufgrund ihrer Anschaulichkeit die größte Verbreitung gefunden hat. Die effektive Anzahl der Parteien in einem Parteiensystem entspricht der realen Anzahl, wenn alle Parteien den gleichen Stimmenanteil aufweisen, also ein ausgeglichenes Machtverhältnis existiert. Je ungleicher das Machtverhältnis ist, desto geringer ist die effektive im Vergleich zur realen Anzahl, und bei Dominanz nur einer Partei nähert sich der Index dem Wert 1.

Bei der Operationalisierung dieser Parteiensystemeigenschaften stellt sich die Frage, welche Parteien überhaupt in die Analyse einbezogen werden sollen. In der Literatur werden hierzu sehr unterschiedliche Antworten gegeben. Will man Inkonsistenzen bei der Berechnung der Fragmentierung vermeiden, so müssen auf der elektoralen Ebene alle Parteien und sonstige politische Einheiten einbezogen werden, die mindestens eine Stimme bekommen haben, also neben den größeren Parteien auch Einzelpersonen, die sich zur Wahl gestellt haben, und Kleinstparteien mit nur wenigen Stimmen. Auf der parlamentarischen Ebene bedeutet dies, alle politischen Einheiten zu zählen, die mindestens einen Parlamentssitz errungen haben, also neben den Parteien auch erfolgreiche unabhängige Einzelpersonen.

Für die Berechnung der Fragmentierung auf beiden Wettbewerbsebenen ist dies unproblematisch, da Kleinstparteien nur unwesentlich zum Indexwert beitragen. Bei der Bestimmung des Formats eines Parteiensystems ist es jedoch sinnvoll, neben der Gesamtzahl der Parteien auch die Zahl der relevanten Parteien zu ermitteln. Für die Wählerebene lässt sich in Deutschland hierzu ein vom Gesetzgeber festgelegter Schwellenwert benutzen, der für die Wettbewerbsfähigkeit der Parteien eine wesentliche Bedeutung hat: der Stimmenanteil, ab dem die Partei auf Bundesebene öffentliche Gelder im Rahmen der Parteienfinanzierung erhält, also 0,5 Prozent.

Auch auf der für die Bestimmung des Formats eines Parteiensystems weitaus wichtigeren parlamentarischen Ebene stellt sich das gleiche Relevanzproblem. Der bekannteste Lösungsansatz stammt von Sartori (1976: 122 f.), der nur diejenigen Parteien in die Analyse einbezieht, die entweder „Koalitionspotenzial" oder „Erpressungspotenzial" besitzen. Danach kann eine Partei dann als irrelevant angesehen werden, wenn sie für die Koalitions- bzw. Regierungsbildung) keinerlei Rolle spielt (weder direkt noch indirekt). Unabhängig von ihrem Koalitionspozential muss eine Partei jedoch immer dann mitgezählt werden, wenn ihre Existenz oder ihr Auftreten die Strukturen des Parteienwettbewerbs in irgendeiner Form berühren. Gegen diese Lösung spricht, dass sowohl bei der Bestimmung der „politisch machbaren" Koalitionen als auch des „Erpressungspotenzials" einer Partei Operationalisierungsprobleme auftreten. Darüber hinaus vermischen die Kriterien die strukturelle mit der inhaltlichen Dimension, wo doch das Format als eine rein strukturelle Parteiensystemeigenschaft konzeptualisiert werden sollte. Als rein strukturelle und problemlos operationalisierbare Alternative bietet es sich deshalb an, eine parlamentarisch vertretene Partei nur dann als relevant anzusehen, wenn mit ihr eine „minimale Gewinkoalition" gebildet werden kann, also eine Mehrheitskoalition, die beim Wegfall einer der Koalitionsparteien keine Mehrheit mehr besitzt. Ist dies nicht der Fall, dann spielt die Partei für Koalitionsbildungsüberlegungen keinerlei Rolle, ist es der Fall, dann müssen zumindest die für eine solche Koalition in Frage kommenden anderen Parteien eine positive oder negative Koalitionsentscheidung treffen.

Bei Parteiensystemen mit zwei großen Parteien ist es für die Analyse ihrer Funktionslogik sinnvoll, zusätzlich zum Format und der Fragmentierung die Größenrelation nur der beiden Großparteien zu betrachten. Wenn Parteiendemokratie als System potenziell alternierender Parteiregierungen gesehen wird, so kommt der prinzipiellen Chancengleichheit zum Machtgewinn überragende Bedeutung zu. Längerfristige deutliche Vorteile einer der beiden Großparteien im Machtwettbewerb gefährden diese Chancengleichheit. Das Ausmaß, in dem dies der Fall ist, wird durch den Grad an struktureller *Asymmetrie* eines Parteiensystems angezeigt, der durch die Differenz der Stimmenanteile der beiden Großparteien gemessen wird. Wie leicht sich ein solcher struktureller Wettbewerbsvorteil in Regierungsmacht umsetzen lässt oder ob er sogar von der benachteiligten Partei durch Koalitionsbildungen konterkariert werden kann, hängt von den später behandelten inhaltlichen Eigenschaften eines Parteiensystems ab.

Die Parteiensystemforschung hat die von Duverger (1959: 221) vorgeschlagene Struktureigenschaft der „geographischen Begrenzung" bisher noch nicht aufgegriffen. Gerade für föderative Systeme wie die Bundesrepublik ist jedoch von Interesse, ob die Wettbewerbskonstellationen der Parteien in den föderalen Einheiten in etwa gleich sind oder sich deutlich unterscheiden. Dies kann mit einem auf den Ähnlichkeiten der Bundestagswahlergebnisse zwischen den einzelnen Bundesländern basierenden Maß gemessen werden.

Spätestens seit den Arbeiten Sartoris werden die strukturellen Eigenschaften in der Parteiensystemanalyse durch eine inhaltliche, die ideologisch-programmatischen Distanzen zwischen den Parteien in den Blick nehmende Eigenschaft ergänzt, die als *Polarisierung* bezeichnet wird. Bei der Operationalisierung dieser Eigenschaft lassen sich grundsätzlich zwei verschiedene Wege beschreiten: zum einen die Dichotomisierung der Parteien in systembejahende und systemoppositionelle Parteien, wobei das Ausmaß an Polarisierung durch den Stimmenanteil der systemoppositionellen Parteien gemessen wird, zum anderen die ideologische Verortung aller Parteien und die Messung der Polarisierung durch Indizes, die auf den Parteidistanzen basieren. Wählt man den zweiten Weg, so muss zwischen der Dimensionalität und der Stärke der Polarisierung unterschieden werden. Es ist also zum einen danach zu fragen, welches die zentralen inhaltlichen Konfliktdimensionen sind, durch die der Parteienwettbewerb charakterisiert werden kann. Zum anderen muss festgestellt werden, wie homogen oder heterogen das gesamte Parteiensystem in Bezug auf diese Dimensionen ist. Will man die Stärke der Polarisierung quantifizieren, so müssen zunächst die einzelnen Parteien verortet werden, was auf der Basis von Literaturanalysen, Expertenurteilen, Programmanalysen oder Wählerorientierungen erfolgen kann. Sodann lässt sich über die Abbildung von Parteidistanzen der Grad an Polarisierung des Parteiensystems in seinen einzelnen Dimensionen bestimmen.

In enger Beziehung zur Polarisierung steht die *Segmentierung* eines Parteiensystems. Sie gibt den Grad der gegenseitigen Abschottung in Bezug auf Koalitionen wieder. Extrem segmentierte Parteiensysteme sind durch eine deutliche Abschottung der Parteien gegeneinander gekennzeichnet, während in nicht segmentierten Systemen alle Parteien untereinander prinzipiell koalitionsfähig sind. Bezieht man alle relevanten Eigenschaften in die Systemdefinition ein, so kann unter einem Parteiensystem das durch die Anzahl und die Größenverhältnisse der Parteien sowie den Grad der Regionalisierung ihres Wettbewerbs strukturierte und durch die ideologischen Distanzen und prinzipiellen Koalitionsoptionen zwischen den Parteien inhaltlich bestimmte Muster der Parteienkoexistenz auf der elektoralen und parlamentarischen Ebene verstanden werden.

Die bisherigen Versuche, die Vielzahl von Parteiensystemen zu ordnen, stellen jedoch nicht auf die Gesamtheit der Systemeigenschaften ab. Zu finden sind zum einen Klassifikationen, das heißt Einteilungen von Parteiensystemen in sich gegenseitig ausschließende Klassen mit Hilfe einer einzigen Systemeigenschaft, und zum anderen Typologien, die meist zwei oder drei Eigenschaften kombinieren. Die einfachste Klassifikation, Duvergers (1959) Einteilung in Zwei- und Vielparteiensysteme, stellt das Format in den Mittelpunkt. Strukturtypologien (vgl. z.b. Blondel 1968) kombinieren meist das Format mit der Fragmentierung. Die bekannteste Parteiensystemtypologie, die Unterscheidung in dominante Parteiensysteme, Zwei-Parteien-Systeme, moderaten und polarisierten Pluralismus von Sartori (1976), bezieht mit der Polarisierung darüber hinaus eine inhaltliche Parteiensystemeigenschaft mit ein.

Die Analyse des Parteiensystems selbst ist von der Analyse seiner Funktionen, also seiner Leistungen für das gesamte politische System, klar zu trennen. Auch in diesem Forschungsbereich (vgl. z.B. Helms 1995), der hier nicht näher betrachtet werden soll, besteht kein Konsens über die relevanten Untersuchungsbereiche, das heißt es wird mit unterschiedlichen Funktionskatalogen gearbeitet.

2   Die Entwicklung von Parteiensystemen

Will man die Entwicklung von Parteiensystemen analysieren, so muss klar unterscheidbar sein, ob ein Parteiensystem im Zeitablauf stabil bleibt oder ob es sich wandelt und wenn ja, wie dieser Wandel aussieht (Decker 1999). Da in der Parteienforschung jedoch kein Konsens über die bei der Analyse zu berücksichtigenden Parteiensystemeigenschaften und ihre Operationalisierung besteht, differieren je nach gewählter Perspektive die Diagnosen des Ausmaßes an Stabilität oder Wandel deutlich. Definiert man Wandel zudem im Rahmen von Parteiensystemtypologien als Übergang von einem Typ zum anderen, so gerät man leicht in die Gefahr, den Wandel zu unterschätzen. So gehören z.B. seit längerer Zeit

„fast alle Parteiensysteme der westlichen Welt" im Rahmen der Typologie von Sartori „zu den gemäßigt pluralistischen Systemen" (von Beyme 2000: 166), obwohl sich unterhalb der Schwelle des Übergangs in einen neuen Systemtyp einiges an Veränderungen vollzogen hat.

Selbst wenn man den anderen Weg wählt und Parteiensysteme durch kontinuierliche quantitative Eigenschaftsindikatoren charakterisiert, stellt sich noch die Frage, bei welcher Art ihrer Veränderung von welcher Art des Wandels gesprochen werden kann. Smith (1989) unterscheidet neben der Stabilität vier verschiedene Intensitätsstufen der Veränderung von Parteiensystemen, die allerdings nicht immer leicht zu trennen sind: temporäre Fluktuationen (kurzfristige Veränderungen von Systemeigenschaften ohne längerfristigen Trend), partiellen Wandel (längerfristige Veränderung nur einer bzw. sehr weniger Eigenschaften), generellen Wandel (gleichzeitige oder sukzessive Veränderung vieler Eigenschaften) und Transformation (radikale Veränderung aller Eigenschaften).

Aussagen über Stabilität oder Wandel von einzelnen Parteiensystemeigenschaften bzw. ihrem spezifischen Muster werden in der Regel auf komparativstatische Weise durch den Vergleich zweier Systemzustände gewonnen. In den siebziger Jahren wurden unter verschiedenen Bezeichnungen jedoch auch Indikatoren entwickelt, die den strukturellen Wandel eines Parteiensystems bei zwei aufeinander folgenden Wahlen, nicht aber den aus dem Wandel folgenden Systemstatus anzeigen. Heute hat sich zur Messung dieser Systemeigenschaft der von Pedersen (1979) entwickelte Volatilitätsindex durchgesetzt, der den kumulierten Stimmengewinn aller im Vergleich zur Vorwahl erfolgreichen Parteien in Prozentpunkten wiedergibt.

Die möglichen Ursachen für die Stabilität bzw. den Wandel von Parteiensystemen sind äußerst vielfältig. Sie lassen sich systematisieren, wenn man sich vergegenwärtigt, dass für die Parteiensysteme in demokratischen Gesellschaften der Parteienwettbewerb konstitutiv ist und die Systementwicklung somit aus den Wettbewerbsbedingungen und deren Veränderungen resultiert. Daher lassen sich bei den möglichen Ursachen für unterschiedliche Entwicklungen von Parteiensystemen drei Gruppen unterscheiden: Angebotsfaktoren, Nachfragefaktoren und Rahmenbedingungen (Niedermayer 2003: 13). Die Angebotsseite des Wettbewerbs wird vom Ressourceneinsatz sowie den politischen Aktivitäten der Parteien im System bestimmt. Die Nachfrageseite wird durch die Orientierungen und Verhaltensweisen der Wähler gesteuert, und die institutionellen Rahmenbedingungen des Parteienwettbewerbs werden insbesondere durch die Regelungen zum Wahlrecht, zur Finanzierung und zum Verbot von Parteien gesetzt.

3   Die Entwicklung des deutschen Parteiensystems nach dem Zweiten Weltkrieg[1]

a)   Die Neuformierungsphase

In den ersten Jahren nach Kriegsende bildete sich – zunächst unter der Kontrolle der alliierten Siegermächte – ein Parteiensystem heraus, das zum einen durchaus in der Kontinuität des relativ hoch fragmentierten, segmentierten und polarisierten Weimarer Systems stand, zum anderen aber auch wesentliche Züge des Neubeginns trug (zum Folgenden vgl. auch Tabelle 1 und 2 im Anhang). Die ersten Wieder- bzw. Neugründungen erfolgten in der sowjetischen Besatzungszone. Der dortige Parteienpluralismus wurde jedoch sehr schnell in Richtung SED-Dominanz überführt, und nach der Gründung der DDR lässt sich das dortige Parteiensystem als nicht-kompetitives Hegemonialsystem kennzeichnen.[2]

In den Westzonen knüpften die wiedergegründeten Parteien der Linken, →SPD und KPD, programmatisch und organisatorisch an Weimar an, während die Liberalen durch die Gründung der →FDP ihre traditionelle Spaltung überwanden. Die wichtigsten Neugründungen waren jedoch die →CDU und in Bayern die →CSU, die sich im Gegensatz zum Zentrum der Weimarer Republik als interkonfessionell-christliche Parteien verstanden und so die Voraussetzungen für eine Bündelung aller konfessionellen und konservativen Strömungen schufen. Daneben bildeten sich eine Reihe rechter Splittergruppen, bürgerlicher Regionalparteien und sonstiger Kleinparteien. In den ersten Bundestag zogen zehn Parteien und drei unabhängige Kandidaten ein, das Kräfteverhältnis zwischen der Union und der SPD war relativ ausgeglichen, die Fragmentierung des Parteiensystems ziemlich hoch und die regionalen Wettbewerbskonstellationen durchaus unterschiedlich (vgl. Abbildungen im Anhang). Parteien, die in ihren inhaltlichen Positionen eine mehr oder weniger deutliche Opposition gegen die neue politische Ordnung erkennen ließen, konnten etwas mehr als zehn Prozent der Stimmen erreichen, und auch die systemkonformen Parteien waren in ihren politischen Vorstellungen so weit auseinander, dass das damalige Parteiensystem als relativ stark polarisiert gelten kann, wenn auch der Polarisierungsgrad der Weimarer Republik bei weitem nicht erreicht wurde. Die gesamten strukturellen und inhaltlichen Charakteristika des neu entstandenen Parteiensystems hatten jedoch keinen Bestand, sondern änderten sich im Laufe des nächsten Jahrzehnts deutlich.

---

[1] Zum Folgenden vgl. ausführlicher Niedermayer 2006. Weitere neuere Analysen des deutschen Parteiensystems sind z.b. zu finden in: von Alemann 2003, Hübner/Oberreuter 2003, Niclauß 2002, Stöss 2000, Zehetmair 2004 und Jun/Kreikenbom/Neu 2006.

[2] Zum Parteiensystem der DDR vgl. z.B. Jesse 2002 und Weber 1996.

b) *Die Konsolidierungsphase der fünfziger Jahre*

Die fünfziger Jahre waren – wie die hohen Volatilitätswerte zeigen – durch wesentliche Veränderungen des Parteiensystems gekennzeichnet. Der weitgehende Konsolidierungsprozess schlug sich in einem deutlichen Rückgang der Fragmentierung (elektoral und auf der parlamentarischen Ebene), der damit einhergehenden Herausbildung einer 1957 mit der absoluten Unionsmehrheit ihren Höhepunkt erreichenden Asymmetrie zugunsten der Union sowie einem starken Rückgang der Regionalisierung nieder und führte gegen Ende des Jahrzehnts auch zu einem Rückgang der anfänglich starken Polarisierung. Für den Wandel des Parteiensystems war eine ganze Reihe von Faktoren verantwortlich: Zunächst erfolgte eine Veränderung der Rahmenbedingungen in Form einer Wahlrechtsänderung. Zog 1949 eine Partei in den Bundestag ein, wenn sie in einem Bundesland mehr als fünf Prozent der abgegebenen gültigen Stimmen erreichte, so galt ab 1953, dass diese Hürde im gesamten Bundesgebiet übersprungen werden musste. Dies führte zu einem Konzentrationseffekt zugunsten der größeren Parteien, der durch die Wettbewerbsdynamik von Union und SPD noch verstärkt wurde. Zudem veränderte sich die gesellschaftliche Konfliktstruktur durch den Bedeutungsverlust der Konfliktlinie Einheimische vs. Flüchtlinge und Vertriebene infolge der positiven ökonomischen Entwicklung und des Lastenausgleichs. Die Union als Regierungspartei konnte den gesellschaftlichen Wandel sehr viel stärker für sich nutzen als die SPD. Das Wirtschaftswunder wurde geschickt allein der sozialen Marktwirtschaft und deren Verkörperung in Gestalt des Wirtschaftsministers Ludwig Erhard zugeschrieben. Zudem betrieb die Union eine aktive Integrationsstrategie, durch die es gelang, das bürgerlich-konservative Kleinparteienspektrum weitgehend zu absorbieren und sich gegenüber der SPD in eine strukturelle Vorteilsposition zu bringen.

Als die Polarisierung des Parteiensystems bestimmende Konfliktlinien bildeten sich der ökonomische Gegensatz zwischen einer mittelständisch-freiberuflichen Orientierung und einer Arbeitnehmer-/Gewerkschaftsorientierung und der kulturelle Konflikt zwischen religiös-kirchlich-konfessioneller Bindung und Säkularisierung heraus. Diese Konfliktstruktur war asymmetrisch, da die beiden Großparteien jeweils einen Pol der beiden Konfliktlinien besetzten und daraus auch ihre Kernwählerschaft rekrutierten. Bei der SPD war dies die gewerkschaftlich organisierte Industriearbeiterschaft, bei der Union – trotz ihres Selbstverständnisses als überkonfessionelle Partei – die Gruppe der kirchengebundenen Katholiken. Die FDP war in Bezug auf die ökonomische Konfliktlinie an der Seite der Union, in Bezug auf den kulturellen Konflikt an der Seite der SPD zu finden. Die anfangs starke Polarisierung in Form des Gegensatzes zwischen den bürgerlichen Parteien und der SPD wurde gegen Ende des Jahrzehnts im ökonomischen

Bereich durch einen ideologischen Wandel der SPD hin zu gemäßigteren Positionen abgemildert – symbolisiert durch das Godesberger Grundsatzprogramm von 1959. Der polarisierenden Wettbewerbsstrategie der Union gegen Ende des Jahrzehnts wurde so etwas der Boden entzogen und einer allseitigen Koalitionsfähigkeit der noch im Bundestag vertretenen Parteien allmählich der Weg geebnet. Zudem schieden durch das Verbot der Sozialistischen Reichspartei 1952 und der Kommunistischen Partei Deutschlands 1956 zwei systemoppositionelle Parteien aus dem Wettbewerb aus.

c) Das Dreiparteiensystem der sechziger und siebziger Jahre
Der Konsolidierungsprozess der fünfziger Jahre mündete in das relativ stabile Dreiparteiensystem der sechziger und siebziger Jahre, einem Parteiensystem vom Typ des „gemäßigten Pluralismus" (Sartori 1976: 173 ff.), dessen Grundstruktur sich wie folgt beschreiben lässt: *Erstes* Kennzeichen war seit 1961 die Existenz von drei relevanten Parteien auf der parlamentarischen Ebene, wobei die beiden Großparteien CDU/CSU[3] und SPD von der kleinen FDP flankiert wurden, der eine Mehrheitsbeschaffungs- und Korrekturfunktion zukam. *Zweites* Kennzeichen war eine geringe Regionalisierung auf der elektoralen Ebene, die sich auch darin zeigte, dass in diesen beiden Jahrzehnten in allen Bundesländern bei allen Bundestagswahlen mit Ausnahme von 1969, als die kurzzeitig erstarkte NPD in drei Bundesländern hinzukam, allein die drei genannten Parteien mehr als fünf Prozent der Stimmen erzielen konnten. *Drittens* war das Parteiensystem durch eine geringe Fragmentierung charakterisiert, da die beiden Großparteien die Stimmen- und Mandatsverteilung dominierten. Der gemeinsame Stimmenanteil von CDU/CSU und SPD steigerte sich von über 80 Prozent Anfang der sechziger auf über 90 Prozent Mitte der siebziger Jahre. Nimmt man die FDP hinzu, so vereinigten die drei Parteien in den sechziger Jahren etwa 95 Prozent, in den siebziger Jahren sogar über 99 Prozent der Wählerstimmen auf sich.

Da der Konzentrationsprozess der fünfziger Jahre vor allem zugunsten der Union erfolgt war, bestand als *viertes* Kennzeichen eine strukturelle Asymmetrie zwischen den beiden Großparteien. Ende der sechziger Jahre konnte diese Asymmetrie verringert werden, was vor allem auf zwei Gründe zurückzuführen war: zum einen auf den – von Wirtschaftsminister Karl Schiller personifizierten – Positionswandel der SPD im Bereich der Wirtschaftspolitik, der sie auch für Wähler der neuen Mittelschicht aus Angestellten und Beamten salonfähig machte, zum

---

[3] CDU und CSU werden in Parteiensystemanalysen als eine Partei gezählt, weil in kompetitiven Systemen nur konkurrierende Parteien als getrennte Einheiten betrachtet werden und die beiden Schwesterparteien weder auf der elektoralen noch auf der parlamentarischen Ebene miteinander konkurrieren.

anderen auf die in der Frühphase der sozialliberalen Koalition unter Willy Brandt propagierte Politik der inneren und äußeren Reformen, welche die 68er-Generation und die Intellektuellen an die Seite der SPD brachten. Der Höhepunkt dieser Entwicklung wurde 1972 erreicht, als die SPD mit hauchdünnem Vorsprung vor der Union zur stärksten Partei wurde. Dieses Wahlergebnis konnte jedoch nur aufgrund einer optimalen Konstellation der kurzfristigen Einflussfaktoren auf das Wahlverhalten erreicht werden: Die nach einem gescheiterten konstruktiven Misstrauensvotum der Union gegen Brandt vorgezogene Bundestagswahl wurde zum Vertrauensvotum der Wähler für den beliebten Bundeskanzler und Friedensnobelpreisträger stilisiert, und die thematische Ausrichtung des Wahlkampfes auf die neue Ostpolitik führte zu einer starken Mobilisierung zugunsten der SPD. Heftige, auf die gerade hinzugewonnenen Wähler der neuen Mittelschicht abschreckend wirkende ideologische Turbulenzen innerhalb der SPD und die seit 1973 zunehmende wirtschaftliche Instabilität trugen dazu bei, dass die Union bei der nächsten Wahl die SPD wieder klar überflügeln konnte. Die Wahl von 1972 war somit nicht der Beginn einer Symmetrie zwischen den beiden Großparteien, sondern ein Ausnahmefall, der an der die nächsten zwei Jahrzehnte überdauernden, strukturellen Asymmetrie nichts änderte.

Fünftes Kennzeichen war zunächst das Fortbestehen der asymmetrischen, zweidimensionalen Konfliktstruktur. Beide Konfliktlinien begannen jedoch seit Ende der sechziger Jahre durch den raschen gesellschaftlichen Wandel in Form der Veränderung der Erwerbsstruktur, des Wertewandels, der Säkularisierung, der Bildungsexpansion, der Mobilitätssteigerung und der Individualisierung an Bedeutung zu verlieren, da diese Prozesse zur Erosion der traditionellen sozialen Milieus mit festen Bindungen sozialer Gruppen an die jeweilige Milieupartei führten, was vor allem die beiden Großparteien betraf. Zudem hielten sich – mit Ausnahme der Polarisierungsphase Ende der sechziger bis Anfang der siebziger Jahre – sowohl die inhaltlichen Distanzen zwischen den Parteien als auch der Stimmenanteil systemoppositioneller Parteien in Grenzen, sodass das Parteiensystem *sechstens* durch eine relativ geringe Polarisierung charakterisiert war.

Das *siebte* Charakteristikum stellte die Tatsache dar, dass im Parteiensystem keine Segmentierung herrschte, da die relevanten – das heißt im Bundestag vertretenen – Parteien prinzipiell allseitig koalitionsfähig waren: In den fünfziger Jahren gab es auf Bundesebene zwar nur bürgerliche Koalitionsregierungen mit Unionshegemonie, auf Landesebene verdeutlichten CDU/CSU, SPD und FDP jedoch schon in dieser Zeit ihre allseitige Koalitionsfähigkeit. Im Jahre 1961 gab es erste vorsichtige Kontakte zwischen Union und SPD im Hinblick auf eine Große Koalition, die zunächst im Sande verliefen. Es wurde eine CDU/CSU-FDP-Koalition gebildet, die nach der Wahl von 1965 fortgesetzt wurde, Ende 1966 aber im Gefolge der ersten Wirtschaftskrise durch den Rücktritt der FDP-Minister zerbrach. Damit war der Weg frei für die Große Koalition unter Kanzler Kurt Georg Kiesinger. Ein erneuter Wechsel bahnte sich im März 1969 an, als die FDP zusammen mit der SPD Gustav Heinemann zum Bundespräsidenten wählte. Nach der darauf folgenden Bundestagswahl wurde eine sozialliberale Koalition mit Willy Brandt als Regierungschef gebildet, die – ab 1974 unter der Kanzlerschaft Helmut Schmidts – bis 1982 Bestand hatte. Damit wurden in den beiden Jahrzehnten alle theoretisch möglichen Koalitionskonstellationen auch real praktiziert und die nicht mehr bestehende Segmentierung hatte – trotz des Fortbestehens der strukturellen Asymmetrie zugunsten der Union – einen Machtwechsel zugunsten der SPD durch eine koalitionspolitische Umorientierung der FDP ermöglicht.

d)   Die Pluralisierungsphase der achtziger Jahre
In den achtziger Jahren zeigten sich Erosionserscheinungen dieser Grundstruktur. Es handelte sich jedoch nicht um eine Transformation des Parteiensystems in einen neuen Typus, sondern um relativ moderate Veränderungen in Form einer Pluralisierung, das heißt einer Erhöhung der durch die Anzahl und die Größenverhältnisse sowie die inhaltlichen Positionen der relevanten Parteien bestimmten Vielfalt im System. Die Erosionserscheinungen betrafen vor allem die beiden Großparteien, die zunehmende Mobilisierungs- und Integrationsschwächen zeigten, was zu einem Ansteigen der Fragmentierung des Parteiensystems führte: Der Anteil der Wahlberechtigten (nicht der Wähler, vgl. Abbildung 2), den Union und SPD mobilisieren konnten, sank von 82 Prozent im Jahre 1976 auf 62 Prozent im Jahre 1990 (Wahlgebiet West). Die FDP überstand die achtziger Jahre letztendlich ohne größere Blessuren. Obwohl sie der Koalitionswechsel 1982 in eine innerparteiliche Zerreißprobe gestürzt hatte und die nachfolgende Bundestagswahl 1983 mit deutlichen Stimmenverlusten verbunden war, konnte sie sich in der zweiten Hälfte des Jahrzehnts wieder konsolidieren.

Für die Schwäche der beiden Großparteien waren nicht nur die schon angesprochenen längerfristigen Prozesse des sozialen Wandels verantwortlich, sondern auch eine Reihe von innerparteilichen Problemen. So erlebte die SPD in den späten siebziger und frühen achtziger Jahren sich verschärfende innerparteiliche Spannungen, weil der ökonomische und außenpolitische Kurs Helmut Schmidts von großen Teilen der SPD-Mitgliedschaft zunehmend kritisch beäugt wurde. Zudem wuchsen die Spannungen mit dem liberalen Koalitionspartner, die Regierungspannen häuften sich, und 1982 stürzten Union und FDP Helmut Schmidt durch ein konstruktives Misstrauensvotum und wählten Helmut Kohl zum Kanzler. Parallel dazu verlor die SPD trotz aller Integrationsbemühungen nach links

Wähler an die Grünen, die den libertären Pol der in den achtziger Jahren neu aufkommenden kulturellen Konfliktlinie zwischen libertären und autoritären Wertesystemen politisch repräsentieren (→Bündnis 90/Die Grünen). Die Gründe für die Herausbildung libertärer und autoritärer Wertesysteme werden im sozio-ökonomischen Wandel von der klassischen Industriegesellschaft zur globalisierten postindustriellen Gesellschaft gesehen, deren zentrales Kennzeichen in der gleichzeitigen Zunahme von Chancen und Risiken besteht, die je nach konkreter Lebenswelt und mentalen Kapazitäten von den Individuen unterschiedlich erfahren und verarbeitet werden. Die Verarbeitung kann entweder in Form einer Öffnung hin zu kultureller Vielfalt oder in Form einer schutzsuchenden Schließung und Zuflucht zu autoritären Werten erfolgen.

Die Grünen beteiligten sich erstmals 1980 an Bundestagswahlen und zogen 1983 in den Bundestag ein. Mitte der achtziger Jahre wurde der bisher allein durch die →NPD repräsentierte autoritäre Pol des Parteiensystems durch die →Republikaner (REP) und die →Deutsche Volksunion (DVU) verstärkt. Das Hinzutreten dieser Parteien erhöhte nicht nur zusätzlich die Fragmentierung des Parteiensystems, sondern veränderte auch die Dimensionalität und Stärke seiner Polarisierung. Bis heute ist der durch die Grünen repräsentierte libertäre Pol der neuen Konfliktlinie im Parteiensystem deutlich stärker ausgebildet als der autoritäre Pol. Dies lässt sich durch eine Reihe von Faktoren im Bereich der Rahmenbedingungen sowie der Nachfrage- und Angebotsseite des Parteienwettbewerbs erklären. Die Rahmenbedingungen des Parteienwettbewerbs waren für die Etablierung der neuen Konfliktlinie insgesamt relativ günstig, da Deutschland einem raschen sozialen Wandel unterworfen war und noch ist, der zur Herausbildung des Konflikts zwischen libertären und autoritären Wertesystemen führte. Zudem diente eine Reihe von Ereignissen als Katalysator für die Umsetzung dieses Konflikts in das Parteiensystem: auf der libertären Seite seit 1977 die Auseinandersetzungen um Atomkraftwerke, Atommülldeponien und Wiederaufbereitungsanlagen und kurze Zeit später um die von Helmut Schmidt initiierte NATO-Nachrüstung, auf der autoritären Seite der in der zweiten Hälfte der achtziger Jahre wachsende Zustrom von Asylbewerbern und Aussiedlern. Die Umsetzung in das Parteiensystem wurde zudem durch den föderalistischen Staatsaufbau mit seinen Profilierungsmöglichkeiten auf der regionalen Ebene und die relativ niedrige Schwelle für die Inanspruchnahme der staatlichen Parteienfinanzierung erleichtert. Obwohl die Fünf-Prozent-Klausel für die meisten von ihnen eine unüberwindliche Hürde blieb, konnten auf diese Weise eine Reihe von neu entstandenen Klein- und Kleinstparteien für zum Teil erstaunlich lange Zeit überleben.

Die Grünen profitierten zusätzlich von dem in den siebziger und achtziger Jahren starken, als Mobilisierungshintergrund fungierenden Bewegungssektor, von der Herausbildung eines grün-alternativen Milieus vor allem in den Universitätsstädten und von einem relativ freundlichen Medienumfeld. Zudem konnten sie die Zersplitterung des grünen Lagers frühzeitig überwinden und trotz zuweilen heftiger innerparteilicher Auseinandersetzungen eine einheitliche Organisation aufrechterhalten. Die den autoritären Pol repräsentierenden Parteien hingegen sind durch die NS-Diktatur diskreditiert, erhalten aus diesem Grund auch keine nennenswerte Medienunterstützung, konnten die Zersplitterung nie überwinden, verfügen über keine charismatische, für eine breite Wählerschicht akzeptable Führungspersönlichkeit und kranken an der bleibenden Fähigkeit des bürgerlichen Parteienlagers zur Besetzung relevanter Themen und zur teilweisen Integration der potenziellen Wählerklientel. Daher hat sich auf Bundesebene nach 1969 keine dieser Parteien der Fünf-Prozent-Hürde auch nur genähert (Decker/Hartleb 2006).

Die parlamentarische Repräsentation der Grünen ab 1983 brachte eine Segmentierung des Parteiensystems mit sich. Zwar existierte 1983 und 1987 die rechnerische Möglichkeit einer Mehrheitskoalition unter Einbeziehung der Grünen, politisch war dies jedoch unrealistisch, da eine Koalitionsfähigkeit mit den anderen relevanten Parteien von beiden Seiten her nicht gegeben war. Die Segmentierung ging dabei einseitig zu Lasten der SPD: In den beiden Jahrzehnten davor war – von einer Großen Koalition abgesehen – allein die Koalitionspräferenz der FDP für die Regierungsbildung entscheidend, ab 1983 konnte die SPD eine Mandatsmehrheit allein mit der FDP jedoch nicht mehr erreichen. Dies bedeutete einen wesentlichen machtstrategischen Anreiz zur Erweiterung ihrer bestehenden Koalitionsoptionen in Richtung Grüne. Wie schon in den Jahrzehnten zuvor, so diente auch jetzt die Landesebene aus bundespolitischer Sicht als Experimentierfeld, um die Funktionsfähigkeit von Koalitionen auszutesten. Nach längerem Zögern ging die SPD daher 1985 in Hessen und 1989 in Berlin eine Verbindung mit den Grünen ein. Beide Koalitionen scheiterten jedoch vorzeitig.

e)   Die allmähliche Herausbildung eines fluiden Fünfparteiensystems nach der Vereinigung

In dieser Pluralisierungsphase des westdeutschen Parteiensystems wurde die Bundesrepublik mit der Wende in der DDR konfrontiert, wo sich vom Herbst 1989 bis zum Herbst 1990 in vier Schritten – Bipolarisierung, Ausdifferenzierung, Angleichung und Vereinigung – ein pluralistisch-demokratisches Parteiensystem herausbildete. Durch das Hinzukommen des DDR-Parteiensystems im Rahmen

der Vereinigung erfolgte ein weiterer Fragmentierungs- und Segmentierungs-
schub, da dort noch eine weitaus stärkere Zersplitterung herrschte und mit der
Partei des Demokratischen Sozialismus (→Linkspartei.pds) eine als nicht koalitionsfähig angesehene Partei die gesamtdeutsche Bühne betrat. Durch die Vereinigung kamen daher Befürchtungen auf, es könnte sich ein grundlegender Wandel
des gesamtdeutschen Parteiensystems in Form einer Wiederkehr „Weimarer
Verhältnisse" – also eines Übergangs vom moderaten zum Typus des extremen
Pluralismus mit einer Zerfaserung der Parteienlandschaft und erstarkenden systemoppositionellen Parteien – vollziehen. Diese Sorgen waren jedoch unbegrün-
det: Das gesamtdeutsche Parteiensystem hat sich mit der Vereinigung zwar deutlich stärker fragmentiert, ist aber im Grad seiner Zersplitterung bis heute noch
weit von Weimar entfernt. Auch blieben systemoppositionelle Parteien – trotz
zuweilen spektakulärer Wahlerfolge bei Landtagswahlen – bisher auf der Bundesebene marginal.[4]
    Wesentlich für die höhere Fragmentierung ist die Tatsache, dass die Groß-
parteien zusammengenommen ihre Mobilisierungsfähigkeit bis nach der Jahr-
hundertwende nicht mehr wesentlich steigern konnten. Allerdings ergaben sich
in den neunziger Jahren Verschiebungen zugunsten der SPD. Bei der Bundestagswahl 1994 legte sie deutlich zu, verpasste jedoch auch aufgrund eigener Fehler und eines wenig zugkräftigen Kanzlerkandidaten (Rudolf Scharping) den
Machtwechsel. Die Partei verfiel daraufhin in frustrierte Depression, aus der sie
erst die handstreichartige Übernahme des Parteivorsitzes durch Oskar Lafontaine
auf dem Mannheimer Parteitag von 1995 herausreißen sollte. Der neue Vorsitzende führte die zerstrittene Partei wieder zusammen und bei der Bundestagswahl 1998 schöpfte sie mit Gerhard Schröder als Kanzlerkandidat, dem inhaltlichen Versprechen der Verbindung von Innovation und Gerechtigkeit sowie dem
modernsten Wahlkampf ihrer Geschichte ihr heterogenes Wählerpotenzial optimal aus. So gelang es ihr nach einem Vierteljahrhundert wieder, die Union bei
einer Bundestagswahl zu überflügeln.
    Der Machtverlust der Union war jedoch nicht nur auf kurzfristige Einfluss-
faktoren zurückzuführen, sondern auch Ausdruck langfristiger Entwicklungen.
Aufgrund ihrer historischen Wurzeln in der konfessionell-religiösen Konfliktlinie
der Vorkriegszeit besteht, trotz ihres Gründungsanspruchs als konfessionsüber-
greifender Partei, die traditionelle Kernklientel der Union aus den kirchengebundenen Katholiken. Dieser Kern schmolz aufgrund der sozio-kulturellen Wand-
lungsprozesse in den letzten Jahrzehnten jedoch zusehends und ist durch das

---

[4] Dies bedeutet, dass der Autor die Linkspartei.PDS in ihrer Gesamtheit nicht als extremistische, systemoppositionelle Partei ansieht.

Hinzukommen der ostdeutschen katholischen Diaspora noch weiter dezimiert worden. Neben der Erosion des Katholischen verliert die Union zudem einen Teil jener Machtressourcen, die ihr in der Vergangenheit erlaubt hatten, eine breite Koalition bürgerlicher Wählerschichten zu schmieden: Der forsche Wirtschaftsliberalismus eines Teils der Führungsschicht teilt das christlich-bürgerliche Lager, mit dem Ende des Ost-West-Konfliktes und dem Ansteuern der politischen Mitte durch die SPD entfiel der Antikommunismus als integrative Klammer der verschiedenen bürgerlichen Milieus, und der Anteil der im goldenen christdemokratischen Zeitalter der Adenauer-Ära politisch sozialisierten und an die Union gebundenen Generation an der Wählerschaft schrumpft zusehends. Hinzu kommen spezifische Mobilisierungs-, Identitäts- und Organisationsprobleme der CDU in Ostdeutschland. All dies deutet darauf hin, dass durch die Wahl von 1998 das Ende der jahrzehntelangen strukturellen Asymmetrie zugunsten der Union markiert wurde, was die beiden folgenden Wahlen auch bestätigten. Da beide Großparteien aufgrund des wesentlich gestiegenen individuellen Wechselwahlverhaltens – das sich in der aggregierten Volatilität des Parteiensystems nur ungenügend widerspiegelt – auf die Treue ihrer Wähler immer weniger zählen können, ist eine neue strukturelle Asymmetrie zugunsten einer der beiden Großparteien in Zukunft unwahrscheinlich. Vielmehr haben wir es mit einer offenen Wettbewerbssituation der beiden Großparteien zu tun, wozu auch gehört, dass politische Stimmungsschwankungen weit dramatischer ausfallen als in der Vergangenheit. Das Auf und Ab der beiden Parteien nach dem Machtwechsel von 1998, die erst in der Endphase entschiedene Wahl von 2002 und die dramatische Entwicklung vor der Bundestagswahl 2005 haben dies eindrucksvoll gezeigt.

Die Bundestagswahl 2005 machte deutlich, dass es für das Abschneiden der beiden großen Parteien wesentlich ist, sich im Rahmen der Konfliktstruktur des Parteiensystems sinnvoll und für die Wähler annehmbar zu positionieren. Die internationalen wie nationalen Entwicklungen seit den neunziger Jahren in Gestalt der Globalisierung, des demographischen Wandels und der vereinigungsbedingten finanziellen Lasten, die den deutschen Wohlfahrtsstaat zunehmend an die Grenzen seiner Finanzierbarkeit gelangen ließen, haben zu einer Revitalisierung der ökonomischen Konfliktdimension im Parteiensystem in Gestalt des Sozialstaatskonflikts geführt. Dieser Konflikt ist ein Wertekonflikt, in dem von beiden Seiten primär mit unterschiedlichen Konzeptionen des Grundwerts der Gerechtigkeit argumentiert, aber auch auf die Grundwerte der Freiheit und Gleichheit Bezug genommen wird. Niederschlag findet er in den entgegengesetzten Politikkonzeptionen des sozialstaatlichen Interventionismus auf der einen und des Marktliberalismus auf der anderen Seite.

SPD und Union haben die Veränderungen der Realität lange Zeit ignoriert. Erst als sich die wirtschaftliche Situation deutlich verschlechterte und die steigende Arbeitslosigkeit einen weiteren Reformaufschub nicht mehr duldete, waren die Parteivorsitzenden bereit, ihre Parteien im Sozialstaatskonflikt neu zu positionieren. Die von Kanzler Gerhard Schröder aufgelegte Agenda 2010 der rotgrünen Bundesregierung und die von Angela Merkel forcierten Beschlüsse des Leipziger CDU-Parteitages verschoben den Akzent der Sozial- und Wirtschaftspolitik von der staatlichen Intervention hin zu mehr Marktfreiheit. Die beiden Vorsitzenden konnten den Kurswechsel in ihren Parteien allerdings nicht vollständig durchsetzen. Die Schwierigkeiten Gerhard Schröders mit der SPD waren dabei besonders groß. Ihre Konsequenz waren die vorgezogene Bundestagswahl und die Abspaltung von Teilen der Parteilinken, die sich in der →WASG (Wahlalternative für Arbeit und soziale Gerechtigkeit) neu formierten und ausgerechnet den früheren SPD-Vorsitzenden Lafontaine als Spitzenkandidaten gewinnen konnten. Obwohl die Konkurrenz von links die SPD am Ende wertvolle Prozentpunkte kostete, konnten sich die Sozialdemokraten – unter Ausnutzung strategischer Fehler der Union – im Bundestagswahlkampf erneut als Sozialstaatspartei profilieren. Indem sie CDU und CSU mit dem Stigma der sozialen Ungerechtigkeit belegten, gelang es ihnen, ihre eigene Klientel teilweise zu remobilisieren, was zum schlechten Abschneiden der Unionsparteien wesentlich beigetragen hat. In neuester Zeit versuchen beide Volksparteien, durch eine programmatische Diskussion eine innerparteilich breit akzeptierte und wertmäßig fundierte Positionierung im Sozialstaatskonflikt zu finden.

Klar positioniert sind im Rahmen dieser Konfliktlinie die Mitte 2005 in „Linkspartei.PDS" umbenannte PDS, die den auf Verteilungsgerechtigkeit durch sozialstaatliche Interventionen setzenden Pol repräsentiert, und die FDP, die den auf Leistungsgerechtigkeit setzenden marktliberalen Pol verkörpert. Die zweite Konfliktlinie im Rahmen der zweidimensionalen Polarisierung des Parteiensystems, der kulturelle Gegensatz zwischen libertären und autoritären Wertesystemen, wird durch die Grünen als dem libertären und vor allem der NPD als dem autoritären Pol verkörpert. Wie schon ausgeführt, ist die parlamentarische Repräsentation des autoritären Pols auch in Zukunft sehr unwahrscheinlich, sodass sich im Bereich der kleinen Parteien der Wettbewerb zwischen FDP, Grünen und Linkspartei.PDS abspielt.

Im Rahmen dieses Wettbewerbs büßte die FDP ihre Stellung als jahrzehntelang unangefochtene „dritte Kraft" des deutschen Parteiensystems Mitte der neunziger Jahre ein und musste nun mit den Grünen konkurrieren. Durch ihr gutes Abschneiden schickte sich die PDS 1998 an, in diesen Wettbewerb einzugreifen, mit der Bundestagswahl 2002 schien das Gastspiel aber schon wieder beendet zu sein. Dies war jedoch ein Trugschluss, da das Wahlergebnis auf eine Reihe von selbst verschuldeten Faktoren zurückzuführen war. Schon bei der Europawahl 2004 zeigte die Partei, dass mit ihr noch zu rechnen ist, und bei der Bundestagswahl 2005 überflügelte sie – in Zusammenarbeit mit der WASG – sogar die Grünen. Wenn – wovon auszugehen ist – der endgültige Zusammenschluss mit der WASG realisiert wird, ist die Linkspartei.PDS aufgrund ihrer nach Westen verbreiterten Wählerbasis als ernstzunehmende Mitbewerberin um die Rolle als dritte Kraft im deutschen Parteiensystem anzusehen. Damit besteht nicht nur zwischen den beiden Großparteien, sondern auch zwischen den drei Kleinparteien eine offene Wettbewerbssituation; das heutige Parteiensystem kann also im Gegensatz zu dem früheren starren Gefüge als fluide bezeichnet werden.

Dieses fluide Wettbewerbssystem ist mit der Bundestagwahl 2005 erstmals ein Fünfparteiensystem aus CDU/CSU, SPD, FDP, Grünen und Linkspartei.PDS, wenn man das Kriterium der Anzahl der relevanten Parteien auf der parlamentarischen Ebene zum Maßstab nimmt. Zwar waren schon seit 1990 fünf Parteien im Bundestag vertreten, 1990 war jedoch die ostdeutsche Listenvereinigung Bündnis90/Grüne-BürgerInnenbewegung – die davon getrennt kandidierenden westdeutschen Grünen scheiterten an der für die beiden Wahlgebiete getrennt geltenden Fünf-Prozent-Klausel – für die rechnerische Bildung einer minimalen Gewinnkoalition nicht relevant. Von 1994 bis 2002 galt dasselbe für die PDS.

Die starke Segmentierung des Parteiensystems nach der Vereinigung wurde in der Folgezeit schrittweise abgebaut. Der Schock der Wahlniederlage von 1990 führte bei den Westgrünen zu einem Mäßigungskurs, in dessen Verlauf Radikalökologen und Fundamentalisten die Partei verließen. Zudem vereinigte sich die Partei 2003 mit dem pragmatischer auftretenden ostdeutschen Bündnis 90. Dies verbesserte auch das Verhältnis zur SPD, welche die Zusammenarbeit mit den Grünen auf Landesebene kontinuierlich ausbaute und 1998 durch eine rot-grüne Koalition den Machtwechsel auf Bundesebene herbeiführte. Auch in Bezug auf die PDS wurde eine koalitionspolitische Inklusion auf der Landesebene von der SPD schon vollzogen: Den Anfang machte 1994 die Tolerierung einer rot-grünen Minderheitsregierung durch die PDS in Sachsen-Anhalt. 1998 wurde dieses Modell durch die PDS-Tolerierung einer SPD-Minderheitsregierung fortgeführt und noch im selben Jahr die erste formelle SPD/PDS-Koalition besiegelt (in Mecklenburg-Vorpommern). Eine weiteres rot-rotes Bündnis gesellte sich 2001 in Berlin hinzu.

Die 2005 wieder deutlich gesunkene Mobilisierungsfähigkeit der beiden Großparteien – sie erreichten nur noch 53 Prozent der Wahlberechtigten – und das ausgeglichene Größenverhältnis der drei Kleinparteien haben dazu geführt, dass erstmals in der deutschen Geschichte durch Koalitionen einer der beiden

Großparteien mit einer der kleinen Parteien im Bundestag keine Mehrheit zu erreichen ist. Angesichts der geschilderten Entwicklungen ist auch die zukünftige Mehrheitsfähigkeit von schwarz-gelben oder rot-grünen Koalitionen extrem unsicher (Decker 2005). Daraus ergeben sich auf der Ebene der Parteieliten starke machtstrategische Anreize zur Erweiterung der Koalitionsoptionen, die mittelfristig tendenziell zu einer weiter abnehmenden Segmentierung des Parteiensystems – sprich: neuen Konstellationen in Form von Dreierkoalitionen – führen dürften, wenn die bestehende Segmentierung auf der elektoralen Ebene in Form von gegenseitigen Abneigungen zwischen den Wählerschaften einiger Parteien abgebaut werden kann.

4   Schlussbemerkung

Zusammenfassend lässt sich das gegenwärtige deutsche Parteiensystem im Vergleich zu früheren Entwicklungsphasen als „fluides Fünfparteiensystem" kennzeichnen, wobei diese Bezeichnung vor allem auf dessen Strukturcharakteristika abstellt. Es sind fünf relevante Parteien parlamentarisch vertreten und es spricht Einiges dafür, dass sich dies in absehbarer Zeit nicht ändern wird. Zudem besteht sowohl zwischen den beiden – kleiner gewordenen – Großparteien als auch zwischen den drei kleineren Parteien im Gegensatz zu der starren früheren Wettbewerbsstruktur mit struktureller Asymmetrie und klarer „dritter Kraft" eine offene, „fluide" Wettbewerbssituation bei einer insgesamt deutlich gestiegenen Fragmentierung.

Inhaltlich zeichnet sich das momentane deutsche Parteiensystem zum einen durch eine zweidimensionale Polarisierung aus. Der Parteienwettbewerb wird durch eine ökonomische Konfliktlinie in Gestalt des Sozialstaatskonflikts und eine kulturelle Konfliktlinie in Gestalt des Gegensatzes zwischen libertären und autoritären Wertesystemen geprägt, wobei die Linkspartei.PDS und die FDP die Pole auf der ökonomischen und die Grünen sowie die rechtsextremen Vertreter (NPD, DVU und Republikaner) die Pole auf der kulturellen Konfliktlinie bilden. Zum anderen ist das Parteiensystem durch eine noch bestehende Segmentierung in Bezug auf eine Reihe rechnerisch möglicher Koalitionen gekennzeichnet. Diese dürfte aufgrund der starken machtstrategischen Anreize zur Erweiterung von Koalitionsoptionen wegen der hohen Unsicherheit des Machtgewinns durch „kleine" Zweierkoalitionen in Zukunft jedoch zumindest teilweise abgebaut werden.

Anhang

Abbildung 1:   Fragmentierung des Parteiensystems (Zahl der effektiven
Parteien)

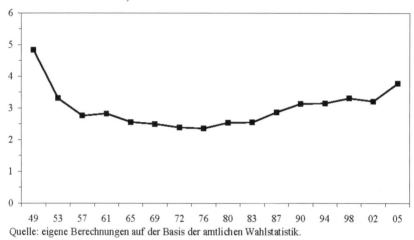

Quelle: eigene Berechnungen auf der Basis der amtlichen Wahlstatistik.

Abbildung 2:   Mobilisierungsfähigkeit der Großparteien (zusammengefasster
Stimmenanteil von Union und SPD im Verhältnis zur Zahl der
Wahlberechtigten in Prozentpunkten)

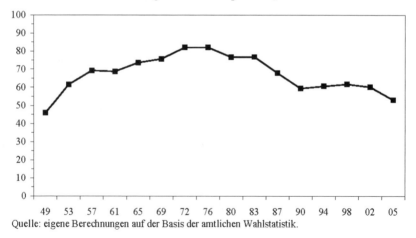

Quelle: eigene Berechnungen auf der Basis der amtlichen Wahlstatistik.

Abbildung 3: Systemoppositionelle Parteien (zusammengefasste Stimmenanteile in Prozentpunkten)

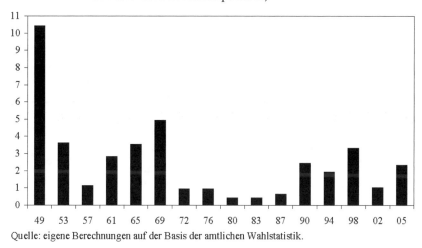

Quelle: eigene Berechnungen auf der Basis der amtlichen Wahlstatistik.

Abbildung 4: Asymmetrie des Parteiensystems (Differenz der Stimmenanteile zwischen Union und SPD in Prozentpunkten)

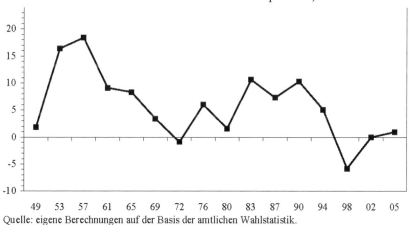

Quelle: eigene Berechnungen auf der Basis der amtlichen Wahlstatistik.

Abbildung 5:   Volatilität des Parteiensystems (zusammengefasste
                  Stimmengewinne der Parteien, die im Vergleich zur
                  vorangegangenen Wahl zugelegt haben, in Prozentpunkten)

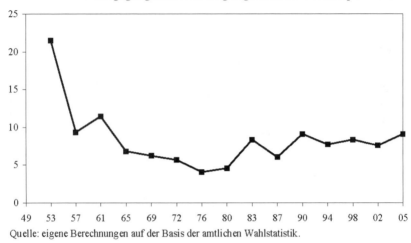

Quelle: eigene Berechnungen auf der Basis der amtlichen Wahlstatistik.

📖 **Literatur**

Alemann, Ulrich von (2003), Das Parteiensystem der Bundesrepublik Deutschland, 3. Aufl.,
    Opladen.
Beyme, Klaus von (2000), Parteien im Wandel. Von den Volksparteien zu den professionali-
    sierten Wählerparteien, Wiesbaden.
Blondel, Jean (1968), Party Systems and Patterns of Government in Western Democracies,
    in: Canadian Journal of Political Science 1 (2), S. 180-203.
Decker, Frank (1999), Parteien und Parteiensysteme im Wandel, in: Zeitschrift für Parla-
    mentsfragen 30 (2), S. 345-361.
Decker, Frank (2005), Die Zäsur, in: Berliner Republik 7 (6), S. 66-71.
Decker, Frank/Florian Hartleb (2006), Populismus auf schwierigem Terrain. Die rechten und
    linken Herausforderparteien in der Bundesrepublik, in: Frank Decker (Hg.), Populis-
    mus, Wiesbaden, S. 191-215.
Duverger, Maurice (1959), Die politischen Parteien. Tübingen.
Helms, Ludger (1995), Parteiensysteme als Parteienstruktur. Zur methodisch-analytischen
    Konzeption der funktional vergleichenden Parteiensystemanalyse, in: Zeitschrift für
    Parlamentsfragen 26 (4), S. 642-657.

Hübner, Emil/Heinrich Oberreuter, Hg. (2003), Parteien und Wahlen in Deutschland, München.

Jesse, Eckhard (2002): Die Parteien in der SBZ/DDR 1945 bis 1989/1990, in: Oscar W. Gabriel/Oskar Niedermayer/Richard Stöss (Hg.), Parteiendemokratie in Deutschland, 2. Aufl., Wiesbaden, S. 84-106.

Jun, Uwe/Henry Kreikenbom/Viola Neu, Hg. (2006), Kleine Parteien im Aufwind. Zur Veränderung der deutschen Parteienlandschaft, Frankfurt a.M.

Laakso, Markku/Rein, Taagepera (1979), 'Effective' Number of Parties. A Measure with Application to West Europe, in: Comparative Political Studies 12 (1), S. 3-27.

Niclauß, Karlheinz (2002), Das Parteisystem der Bundesrepublik Deutschland, 2. Aufl., Paderborn.

Niedermayer, Oskar (2000), Die Entwicklung des deutschen Parteiensystems: eine quantitative Analyse, in: Markus Klein u.a. (Hg.), 50 Jahre Empirische Wahlforschung in Deutschland, Wiesbaden, S. 106-125.

Niedermayer, Oskar (2003), Die Entwicklung des deutschen Parteiensystems bis nach der Bundestagswahl 2002, in: ders. (Hg.), Die Parteien nach der Bundestagswahl 2002, Opladen, S. 9-41.

Niedermayer, Oskar (2006), Das Parteisystem Deutschlands, in: ders./Richard Stöss/Melanie Haas (Hg.), Die Parteiensysteme Westeuropas, Wiesbaden, S. 109-133.

Pedersen, Mogens N. (1979), The Dynamics of European Party Systems: Changing Patterns of Electoral Volatility, in: European Journal of Political Research 7 (1), S. 1-26.

Sartori, Giovanni (1976), Parties and Party Systems. A Framework for Analysis, Cambridge.

Smith, Gordon (1989), A System Perspective on Party System Change, in: Journal of Theoretical Politics 1 (3), S. 349-364.

Stöss, Richard (2000), Mehr Kontinuität als Wandel. Das Parteiensystem vor und nach der deutschen Vereinigung, in: Roland Czada/Hellmut Wollmann (Hg.), Von der Bonner zur Berliner Republik, Wiesbaden, S. 308-327.

Weber, Hermann (1996), Herausbildung und Entwicklung des Parteiensystems der SBZ/DDR, in: Aus Politik und Zeitgeschichte B 16-17, S. 3-11.

Wolinetz, Steven B. (2006), Party Systems and Party System Types, in: Richard S. Katz/William Crotty (Hg.), Handbook of Party Politics, London u.a., S. 51-62.

Zehetmair, Hans, Hg. (2004), Das deutsche Parteiensystem. Perspektiven für das 21. Jahrhundert, Wiesbaden.

Lexikalischer Teil

50 Plus – Bürger- und Wählerinitiative für Brandenburg (50 Plus)

Die Partei 50 Plus – Bürger- und Wählerinitiative für Brandenburg hat sich am 26. Juni 2004 in Birkenwerder in Brandenburg gegründet. Ihren Tätigkeitsbereich beschränkt sie auf das Land Brandenburg, die Gründung von Landesverbänden in anderen Bundesländern wird jedoch nicht grundsätzlich ausgeschlossen. Treibende Kraft der Parteigründung war Hans Werner Müller, der auch ihr Landesvorsitzender ist. Von 1991 bis 1999 war Müller Landesvorsitzender der →Republikaner in Berlin, für die er bei der Berliner Abgeordnetenhauswahl im Jahr 1999 als Spitzenkandidat antrat; darüber hinaus war Müller zeitweise stellvertretender Bundesvorsitzender der REP.

Zur Landtagswahl in Brandenburg am 19. September 2004 trat 50 Plus nur mit einer von Müller als Spitzenkandidat angeführten Landesliste an, auf die Aufstellung von Direktkandidaten in den Wahlkreisen verzichtete man. Die Partei kam auf 1,0 Prozent der Stimmen und nimmt damit an der staatlichen Wahlkampfkostenerstattung teil. 50 Plus führte einen für eine Splitterpartei kostspieligen Landtagswahlkampf: Sie fiel durch eine Anzeigenkampagne in der Tagespresse und massive Plakatierung auf. Laut ihrem Rechenschaftsbericht hat die Partei im Jahr 2004 über 165.000 Euro für Wahlkämpfe ausgegeben. Die Partei versuchte, die Proteststimmung in Brandenburg gegen das Reformgesetz Hartz IV der Bundesregierung für ihren Wahlkampf zu instrumentalisieren: Im August 2004 traten Vertreter der Partei mit Redebeiträgen auf Anti-Hartz IV-Kundgebungen auf. An einer von einem 50 Plus-Kandidaten angemeldeten Anti-Hartz IV-Demonstration in der Stadt Schwedt nahmen 1.000 Bürger teil.

Zur Bundestagswahl 2005 trat 50 Plus nur in Brandenburg an. Es wurden wiederum keine Direktkandidaten aufgestellt. Spitzenkandidat war der stellvertretende Landesvorsitzende Wilfried Voß. Das Zweitstimmenergebnis in Brandenburg lag nur knapp unter dem der Landtagswahl 2004, fiel aber bundesweit nicht ins Gewicht (0,0 Prozent).

Der Name 50 Plus bezieht sich laut Selbstdarstellung der Partei auf ihr ehrgeiziges Ziel, die etablierten Parteien mit „einer Mehrheit von über 50 Prozent" von der Macht abzulösen. Jedoch ist anzunehmen, dass die nahe liegende Verwechslung mit einer Rentnerpartei für Menschen ab 50 Plus durchaus einkalkuliert ist. In ihrem Programm greift 50 Plus in der Wirtschafts-, Finanz- und der Bildungspolitik hauptsächlich Landesthemen auf. Die Partei wendet sich gegen eine Konzentration auf große Prestigeprojekte und fordert stattdessen die Förderung von kleinen und mittleren Unternehmen unter anderem mit einem „Notfonds". Darüber hinaus lehnt sie eine stärkere Beanspruchung der Volkswirtschaft durch die Osterweiterung der EU ab.

Die für rechtspopulistische oder -radikale Parteien typischen Themen der Identitätspolitik spricht 50 Plus in mehrfacher Hinsicht an: Zum einen bedient die Partei verklärend die DDR-Nostalgie, indem sie auf das vorbildliche Schulsystem des SED-Staates verweist. Sensibilität für ostdeutsche Anliegen soll offenbar auch die geforderte systematische Überprüfung aller von der Treuhand abgewickelten Industriebetriebe auf eine wirtschaftliche Wiederinbetriebnahme ausdrücken. Zum anderen vertritt sie restriktive Positionen in der Zuwanderungs- und Asylpolitik, die an wohlfahrtschauvinistische Ressentiments appellieren.

Im Zentrum des Programms steht jedoch der Anti-Parteien-Affekt: 50 Plus wendet sich gegen die „etablierten Parteien", fordert weniger Staat und „mehr Demokratie". Der Landtag in Brandenburg soll stark verkleinert, Parteispenden sollen verboten werden. An Parteien sollen keine öffentlichen Mittel gegeben werden, sie sollen sich ausschließlich über Beiträge ihrer Mitglieder finanzieren. Im Kontrast dazu steht der Rechenschaftsbericht der Partei für das Jahr 2004: 50 Plus hat selbst Spenden von über 31.500 Euro angenommen, darunter eine Einzelspende von über 10.000 Euro. Und sie hat keinen Euro an Mitgliedsbeiträgen ausgewiesen, obwohl der monatliche Mitgliedsbeitrag laut Statut mindestens 5 Euro beträgt. Nach dem Rechenschaftsbericht der Partei für das Jahr 2004 hatte 50 Plus am 31. Dezember ganze 29 Mitglieder.

50 Plus ist eine organisatorisch selbständige Regionalpartei im Land Brandenburg. Ideologisch und programmatisch ist sie als rechtspopulistische „Anti-Parteien-Partei" einzuordnen. Sie unterstellt den etablierten Parteien, dass „sie gar nicht mehr merken, wie es dem kleinen Mann geht und welche Sorgen er hat." Veränderung kann ihrer Meinung nach „nur noch aus dem Volke kommen."

 Literatur

Dürr, Tobias (2005), Die Arbeitslosen von Senftenberg. Über die wahren Verlierer der neuen Gegenwart, in: Undine Ruge/Daniel Morat (Hg.), Deutschland denken, Wiesbaden, S. 155-168.

 Internet

www.50plus-brandenburg.de

Anne-Kathrin Oeltzen

Ab jetzt ... Bündnis für Deutschland (Deutschland)

Die Partei Ab jetzt ... Bündnis für Deutschland wurde 1997 von aktiven oder ehemaligen Angehörigen anderer rechtsextremistischer Organisationen gegründet. Als weiteren Zusatz führt sie die Bezeichnung „Partei für Volksabstimmung und gegen Zuwanderung ins Soziale Netz". Im Sinne dieser Formulierung thematisiert sie mit fremdenfeindlichem Ton insbesondere die Ausländerpolitik, wo der Bundesvorsitzende Helmut Fleck u.a. die Kündigung aller „dubiosen Zuwanderungsanreize" wie Sozialhilfe oder Wohngeld einfordert. Die Mitgliederzahlen bewegen sich lediglich um die 150 Personen. Organisatorisch ist Ab jetzt ... Bündnis für Deutschland entsprechend gering entwickelt, es bestehen lediglich sechs Landesverbände. Bei der Europawahl 2004 erhielt die Partei gleichwohl einen Stimmenanteil von 0,5 Prozent, der sie berechtigte, an der staatlichen Wahlkampfkostenerstattung teilzunehmen. Bei den Kommunalwahlen in Nordrhein-Westfalen 2004 konnte sie in Siegburg-Stadt sowie im Rhein-Sieg-Kreis sogar je ein Mandat erlangen. Bei der Bundestagswahl 2005 blieb die Partei allerdings bei 0,0 Prozent der Stimmen stehen und auch bei der Landtagswahl in Mecklenburg-Vorpommern im September 2006 kam sie über 0,4 Prozent nicht hinaus. Damit spielt Ab jetzt ... Bündnis für Deutschland selbst im eigenen politischen Lager keine nennenswerte Rolle.

 Literatur

Innenministerium des Landes Nordrhein-Westfalen, Hg. (2005), Verfassungsschutzbericht des Landes Nordrhein-Westfalen über das Jahr 2004, Düsseldorf, S. 27 f., 72 ff.

 Internet

www.abjetzt.de.vu
www.helmut-fleck.de

Armin Pfahl-Traughber

Alle Sozialversicherten und Rentner Deutschlands (Rentnerpartei)
Arbeits-Solidargemeinschaft der Rentner, Angestellten und Arbeiter – Rentnerpartei Deutschlands (ASD)

Die Arbeits-Solidargemeinschaft der Rentner, Angestellten und Arbeiter, kurz: Rentnerpartei Deutschlands (ASD), wurde am 15. Oktober 1982 unter dem Namen „Arbeits-Solidargemeinschaft der Rentner, Angestellten und Arbeiter" gegründet. 1984 erfolgte die Umbenennung in „Alle Sozialversicherten und Rentner Deutschlands", wozu 1985 als Kurzbezeichnung neben das Kürzel ASD noch der Zusatz „Rentnerpartei" trat. Ende 1989 löste sich die ASD auf.

Die ASD hatte ihren Sitz in Bremerhaven und unterhielt fünf Landesverbände (Hamburg, Hessen, Bayern, Nordrhein-Westfalen und Bremen-Niedersachsen). Zwischen 1983 und 1987 nahm sie an Landtags- und Kommunalwahlen in Bremen und Hessen sowie an Landtagswahlen in Nordrhein-Westfalen teil; bei der Bundestagswahl 1987 trat sie in Hessen mit einer Landesliste und in Bremen und Niedersachsen mit wenigen Wahlkreisbewerbern an. In ihrem für eine Kleinstpartei ungewöhnlich detaillierten Programm bezeichnete sich die ASD als „die legitime Partei der Sozialversicherten und Rentner zur Wahrung ihrer sozialpolitischen Interessen und der Änderung sozialer Ungerechtigkeiten", da die Interessen der Rentner in den Parlamenten „völlig unzureichend vertreten" würden. Von den insgesamt 28 Programmpunkten befassten sich allein zehn mit der Rentenversicherung bzw. den Rentenempfängern. Die ASD war von ihrer Grundausrichtung her eine bürgerliche Partei. Das bestehende System der Bundesrepublik Deutschland, einschließlich der sozialen Marktwirtschaft, Westintegration und europäischen Einigung, stellte sie nicht in Frage. Auch die Grundstruktur der Sozialversicherungssysteme wurde von ihr gut geheißen. Als Hauptziele nannte die ASD in der Präambel ihres Programms neben der „Verwirklichung des sozialen Rechtsstaats" die Ausräumung „sozialer Ungerechtigkeiten durch eine Harmonisierung der bestehenden Altersversicherungssysteme unter Einbeziehung der Beamtenversorgung und Einführung einer allgemeinen Beitragspflicht für alle künftigen Versorgungsempfänger."

In Bremen errang die ASD bei den Bürgerschaftswahlen 1983 mit 4.060 Stimmen einen Stimmenanteil von 1,0 Prozent, der sich 1987 auf 0,5 Prozent halbierte. Bei der Bundestagswahl 1987 konnte die ASD in Bremen ebenfalls 0,5 Prozent der Erst- und 0,4 Prozent der Zweitstimmen verbuchen. Bei allen anderen Wahlbeteiligungen lag die ASD mit jeweils deutlich unter 1.000 Stimmen im Bereich von 0,0 Prozent.

Hans-Jörg Dietsche

Allianz freier Wähler (AfW)

Die Allianz freier Wähler (AfW) hat sich am 7. Februar 2004 in Groß Köris als politische Landes-Vereinigung im Bundesland Brandenburg gegründet. Den Anstoß für die Gründung gab der Erfolg von Wählergemeinschaften und sonstigen Parteien bei der brandenburgischen Kommunalwahl im Oktober 2003, die zusammengenommen fast 17 Prozent der Stimmen auf sich vereinigten. Motiviert von diesem guten Abschneiden hatte es im Januar 2004 Gespräche zwischen verschiedenen kommunalen Wählervereinigungen und Bürgerinitiativen gegeben, ob sie zur Landtagswahl im September 2004 gemeinsam antreten sollten. Eine Einigung der inhaltlich und organisatorisch sehr heterogenen kommunalpolitischen Gruppen kam jedoch nicht zu Stande. Mehrere Gruppen und Initiativen verweigerten sich dem Zusammenschluss, da in diesem Dachverband Einzelpersonen Mitglieder werden sollten und nicht die Wählervereinigungen und Initiativen als Organisationen. Zudem gab es inhaltliche Differenzen – z.B. weil sich die Gruppen der späteren AfW für den Ausbau des Flughafens Berlin-Schönefeld zu einem Großflughafen aussprachen. Am Ende traten mit der Allianz freier Wähler und der →Allianz Unabhängiger Bürger Brandenburg (AUB-Brandenburg) zwei konkurrierende freie Wählerbündnisse zur Landtagswahl an. Erste Landesvorsitzende der AfW wurde Marianne Spring, Mitgründerin der AfW und Kommunalpolitikerin der „Frauenliste" in Cottbus. Nach der Landtagswahl im September 2004 löste sie Wolfgang Paschke vom „Unabhängigen Bürgerbund" aus Hennickendorf in diesem Amt ab.

    Die AfW war das größere der beiden freien Wählerbündnisse, die zur Landtagswahl im September 2004 antraten. Zur Wahl stellte sie sich mit einer Landesliste, zudem war sie in fast allen Wahlkreisen auch mit Direktkandidaten vertreten. Spitzenkandidatin war die Landesvorsitzende Marianne Spring. Das Ergebnis blieb mit 0,9 Prozent der Zweitstimmen enttäuschend. Auch in den Landkreisen Elbe-Elster, Spree-Neiße, Oder-Spree, Dahme-Spreewald und Teltow-Fläming, in denen die Wählergemeinschaften und Bürgerinitiativen bei der Kommunalwahl gute Ergebnisse erzielt hatten, blieb die AfW weit unter der Fünf-Prozent-Hürde. Nach der Landtagswahl führte die AfW Gespräche über eine Kooperation mit der WASG (→Arbeit & soziale Gerechtigkeit – Die Wahlalternative). Bei der Bundestagswahl im September 2005 kandidierte ihre stellvertretende Landesvorsitzende Carola Bahr auf Platz 11 der Landesliste der →Linkspartei.PDS in Brandenburg. Als jüngste Aktivität ist die Gründung einer „Bürgerbewegung zum Schutz der Renterinnen und Rentner" zu verzeichnen, die der stellvertretende Landesvorsitzende der AfW, Willy Ullmann, initiiert hat.

Die Allianz freier Wähler ist eine Anti-Parteien-Partei. In ihrem Programm stellt sie sich als Bürgervereinigung dar, die „der Arroganz der Macht der etablierten Parteien" entgegenwirke, „indem auch auf Landesebene ‚sachkundige Bürgerinnen und Bürger' berufen werden." Die AfW vertritt ebenso wie die AUB-Brandenburg eine Ideologie der Gemeinwohlorientierung und Überparteilichkeit. Sie macht sich zur Fürsprecherin von Bürgern, die an der politischen Entscheidungsfindung durch „größeres Mitspracherecht und mehr direkte Demokratie" stärker beteiligt sein wollen. Denn ein „mehr" an Demokratie sei nur durch die Einbeziehung der Bürger in die politischen Entscheidungsprozesse möglich. Die AfW setzt sich dafür ein, mehr politische Entscheidungen als bisher „durch Volksentscheide unter erleichterten Bedingungen" herbeizuführen, um „bei Bedarf auch zwischen den Wahlen bürgernah eingreifen und umsteuern zu können."

Zu den Forderungen nach Ausweitung der direkten Demokratie gesellt sich das kommunalpolitische Lob der kleinen Einheit. So wendet sich die AfW z.B. gegen die bürgerferne Großgemeinde als Folge der brandenburgischen Gemeindegebietsreform und plädiert für das Ende der Unterfinanzierung der Städte und Gemeinden, für die Wiedereinführung der Gemeindeschwester, die Ansiedlung von Landärzten, die Erhaltung des eigenständigen und lebenswerten Dorfes sowie für den „Revierpolizisten vor Ort und zu Fuß". In den Bereichen Bildungspolitik und Abwasserpolitik sowie beim geforderten Bürokratie- und Personalabbau im öffentlichen Dienst werden von der AfW auch Landesthemen angesprochen. Daneben betreibt die AfW Interessenpolitik, indem sie sich für die vorrangige Förderung von Kleinsägewerken einsetzt und die klein- und mittelständischen Unternehmen als die tragenden Säulen der Wirtschaft gefördert wissen will. Schließlich greift die AfW auch Bundesthemen auf, indem sie etwa die Einführung des „Schweizer Rentenmodells" empfiehlt oder eine Positivliste für Medikamente vorschlägt. Ihr Plädoyer für eine Politik der Kaufkraftstärkung und eine Beendigung der bisherigen Umverteilungspolitik „von unten nach oben" lassen auf eine links-protektionistische Ausrichtung schließen, die die spätere Zusammenarbeit mit WASG und Linkspartei.PDS plausibel erscheinen lässt. Protesten von Linkspartei.PDS und WASG gegen die Rentenpolitik der Bundesregierung schloss sich im Juni 2006 auch ein Aufruf der „Bürgerbewegung zum

Schutz der Rentnerinnen und Rentner" an, der vom stellvertretenden Landesvorsitzenden des AfW, Willy Ullmann, initiiert wurde.

Die AfW gründete sich zwar als Dachverband von Wählergruppen und Bürgerinitiativen, Mitglied in diesem Verein können laut Satzung jedoch nur natürliche Personen werden. Zum Zeitpunkt der Landtagswahl im September 2004 waren 63 Vertreter kommunaler bzw. regionaler Wählergemeinschaften und Bürgerinitiativen als Parteimitglieder organisiert. Mit Blick auf die Forderung der AfW nach Transparenz bei politischen Entscheidungen mutet es merkwürdig an, dass die ordentliche und außerordentliche Mitgliederversammlung der AfW laut Satzung „grundsätzlich nicht öffentlich" ist.

Die Gründung der Allianz freier Wähler in Brandenburg reiht sich in die Kette der gescheiterten Versuche von kommunalen Wählergemeinschaften und Bürgerinitiativen ein, ihre kommunalpolitischen Wahlerfolge auf die Landesebene zu übertragen (→Freie Wähler). Zwar schlossen sich in der AfW immerhin 63 verschiedene kommunale Gruppen in einem Dachverband zusammen, um ihre Kräfte für die Wahlbeteiligung auf Landesebene zu bündeln; inhaltliche Differenzen führten aber dennoch zur Gründung einer zweiten „freien Landes-Wählergemeinschaft", sodass sich AfW und AUB-Brandenburg bei der Landtagswahl in Brandenburg die Stimmen gegenseitig wegnahmen. Zudem war der Landtagswahlkampf im Sommer 2004 ganz von der politischen Auseinandersetzung um das Hartz IV-Gesetz überschattet. Das Protestpotenzial bündelte sich in der Folge bei der PDS und den Rechtsaußenparteien, die gegen die Sozialreform am heftigsten polemisierten, wodurch die nicht etablierten Kleinparteien zwangsläufig ins Hintertreffen gerieten.

 Literatur

Stöss, Richard (1986), Wählergemeinschaften I, in: ders. (Hg.), Parteien-Handbuch. Die Parteien der Bundesrepublik Deutschland 1945-1980, Opladen, S. 2392-2428.

Anne-Kathrin Oeltzen

Allianz Unabhängiger Bürger – Brandenburg e.V. (AUB-Brandenburg)

Die Allianz Unabhängiger Bürger – Brandenburg e.V. (AUB-Brandenburg) hat sich am 14. Februar 2004 in Diedersdorf als Landesverband in Brandenburg gegründet und am 6. März 2006 endgültig konstituiert. Ebenso wie in der →Allianz freier Wähler (AfW) schlossen sich in der AUB-Brandenburg lokale und regionale freie Wählergemeinschaften und Bürgerinitiativen zusammen, um gemeinsam bei der Landtagswahl in Brandenburg im September 2004 anzutreten. Im Januar 2004 hatte es zwischen verschiedenen kommunalen Gruppen Gespräche über eine gemeinsame Teilnahme an der Landtagswahl gegeben, nachdem Wählergemeinschaften und sonstige Parteien bei der Brandenburgischen Kommunalwahl im Oktober 2003 zusammengerechnet fast 17 Prozent der Stimmen erreicht hatten. Die inhaltlich und organisatorisch sehr heterogenen Gruppen konnten sich jedoch nicht auf einen gemeinsamen Dachverband einigen. In der AUB-Brandenburg schlossen sich diejenigen kommunalen Wählervereinigungen und Bürgerinitiativen zusammen, die sich der Sammlung in der AfW verweigert hatten. Ursächlich für die Konkurrenzgründung waren zum einen Auffassungsunterschiede über die Struktur des Dachverbandes: In der AUB-Brandenburg sollten anders als in der AfW keine Einzelpersonen Mitglied werden können, sondern nur die Wählervereinigungen und Initiativen als Organisationen. Zum anderen gab es inhaltliche Differenzen: In der AUB-Brandenburg sammelten sich die Gegner des geplanten Ausbaus von Berlin-Schönefeld zum Großflughafen Berlin-Brandenburg International. Landesvorsitzender der AUB-Brandenburg wurde Lutz Dieckmann, Kommunalpolitiker der „Unabhängigen Bürgergemeinschaft" in der Stadt Wittenberge.

Die AUB-Brandenburg trat als das kleinere der beiden freien Wählerbündnisse zu den Landtagswahlen in Brandenburg im September 2004 mit einer Landesliste sowie Direktkandidaten in 11 (von 44) Wahlkreisen an. Ihr Spitzenkandidat war Sven Pautz, Kommunalpolitiker der „Aktiven Unabhängigen Bürger" in der Stadt Cottbus. Das Stimmenergebnis von 0,9 Prozent erfüllte die selbst gesteckten hohen Erwartungen nicht. Nur in einem einzigen Wahlkreis erzielte die Partei knapp über 5 Prozent der Zweitstimmen, in allen übrigen Wahlkreisen lag sie weit darunter. An die guten Ergebnisse der Bürgerinitiativen und Wählergruppen der späteren AUB-Brandenburg bei der Kommunalwahl 2003 konnte sie bei der Landtagswahl nicht anschließen.

In ihrem Programm spricht die AUB-Brandenburg zum einen kommunalpolitische Themen an. So tritt sie z.B. für eine Stärkung der Selbstbestimmung der Gemeinden ein, wendet sich gegen die Gemeindegebietsreform und möchte die Rückführung von Zwangseingemeindungen möglich machen. Mit dem Ziel der Verbesserung der Bildungs- und Familienpolitik greift sie zum anderen Themen der Landespolitik auf. Hier betreibt sie zum Teil dezidierte Interessenpolitik, etwa bei der Ablehnung des Flughafenausbaus oder der von ihr geforderten Umlenkung von Fördermitteln zugunsten kleiner und mittelständischer Betriebe.

Die AUB zählt sich zu den strikten Gegnern von Windkraftanlagen und befürwortet stattdessen die Förderung der Sonnenenergie. Auch setzt sie sich für den naturnahen Ausbau touristischer Infrastruktur ein und will helfen, für die Landwirte Zukunftsmärkte zu öffnen, da diese von der EU-Osterweiterung und den gesellschaftlichen Veränderungen stark betroffen seien. Unter den demokratiepolitischen Programmpunkten sticht insbesondere die Forderung nach Einführung eines Kinderwahlrechts ins Auge, das die Position der Familien stärken soll und in ähnlicher Form von der →Familienpartei vertreten wird.

Ihrem Selbstverständnis nach ist die Allianz Unabhängiger Bürger keine Partei, sondern eine Bürgervereinigung, die sich in ihrer Arbeit „ausschließlich am Gemeinwohl, nicht an Parteiinteressen oder persönlichen Belangen" orientiere. In äußerst polemischer und populistischer Wortwahl zieht sie gegen die repräsentative Parteiendemokratie zu Felde: Die „Bevormundung des Bürgers durch die Parteien" müsse ein Ende haben. „Mehr Demokratie" will sie durch den Ausbau der Bürgerbeteiligung in allen Bereichen des politischen Lebens erreichen. Insbesondere sollen Volksbegehren erleichtert werden, als ein „wichtiger Schritt von der Parteiendiktatur zur Demokratie in Brandenburg". Die AUB-Brandenburg steht für eine Ideologie der Überparteilichkeit und Gemeinwohlorientierung, was die in ihr zusammengeschlossenen Wählergemeinschaften und Bürgerinitiativen aber nicht daran hindert, selbst nach Bedarf handfeste Interessenpolitik zu betreiben. Der von ihr propagierte Vorrang der überparteilichen Sachpolitik leugnet letztlich das Wesen von Politik, nämlich in heterogenen Gesellschaften um einen fairen Interessenausgleich zwischen den verschiedenen sozialen Gruppen zu ringen.

Gemäß dem Selbstverständnis der AUB-Brandenburg als Dachverband können nur Wählergemeinschaften und Bürgerinitiativen als Organisationen Mitglieder werden, nicht aber natürliche Personen. Im September 2004 hatten sich 16 freie Wählergemeinschaften und Bürgerinitiativen dem Verband angeschlossen. Höchstes Organ ist die Mitgliederversammlung, in die jeder Mitgliedsverband drei stimmberechtigte Delegierte entsenden kann.

Die AUB-Brandenburg ist dem Typus der „Freien Landes-Wählergemeinschaft" zuzurechnen, die – ohne ihren Charakter als Bürgervereinigung abzulegen – über die kommunale Ebene hinaus auch auf der Landesebene politisch aktiv werden möchte. In Brandenburg war ihr dabei im Jahre 2004 kein Erfolg beschieden. Als nachteilig erwies sich hier zum einen der Umstand, dass der Landtagswahlkampf stark von der bundespolitischen Auseinandersetzung um die Hartz-Gesetze dominiert wurde. Dies nutzte in erster Linie den Parteien, die – wie die →Linkspartei.PDS oder die →DVU – gegen die Sozialreformen am lautstärksten protestierten. Zum anderen hatte man es versäumt, die Interessen der

„freien Bürger" in einer gemeinsamen Landesorganisation zu bündeln. AUB und AfW entlarvten sich dadurch als nicht minder macht- und interessengeleitete Organisationen wie die von ihnen attackierten Altparteien, auch wenn sie dies hinter einer Ideologie der Überparteilichkeit und Gemeinwohlorientierung zu verstecken versuchten.

 Literatur

Stöss, Richard (1986), Wählergemeinschaften I, in: ders. (Hg.), Parteien-Handbuch. Die Parteien der Bundesrepublik Deutschland 1945-1980, Opladen, S. 2392-2428.

 Internet

www.aub-brandenburg.de

Anne-Kathrin Oeltzen

Alternative Liste für Demokratie und Umweltschutz – Bremen

→ Betrieblich-Alternative Liste

Alternative Liste Hamburg (AL)

1991 trat zur Bürgerschaftswahl in Hamburg eine Gruppierung unter dem Namen Alternative Liste an. Diese war von ehemaligen Mitgliedern des Landesverbandes der Grünen in Hamburg gegründet worden, die zuvor zum ökosozialistischen Flügel der Partei gehört hatten (→ Bündnis 90/Die Grünen). Der Gründung waren lange parteiinterne Auseinandersetzungen und mehrere andere Abspaltungen von den Grünen in Hamburg vorangegangen, bis sich schließlich 1991 in dem bis dahin weit links stehenden Landesverband eine „gemäßigte Mehrheit" durchsetzte. Mit der Namensgebung spielte die Gruppierung auf die Entstehungsgeschichte der Grünen in Hamburg an: Die Grün-Alternative Liste (GAL), wie die Grünen in Hamburg bis heute heißen, war 1982 als Zusammenschluss der

Grünen und einer 1981 unter dem Namen Alternative Liste gebildeten Gruppierung entstanden, die aus verschiedenen linksgerichteten Splittergruppen hervorgegangen war und nie eigenständig zu Wahlen angetreten ist.

Die im März 1991 gegründete Alternative Liste erzielte bei der Bürgerschaftswahl im Juni nur 0,5 Prozent und war damit keine ernst zu nehmende Konkurrenz für die GAL, die bei dieser Wahl 7,2 Prozent erreichte. Damit war der „Niedergang des Hamburger Ökosozialismus" (Raschke) besiegelt.

 Literatur

Raschke, Joachim (1993), Die Grünen. Wie sie wurden, was sie sind, Köln, S. 295 ff.

Julia von Blumenthal

Anarchistische Pogo-Partei Deutschlands (APPD)

In der jugendlichen Punk-Szene (Pogo-Anarchisten) begannen Anfang der achtziger Jahre Einzelne damit, sich pseudo-parteilich zu verhalten. Am 21. Oktober 1981 soll die Anarchistische Pogo-Partei Deutschlands nach eigener Darstellung von zwei „am Leistungsterror verzweifelten 17jährigen" Schülern in Hannover gegründet worden sein. 1984 wurde der erste „unordentliche Parteitag" abgehalten. 1997 kam es zur ersten Wahlteilnahme und 1998 zur offiziellen Gründung nach dem Parteiengesetz. Bis zur Teilnahme an der Bürgerschaftswahl in Hamburg 1997 hat die APPD keine parteilichen Aktivitäten entfaltet. Stattdessen trat sie mit ihrem Spitzenkandidaten und „Chefideologen" Karl Nagel im Rahmen des Bundestagswahlkampfs 1998 u.a. auf den Chaos-Tagen in Hannover auf. Jeweils nach den Teilnahmen an den Bundestagwahlen 1998 und 2005 kam es zu Auflösungs- und Spaltungserscheinungen. Am 13. September 1999 löste sich die APPD auf und gründete sich am 10. Dezember 2000 wieder. Am 6. November 2005 konstituierte sich auf der Basis der alten APPD die Pogo-Partei (Vorstandwahlen am 24. Dezember 2005), die von der APPD freilich nicht zu unterscheiden ist. Überlegungen, eine Kooperation mit der Partei DIE PARTEI, einer Schöpfung des Satiremagazins „Titanic", anzustreben, sind ins Stocken geraten.

Bei der Bundestagswahl 2005 entbrannte eine Debatte um die Ausstrahlung eines Wahlwerbespots der APPD, der schließlich nach einer optischen Zensur gesendet wurde. Diskutiert wurde auch, ob es sich bei der APPD tatsächlich um eine Partei mit ernsthafter Zielsetzung handele, was nach dem Parteiengesetz Voraussetzung ist, um bei Wahlen zugelassen zu werden. Bei der Bürgerschaftswahl in Hamburg erzielte die APPD 1997 0,5 Prozent der Stimmen, bei der Bundestagswahl 1998 kam sie auf 0,1 Prozent. Damit konnte sie ihr Wahlversprechen, die Wahlkampfkostenpauschale in Freibier an ihre Wähler zurückzuerstatten, nicht einhalten. 2005 erreichte sie mit ihrem Spitzenkandidaten Wolfgang Wendland bei der Bundestagswahl nurmehr 0,0 Prozent. In ihrer „Hochburg" Berlin kam die APPD bei der Wahl zum Abgeordnetenhaus 2006 ebenfalls nur auf 0,3 Prozent. Ihr bestes Ergebnis erzielte sie dabei im Bezirk Friedrichshain-Kreuzberg (1,0 Prozent). Über die Zusammensetzung der Wählerschaft gibt es keine Erkenntnisse. Die Partei zählte 2005 ca. 600 Mitglieder.

Die APPD versteht sich als Interessenvertretung des „Pöbels" und der „Asozialen". Im Hauptslogan „Arbeit ist Scheiße" bündelt sie ihre wesentliche Forderung. Sie setzt sich für das Recht auf Arbeitslosigkeit bei vollem Lohnausgleich ein. Ungehemmter Alkohol- und Drogenkonsum, freier Geschlechtsverkehr und „Rückverdummung" werden als politische Ziele propagiert. Extremistische Züge sind nicht erkennbar. Die APPD pflegt eine eigene Sprachkultur, die vor allem die Sprache und Symbole der SED- und der nationalsozialistischen Diktatur satirisch verarbeitet. Mitglieder werden als Kamernossen (Mischung aus Kamerad und Genosse) bezeichnet, der Bundesvorsitzende nennt sich Großadministrator, der Schatzmeister „Koko" (Kommerzieller Koordinator), die Beisitzer heißen „Polit-Kommissar" und die Landesvorsitzenden „Verweser".

Als Teil der jugendlichen Subkultur konterkariert die APPD mithin gezielt die Umgangsformen und moralischen Werte der bürgerlichen Gesellschaft. Mit Ironie und Zynismus nimmt sie die Institutionen der parlamentarischen Demokratie aufs Korn. „Political Correctness" ist ihr fremd. Sie grenzt sich bewusst von der Kultur der „Gutmenschen" und der Mehrheit ab und bricht Tabus.

Der Typus der satirischen Spaßpartei ist eine neue Entwicklung im deutschen Parteiensystem. Neben der APDD fallen auch die →Spasspartei und die Partei DIE PARTEI in diese Rubrik. Letztere wurde vom Chefredakteur der Titanic, Martin Sonneborn, gegründet und kandidierte 2005 ebenfalls bei der Bundestagswahl. Für Parteien typische Organisationsformen sind der APPD fremd. Hamburg und Berlin sind Schwerpunkte in einem ansonsten lockeren Netzwerk. Das „Zentralorgan" der APPD heißt „Armes Deutschland" und erscheint in loser Folge. Parteimitglieder grüßen sich mit „Pogo Heil".

Literatur

Farin, Klaus, Hg. (1998), Die Partei hat immer Recht! Die gesammelten Schriften der APPD, Bad Tölz.

 Internet

www.appd.de
www.pogo-partei.de

Viola Neu

Arbeit für Bremen und Bremerhaven (AFB)

Entstehungs- und Entwicklungsgeschichte
Die Wählervereinigung Arbeit für Bremen und Bremerhaven (AFB) ist im Vorfeld der Wahlen zur Bremischen Bürgerschaft 1995 als rechte Abspaltung der SPD entstanden. Die Gründer der Partei wollten damit gegen die Politik der sozialdemokratisch geführten „Ampelkoalition" unter Bürgermeister Klaus Wedemeier protestieren. Diese hatte, seitdem sie 1991 geschlossen wurde, in der Öffentlichkeit ein zerstrittenes Bild abgegeben und sich unfähig gezeigt, die schwierigen Wirtschafts- und Finanzprobleme Bremens zu lösen. Den unmittelbaren Entstehungshintergrund der AFB bildete die Aussicht auf vorgezogene Neuwahlen, als die FDP die Koalition mit Sozialdemokraten und Grünen aus Anlass der sogenannten „Piepmatz-Affäre" vorzeitig platzen ließ.

Angesichts der horrenden Verschuldung und einer strukturell bedingten wirtschaftlichen Misere mit hoher Arbeitslosigkeit erschien vielen Bremern die Fusion mit Niedersachsen als drohendes Menetekel. Vor diesem Hintergrund hatte sich – ermutigt und unterstützt von Wirtschaftsvertretern – um die Jahreswende 1994/1995 ein Kreis um Friedrich Rebers versammelt, der langjähriges SPD-Mitglied und zugleich Vorstand der Bremer Sparkasse war. Ziel dieses Kreises, zu dem weitere Honoratioren und ausgetretene SPD-Mitglieder – darunter zwei frühere Bürgerschaftsabgeordnete und der ehemalige Wirtschaftssenator Werner Lenz – hinzustießen, war die Sicherung der staatlichen Existenz der alten Hansestadt Bremen durch Bildung einer Sanierungskoalition, vorzugsweise mit der CDU und gegebenenfalls der FDP. Am 20. Januar 1995 konstituierte man sich als Wählervereinigung, um bei der Bürgerschaftswahl am 14. Mai 1995 anzutreten. Die CDU verzichtete zwar auf eine förmliche Koalitionsaussage, doch hatten Rebers und sein Vorstandskollege bei der Sparkasse, CDU-Spitzenkandidat Ulrich Nölle, verabredet, im Falle einer Mehrheit am Wahlabend vor den Fernsehkameras die Bildung einer gemeinsamen Regierung anzukündigen. Bei den Bürgerschaftswahlen errang die AFB aus dem Stand 10,7 Prozent der Stimmen, die vor allem zu Lasten der SPD gingen. Diese lag mit 33,4 Prozent an Mandaten gleichauf mit der CDU (32,6 Prozent), während die FDP für ihre Beteiligung an der Ampel abgestraft wurde und aus der Bürgerschaft ausschied (3,2 Prozent). Die Grünen konnten mit 13,1 Prozent demgegenüber leicht zulegen. Obwohl Rot-Grün damit über eine hauchdünne Mehrheit verfügte, gaben die Sozialdemokraten einer Großen Koalition mit der CDU den Vorzug, die in Bremen auch 2006 noch Bestand hat.

Die Große Koalition verstand sich von Beginn an als Sanierungskoalition und legte ihr Hauptaugenmerk entsprechend auf die Stärkung des Wirtschaftsstandortes und die Konsolidierung der Finanzen. Nachdem die Regierungsparteien der AFB damit ihr wichtigstes politisches Thema entwunden hatten, tat sich diese in der Oppositionsrolle verständlicherweise schwer und wurde öffentlich kaum noch wahrgenommen. Die AFB gab offen zu, dass sie mit der Verhinderung von Rot-Grün und der Ermöglichung eines Sanierungskurses ihr eigentliches politisches Ziel erreicht hatte. Dies sahen auch führende Mitglieder so, die der Wählervereinigung gegen Ende der Legislaturperiode konsequenterweise den Rücken kehrten. Erschwerend kam hinzu, dass Rebers 1997 nach einem Schlaganfall aus allen Ämtern scheiden musste. Damit war der AFB nicht nur die Galionsfigur abhanden gekommen, sondern auch ihr wichtigster Finanzier, der durch seine guten Kontakte zur Wirtschaft für die nötigen Spendengelder sorgte.

Obwohl die Wählervereinigung bei der Bürgerschaftswahl am 6. Juni 1999 deutlich unter der Fünf-Prozent-Hürde blieb und auch bei den Wahlen zum Stadtrat in Bremerhaven drei Monate später scheiterte, meldete sie sich in der darauffolgenden Legislaturperiode mit Presseerklärungen zur Stadt- und Landespolitik weiter zu Wort. Diese fanden allerdings ebenso wenig Resonanz wie das 2000 und 2001 neu aufgelegte Parteiprogramm. Einem Kooperationsangebot der Partei Rechtsstaatlicher Offensive (→Schill-Partei), die nach ihrem spektakulären Erfolg in Hamburg im September 2001 ihre bundesweite Ausdehnung beschlossen hatte und einen Partner in Bremen suchte, stand die AFB zunächst aufgeschlossen gegenüber. Die Gespräche scheiterten jedoch im Januar 2002 an der allzu fordernden Haltung der Schill-Partei. Schon zuvor hatten führende Mitglieder – unter ihnen der Mitgründer und letzte Bürgerschaftsfraktionsvorsitzende Andreas Lojewski – die AFB im Streit verlassen, weil sie einen Rechtsruck befürchteten. Im Februar 2002 – sechs Wochen nach dem Tod von Rebers – leitete der Vorstand die Auflösung der AFB ein, die von der Mitgliederversammlung im März formell besiegelt wurde. Ohne eine konkrete Wahlempfehlung abzugeben, verband sie diesen Schritt mit einer letzten Aufforderung an ihre Mitglieder und Wähler, in Bremen eine „neue bürgerliche Regierungsmehrheit anzustreben."

Wahlergebnisse und Wählerschaft
Die AFB ist bei den Bürgerschaftswahlen 1995 und 1999 angetreten. 1995 errang sie mit 10,7 Prozent der Stimmen 12 Bürgerschaftsmandate, 1999 büßte sie mit 2,4 Prozent mehr als drei Viertel ihrer Wählerschaft ein. Zusätzlich zu den Bürgerschaftsmandaten gewann die Wählervereinigung 1995 59 Sitze in den Bezirksbeiräten, die sich 1999 auf elf reduzierten. Bei ihrer letzten Kandidatur in Bremerhaven am 26. September 1999 blieb sie mit 3,2 Prozent ebenfalls deutlich unter der Fünf-Prozent-Marke. Die AFB hat im traditionell sozialdemokratisch geprägten Bremen vor allem unzufriedene SPD-Wähler angesprochen, erhielt aber zugleich zahlreiche Stimmen aus dem bürgerlichen Lager von Union und FDP. Der Protestcharakter des Votums wird auch dadurch unterstrichen, dass sie von allen Berufsgruppen ziemlich gleichmäßig unterstützt wurde. Dagegen gab es einen leichten Überhang bei den männlichen und älteren Wählern.

Programmatik
Ziel der AFB war die Sicherung der Existenz des Stadtstaates Bremen durch Haushaltskonsolidierung und Stärkung des Wirtschaftsstandorts. Das Parteiprogramm der AFB war entsprechend ganz auf wirtschafts- und finanzpolitische Themen ausgerichtet, und orientierte sich – im Unterschied etwa zur →Statt Partei oder zu Schill – ausschließlich an den Bedürfnissen der Landes- und Kommunalpolitik. Es adressierte eine überwiegend bürgerliche Wählerklientel.

Organisation
Die Mitgliederzahl der Wählervereinigung stieg von 14 bei der Gründung im Januar 1995 auf knapp 600 vor der Bürgerschaftswahl im Mai 1995. Bei der Auflösung im März 2002 waren es noch etwa 220. Nach Rebers Rückzug 1997 folgten ihm Hartmut Frensel als Parteivorsitzender, und Andreas Lojewski als Fraktionsvorsitzender in der Bürgerschaft nach.

Fazit
Die AFB war der Versuch, in Bremen eine eigenständige landes- bzw. kommunalpolitische Kraft zu etablieren. Die AFB verstand sich als Volkspartei und bürgerliche Alternative zur SPD, die ihrer Ansicht nach in Bremen unter dem Einfluss der Grünen zu stark nach links abgedriftet war. Ihre Bürgernähe und Kon-

zentration auf die wirtschaftlichen Sachprobleme erinnerte zugleich an die in vielen Ländern kommunal erfolgreichen Freien Wählervereinigungen (→Freie Wähler). Nachdem die Große Koalition ihre Kernforderungen verwirklichte, verlor die AFB nach 1995 rasch an Attraktivität. Insofern ist sie zum Opfer ihres eigenen Erfolges geworden.

 Literatur

Dietsche, Hans-Jörg (2004), Die kleineren Parteien im Zweikräftefeld des deutschen Volksparteiensystems, Frankfurt a.M. u.a., S. 209 ff.

Olzog, Günter/Hans-J. Liese (1995), Die politischen Parteien in Deutschland – Geschichte, Programmatik, Organisation, Personen, Finanzierung, 23. Auflage, München/Landsberg a.L., S. 226.

Roth, Reinhold (1996), Die Bremer Bürgerschaftswahl vom 14. Mai 1995: Machtparität von SPD und CDU, in: Zeitschrift für Parlamentsfragen 27 (2), S. 272-283.

Hans-Jörg Dietsche

Arbeitslosen-Partei (ALP)

Die Arbeitslosen-Partei wurde am 7. Juli 1993 in Halle an der Saale gegründet. In einem vorläufigen Programm wurde die Schaffung einer politischen Lobby für die Arbeitslosen und die Verankerung des Rechts auf Arbeit im Grundgesetz als Ziel genannt. Zu einem der wichtigsten Programmpunkte gehörte die Erweiterung des Arbeitsmarktes durch „Verortung" von Arbeit und Kapital in Bereichen wie Landwirtschaft, Ökologie, Handwerk, Bauwesen, Bildung und Kultur. Von der Gründungsversammlung wurde der Pädagoge Friedhelm Meusel zum Parteivorsitzenden gewählt. Der Partei gehörten anfänglich 15 Mitglieder an. Innerhalb von drei Monaten entstanden 33 Basisgruppen in allen Regionen Deutschlands mit ca. 800 Mitgliedern, darunter nicht nur Arbeitslose. Die zahlenmäßig stärksten Basisgruppen befanden sich in Halle, Magdeburg, Hamburg und Berlin. Die Zielsetzung, in allen Bundesländern tätig zu werden, wurde jedoch bei weitem verfehlt. Die Partei verlor nach der Teilnahme an der Landtagswahl 1994 in Sachsen-Anhalt an Bedeutung, bei der sie auf Anhieb immerhin 0,6 Prozent der Stimmen auf sich vereinigen konnte. Sie wurde zwar bis heute nicht aufgelöst, spielt aber auch in Sachsen-Anhalt keine nennenswerte Rolle mehr. Von studentischer Seite gab es immer wieder Initiativen, eine „neue ALP" im Sinne einer an

Wahlen teilnehmenden parteiförmigen Arbeitslosenlobby zu gründen. Das erfolgt nunmehr anderweitig mit der neu gegründeten „Deutschen Arbeitslosenpartei" in Berlin (DAP), die bei den Wahlen zum Abgeordnetenhaus in Berlin am 17. September 2006 antrat, dort aber nur 0,1 Prozent der Stimmen erzielte. Zu den Gründen des Scheiterns der ALP gehörten kleinparteientypische organisatorische und führungspolitische Mängel, die Finanzschwäche der Organisation sowie handfeste Meinungsverschiedenheiten und Spaltungen innerhalb der Partei durch den Versuch einer Gruppe aus Berlin, eine vom Parteivorsitzenden als undemokratisch empfundene Ideologisierung herbeizuführen. Ein kräftiger Gegenwind aus sozialpolitisch nahe stehenden Verbänden und Lobbygruppen (z.b. von der damaligen Brandenburger Sozialministerin Regine Hildebrandt und dem Arbeitslosenverband Deutschland), aber auch ein für die Parteigründer enttäuschend geringes Interesse der Klientel an der angebotenen politischen Lobbyarbeit taten ein Übriges, um das Projekt rasch scheitern zu lassen.

Lazaros Miliopoulos

Arbeits-Solidargemeinschaft der Rentner, Angestellten und Arbeiter

→ Alle Sozialversicherten und Rentner Deutschlands

Arbeit & soziale Gerechtigkeit – Die Wahlalternative (WASG)

Entstehungs- und Entwicklungsgeschichte
Bei der Wahlalternative Arbeit & soziale Gerechtigkeit (WASG) handelt es sich um eine linke Abspaltung von der →SPD, die 2004 gegründet worden ist und ihren Entstehungshintergrund im 2003 eingeleiteten Kurswechsel der Sozialdemokraten in der Sozial- und Arbeitsmarktpolitik unter Kanzler Gerhard Schröder hat. Nachdem immer mehr Gewerkschafter und SPD-Mitglieder die vermeintliche Annäherung der Regierungspolitik an den „neoliberalen" Mainstream ablehnten, fanden sich eine Reihe von Aktivisten ganz unterschiedlicher Provenienz zusammen, die zunächst zwei Strukturen schufen:

Die Initiative „Arbeit und soziale Gerechtigkeit" wurde von Mitgliedern des Gewerkschaftsflügels der SPD um Klaus Ernst aus Schweinfurt gegründet. Ihre Attraktivität für viele kritische linke Gewerkschafter wuchs schnell. Parallel dazu formierte sich eine Berliner „Wahlalternative 2006" als Reaktion auf den Sparkurs der dortigen Landesregierung. Ihr gehörten zahlreiche Anhänger Oskar Lafontaines an, die 1999 der SPD den Rücken gekehrt und bei der PDS eine neue Heimat gesucht hatten. Aus Ärger über die Politik des rot-roten Senats engagierten sie sich nun für die Wahlalternative 2006. Zu ihren wichtigen Repräsentanten zählten der frühere Bundesgeschäftsführer der →Linkspartei.PDS, Uwe Hiksch, Joachim Bischoff und der Ökonom Axel Troost.

Am 3. und 4. Juli 2004 gründeten die beiden Initiativen in Berlin die Wahlalternative Arbeit & soziale Gerechtigkeit zunächst als Verein. Am 22. und 23. Januar 2005 nahm dieser die Rechtsform einer Partei an, die unter dem Namen Arbeit und soziale Gerechtigkeit – Die Wahlalternative, abgekürzt WASG, offiziell an den Start ging. Die Landtagswahl in Nordrhein-Westfalen am 22. Mai 2005 brachte der neuen Gruppierung mit 2,2 Prozent der Stimmen einen ersten Achtungserfolg. Die WASG erreichte dieses Ergebnis ohne die direkte Unterstützung Oskar Lafontaines, der die Wirkung der Liste auf das SPD-Wählerpotenzial erst noch abwarten wollte.

Am 3. Juni kündigte Gregor Gysi an, er werde bei der Bundestagswahl als Spitzenkandidat der PDS antreten und plädierte für ein Bündnis mit der WASG. Mit Gysi und Lafontaine als Befürwortern beschleunigte sich die Entwicklung des Projekts „neue Linkspartei". Letzterer hatte sein Engagement in der WASG ausdrücklich von der Zusammenarbeit mit der PDS abhängig gemacht, die mittelfristig in eine Fusion beider Parteien münden sollte. Lafontaines Beitritt zur WASG und seine Spitzenkandidatur in Nordrhein-Westfalen löste eine Welle von Parteiübertritten aus der SPD in die PDS und WASG aus; darunter befanden sich allerdings nur wenige prominente Namen wie z.B. Peter von Oertzen oder Ulrich Maurer (der für die SPD im baden-württembergischen Landtag saß).

Am 10. und 11. Juni einigten sich PDS und WASG auf einen gemeinsamen Antritt bei der Bundestagswahl. Die Gegner dieses Beschlusses, die sich im Vorfeld im „Leverkusener Kreis" formiert hatten, konnten sich nicht durchsetzen. Viele von ihnen kehrten der Partei daraufhin den Rücken. In der Praxis lief der Beschluss darauf hinaus, dass Mitglieder der WASG auf den offenen Listen der PDS kandidieren sollten. Die Linkspartei.PDS positionierte im Osten wiederum zahlreiche WASG-Mitglieder auf aussichtsreichen Listenplätzen. Auf den offenen Listen im Westen fanden sich viele in der WASG aktive Trotzkisten und Mitglieder der →DKP. Die Linkspartei.PDS übernahm praktisch die komplette Finanzierung des Wahlkampfs und gleichzeitig die Kontrolle über dessen programmatisches Angebot und technische Ausgestaltung. Das Tandem Lafontaine-Gysi sorgte für die notwendige Dynamik und Aufbruchstimmung.

Vor der Bundestagswahl hatte die WASG eine eigene Identität entwickelt, die sich grundlegend von derjenigen der Linkspartei.PDS unterschied. Die WASG-Mitglieder kamen aus mehreren Bereichen: Erstens handelte es sich um linke Sozialdemokraten, die mit der SPD gebrochen hatten, darunter auch Sympathisanten der „antimonopolistischen" und „pazifistischen" DKP-Parteilinie vor 1989, zweitens um vormals sozialdemokratische oder kommunistische Gewerkschafter sowie PDS- und ex-PDS-Mitglieder, die die dominierende Linie der Reformer kritisierten, drittens um linksextremistische, insbesondere trotzkistische Aktivisten, die in der WASG ihre gewohnte Unterwanderungstaktik praktizierten und viertens schließlich um Mitglieder der globalisierungskritischen Bewegung ATTAC, die ihre eigene Organisation dafür kritisierten, dass sie nicht bei Wahlen antrat. Zum Umfeld der Partei gehörten des weiteren die Memo-Gruppe und die Zeitschrift „Sozialismus", die insbesondere bei der Konzeption des WASG-Programms eine wichtige Rolle spielten.

Seit Sommer 2005 wurde offensichtlich, dass sich die mittelfristige politische Strategie der verschiedenen Gruppen mindestens so stark unterschied wie ihre Einschätzung des Partners Linkspartei.PDS. Die einzige bundesweit bekannte Persönlichkeit in der WASG war und ist bis heute Oskar Lafontaine. Dessen Integrationskraft innerhalb der Partei bleibt aber gering, wie sich etwa auf dem Bundesparteitag im April 2006 in Ludwigshafen zeigte. In der Kommunikation mit den Wählern, Mitgliedern und Milieus der Sozialdemokratie erfüllt der frühere SPD-Vorsitzende freilich eine für die Außenwirkung der WASG zentrale Funktion.

Die in ganz Deutschland herrschende Unzufriedenheit mit der Politik der rot-grünen Bundesregierung und den verbreiteten Zukunftspessimismus konnte die Linkspartei bei der vorgezogenen Bundestagswahl 2005 für sich ausnutzen. Mit 8,7 Prozent der Stimmen avancierte sie nach der FDP und vor den Grünen zur viertstärksten Partei des neu gewählten Parlaments, in das sie seither 54 Abgeordnete entsendet. Gregor Gysi und Oskar Lafontaine wurden zu gleichberechtigten Fraktionsvorsitzenden gewählt.

Die geplante Parteifusion gestaltet sich unterdessen schwierig. Am 6. Dezember 2005 wurde der Rahmenvertrag für die Vereinigung bis Juni 2007 unterzeichnet. Konkurrierende Antritte bei Wahlen sollte es nun nicht mehr geben. Auf ihrem Bundesparteitag am 10. und 11. Dezember stellte die Linkspartei.PDS die Weichen für eine Fusion. Am 2. April 2006 sprachen sich in einer Urabstimmung 79,3 Prozent der teilnehmenden WASG-Mitglieder für den Zusammenschluss mit der Linkspartei.PDS aus. Die hohe Zustimmungsrate täuscht darüber hinweg, dass die WASG in der Frage tief gespalten war: Von ihren knapp 12.000 Mitgliedern hatten sich nur 57 Prozent an der Abstimmung beteiligt. Die Aufschlüsselung nach Landesverbänden zeigt den Umfang der Skepsis gegenüber dem Fusionsprojekt. Am größten war der Widerstand in Berlin und Mecklenburg-Vorpommern, wo die PDS zusammen mit den Sozialdemokraten regierte.

Am 28. und 29. April 2006 fanden die Bundesparteitage der WASG und der Linkspartei.PDS parallel in Ludwigshafen bzw. Halle an der Saale statt. Dabei bekräftigten Oskar Lafontaine und Gregor Gysi, dass die Vereinigung ihrer beiden Parteien 2007 stattfinden wird. Die erste gemeinsame Vorstandssitzung hat im Oktober 2006 in Erfurt stattgefunden. Der endgültige Zusammenschluss soll im Juni 2007 vollzogen werden. Ab dann wird die Partei unter der neuen Bezeichnung „Die Linke" an den Start gehen.

Wahlergebnisse und Wählerschaft
Bei der Landtagswahl in Rheinland-Pfalz blieb das Ergebnis der WASG im März 2006 weit hinter den Erwartungen zurück. Sie musste sich mit 2,6 Prozent der Stimmen begnügen, dies war weniger als die Hälfte des Zweitstimmenanteils, den die Linkspartei bei der Bundestagswahl 2005 im selben Bundesland erzielt hatte (5,6 Prozent). Bei der gleichzeitig stattfindenden Landtagswahl in Baden-Württemberg erreichte die WASG mit 3,1 Prozent zwar prozentual in etwa das Ergebnis der Bundestagswahl. Der Verlust von mehr als 60.000 Stimmen bedeutete aber auch hier eine Niederlage, zumal die Linkspartei.PDS den Wahlkampf beispielhaft unterstützt hatte. Bei den hessischen Kommunalwahlen gelangen der Linkspartei.PDS/WASG demgegenüber einige überraschende Erfolge. Das Bündnis konnte mit durchschnittlich 3,4 Prozent der Stimmen 105 Mandate erringen, 40 davon in Kreistagen und 65 in Städten und Gemeinden. Auch bei den Kommunalwahlen in Thüringen sollten mehrere WASG-Kandidaten mit Linkspartei-Unterstützung reüssieren.

Am 8. März 2006 beschloss die von ehemaligen PDS-Mitgliedern und Trotzkisten dominierte Berliner WASG, zur Abgeordnetenhauswahl im September gegen die Linkspartei.PDS anzutreten. Das Ergebnis der von Lucy Redler angeführten Liste blieb mit 2,9 Prozent deutlich hinter den Erwartungen zurück, auch wenn es zum Debakel der Linkspartei.PDS zweifellos mit beitrug, die für die Regierungsbeteiligung abgestraft wurde und gegenüber der vorangegangenen Wahl nahezu die Hälfte ihrer Wähler einbüßte. Auf kommunaler Ebene gelang der WASG dank der im Vergleich zur Abgeordnetenhauswahl geringeren Sperrklausel immerhin der Sprung in sechs der zwölf Bezirksversammlungen. Ihr bestes Resultat erreichte sie dabei in Friedrichshain-Kreuzberg mit 5,8 Prozent.

Noch sehr viel enttäuschender fiel das Ergebnis in Mecklenburg-Vorpommern aus, wo die WASG im März ebenfalls ihre eigenständige Kandidatur bei der Landtagswahl beschlossen hatte. Hier blieb sie mit 0,5 Prozent auf dem Niveau einer unbedeutenden Splitterpartei, während die Linkspartei.PDS sich trotz ihrer Regierungsbeteiligung im Land stabil zeigte.

Programmatik

Antikapitalistische Positionen dominieren das WASG-Programm. Ausdruck finden sie im Kampf gegen die neoliberale Globalisierung. Der Antiamerikanismus ist ebenso ausgeprägt wie die Ablehnung eines „neoliberalen Europa". Die WASG plädiert für staatliche Intervention und Kontrolle der gesamten Wirtschaft sowie für eine begrenzte Politik der Verstaatlichung. Ziel ist die Erhaltung bzw. Wiederherstellung des überkommenen, am Gleichheitsideal orientierten Sozialstaates. Die Strategie richtet sich am theoretischen Modell Antonio Gramscis aus: Sie strebt nach politischer und kultureller Hegemonie. Sowohl mit Präsenz in den Parlamenten als auch mit Organisation und Unterstützung außerparlamentarischer Bewegungen will die WASG in einer ersten Etappe zur „Überwindung des kapitalistischen Systems" eine oppositionelle Massenbewegung schaffen. Diese Strategie schließt auch die punktuelle Kooperation mit gewaltbereiten Extremisten nicht aus, etwa aus dem Bereich des Antifaschismus. Die WASG stilisiert Wahlen zur „Abrechnung" mit „denen da oben"; als Protestpartei möchte sie den Unmut der Bevölkerung ventilieren.

Strittig bleibt neben dem Grad der antikapitalistischen Ausrichtung die Frage, ob Regierungsbeteiligungen anzustreben oder prinzipiell abzulehnen sind. Die erstgenannte Position wird von Lafontaine und Ernst vertreten, die letztgenannte Position von Teilen der Gewerkschaftslinken, Trotzkisten und Anhängern der kommunistischen Orthodoxie, die darin eine Bedrohung der ideologischen „Reinheit" der Partei sehen. Diese Gruppen stehen auch dem Zusammenschluss mit der PDS skeptisch bis ablehnend gegenüber, die in den neuen Ländern einen solchen pragmatischen Kurs längst eingeschlagen hat.

Für den Erfolg des Fusionsprojektes wird entscheidend sein, ob es gelingt, die programmatischen Unterschiede innerhalb der Partei und in deren Verhältnis zur Linkspartei.PDS wenigstens einigermaßen zu überbrücken. Um den Entwurf eines Gründungsprogramms der neuen deutschen Linken vorzubereiten, fand Ende September 2006 in Hannover ein erster Programmkonvent beider Parteien statt. Im November 2006 einigten sich die Vorstände beider Parteien auf programmatische Eckpunkte und einen Satzungsentwurf. Bis März 2007 wollen Linkspartei.PDS und WASG das gemeinsame Programm auf getrennten Parteitagen beschließen.

Organisation

Ideologisch, machstrategisch und personell zerfällt die WASG in drei Strömungen: Auf der einen Seite stehen die Befürworter einer schnellen Fusion mit der Linkspartei.PDS, die von Oskar Lafontaine angeführt werden. Eine zweite Gruppe, zu der überwiegend linke Sozialdemokraten gehören, vertritt linkskeynesianische Positionen und beharrt auf dem basisdemokratischen Ansatz. Sie plädiert für Reformen des bestehenden politischen, wirtschaftlichen und sozialen Systems, kritisiert die Strategie des Bruchs mit dem Kapitalismus der Linkspartei.PDS und misstraut Oskar Lafontaines ausgeprägtem Schwenk nach links. Einer dritten Gruppe, hauptsächlich bestehend aus Linksextremen, früheren PDS-Mitgliedern und Sympathisanten, ist das Projekt einer neuen Partei dagegen nicht antikapitalistisch genug. Die Differenzen werden zwangsläufig auch über die Fusion im Jahr 2007 hinaus weiter existieren.

Umstrittene Äußerungen von Oskar Lafontaine zur vermeintlichen Lohn- und Arbeitsplatzkonkurrenz durch „Fremdarbeiter" haben dazu geführt, dass die WASG auch von rechtsextremen Unterwanderungsversuchen nicht verschont geblieben ist. Tatsächlich sind ihr aber nur wenige frühere Angehörige rechtsextremer oder -populistischer Parteien beigetreten. Besonders spektakulär geriet der Übertritt des Vorstandsmitglieds Andreas Wagner zur →NPD Anfang 2006, der allerdings ein Einzelfall blieb.

Die WASG ist personell ebenso schwach wie finanziell. Die Mitgliederzahl stagniert: Zwischen Dezember 2005 und März 2006 gab es nur 289 Neueintritte, im März 2006 hatten knapp 12.000 Personen das WASG-Mitgliedsbuch. Die dynamische Mitgliederentwicklung von 2004/2005 scheint gestoppt. WASG und Linkspartei.PDS sind von ihrer Bedeutung nicht vergleichbar: Die 12.000 Mitglieder der WASG entsprechen gerade mal einem Fünftel der Mitgliedschaft der Linkspartei.PDS. In den neuen Bundesländern ist die Partei demgemäß kaum präsent, obwohl sie auch hier überall Landesverbände unterhält. Im Westen dagegen verfügt sie in ihren zehn Landesverbänden über fast doppelt so viele Mitglieder wie die Linkspartei.PDS.

Die Verabschiedung einer gemeinsamen Satzung verspricht vor diesem Hintergrund ebenso turbulent zu werden wie die Programmdiskussion, erhebt die WASG doch den Anspruch, die neu zu schaffenden Parteigremien auf längere Sicht paritätisch zu besetzen.[1] Mit Blick auf die Größenunterschiede der jeweili-

---

[1] Nach dem von getrennten Parteitagen der WASG und Linkspartei Ende November 2006 gebilligten Satzungsentwurf soll die WASG die Hälfte der Posten des ersten gemeinsamen Bundesvorstandes besetzen. Die West-Linken haben damit auch Anspruch auf einen der künftig zwei Parteivorsitzenden, für den sich Oskar Lafontaine als aussichtsreichster Kandidat bereithält. Bei der Wahl der Parteitagsdelegierten werden die zehn westdeutschen Landesverbände von Linkspartei und WASG, die nur 22

gen Organisationen erscheint es schwer vorstellbar, dass sich die PDS auf eine solche Forderung einlassen könnte. Dies gilt zumal, als die Postkommunisten um ihren exklusiven Vertretungsanspruch der ostdeutschen Bevölkerung fürchten müssen, wenn sie sich mithilfe der WASG in die alte Bundesrepublik erfolgreich ausdehnen.

Mitgliederzahlen der WASG in den alten und neuen Ländern

Monat/Jahr	alte Länder	neue Länder[1]	gesamt
Mai 2005	5.000	679	5.679
Juni 2005	6.276	983	7.259
September 2005	8.762	1.494	10.276
April 2006	10.069	1.742	11.811

[1]einschließlich Berlin
Quelle: Linkspartei.PDS-Parteivorstand; WASG-interne Auskünfte

Die WASG ist soziologisch gesehen jünger als die Linkspartei.PDS und steht in engerem Kontakt mit der Arbeitswelt und den Gewerkschaften (29 Prozent der WASGler sind Gewerkschafter). Finanziell hängt sie de facto am Tropf der Linkspartei.PDS. Nachdem die Mitgliederzahlen nicht mehr zunehmen, ist das Aufkommen aus den Mitgliedsbeiträgen leicht rückläufig. Die nachlassende Attraktivität der Partei lässt sich auch daran ablesen, dass sie außerhalb der Länder, in denen Wahlen stattgefunden haben, auf Kreis- und Ortsebene praktisch nicht in Erscheinung tritt.

Fazit
Die Zukunft der WASG (als Westflügel der vereinigten Linkspartei) ist ungewiss. Innerparteilichen Spannungen, organisatorische Schwächen und extremistische Strömungen machen die Lage der Linkspartei im Westen äußerst prekär. Die künftige Kommunikation zwischen den ost- und westdeutschen Landesverbänden wird problematisch bleiben. Und auch die unbezweifelbaren Qualitäten Oskar Lafontaines und Gregor Gysis in der Wähleransprache sind kein Garant, dass die zu erwartenden ideologischen und organisatorischen Konflikte erfolgreich überbrückt werden können. Die schwachen Landtagswahlergebnisse in Rheinland-Pfalz und Baden-Württemberg haben das Projekt der Westausdehnung ins Stocken gebracht, noch ehe es richtig in Gang gekommen ist. Dabei mangelt es an politischen Gelegenheiten für eine neue Kraft links der Sozialde-

---

Prozent der Gesamtmitgliederzahl stellen, mit 42 Prozent der Delegierten ebenfalls stark bevorzugt. Dieser Vorteil soll bis zum Jahre 2016 nach und nach abgeschmolzen werden.

mokratie auch in der alten Bundesrepublik keineswegs – zumal unter den für oppositionelle Herausforderer generell günstigen Bedingungen einer Großen Koalition. Ob sie diese Gelegenheiten erkennt und nutzt, hängt ausschließlich von der Linken selbst ab.

 Literatur

Brie, André, Hg. (2005), Die Linkspartei. Ursprünge, Ziele, Erwartungen, Berlin.

Hartleb, Florian/Franz Egon Rode (2006), Populismus und Kleinparteien. Das Beispiel der Linkspartei.PDS und der WASG vor dem Hintergrund der Bundestagswahl 2005, in: Uwe Jun/Henry Kreikenbom/Viola Neu (Hg.), Kleine Parteien im Aufwind, Frankfurt a.M., S. 161-178.

Meyer, Thomas (2005), Die Linkspartei im Parlament. Ein Stück Europäisierung des deutschen Parteiensystems, in: Die Neue Gesellschaft/Frankfurter Hefte 52 (11), S. 41-43.

Maurer, Ulrich/Hans Modrow, Hg. (2006), Links oder lahm? Die neue Partei zwischen Auftrag und Anpassung, Berlin.

Scharenberg, Albert (2006), Linksfusion mit Hindernissen, in: Blätter für deutsche und internationale Politik 51 (5), S. 517-520.

Spier, Tim/Felix Butzlaff/Matthias Micus/Franz Walter (2007), Die Linkspartei, Wiesbaden.

 Internet

www.w-asg.de

Patrick Moreau

Aufbruch für Bürgerrechte, Freiheit und Gesundheit (AUFBRUCH)

Im Mai 1998 gründete sich die Partei Aufbruch für Bürgerrechte, Freiheit und Gesundheit (Aufbruch), deren Schwerpunkt in Bayern liegt. Gründer und Vorsitzender ist der Münchner Arzt und Heilpraktiker Hans-Christoph Scheiner, dessen Ehefrau Ana als erste von drei Stellvertretern agiert. Zu den Gründern und Aktivisten der Vereinigung gehören engagierte Ärzte, Heilpraktiker sowie Vertreter von Bürgerinitiativen – entsprechend stark ist auch das programmatische Profil auf Gesundheits- und Umweltpolitik ausgerichtet: Die Partei fordert laut Infobroschüre eine grundlegende Gesundheitsreform und „Naturmedizin für alle – auch auf Krankenschein!" Sie kritisiert den Ausbau von Mobilfunknetzen, die

„pharmafreundlichen Gesetze", die Massentierhaltung, Viehtransporte und Tierversuche. Wichtige Punkte im Bereich der Gesundheits- und Umweltpolitik sind ferner der Ausstieg aus der Atomenergie, ein bewusstes Kaufverhalten für eine ökologische Veränderung sowie konsequenten Natur-, Wald- und Artenschutz.

Ein zweiter Programmschwerpunkt verknüpft Bürgerrechte und Europapolitik: So soll aus dem zunächst ausschließlich wirtschaftlichen Bündnis der EU auch ein bürgerrechtliches folgen. Eine europäische Verfassung sei der richtige Weg aus den bisherigen Demokratiedefiziten, nur müsse diese etabliert und auch in der Praxis durchgesetzt werden. Ferner kritisiert Aufbruch die unzureichende Kontrolle der EU-Organe durch das Parlament, den zu starken Einfluss von EU-Gesetzen auf den Nationalstaat sowie den undurchsichtigen Bürokratismus. Ein weiterer Programmschwerpunkt ist die Innere Sicherheit. Hier sieht die Partei in der angeblichen Verbrechensbekämpfung nur einen Vorwand, um Bürgerrechte abzubauen und den Weg zum Überwachungsstaat zu ebnen.

Aufbruch konnte inzwischen zwei Landesverbände aufbauen – neben dem „Stammland" Bayern auch einen in Nordrhein-Westfalen. Allerdings ist der bayerische Landesvorstand fast identisch mit dem Bundesvorstand. Bei Wahlen blieb man allerdings erfolglos: Bei der Europawahl 2004 erreichte die Partei 0,2 Prozent, bei den Landtagswahlen in Bayern 2003 und Rheinland-Pfalz 2006 jeweils 0,1 Prozent der Stimmen. Zur Bundestagswahl 2005 trat Aufbruch nicht an. Ihr bestes Ergebnis konnte die Vereinigung 2004 in Sachsen feiern – bei der Landtagswahl im September 2004 erhielt sie 0,5 Prozent.

 Internet

www.partei-aufbruch.de

Andreas Schulze

AUFBRUCH ZU NEUEM BEWUSSTSEIN

→ NATURGESETZ PARTEI

AUTOFAHRER- und BÜRGERINTERESSEN PARTEI DEUTSCHLANDS (APD)

Die Autofahrer- und Bürgerinteressenpartei Deutschlands (APD) wurde am 10. Oktober 1988 als Autofahrer Partei (AFP) gegründet. Ihren endgültigen Namen trug sie seit dem 5. Dezember 1992. Bei der Europawahl am 12. Juni 1994 trat die Partei zum ersten Mal an und gewann 0,7 Prozent der Stimmen. Dieses Ergebnis sollte sie nur noch bei der Abgeordnetenhauswahl in Berlin im Jahr darauf übertreffen, als sie 0,9 Prozent der Stimmen gewinnen konnte. In den anderen Ländern und bei den Bundestagswahlen blieb die APD notorisch erfolglos. Lediglich auf der kommunalen Ebene errang sie zeitweilig einige wenige Mandate (z.B. in München). Die letzte Wahlteilnahme der APD datiert aus 1999, als sie bei der Europawahl nochmals 0,4 Prozent der Stimmen auf sich vereinigen konnte. Bei dieser Wahl war mit der „Automobilen Steuerzahler Partei" (ASP) zugleich ein direkter Konkurrent angetreten, der sich 1993 von der APD abgespalten hatte. Die ASP erlangte aber nur 0,1 Prozent der Stimmen und hatte auch anschließend – genauso wie die APD – bei Wahlen keinerlei Erfolg. Im März 2000 stellte die APD wegen Finanzproblemen ihre Arbeit ein, die ASP löste sich 2002 auf.

Programmatisch verstand sich die APD als „Partei der neuen Mitte" und als „bürgerliche Partei", die sich in „allen Bereichen des täglichen Lebens für die Stärkung der Individualrechte der Bürger" einsetzen wollte. Sie wandte sich gegen bürokratische Bevormundung und steigende Steuerbelastungen und forderte Volksabstimmungen nach Schweizer Vorbild sowie die freie Wahl der Verkehrsmittel. In dem Versuch, das Verkehrsthema in den größeren Kontext einer freiheitlichen Eigentumspolitik zu stellen, erinnerte die APD an die (später in „Freiheitspartei" umbenannte) „Autopartei" der Schweiz. In der Praxis blieb sie freilich eine klassische Ein-Punkte- und Interessenpartei, deren Programmatik eher an einen Verband erinnerte. Die Hauptforderung der APD lag darin, das Auto „für den kleinen Mann" bezahlbar zu machen bzw. zu halten. Als Zielgruppe betrachtete sie entsprechend vor allem diejenigen, die Probleme hatten, ein eigenes Auto zu finanzieren. Außerdem trat die Partei für den Bau von Straßen und Parkplätzen und einen uneingeschränkten Verkehrsfluss ein.

Die Zahl der Mitglieder wird von ehemaligen Parteivertretern mit etwa 800 angegeben, was jedoch weit übertrieben sein dürfte. In der Mitgliedschaft der APD fanden sich einige ehemalige SPD- und CDU-Mitglieder, die der Ansicht waren, dass die Interessen der Autofahrer in den Händen der beiden Volksparteien nicht mehr gut aufgehoben seien. Die APD hatte insgesamt vier Parteivorsitzende: Anton K. Marth stand der Partei seit ihrer Gründung 1988 bis 1995 vor, ihm folgte Jürgen Reichenbach für eine einjährige Amtszeit. Ab 1996 übernahmen dann Erhard Hörber und Günter Schill gemeinsam den Vorsitz der Partei und hielten diesen bis zu deren Auflösung im Jahre 2000 inne.

Melanie Haas

Bayerische Patriotenbewegung

→ Christliche Bayerische Volkspartei

Bayernpartei (BP)

Entstehungs- und Entwicklungsgeschichte
Die 1946 gegründete, aber von der Besatzungsmacht bayernweit erst 1948 zugelassene Bayernpartei versteht sich als „politische Organisation der fränkischen, schwäbischen und altbairischen und freiheitlich denkenden Bürger im Freistaat." In den fünfziger Jahren war sie drittstärkste Partei Bayerns und von 1950 bis 1966 im Bayerischen Landtag, von 1949 bis 1953 auch im Bundestag vertreten. Zweimal übernahm die BP zudem im Freistaat Regierungsverantwortung: 1954 bis 1957 in einer Viererkoalition mit SPD, FDP und GB/BHE und nach 1962 (allerdings nur mit einem Staatssekretär) gemeinsam mit der →CSU. Nach Verlust der letzten Parlamentsmandate spalteten sich 1967 die Bayerische Staatspartei (BSP) und 1976 die →Christliche Bayerische Volkspartei (C.B.V.) ab. Ende der siebziger Jahre kulminierten die innerparteilichen Querelen, sodass sogar ein Notvorstand eingesetzt werden musste. Zu dieser Zeit stand die Partei politisch am Abgrund.

In den achtziger Jahren gelang der BP dann eine gewisse Konsolidierung, die 1987 u.a. zur Wiedereingliederung der C.B.V. führte. Anlässlich der deutschen Vereinigung stellte die Partei die Zugehörigkeit Bayerns zur Bundesrepublik in Frage, da der Landtag 1949 dem Grundgesetz nicht zugestimmt hatte (eine entsprechende Popularklage wurde aber vom Bayerischen Verfassungsgerichtshof 1991 abgewiesen). Auch an der Volksgesetzgebung, einem beliebten Mittel, um die Politik der CSU-Regierung zu konterkarieren, beteiligte sich die BP: 1988 initiierte sie ein – allerdings rechtswidriges – Volksbegehren gegen die atomare Wiederaufbereitungsanlage Wackersdorf, außerdem unterstützte sie die Volksbegehren „Das bessere Müllkonzept" (1991) und „Mehr Demokratie in Bayern" zur Einführung von Bürgerbegehren und -entscheiden in den Kommunen (1995). 1997 kämpfte sie – dieses Mal an der Seite der CSU – für den Erhalt des Senats, der zweiten parlamentarischen Kammer im Freistaat.

Wahlergebnisse und Wählerschaft
Seit 1981 nahm die BP regelmäßig an Wahlen teil, lediglich 1983 verzichtete sie auf die Teilnahme an der Bundestagswahl, da nach der vorzeitigen Parlamentsauflösung die dafür erforderlichen Unterstützerunterschriften nicht schnell genug beigebracht werden konnten. Ihre höchsten Stimmenanteile erreichte die BP bei Europawahlen mit durchschnittlich knapp 1 Prozent der bayerischen Stimmen, deutlich geringer ist der Zuspruch bei Bundestagswahlen mit durchschnittlich 0,4 Prozent geblieben. Ihr bis heute bestes Ergebnis erreichte die BP 1994 bei der Europawahl (1,6 Prozent der bayerischen Stimmen) und bei der bayerischen Landtagswahl (1,0 Prozent). Zu dieser Zeit konnte die BP einige enttäuschte Wähler der CSU für sich gewinnen, die noch unter den Folgen der sogenannten „Amigoaffäre" litt. Bei den vorangegangenen und nachfolgenden Landtagswahlen bewegte sich der Stimmenanteil der BP in Größenordnungen von 0,5 bis 0,8 Prozent. Elektorale Schwerpunkte der Partei bilden Niederbayern und die ländlichen Gebiete Oberbayerns, während sie in Franken weitgehend erfolglos ist.

Programmatik
Das 1981 beschlossene Grundsatzprogramm „Mut zur Freiheit" wurde nach der Wiedervereinigung Deutschlands 1993 aktualisiert. Es charakterisiert die BP als regionalistisch-separatistische Partei mit deutlich wertkonservativer Programmatik. Zentral blieb die Forderung nach einem „selbständigen bayerischen Staat in einem europäischen Staatenbund". Dazu gehört für die BP auch die Einführung eines bayerischen Staatsoberhauptes sowie einer eigenen Staatsangehörigkeit, um sich des „schon seit Jahrzehnten anhaltenden Zuzugs von außen erwehren und den Ausverkauf Bayerns verhindern" zu können. Bis zur Verwirklichung der Unabhängigkeit fordert die BP, „jeden Angriff und Übergriff auf die staatlichen Hoheitsrechte Bayerns mit allen Mitteln zu bekämpfen". So hat die Partei auch keine Scheu, die CSU zu unterstützen, wenn sie bayerische Errungenschaften (Senat oder dreigliedriges Schulsystem) gefährdet sieht. Die Betonung regionaler Eigenart zeigt sich auch in pittoresken Initiativen: Nachdem einem Bauern untersagt worden war, seine Kühe mit Glocken weiden zu lassen, richtete die BP ein Spendenkonto für „Kuhglocken-Prozesse" ein (tageszeitung, 03.09.1994). Die Eigenstaatlichkeit Bayerns ist aber nicht Selbstzweck, sondern Mittel zur „Aufrechterhaltung der christlichen und konservativen Gesellschaftsordnung." So

stellt die BP fest: „Es geht nicht an, grundsätzliche Normen unserer Rechtsordnung zu ,liberalisieren', nur weil ein Teil der Bürger nicht mehr gewillt ist, sich daran zu halten." Auch Schwangerschaftsabbrüche seien nur bei medizinischer oder eugenischer Indikation gerechtfertigt.

Organisation

Der Landesverband der BP hat acht Bezirksverbände (Regierungsbezirke und München), die wiederum in Kreis- und Ortsverbände untergliedert sind. Der Parteitag, der als Mitgliederversammlung durchgeführt wird, wählt den Landesvorsitzenden. Die Konsolidierung der BP zeigte sich in den achtziger und neunziger Jahren in der langen Verweildauer der Vorsitzenden Max Zierl (1979 – 1989) und Hubert Dorn (1989 – 1999). Hermann Seiderer (1999 – 2001) und Jürgen Kalb (2001 – 2002) standen anschließend nur jeweils kurze Zeit an der Spitze; seit 2002 ist Andreas Settele Vorsitzender.

Dem Vorsitzenden stehen der achtköpfige Parteivorstand und die 17-köpfige Parteileitung zur Seite. Letztere besteht aus den Vorstandsmitgliedern, weiteren acht Bezirksdelegierten sowie dem Vorsitzenden der Jugendorganisation „Jungbayernbund" (600 Mitglieder; Mitglied im „Ring Politischer Jugend Bayern"). Zudem existieren ein etwa 60-köpfiger Parteiausschuss, der als „kleiner Parteitag" fungiert, und Fachausschüsse für politische, soziale, wirtschaftliche und kulturelle Fragen. Die BP verfügt über eine ehrenamtlich betriebene Landesgeschäftsstelle in München und informiert ihre Mitglieder durch die Zeitschrift „Freies Bayern". Die Mitgliederzahl schwankte in den letzten Jahrzehnten deutlich: Hatte die BP 1991 nur noch 1.200 Mitglieder, so soll deren Zahl 2004 wieder auf 3.500 angestiegen sein.

Innerparteiliche Auseinandersetzungen scheinen sich vor allem an zwei programmatischen Streitfragen zu entzünden: Hinsichtlich der Frage des bayerischen Staatsoberhauptes flüchtet sich das Grundsatzprogramm in einen Formelkompromiss, der sowohl Monarchisten als auch Republikaner zufrieden stellen soll: „Aufgrund der jahrhundertelangen monarchischen Tradition ... wissen wir, wie wichtig es ist, dass der Staat ... von einer Persönlichkeit anschaulich verkörpert und repräsentiert wird." Auch die militante Verfechtung bayerischer Eigenstaatlichkeit ist innerparteilich nicht unumstritten geblieben. 1994 verließ der Ehrenvorsitzende Rudolf Drasch die BP und begründete dies auch damit, dass unter Dorn, der „absolute bayerische Separatismus zur obersten politischen Leitlinie" geworden sei (Süddeutsche Zeitung, 12.08.1994).

Fazit

Als dezidiert regionalistisch-separatistische Partei mit wertkonservativem Programm kann die BP gegen die übermächtige Konkurrenz der CSU nur in geringem Maße bayerische Wähler für sich rekrutieren. Die Ein-Prozent-Hürde der Wahlkampfkostenerstattung bei Landtagswahlen vermochte sie in der Vergangenheit nur in Ausnahmefällen – etwa 1994 – zu nehmen, als sie vom schlechten Erscheinungsbild der CSU geringfügig profitierte. Größere Zuwächse erscheinen unwahrscheinlich, werben in Bayern doch auch andere Parteien um „CSU-Frustrierte", die in der Wählergunst deutlich stärker sind: die →Freien Wähler, die →Republikaner und die →ödp.

 Literatur

Bayernpartei, Hg. (1996), Mut zur Freiheit. 50 Jahre Bayernpartei 1946 – 1996, München.

Bothe, Thorsten (1996), Im Schatten der Macht. Kleine Parteien in der Bundesrepublik Deutschland, unveröff. Magisterarbeit, Univ. Göttingen, S. 109 ff.

Mintzel, Alf (1986), Die Bayernpartei, in: Richard Stöss (Hg.), Parteien-Handbuch. Die Parteien der Bundesrepublik Deutschland 1945-1980, Opladen, S. 395-489.

 Internet

www.bayernpartei.de

Uwe Kranenpohl

Betrieblich-Alternative Liste (BAL)

Mitte 1978, als in einer Reihe von Kommunen und Ländern grüne und bunte Listen gegründet wurden, entstand auch in Bremen unter maßgeblichem Einfluss des Kommunistischen Bundes (KB) ein „Initiativkreis Grüne/Bunte Liste in Bremen und Bremerhaven". Dahinter stand das strategische Ziel, alle linken und ökologischen Kräfte in Bremen unter dem Banner dieses Initiativkreises zu sammeln, um bei künftigen Wahlen anzutreten. Als durch die Gründung der eher bürgerlich geprägten Bremer Grünen Liste (BGL) Anfang 1979 dieser Versuch gescheitert war, wurde auf Betreiben des KB im Mai 1979 die „Alternative Liste für Demokratie und Umweltschutz" (AL) als Konkurrenzorganisation zur BGL ins Leben gerufen. Im Gegensatz zur BGL, die als erste grüne Organisation in ein Landesparlament einzog, scheiterte die AL jedoch bei der Bürgerschaftswahl am

7. Oktober 1979 mit 1,4 Prozent deutlich an der Fünf-Prozent-Hürde und konnte nicht einmal im linksalternativen Lager relevante Stimmenanteile gewinnen. Zu einer Neuauflage dieser Konstellation kam es 1983, als gleich drei konkurrierende Organisationen aus dem ökologischen und linken Lager gegeneinander antraten: die BGL, der davon abgespaltene Landesverband DIE GRÜNEN und die Betrieblich-Alternative Liste (BAL). Der Kern der BAL bestand aus Mitgliedern der →DKP, einer Restgruppe des Kommunistischen Bundes (KB) sowie einigen Gewerkschaftslinken. Das Wahlprogramm der BAL zu Bürgerschaftswahl verband antikapitalistische mit ökologischen Positionen und war stark von pro-gewerkschaftlichen und sozialistischen Forderungen durchzogen. Allerdings konnte auch die BAL mit diesem Profil weder im betrieblichen Bereich noch im Milieu der neuen sozialen Bewegungen nennenswerte Stimmenanteile erzielen. Mit ihrem Wahlergebnis von 1,3 Prozent bei der Bürgerschaftswahl am 25. September 1983 blieb sie sogar noch hinter dem Wahlergebnis der AL von 1979 zurück. Nachdem auch dieser Versuch gescheitert war, die ökologischen und linken Kräfte im Sinne einer sozialistischen Programmatik zusammenzuführen, löste sich die BAL 1985 auf.

 Literatur

Müller-Rommel, Ferdinand/Thomas Poguntke (1992), Die GRÜNEN, in: Alf Mintzel/Heinrich Oberreuter (Hg.), Parteien in der Bundesrepublik Deutschland, Bonn, S. 322 f.
Raschke, Joachim (1993), Die Grünen. Wie sie wurden, was sie sind, Köln, S. 284 ff.

Lothar Probst

Bremer Grüne Liste   →Bündnis 90/Die Grünen

→ Betrieblich Alternative Liste

Bündnis für Deutschland

→Ab jetzt ... Bündnis für Deutschland

Bündnis 90 (Bü.90)

Entstehungs- und Entwicklungsgeschichte

Obwohl bereits im Oktober 1989, auf dem Höhepunkt der Massendemonstrationen gegen das SED-Regime, die Idee zur Gründung eines Bündnisses der verschiedenen DDR-Bürgerbewegungen geboren wurde, kam es erst Anfang 1990 zum Zusammenschluss mehrerer Gruppen. Die Bündnisbestrebungen hatten zu diesem Zeitpunkt vor dem Hintergrund der Parteibildungsprozesse in der DDR und den sich abzeichnenden Wahlen (Volkskammerwahl im März und Kommunalwahlen im Mai 1990) einen neuen Schub erhalten. Trotzdem gelang es bis zur Volkskammerwahl am 18. März 1990 nicht, alle Bürgerbewegungen unter einem Dach zu vereinigen. Nur das →Neue Forum (NF), „Demokratie Jetzt" (DJ) und die „Initiative Frieden und Menschenrechte" (IFM) schlossen sich im Februar 1990 zur Wahlvereinigung „Bündnis 90" zusammen, um vereint zur Volkskammerwahl anzutreten. Erst am 5. August 1990 bildeten die verschiedenen DDR-Gruppierungen unter Beteiligung der westdeutschen Grünen dann gemeinsam das Wahlbündnis „Die Grünen/Bündnis 90-BürgerInnenbewegung", um bei der ersten gesamtdeutschen Bundestagswahl zu kandidieren. Nachdem aufgrund eines Urteils des Bundesverfassungsgerichts Ost- und Westdeutschland als getrennte Wahlgebiete für die Bundestagswahl am 2. Dezember ausgewiesen wurden (für die jeweils getrennt die Fünf-Prozent-Klausel galt), kandidierte im Wahlgebiet Ost das Wahlbündnis „Die Grünen/Bündnis 90-BürgerInnenbewegung" ohne die Westgrünen. Daran beteiligten sich das NF, DJ, IFM, die Grünen Ost, der →Unabhängige Frauenverband (UFV) sowie Einzelkandidaten der Vereinigten Linken (VL) auf offenen Listen. Das Wahlbündnis erhielt 6,0 Prozent der Stimmen im Wahlgebiet Ost und zog mit acht Vertretern in den Bundestag ein. Nach der Wahl gingen die am Wahlbündnis beteiligten Gruppen jedoch wieder getrennte Wege. Auch zwischen den drei Bürgerbewegungen NF, DJ und IFM, die im Februar 1990 die Wahlvereinigung Bündnis 90 gegründet hatten, kam es zu Differenzen. Als sich 1991 das Bündnis 90 unter Mitwirkung von Teilen des NF als Organisation im Sinne des Parteiengesetzes konstituierte, spaltete sich ein Teil des NF ab. Die nun im Bündnis 90 vereinigten Bürgerrechtler begannen Ende 1991 Gespräche mit den inzwischen gesamtdeutschen Grünen (Ost- und Westgrüne hatten sich bereits Ende 1990 vereinigt) über eine Fusion zu führen. Nach mehrmonatigen Verhandlungen, die Ende 1992 in einem Assoziationsvertrag mündeten, wurde die Fusion nach erfolgreichen Urabstimmungen in beiden Organisationen im April 1993 endgültig besiegelt: Das Bündnis 90 ging in der gemeinsamen Organisation →Bündnis 90/Die Grünen auf.

Wahlergebnisse und Wählerschaft

Die im Bündnis 90 zusammengeschlossenen Bürgerbewegungen konnten zu keinem Zeitpunkt ihren Einfluss, den sie im Herbst 1989 bei der Organisation der Massenproteste gegen das SED-Regime gewonnen hatten, bei Wahlen in Stimmen umsetzen. Bei der Volkskammerwahl im März 1990 erhielt die Wahlvereinigung nur enttäuschende 2,9 Prozent der Stimmen. Dabei spielte auch eine Rolle, dass im Unterschied zum NF die beiden anderen Organisationen (DJ und IFM) über keine relevante Massenbasis verfügten. Außerdem hatte das NF durch seine unklaren Positionen zur deutschen Einheit und zur Marktwirtschaft bereits Anfang der neunziger Jahre einen großen Teil seiner Sympathien bei den DDR-Bürgern eingebüßt. Überdurchschnittlich hohe Stimmenanteile erhielt das Bündnis in den größeren Städten Ostdeutschlands. Elektorale Hochburgen waren Berlin, aber auch Teile von Brandenburg und Sachsen. Unter den Wählern dominierten jüngere, überdurchschnittlich gebildete und politisch interessierte DDR-Bürger, Angehörige freier Berufe, Mitarbeiter der Kirche und ein Teil der künstlerischen und technischen Intelligenz. Bei den Kommunal- und Landtagswahlen schnitten die Bürgerbewegungen dort am besten ab, wo sie gemeinsam unter dem Namen Bündnis 90 antraten; dabei konnten sie von ihrer lokalen und regionalen Verankerung profitieren. In Brandenburg kam es nach der Landtagswahl am 14. Oktober 1990 sogar zu einer Ampel-Koalition unter Beteiligung von Bündnis 90 (NF und DJ), das dort ein Ergebnis von 6,4 Prozent verbuchte. In Mecklenburg-Vorpommern reichte es dagegen nur für 2,2 Prozent.

Programmatik

Die gemeinsame Klammer der Programmatik von Bündnis 90 bestand in dem auf politische Partizipation und Selbstorganisation zielenden Anspruch der dort vertretenen Bürgerbewegungen. In vielen inhaltlichen Fragen war die Programmatik jedoch aufgrund der pluralen Zusammensetzung des Bündnisses durch eine erhebliche Heterogenität geprägt. Während das Neue Forum programmatischen Fragen aufgrund seiner offenen Plattform eher wenig Aufmerksamkeit schenkte, hatte „Demokratie Jetzt" bereits im Dezember 1989 einen „Drei-Stufen-Plan zur Einigung" vorgelegt, der von einem „Aufeinander-zu-reformieren" beider deutscher Staaten ausging. Am deutlichsten wurden die gemeinsamen programmatischen Positionen in dem Verfassungsentwurf des Runden Tisches vom Frühjahr 1990 formuliert, an dessen Ausarbeitung Vertreter von Bündnis 90 maßgeblich beteiligt waren. Dieser Entwurf verwies vor allem auf die Bedeutung von Elementen der direkten Demokratie, die Erfahrungen mit sozialer Sicherheit, die eigenständige Rolle von Bürgerbewegungen gegenüber Parteien und die Notwendigkeit der Dezentralisierung politischer Entscheidungen. In die Geсpräche über einen Assoziationsvertrag mit den westdeutschen Grünen gingen die Vertreter von Bündnis 90 mit Positionen, die die Vorzüge der parlamentarischen Demokratie der Bundesrepublik und der Marktwirtschaft betonten.

Organisation

Dem Charakter eines Bündnisses mehrerer Bürgerbewegungen, die sich der Basisdemokratie verpflichtet fühlten, entsprach die lockere und offene Organisationsform von Bündnis 90. Basisgruppen der einzelnen Organisationen und netzwerkartige Verbindungen bildeten deren Rückgrat, die Koordinierung wurden von gewählten Sprecherräten wahrgenommen. Die Strukturen waren sehr stark durch informelle Beziehungen unter den Gruppenmitgliedern geprägt, die sich bereits aus den Oppositionszeiten in der DDR kannten. Zusammen mit DJ arbeitete IFM seit Anfang 1990 an einer engeren organisatorischen Verzahnung der Gruppen, während das NF eher an seinen im Herbst 1989 gewachsenen dezentralen Strukturen festhielt. Ein wichtiger Schritt zur organisatorischen Vereinheitlichung von Bündnis 90 war Ende 1990 die Herausgabe der Zeitung „Bündnis 90" und die Zusammenlegung der Geschäftsstellen von IFM und DJ. Verbindliche organisatorische Strukturen entstanden erst nach der Umwandlung von Bündnis 90 in eine dem Parteiengesetz genügende Organisation (1991).

Fazit

Die kurze Geschichte von Bündnis 90 ist eng mit der wechselvollen Geschichte der DDR-Bürgerbewegungen verknüpft, die sich im Spätsommer und Herbst 1989 gegründet hatten. Während die Wahlerfolge in den drei Jahren, in denen das Bündnis existierte, recht bescheiden waren, spielte Bündnis 90 als treibende Kraft einer politischen und organisatorischen Integration der unterschiedlichen Bürgerbewegungen eine umso wichtigere Rolle. Auch bei der Formulierung programmatischer Positionen zur deutschen Einheit und bei der Assoziation mit den westdeutschen Grünen nahm das Bündnis 90 eine Schlüsselstellung unter den Bürgerbewegungen der DDR ein.

 Literatur

Müller-Enbergs, Helmut/Marianne Schulz/Jan Wielgohs, Hg. (1991), Von der Illegalität ins Parlament. Werdegang und Konzept der neuen Bürgerbewegungen, Berlin.
Haufe, Gerda/Karl Bruckmeier, Hg. (1993), Die Bürgerbewegungen in der DDR und in den ostdeutschen Bundesländern, Opladen.

Lothar Probst

BÜNDNIS 90/DIE GRÜNEN (GRÜNE)

Entstehungs- und Entwicklungsgeschichte
Die Partei Bündnis 90/Die Grünen hat zwei verschiedene Wurzeln. Ihre Ursprünge liegen zum einen in der westdeutschen grün-ökologischen Bewegung, die sich seit den siebziger Jahren in der Bundesrepublik formiert hatte, zum anderen in den im →Bündnis 90 vereinten ostdeutschen Bürgerbewegungen, die 1989 maßgeblichen Anteil an der „friedlichen Revolution" in der DDR hatten. Ihr Zusammenschluss zu einer gemeinsamen Partei erfolgte 1993. Die Geschichte der bündnisgrünen Partei lässt sich in verschiedene Phasen einteilen.

Die Formierungs- und Gründungsphase (1977–1980). 1972 hatte der Club of Rome in einem aufsehenerregenden Bericht über „Die Grenzen des Wachstums" vor der Fortsetzung einer extensiven Nutzung der natürlichen Rohstoffe durch die Industrieländer gewarnt. Dadurch wurde in vielen Ländern zum ersten Mal die Aufmerksamkeit auf die umweltpolitischen Folgen des industriellen Wachstums gelenkt. Auch in der Bundesrepublik entwickelte sich in dieser Zeit ein stärkeres Bewusstsein für den Umwelt- und Naturschutz. Im Laufe der siebziger Jahre gründeten sich in verschiedenen Regionen Bürgerinitiativen, die sich für Umweltbelange einsetzten. Ins Zentrum rückte dabei der Protest gegen den Bau von Atomkraftwerken. Aus den etablierten Parteien in der Bundesrepublik, die das Problem weitgehend ignorierten, griffen nur einzelne Politiker die Anliegen der neuen Bewegung auf. Einer der wenigen war Herbert Gruhl, ein CDU-Bundestagsabgeordneter, der seine Kritik 1975 in einem viel beachteten Buch formulierte („Ein Planet wird geplündert. Die Schreckensbilanz unserer Politik") und 1978 die Organisation „Grüne Aktion Zukunft" ins Leben rief.

Aus den zahlreichen Initiativen im Bereich des Umwelt- und Naturschutzes entstanden seit 1977 auf lokaler und regionaler Ebene nach und nach Wahlbündnisse, um die Anliegen der neuen Bewegung auch in die Parlamente zu tragen. Ermutigt durch erste Erfolge dieser Wahlbündnisse wurden auch in den Bundesländern grüne bzw. bunte Listen gegründet, die in ihren programmatischen Zielen und Orientierungen zum Teil erhebliche Unterschiede aufwiesen. Während in den großstädtischen Milieus Hamburgs oder Berlins eher links eingestellte „bunte" bzw. „alternative" Listen den Ton angaben, dominierten in den Flächenstaaten gemäßigt bis bürgerlich orientierte Wahlbündnisse.

Vertreter verschiedener lokaler und regionaler grüner Listen sowie Bürgerinitiativen gründeten 1979 die Wahlgruppierung „Sonstige Politische Vereinigung DIE GRÜNEN" (SPV DIE GRÜNEN), um an der Europawahl 1979 teilzunehmen. Die Wahlkampfkostenerstattung von über 4,5 Millionen DM für fast

900.000 Stimmen (3,2 Prozent) wurde in den weiteren Parteiaufbau investiert und bildete den Grundstock für zukünftige Wahlkämpfe. Im Januar 1980 erfolgte dann die offizielle Gründung der Partei „Die Grünen" in Karlsruhe, die von heftigen Auseinandersetzungen um die programmatische Orientierung begleitet war. Konflikte gab es vor allem zwischen wertkonservativen und bürgerlichen Kräften einerseits und den linkssozialistisch ausgerichteten bunten und alternativen Listen andererseits, deren Mitglieder zum Teil aus kommunistischen Organisationen, den sogenannten K-Gruppen, stammten. Die Wertkonservativen um Herbert Gruhl gerieten dabei rasch in eine Außenseiterposition. Ein Teil von ihnen formierte sich ab 1982 in der →ödp, die als bürgerliche Alternative zu den Grünen bis heute fortbesteht.

Die Aufbau- und Etablierungsphase (1980–1983). Trotz eines enttäuschenden Wahlergebnisses von 1,5 Prozent bei der Bundestagswahl 1980 gelang es den Grünen, den Parteiaufbauprozess von unten erfolgreich fortzusetzen. Zwischen 1980 und 1983 zog die Partei in mehrere Landtage ein (Berlin, Hamburg, Bremen, Hessen und Niedersachsen) und konnte sich damit Stück für Stück in der politischen Landschaft etablieren. Die Zeitspanne zwischen 1980 und 1983 war zugleich die Hochphase der westdeutschen Friedensbewegung. Deren Kampf gegen die Stationierung amerikanischer Mittelstreckenraketen in der Bundesrepublik und anderen westeuropäischen NATO-Staaten wurde von großen Demonstrationen an den Stationierungsstandorten und in Bonn begleitet. Die Grünen – in dieser Bewegung vertreten u.a. durch ihre späteren Bundestagsabgeordneten Petra Kelly und Gert Bastian – konnten dadurch ihre Basis noch verbreitern. Bei der Bundestagswahl im März 1983 erreichten sie 5,6 Prozent der Stimmen. Es war das erste Mal seit Mitte der fünfziger Jahre, dass es eine neu gegründete Partei geschafft hatte, neben CDU/CSU, SPD und FDP in den Bundestag einzuziehen.

Die Parlamentarisierungsphase (1983–1990). Gestützt auf ihre parlamentarische Präsenz und das mediale Interesse, welches den Grünen in dieser Zeit entgegengebracht wurde, setzte die neue Partei ihren Siegeszug zwischen 1983 und 1990 sowohl bei Landtagswahlen als auch bei Europa- und Bundestagswahlen fort. Dabei wurde das Gewicht ihrer Parlamentsfraktionen in Bund und Ländern für das öffentliche Erscheinungsbild der Grünen immer stärker. In den Gremien der Partei lieferten sich in dieser Zeit die sogenannten „Realos" (Realisten) und „Fundis" (Fundamentalisten) heftige Auseinandersetzungen. Die „Fundamentalisten", unter ihnen Jutta Ditfurth vom radikal-ökologischen sowie Rainer Trampert und Thomas Ebermann vom öko-sozialistischen Flügel, die die Mehrheit im Bundesvorstand stellten, versuchten die Parlamentarisierung der Grünen sowie Koalitionen mit der SPD mit allen Mitteln zu verhindern. Die „Realos", zu denen

Otto Schily und der ehemalige Frankfurter Sponti Joseph (Joschka) Fischer zählten, bekannten sich dagegen zur parlamentarischen Arbeit und plädierten für ein
Zusammengehen mit den Sozialdemokraten, wo dies möglich erschien. Nach der
Bildung der ersten rot-grünen Regierung auf Landesebene in Hessen, die Fischer
im Oktober 1985 gegen den von Ditfurth angeführten radikal-ökologischen Flügel durchgesetzt hatte, spitzte sich der innerparteiliche Konflikt zwischen „Realos" und „Fundis" zu. Er bestimmte das Bild der Partei bis Ende der achtziger
Jahre.

*Restrukturierung, Vereinigung mit Bündnis 90 und Entwicklung zur Reformpartei
(1990–1998).* Im Vorfeld der ersten gesamtdeutschen Bundestagswahl am 2. Dezember 1990 wurde deutlich, dass sich die Grünen wie keine andere Bundestags-
partei im Status der Zweistaatlichkeit Deutschlands eingerichtet hatten. Viele
Funktionsträger und Mitglieder befürchteten, dass ein wiedervereinigtes
Deutschland als europäische Zentralmacht in den Nationalismus zurückfallen
würde und nahmen eine skeptische bis ablehnende Haltung gegenüber der deutschen Einheit ein. Der zentrale Wahlkampfslogan der Grünen zu dieser Bundestagswahl („Alle reden von der deutschen Einheit, wir reden vom Wetter") ging
an der historischen Situation vorbei. Auch radikale Forderungen zur Einwande-
rungspolitik („Offene Grenzen für alle Zuwanderer und Flüchtlinge") fanden in
der Öffentlichkeit wenig Anklang. Nachdem die Partei in Westdeutschland an
der für die Wahlgebiete West und Ost getrennt geltenden Fünf-Prozent-Hürde
mit 4,8 Prozent gescheitert war, begann ein Prozess der Neuorientierung und
Restrukturierung zur Klärung der aufgestauten innerparteilichen Probleme. Auf
ihrem Parteitag im April 1991 in Neumünster bekannten sich die Grünen zum
ersten Mal eindeutig zur parlamentarischen Demokratie und definierten sich als
ökologische Reformpartei. Zugleich wurden die Parteistrukturen professionalisiert. Man verständigte sich u.a. darauf, die Bundesvorstandssprecher künftig zu
bezahlen. Auch an anderer Stelle nahmen die Grünen Abschied vom Etikett „Anti-Parteien-Partei" und verbannten den systemoppositionellen Habitus aus dem
Programm. Eine Konsequenz der Beschlüsse war, dass die radikalen „Fundamentalisten" um Jutta Ditfurth aus der Partei austraten; der innerparteiliche Streit
war damit fürs erste beigelegt und konnte nun in moderateren Formen weiterge-
führt werden.

Nicht zuletzt aufgrund ihres Scheiterns bei der Bundestagswahl 1990 wuchs
bei den West-Grünen die Einsicht, dass sie ostdeutsche Bündnispartner brauchten, um bei der nächsten gesamtdeutschen Wahl in den Bundestag zurückzukeh-
ren. Auch ein großer Teil der in den ostdeutschen Bürgerbewegungen verbliebenen Bürgerrechtler war sich der Tatsache bewusst, dass ihr politisches Überleben
von einer Vereinigung mit den West-Grünen abhing. Viele befürchteten aber

angesichts der zahlenmäßigen Dominanz der West-Grünen zugleich eine Marginalisierung eigener Traditionen und Positionen. Nach langwierigen Verhandlungen schlossen das ostdeutsche Bündnis 90 und die westdeutschen Grünen 1993 einen Assoziationsvertrag, in dem sie die Modalitäten des Zusammenschlusses festlegten. Allerdings stellte sich schnell heraus, dass die politischen Kulturen der beiden Partner von erheblichen Unterschieden geprägt waren. Als der Einfluss der früheren DDR-Bürgerrechtler auf die Entwicklung der gemeinsamen Partei immer geringer wurde, verließen einige prominente Mitglieder die Grünen und suchten sich in anderen Parteien eine neue politische Heimat.

Auch bei den westdeutschen Grünen hatten seit Ende der achtziger Jahre prominente Mitglieder die Partei verlassen. So wechselte z.B. Otto Schily, der als Gründungsmitglied einer der Exponenten des realpolitischen Flügels war, 1989 zur SPD. Petra Kelly, ebenfalls Gründungsmitglied und eines der international bekanntesten Gesichter der Grünen, wurde 1992 tragisches Opfer einer von ihrem Lebensgefährten Gert Bastian begangenen Beziehungstat. Diese Umstände trugen mit dazu bei, dass Joschka Fischer, der ab 1991 erneut als hessischer Umweltminister amtierte, bundesweit zur Leitfigur der Grünen aufsteigen konnte. Als einer der Spitzenkandidaten führte Fischer die Partei 1994 mit 7,3 Prozent der Stimmen in den Bundestag zurück und wurde anschließend zu einem der beiden Fraktionsvorsitzenden gewählt. Von nun an begannen die Grünen sich von dem Image einer reinen Umweltpartei zu lösen, entwickelten auch in sozial- und wirtschaftspolitischen Fragen mehr Profil und konnten sich in den Umfragen ständig verbessern.

Ausgerechnet im Wahljahr 1998 geriet die Partei jedoch ins Straucheln. Das auf einem Wahlparteitag verabschiedete Konzept für eine ökologische Steuerreform, dessen Kernstück eine Anhebung des Benzinpreises in mehreren Stufen auf fünf DM war, stieß in der Öffentlichkeit auf massive Kritik. Auch die außenpolitische Berechenbarkeit der Grünen in einer Bundesregierung wurde bezweifelt, nachdem die Forderung nach einem Austritt aus der NATO bekräftigt worden war. Obwohl die Partei daraufhin in den Umfragen deutlich absackte, erzielte sie mit 6,7 Prozent bei der Bundestagswahl ein besseres Ergebnis als erwartet und konnte mit der SPD die erste rot-grüne Bundesregierung bilden. Dort stellte sie mit Joschka Fischer den Außenminister und Vizekanzler, außerdem besetzten sie das Umwelt- und das Gesundheitsressort. Zwanzig Jahre nach ihrer Gründung war die Partei damit endgültig Teil des politischen Systems der Bundesrepublik geworden.

Von der Regierung zurück in die Opposition (1998–2005). Die erstmalige Beteiligung der Bündnisgrünen an einer Bundesregierung führte schon nach kurzer Zeit zu Turbulenzen. Nach dem Beschluss der Bundesregierung, sich am NATO-

Militäreinsatz gegen Serbien im Kosovo-Konflikt zu beteiligen, kam es erneut zu Spaltungstendenzen in der grünen Partei und Wählerschaft. Der pazifistische Flügel, der sich dem Erbe der Gründerjahre verpflichtet fühlte, sah in dieser Entscheidung einen Verrat an grünen Prinzipien. Ein Teil verließ daraufhin die Partei. Eine weitere Schwächung erfuhren die Grünen im Rahmen der Auseinandersetzung über ein neues Staatsbürgerrecht – ein zentrales Anliegen grüner Politik in der Bundesregierung. Nachdem die CDU mit einer Unterschriftenkampagne erfolgreich Stimmung gegen das Gesetzesvorhaben gemacht hatte, mussten die Grünen bei der hessischen Landtagswahl im Frühjahr 1999 massive Stimmenverluste (minus 4 Prozentpunkte) und die Abwahl der dort regierenden rot-grünen Landesregierung hinnehmen.

Hessen war aber nur der Auftakt für eine Serie von Landtagswahlniederlagen, die bis zur Bundestagswahl 2002 anhielt (Bremen 1999: minus 4,2 Prozentpunkte, Berlin 1999: minus 3,3 Prozentpunkte, Baden-Württemberg 2001: minus 4,4 Prozentpunkte). Die innerparteilichen Auseinandersetzungen gewannen vor diesem Hintergrund wieder an Dramatik, wobei die Frage der Beteiligung Deutschlands an Militäreinsätzen im Mittelpunkt stand. Als die rot-grüne Bundesregierung nach den Anschlägen vom 11. September 2001 beschloss, sich am Kampf gegen den internationalen Terror durch die Entsendung von deutschen Soldaten nach Afghanistan zu beteiligen, kam es zu einer schweren innerparteilichen Zerreißprobe, die Kanzler Schröder nötigte, im Bundestag die Vertrauensfrage zu stellen, um sich einer Mehrheit der Koalition zu vergewissern.

Angesichts interner Konflikte, handwerklicher Fehler bei verschiedenen Reformvorhaben und einer anhaltend hohen Arbeitslosigkeit zeichnete sich vor der Bundestagswahl 2002 eine verheerende Niederlage für die Koalitionsparteien ab. Mit einem fulminanten Endspurt im Wahlkampf, bei dem die Frage eines geplanten Militärschlages der USA gegen den Irak ins Zentrum rückte, gelang es Schröder und Fischer jedoch, das Blatt zu wenden. Zum Wahlsieg trug vor allem das gute grüne Wahlergebnis von 8,7 Prozent bei. Es erwies sich für die Grünen als politischer und elektoraler „turning point". Während die SPD nach der gewonnenen Wahl aufgrund der von Bundeskanzler Schröder 2003 eingeleiteten Wende in der Sozial- und Arbeitsmarktpolitik (Agenda 2010) bei den folgenden Landtagswahlen herbe Niederlagen einstecken musste, verzeichnete der kleine Koalitionspartner nun sogar wieder Stimmengewinne. Dieser grüne Aufschwung konnte jedoch das vorzeitige Ende des rot-grünen Projekts nicht verhindern. Als 2005 die letzten noch existierenden rot-grünen Landesregierungen in Schleswig-Holstein und Nordrhein-Westfalen abgewählt wurden, kam es zu von Bundeskanzler Schröder herbeigeführten vorgezogenen Neuwahlen. Im anschließenden

Wahlkampf traten SPD und Grüne nicht mehr mit einer gemeinsamen Koalitionsaussage, sondern als Konkurrenten an. Mit einem Wahlergebnis von 8,1 Prozent konnten die Grünen bei der Bundestagswahl 2005 nahezu an ihr vorheriges Ergebnis anknüpfen. Im neuen Fünf-Parteien-Parlament stellen sie seither aber nur noch die kleinste Fraktion. Auch in den Ländern sitzt die Partei vorerst überall auf den Oppositionsbänken. Der Rückzug Joschka Fischers aus Partei und Fraktion markiert zugleich in personeller Hinsicht eine tiefgreifende Zäsur, da er das Erscheinungsbild der Partei als Außenminister und langjähriger „Leitwolf" wie kein anderer geprägt hatte. All das zusammengenommen macht es für die Grünen künftig schwieriger, ihre Anliegen öffentlichkeitswirksam zu vertreten. Die Landtagswahlergebnisse nach der Bundestagswahl 2005 vermitteln ein widersprüchliches Bild. In Hochburgen wie Baden-Württemberg (11,7 Prozent) und Berlin (13,1 Prozent) konnten die Grünen 2006 überdurchschnittlich gute Ergebnisse erzielen; sie scheiterten aber in Sachsen-Anhalt (3,6 Prozent), Rheinland-Pfalz (4,6 Prozent) und Mecklenburg-Vorpommern (3,4 Prozent) gleichzeitig an der Fünf-Prozent-Hürde.

Wahlergebnisse und Wählerschaft

Mit Ausnahme der Bundesländer Schleswig-Holstein, Saarland und Nordrhein-Westfalen waren die Grünen Ende der achtziger Jahre in allen westdeutschen Landesparlamenten und im Bundestag vertreten. Dabei hatten sich insbesondere die Stadtstaaten mit ihren urbanen Milieus, aber auch Flächenstaaten wie Baden-Württemberg und Hessen zu grünen Hochburgen entwickelt. Trotz ihres unaufhaltsamen Aufstiegs als vierte Partei im Parteiensystem der Bundesrepublik mussten die Grünen aufgrund ihrer nach außen nur schwer zu vermittelnden Konflikte zwischen „Fundis" und „Realos" jedoch immer wieder schmerzhafte Wahlniederlagen hinnehmen, u.a. 1985 im größten Bundesland Nordrhein-Westfalen, wo sie mit 4,6 Prozent an der Fünf-Prozent-Hürde scheiterten und erst 1990 mit 5 Prozent in den Landtag einzogen.

In den neunziger Jahren gelang es der Partei, ihre Wahlerfolge zunehmend auch in Regierungsbeteiligungen umzusetzen. In Niedersachsen, Nordrhein-Westfalen, Hamburg, Schleswig-Holstein und Hessen bildete sie Koalitionen mit der SPD, in Bremen und in Brandenburg beteiligte sie sich an Ampel-Koalitionen mit SPD und FDP und in Sachsen-Anhalt an einer von der PDS tolerierten Minderheitsregierung mit der SPD. Die beiden zuletzt genannten Modelle hatten aber nur kurzzeitigen Bestand. Gemessen an Wahlergebnissen und Regierungsbeteiligungen konnten die Grünen die FDP in den neunziger Jahren vom dritten Platz im Parteiensystem verdrängen. Dies verdankte sie ausschließlich ihrer Stärke in den alten Bundesländern, wo die Partei ihren Wähleranteil auch auf schwierigem

Terrain ausbauen konnte (z.B. in Nordrhein-Westfalen 1995 mit einem Wahlergebnis von 10,0 Prozent). Die neuen Bundesländer entwickelten sich demgegenüber zu einem ausgesprochenen Problemgebiet. Hier ließen sich die Erfolge der Ostgrünen und des Bündnis 90 bei den Landtagswahlen 1990 vier Jahre später nicht mehr wiederholen. Außer in Sachsen-Anhalt schied die bündnisgrüne Partei im „Superwahljahr" 1994 aus den Parlamenten aller ostdeutschen Bundesländer aus und fiel auf den Status einer westdeutschen Regionalpartei zurück. Erst 2004 gelang es in Sachsen zum ersten Mal nach zehn Jahren wieder, mit knappen 5,1 Prozent in ein ostdeutsches Landesparlament einzuziehen.

In der Parteienforschung werden die Wahlerfolge der Grünen im Zusammenhang mit der Entstehung einer neuen Konfliktlinie und als Ausdruck des gesellschaftlichen Wertewandels diskutiert. Dabei geht man davon aus, dass es aufgrund langer Prosperitätsphasen nach dem Zweiten Weltkrieg und infolge des gestiegenen Bildungsniveaus vor allem jüngerer Bevölkerungsschichten seit den siebziger Jahren zur Verdrängung von materialistischen Werten durch postmaterialistische Werte gekommen ist. Dadurch habe sich eine neue Konfliktlinie etabliert, die nicht mehr entlang der alten Rechts-Links-Achse verlaufe, sondern durch den Gegensatz von Ökonomie und Ökologie bestimmt werde. In der Literatur wird diese Konfliktlinie auch durch den Gegensatz von „alter" versus „neuer" Politik charakterisiert.

Die Grünen konnten in ihrer Gründungsphase vor allem jene Wähler für sich gewinnen, die sich mit ihren Forderungen nach Umweltschutz, Gleichberechtigung und politischer Partizipation von den bestehenden Parteien nicht mehr repräsentiert fühlten. Tatsächlich haben die Grünen ihre stärkste elektorale Unterstützung in den achtziger Jahren gerade unter jüngeren und gebildeten Wählern, in Universitätsstädten und in großstädtischen Milieus erfahren. Im ländlichen Raum und in kleineren Städten schnitten sie nur dort überdurchschnittlich gut ab, wo sich im Rahmen von lokalen oder regionalen Konflikten um Umweltschutzbelange oder den Bau von Atomanlagen ein Unterstützernetzwerk aus Bürgerinitiativen gebildet hatte. Sozialstrukturell war die überwiegende Anzahl der grünen Wähler in dieser Zeit in den sogenannten „neuen Mittelschichten" verankert, während die Partei unter Arbeitern, Selbständigen und Wählern über 60 Jahre nur geringe Stimmenanteile verbuchen konnte. Ihrem Selbstverständnis nach bezeichneten sich die meisten Anhänger der Grünen als „links", obwohl die Partei in der Gründungsphase zunächst auch wertkonservative und bürgerliche Wähler angesprochen hatte; mit zunehmendem Einfluss radikalerer Strömungen in der Partei kehrten diese den Grünen aber schnell den Rücken.

Im Laufe der Jahre hat sich das grüne Wählermilieu in seiner Zusammensetzung deutlich gewandelt. Einerseits ist durch den Generationeneffekt der
Schwerpunkt der Wahlunterstützung auf die Alterskohorten in den mittleren
Jahrgängen verschoben worden, zum anderen hat sich auch die soziale Herkunft
der Wähler verändert. Im Zuge ihrer Etablierung als Parlamentspartei und durch
die Neuorientierung nach der deutschen Einheit haben die Grünen einen Teil
ihrer Wählerschaft an die Linkspartei.PDS oder an das Nichtwählerlager verloren, während ein wachsender Teil sich in seinen Wertorientierungen und Prob-
lemsichten stärker der Mitte der Gesellschaft annäherte. Dieser Umstand wird in
der Wahlforschung als „Ergrauen" der Grünen bezeichnet (Klein/Arzheimer).
Neuere Analysen gehen davon aus, dass es seit Gründung der Partei zu einem
Austausch von mehr als der Hälfte der ursprünglichen Wähler gekommen ist.
Sozialstrukturell bilden die neuen Mittelschichten nach wie vor das Hauptwäh-
lerreservoir der Grünen. Gleichzeitig scheint der Prozess der „Verbürgerlichung"
der bündnisgrünen Partei weiter voranzuschreiten. Dies drückt sich u.a. auch
darin aus, dass der Anteil der Selbständigen unter den grünen Wählern deutlich
gestiegen ist und grüne Wähler über ein überdurchschnittlich hohes Einkommen
verfügen.

Ergebnisse bei Bundestags- und Europawahlen seit 1979

Jahr	Bundestagswahlen	Europawahlen
1979		3,2
1980	1,5	
1983	5,6	
1984		8,2
1987	8,3	
1989		8,4
1990	4,8 Die Grünen (Wahlgebiet West) 6,2 Bündnis 90/Die Grünen (Wahlgebiet Ost)	
1994	7,3	10,1
1998	6,7	
1999		6,4
2002	8,6	
2004		11,9
2005	8,1	

Struktur der Wählerschaft (Bundestagswahlen 1983 bis 2005)

Bündnis 90/Die Grünen	1983	1987	1990 West	1994 West	1998 West	2002 West	2005 West	1990 Ost	1994 Ost	1998 Ost	2002 Ost	2005 Ost
Selbständige/Landwirte	2	0	5	7	7	11	10	5	2	7	4	8
Angestellte/Beamte	6	9	9	13	10	11	10	9	4	5	7	6
Arbeiter	4	6	5	8	3	6	6	3	4	2	3	3
Gewerkschaftsmitglieder	6	7	8	10	11	11	9	-	6	8	6	5
Arbeiter	6	6	3	7	2	5	6	-	5	3	0	2
Angestellte/Beamte	6	9	10	12	18	15	12	-	5	10	10	8
kein Mitglied	5	7	7	12	7	9	9	4	4	3	5	5
Katholiken	4	8	5	9	9	7	7	4	3	0	4	7
Protestanten	5	10	8	10	10	12	9	6	4	6	8	5
Andere/Konfessionslose	17	17	20	24	16	18	13	7	5	4	4	5
Männer	5,9	8,3	4,6	8,0	6,8	9,0	8,0	5,2	4,0	3,3	4,6	4,7
18-24	14,2	14,5	8,8	13,0	10,3	12,0	11,0	10,8	10,0	5,3	6,9	6,5
25-34	11,5	16,9	9,1	13,0	10,3	12,1	10,6	8,2	4,0	4,5	7,2	7,3
35-44	4,7	9,9	6,1	11,0	9,5	12,9	10,9	5,9	4,0	3,9	5,8	6,0
45-60	2,4	3,7	1,7	4,0	6,0	9,4	8,7	3,4	2,0	2,5	3,8	3,9
60 und mehr	1,5	2,2	0,7	2,0	1,9	3,6	3,5	1,6	1,0	2,1	2,4	3,0
Frauen	4,8	7,7	4,6	9,0	8,1	9,8	9,5	5,8	5,0	4,9	4,9	5,6
18-24	13,5	16,5	10,9	17,0	12,9	12,5	12,8	13,6	11,0	6,1	7,3	7,7
25-34	10,1	17,9	10,5	16,0	12,3	13,4	12,5	10,0	9,0	8,1	8,0	8,4
35-44	4,1	9,3	6,1	14,0	14,1	15,1	14,1	7,4	4,0	6,0	6,2	7,3
45-60	2,4	3,9	2,1	5,0	6,0	10,5	10,7	4,7	4,0	4,9	4,2	4,8
60 und mehr	1,1	1,6	0,7	3,0	3,0	4,3	4,5	1,6	3,0	2,6	3,0	3,8

Quellen: 1983, 1987, 1990, 1994, 1998, 2002: Harald Schoen (2005), Soziologische Ansätze in der empirischen Wahlforschung, in: Jürgen W. Falter/ders. (Hg.), Handbuch Wahlforschung, Wiesbaden, S. 163 f.; 177 f.; 2005: Wahltagsbefragung der Forschungsgruppe Wahlen (Bundestagswahl. Eine Analyse der Wahl vom 18. September 2005); 2005: nur Selbständige ohne Landwirte; nur Angestellte ohne Beamte. Wahlbeteiligung und Stimmabgabe der Männer und Frauen nach Altersgruppen: Statistisches Bundesamt (Hg.). Bei den Bundestagswahlen 1994 und 1998 wurde die Repräsentativstatistik ausgesetzt. Daher werden die Ergebnisse der Wahltagsbefragungen von Infas, Infratest dimap und der Forschungsgruppe Wahlen verwendet.

Programmatik

Das 1980 auf dem Gründungsparteitag verabschiedete Bundesprogramm betonte zum einen das Selbstverständnis der Grünen als „grundlegende Alternative" zu allen anderen Parteien, zum anderen die vier konstituierenden Eigenschaften der Partei: ökologisch, sozial, basisdemokratisch und gewaltfrei. Das Programm grenzte sich zwar vom Industrialismus westlicher und östlicher Prägung grundsätzlich ab, blieb aber in Bezug auf die eigenen ökonomischen und gesellschaftlichen Zielvorstellungen vage. Im Zentrum standen radikale ökologische und pazifistische Forderungen (z.B. sofortige Stilllegung aller Atomanlagen, vollständige Entmilitarisierung der Gesellschaft, Austritt aus der NATO). Im Laufe der achtziger Jahre spielte dann die Ausarbeitung von Konzepten für den Umbau der Industriegesellschaft eine wichtige Rolle in der innerparteilichen Auseinandersetzung. Die Diskussionen mündeten in ein „Umbau-Programm", das 1985 auf dem Hannoveraner Parteitag verabschiedet wurde. Es stellte den Versuch dar, die ökologischen Erfordernisse an den veränderten wirtschaftspolitischen Gegebenheiten auszurichten. Zwischen den verschiedenen Strömungen innerhalb der Partei kam es im Laufe der achtziger Jahre immer wieder zu erbitterten Auseinandersetzungen um die programmatische Grundlinie. Umstritten waren u.a. die Einstellungen zur parlamentarischen Demokratie, die Anerkennung des staatlichen Gewaltmonopols und – in der Außenpolitik – das Verhältnis zu Israel, den USA und zur Sowjetunion.

Nach der deutschen Einheit und der Vereinigung mit den im Bündnis 90 zusammengeschlossenen ostdeutschen Bürgerbewegungen kam es zu einer programmatischen Neupositionierung der Partei. In einem „politischen Vorwort" zum Assoziationsvertrag mit Bündnis 90 legte sie ein klares Bekenntnis zur Rolle als Reformpartei in der gesamtdeutschen Gesellschaft ab und distanzierte sich eindeutig von demokratie- und parlamentsfeindlichen Positionen, wie sie in den achtziger Jahren in der Partei noch lautstark vertreten wurden. Die Programmatik nahm in dieser Phase immer stärker pragmatische Züge an. So wurden u.a. konkrete Vorschläge für den Ausstieg aus der Atomenergie (mit einem längerfristig angelegten Zeitszenario) und die Grundzüge einer ökologischen Steuerreform, die auch in der Öffentlichkeit Beachtung fanden, entwickelt. Auch die Ausarbeitung der Bundestagswahlprogramme diente nun dazu, die ökologischen Ziele der Partei stärker mit den Möglichkeiten der sozialen Marktwirtschaft in Einklang zu bringen und die außenpolitische Linie, vor allem in Fragen internationaler Militäreinsätze unter deutscher Beteiligung, den veränderten Realitäten seit dem Ende des Ost-West-Konflikts anzupassen. Der Abschied von radikalpazifistischen Positionen war auf den Parteitagen aber nach wie vor heftig umkämpft und führte die Partei mehrmals an den Rand einer Spaltung.

Mehr als zwanzig Jahre nach ihrer Gründung verabschiedeten die Grünen wenige Monate vor der Bundestagswahl 2002 in Berlin ein neues Grundsatzprogramm („Die Zukunft ist grün"), um den veränderten globalen und gesellschaftlichen Rahmenbedingungen Rechnung zu tragen. Im Zentrum des neuen Grundsatzprogramms stehen der nachhaltige ökologische Umbau der Industriegesellschaft sowie ein erweiterter Gerechtigkeitsbegriff. Der ökologische Umbau soll einerseits mit einer an Umweltzielen orientierten Umgestaltung des Steuersystems, andererseits mit effizienteren Verfahren der Rohstoff- und Energienutzung bewerkstelligt werden. Dabei setzen die Grünen auf eine Kombination aus marktwirtschaftlichen Instrumenten mit den Möglichkeiten staatlicher Steuerung. Der traditionelle Gerechtigkeitsbegriff, der sich in erster Linie auf die gerechte Verteilung von Gütern zwischen Arm und Reich bezieht, wird im neuen Grundsatzprogramm durch andere Dimensionen der Gerechtigkeit erweitert. Es geht der Partei um Chancengerechtigkeit in Bezug auf Bildung und Zugang zu Wissensressourcen sowie um Geschlechter- und Generationengerechtigkeit. Dem Begriff der Generationengerechtigkeit kommt dabei eine gewisse Leitfunktion zu, weil es nach Auffassung der Grünen sowohl in Bezug auf die ökologischen, sozialen und finanziellen Probleme darauf ankommt, zukünftigen Generationen Chancen zu eröffnen statt zu verbauen.

Organisation
In ihrer Gründungsphase traten die Grünen als dezidierte „Anti-Parteien-Partei" (Petra Kelly) auf. Die im ersten Bundesprogramm gewählte Formulierung, wonach man sich als „grundlegende Alternative" zu allen anderen Parteien verstehe, sollte deutlich machen, dass sich die Grünen weniger als Partei denn als soziale Bewegung betrachteten (in der Parteienforschung wurden die Grünen deshalb auch als Bewegungspartei klassifiziert). Darin drückte sich eine grundsätzliche Skepsis gegenüber den Apparaten und Organisationsprinzipien der etablierten Parteien aus. Vor diesem Hintergrund versuchten die Grünen in ihrer eigenen Organisation Strukturen zu entwickeln, die Verkrustungs- und Bürokratisierungstendenzen abwehren sollten. Dazu zählten u.a. Rotationsregeln für Abgeordnete und Funktionsträger, Quotierungsregeln für die Besetzung von Ämtern zwischen Frauen und Männern, Regeln für die Abführung von Diäten an die Partei sowie die Trennung von Amt und Mandat (Abgeordnete und Minister durften nicht zugleich ein Parteiamt ausüben). Da sich die meisten dieser rigiden Vorgaben in der Praxis nicht bewährten, wurden sie im Laufe der Zeit modifiziert und zum Teil ganz abgeschafft. Inzwischen hat die Partei im Rahmen mehrerer Reformen ihre Parteistrukturen weitgehend professionalisiert und in vielen

Punkten denen anderer Parteien angepasst. Die Zahl der Gremien und Führungs-
ebenen wurde reduziert und die Organisation damit im Ganzen verschlankt.
Wie bei den anderen Bundestagsparteien gliedert sich die territoriale Organisation der Bündnisgrünen unterhalb des Bundesverbandes in Orts-, Kreis-,
Bezirks- und Landesverbände. Aufgrund der basisdemokratischen Wurzeln der
Grünen wird diesen Einheiten gemäß des Prinzips der Dezentralität „größtmögliche Autonomie" eingeräumt, auch wenn der parteiinterne Meinungsbildungs-
prozess inzwischen stärker von oben nach unten verläuft. Die einzelnen Landesverbände weisen zum Teil sehr unterschiedliche Profile auf und spiegeln die
Heterogenität verschiedener Richtungen und Strömungen innerhalb der Grünen
wider. Die wichtigsten Parteiorgane sind laut Satzung die Bundesdelegiertenkonferenz, der Bundesvorstand, der Länderrat, der Parteirat, der Frauenrat, der Bun-
desfinanzrat, die Grundsatzkommission und die Bundesarbeitsgemeinschaften.

Bundesvorstandssprecher seit 1979

Jahr	Bundesvorstandssprecher[1]
1979	Herbert Gruhl, August Haußleiter, Helmut Neddermeyer[2]
1980	August Haußleiter, Petra Kelly, Norbert Mann Nach Rücktritt Haußleiters im Juni 1980: Dieter Burgmann
1981	Dieter Burgmann, Petra Kelly, Manon Maren-Grisebach
1982	Manon Maren-Grisebach, Rainer Trampert, Wilhelm Knabe
1983	Rebekka Schmidt, Rainer Trampert, Wilhelm Knabe
1984	Jutta Ditfurth, Rainer Trampert, Lukas Beckmann
1987	Jutta Ditfurth, Regina Michalik, Christian Schmidt
1988	Nach Rücktritt des 1987 gewählten Vorstandes im Dezember 1988 übernahm das Amt kommissarisch der Bundeshauptausschuss der Grünen
1989	Ruth Hammerbacher, Ralf Fücks, Verena Krieger
1990	Heide Rühle, Renate Damus, Hans Christian Ströbele
1991	Ludger Vollmer, Christine Weiske
1993	Marianne Birthler, Ludger Vollmer
1994	Jürgen Trittin, Krista Sager
1996	Gunda Röstel, Jürgen Trittin
1998	Gunda Röstel, Antje Radcke
2000	Renate Künast, Fritz Kuhn
2001	Claudia Roth, Fritz Kuhn
2002	Angelika Beer, Reinhard Bütikofer
2004	Claudia Roth, Reinhard Bütikofer

[1]seit 2001 Bundesvorstandsvorsitzende
[2]Sprecher der „Sonstigen Politischen Vereinigung Die Grünen"
Quelle: www.gruene-partei.de

Oberstes Beschlussorgan ist die Bundesdelegiertenkonferenz, die vom Bundesvorstand einberufen wird. Die Wahl der Delegierten erfolgt durch die Kreisverbände. Zu den Aufgaben der Bundesdelegiertenkonferenz gehören vor allem die Wahl des Bundesvorstandes sowie die Verabschiedung von Satzungsänderungen und des Bundesprogramms. Oberstes Parteiorgan zwischen den Bundesdelegiertenversammlungen ist der Länderrat, der den Bundeshauptausschuss seit 1991 in dieser Funktion abgelöst hat. Er besteht aus den Delegierten der Landesverbände, Mitgliedern des Bundesvorstandes sowie der Bundestagsfraktion, tritt einmal pro Vierteljahr zusammen und fungiert dabei weniger als Entscheidungsorgan denn als Diskussionsgremium. Die operative Leitung der Partei wird von einem sechsköpfigen Bundesvorstand mit zwei gleichberechtigten Vorsitzenden wahrgenommen. Ihm steht der von der Bundesdelegiertenkonferenz gewählte Parteirat (maximal 16 Mitglieder) zur Seite, der den Bundesvorstand berät und die Aktivitäten der verschiedenen Ebenen der Partei (Landesverbände, Fraktionen) koordiniert. Seit Anfang 2000 engagiert die Partei auch Werbeagenturen und externe Berater, um ihre Wahlkämpfe professionell managen zu lassen.

Die programmatische Arbeit wird von der Grundsatzkommission vorangetrieben. Flankiert wird sie von den nach Politikfeldern gegliederten Bundesarbeitsgemeinschaften, die zugleich ein Antragsrecht auf den Bundesversammlungen haben. Eine Besonderheit im Verhältnis zu den anderen Parteien stellt die starke Stellung des Frauenrates dar, dem die weiblichen Mitglieder des Bundesvorstandes, zwei weibliche Delegierte jedes Landesverbandes, der Bundestagsfraktion und der grünen Fraktion des Europaparlaments angehören. Der Frauenrat hat eine Richtlinienkompetenz in frauenpolitischen Angelegenheiten. Jährlich wird darüber hinaus eine Bundesfrauenkonferenz einberufen. Wenn auf einer Bundesversammlung eine Mehrheit der anwesenden weiblichen Delegierten ein Veto gegen einen Beschluss einlegt, hat dieses Veto aufschiebende Wirkung. Seit 1994 haben die Bündnisgrünen auch eine eigene Jugendorganisation (Grüne Jugend). Der Jugendverband, für dessen Mitgliedschaft eine Altersgrenze von 28 Jahren festgelegt wurde, ist eng mit der Partei liiert, organisatorisch jedoch unabhängig; eine Mitgliedschaft in der grünen Partei ist keine Voraussetzung für die Mitgliedschaft in der Grünen Jugend.

Zur Zeit ihrer Gründung hatten die Grünen ca. 10.000 Mitglieder. Diese Zahl stieg schnell an und pendelte sich ab Mitte der achtziger Jahre bei rund 40.000 ein. Anfang der neunziger Jahre ging der Mitgliederbestand zunächst auf 36.320 (1992) zurück und stieg erst nach der Vereinigung mit Bündnis 90 wieder an. 2005 betrug die Mitgliederzahl 45.215.

Mitgliederzahlen seit 1982

Jahr	Mitglieder	Jahr	Mitglieder
1982	22.000	1994	43.899
1983	25.222	1995	46.410
1984	31.078	1996	48.034
1985	37.024	1997	48.980
1986	38.170	1998	51.812
1987	42.419	1999	49.488
1988	40.768	2000	46.631
1989	41.171	2001	44.053
1990	41.316	2002	43.795
1991	38.873	2003	44.052
1992	36.320	2004	44.322
1993	39.761	2005	45.215

Quelle: Bundesvorstand Bündnis 90/Die Grünen

Außer über die Mitgliedsbeiträge finanziert sich die bündnisgrüne Partei über
Spenden und die Gelder aus der Wahlkampfkostenrückerstattung, die aber nach
den Vorgaben des Parteiengesetzes nur zweckbestimmt eingesetzt werden dürfen. 2004 betrugen die Gesamteinnahmen knapp 5,4 Millionen Euro (Quelle:
Bundesvorstand Bündnis 90/Die Grünen). Aufgrund ihrer basisdemokratischen
Wurzeln haben sich die Grünen im Umgang mit den steuerfinanzierten Mitteln
strenge Regeln auferlegt und beanspruchen größtmögliche Transparenz. Das hat
allerdings nicht verhindert, dass es auch bei ihnen zu Unregelmäßigkeiten im
Umgang mit den Parteifinanzen gekommen ist. 1988 musste der gesamte Bundesvorstand aufgrund „finanzieller Unregelmäßigkeiten" zurücktreten.

Fazit

Die westdeutschen Grünen haben weniger als ein Jahrzehnt benötigt, um sich ab
Beginn der achtziger Jahre im Parteiensystem der Bundesrepublik fest zu etablieren. Dabei konnten sie auf ein breites Netzwerk aus Bürgerinitiativen und lokalen
Wahlbündnissen zurückgreifen, die sich im Laufe der siebziger Jahre entlang einer
neuen Konfliktlinie (Ökologie versus Ökonomie) gebildet hatten. Als selbsternannte
Anti-Parteien-Partei und Repräsentanten einer „neuen Politik" sprachen die Grünen vornehmlich Wähler aus den neuen Mittelschichten an, die sich in ihren gesellschaftspolitischen Vorstellungen durch die vorhandenen Parteien nicht mehr vertreten fühlten. Junge und gebildete Menschen gehörten und gehören zu ihrer bevorzugten Klientel. Konflikte zwischen sogenannten „Fundis" und „Realos" brems-
ten die innerparteiliche Entwicklung und wirkten sich zum Teil negativ auf den

Wahlerfolg aus. Einen herben Rückschlag musste die grüne Partei bei der ersten gesamtdeutschen Wahl verkraften, als sie im Wahlgebiet West an der Fünf-Prozent-Hürde scheiterte. Nach einer Phase der Neuorientierung und Restrukturierung, in deren Verlauf es auch zur Vereinigung mit den im Bündnis 90 organisierten Bürgerbewegungen der früheren DDR kam, konnte die nunmehr gesamtdeutsche Partei in den neunziger Jahren wieder an ihre elektorale Erfolgsgeschichte anknüpfen. Zwanzig Jahre nach ihrer Gründung traten die Bündnisgrünen 1998 zum ersten Mal als Koalitionspartner der SPD in eine Bundesregierung ein, nachdem rotgrüne Koalitionen bereits vorher in zahlreichen Bundesländern erprobt worden waren. Dieses Ereignis symbolisierte endgültig die Entwicklung der Grünen von einer Anti-Parteien-Partei zu einer etablierten Reformpartei, die ihre systemoppositionellen und antiparlamentarischen Positionen aus den Gründerjahren abgelegt hatte. In diesem Prozess vollzog sich allerdings eine erhebliche Fluktuation der Mitglieder- und Wählerschaft, die inzwischen leicht „ergraut" ist, politisch in die Mitte vorrückt und überwiegend aus gesellschaftlichen Leistungsträgern besteht. Damit haben sich auch die Erwartungen an die Partei verändert. Nachdem die Grünen nach der Bundestagswahl 2005 wieder auf der Oppositionsbank Platz nehmen mussten, sind sie gezwungen, ihre Position im Parteiensystem der Bundesrepublik neu zu bestimmen. Um sich aus einer einseitigen Abhängigkeit vom Koalitionspartner SPD zu befreien, werden dabei auch andere Koalitionsoptionen erwogen. Beides wird mit darüber entscheiden, ob die Partei ihre Erfolgsgeschichte der letzten 25 Jahre fortsetzen kann.

 Literatur

Haas, Melanie (2005), Die Grünen als neue Partei des Bürgertums. Geschichte – Milieus – Wähler – Mitgliedschaft, in: Vorgänge 44 (2), S. 61-70.

Klein, Markus/Jürgen W. Falter (2003), Der lange Weg der Grünen. Eine Partei zwischen Protest und Regierung, München.

Klein, Markus/Kai Arzheimer (1997), Grau in Grau – Die Grünen und ihre Wähler nach eineinhalb Jahrzehnten, in: Kölner Zeitschrift für Soziologie und Sozialpsychologie 49 (4), S. 650-673.

Kleinert, Hubert (1992), Aufstieg und Fall der Grünen: Analyse einer alternativen Partei, Bonn.

Raschke, Joachim (1993), Die Grünen – Wie sie wurden, was sie sind, Köln.

Raschke, Joachim (2001), Die Zukunft der Grünen. So kann man nicht regieren, Frankfurt a.M.

Richter, Saskia (2006), Identitätsstifter. Die innerparteilichen Gruppen der deutschen Grünen, in: Patrick Köllner/Matthias Basedau/Gero Erdmann (Hg.), Innerparteiliche Machtgruppen, Frankfurt a.M., S. 131-155.

Salomon, Dieter (1992), Grüne Theorie und graue Wirklichkeit. Die Grünen und die Basisdemokratie, Freiburg.

Schroeren, Michael, Hg. (1990), Die Grünen. Zehn bewegte Jahre, Wien.

Tiefenbach, Paul (1998), Die Grünen. Verstaatlichung einer Partei, Köln.

 Internet

www.gruene-partei.de

Lothar Probst

Bürgerbewegung Demokratischer Aufbruch (DA)

Der Demokratische Aufbruch (DA) entstand im Herbst 1989 während der Um-
bruchszeit in der DDR. Der Gründungsaufruf datiert vom 2. Oktober 1989, doch
die Konstituierung zur Partei erfolgte erst am 30. Oktober bzw. auf dem Parteitag
am 16./17. Dezember 1989. Bereits vor der friedlichen Revolution waren viele
Aktivisten des späteren DA in der Opposition gegen das SED-Regime aktiv und
Repressalien der Diktatur ausgesetzt. So gehörte der Berliner Pfarrer Rainer Eppelmann 1982 zu den Mitautoren des Berliner Appells „Frieden schaffen ohne
Waffen". Im Juli 1989 gab es eine Initiativgruppe als Vorläuferin des DA.

Den Vorsitz der DDR-weit agierenden Oppositionspartei übernahm Rechtsanwalt Wolfgang Schnur; weitere Gründer waren Edelbert Richter, Friedrich
Schorlemmer, Günter Nooke und Ehrhart Neubert. Auch die heutige Bundeskanzlerin Angela Merkel sowie zahlreiche spätere Landesminister bzw. Abgeordnete der Landtage und des Bundestages aus den neuen Bundesländern engagierten sich einst beim DA.

Im Vorfeld der ersten (und letzten) demokratischen Volkskammerwahl ge-
hörte der DA dem „Runden Tisch" an, entwickelte sich zudem immer stärker
zum Partner der umgewandelten einstigen Blockpartei (Ost-)CDU sowie der neu
gegründeten →Deutschen Sozialen Union (DSU). Über das Bündnis kam es in der
Partei zum Streit, woraufhin zahlreiche Mitglieder insbesondere vom linken
Flügel um den Wittenberger Pfarrer Friedrich Schorlemmer den DA verließen.
Der verbliebene Teil entschloss sich, dem christdemokratischen Parteienbündnis
„Allianz für Deutschland" (AfD) beizutreten, das auch von der West-CDU unter
Kanzler Kohl massiv unterstützt wurde. Die Allianz kandidierte am 18. März
1990 nicht als Listenverbindung, die drei Parteien konnten vielmehr eigenständig
gewählt werden. Mit 0,9 Prozent der Stimmen und nur vier Mandaten musste der

DA ein enttäuschendes Resultat hinnehmen. Als wichtiger Grund für das schlechte Abschneiden gilt die Enttarnung des Vorsitzenden Schnur als Spitzel der Staatssicherheit vier Tage vor der Wahl. Nach der Volkskammerwahl beteiligte sich der DA an der Regierung des CDU-Ministerpräsidenten Lothar de Maizière: Der neue Parteivorsitzende Eppelmann amtierte als Minister für Abrüstung und Verteidigung – bereits vor der Wahl gehörte er als Minister ohne Geschäftsbereich der Übergangsregierung von Hans Modrow an. Im August 1990 beschloss der Demokratische Aufbruch den Beitritt zur CDU; in der Volkskammer hatten beide Parteien ohnehin eine Fraktionsgemeinschaft gebildet. Reste des DA kandidierten im Oktober 1990 zur Landtagswahl in Sachsen, blieben mit 0,6 Prozent aber erfolglos.

Im Gegensatz zu anderen Oppositionsgruppen, die den Parteistatus überwiegend ablehnten, verstand sich der DA von Beginn an als christdemokratisch-liberale Volkspartei. Der Gründungsaufruf enthielt – nicht zuletzt aus Eigenschutz gegen die noch mächtige SED – ein Bekenntnis zum Sozialismus; gefordert wurden aber zugleich die Trennung von Staat und Parteien, die Auflösung des staatlichen Informationsmonopols, der ökologische Umbau der Industriegesellschaft und die „Errichtung des gemeinsamen europäischen Hauses" (Gründungsaufruf 1989). Die Bejahung der sozialen Marktwirtschaft und das Bekenntnis zur deutschen Einheit (die über einen Staatenbund erreicht werden sollte) waren in dem Manifest noch nicht enthalten; sie rückten erst zur Volkskammerwahl ins Programm.

 Literatur

Jäger, Wolfgang/Michael Walter (1998), Die Allianz für Deutschland: CDU, Demokratischer Aufbruch und Deutsche Soziale Union 1989/1990, Köln.
Kammradt, Steffen (1997), Der Demokratische Aufbruch. Profil einer jungen Partei am Ende der DDR, Frankfurt a.M. u.a.
Thüringer Landesbeauftragter für die Unterlagen des Staatssicherheitsdienstes der ehemaligen DDR, Hg. (2004), Der Demokratische Aufbruch. Von einer Bürgerbewegung zur Partei – 1989/1990, Erfurt.

Andreas Schulze

BürgerBündnis freier Wähler (Bürger)

Das BürgerBündnis freier Wähler ist eine Abspaltung des →Bündnis 90 in Brandenburg. Es wurde am 8. Mai 1993 in Potsdam unter dem Namen „BürgerBündnis Brandenburg" von Gegnern des Zusammenschlusses des Bündnis 90 mit den Grünen zur Partei →Bündnis90/Die Grünen gegründet. Damit hatte sich ein Teil des Bündnis 90 der Fusionslogik verweigert, die aus dem Anpassungsdruck des Parteienwettbewerbs in der Bundesrepublik resultierte. In der Abspaltung kulminierte der Konflikt im Bündnis 90 über das zukünftige politische Profil und die Koalitionsstrategie der Partei.

Dem Alleingang als Regionalpartei war eine harte Auseinandersetzung im Landesverband des Bündnis 90 vorausgegangen. Hintergrund war die inhaltliche Zerstrittenheit von Bündnis 90 mit der in Brandenburg weit links stehenden Grünen Partei. Bereits zur Landtagswahl 1990 war zwischen beiden kein gemeinsames Wahlbündnis zustande gekommen. Nachdem Bündnis 90 und die Grünen bundesweit Verhandlungen über einen Zusammenschluss aufgenommen hatten, sammelten sich in Brandenburg seit Mitte 1992 die Gegner der beabsichtigten Fusion um Günter Nooke, den Vorsitzenden der Bündnis 90-Landtagsfraktion. Die ablehnende Haltung speiste sich im wesentlichen aus zwei Gründen. Zum einen wollte man eine Einflussnahme der Grünen auf die Regierungspolitik in Brandenburg verhindern, die Bündnis 90 seit 1990 als Koalitionspartner von FDP und SPD mitgestaltete. Zum anderen war die programmatische Ausrichtung strittig: Das in Brandenburg stark ökologisch-liberal und wertkonservativ ausgerichtete Bündnis 90 fürchtete nach der Fusion einen Linksruck.

Einen Etappensieg erzielten die Vereinigungsgegner im Dezember 1992, als die Landesdelegiertenkonferenz des Bündnis 90 mehrheitlich für einen Alleingang als selbständige Regionalpartei und damit für den Austritt des Landesverbands aus dem Bündnis 90 votierte. Da dieser Beschluss in einer Urabstimmung durch eine Zweidrittelmehrheit bestätigt werden musste, stand der Landesverband vor einer Zerreißprobe: Mit der Initiative „Einstieg statt Ausstieg" warben die ehemalige Landesministerin Marianne Birthler und der Landtagsabgeordnete Rolf Wettstädt für den Zusammenschluss mit den Grünen und stellten sich den Ausstiegsbefürwortern entgegen. In der Urabstimmung sprach sich im April 1993 eine Mehrheit von fast 53 Prozent gegen den Alleingang als Regionalpartei aus. Von den knapp 690 Mitgliedern des Bündnis 90 stimmten 171 gegen einen „eigenständigen Brandenburger Weg", nur 146 dafür. Nach dieser Niederlage zog sich Günter Nooke aus den weiteren Planungen einer Neuformierung des Bündnis 90 als Regionalpartei zurück.

Auf der letzten Landesmitgliederversammlung traten am 8. Mai 1993 demonstrativ 34 Gegner der Assoziation mit den Grünen aus dem Bündnis 90 aus, darunter die Landtagsabgeordneten Günter Nooke, Wolfgang Pohl und Peter Schüler. Im Anschluss gründeten Markus Derling und Harald Klauke, beide Mitarbeiter der Bündnis 90-Landtagsfraktion, gemeinsam mit anderen Ex-Bündnis 90-Mitgliedern das „BürgerBündnis Brandenburg". Erster Landesvorsitzender war Gerd Gebhardt, ehemaliges Landesvorstandsmitglied des Bündnis 90. In den sechsköpfigen politischen Beirat wurden Günter Nooke und der Brandenburgische Umweltminister Matthias Platzeck berufen, beide traten jedoch dem BürgerBündnis nicht bei. Anders als Nooke, der sich im Landtagswahlkampf 1994 dem BürgerBündnis als Spitzenkandidat zur Verfügung stellte, engagierte sich Platzeck nicht für die neue Partei. Platzeck und Wolfgang Pohl traten später der SPD bei. Im März 1994 übernahm Markus Derling den Landesvorsitz des BürgerBündnis. Derling und Nooke gehörten im Dezember 1996 zu den sieben ehemaligen Bürgerrechtlern, die unter großem Medieninteresse ihren Beitritt zur CDU bekannt gaben. Auf den langjährigen Landesvorsitzenden des BürgerBündnis Justus von Widekind folgte 2006 Wigor Webers.

Im Vorfeld der Landtagswahl am 11. September 1994 änderte das „BürgerBündnis Brandenburg" seinen Namen in BürgerBündnis freier Wähler. Ein Abkommen mit dem Brandenburger Dachverband der →Freien Wähler kam nicht zustande, doch wurde mit einzelnen kommunalen freien Wählergemeinschaften eine Zusammenarbeit vereinbart. Vertreter freier Wählergruppen kandidierten auf der Landesliste des BürgerBündnis, allein unter den ersten fünf Listenkandidaten befanden sich drei Vertreter freier Wählergemeinschaften. In 24 der 44 Wahlkreise wurden auch Direktkandidaten aufgestellt. Hauptthema im Wahlkampf des BürgerBündnis war die Ablehnung der geplanten Fusion von Brandenburg und Berlin zu einem gemeinsamen Bundesland. Zudem warb die Partei unter dem Motto „Eigentum für alle" für ein Gesetz, mit dem landeseigener Grund und Boden preisgünstig an eine möglichst große Zahl von Brandenburgern abgegeben werden sollte. In der Energiepolitik sprach sich die Partei gegen den Vorrang der Braunkohle aus, stattdessen sollte Brandenburg auf Zukunftstechnologien und dezentrale Energieerzeugung setzen. Mit dem parteilosen Günter Nooke besaß das BürgerBündnis einen landesweit bekannten Spitzenkandidaten. Der Vorsitzende der Bündnis 90-Landtagsfraktion hatte seine Fraktion unter anderem im Stolpe-Untersuchungsausschuss des Landtags vertreten, der die Stasi-Kontakte des Ministerpräsidenten durchleuchtete. Im März 1994 führten Nookes öffentlich erhobene Zweifel an der Glaubwürdigkeit Stolpes zum Bruch der Ampel-Koalition. Die Wähler stellten sich unterdessen klar hinter den Ministerpräsidenten. Die SPD, die die Landtagswahl zu einem Plebiszit über die Person Manfred Stolpe stilisierte, gewann die absolute Mehrheit, während das neu gegründete BürgerBündnis gerade einmal 1,0 Prozent der Stimmen erzielte. Damit war der Versuch gescheitert, eine neue Regionalpartei nach dem Vorbild der CSU zu lancieren.

An der Brandenburger Landtagswahl am 5. September 1999 nahm das Bürgerbündnis nur mit drei Direktkandidaten teil, eine Landesliste wurde nicht aufgestellt. Keinem der Kandidaten gelang der Einzug in den Landtag. Bei der Landtagswahl 2004 unterstützten mehrere kommunale Gruppen des Bürgerbündnis die →Allianz freier Wähler (AfW). Im Jahr 2006 waren Regionalverbände des BürgerBündnis noch in acht Landkreisen und kreisfreien Städten Brandenburgs kommunalpolitisch aktiv, die genaue Zahl der Mitglieder ließ sich nicht ermitteln. (1994 hatte sie bei gut 200 gelegen.)

Programmatisch will das BürgerBündnis „zu einer neuen Politik in Deutschland beitragen, die quer zum etablierten Parteienspektrum liegt". In seiner politischen Arbeit möchte es Menschen- und Bürgerrechte, Demokratie und Ökologie mit dem marktwirtschaftlichen Wettbewerb so verbinden, dass „mehr Verteilungsgerechtigkeit und Chancengleichheit entsteht". Im Landtagswahlkampf 1994 hatte Günter Nooke das BürgerBündnis als „bürgerlich, unternehmerfreundlich, sozial aber nicht sozialistisch und eher liberal" charakterisiert. Ziel war die Profilierung als ökologisch-liberale Mittelstandspartei. Zudem stellte Nooke das Selbstverständnis als Bürgervereinigung heraus: „Wir treten bewusst nicht als Partei an. Wir sind eine Bewegung, die aus den Kommunen heraus gewachsen ist und schon deshalb Interessenvertreter der Bürger ist. Es ist der Versuch, die Rückkehr der Bürger in die Politik zu organisieren."

Insgesamt versuchte das BürgerBündnis freier Wähler den auf überparteilichen Konsens ausgerichteten Ansatz der Bürgerbewegungen aus dem Herbst 1989 fortzusetzen. Die Niederlage bei der Landtagswahl 1994 zeigte jedoch, dass der Alleingang als selbständige Regionalpartei in Brandenburg bei den Wählern nur auf wenig Resonanz stieß. Das BürgerBündnis teilte damit das Schicksal der meisten anderen DDR-Bürgerbewegungen und ihrer Nachfolgeorganisationen. Dass das BürgerBündnis seit 1994 lediglich auf der kommunalen Ebene aktiv ist, erscheint vor dem Hintergrund seines Selbstverständnisses als parteiunabhängige Bürgervereinigung folgerichtig.

 Literatur

Bluhm, Katrin/Peter Schüler (1996), Fraktion Bündnis 90/Bündnis. Ein Tagebuch aus Brandenburg, Münster.

Hoffmann, Jürgen (1998), Die doppelte Vereinigung. Vorgeschichte, Verlauf und Auswirkungen des Zusammenschlusses von Grünen und Bündnis 90, Opladen.

Hohlfeld, Christoph (1993), Die Grünen in Ostdeutschland, in: Joachim Raschke (Hg.), Die Grünen – Wie sie wurden, was sie sind, Köln, S. 395-416.

 Internet

www.buergerbuendnis-potsdam.de

Anne-Kathrin Oeltzen

Bürgerrechtsbewegung Solidarität (BüSo)

Die Bürgerrechtsbewegung Solidarität wurde 1992 gegründet. Ihr gehören ca. 1.000 Mitglieder an, die in zehn Landesverbänden organisiert sind. Die Partei befindet sich in programmatischer und personeller Kontinuität mit den Parteien „Patrioten für Deutschland" und →Europäische Arbeiter-Partei (EAP). Auch das Zentralorgan „Neue Solidarität" und die Jugendbewegung „LaRouche Youth Movement" (LYM) wurden von den Vorläuferorganisationen übernommen. Ideologisch ist die BüSo dem Netzwerk des US-Amerikaners Lyndon Hermyle LaRouche zuzuordnen, einem Politaktivisten, der mehrmals für das Amt des US-Präsidenten kandidiert hat. Nach eigenen Angaben hat die Partei mit ihrer Namensgebung an die Bürgerrechtsbewegungen der sechziger Jahre in den USA und im Osteuropa der achtziger Jahre anknüpfen wollen.

Die LaRouche-Bewegung definiert sich selbst als politische und kulturelle Organisation in der Tradition des europäischen Humanismus. Ihre Wurzeln hat sie in trotzkistischen Ideen, die LaRouche entsprechend seinen eigenen Vorstellungen teilweise bis zur Unkenntlichkeit modifiziert hat. Kritiker bezeichnen die Organisation als Politsekte. Sie verlange mit ihrem ganzheitlichen Politikkonzept ein überaus hohes Engagement von ihren Mitgliedern und inszeniere einen auffallenden Kult um die Person Lyndon H. LaRouches. International verfügt die Organisation über ein eng geknüpftes Netzwerk, zu dem auch die BüSo zählt. Deren Bundesvorsitzende und regelmäßige Kanzlerkandidatin (!) ist seit der Gründung Helga Zepp-LaRouche, die Ehefrau Lyndon H. LaRouches.

Alleinstellungsmerkmale der Partei sind ihr extremer Fortschritts- und Wissenschaftsglauben auf der einen und die Prognose eines bevorstehenden Zusammenbruchs der westlichen Zivilisation und des Weltfinanzsystems auf der anderen Seite. Die BüSo setzt dieser Entwicklung die wirtschaftspolitischen Konzepte LaRouches entgegen: An erster Stelle steht hier die Etablierung eines neuen Finanzsystems auf Grundlage einer am Gemeinwohl orientierten physischen Wertschöpfung. Im Sinne einer gerechten Wirtschaftsordnung strebt die BüSo eine weltumspannende Entwicklungspolitik an, die den individuellen Lebensstandard heben soll. Durch die parallel verlaufende Intensivierung interkultureller Dialoge könne ein beständiger Frieden entstehen. Die weltweite Fortentwicklung sei durch ein hohes technisches Niveau und ausreichende Energieversorgung zu erreichen, wobei der Kernkraft Priorität gebühre. Als Motor des Fortschritts benennt die BüSo das „Produktive Dreieck" Paris – Berlin – Wien. Durch den Anschluss Eurasiens mit ausgebauten Verkehrswegen an dieses Produktionszentrum (eurasische Landbrücke) würden dort die Lebens- und Wirtschaftsbedingungen verbessert und in Europa Vollbeschäftigung erlangt. Umgesetzt werden könne dieses Konzept durch den Ausbau der staatlichen Wirtschaftsförderung und die Wiederherstellung des Bretton-Woods-Systems.

Als Gegner dieser Zielsetzung identifiziert die BüSo in ihren verschiedenen Parteipublikationen die als „Synarchen" bezeichneten Entscheidungsträger aus Politik und Finanzwirtschaft. Diese strebten die Beseitigung der Nationalstaaten und die Ausbreitung ihrer internationalen imperialen Macht im Rahmen der Globalisierung an. Alle Versuche der BüSo, mit ihren verschwörungstheoretisch anmutenden Thesen Anschluss an die Themen von Globalisierungsgegnern zu erlangen, sind in den letzten Jahren freilich gescheitert. Der BüSo ist es beispielsweise nicht gelungen, Einfluss auf die Antiglobalisierungsbewegung ATTAC zu nehmen.

Die Einordnung der BüSo in das klassische Politikspektrum ist wenig aussagekräftig. Die Ziele der Partei erinnern an Ansätze linker Politik, die Ausformung dagegen orientiert sich eher an rechten Konzepten. Im Unterschied zur EAP wurde die BüSo von den Behörden bislang nicht als extremistisch kategorisiert und infolge dessen auch nicht durch den Verfassungsschutz beobachtet. Sie hegt zwar utopische Vorstellungen und erhebt verwirrende Forderungen, doch vertritt sie keine politischen Ziele, die die freiheitlich demokratische Grundordnung unmittelbar in Frage stellen. Insgesamt kann sie als Phantompartei definiert werden, die ausschließlich als Wahlkampfmaschine zur Umsetzung der Ideen LaRouches existiert. Ferner gehört sie zu der Gruppe von Parteien, die abseitige religiöse oder weltanschauliche Ziele vermitteln bzw. diese ideologisch entsprechend aufladen. Deswegen gerät sie gelegentlich in den Fokus von Sektenexperten.

Obwohl sie im Vergleich anderer nicht etablierter Kleinparteien über eine gut ausgebaute Organisation verfügt, die sie in die Lage versetzt, bei Wahlen relativ häufig zu kandidieren, ist die BüSo in der Bundesrepublik bislang ohne jeden Zuspruch geblieben. Bei den vier Bundestags- und drei Europawahlen, die seit 1994 stattgefunden haben, bewegten sich ihre Stimmenanteile in Größenordnungen von 0,0 oder 0,1 Prozent; dasselbe gilt für die 17 Landtagswahlen, zu denen sie seit 1994 angetreten ist. Als kleiner Achtungserfolg fällt hier einzig das Ergebnis bei der Landtagswahl in Sachsen im September 2004 aus dem Rahmen (0,5 Prozent).

 Literatur

Boom, Dirk van den (1999), Politik diesseits der Macht? Zu Einfluss, Funktion und Stellung von Kleinparteien im politischen System der Bundesrepublik Deutschland, Opladen, S. 165 ff.
Mletzko, Matthias (1995), Die LaRouche-Organisation – In der Grauzone zwischen Extremismus, Sektenwesen und politischem Exotentum, in: Uwe Backes/Eckhard Jesse (Hg.), Jahrbuch Extremismus und Demokratie Band 7, Baden-Baden, S. 61-80.

 Internet

www.bueso.de

Stefan Braun

Bürger rettet Brandenburg

→ Pro Brandenburg

Bürger- und Stadtpartei Berlin (BSP Berlin)

Die Bürger- und Stadtpartei Berlin (BSP Berlin) wurde am 27. Oktober 1993 nach dem Vorbild der Hamburger →Statt Partei gegründet. Allerdings formulierte die BSP Berlin einen weitaus selbstbewussteren Anspruch als das Hamburger Pendant: Man wollte keine reine Protestpartei sein, sondern strebte durchaus die „Teilhabe an der Macht" an. Anders als die Statt Partei hatte die BSP jedoch keine Ambitionen, sich über Berlin hinaus auszudehnen. Zu den Wahlen zum Abgeordnetenhaus 1995 stellte sie zielstrebig eine Landesliste mit 29 Bewerbern und 41 Direktkandidaten in den Wahlkreisen auf. Nach dem mit 0,5 Prozent der Stimmen enttäuschenden Abschneiden kündigte der Gründer und Parteivorsitzende Bernd Ramm seinen Rückzug an und trat aus der Partei aus. Die BSP Berlin fusionierte daraufhin mit den „Wählern in Berlin" (WiB), einer kleinen Gruppe ehemaliger CDU-Mitglieder aus dem Berliner Bezirk Reinickendorf, sowie mit der Bürgerinitiative für Deutschland (BID), deren Namen das neue Bündnis übernahm. Die WiB hatte 1995 bereits an mehreren Bezirksverordnetenversammlungswahlen und an der Abgeordnetenhauswahl teilgenommen, dabei aber keinen Erfolg gehabt, während die 1993 gegründete BID, die ohne Landesliste antrat, es bei der Abgeordnetenauswahl immerhin auf 0,6 Prozent der Erststimmen brachte. Im zweiten Anlauf 1999 ließ sich selbst dieses bescheidene Ergebnis nicht mehr wiederholen; hier reichte es nur noch für 0,1 Prozent. Die BID zog daraus die Konsequenzen und löste sich Anfang 2000 selbst auf.

Inhaltlich wartete die Bürger- und Stadtpartei Berlin zur Wahl 1995 mit einem bunten, populistischen und insgesamt eher konservativen Programm auf. Nach eigenen Angaben verstand sie sich als unideologisch und bürgerlich. Ihre Forderungen reichten von einer härteren Gangart in der inneren Sicherheit (finaler Rettungsschuss, konsequente Abschiebung ausländischer Straftäter, „kompromisslose erkennungsdienstliche" Behandlung von Asylbewerbern, Bestrafung von Sozialhilfe-Missbrauch) über wirtschaftspolitische Maßnahmen (Abschaffung des Ladenschlusses, Ballungsraumzulage für alle Berliner Arbeitnehmer) bis hin zu ökologischen Forderungen (z.B. Verlagerung des Güterverkehrs auf die Schiene). Die Partei präsentierte sich trotz anders lautender Beteuerungen als klassisch populistische Protestpartei, die eine „neue Moral in die Politik bringen" und eine „Partei der kleinen Leute" sein wollte.

Nach eigenen Angaben konnte die BSP bis zur Gründung 350 Mitglieder mobilisieren, in der Hochphase des Wahlkampfs 1995 sogar fast 500. Nachdem der erste Vorsitzende Bernd Ramm nach der Wahl 1995 aus seinem Amt geschieden war, übernahm Heidemarie Seiler den Vorsitz und hielt diesen bis zur Auflösung der BID inne.

Melanie Haas

Bürger- und Wählerinitiative für Brandenburg

→ **50 Plus**

BUND FREIER BÜRGER – OFFENSIVE FÜR DEUTSCHLAND
Die Freiheitlichen (BFB – Die Offensive)

Entstehungs- und Entwicklungsgeschichte
Der Bund Freier Bürger (BFB) wurde am 21. Januar 1994 von 87 Personen in Wiesbaden ins Leben gerufen. Die Initiative zur Parteigründung ging von Manfred Brunner aus, der am 17. September 1992 wegen politischer Differenzen über den Maastrichter Vertrag als EG-Beamter entlassen worden war. Brunner, Chef des Stabes Binnenmarkt bei der EG, früherer bayerischer FDP-Vorsitzender und Fraktionschef der Liberalen im Münchener Stadtrat, trug den von der Bundesregierung unterstützten Maastricht-Prozess zur Einführung einer gemeinsamen europäischen Währung nicht mit. Im darauffolgenden Jahr zog er vor das Bundesverfassungsgericht, wo er mit seiner Klage einen teilweisen Erfolg verbuchen konnte: Das Gericht erklärte den Maastricht-Vertrag in seinem Urteil vom 12. Oktober 1993 zwar als mit dem Grundgesetz vereinbar, knüpfte daran jedoch die Bedingung, dass dem Deutschen Bundestag Aufgaben und Befugnisse von substanziellem Gewicht verbleiben müssten. Die Ausdehnung von Aufgaben und Befugnissen der Europäischen Gemeinschaft, die als eine Art „Staatenverbund" anzusehen sei, habe gewisse Grenzen.

Durch das Urteil ermutigt, entschloss sich Brunner mit Gleichgesinnten zur Gründung einer bundesweiten Bürgerbewegung, um den Widerstand gegen die Währungsunion auf politischem Gebiet fortzusetzen. Obwohl es in der Bevölkerung starke Vorbehalte gegen den Euro gab, blieb die Mobilisierungswirkung des Themas aber gering. Bei keiner der Wahlen, zu denen die Partei ab Mitte 1994 antrat, gelangte sie auch nur in die Nähe der Fünf-Prozent-Hürde; ihre besten Ergebnisse bei Europa- und Landtagswahlen bewegten sich um ein Prozent. Brunner entschloss sich deshalb im Januar 1998, seine Partei mit der frisch gegründeten Offensive für Deutschland des hessischen Landtagsabgeordneten Heiner Kappel zusammenzulegen, der Generalsekretär wurde. Die Partei hieß fortan Bund Freier Bürger – Offensive für Deutschland Die Freiheitlichen. Kappel kam – ähnlich wie Brunner – vom rechten Flügel der →FDP und hatte seine Partei im Unfrieden verlassen. Zwischen dem Führungsduo Brunner und Kappel kam es noch im gleichen Jahr zu erbitterten Auseinandersetzungen über das Verhältnis zur rechtsextremistischen Konkurrenz: Brunner setzte auf Abgrenzung, obwohl er selbst zuvor einige gemeinsame Wahlkampfauftritte mit Jörg Haider absolviert hatte, Kappel plädierte für eine stärkere Öffnung nach rechtsaußen. Nachdem Brunner erkannte, dass sich der BFB von seinem ursprünglichen Selbstverständnis einer „bürgerlichen Protestpartei" immer mehr weg bewegte, trat er im Februar 1999 aus der Partei aus und schloss sich erneut der FDP an. Unter Kappel begab sich der BFB anschließend vollends ins Abseits und konnte, wo er antrat, nicht einmal mehr Minimalerfolge erzielen. Die Partei geriet nun finanziell und organisatorisch rasch an den Abgrund. Im Sommer 2000 zogen die Delegierten aus der Misere die Konsequenzen, indem sie auf der Bundesversammlung mehrheitlich die Auflösung des BFB beschlossen.

Wahlergebnisse und Wählerschaft

Der BFB setzte große Erwartungen in die Wahlen zum Europäischen Parlament am 12. Juni 1994, wo er ein halbes Jahr nach seiner Gründung für Furore sorgen wollte. Nach Brunners Vorstellungen sollte die Wahl zu einer „Volksabstimmung gegen Maastricht und für die Deutsche Mark" gemacht werden. Die Hoffnungen erfüllten sich nicht: Mit einem Stimmenanteil von 1,1 Prozent scheiterte die Partei ausgerechnet auf dem Feld der Europapolitik, für das sie spezielle Kompetenzen beanspruchte. Gleichwohl konnte sie selbst dieses schwache Ergebnis bei keiner der nachfolgenden Landtagswahlen mehr übertreffen – so kam die Partei in Brunners Heimatland Bayern bei der Landtagswahl 1994 nur auf 0,5 Prozent. Nachdem der BFB auf eine Teilnahme an der Bundestagswahl von 1994 verzichtete und auch 1995 und 1996 keinen Erfolg bei seinen Kandidaturen hatte, unternahm er den nächsten größeren Anlauf bei der Bürgerschaftswahl 1997 in Hamburg – der letzten Landtagswahl vor dem Startschuss zum Euro. Der Stadtstaat ermöglichte der Außenseiterpartei einen intensiveren Wahlkampf. Trotz hohen finanziellen Aufwandes und des Engagements einiger bekannter Persönlichkeiten aus der Hansestadt, die Brunner gewinnen konnte, landete der BFB mit dem Motto „Hamburg wählt den Euro ab!" bei nur 1,3 Prozent der Stimmen. Nach der „Fusion" mit der Offensive für Deutschland scheiterte die Partei bei der Bundestagswahl 1998 erneut kläglich mit 0,2 Prozent; selbst in Kappels Stammland Hessen kam der BFB bei der Landtagswahl am 7. Februar 1999 über 0,4 Prozent der Stimmen nicht hinaus. Im Vorfeld der Landtagswahl in Thüringen im September 1999 gab es eine Absprache des BFB mit den →Republikanern und Bolko Hoffmanns Initiative →Pro DM zur Gründung einer gemeinsamen Liste, doch schlug auch dieses Unterfangen fehl. An der Europawahl im Juni 1999 beteiligte sich die Partei nicht mehr.

Programmatik

Hauptprogrammpunkt des BFB war die Ablehnung des Vertrages von Maastricht und der dort vereinbarten Einführung einer gemeinsamen europäischen Währung. Der Widerstand gegen den Euro basierte einerseits auf ökonomischen Argumenten – die europäische Währung wurde als „weicher" eingeschätzt als die

D-Mark. Zum anderen befürchtete man, dass Deutschland mit der Mark eines seiner wichtigsten nationalen Symbole verlieren würde. Dem Bund Freier Bürger gelang es, seine Kritik an der europäischen Einheitswährung in ein weiter gefasstes rechtspopulistisches Konzept einzubeziehen, das auch Themen wie Kriminalitätsbekämpfung und Zuwanderung ansprach. Die Verknüpfung konservativer und liberaler Elemente erinnerte an das Erfolgsrezept der österreichischen FPÖ. Zu Schlüsselbegriffen entwickelten sich „Freiheit, Selbstbestimmung und -verantwortung, persönliches Eigentum und individuelle Eigentumsrechte". Auf ökonomischem Gebiet liberal ausgerichtet, vertrat der BFB auf den Feldern der inneren Sicherheit und Ausländerpolitik autoritäre Positionen und befürwortete den starken Staat. Im Forderungskatalog tauchte ferner die Direktwahl des Bundespräsidenten und der Ministerpräsidenten auf. Plebiszitäre Elemente sollten vorbehaltlos auf Bundesebene eingeführt werden, was in der Verbindung mit der Kritik am Parteienstaat ebenfalls zu den typischen Formeln des Populismus gehört. Der BFB verstand sich jedoch unter Brunner nicht durchweg als „Anti-Establishment-Partei"; sein stark intellektualisierter Diskurs und die wenig volksnahe Wähleransprache trugen im Gegenteil ausgesprochen elitäre Züge. Dies sollte erst unter Kappel anders werden, unter dessen Vorsitz sich die Partei radikalisierte. Schon Brunner hatte sich Vorwürfen ausgesetzt gesehen, im Umgang mit „rechtsaußen" lasch zu verfahren. Kappel verfolgte die Öffnung dagegen ganz ungeniert. Unmittelbar vor der Bundestagswahl 1998 richtete er z.b. einen „Offenen Brief" an Ignatz Bubis, den Vorsitzenden des Zentralrats der Juden, in dem er die ablehnende Haltung seiner Partei gegenüber der Errichtung eines Holocaust-Mahnmals begründete. Zugleich kritisierte er die Vergangenheitsbewältigung in Deutschland, als „Kommerzialisierung" und „Instrumentalisierung" jüdischen Schicksals. 1999 und 2000 fand die Partei wegen ihrer Verbindung zum organisierten Rechtsextremismus im nordrhein-westfälischen Verfassungsschutzbericht Erwähnung.

Organisation

Die elitäre Ausrichtung des BFB spiegelte sich in der Amtszeit Brunners im hohen Professorenanteil unter den Vorstandsmitgliedern wider. Die Partei schaffte es nicht, über den Status eines exklusiven „politischen Clubs" hinauszukommen. Ihr Clubcharakter wurde durch die Erhebung eines Aufnahmeantrags in Höhe von 250 DM (Mitglieder aus den neuen Bundesländern zahlten nur die Hälfte) unterstrichen. Dazu kam ein regulärer Monatsbeitrag von 25 DM. Die Mitgliederrekrutierung lief sehr schleppend. Bis zur Europawahl 1994 konnte die Partei nur etwa 500 Aktivisten gewinnen. Nach der Vereinigung im Januar 1998 bis zu seiner Auflösung Mitte 2000 belief sich die Zahl der Mitglieder des BFB nach eigenen Angaben zwischen 1.300 und 2.000. Die meisten Mitglieder waren Akademiker, vorwiegend Männer zwischen 45 und 60 Jahren. Es gelang der Partei während ihrer gesamten Existenz nicht, flächendeckende Strukturen aufzubauen. Die Hochburgen lagen in Bayern, Hamburg und Hessen. Die Wahlkämpfe finanzierte die Partei vornehmlich mit Darlehen von Unternehmern – offenbar mit dem Versprechen, die Geldgeber würden das Geld durch die staatliche Parteienfinanzierung zurückerhalten. Die Wahlergebnisse machten diesen Schritt nicht möglich, weshalb sich die Partei hoch verschuldete. Manfred Brunner tauchte aufgrund dieses Finanzgebarens im Herbst 2002 kurzzeitig in den Schlagzeilen auf. Wegen Steuerhinterziehung wurde er zu einem Jahr Haft auf Bewährung verurteilt.

Fazit

Manfred Brunner, der als ehemaliger EG-Beamter über gute Kontakte zu Persönlichkeiten im In- und Ausland verfügte, überschätzte die Mobilisierungskraft des Euro-Themas gewaltig. Der von ihm gegründete BFB, der sich als bürgerliche Protestpartei verstand, konnte mit seiner Botschaft nicht durchdringen. Die Partei war unter ihrem spröde wirkenden Vorsitzenden eher ein exklusiver Club als eine Partei, was ihre rechtspopulistische Stoßrichtung konterkarierte. Diese Stoßrichtung war in der Verbindung von ökonomisch-liberalen und kulturell-konservativen Positionen angedeutet, die das Erfolgsrezept der österreichischen FPÖ nachzuahmen versuchte. Brunners Zusammengehen mit Heiner Kappel verschlechterte das Bild des BFB in der Öffentlichkeit, da die Partei sich nun zusehends radikalisierte. Brunner und Kappel überwarfen sich in der Frage, wie sich die Partei zu anderen Kräften des rechten politischen Lagers verhalten sollte, nachdem Brunners Schulterschluss mit Jörg Haider bereits vorher für parteiinternen und öffentlichen Zündstoff gesorgt hatte. Nach dem Wegfall des Euro-Themas und dem Ausscheiden Brunners brach die Existenzgrundlage der verschuldeten Partei zusammen.

 Literatur

Decker, Frank (2000), Über das Scheitern des neuen Rechtspopulismus in Deutschland. Republikaner, Statt Partei und der Bund Freier Bürger, in: Österreichische Zeitschrift für Politikwissenschaft 29 (2), S. 237-255.

Grewe, Hartmut (1994), Der „Bund freier Bürger", Sankt Augustin.

Schulze, Andreas (2004), Kleinparteien in Deutschland. Aufstieg und Fall nicht-etablierter politischer Vereinigungen, Wiesbaden, S. 201 ff.

Florian Hartleb

Christlich Demokratische Union Deutschlands (CDU)

Entstehungs- und Entwicklungsgeschichte
Die CDU ist eine bürgerliche Volkspartei, die auch in ihrer Selbstbeschreibung auf ihr liberales, konservatives und christlich-soziales Fundament verweist. Sie entstand 1945 als eine neue interkonfessionelle Partei, die unterschiedliche politische Strömungen aus den Jahrzehnten vor dem Nationalsozialismus vereinigte. Ihr schneller Erfolg während der Besatzungszeit erklärte sich zunächst daraus, dass sie vor allem an das organisationsstarke und weltanschaulich gefestigte katholische Milieu der Zentrumspartei anknüpfen konnte. Zugleich gelang ihr schrittweise die Einbindung protestantischer Wähler mit einer liberalen und konservativen Orientierung. Der Verweis auf christliche Werte und der Antikommunismus einigte sie als bürgerliche Sammlungspartei, die anfangs nur ein loses Dach bildete. Ihre zunächst nur lockere Organisationsstruktur zeigt sich bis heute in dem Sonderstatus der Schwesterpartei →CSU, die in Bayern die CDU stellvertretend ersetzt und mit der sie seit 1949 eine Fraktionsgemeinschaft im Bundestag bildet.

Die Regierungspolitik ihres Kanzlers Konrad Adenauer (1949-1963) stellte maßgeblich die Weichen für die Geschichte der Bundesrepublik Deutschland und prägte zugleich das langfristige Selbstverständnis der Partei. Die unter Adenauer etablierte Westbindung, die soziale Marktwirtschaft und eine konservative Kultur- und Familienpolitik zählten ebenso hierzu wie eine scharfe Abgrenzung vom Sozialismus. Organisatorisch blieb die Adenauer-CDU schwach entwickelt und wurde vornehmlich aus dem Kanzleramt heraus geführt. Nachdem unter Adenauers Nachfolgern Ludwig Erhard (1963-1966) and Kurt Georg Kiesinger (1966-1969) bereits unverkennbare Spannungen und innerparteiliche Reformforderungen aufkamen, führte der Weg in die Opposition nach 1969 zu einer organisatorischen und programmatischen Neuorientierung der CDU. Dabei kam es zu einer innerparteilichen Demokratisierung, einem rasanten Mitgliederzulauf und dem Beginn einer Programmarbeit, an der bereits beim Berliner Programm 1968 die gesamte Partei beteiligt wurde. Diese Maßnahmen sollten die sinkende Integrationskraft jener Milieunetze kompensieren, die bislang vornehmlich aus dem katholischen Raum heraus die Union getragen hatten.

Insbesondere der neue Parteivorsitzende Helmut Kohl forcierte ab 1973 den Aufbau einer professionellen Organisation und ausgiebige programmatische Debatten. Letztere stärkten das soziale Profil der Partei und machten sie kulturell liberaler. Diese Reformen bildeten, verbunden mit dem Scheitern der sozialliberalen Regierung und der sozioökonomischen Krise, eine wesentliche Vorrausetzung, um den Zusammenhalt der Partei zu sichern und ihre Rückkehr an die Regierung zu fördern. Das gute Wahlergebnis bei Kohls Kanzlerkandidatur 1976 und das schwache Abschneiden seines konservativen CSU-Rivalen Franz Josef Strauß 1980 unterstrichen dies.

Nach einem erfolgreichen Misstrauensvotum gegen SPD-Kanzler Helmut Schmidt bildete Helmut Kohl 1982 mit der Schwesterpartei CSU und der FDP eine neue Regierungskoalition, die 16 Jahre amtieren sollte. In der Ära Kohl knüpfte die CDU sowohl an die in den siebziger Jahren eingeleiteten Reformen als auch an die unter Adenauer gesetzten Grundlinien an. Außenpolitisch betonte sie erneut die Westbindung, insbesondere zu Frankreich und den USA, und unterstützte trotz öffentlicher Proteste die Nachrüstung. Zugleich akzeptierte sie nun jedoch die vormals bekämpfte sozialliberale Ostpolitik und setzte auch auf eine Verständigung mit der DDR. In der Sozial- und Wirtschaftspolitik bildeten weniger die sozialen Akzente der siebziger Jahre eine Leitlinie als die Konsolidierung des Staatshaushaltes und die Förderung des Mittelstandes, was sich seit 1982 in Ausgabenkürzungen und Steuerentlastungen niederschlug. Positive Ergebnisse erzielte Kohls Regierung in den achtziger Jahren bei der Steigerung des Wirtschaftswachstums sowie bei der Senkung der Inflationsrate und der Netto-Neuverschuldung. Auch wenn sich die Wirtschaftskonjunktur im Rahmen des weltweiten Aufschwunges vollzog, schien damit der Sparkurs der Union bestätigt. Ihr Hauptproblem, auch im Ansehen der Wähler, blieb dagegen die Arbeitslosigkeit. 1983 stieg die Zahl der Erwerbslosen auf knapp 2,3 Millionen an und blieb bis 1988 auf diesem historischen Höchststand von neun Prozent der Beschäftigten, der vorher noch unter fünf Prozent gelegen hatte.

Von ihrer Struktur her blieb die CDU trotz der seit 1983 einsetzenden Mitgliederverluste eine organisationsstarke Partei. Allerdings gewann das Kanzleramt bei Entscheidungen zunehmend an Dominanz gegenüber den Parteigremien und dem Parteiapparat. Diese langsame Entmachtung der Partei, ihre finanzielle Krise, die sinkende Beliebtheit in Umfragen und die Einbrüche bei der Europawahl und den Landtagswahlen führten Ende der achtziger Jahre zu einer Parteikrise und zu massiven Spannungen in der Führung. Diese Krise kulminierte im Vorfeld des Bremer Parteitages 1989. Eine geplante Gegenkandidatur gegen Helmut Kohl konnte dieser zwar verhindern, woraufhin die innerparteilichen Kritiker um Generalsekretär Heiner Geißler entmachtet wurden und ihre Posten verloren. Dennoch offenbarte die Auseinandersetzung tiefe innerparteiliche Risse, die ein absehbares Ende der Ära Kohl wahrscheinlich machten.

Die für alle überraschende Wiedervereinigung leitete jedoch ab 1990 eine zweite Phase der Ära Kohl ein, die die Partei zumindest kurzfristig revitalisierte. Helmut Kohl ging aus den Ereignissen in der Öffentlichkeit und innerhalb der

CDU deutlich gestärkt hervor, da er durch sein beherztes Eintreten für einen schnellen Anschluss der DDR an die Bundesrepublik als eigentlicher Gestalter der Wiedervereinigung erschien. Die innerparteilichen und die politischen Probleme wurden durch die Wiedervereinigungspolitik überdeckt. Insbesondere die guten Wahlergebnisse in den neuen Bundesländern retteten die CDU 1990 vor der im Jahr zuvor noch befürchteten Wahlniederlage. Organisatorisch gestärkt wurde die CDU durch den Zusammenschluss mit der Ost-CDU, die sich als Teil der sogenannten „Nationalen Front" in der DDR mit dem Sozialismus arrangiert hatte. Die Übernahme der Organisationsstruktur, des großen Mitgliederbestandes und der lokalen Netzwerke der ehemaligen Blockpartei bescherte den Christdemokraten in den neuen Ländern einen beträchtlichen Startvorteil vor der SPD. Diese Erfolge brachten Kohls Machtfülle in der Partei auf ihren Höhepunkt, was dazu führte, dass die CDU sich fortan noch stärker auf den „Kanzler der Einheit" ausrichtete.

Mitte der neunziger Jahre zeigte sich allerdings, dass die Wiedervereinigung die vorherigen Krisensymptome nur verdeckt hatte und diese nun umso geballter hervortraten. Wirtschaftspolitisch scheiterte die CDU jetzt vollends bei der Senkung der Arbeitslosigkeit, die durch die deutsche Einheit besonders in den neuen Bundesländern stark anstieg. Die großzügige Wiedervereinigungspolitik der Union, die ihr Mehrheiten bei den Wahlen sicherte, ließ die Staatsverschuldung stark ansteigen. Umstrittener denn je waren die nun in die Wege geleiteten sozialpolitischen Kürzungen. Nicht nur die Gewerkschaften, sondern auch die Kirchen begehrten gegen das als „Sparpaket" bezeichnete „Aktionsprogramm für Investitionen und Arbeitsplätze" von 1996 auf, das Kürzungen bei den Lohnersatzleistungen vornahm, die Lohnfortzahlung im Krankheitsfall und den Kündigungsschutz lockerte sowie das Rentenalter anhob. Dass die CDU unter Helmut Kohl ein Motor der europäischen Einigung und hier vor allem der Einführung einer gemeinsamen europäischen Währung war, blieb zwar ein wichtiges Verdienst, stellte aber für die Bevölkerung kein zentrales Thema dar. Der Union fehlte zudem nach dem Zusammenbruch des Kommunismus ein einigender Feind. Kampagnen gegen die postkommunistische PDS sollten dies wettmachen, boten aber nur einen halbherzigen Ersatz.

Auch innerparteilich traten Mitte der neunziger Jahre erneut die Krisenmerkmale von 1989 auf. Das 1994 verabschiedete Grundsatzprogramm, das stark von oben herab organisiert wurde, führte nicht zu einer Aufbruchstimmung, und der Unmut über Kohls Dominanz in der Parteiführung wuchs. Auch die durch die Vereinigung mit der Ost-CDU gestärkte Mitgliederbasis erreichte durch kontinuierliche Verluste wieder die alten Werte. Dass Helmut Kohl davon absah, Vorsitz und Kanzlerkandidatur an den von ihm aufgebauten Nachfolger Wolf-

gang Schäuble zu übergeben, und statt dessen zum sechsten Mal selbst bei der
Wahl kandierte, führte schließlich 1998 – neben anderen Gründen – zum Regierungsverlust. Dabei sorgten insbesondere die Wähler in den neuen Bundesländern für eine Abwahl der Union.

1998 begann mit der zweiten Oppositionszeit eine neue Phase in der CDU-
Geschichte. Im Unterschied zu 1969 wollte die Partei diesmal bei der Erneuerung
keine Zeit verstreichen lassen. Nach Kohls sofortigem Rücktritt leitete sie unter
dessen Nachfolger Schäuble einen gleitenden Generationswechsel ein, bei dem in
der Bundesspitze zwar Minister aus der Ära Kohl nachrückten, aus den Ländern
heraus aber Nachwuchspolitiker wie Roland Koch, Peter Müller und Christian
Wulff an Einfluss gewannen. Nachdem die CDU dank schneller Erfolge bei den
Landtagswahlen hoffte, schon bald wieder an die Regierung zurückkehren zu
können, führte der Skandal um nicht deklarierte Parteispenden sie im Jahr 2000
erneut in eine tiefe Krise, die das Ende der Ära Kohl endgültig besiegelte. Die
bisherige Generalsekretärin Angela Merkel, die nach Wolfgang Schäubles er-
zwungenem Rückzug vom Parteivorsitz unverhofft an die Parteispitze gelangt
war, profilierte sich durch einen Bruch mit Helmut Kohl, der durch sein Ver-
schweigen der geheimen Spender auch den Ehrenvorsitz der Partei verlor und
zur umstrittenen Figur wurde. Unter Merkel übernahmen zahlreiche jüngere,
bislang eher unbekannte Politiker Führungspositionen, wie der Fraktionsvorsitzende Friedrich Merz oder Generalsekretär Ruprecht Polenz.

Obgleich sich die CDU unter der frisch gekürten Vorsitzenden durch einen
reformorientierten liberaleren Kurs positionierte und nach einigen Landtagswahlniederlagen wieder in den Umfragen zulegte, konnte sich Merkel im unions-
internen Rennen um die Kanzlerkandidatur gegen den CSU-Vorsitzenden Edmund Stoiber nicht durchsetzen. Mit Stoiber als Spitzenkandidat verfehlte die
Union die Mehrheit bei der Bundestagswahl 2002 denkbar knapp. Ähnlich wie
bei Strauß' Niederlage 1980 festigte dieser Misserfolg die Position der CDU-
Parteivorsitzenden. Mit der Übernahme des Fraktionsvorsitzes baute Merkel ihre
Machtstellung und ihren Anspruch auf eine Kanzlerkandidatur bei der nächsten
Wahl zusätzlich aus. Allerdings waren es weniger die eher verhaltenen und un-
stet formulierten Reformimpulse der CDU als die schlechte Wirtschaftslage unter
der rot-grünen Bundesregierung, die der Union hervorragende Umfragewerte,
regelmäßige Erfolge bei den Landtagswahlen und schließlich 2005 den Sieg bei
der vorgezogenen Bundestagswahl bescherten. Das Ergebnis blieb aber weit
hinter den Erwartungen zurück und reichte nicht, um mit der FDP zusammen
einen vollständigen Machtwechsel herbeizuführen. Merkel konnte zwar ihren
Anspruch auf die Kanzlerschaft in der neu gebildeten Großen Koalition durchsetzen. Die Machtteilung mit der SPD nötigte die CDU jedoch zu Kompromissen

und einer Abkehr von ihren marktliberalen Reformplänen. Dies führte in den eigenen Reihen zu Irritationen und einer öffentlich ausgetragenen Auseinandersetzung über die künftige programmatische Entwicklung.

Wahlergebnisse und Wählerschaft
Die CDU ist von ihren Wahlergebnissen her die erfolgreichste Partei der deutschen Geschichte. Mit einer Ausnahme (1972) ging sie, zusammen mit der bayerischen Schwesterpartei CSU, aus den Bundestagswahlen bis 1994 stets als stärkste Partei hervor. Die bundesweiten Ergebnisse der CDU/CSU lagen dabei zumeist deutlich über vierzig Prozent. Auch bei Landtagswahlen erwies sie sich insgesamt als erfolgreicher als die SPD. Dort konnte sie insbesondere in ihrer Oppositionszeit im Bund häufiger sogar absolute Mehrheiten erzielen. Seit 1983 weisen jedoch die Wahlergebnisse auf der Bundesebene einen stetigen Rückgang der prozentualen Stimmenanteile aus. Ihre strukturelle Mehrheitsfähigkeit gegenüber der SPD haben die Unionsparteien spätestens seit 1998 verloren. Dieser langfristige Trend ist nicht allein mit ihren Spitzenkandidaten und der Regierungspolitik, sondern in erster Linie durch Verschiebungen in der Wählerstruktur zu erklären.

Ergebnisse bei Bundestagswahlen seit 1983

Jahr	CDU/CSU	davon CDU
1983	48,8	38,2
1987	44,3	34,5
1990	43,8	36,7
1994	41,4	34,2
1998	35,1	28,4
2002	38,5	29,5
2005	35,2	27,8

Ergebnisse bei Europawahlen seit 1984

Jahr	CDU/CSU	davon CDU
1984	45,9	37,5
1989	37,8	29,5
1994	38,8	32,0
1999	48,7	39,3
2004	44,5	36,5

Kennzeichnend für die CDU ist zunächst, dass sich ihre Wählerschaft trotz der zunehmenden Erosion der klassischen Milieus weiterhin im hohen Maße auf die

Stimmen der Katholiken stützt. Bei der katholischen Bevölkerung erreichte sie selbst bei den schlechtesten Wahlergebnissen mindestens die Hälfte der Stimmen, bei Protestanten hingegen oft nur ein Drittel. Insbesondere ihre Stimmen aus der Arbeiterschaft stammen stark überproportional von Katholiken. Bei der protestantischen Wählerschaft erzielte die CDU hingegen nur dann überdurchschnittliche Werte, wenn sich diese zugleich als häufige Kirchgänger einstuften. Durch die Abnahme der Kirchenbindungen verlor die Partei langfristig im gleichen Maße bei diesen beiden Stammwählergruppen an Rückhalt, auch wenn 1990 kurzzeitig protestantische Stimmen aus den neuen Bundesländern hinzukamen.

Die christliche Verankerung der CDU führte dazu, dass sie bis 1994 auch von Frauen überproportional stark gewählt wurde, deren Kirchenbindung traditionell stärker ist als jene der Männer. Dass die CDU seit 1998 diesen wichtigen Vorsprung verlor und nun in gleichem Maße von beiden Geschlechtern gewählt wird, lag nicht allein an der Abnahme kirchlicher Bindungen und der besonders geringen Repräsentanz von Frauen in der Partei. Laut Umfragen wandten sich die Frauen auch deshalb ab, weil sie mit den familienpolitischen Vorstellungen der Union nicht mehr einverstanden waren, die sich nach wie vor stark am Leitbild der Hausfrauenehe orientierten. Vor allem bei jüngeren Frauen mit höheren Bildungsabschlüssen erreichte die CDU in den letzten Jahren immer schlechtere Werte, während ältere Frauen mit Hauptschulabschluss sie weiterhin überdurchschnittlich präferierten.

Ältere Wähler ab 60 Jahre zählen generell zu den treuesten Wählergruppen der CDU neben den Katholiken. Entgegen der Generationenthese, nach der die Wähler der Union langfristig zu überaltern drohen, hat sich gezeigt, dass ab einem Alter von 50 Jahren die Bereitschaft wächst, die Christdemokraten zu wählen (Lebenszyklusthese). Dass die CDU stets für eine Stärkung der inneren Sicherheit eintrat, religiöse Werte betonte und sich bei Gesellschaftsreformen zurückhielt, dürfte diesen Trend gefördert haben. Die Union profitiert dabei maßgeblich von der Überalterung der Gesellschaft und der hohen Wahlbeteiligung der Senioren. Obwohl die Christdemokraten bei den Wählergruppen unter 60 Jahren regelmäßig hinter der SPD liegen, haben sie deshalb am Ende dennoch häufig die Nase vorne. Seit 1999 profitiert die CDU allerdings vermehrt von den jüngeren, ab Mitte der siebziger Jahre geborenen Wählern. Obwohl die Religiosität dieser Wählergruppe eher schwach ausgeprägt ist, kommt ihre familien- und aufstiegsorientierte Wertepräferenz der CDU entgegen. Dass diese Jungwähler in der Ära Kohl sozialisiert wurden, hat ihre Bindung an die Union vermutlich ebenfalls erleichtert.

Struktur der Wählerschaft (Bundestagswahlen 1983 bis 2005)

CDU/CSU	1983	1987	1990 West	1994 West	1998 West	2002 West	2005 West	1990 Ost	1994 Ost	1998 Ost	2002 Ost	2005 Ost
Selbständige/Landwirte	69	66	68	63	55	51	43	54	51	46	46	32
Angestellte/Beamte	50	46	44	38	36	41	37	39	31	26	24	23
Arbeiter	44	35	35	39	37	41	35	52	44	23	35	25
Gewerkschaftsmitglieder	33	31	25	40	26	28	23	-	33	14	17	18
Arbeiter	33	28	17	29	26	28	22	-	43	21	27	19
Angestellte/Beamte	33	32	29	35	26	29	23	-	26	10	10	15
kein Mitglied	57	50	55	41	41	46	40	-	39	28	33	26
Katholiken	64	53	57	53	45	55	48	59	60	77	63	45
starke Bindung	78	73	79	82	70	81	72	-	68	83	89	-
schwache Bindung	60	49	50	52	44	53	51	-	64	83	47	-
keine Bindung	46	29	40	38	35	40	36	-	46	57	44	-
Protestanten	38	38	38	35	31	34	34	57	54	40	39	34
starke Bindung	35	52	46	41	32	40	47	-	39	57	50	-
schwache Bindung	42	34	46	44	37	35	38	-	55	51	45	-
keine Bindung	35	40	22	28	27	33	31	-	55	28	31	-
Andere/Konfessionslose	23	23	28	23	26	26	23	38	29	19	25	20
Männer	47,7	42,5	42,6	41,0	37,0	41,4	37,0	39,4	37,0	26,1	29,4	25,2
18-24	42,0	37,0	37,2	36,0	32,7	35,9	28,5	33,0	30,0	19,0	23,9	18,2
25-34	43,1	34,7	34,6	35,0	29,0	36,7	32,0	37,4	36,0	21,5	29,6	23,4
35-44	50,3	40,6	38,7	35,0	32,9	36,0	33,0	39,9	37,0	24,3	31,4	25,9
45-60	49,2	45,2	46,6	45,0	37,8	40,0	34,7	41,0	41,0	27,3	30,2	25,7
60 und mehr	50,9	50,1	50,2	50,0	46,4	50,2	46,2	41,4	35,0	31,6	29,1	27,4
Frauen	49,2	45,1	45,3	43,0	36,6	40,2	37,9	43,1	39,0	28,6	27,2	25,4
18-24	40,3	34,8	35,0	32,0	30,0	32,7	28,5	32,9	25,0	23,9	22,4	19,0
25-34	42,8	34,4	33,7	30,0	29,4	33,4	31,5	36,2	28,0	21,1	26,4	23,0
35-44	50,9	42,5	40,2	37,0	29,7	32,9	31,8	40,4	38,0	23,4	26,6	23,4
45-60	50,9	47,4	48,7	47,0	34,2	38,9	35,3	44,4	38,0	27,8	27,5	24,6
60 und mehr	53,5	53,5	55,0	53,0	47,7	49,4	47,2	49,7	51,0	36,2	28,8	29,2

Quellen: 1983, 1987, 1990, 1994, 1998, 2002: Harald Schoen (2005), Soziologische Ansätze in der empirischen Wahlforschung, in: Jürgen W. Falter/ders. (Hg.), Handbuch Wahlforschung, Wiesbaden, S. 163 f.; 177 f.; 2005: Wahltagsbefragung der Forschungsgruppe Wahlen (Bundestagswahl. Eine Analyse der Wahl vom 18. September 2005); 2005: nur Selbständige ohne Landwirte; nur Angestellte ohne Beamte. Wahlbeteiligung und Stimmabgabe der Männer und Frauen nach Altersgruppe: Statistisches Bundesamt (Hg.). Bei den Bundestagswahlen 1994 und 1998 wurde die Repräsentativstatistik ausgesetzt. Daher werden die Ergebnisse der Wahltagsbefragungen von Infas, Infratest dimap und der Forschungsgruppe Wahlen verwendet.

Von ihren Wahlergebnissen her war die CDU von Beginn an eine Volkspartei. Ein Blick auf die Berufsgruppen offenbart jedoch deutliche Differenzen. Bei keiner Berufsgruppe verbucht die CDU eine derartig große Zustimmung wie bei den Landwirten, die sie lange durch eine generöse Subventionspolitik und enge Kooperation mit ihren Verbandsvertretern protegiert hatte. Allerdings ist diese Wählergruppe mittlerweile so klein geworden, dass sie statistisch gar nicht mehr erfasst wird. Hohe Werte erreicht die CDU zudem traditionell bei der ebenfalls kleinen Gruppe der Selbständigen. Dort hat sie freilich in den neunziger Jahren viele Wähler an die FDP verloren, da den Selbständigen viele Reformen nicht weit genug gingen. Die geringsten Wähleranteile erreicht die CDU bei den Arbeitern, insbesondere bei den protestantischen und konfessionslosen Arbeitern. Die sozialen Einschnitte, die die Kohl-Regierung seit Mitte der neunziger Jahre vornahm, wirkten sich auf die Unterstützungsbereitschaft dieser Gruppe besonders negativ aus. Dem entspricht das zunehmend schlechtere Abschneiden der Partei in den Großstädten, wo sie hinter der SPD von jeher zurückliegt. Was die Mittelschichten betrifft, lässt sich seit den neunziger Jahren ein stark schwankendes Stimmenverhalten der Angestellten ausmachen. Die Gruppe der Beamten ist der Union demgegenüber relativ treu geblieben.

Auf der Ebene der Bundesländer zeichnen sich damit zusammenhängende regionale Unterschiede ab. Durch ihre Verankerung bei katholischen und bei ländlichen Wählern zählten bis Mitte der achtziger Jahre Länder wie Baden-Württemberg, Rheinland-Pfalz und das Saarland zu den CDU-Hochburgen, ebenso ländlich-protestantische Flächenländer wie Schleswig-Holstein und Niedersachsen. Skandale (wie die Barschel-Affäre in Schleswig-Holstein) oder Führungskrisen (wie in Rheinland-Pfalz) haben hier in einigen Fällen zu einer nachhaltigen Verschiebung der Kräfteverhältnisse geführt. Auch in Baden-Württemberg, wo die CDU ihre Regierungsmacht bis heute verteidigt hat, erschien das Erstarken der rechtspopulistischen →Republikaner für kurze Zeit bedrohlich. Der schlechte Bundestrend der rot-grünen Regierung führte dazu, dass die Union ab Ende der neunziger Jahre bei den Landtagswahlen zahlreiche Wahlsiege errang. Dabei gelang es ihr, auch in solchen Regionen mehrheitsfähig zu werden, die bis dahin Stammländer der Sozialdemokratie gewesen waren (Nordrhein-Westfalen und Hamburg).

In den neuen Bundesländern, in denen keine derartigen Milieuprägungen bestanden, zeigen sich einige markante Abweichungen von dieser Wählerstruktur. Ähnlich wie im Westen wählten zwar auch hier seit 1990 Katholiken und regelmäßige Kirchgänger stark überdurchschnittlich die CDU, allerdings war diese Stammwählergruppe klein. Deutliche Abweichungen lassen sich hingegen beim Sozialprofil der Berufsgruppen ausmachen. Aufgrund der nur schwach ausgeprägten Parteibindungen waren es hier vor allem Kompetenzzuschreibungen, die über den CDU-Wahlerfolg entschieden. So erzielte die CDU z.b. 1990 durch ihre Wiedervereinigungspolitik markante Erfolge bei den Arbeitern. Deren Unzufriedenheit mit der Sozialpolitik und Arbeitslosigkeit führte dann jedoch ab 1994 zu dramatischen Stimmenverlusten in dieser Wählergruppe. In regionaler Perspektive gelang der CDU besonders in Sachsen und Thüringen eine schnelle Konsolidierung unter den (westdeutschen) Ministerpräsidenten Kurt Biedenkopf und Bernhard Vogel. Deren Ansehen als „Landesväter", die Abkehr von alten Führungskadern sowie die guten Wirtschaftsdaten ermöglichten hier längerfristige Mehrheiten. Dagegen erschwerten in den anderen neuen Bundesländern personelle Konflikte, auch um die DDR-Vergangenheit, eine vergleichbar schnelle Etablierung der Partei.

Programmatik und Regierungspolitik
Die CDU gehört zur Familie der christdemokratischen Parteien. Im Vergleich zu ihren westeuropäischen Schwesterparteien fielen die Bezüge zur christlichen Soziallehre und zur Religion bereits seit den fünfziger Jahren deutlich geringer aus. Da die CDU von Beginn an auch protestantische Wähler ansprechen wollte, setzte ihre Programmatik und Politik vielmehr vergleichsweise liberale und konservative Akzente. Seit dem Regierungsantritt 1982 lässt sich dabei eine zunehmend liberale Positionierung in ökonomischen, sozialen oder ethisch-moralischen Fragen erkennen, die sich ab 2001 nochmals verstärkte.

Grundsätzlich war die CDU nie eine Partei, die der programmatischen Selbstverständigung eine starke oder gar bindende Rolle zumaß. Die intensiven programmatischen Debatten der siebziger Jahre, die 1978 in das erste Grundsatzprogramm der CDU mündeten, blieben eher die Ausnahme. Nach dem Machtwechsel von 1982 prägte erneut die Regierungspolitik die programmatischen Leitlinien. Einen maßgeblichen Akzent setzte Kohl bereits in seiner ersten Regierungserklärung, die eine „geistig-moralische Wende" einforderte. Angesichts der Krise stellte er hier ein Programm auf, das vor allem vier Leitlinien vorgab: einen Sparkurs, der insbesondere das Sozialwesen betraf, wirtschaftliche und steuerliche Erleichterungen für Unternehmen, außenpolitische Kontinuität und eine stärkere „Selbst- und Nächstenhilfe der Bürger". Während die ersten drei Punkte tatsächlich umgesetzt wurden, blieb die letztgenannte Forderung im wesentlichen Rhetorik. Die Kürzungen änderten nichts daran, dass die CDU ihrem wichtigsten programmatischen Leitbegriff, der sozialen Marktwirtschaft, weiterhin treu blieb. Radikale Einschnitte, wie sie etwa die britischen Konservativen unter Thatcher vorgenommen hatten, kamen für sie nicht in Betracht.

Gegenakzente zu der vornehmlich wirtschaftspolitisch geprägten programmatischen Diskussion im Regierungsumfeld setzte in den achtziger Jahren vor allem Heiner Geißler. Der Generalsekretär griff auch die Themen der neuen sozialen Bewegungen auf und akzentuierte sie für die CDU. So rückte er Mitte der achtziger Jahre die Gleichberechtigung der Frau in den Vordergrund und besetzte Begriffe wie Frieden und Freiheit positiv für die CDU. Das Programm „Unsere Schöpfung bewahren" (1989) versuchte eine ökologische Positionierung gegenüber den erstarkten Grünen. Seine Leitlinien reichten von verstärkten Öko-Steuern über den Ausbau des Personennahverkehrs bis hin zum Schutz der Regenwälder.

Der Zusammenschluss mit der vormals sozialistisch orientierten Ost-CDU machte nach 1990 eine gemeinsame programmatische Positionierung erforderlich. Die ersten gemeinsamen Papiere (Manifest „Ja zu Deutschland – Ja zur Zukunft" 1990; „Dresdner Manifest" 1991) betonten jedoch fast ausschließlich die Erfolge und Grundsätze der bisherigen West-CDU. Um nach der Vereinigung eine gemeinsame inhaltliche Basis zu erreichen, regte Helmut Kohl zudem eine Neuauflage des Grundsatzprogramms an. In der anschließenden Programmdiskussion gelang es den ostdeutschen Vertretern, einige ihrer Kernforderungen festzuschreiben. Diese reichten von der Lockerung des Abtreibungsparagraphen 218 über soziale Fragen wie das Recht auf Arbeit bis hin zur Betonung des Prinzips „Entschädigung vor Rückgabe". Nachdem der mit der Leitung der Programmkommission beauftragte stellvertretende Parteivorsitzende Lothar de Maizière wegen Stasi-Vorwürfen sein Amt niederlegen musste, setzten sich diese spezifisch ostdeutschen Ansätze jedoch kaum durch.

Obgleich das 1994 verabschiedete Grundsatzprogramm „Freiheit in Verantwortung" vielfach als wenig innovativ kritisiert wurde, lassen sich verschiedene Akzente hervorheben. *Erstens* berief sich die CDU weiterhin auf Gott und „das christliche Verständnis vom Menschen". Zugleich richtete sie sich jetzt explizit an Nichtchristen mit dem Satz: „Die CDU ist für jeden offen, der die Würde und Freiheit aller Menschen und die daraus abgeleiteten Grundüberzeugungen unserer Politik bejaht." Die CDU reagierte folglich auf den Gesellschaftswandel, blieb aber programmatisch religionsgebunden. *Zweitens* trat die CDU als eine Umweltpartei auf, die sich für die „ökologische und soziale Marktwirtschaft" stark machte. Die „Christlich-Demokratische Arbeitnehmerschaft" und die „Mittelstandsvereinigung" protestierten vergeblich gegen diese Erweiterung, die verspätet an den ökologischen Zeitgeist anknüpfte. Weltanschaulich leitete die Union den ökologischen Anspruch aus ihrer christlichen Verantwortung ab, die zur „Bewahrung der Schöpfung" verpflichte. Als konkrete Maßnahmen empfahl das Programm, „mehr als bisher ökologische Ordnungselemente im Steuerrecht,

Umweltabgaben, Kompensationsmöglichkeiten, Zertifikats- und Haftungsregelungen" zu schaffen. *Drittens* fiel auf, dass das Programm wirtschafts- und sozialpolitisch eher liberale Akzente setzte. Frühere Abschnitte zur „Chancengerechtigkeit" und „Neuen Sozialen Frage" fehlten nun, und die Sozialpolitik setzte stärker auf Eigenvorsorge und ehrenamtliche Hilfe. Die Familie blieb allerdings weiterhin das weltanschauliche Leitbild. Deshalb sei sie zusätzlich finanziell zu fördern. Aber auch hier zeigte die CDU eine gewisse Liberalisierung. Erstmals akzeptierte sie ausdrücklich nichteheliche Partnerschaften und alleinerziehende Eltern. Insgesamt dokumentierte das Grundsatzprogramm damit auf unterschiedlichen Ebenen den Spagat zwischen traditionellen programmatischen Werten und einer neuen Zielgruppenansprache, die sich stärker an eine jüngere, weniger konfessionsgebundene Generation richtete.

In der öffentlichen und innerparteilichen Wahrnehmung spielte jedoch auch nach 1994 weniger das Grundsatzprogramm als die Regierungspolitik die entscheidende Rolle. Hierbei lässt sich nicht nur eine ökonomische, sondern auch eine ethisch-moralische Liberalisierung ausmachen, die eine Abwendung von christlich-sozialen Positionen andeutete. So führte die CDU 1994 die Pflegeversicherung ein, um das Gesundheitssystem zu stabilisieren, kompensierte aber den Arbeitgeberanteil ersatzweise durch die Streichung eines Feiertages. Noch umkämpfter war die 1992 erfolgte Neufassung des Abtreibungsparagraphen 218, der nach der Wiedervereinigung zur Disposition stand. Um eine Spaltung der Partei zu vermeiden, galt zunächst im Westen weiterhin die „Indikationslösung", im Osten die „Fristenlösung". Wie sehr die Union in dieser Frage uneins war, zeigte sich bei der Schlussabstimmung im Bundestag, als Teile der CDU für die Legalisierung eines Schwangerschaftsabbruches innerhalb der ersten zwölf Wochen stimmten, zugleich aber drei Viertel der Unionsabgeordneten mit dem Freistaat Bayern gegen das Gesetz vor dem Bundesverfassungsgericht klagten, das schließlich weitere mühsame Modifizierungen einforderte. Ihr christlich-soziales Profil zeigte die Union hingegen trotz aller sozialen Kürzungen bei der Förderung der Familien. So erhöhte sie 1992 die Anrechnung von Kindererziehungszeiten im Rentenrecht und vier Jahre später den Kinderfreibetrag.

Mit dem Regierungsverlust 1998 begann abermals eine Phase, in der eine programmatische Neubestimmung der Partei eingefordert wurde. Sowohl die schnellen Landtagswahlerfolge 1999 als auch die Krise im Zuge der Spendenaffäre im Jahr darauf blockierten jedoch eine grundsätzliche inhaltliche Diskussion. Unter Angela Merkels Vorsitz bildete vor der Bundestagswahl 2002 die Familienpolitik einen deutlichen Schwerpunkt. Besonders die Ankündigung, ein Familiengeld von monatlich 600 Euro einzuführen, war im Wahlkampf 2002 die greifbarste sozialpolitische Alternative zum rot-grünen Regierungskurs. Zugleich revidierte die CDU vorsichtig ihr traditionelles Familienbild, indem sie auch Alleinerziehenden oder nicht-ehelichen Lebensgemeinschaften den Familienstatus zubilligte. Sogar gleichgeschlechtliche Partnerschaften wurden nun erstmals in einem Programmbeschluss ausdrücklich respektiert. Durch Edmund Stoibers Kanzlerkandidatur und die Wahlniederlage gerieten diese Neuansätze zunächst in Vergessenheit. Nach der Bundestagswahl 2005 zeigte sich aber unter der neuen Familienministerin Ursula von der Leyen, dass die Merkel-CDU auf diesem Gebiet tatsächlich einen Kurswechsel vollzogen und Anschluss an die veränderte Lebenswirklichkeit der Familien gefunden hatte.

In der Wirtschafts- und Sozialpolitik versuchte Merkel seit 2001 mehrfach neue programmatische Begriffe zu prägen, was jedoch zumeist schon nach kurzer Zeit scheiterte. Das galt für die „Wir-Gesellschaft", die ein harmonisches Miteinander forderte, ebenso wie für die „Neue Soziale Marktwirtschaft", die eine Antwort auf die Globalisierung darstellen sollte. Eine greifbare inhaltliche Positionierung entwickelte die CDU vor allem im Vorfeld der beiden Bundestagswahlen, ohne dass diese eine dauerhafte Konsistenz behielten. Dies zeigte sich 2002 etwa für die geforderte Steuervereinfachung auf drei Sätze zwischen 10 und 35 Prozent und die staatliche Übernahme der Lohnnebenkosten von Niedrigeinkommen, oder 2005 für die Einführung des Elterngeldes. Große öffentliche Resonanz fanden die stärker marktliberal akzentuierten Konzepte für einen Umbau der Krankenversicherung und eine Vereinfachung des Steuersystems, die 2003 auf dem Leipziger Parteitag beschlossen wurden. Diese waren der Wählerschaft in ihrer Radikalität allerdings nur schwer vermittelbar, zumal sie sich auch untereinander widersprachen, und mussten nach heftigen Konflikten mit der Schwesterpartei CSU wieder entschärft werden. Tatsächlich erwies sich die CDU nach der für sie enttäuschenden Bundestagswahl 2005 abermals als eine Partei, die ihre programmatischen Prinzipien hintanstellte und sich pragmatisch an den Erfordernissen des Regierungsgeschäfts orientierte.

Direkte Hinweise auf die christliche Verankerung der CDU blieben in den letzten Jahren rar. Die Erfurter Leitsätze, die familienpolitischen Beschlüsse vom Dezember 1999 oder Angela Merkels grundlegende Schriften (wie "Die Wir-Gesellschaft" oder "Meine Prioritäten für Deutschland") enthielten zumeist nur einen einzigen kurzen Verweis auf das christliche Menschenbild. Die unter dem Motto „Neue Gerechtigkeit durch mehr Freiheit" 2005 gestartete Diskussion um ein neues Grundsatzprogramm dürfte mit dazu beitragen, auch hier eine Positionsbestimmung zu erreichen.

Organisation

Die CDU gilt als „Prototyp einer Volkspartei" (Peter Haungs), die unterschiedliche Gesellschaftsgruppen in sich integriert. Dies schlägt sich auch in ihrer Organisationsstruktur nieder. So lässt sich die CDU als eine föderal aufgebaute Partei kennzeichnen, die seit den siebziger Jahren einen vergleichsweise großen Mitgliederbestand, zahlreiche locker assoziierte Parteivereinigungen und einen gut ausgebauten Parteiapparat aufweist, der allerdings in den Regierungsphasen im hohen Maße durch das Kanzleramt und die Staatskanzleien dominiert wurde. Von ihrem Selbstverständnis her bezeichnet sich die CDU unter Merkel als eine „Bürgerpartei", was den Kontakt zur Gesellschaft über die Parteigrenzen hinweg signalisieren soll.

Die CDU weist seit den frühen siebziger Jahren eine ungewöhnliche Konstanz in ihrer Führungsspitze auf: Von 1973 bis 1998 hatte Helmut Kohl das Vorsitzendenamt inne, ihm folgte von 1998 bis 2000 Wolfgang Schäuble, bevor nach dessen plötzlichem Rücktritt infolge der Spendenaffäre Angela Merkel an die Spitze rückte. Anders als bei der SPD gingen bei der CDU das Amt des Bundeskanzlers – bzw. in Oppositionszeiten: das des Fraktionsvorsitzenden – in der Regel mit dem Parteivorsitz einher. Dies stärkte die Autorität der Vorsitzenden und das einheitliche Handeln von Regierung, Fraktion und Partei. Um der Partei ein eigenes Profil zu geben, steht dem Vorsitzenden seit 1967 ein Generalsekretär zur Seite, der die Positionen der Partei nach außen vertritt und über die Parteiorganisation wacht. Nachdem Kurt Biedenkopf (1973-1977) und Heiner Geißler (1977-1989) diese Aufgaben sehr pointiert und eigenständig übernommen hatten, blieben die Nachfolger Volker Rühe (1989-1992) und Peter Hintze (1992-1998) eher auf der Linie des Kanzlers. 1998 berief Wolfgang Schäuble Angela Merkel zur Generalsekretärin, ehe sie selbst Parteichefin wurde. Unter Merkels Vorsitz häuften sich die Wechsel im Amt des Generalsekretärs, was zum Teil mit der Schwäche der Amtsinhaber, zum Teil aber auch mit den Schwierigkeiten der Partei zu tun hatte, sich in der Oppositionsrolle zurecht zu finden. Nachdem Ruprecht Polenz und Laurenz Meyer nach kurzer Zeit den Posten niederlegen mussten, wird das Amt seit 2005 von Ronald Pofalla bekleidet.

Gewählt werden der Vorsitzende und der Generalsekretär von dem formal höchsten Organ der CDU, dem Bundesparteitag. Dieser umfasst seit der Wiedervereinigung 1.001 Delegierte und tagt in der Regel jährlich. Die große Zahl der Delegierten verweist auf die vielfältigen Parteigruppen, die durch Proporz integriert werden, und weniger auf den Einfluss des Parteitages selbst, der eher gering zu veranschlagen ist. Ebenfalls vom Parteitag gewählt werden sieben Mitglieder des Präsidiums, dem außerdem qua Amt der Parteivorsitzende, der Generalsekretär, die vier stellvertretenden Vorsitzenden, der Bundesschatzmeister sowie

(soweit sie Mitglieder der CDU sind) der Bundeskanzler, der Präsident oder
Vizepräsident des Deutschen Bundestages, der Vorsitzende der Unions-
Bundestagsfraktion und der Vorsitzende der EVP-Fraktion des Europäischen
Parlamentes angehören. Hinzu kommen die CDU-Ministerpräsidenten als koop-
tierte Mitglieder. Das Präsidium bildet das eigentliche Führungsorgan der Partei,
das durchschnittlich alle zwei Wochen die wichtigsten Linien der Tagespolitik
sowie grundsätzliche Entscheidungen abstimmt. Der wesentlich umfangreichere
Bundesvorstand dient demgegenüber eher Legitimationszwecken; hier werden
die Entscheidungen in einem erweiterten Führungskreis diskutiert und in die
Parteigliederungen hinein vermittelt. Neben den Mitgliedern des Präsidiums
gehören dem Vorstand 26 vom Bundesparteitag gewählte Mitglieder sowie die
Vorsitzenden der Landesverbände und der Bundesvereinigungen an. Im historischen Längsschnitt fällt auf, dass diese Gremien während Kohls Kanzlerschaft
zugunsten informeller Absprachen an Bedeutung verloren – insbesondere 1990
bis 1994. Unter Angela Merkel wurden sie revitalisiert und dienen seither wieder
in höherem Maße der Diskussion.

Unterhalb der Bundesebene gliedert sich die CDU in 17 Landesverbände (14
in den Bundesländern außer Bayern sowie je einer in den Bezirken Hannover,
Braunschweig und Oldenburg), 27 Bezirksverbände, 360 Kreisverbände und ca.
11.700 Ortsverbände. Die Landesparteien in der CDU weisen traditionell relativ
starke programmatische Unterschiede und einen nicht unbeträchtlichen Eigen-
sinn in ihrem Auftreten auf. So sind z.B. Schleswig-Holstein, Niedersachsen und
Hessen traditionell konservativ ausgerichtet, während Nordrhein-Westfalen und
das Saarland ein eher christlich-soziales und die Stadtstaaten ein eher liberales
Profil aufweisen. Stellt die CDU den Ministerpräsidenten, prägen wie auf der
Bundesebene vor allem die Regierungspolitik und der „Landesvater" die politischen Leitlinien, und weniger die Landesparteien selbst. Bedingt durch den Zwi-
schenwahleffekt im deutschen „Parteienbundesstaat" erhöht die Oppositionsrolle
im Bund die Wahrscheinlichkeit von Wahlerfolgen in den Ländern. Das innerparteiliche Machtzentrum verschiebt sich dann tendenziell in Richtung der Ministerpräsidenten. Treten dagegen in den Ländern Rückschläge auf, wie es in der CDU
anfangs der neunziger Jahre der Fall war, so stärkt dies die Machtfülle des Parteivorsitzenden und Kanzlers. Um eine stärkere Rückkoppelung zwischen Parteiführung und Basis zu gewährleisten, hielt Angela Merkel verschiedentlich „Regi-
onalkonferenzen" ab. Auch hier dienen Information und Aussprache in erster
Linie der Selbstlegitimation der Vorsitzenden.

Auf der horizontalen Ebene bündelt die CDU ihre unterschiedlichen Flügel
seit ihrer Gründung in relativ unabhängigen Vereinigungen und Sonderorganisa-
tionen, die in unterschiedlichem Maße mit der Partei verbunden sind. In einigen

Fällen ist keine Mitgliedschaft in der CDU notwendig (wie bei der Jungen Union und der Christlich-Demokratischen Arbeitnehmerschaft), in anderen Fällen ergibt sich die Mitgliedschaft in der Organisation automatisch aus der Parteizugehörigkeit (z.b. bei der Frauen-Union, wo zugleich auf schriftlichen Antrag eine Mitgliedschaft ohne Parteizugehörigkeit möglich ist). Die Vereinigungen bilden Brücken zu den entsprechenden Verbänden, sie haben eine Rekrutierungsfunktion für die Parteigremien und sie helfen, die vielfältigen Positionen innerhalb der CDU zu organisieren. Da die Vereinigungen vielfach zugleich CSU-Anhänger umschließen oder zumindest über gemeinsame Zeitschriften mit ihnen kooperieren, bilden sie zudem eine Verbindung zur Schwesterpartei.

Die wohl wichtigste Vereinigung ist die Junge Union (JU), die den Nachwuchs der unter 35-Jährigen organisiert. Sie gilt als maßgebliches innerparteiliches Karrieresprungbrett und ist mit knapp 130.000 Mitgliedern die größte parteipolitische Jugendorganisation in Europa. Im Vergleich zu den Jungsozialisten in der SPD suchte sie bislang seltener den Konflikt mit der Mutterpartei, ohne deren Standpunkte deckungsgleich zu übernehmen. Während die JU in den siebziger Jahren mit christlich-sozialen Positionen sympathisierte, setzt sie in jüngster Zeit eher wirtschaftsliberale Akzente. Relativ wenige Reibungen gibt es auch zwischen der Partei und der „Frauen-Union" (FU). Deren politischer Einfluss war stets begrenzt, obwohl der Frauenanteil in den Führungsgremien seit dem Quorumsbeschluss von 1996 zugenommen hat. Als das „soziale Gewissen" der Partei gilt die „Christlich-Demokratische Arbeitnehmerschaft" (CDA). Sie rekrutiert sich vornehmlich aus katholischen Arbeitnehmern aus Nordrhein-Westfalen und Rheinland-Pfalz und vertritt das Erbe der christlichen Gewerkschaften. Nachdem die CDA in den siebziger Jahren noch einmal an Stärke und Einfluss gewinnen konnte, ist ihr Mitgliederbestand danach deutlich gesunken. Seit Norbert Blüms Rückzug spielt sie innerparteilich keine bestimmende Rolle mehr. Auch von dem hohen Arbeiteranteil der CDU in den neuen Bundesländern konnte sie nicht profitieren. An Mitgliederzahlen und politischem Einfluss gewonnen hat dagegen die „Mittelstands- und Wirtschaftsvereinigung der CDU/CSU" (MIT).

Eher historische Überbleibsel früherer Integrationsaufgaben bilden die „Ost- und Mitteldeutsche Vereinigung", die die Vertriebenen integriert, oder der „Evangelische Arbeitskreis", der in der frühen Bundesrepublik die protestantische Minderheit in der CDU bündelte. Offenheit gegenüber neuen gesellschaftlichen Realitäten zeigt die CDU hingegen in neuen mit ihr assoziierten Gruppen wie dem „Deutsch-Türkischen Forum" oder den „Lesben und Schwulen in der Union" (LSU). Diese haben allerdings keinen Status als Vereinigung oder Sonderorganisation und fristen eher ein Randdasein mit Signalfunktion. Die Bearbeitung von einzelnen Politikfeldern übernehmen zudem Bundesfachausschüsse, die der Bundesvorstand einsetzt.

Modernisierungswillen zeigte die CDU, wenn auch etwas verspätet, bei der innerparteilichen Berücksichtigung von Frauen. Seit dem Essener Parteitag 1985 wurde es innerhalb der CDU zunehmend als Problem erkannt, dass Frauen kaum in Führungsgremien und -posten gelangten, ohne dass darauf eine spürbare Veränderung folgte. Auf dem Hannoveraner Parteitag 1996 fand sich schließlich, durch Unterstützung von Helmut Kohl, trotz erheblicher Widerstände eine Mehrheit für das sogenannte „Quorum", das eine Drittelbeteiligung von Frauen in Parteiämtern und öffentlichen Mandaten anstrebt. Tatsächlich konnte auf diese Weise der Frauenanteil in den Bundes-, Landes- und Kreisvorständen und an den Delegierten bei Parteitagen gesteigert werden. Geringer als angestrebt blieb dagegen – trotz Angela Merkels Wahl zur Bundesvorsitzenden – der Frauenanteil in den eigentlichen Führungspositionen (wie Landesgeschäftsführer, Fraktionsvorsitzende in Land- und Kreistagen, Landes-, Kreis- und Ortsvorsitzende). Auch in der Bundestagsfraktion wurde die Umsetzung des Quorums nicht erreicht.

Blickt man schließlich auf die Ebene der Mitglieder, so fällt zunächst auf, dass die CDU seit 1983 kontinuierlich Mitglieder verloren hat und lediglich die Vereinigung mit der Ost-CDU die Werte kurz aufbessere. Dennoch hat die CDU mittlerweile einen genauso hohen Mitgliederbestand wie die traditionelle Mitgliederpartei SPD. Nimmt man die CSU dazu, liegt der Bestand sogar deutlich darüber. Auch im westeuropäischen Vergleich zählt die CDU noch zu den mitgliederstarken Parteien. Probleme bereitet neben der rückläufigen Entwicklung vor allem die Überalterung der Mitglieder: Nachdem sich die Partei durch die Eintrittswelle in den siebziger Jahren verjüngt hatte, liegt deren Durchschnittsalter heute bei 55 Jahren. 46 Prozent der Mitglieder sind über 60 Jahre alt.

Die Sozialstruktur der Mitglieder hat sich hingegen in den letzten Jahrzehnten nur unwesentlich verändert. Die sozialstrukturellen Diskrepanzen, die bei den Wählern ausgemacht werden können, zeichnen sich hier traditionell wesentlich deutlicher ab. So betrug der Arbeiteranteil unter den Mitgliedern in den achtziger Jahren nur 10 Prozent, 2004 sogar nur noch 8 Prozent. Dagegen sind Selbständige mit über 20 Prozent weiterhin deutlich überrepräsentiert. Die lange Wirkungsmacht traditioneller Milieus lässt sich auch bei den Konfessionen ausmachen: Der Katholikenanteil liegt immer noch bei über 50 Prozent, auch wenn er sich seit den siebziger Jahren deutlich verringert hat. Der Frauenanteil konnte 1990 durch den Zusammenschluss mit der Ost-CDU auf 25 Prozent erhöht werden, stagniert aber seitdem auf diesem Niveau.

Mitgliederzahlen seit 1982

Jahr	Mitglieder absolut	Veränderung gegen- über Vorjahr in Prozent	Jahr	Mitglieder absolut	Veränderung gegenüber Vorjahr in Prozent
1982	718.889	2,0	1995	657.643	-2,1
1983	734.555	2,2	1996	645.786	-1,8
1984	730.395	-0,6	1997	631.700	-2,2
1985	718.590	-1,6	1998	626.342	-0,8
1986	714.089	-0,6	1999	638.056	1,9
1987	705.821	-1,2	2000	616.722	-3,3
1988	676.747	-4,3	2001	604.135	-2,0
1989	658.411	-2,7	2002	594.391	-1,6
1990	789.609	19,9	2003	587.244	-1,2
1991	751.163	-4,9	2004	579.526	-1,3
1992	713.846	-5,0	2005	571.881	-1,3
1993	685.343	-4,0	2006	561.070	-1,9
1994	671.497	-2,0			

Stichtag für 1982 bis 2005 jeweils 31. Dezember, Stichtag für 2006 30. September. Quelle: Zentrale Mitgliederkartei/Berichte der Geschäftsstelle.

Weiterhin unterscheidet sich das Sozialprofil der Mitglieder in den alten und neuen Bundesländern deutlich voneinander, allerdings mit abnehmender Tendenz. In den neuen Ländern liegt der Arbeiteranteil unter den CDU-Mitgliedern höher (Oktober 2004: 15,7 gegenüber 6,4 Prozent im Westen), dafür gibt es weniger Selbständige und Beamte. Eine deutliche Annäherung lässt sich bei den Frauenanteilen feststellen: Lag dieser 1990 in der Ost-CDU noch bei 40 Prozent der Mitglieder, war er 2004 mit nur noch 29 Prozent kaum noch höher als in den alten Bundesländern (25 Prozent).

Die Beiträge der Mitglieder sind die wichtigste Einnahmequelle der Partei. Zusammen mit den regelmäßigen Abgaben von Amts- und Mandatsträgern machen sie über 40 Prozent der jährlichen Gesamteinnahmen aus. Der Anteil aus direkten staatlichen Mitteln beläuft sich auf rund 30 Prozent, derjenige aus Spenden auf gut 20 Prozent, wobei das Spendenaufkommen in Wahljahren erfahrungsgemäß ansteigt. Von der finanziellen Gesamtlage her hat sich die CDU seit Anfang der achtziger Jahre verschlechtert. Obgleich die Einnahmen von CDU und CSU zusammen deutlich über denen der SPD lagen, hatte man unter Kohl über seine Verhältnisse gelebt. Nach der Flick-Affäre fehlten der CDU vor allem Wirtschaftsspenden, die ihr vormals teils auf legalen, teils auf allenfalls halblegalen Wegen zugeflossen waren. Die finanzielle Konsolidierung infolge der Wie-

dervereinigung, die der Partei verstärkt Spenden, Staatsgelder und Beiträge zu-
fließen ließ, blieb von kurzer Dauer. Eine regelrechte Finanzkatastrophe brach im
Jahre 2000 durch die Spendenaffäre über die Partei hinein. Die ihr aufgelegten
Rückzahlungen an die Staatskasse zwangen die CDU, beim Personal und den
Wahlkampfausgaben zu sparen, während gleichzeitig die Mitgliedsbeiträge an-
gehoben wurden. Um künftig derartige Affären zu vermeiden, beschloss der
Essener Parteitag im Jahr 2000 mehrere Satzungsänderungen, die die Kontrolle
der Partei über ihre Finanzen in Zukunft effektiver gestalten sollen.

Fazit

Die CDU hat in den letzten Jahrzehnten zahlreiche Krisen meistern können. Sie
hat strukturelle Verschiebungen in der Parteienlandschaft bewältigt, die durch
die allmähliche Erosion der sie tragenden Milieus und dem damit verbundenen
Rückgang ihrer Stammwählerschaft ausgelöst worden sind, und sie hat innere
Probleme wie Affären und Führungswechsel überraschend schnell überwunden.
Auch wenn sie dabei ihr Grundprofil bewahrte, lassen sich seit 1982 deutliche
Veränderungen gegenüber den siebziger Jahren ausmachen: Programmatisch
wurde die CDU liberaler und weniger diskussionsfreudig, organisatorisch ver-
ringerten sich ihre Finanz- und Mitgliederressourcen stark, und die frühere strukturelle Überlegenheit bei Wahlen ging zumindest auf der Bundesebene ab Mitte
der neunziger Jahre verloren. Nicht nur im Vergleich zur SPD, sondern auch zu
ihren europäischen Schwesterparteien konnte die CDU aber auf allen Ebenen des
politischen Systems eine bemerkenswerte Stärke bewahren. Die dominante Stellung, die sie in den fünfziger und achtziger Jahren im deutschen Parteiensystem
hatte, wird die CDU in absehbarer Zukunft wohl nicht wieder erreichen können.
Der Status als Volkspartei und Machtfaktor im Regierungssystem bleibt ihr jedoch gewiss.

 Literatur

Bösch, Frank (2002), Macht und Machtverlust. Die Geschichte der CDU, Stuttgart/München.
Buchstab, Günther u.a., Hg. (2002), Lexikon der Christlichen Demokratie in Deutschland,
    Paderborn.
Clemens, Clay/William E. Paterson, Hg. (1998), The Kohl Chancellorship. German Politics 7
    (1).
Dümig, Kathrin/Matthias Trefs/Reimut Zohlnhöfer (2006), Die Fraktionen der CDU. Bändi-
    gung durch institutionalisierte Einbindung, in: Patrick Köllner/Matthias Basedau/Gero
    Erdmann (Hg.), Innerparteiliche Machtgruppen, Frankfurt a.M., S. 99-129.
Dürr, Tobias/Rüdiger Soldt, Hg. (1998), Die CDU nach Kohl, Frankfurt a.M.

Grabow, Karsten (2000), Abschied von der Massenpartei. Die Entwicklung der Organisationsstruktur von SPD und CDU seit der deutschen Wiedervereinigung, Wiesbaden.

Haungs, Peter (1992), Die CDU. Prototyp einer Volkspartei, in: Alf Mintzel/Heinrich Oberreuter (Hg.), Parteien in der Bundesrepublik, Bonn, S. 172-216.

Kleinmann, Hans Otto (1993), Geschichte der CDU 1945-1982, Stuttgart.

Korte, Karl-Rudolf (1998), Deutschlandpolitik in Helmut Kohls Kanzlerschaft. Regierungsstil und Entscheidungen 1982-1989, Stuttgart.

Reichart-Dreyer, Irmgard (2000), Macht und Demokratie in der CDU. Dargestellt am Prozess und Ergebnis der Meinungsbildung zum Grundsatzprogramm 1994, Wiesbaden.

Schmid, Josef (1990), Die CDU. Organisationsstrukturen, Politiken und Funktionsweisen einer Partei im Föderalismus, Opladen.

Wewer, Göttrik, Hg. (1998), Bilanz der Ära Kohl. Christlich-liberale Politik 1982-1998, Opladen.

 Internet

www.cdu.de

Frank Bösch

Christliche Bayerische Volkspartei (Bayerische Patriotenbewegung) (C.B.V.)

Zentrale Figur und einziger Vorsitzender der C.B.V. war Ludwig Volkholz. Der Förster vertrat in den fünfziger Jahren die →Bayernpartei (BP) als Abgeordneter in Bonn und München und war berüchtigt für seine polemischen und populistischen Angriffe auf den politischen Gegner. Volkholz' Verurteilung zu einer Haftstrafe im Jahre 1954, die die Entlassung aus dem Staatsdienst nach sich zog, gilt als vorwiegend politisch motiviert.

Nachdem Volkholz am 14. März 1976 mit seiner Kandidatur für den BP-Vorsitz gescheitert war, konstituierte sich am 1. Mai 1976 die C.B.V. Obwohl sie sich in Bayern an allen Bundestagswahlen sowie den bayerischen Landtagswahlen 1982 und 1986 beteiligte, blieb sie notorisch erfolglos; lediglich bei der Bundestagswahl 1983 erreichte sie knapp 11.000 Stimmen (0,0 Prozent). Im Bayerischen Wald, der Heimat von Volkholz, konnte sie allerdings kommunalpolitische Mandate erringen.

Programmatisch trat die C.B.V. wie die BP vor allem für bayerische Eigenstaatlichkeit ein. 1976 bildete sie mit anderen separatistischen Gruppen Europas die „Liga der Volksparteien Europas – Autonomistische Internationale". Im übrigen verbreitete sie die bekannten Volkholzschen Stammtischparolen wie die „Abschaffung des Sexunterrichts an den Schulen" oder das „Verbot von Diskotheken als Brutstätten des Haschhandels". 1987 forderte ein Wahlwerbespot der C.B.V. „undeutsches Negergebrülle in den Radios ... durch gesundes deutsches Liedgut" zu ersetzen. Zudem vertrat die C.B.V. Positionen, die letztlich die Rehabilitierung ihres Vorsitzenden zum Ziel hatten.

Organisatorisch gliederte sich die C.B.V. in den Landesverband und drei Bezirksverbände (Oberbayern-Schwaben, Ostbayern und Franken); formal waren zudem Kreis- und Ortsverbände vorgesehen. Die dem Bundeswahlleiter 1976 gemeldete Zahl von 2.100 Mitgliedern gehört ins Land der Fabel: Am jährlichen „Politischen Aschermittwoch" nahmen maximal vierzig, meist sogar nur ein Dutzend Personen teil. Die C.B.V. war damit organisatorisch, programmatisch und elektoral allein auf die Person Volkholz fixiert. Deshalb stellte sich auch der Rückgliederung in die Bayernpartei Ende 1988 kein Widerstand entgegen.

 Literatur

Eichmüller, Andreas (1997), Der Jagerwiggerl. Ludwig Volkholz – Förster, Politiker, Volksheld, Regensburg, S. 172 ff.

Mintzel, Alf (1986), Die Bayernpartei, in: Richard Stöss (Hg.), Parteien-Handbuch. Die Parteien der Bundesrepublik Deutschland 1945-1980, Opladen, S. 439 ff.

Uwe Kranenpohl

CHRISTLICHE LIGA Die Partei für das Leben (CHR.L./LIGA)

Als Abspaltung der →Deutschen Zentrumspartei entstand die Christliche Liga im April 1985 zunächst unter dem Namen „Christliche Partei für das Leben" (CPL), den sie im Februar 1987 aber änderte. Die LIGA sollte zum einen als Sammelbecken und Dachorganisation für andere christlich orientierte Gruppen und politisch Aktive vor allem aus der Lebensrechtsbewegung dienen, zum anderen auch denjenigen ein politisches Forum bieten, die sich vom eher katholisch geprägten Image der Zentrumspartei nicht angesprochen fühlten. Die LIGA war die erste einer Reihe parteipolitischer Neugründungen zur Mitte der achtziger Jahre mit Hauptziel Lebensschutz. Enttäuscht von der ausbleibenden geistig-moralischen Wende durch die unionsgeführte Bundesregierung, wollte sie den Kampf gegen die Abtreibung auch parteipolitisch organisieren und in die Parlamente tragen. Ziel sollte es sein, eine einzige politische Vertretung der Christen aller Konfessionen in der Bundesrepublik aufzubauen. Die Fusionsverhandlungen mit der →Christlichen Mitte (CM) und der →Partei Bibeltreuer Christen (PBC) scheiterten aber insbesondere an programmatischen und persönlichen Differenzen. 1995 löste sich die LIGA auf.

Die LIGA erreichte bei den Europa- und Bundestagswahlen von 1989 bis 1994 Ergebnisse zwischen 0,0 und 0,1 Prozent; ihr bestes Ergebnis bei einer Landtagswahl (Baden Württemberg 1992) betrug 0,5 Prozent. Lediglich auf Gemeinde- und Kreisebene errang sie einige vereinzelte Mandate.

Schwerpunkte des Parteiprogramms der LIGA waren der Kampf gegen ein als zu liberal empfundenes Abtreibungsrecht und die Erhaltung traditioneller Ehe- und Familienstrukturen, verbunden mit einer europakritischen Sicht und dem Ziel eines christlichen Staates in einem Europa der Vaterländer. Nach Gründung der LIGA belief sich die Zahl ihrer Mitglieder nach eigenen Angaben auf 3.000. Differenzen über die richtige politische Umsetzung ihrer Ziele und das gleichzeitige Entstehen von Konkurrenzorganisationen führten dazu, dass sie sich bald auf nur wenige Hundert verringerte. Parteivorsitzende waren Josef Ripsam, Herbert Völkl und Ewald Jaksch.

 Literatur

Hoyer, Guido (2001), Nichtetablierte christliche Parteien. Deutsche Zentrumspartei, Christliche Mitte, Christliche Partei Deutschlands und Partei Bibeltreuer Christen im Parteiensystem der Bundesrepublik Deutschland, Frankfurt a.M.

Thielking, Kai Oliver (1999), Zwischen Bibel und Grundgesetz. Christliche Kleinparteien in der Bundesrepublik Deutschland, Marburg.

Kai Oliver Thielking

CHRISTLICHE MITTE – Für ein Deutschland nach GOTTES Geboten (CM)

Wie die →Christliche Liga ist auch die Partei Christliche Mitte (CM) aus einer Abspaltung der →Deutschen Zentrumspartei hervorgegangen, in der es Mitte der achtziger Jahre zu heftigen Auseinandersetzungen zwischen Exponenten des traditionellen politischen Katholizismus und erst kurz zuvor in die Partei eingetretenen aktiven Lebensrechtlern gekommen war. Diese sammelten sich im August 1988 in der neu gegründeten CM, um ihr Anliegen eines strikten Abtreibungsverbotes und die Ausrichtung der Bundesrepublik an christlich-katholischen Grundsätzen auch parteipolitisch zu vertreten.

In den neunziger Jahren erreichte die CM bei Bundes- und Europawahlen niemals mehr als 0,2 Prozent. Ihre besten Ergebnisse bei Landtagswahlen lagen mit jeweils 0,1 Prozent im Saarland (1999) und Hamburg (2001) sogar noch darunter. Seit 2001 ist die Partei bei keiner Landtagswahl mehr angetreten. Bei der Bundestagswahl 2005 kandidierte sie nur mit einem Wahlkreisbewerber, ihrem Stellvertretenden Vorsitzenden Josef Happel im Wahlkreis Odenwald, der aber auch hier nur 0,6 Prozent der Erststimmen erreichen konnte. Die CM dürfte damit wohl in absehbarer Zeit das Schicksal der Christlichen Liga teilen.

Das Programm der CM konzentriert sich in der Praxis auf die Anprangerung der Abtreibungsregelung in der Bundesrepublik sowie auf ein verbal militantes Auftreten gegenüber dem Islam, der das Land angeblich bedrohe. Im Gegenzug werden das christliche Naturgesetz und die Bibel als Richtlinien des politischen Handelns ausgelegt; Überschneidungen zur rechtsextremistischen Ideologie (Antisemitismus, Rassismus, Antipluralismus, völkischer Kollektivismus) sind manifest. Anders als die gemäßigter auftretende →Partei Bibeltreuer Christen kann die CM somit als fundamentalistisch-nationalistische Politsekte eingestuft werden.

Die CM lehnt offizielle Auskünfte über ihre Mitgliederzahlen ab und spricht statt dessen von „Mitstreitern". In der Literatur kursieren Zahlen zwischen 600 und 4.000 Mitgliedern, faktisch dürfte die Mitgliederzahl im niedrigen dreistelligen Bereich angesiedelt sein, zumal interne Querelen in den neunziger Jahren zu Parteiausschlüssen und Mitgliederschwund führten. Vorsitzende seit Gründung der Partei ist Adelgunde Mertensacker.

 Literatur

Hoyer, Guido (2001), Nichtetablierte christliche Parteien. Deutsche Zentrumspartei, Christliche Mitte, Christliche Partei Deutschlands und Partei Bibeltreuer Christen im Parteiensystem der Bundesrepublik Deutschland, Frankfurt a.M.

Schirrmacher, Thomas (2003), Feindbild Islam. Am Beispiel der Partei Christliche Mitte, Nürnberg.

Thielking, Kai Oliver (1999), Zwischen Bibel und Grundgesetz. Christliche Kleinparteien in der Bundesrepublik Deutschland, Marburg.

Internet

www.christliche-mitte.de

Kai Oliver Thielking

Christlich-Soziale Union in Bayern e.V. (CSU)

Entstehungs- und Entwicklungsgeschichte
Die CSU entstand in Bayern nach dem Zweiten Weltkrieg (landesweite Lizenzierung durch die amerikanische Militäradministration am 8. Januar 1946) als neuartige interkonfessionelle Sammlungsbewegung, die verschiedene politische Strömungen – insbesondere bayerisch-patriotische, liberale, konservative und soziale Richtungen – der Weimarer Zeit zu integrieren suchte. Prägend waren zu Beginn aber heftige innerparteiliche Kämpfe unter dem Gründungsvorsitzenden Josef „Ochsensepp" Müller (1946-1949). Dessen liberaler, „reichsorientierter" Flügel stand einem katholisch-konservativen Flügel um Alois Hundhammer erbittert gegenüber. Die parteiinternen Probleme führten dazu, dass sich die CSU, die anfangs als Volkspartei zu kennzeichnen war, zunächst wieder zu einer Honoratiorenpartei alten Stils zurückbildete. Erst ihr Vorsitzender Hanns Seidel (1955-1961) leitete einen organisatorischen wie inhaltlichen Modernisierungsprozess ein, der zu einer größeren Zentralisierung und Professionalisierung der Partei führte.

Die Auseinandersetzung um die „bayerische Frage" erhielt ab 1948 zusätzlich eine zwischenparteiliche Dimension. Den sogenannten „Bruderzwist" mit der →Bayernpartei (BP) konnte die CSU endgültig erst in den sechziger Jahren für sich entscheiden, als die BP aus dem Landtag ausschied und die CSU die absolute Mehrheit – zunächst der Mandate, seit 1970 auch der abgegebenen Stimmen – erreichte.

Entscheidend für den Erfolg der CSU war, dass sie sich von Anfang an nicht nur als bayerische Partei verstand, sondern bundespolitische Verantwortung wahrnahm. Die Fraktionsgemeinschaft im Deutschen Bundestag mit der →CDU und die Regierungsbeteiligungen in Bonn ermöglichten der CSU, sich als „Interessenvertreterin Bayerns" zu profilieren. Nicht zufällig erreichte sie deshalb bei Bundestagswahlen bereits seit 1957 ihr Ziel von „50 Prozent plus X".

1961 übernahm Franz Josef Strauß das Amt des Parteichefs, das er bis zu seinem Tod am 3. Oktober 1988 innehatte. Die erfolgreichste Phase für die CSU bildeten die siebziger Jahre, in denen das Duo aus dem bundespolitischen Polari-

sierer Strauß und dem landespolitischen Integrator Alfons Goppel (Ministerpräsident von 1962 bis 1978) in scharfer Frontstellung zur sozialliberalen Bundesregierung für die Partei Spitzenergebnisse um die 60 Prozent einfuhr. Während sich
die CSU in Bayern als Hauptagentin des wirtschaftspolitischen Wandels des
Freistaats vom Agrar- zum Industriestaat präsentierte, war im Bund in den siebziger und achtziger Jahren die „Männerfreundschaft" zwischen Helmut Kohl
(CDU) und Strauß, der 1978 das Amt des bayerischen Ministerpräsidenten übernahm, prägend. Ausgehend von Strauß' Überzeugung, er sei der geeignetere
Kanzlerkandidat, verfolgten beide eine unterschiedliche Oppositionsstrategie.
Während Kohl auf ein Bündnis der Union mit der →FDP setzte, strebte der CSU-
Chef die absolute Mehrheit für CDU und CSU an. Dies war der strategische Hin-
tergrund des sogenannten „Kreuther Trennungsbeschlusses" von 1976, durch
den die CSU – wenn auch nur für kurze Zeit – die Fraktionsgemeinschaft mit der
CDU aufkündigte. Dennoch setzte die CSU in der Folgezeit durch, dass Strauß
1980 die Kanzlerkandidatur übernahm. Die Bundestagswahl brachte für den
CSU-Vorsitzenden allerdings nicht den erhofften Erfolg.

Als dann 1982 die sozialliberale Koalition zerbrach, sah Strauß die Chance,
durch sofortige Neuwahlen die ihm missliebige FDP aus dem Bundestag zu
drängen und die absolute Mehrheit für die Union zu gewinnen. Jedoch konnte er
sich mit dieser Vorstellung nicht durchsetzen – auch nicht gegenüber der CSU-
Landesgruppe im Bundestag unter Friedrich Zimmermann, die das Vorgehen
Kohls befürwortete, der FDP den Wiedereinzug in den Bundestag durch eine
Herauszögerung der Neuwahlen zu ermöglichen.

In der neuen christlich-liberalen Bundesregierung stellte die CSU eine bedeutende Anzahl an Kabinettsmitgliedern: von 1982 bis 1989 vier, von 1989 bis
1990 sechs und bis 1998 wiederum vier Minister. Wichtigste Ressortchefs waren
dabei bis 1989 Zimmermann als Bundesinnenminister, danach Theo Waigel als
Bundesfinanzminister. Außerdem besetzte die CSU längere Zeit neben dem Ent-
wicklungshilfe- und dem Landwirtschaftsministerium für Fragen der Infrastruktur relevante Ressorts wie etwa das Verkehrsministerium. Letzteres hatte eine
enge Verbindung zu der in Bayern fortgeführten Politik der wirtschaftlichen
Modernisierung. Unter Strauß begannen große Infrastrukturvorhaben, wie etwa
der Neubau des Münchener Flughafens oder die umstrittene Wiederaufbereit-
tungsanlage im oberpfälzischen Wackersdorf.

Strauß nahm auch bundespolitisch eine herausragende Stellung ein. Abgesehen von vielfältigen Spekulationen über einen Wechsel des CSU-Chefs nach
Bonn ist dabei zum einen die „Außensteuerung" (Wolfgang Ismayr) der CSU-
Landesgruppe zu erwähnen, zum anderen die Einfädelung der „Milliardenbürg-
schaft" der Bundesrepublik für Kredite an die DDR. Dieses in der Unionsanhän-

gerschaft sehr unpopuläre Projekt, das den unmittelbaren Entstehungsanlass für die rechtspopulistischen →Republikaner (REP) bildete, muss allerdings als gelungener Schachzug Kohls verstanden werden. Denn einerseits gelang es ihm damit, Strauß auf seinen deutschlandpolitischen Kurs zu verpflichten, andererseits hatte der CSU-Chef die negativen Folgen zu tragen. Auf dem Parteitag der CSU 1983 erhielt er unter 80 Prozent der Delegiertenstimmen.

Der Tod von Strauß am 3. Oktober 1988 versetzte die Partei dennoch in einen Schockzustand. Das Bedürfnis nach Harmonie in dieser großen Zäsur der Parteigeschichte führte dazu, dass die Nachfolgefrage schnell gelöst wurde. Neuer Ministerpräsident wurde Max Streibl, den Parteivorsitz übernahm Waigel. Gerold Tandler, der lange Zeit als Kronprinz von Strauß galt, ging leer aus.

Die Aufteilung und Neubesetzung der beiden Ämter brachte zunächst einen kompletten Szenenwechsel auf der jeweiligen politischen Ebene. Streibls Politikstil knüpfte stark an das Landesvatertum unter Goppel an. Jedoch zerfällt seine Amtszeit in zwei Phasen: eine zupackenden Phase bis 1990, in der viele Altlasten der Ära Strauß abgearbeitet wurden, und eine Phase der ständigen Machterosion bis zum Rücktritt des Ministerpräsidenten 1993. Bundespolitisch verstand sich der Parteivorsitzende Waigel im Unterschied zu Strauß in erster Linie als Vermittler zwischen CSU und CDU. Während seiner ganzen Amtszeit als CSU-Vorsitzender und Finanzminister zeichnete er sich durch ein hohes Maß an Loyalität gegenüber Bundeskanzler Kohl aus.

Parteipolitisch geriet die CSU trotz der schnellen Lösung der Nachfolgefrage keineswegs in ruhigeres Fahrwasser. Vielmehr schien Ende der achtziger Jahre ihre absolute Mehrheit in Bayern durch die neue Konkurrenz der Republikaner ernsthaft gefährdet. Während Streibl über eine Kooperation mit den Rechtsradikalen nachdachte, profilierte sich Edmund Stoiber als Hauptakteur eines scharfen Abgrenzungskurses, der von Waigel und dem einflussreichen CSU-Landtagsfraktionschef Alois Glück unterstützt wurde. Die strikte Bekämpfung durch die CSU sowie innerparteiliche Streitigkeiten führten schließlich dazu, dass die Republikaner 1990 den Einzug in den Landtag verpassten. Doch drohte gleichzeitig die Vergrößerung des Wahlgebietes durch die deutsche Einheit, den bundespolitischen Einfluss der CSU zu verringern. Das Projekt der Unterstützung einer Partnerpartei in den fünf neuen Ländern in Gestalt der →Deutschen Sozialen Union (DSU), das den befürchteten Machtverlust kompensieren sollte, scheiterte aber an der strategischen Unsicherheit der CSU, der politischen Unfähigkeit der DSU-Akteure sowie an der mangelnden Unterstützung seitens der CDU.

Die wohl schwerste Krise in der Post-Strauß-Ära durchlitt die CSU 1993, als nach dem Bekanntwerden der sogenannten „Amigo-Affäre" Streibl als Ministerpräsident zurücktrat. Sowohl Parteichef Waigel als auch der damalige Innenminister Edmund Stoiber bewarben sich um seine Nachfolge, wobei letzterer schließlich als Sieger aus dem heftig ausgetragenen „Duell" hervorging. Als Ministerpräsident pflegte Stoiber einen neuen Politikstil, der in die Zeit passte. Er präsentierte sich als „Manager der Bayern AG" und als „Saubermann". Derweil nahmen die Spannungen in der Doppelspitze Waigel/Stoiber erheblich zu, wobei vor allem die Frage der Auslegung der Maastrichter Konvergenzkriterien für die europäische Währungsunion im Mittelpunkt standen. Waigel als Bundesfinanzminister vertrat hier an der Seite Kohls eine europafreundliche Position und setzte gleichzeitig den Europäischen Stabilitäts- und Wachstumspakt durch. Stoiber dagegen äußerte sich skeptisch gegenüber der Stabilität der künftigen gemeinsamen Währung und traf damit die Befindlichkeiten der Partei wie der Mehrheit der CSU-Anhängerschaft. Da Waigel angesichts der zunehmenden Probleme im Bundeshaushalt zusätzlich an öffentlichem Ansehen verlor, stieg Stoiber schnell zum neuen Hoffnungsträger der CSU auf.

Der Wechsel im Amt des Parteivorsitzenden konnte jedoch erst nach der Niederlage bei der Bundestagswahl 1998 vollzogen werden. Die neue Machtkonzentration bei Stoiber führte zur „offenen Führungsfrage" in der Gesamt-Union. Obwohl sich auch Stoiber in Bayern zweier Skandale („LWS-Sauter-Affäre" 1999; „BSE-Skandal" 2000/2001) zu erwehren hatte, lief die Kanzlerkandidatur 2002 angesichts der Schwäche der durch den Spendenskandal tief erschütterten CDU auf den bayerischen Ministerpräsidenten zu. Trotz vielversprechender Ausgangsposition gelang es Stoiber aber nicht, die Wahl zu gewinnen und die rotgrüne Regierung unter Kanzler Gerhard Schröder abzulösen. Die Union blieb knapp hinter der SPD zweitstärkste Fraktion.

Während sich bundespolitisch die Gewichte nach der Wahl wieder zugunsten der CDU verschoben, schadete die Niederlage Stoibers der CSU in Bayern nicht. Im Gegenteil: Die Christsozialen gewannen bei der Landtagswahl 2003 als bisher einzige deutsche Partei sogar eine Zweidrittelmehrheit. Unmittelbar nach dieser Wahl traf Stoiber allerdings einige umstrittene Entscheidungen. Neben der Ernennung von Markus Söder zum Generalsekretär betraf dies politischinhaltlich vor allem den rigiden Sparkurs der Staatsregierung mit dem Ziel, 2006 einen Haushalt ohne Neuverschuldung vorzulegen. Zwar wurde innerparteilich dieses Vorhaben nicht in Frage gestellt, doch nahm man nun Stoibers Führungsstil als immer abgehobener wahr. Die Lage verschärfte sich im Laufe des Bundestagswahlkampfes 2005, in dem der CSU-Chef schwere strategische Fehler beging. Nachdem Stoiber angekündigt hatte, als Wirtschaftsminister in die Bundesregierung zu wechseln, entschied er sich am Ende doch für den Verbleib in Bayern. Dieser politische Hackenschlag hatte verheerende Auswirkungen auf die Stimmungslage an der Parteibasis und bei den klassischen CSU-Anhängern. Anfang

2007 spitzte sich die Kritik an Stoibers Amtsführung so zu, dass dieser – auf Drängen der Landtagsfraktion – seinen Rückzug vom Vorsitzenden- und Ministerpräsidentenamt zum Herbst desselben Jahres erklären musste. Hinter der wochenlang schwelenden Führungskrise verbargen sich auch tiefer liegende Probleme: Erstens gestaltet sich die Profilierung der CSU als kleinster Partner innerhalb der Großen Koalition als äußerst schwierig. Und zweitens bestehen innerparteilich in zentralen Politikfeldern grundsätzliche Kontroversen. In der Wirtschafts- und Sozialpolitik stehen etwa sozialpolitische Traditionalisten liberalen Reformern gegenüber. Gesellschaftspolitisch drängt die Frage, inwieweit eine Modernisierung des Frauen- und Familienbildes notwendig ist. Eine Kommission unter der Leitung des bayerischen Landtagspräsidenten Glück soll deshalb bis Ende 2007 ein neues Grundsatzprogramm entwerfen.

Parteivorsitzende seit 1961

Amtszeit	Parteivorsitzender
18. März 1961 bis 3. Oktober 1988	Franz Josef Strauß
19. November 1988 bis 16. Januar 1999	Theo Waigel
seit 16. Januar 1999	Edmund Stoiber

Bayerische Ministerpräsidenten seit 1978

Amtszeit	Ministerpräsident
7. November 1978 bis 3. Oktober 1988	Franz Josef Strauß (CSU)
19. Oktober 1988 bis 17. Juni 1993	Max Streibl (CSU)
seit 17. Juni 1993	Edmund Stoiber (CSU)

Vorsitzende der Landesgruppe im Deutschen Bundestag seit 1982

Amtszeit	Landesgruppenvorsitzender
1. Oktober 1982 bis 21. April 1989	Theo Waigel
21. April 1989 bis 22. Januar 1993	Wolfgang Bötsch
22. Januar 1993 bis 21. November 2005	Michael Glos
seit 21. November 2005	Peter Ramsauer

Wahlergebnisse und Wählerschaft
Die CSU ist eine Ausnahmeerscheinung im deutschen Parteiensystem – nicht nur, weil sie die einzige im Deutschen Bundestag vertretene Partei ist, die auf ein Bundesland beschränkt ist. Vielmehr begründet sich ihre exzeptionelle Position in ihren dauerhaften Wahlerfolgen. Von 1957 bis 1994 und 2002 erreichte sie bei jeder Bundestagswahl zum Teil deutlich über 50 Prozent der bayerischen Stim-

men. Bei den Landtagswahlen schaffte sie dies sogar ununterbrochen seit 1970. Bis in die siebziger Jahre färbte sich – mit Alf Mintzel gesprochen – die bayerische Wahllandschaft flächendeckend schwarz. Auch ehemals schwächere Gebiete wurden von der CSU erobert. Trotzdem sind regionale Unterschiede in den Wahlergebnissen vorhanden. So schneidet die CSU in Altbayern, in Schwaben und in den katholischen Teilen Frankens besser ab als im protestantischen Franken. Hochburgen liegen vor allem im Regierungsbezirk Niederbayern (Landtagswahl 2003: 64,9 Prozent; Bundestagswahl 2005: 57,3 Prozent), ihre relativ schwächsten Ergebnisse fährt die CSU dagegen in Mittelfranken ein (2003: 55,4 Prozent; 2005: 42,4 Prozent).

Betrachtet man die Wahlergebnisse genauer, lassen sich weitere Differenzierungen vornehmen. So fällt auf, dass die CSU seit der Amtsübernahme der christlich-liberalen Bundesregierung 1982 bis 1998 sowohl auf Landes- als auch auf Bundesebene kontinuierlich Stimmen verloren hatte – mit Ausnahme der Landtagswahl 1998, in der aufgrund des „Stoiber-Effekts" eine Konsolidierung gelang. Seit 1998 ergibt sich eine deutlich erhöhte Volatilität der Wahlergebnisse. Die Stimmenanteile schwanken von „nur" 47,7 Prozent bei der Bundestagswahl 1998 bis 60,7 bei der Landtagswahl 2003. Berücksichtigt man zusätzlich die – allerdings traditionell sehr stark durch Protestwahlverhalten geprägten – Europawahlen, so erhöht sich die Stimmenspreizung weiter.

Hintergrund der Entwicklung sind generelle Veränderungen im Wählerverhalten, die auch in Bayern vonstatten gehen. Sie sind als doppelte Flexibilisierung zu beschreiben: Einerseits sind Wählen gehen und Wahlenthaltung zu gleichberechtigten Handlungsoptionen für die Bürger geworden. Andererseits sinkt der Anteil an Stammwählern und es erhöht sich der Anteil der Wechselwähler.

Mit Blick auf die CSU ist jedoch darauf hinzuweisen, dass sie in Bayern nach wie vor über eine breite Stammwählerschicht verfügt, weil sie tief und fest in die politische Kultur Bayerns eingewoben ist. Kurz gesagt: Das Bild der CSU als der konservativen und christlichen „Staatspartei" des Freistaats, die als wichtigster politischer Akteur den ökonomischen Aufstieg vorangetrieben hat, passt sich nahtlos in die Einstellungswelten der Mehrheit der ländlich und katholisch geprägten, regional verwurzelten Bayern mit ihrem Stolz auf die wirtschaftliche Leistungskraft des Freistaats ein.

Auch sozialstrukturell sieht sich die CSU einer positiven Ausgangslage gegenüber. Der Freistaat ist vornehmlich katholisch und ländlich geprägt – unter diesen Bevölkerungsgruppen schneiden die Christsozialen immer besonders gut ab. Bei den Katholiken, aber auch bei den Protestanten mit ausgeprägter Kirchenbindung erzielt die CSU überdurchschnittliche Ergebnisse. Nur in der kleinen Gruppe der Konfessionslosen ist sie traditionell schwächer als die SPD. Kennzeichnend für das Wählerverhalten in Bayern ist, dass die CSU in allen Berufsgruppen und durch alle Altersschichten stärkste Partei ist. Unterhalb davon gibt es aber auch hier die für eine bürgerlich-konservative Partei typischen Unterschiede: So schneidet die CSU regelmäßig bei Landwirten und Selbständigen stärker, bei Angestellten und Beamten eher durchschnittlich und bei Arbeitern schwächer ab. Ebenso wählen ältere Alterskohorten vermehrt die CSU als jüngere.

Bei der Landtagswahl 2003 schienen auch diese Gesetzmäßigkeiten außer Kraft gesetzt: Bei allerdings dramatisch zurückgehender Wahlbeteiligung und erheblichen Verlusten auch der CSU ans Nichtwählerlager gewann sie überall dort weit überdurchschnittlich hinzu, wo die bayerische SPD letzte verbliebene Reste ihrer Stärken hatte: in wirtschaftlich schwächeren Gebieten, unter den Arbeitern, den Arbeitslosen, den Konfessionslosen und vor allem unter jungen Frauen, die herkömmlich zu der schwierigsten Wählerklientel der CSU gehörten.

Landtags-, Bundestags- und Europawahlergebnisse der CSU in Bayern seit 1982

Jahr	Landtagswahlen	Bundestagswahlen	Europawahlen
1982	58,3		
1983		59,5	
1984			57,2
1986	55,8		
1987		55,1	
1989			45,4
1990	54,9	51,9	
1994	52,2	51,2	48,9
1998	52,9	47,7	
1999			64,0
2002		58,6	
2003	60,7		
2004			57,4
2005		49,2	

Bei der Bundestagswahl 2005 hingegen verlor die CSU gegenüber 2002 weit überdurchschnittlich „oben" und „unten" in der Gesellschaft, das heißt sowohl bei den Selbständigen als auch bei den jungen, formal weniger gebildeten Männern. Zudem waren ihre Verluste vor allem in ihren Stammgebieten in Ober- und Niederbayern massiv, wo sie Stimmen ans Nichtwählerlager und an die FDP abgeben musste.

Insgesamt wird aus dieser kurzen Zusammenschau deutlich, dass die CSU zwar über einen verglichen mit anderen Parteien relativ großen und stabilen

Stammwählerkern verfügt, jedoch anderseits der konkrete Wahlausgang sehr stark von der aktuell wahrgenommenen Leistung der Partei und deren politischen Spitzen abhängt. Mit anderen Worten: Auch der bayerische Wähler wird wählerischer. Allerdings geht eine mögliche Gefährdung des Erreichens der 50-Prozent-Marke weiterhin weniger von Rot-Grün aus, als von kleineren Parteien, deren jeweiliges Wählerpotenzial zwar sehr heterogen ist, die aber vor allem der CSU schaden. Zu nennen sind hier neben der FDP vor allem die →Freien Wähler, die →ödp, aber auch die Republikaner und die →NPD. (Für eine tabellarische Aufstellung der Sozialstrukturdaten der Unionsgesamtwählerschaft siehe den Artikel zur →CDU.)

Programmatik

Kennzeichnend für den bayerischen Parteienwettbewerb ist, dass die CSU ihrer Konkurrenz auch thematisch den Boden entzogen hat. Die Bayern-SPD kann ihre Kompetenz in sozialen Fragen nicht ausspielen, weil sich die CSU als „Partei der kleinen Leute" profiliert. Mit der Privatisierungspolitik der Regierung Stoiber entfielen auch zentrale Argumente für die FDP. Einzig in ökologischen Fragen wird Bündnis90/Die Grünen mehr zugetraut als der CSU, der regelmäßig in allen anderen Politikfeldern die größte Problemlösungskompetenz zugeschrieben wird.

Die CSU wird häufig als „konservative" Partei beschrieben, was allerdings ihrer internen Heterogenität nur bedingt gerecht wird. In der CSU-typischen Melange verschmelzen Tradition und Modernisierung. Die Partei steht sowohl für die regionale Verbundenheit als auch für den ökonomischen Wandel. Entsprechend konnte sie einerseits die positiv besetzte bayerische Symbolik für sich monopolisieren. Andererseits wird ihrer politischen Führung die Entwicklung Bayerns hin zu einem High-Tech-Standort zugeschrieben.

Für die CSU gilt (noch) das Grundsatzprogramm von 1993. Als Grundsätze ihrer Politik reklamiert die Partei den freiheitlichen Rechtsstaat und die Soziale Marktwirtschaft sowie Subsidiarität und Föderalismus. Interessanterweise steht keineswegs gleich am Anfang das christliche Menschenbild, das aber auch als „Markenzeichen" eingeführt wird. Während auf das Christliche zurückgehende Argumentationen in der Tagespolitik auch bei der CSU keine große Rolle spielten, rückt dieses Fundament gelegentlich doch in den Mittelpunkt: so etwa bei der CSU-Kampagne gegen das „Kruzifix"-Urteil des Bundesverfassungsgerichts 1995.

Des Weiteren unterstützt die CSU den europäischen Integrationsprozess, will aber keinen europäischen Bundesstaat, sondern vielmehr ein „Europa der Nationen". Auf dem Gebiet der Inneren Sicherheit wird eine klare „Law-and-

Order"-Linie vertreten. Gerade in diesem Politikfeld haben sich wichtige CSU-Akteure profiliert: So war Stoiber bis 1993 bayerischer Innenminister und heute verdankt Günther Beckstein seine bundesweite Prominenz der ihm zugeschriebenen Kompetenz beim Thema Kriminalitätsbekämpfung. In gesellschaftspolitischen Fragen vertritt die CSU klassische konservative Positionen. Die traditionelle Ehe und Familie dient ihr als Leitbild. Als überkommen wird häufig das Frauenbild der CSU wahrgenommen. Blickt man allerdings ins Grundsatzprogramm, so liest man erstaunlich Fortschrittliches: Mitverantwortung der Männer in der Familie, echte Wahlfreiheit für die Lebensgestaltung und gezielte Frauenförderungspolitik.

Das „Regierungsprogramm" zur Bundestagswahl 2005 offenbarte für die CSU dennoch eine erhebliche Diskrepanz zwischen der dort verfolgten, oftmals als neoliberal apostrophierten Reformrhetorik und den viel stärker an sozialer Sicherheit orientierten Präferenzen der eigenen Wählerschaft. Das ernüchternde Wahlergebnis führte zum Auftrag an die Grundsatzkommission, ein neues Grundsatzprogramm auszuarbeiten, die vor allem in den genannten kontroversen Politikfeldern, also der Wirtschafts- und Sozialpolitik sowie der Familienpolitik, erhebliche innerparteiliche Gräben zu überbrücken haben wird.

Organisation

Die CSU gliedert sich vertikal in zehn Bezirksverbände, 108 Kreisverbände sowie 2.853 Ortsverbände. Die zehn Bezirksvorsitzenden sind dabei – vor allem in der Ära Strauß – als besonders mächtig einzustufen. Nicht zu unterschätzenden Einfluss hatten sie vor allem auf die personalpolitische Zusammensetzung der bayerischen Staatsregierung wie auch der Landeslisten für die Bundestagswahl und die jeweilige Wahlkreislisten für die Landtagswahlen. Wenn auch von einer Relativierung der Macht der Bezirksvorsitzenden in der Ära Stoiber auszugehen ist, spielt nach wie vor der Regionalproporz bei der Personalauswahl der CSU eine entscheidende Rolle. Zudem wird der informellen Runde des Parteivorsitzenden mit den Bezirkschefs weiterhin großer Einfluss zugesprochen.

Ihre Bedeutung in jedem Fall beibehalten konnten die Kreisverbände. Auf dieser Ebene wird über die Direktkandidaten für die Bundeswahlkreise und über die Stimmkreiskandidaten für die Landtagswahl entschieden. Das selbstbewusste Auftreten der Kreisverbände verhindert dabei eine zentrale Personalplanung. Das musste auch Stoiber leidvoll erfahren. Er wollte 1998 seinen Europaminister Reinhold Bocklet in einem Stimmkreis absichern, was aber auf den heftigen Widerstand der Kreisverbände vor Ort traf, die das Vorhaben vereitelten. Schließlich konnte Bocklet nur über die Liste ins Maximilianeum einziehen. Noch schlimmer erging es der ehemaligen Ministerin für Bundesangelegenheiten, Ursula Männle,

die den Sprung ins Parlament erst gar nicht schaffte und daher ihr Regierungs-
amt verlor.

Horizontal gliedert sich die CSU in acht Arbeitsgemeinschaften und zehn
Arbeitskreise. Wegen ihrer höheren Selbständigkeit sind erstere bedeutender.
Unter ihnen ragen die Junge Union (JU), die Frauen-Union (FU) und – mit Abstri-
chen – die Arbeitnehmer-Union (CSA) besonders heraus. Die JU ist mit ca. 33.000
Mitgliedern, die nicht automatisch der CSU beitreten müssen, die größte Arbeits-
gemeinschaft. Von Bedeutung ist die JU vor allem als wichtiges Rekrutierungsreservoir für den politischen Nachwuchs. Zahlreiche CSU-Spitzenpolitiker machten
zunächst in der JU Karriere, wie etwa Waigel oder Söder. Als innerparteiliches
Machtzentrum ist sie geringer einzustufen. Als solches hat sie lediglich bei der
Ablösung von Streibl fungiert, indem sie die Diskussionen über den Ministerpräsidenten schon lange vor der Amigo-Affäre initiierte. Unter ihrem langjährigen
Vorsitzenden Söder (1995-2003) stellte sich die JU kompromisslos hinter Stoiber
und präsentierte sich als Unterstützertruppe des Ministerpräsidenten. Seit dem
Wechsel zu Manfred Weber versucht sie sich inhaltlich wieder stärker zu profilie-
ren. In Konflikt gerät sie dabei des öfteren mit den traditionellen Sozialpolitikern
und hier vor allem mit dem stellvertretenden Parteivorsitzenden Horst Seehofer.
Weber scheute aber auch nicht davor zurück, Stoiber nach dessen Rückzieher als
Bundeswirtschaftsminister massiv zu kritisieren.

Wichtigste Gremien auf Landesebene sind die Landesversammlung (Parteitag), die den Parteivorsitzenden wählt, der ebenfalls von ihr gewählte Vorstand
sowie das Präsidium. Der Parteitag bildet – wie der Parteiausschuss (kleiner
Parteitag) – dabei nur in den seltensten Fällen ein Forum der Diskussion. Vielmehr ist sein Ablauf stark von der politischen Spitze dominiert und dient besonders in Wahlkampfzeiten als Inszenierung der Geschlossenheit der Partei. Vor-
standssitzungen sind wegen der schieren Größe des Gremiums ebenfalls kein Ort
der Entscheidungsfindung, sondern dienen dazu, den Mitgliedern die politische
Linie der Parteiführung zu vermitteln. Eher als Entscheidungsgremium ist das
Parteipräsidium einzustufen, das über formale Kompetenzen vor allem in Fi-
nanzfragen verfügt. Generell gilt jedoch: Je politisch brisanter die Entscheidung,
desto informeller wird der Entscheidungsprozess. Besondere Bedeutung erlangte
der sogenannte „Jour fixe" unter Strauß, an dem die wichtigsten Akteure der
CSU-Machtzentren (Parteizentrale, Staatskanzlei, Landtagsfraktion, Landesgruppe) teilnahmen. Unter Strauß' Nachfolgern hat die Informalisierung eher noch
zugenommen.

Bei der Mitgliederentwicklung scherte die CSU lange Zeit vom allgemeinen
Trend aus. Während mit Ausnahme der Grünen alle anderen Parteien einen erheblichen Mitgliederverlust zu beklagen haben, blieb die Anzahl der Menschen

mit CSU-Parteibuch relativ konstant bei über 180.000 in den achtziger Jahren und knapp unter 180.000 in den neunziger Jahren. Konjunkturen lassen sich dennoch ausmachen: So gewann die CSU nach der Regierungsübernahme in Bonn 1982 hinzu. Anschließend setzte eine eher abnehmende Tendenz bis nach dem Tod von Strauß ein, die in den Wendejahren 1989/1990 überkompensiert wurde. An der Diskussion über die „Parteienverdrossenheit" Anfang der neunziger Jahre litt dann auch die CSU bis zur Übernahme des Ministerpräsidentenamtes durch Stoiber. Durch den Regierungswechsel 1998 zu Rot-Grün und der Beendigung der Doppelspitze in der CSU konnte die Partei mitgliedermäßig nochmals profitieren. Seit dem Beginn des bayerischen Sparkurses 2003 verlor nun aber auch die CSU merklich. Der Bestand schrumpfte auf knapp über 170.000.

Bei der Zusammensetzung der Mitgliedschaft fallen insbesondere der geringe Frauenanteil (2005: 18,2 Prozent) und ein deutliches Übergewicht der katholischen (2005: 76,9 Prozent) gegenüber den protestantischen Parteigängern (2005: 16,7 Prozent) ins Auge. Was die Altersstruktur betrifft, bewegt sich die CSU bei den Jüngeren auf dem gleichen niedrigen Niveau wie CDU und SPD. 2005 waren nur 5,7 Prozent der CSU-Mitglieder unter 30 Jahren. Dagegen ist die mittlere Alterskohorte (30 bis 60 Jahre) im Vergleich zu den anderen Parteien etwas stärker, die ältere dagegen etwas schwächer vertreten.

Mitgliederzahlen seit 1982

Jahr	Mitglieder	Jahr	Mitglieder
1982	178.523	1994	176.250
1983	185.428	1995	179.647
1984	184.226	1996	179.312
1985	182.851	1997	178.457
1986	182.369	1998	179.520
1987	184.293	1999	181.873
1988	182.738	2000	178.347
1989	185.853	2001	177.036
1990	186.198	2002	177.667
1991	184.513	2003	176.950
1992	181.757	2004	172.855
1993	177.289	2005	170.084

Quelle: Mitteilung der CSU an den Verfasser; Marie-Luise Recker/Klaus Tenfelde (Hg.), Handbuch zur Geschichte des Parlamentarismus und der politischen Parteien, Bd. 12/II, Düsseldorf 2005; Oskar Niedermayer, Parteimitgliedschaften im Jahre 2005, in: Zeitschrift für Parlamentsfragen 37 (2006) H.2, S. 378. Stand: jeweils Ende des Jahres, in den Jahren 1982 bis 1986 jeweils zum 1. Januar des Folgejahres.

Bei der Betrachtung der CSU als Organisation darf aber ihr „Netzwerk der
Macht" nicht außer Acht gelassen werden. Hierzu zählt insbesondere die Kontrolle über die ressourcenstarke Staatsregierung. Darüber hinaus ist die starke
gesellschaftliche Verwurzelung der CSU hervorzuheben, die mit lokalen Vereinen und Verbänden ein dichtes Beziehungsgeflecht bildet. Der kommunalen
Basis und den Landtagsabgeordneten kommt hier die wichtige Funktion eines
Transmissionsriemens zu: Sie kommunizieren die CSU-Politik an gesellschaftliche Multiplikatoren und sorgen gleichzeitig für eine Rückkoppelung zur politischen Spitze.

Fazit

Der kurze Überblick über die CSU-Geschichte zeigt, dass diese keineswegs eine
gerade Erfolgslinie darstellt. Vor allem in der Nach-Strauß-Zeit sah sich die bayerische Union zahlreichen Situationen gegenüber, die ihrer Stellung hätten gefährlich werden können. Kennzeichnend ist jedoch eine erstaunliche Selbstregenera-
tionsfähigkeit: organisatorisch, personell und stilistisch. So konnten die Christsozialen jedenfalls bei Landtagswahlen immer ihr Ziel der absoluten Mehrheit erreichen.

Deutlich wird aber auch, dass sich das Wählerverhalten in Bayern erheblich
flexibilisiert hat. CSU-Mehrheiten sind daher weniger denn je Gott gegeben. Für
die Zukunft der Partei wird es entscheidend sein, den grundsatzprogrammati-
schen Prozess ernst zu nehmen und dadurch einen tragfähigen innerparteilichen
Konsens über die strittigen wirtschafts- und gesellschaftspolitischen Vorstellungen herzustellen. Nur auf der Basis dieser Selbstverständigung wird sie auf Dauer ihre Ausnahmestellung erhalten können.

 Literatur

Deiß, Matthias (2003), Die Führungsfrage. CDU und CSU im zwischenparteilichen Macht-
    kampf, München.
Hanns-Seidel-Stiftung, Hg. (1995), Geschichte einer Volkspartei. 50 Jahre CSU – 1945-1995,
    München.
Kießling, Andreas (2004), Die CSU. Machterhalt und Machterneuerung, Wiesbaden.
Kießling, Andreas (2005), Erfolgsfaktoren der CSU. Kompetitive Kooperation von Macht-
    zentren als Bedingung für Selbstregenerationsfähigkeit und Geschlossenheit, in: Zeit-
    schrift für Politikwissenschaft 15 (2), S. 373-393.
Mintzel, Alf (1975), Die CSU. Anatomie einer konservativen Partei 1945-1972, Opladen.
Mintzel, Alf (1986), Die Christlich-Soziale Union in Bayern e.V., in: Richard Stöss (Hg.),
    Parteien-Handbuch. Die Parteien der Bundesrepublik Deutschland 1945-1980, Opla-
    den, S. 661-718.

Müller, Kay (2004), Schwierige Machtverhältnisse. Die CSU nach Strauß, Wiesbaden.
Richter, Saskia (2004), Die Kanzlerkandidaten der CSU. Franz Josef Strauß und Edmund
Stoiber als Ausdruck christdemokratischer Schwäche?, Hamburg.

 Internet

www.csu.de

Andreas Kießling

Demokratische Alternative für Umweltschutz, Steuerzahler und Arbeitsplätze (DA)

Die Demokratische Alternative für Umweltschutz, Steuerzahler und Arbeitsplätze (DA) wurde am 30. November 1984 als Berliner Landesverband mit Ambitionen auf eine spätere Ausdehnung auf andere Teile der Bundesrepublik gegründet. Der ehemalige CDU-Kreisvorsitzende des Berliner Bezirks Wedding, Dietrich Bahner, der für die Union im Bundestag und im Berliner Abgeordnetenhaus gesessen hatte, betrieb die Gründung der neuen Partei aus Protest gegen das seiner Ansicht nach zu geringe Engagement der CDU im Politikfeld Umweltschutz, durch das ökologisch aufgeschlossene bürgerliche oder konservative Wähler in die Arme der Berliner Alternativen Liste (heute: Bündnis 90/Die Grünen) getrieben worden seien. Neben der explizit ökologischen Ausrichtung war die DA aber auch der Versuch, eine Sammlungsbewegung rechts von der CDU zu etablieren und eine rot-grüne Regierungskoalition in Berlin zu verhindern. Die Partei, die sich auch „Berlins neue Preußenpartei" nannte, entstand im ultrakonservativen bürgerlichen Umfeld Bahners, dessen Vater 1975 bereits die Gründung der rechten Sammlungsbewegung Aktionsgemeinschaft Vierte Partei (AVP) vorangetrieben hatte und ab 1976 deren Bundesvorsitzender war.

Die DA trat am 10. März 1985 bei der Abgeordnetenhauswahl und der Wahl zur Bezirksverordnetenversammlung in Berlin sowohl mit einer Landesliste als auch mit Wahlkreiskandidaten an. Dabei konnte sie nach eigenen Angaben auf die Unterstützung von etwa 300 Mitgliedern zählen, die in sämtlichen Bezirken vertreten waren. Da das Abschneiden mit 1,3 bzw. 1,2 Prozent der Stimmen weit unter den Erwartungen Bahners blieb, löste dieser die Partei direkt nach der Wahl wieder auf. Damit fanden auch die bundespolitischen Ambitionen des Parteigründers ein jähes Ende, der die DA in den wenigen Monaten ihres Bestehens klar dominiert hatte.

Programmatisch muss die DA im Spannungsfeld zwischen Rechtspopulismus, stramm konservativem Denken und dem alternativen Zeitgeist der achtziger Jahre verortet werden. So war im Wahlprogramm 1985 unter anderem zu
lesen, dass sich Politiker wieder „auf die preußischen Tugenden des Dienens, der
Sparsamkeit und der Gerechtigkeit" zurückbesinnen sollten. Zur „wirkungsvol-
len Bekämpfung des Schein- und Wirtschaftsasylanten-Unwesens in Berlin" und
zum Abbau des Ausländeranteils seien „schärfste Sofortmaßnahmen" zu treffen.
Jedoch sollte das Thema „sachlich und partnerschaftlich" und unter Vermeidung
„nationalistischer bzw. rassistischer Töne behandelt werden." Des Weiteren
machte sich die DA für die Unterstützung von jugendlichen Arbeitslosen,
Schwerbehinderten und anderen „schuldlosen" Minderheiten stark, womit vor
allem Frauen und Juden gemeint waren, und plädierte für einen sparsamen und
umweltfreundlichen Wahlkampf. Weitere sozialpolitische Forderungen waren
eine Berlinzulage für Rentner und Arbeitslose, Steuersenkungen für Berliner
Handwerks-, Klein- und Mittelbetriebe sowie kleine und mittlere Lohn- und Ein-
kommensbezieher, bessere Abschreibungsmöglichkeiten für Privathaushalte und
die Abschaffung der steuerlichen Bevorzugung des Großkapitals. Mit diesem
bunten Programm zielte die Partei primär auf das konservative Bürgertum, aber
auch auf Rentner, Arbeiter und „nichtmarxistische" Wähler der Alternativen
Listen. Insofern handelte es sich bei ihr um eine typische Protestpartei.

Melanie Haas

Demokratischer Aufbruch

→ Bürgerbewegung Demokratischer Aufbruch

Demokratischer Frauenbund Deutschlands (DFD)

Entstehungs- und Entwicklungsgeschichte
Direkt nach Ende des Zweiten Weltkrieges bildeten sich auf lokaler Ebene in
ganz Deutschland überparteiliche Frauenausschüsse, die in der Sowjetischen
Besatzungszone „antifaschistische Frauenausschüsse" genannt wurden. Diese
machten es sich zur Aufgabe, Lebensmittel, Kleidung und warme Wohnstätten
an die notleidende Bevölkerung zu verteilen. In der SBZ wurden durch Befehl

Nr. 80 der Sowjetischen Militäradministration (SMAD) am 30. Oktober 1945 die antifaschistischen Frauenausschüsse zugelassen. Gleichzeitig verbot man die Bildung von Frauenorganisationen bei den Parteien. Im Sommer 1946 schlossen sich auf Initiative der Sozialistischen Einheitspartei Deutschlands (SED) die örtlichen Frauenausschüsse im „Zentralen Frauenausschuss" zusammen, der die Arbeit der lokalen Gruppen koordinieren und anleiten sollte. Der Zentrale Frauenausschuss war als Übergangslösung für die Gründung einer einheitlichen Frauenorganisation gedacht. Nachdem im Januar 1947 der Parteivorstand der SED zugestimmt hatte, gründete sich der Demokratische Frauenbund Deutschlands (DFD) auf dem „Deutschen Frauenkongress für den Frieden", der vom 7. bis 9. März 1947 in Berlin stattfand. Ziele des DFD waren die Sicherung des Friedens, die Gleichberechtigung der Frauen, die fortschrittliche Entwicklung in Kultur und Erziehung, die Sicherung gerechter und sozialer Lebensbedingungen sowie die Zusammenarbeit mit den Frauen aller Länder. Die antifaschistischen Frauenausschüsse sollten zunächst neben dem DFD bestehen bleiben, doch gingen sie schließlich auf Befehl der SMAD im November 1947 im DFD auf. Des Weiteren bildeten sich kurz nach der Gründung des DFD zahlreiche Betriebsgruppen, die allerdings 1949 wieder aufgelöst wurden, da das Hauptbetätigungsfeld des Frauenbundes in den Wohnquartieren liegen sollte. Außerdem beschloss das Politbüro der SED im März 1949, dass die Frauenabteilung der SED für die direkte Anleitung der Frauen im DFD verantwortlich sein sollte. So entwickelte sich der DFD nach und nach von seinen überparteilichen Ursprüngen weg hin zu einer DDR-Massenorganisation, deren Aktionen von der SED gelenkt wurden. 1952 wurde der DFD in den „Demokratischen Block der Parteien und Massenorganisationen" aufgenommen. Er erhielt 15 Sitze in der Volkskammer, deren Anzahl 1963 auf 32 erhöht wurde. In der Volkskammer setzte sich der DFD für die Schaffung von Kindergärten und -krippen ein und arbeitete an Gesetzesvorlagen mit, die sich mit Frauenfragen beschäftigten, so z.B. am 1950 verabschiedeten „Gesetz zum Schutz von Mutter und Kind und über die Rechte der Frau."

Auch in Westdeutschland gab es DFD-Gruppen, war der Frauenbund doch bei seiner Gründung als gesamtdeutscher Verband gedacht gewesen. Nach der Teilung Deutschlands gründete sich 1950 ein eigenständiger DFD-West, zunächst auf lokaler Ebene, bis im Oktober 1950 der erste Landesverband in Nordrhein-Westfalen entstand. Der DFD-West setzte sich zusammen mit der Westdeutschen Frauenfriedensbewegung (WFFB) für die Einheit Deutschlands ein. Er bestand zur Hälfte aus KPD- und SPD-Mitgliedern, die andere Hälfte war parteilos. Im Zuge des KPD-Verbotsurteils von 1956 wurde am 10. April 1957 auch der DFD-West verboten. Unterdessen war der DFD-Ost ein fester Bestandteil des DDR-Regimes geworden. Die „alternativen" Frauengruppen, die sich seit Anfang der achtziger Jahre unter dem Dach der Kirche zusammen fanden, hielten ihm diese Systemnähe vor und übersetzten das Kürzel DFD mit „dienstbar – folgsam – dumpf". Erst nach dem Mauerfall setzte sich der DFD mit seiner Rolle in der DDR und seiner mangelnden Attraktivität insbesondere für junge Frauen auseinander. Auf der 8. Bundesvorstandssitzung am 16. November 1989 entschied sich der Bundesvorstand für eine grundlegende Erneuerung: Die langjährige Vorsitzende Ilse Thiele, die seit 1953 im Amt war, wurde von Eva Rohmann abgelöst. Ähnlich wie die Bürgergruppen trat der DFD nun für einen reformierbaren Sozialismus ein. Auf einer weiteren Sitzung am 14. Dezember bekannte der DFD, von dessen 1,5 Millionen Mitgliedern inzwischen eine halbe Million ausgetreten waren, seine Mitschuld am DDR-Regime. Am Zentralen Runden Tisch erhielt er aufgrund seiner SED-Nähe bloß einen Beobachterstatus. Bei der ersten und letzten freien Volkskammerwahl erreichte der DFD im März 1990 lediglich 0,3 Prozent der Stimmen, die für ein Mandat reichten. Im Juli 1990 kam es zur Konstituierung der Landesverbände, von denen freilich nicht alle an den Landtagswahlen im Oktober teilnahmen: In Sachsen und Brandenburg verzichtete man auf eine Kandidatur, in Mecklenburg-Vorpommern trat man im Rahmen einer Listenverbindung an. Allein in Thüringen und Sachsen-Anhalt gab es eigene DFD-Listen, die jedoch mit 0,8 bzw. 1,1 Prozent der Stimmen bei der Mandatsvergabe leer ausgingen.

Auf dem 13. Bundeskongress am 27. Oktober 1990 – unmittelbar nach dem Beitritt der DDR zur Bundesrepublik – beschloss der DFD, künftig nicht mehr an Landtags- oder Bundestagswahlen teilzunehmen. Von nun an trat er unter verändertem Kürzel nur noch als eingetragener Verein auf (dfb e.V.). Außerdem entließ er den größten Teil seiner hauptamtlichen Mitarbeiterinnen und trägt sich seitdem hauptsächlich durch ehrenamtliche Arbeit sowie eigene Mittel. Gisela Steineckert wurde zur ehrenamtlichen Vorsitzenden gewählt. Das Parteiprogramm, das seit 1990 gegolten hatte, wurde 1996 in eine neue Vereinssatzung überführt. Gleichzeitig entließ man die Landesverbände in die juristische Selbständigkeit.

Programmatik

Im Programm des DFD vom 3. März 1990 bekannte sich der Frauenbund zur demokratischen Grundordnung und setzte sich für Frieden und Abrüstung, ein langsames Zusammenwachsen der beiden deutschen Staaten, eine gesunde Umwelt und die soziale Marktwirtschaft ein. Frauenpolitisch propagierte er die gleichberechtigte Teilhabe von Frauen an politischen und gesellschaftlichen Prozessen, ein Sofortprogramm gegen Arbeitslosigkeit, die Beibehaltung des DDR-Rechts bei Schwangerschaftsabbruch sowie den Erhalt von Kinderbetreuungseinrichtungen. Der Verband betonte seinen Willen zur Zusammenarbeit mit Frauen jeglicher politischer Couleur und problematisierte das tradierte Rollenverständnis der Geschlechter. Als politische Vereinigung trug der DFD mithin keine extremistischen Züge. Typologisch stellte er eine Single-Issue-Partei dar, konzentrierte sich sein Programm doch überwiegend auf Frauen und Frauenthemen.

Organisation
Laut Statut vom 3. März 1990 handelte es sich beim DFD organisatorisch um eine politische Vereinigung in Parteiform. Als kleinste Organisationseinheit fungierten die Gruppen, die über ihre konkrete Arbeit und Struktur autonom entscheiden konnten. Höchstes Organ der Gruppe war die Mitgliederversammlung, die den Vorstand, die Revisionskommission und die Delegierten für die Delegiertenkonferenz wählte. Dasselbe Prinzip galt auf den nächst höheren Ebenen der Kreise und Bezirke. Höchstes Organ des DFD war der alle vier Jahre zusammentretende Bundeskongress, der den Bundesvorstand, die Revisionskommission und die Geschäftsführerin bestellte. Die Mitgliederzahl des DFD war seit 1947 kontinuierlich gestiegen und brach erst mit dem Zusammenbruch der DDR ein: Ende 1947 hatte der DFD knapp 230.000 Mitglieder, auf dem Höhepunkt im Jahre 1988 verzeichnete er ca. 1,5 Millionen Mitglieder, von denen heute noch ca. 10.000 verblieben sind. Als Träger für soziale Dienste unterhält der dfb e.V. seit 1993 ein eigenes Sozialwerk.

Fazit
Zwischen 1947 und 1989 entwickelte sich der DFD von einer überparteilichen Frauenorganisation zu einem Vollzugsinstrument der SED. Obwohl seine Mitglieder zum größten Teil aus Blockpartei-Frauen oder Parteilosen bestanden, saßen in den Führungspositionen hauptsächlich SED-Funktionärinnen. Als Teil des Regimes hatte der DFD folglich nur einen begrenzten Spielraum für eigenständige politische Arbeit, an der Basis diente er vor allem dazu, die Gemeinschaftsbedürfnisse der Frauen zu erfüllen. Anziehungskraft besaß er dabei vorwiegend bei älteren Frauen – der Altersdurchschnitt der Mitglieder lag bei knapp unter 50 Jahren. Die jüngeren Frauen sammelten sich seit Anfang der achtziger Jahre eher unter dem Dach der Evangelischen Kirche und sahen sich in der Wendezeit stärker im →UFV repräsentiert. Anders als dieser setzte sich der DFD frühzeitiger mit der Rolle seiner Mitglieder im SED-Staat kritisch auseinander. Außerdem gab er seinen Alleinvertretungsanspruch auf und öffnete sich den unterschiedlichen Strömungen innerhalb der Frauenbewegung. Last but not least arbeitete er auch mit westdeutschen Frauen zusammen, um von deren Erfahrungen zu profitieren – auch das unterschied ihn vom UFV. Dies mag eine Erklärung dafür sein, warum der DFD als Verein bis heute überleben konnte.

Literatur

Herbst, Andreas/Winfried Ranke/Jürgen Winkler, Hg. (1994), So funktionierte die DDR. Bd. 1, Reinbek bei Hamburg, S. 186-191.

Koelges, Barbara (2001), Der Demokratische Frauenbund. Von der DDR-Massenorganisation zum modernen politischen Frauenverband, Wiesbaden.

Kuhrig, Herta (2001), Mit den Frauen – Für die Frauen: Frauenpolitik und Frauenbewegung in der DDR, in: Florence Hervé (Hg.), Geschichte der deutschen Frauenbewegung, Köln, S. 209-248.

Nödinger, Ingeborg (2001), Für Frieden und Gleichberechtigung: Der Demokratische Frauenbund Deutschlands und die Westdeutsche Frauenfriedensbewegung in den 50er und 60er Jahren, in: Florence Hervé (Hg.), Geschichte der deutschen Frauenbewegung, Köln, S. 139-154.

Schröter, Ursula/Eva Rohmann (2002), Demokratischer Frauenbund Deutschlands (DFD), in: Gerd-Rüdiger Stephan u.a. (Hg.), Die Parteien und Organisationen der DDR. Ein Handbuch, Berlin, S. 500-529.

Weber, Gerda (1982), Zur Vorgeschichte und Entwicklung des Demokratischen Frauenbundes (DFD) von 1945 bis 1950, in: Hermann Weber (Hg.), Parteiensystem zwischen Demokratie und Volksdemokratie, Köln, S. 421-452.

 Internet

www.frauen-dfb.de

Sandra Fischer

Deutsche Allianz – Vereinigte Rechte

→ Deutsche Liga für Volk und Heimat

Deutsche Biertrinker Union (DBU)

Die Deutsche Biertrinker Union (DBU) war die erste Spaßpartei auf dem Gebiet der ehemaligen DDR. Sie entstand im Vorfeld der demokratischen Volkskammerwahl vom 18. März 1990. Ihre Hochburgen lagen in Mecklenburg-Vorpommern, dort wiederum in Rostock.

Anders als im Nachbarland Polen, wo eine vergleichbare Gruppierung 1991 mit 16 Abgeordneten (!) in den Sejm einziehen konnte, kam die Deutsche Biertrinker Union beim Wähler nicht sonderlich an: Zur Volkskammerwahl erhielt sie lediglich 2.534 Stimmen (0,0 Prozent), allerdings trat sie nur im Bezirk Rostock an. Bei den ersten Landtagswahlen am 14. Oktober 1990 kandidierte die DBU immerhin in allen fünf neuen Bundesländern, nicht aber in Berlin. Zum Teil schickte die Partei auch Direktbewerber ins Rennen. Diese stammten überwiegend aus Rostock und wurden in die Wahlkreise außerhalb Mecklenburg-Vorpommerns exportiert. So waren z.b. die 29 Bewerber für den Sächsischen Landtag ausschließlich in der Ostsee-Metropole wohnhaft. Kopf der Partei war der Rostocker Student Andreas Häse.

In ihrem Stammland Mecklenburg-Vorpommern erreichte die DBU mit 0,6 Prozent ihr bestes Landtagswahlergebnis, in Sachsen kam sie auf 0,5 Prozent, in Brandenburg, Sachsen-Anhalt und Thüringen auf jeweils 0,3 Prozent. Auf der kommunalen Ebene konnte sie in Rostock immerhin ein Mandat erringen. Die „politischen Ziele" der DBU beschränkten sich auf Fragen des Bierrechts, so etwa die Forderung nach Einhaltung des deutschen Reinheitsgebotes, Verbesserung der Kneipenkultur oder nach staatlich subventionierten Bierpreisen. Auch Renten sowie Bezüge für behinderte und sozial Schwache sollten dynamisch erhöht werden, damit sich diese „öfter einmal ein gutes Bier leisten können!" Außerdem forderte die Partei die Aufhebung der Polizeistunde. Die seriösen Ziele der DBU konzentrierten sich auf Fragen der Jugendpolitik, etwa auf den Erhalt von Jugendclubs oder auf Eindämmung der Ausbreitung von Drogen, zu denen die legale Droge Alkohol freilich nicht gezählt wurde. Auch betonte die Gruppierung den Unterschied zwischen Alkoholmissbrauch und Biergenuss.

Die DBU zählte nach eigenen Angaben bis zu 900 Mitglieder. Zur ersten gesamtdeutschen Bundestagswahl 1990 wurde die Partei allerdings nicht zugelassen. Fortan trat sie nicht mehr in Erscheinung. Neben der APPD gilt die Deutsche Biertrinker Union bis heute als „Prototyp" der Spaßpartei. Ihr Konzept wurde später von anderen Gruppierungen wie der →Spaßpartei nachgeahmt.

Andreas Schulze

Deutsche Familienpartei

→ FAMILIEN-PARTEI DEUTSCHLANDS

Deutsche Kommunistische Partei (DKP)

Entstehungs- und Entwicklungsgeschichte
Die 1968 gegründete Deutsche Kommunistische Partei (DKP) steht in der Tradition der 1956 vom Bundesverfassungsgericht verbotenen Kommunistischen Partei
Deutschlands. Die ideologisch, organisatorisch und finanziell von der SED abhängige Partei, die den „Eurokommunismus" strikt bekämpft hatte, verfügte in
den siebziger wie auch noch in den achtziger Jahren dank geschickter Bündnispolitik und eines festen Apparates in der außerparlamentarischen Bewegung über
einen gewissen, zum Teil getarnten Einfluss (z.b. in der Friedens- und Gewerk-
schaftsbewegung oder bei den Kampagnen gegen „Berufsverbote"). Diesen verlor die Partei, die in den Verfassungsschutzberichten stets als „verfassungsfeindlich" genannt wurde und wird, nach der friedlichen Herbstrevolution des Jahres
1989 in der DDR. Die Unterstützung durch die SED hörte abrupt auf. Die DKP,
die sich nach wie vor als kommunistische Partei an den Lehren von Marx, Engels
und Lenin orientiert, geriet in eine existenzielle Krise, nachdem bereits in der
zweiten Hälfte der achtziger Jahre aufgrund der Politik Michail Gorbatschows
Konflikte in der einstmals geschlossenen Partei zwischen „Traditionalisten" und
„Erneuerern" aufgetreten waren. Lag der Mitgliederbestand Mitte der siebziger
bis Mitte der achtziger Jahre bei ca. 40.000 Personen, so besitzen heute noch
knapp 4.500 das Parteibuch der revolutionären Kraft. Einige liefen zur →Links-
partei.PDS über, viele zogen sich aus dem politischen Leben ganz zurück. Etwa
200 Kader der DKP erfuhren, wie nach der „Wende" bekannt wurde, in den siebziger und achtziger Jahren eine paramilitärische Ausbildung in der DDR. Heute
ist die DKP politisch isolierter denn je.
    Der erste Parteivorsitzende Kurt Bachmann (1969-1973) wurde von Herbert
Mies abgelöst (1973-1990). Diesem folgte auf dem 10. Parteitag in Dortmund im
März 1990 Heinz Stehr, zunächst als Mitglied eines vierköpfigen Sprecherrates.
Kurswechsel sind mit diesen Personen nicht verbunden gewesen.

Wahlergebnisse und Wählerschaft
Die Wahlergebnisse spiegelten bis zum Herbst 1989 nicht annähernd den Einfluss
der Partei wider. Sie lagen fast stets im Promillebereich. Bei der Bundestagswahl
1983 (0,2 Prozent) kamen auf zwei Mitglieder ca. drei Wähler. Die besten Land-
tagswahlresultate erzielte die Partei 1971 (3,1 Prozent) und 1975 (2,1 Prozent) im
Stadtstaat Bremen. Seit den neunziger Jahren nimmt sie nur noch sporadisch an
Landtagswahlen teil. Bei den Europa- und Bundestagswahlen propagiert die
Partei die Wahl der Linkspartei.PDS, auf deren Listen sie zuweilen Kandidaten

unterbringt, wenngleich nicht an aussichtsreicher Stelle. Bei den Wahlen zum Europäischen Parlament 2004 trat die DKP als eigenständige Kraft an (0,1 Prozent). Die Partei konnte nur wenige Mandate in Kommunalparlamenten erreichen, zum Teil in Listenverbindungen mit anderen linken Gruppierungen (vornehmlich im Ruhrgebiet). Über die Zusammensetzung der Wählerschaft liegen keine neueren Daten vor. In der Vergangenheit wurde die Partei überproportional von der Arbeiterschaft gewählt.

Programmatik

Das auf dem Mannheimer Parteitag 1978 beschlossene Programm wurde erst im April 2006 auf dem Duisburger Parteitag, dem 17., nach jahrelanger Programmdiskussion durch ein neues abgelöst. Eine grundlegende Neuerung blieb aus. War das seinerzeitige Programm in einer Phase abgefasst worden, als der Kommunismus sowjetischer Prägung stabil erschien, so ist das neue Programm in einer Zeit konzipiert, in der das Sozialismuskonzept der DKP im Weltmaßstab keine Rolle mehr spielt. Das Programm ist wie folgt gegliedert: „Imperialismus heute" – „Der deutsche Imperialismus" – „Der Sozialismus – die historische Alternative zum Kapitalismus" – „Unser Weg zum Sozialismus" – „Die Kräfte des Widerstands und des Fortschritts" – „DKP – Partei der Arbeiterklasse". Die Ursachen für den Zusammenbruch des sowjetkommunistischen Weltsystems sieht die Partei zum einen in dessen „dogmatischen Erstarrungen", zum anderen in „der äußeren und inneren Konterrevolution". Unterschiedliche Positionen innerhalb der Partei spiegeln sich in derartigen Formulierungen wider. Die DKP macht in ihrem Programm klar, dass sie das System der DDR befürwortete und das der Bundesrepublik Deutschland ablehnt. Der Sozialismus könne nicht „auf dem Weg von Reformen" erreicht werden, sondern nur durch „die revolutionäre Überwindung der kapitalistischen Eigentums- und Machtverhältnisse". Das Programm endet mit den Worten des Kommunistischen Manifestes: „Proletarier aller Länder, vereinigt Euch!"

Organisation

Die DKP legt, um „politikfähig" zu sein, größten Wert auf Geschlossenheit und verwirft „Fraktionsbildung". Gegenüber der Zeit vor 1990 sind die zentralistischen Prinzipien etwas gelockert worden. Innerparteiliche Demokratie fehlt gleichwohl. Die DKP besteht aus 18 Landesverbänden (jeweils zwei in Nordrhein-Westfalen und in Bayern). Nicht einmal fünf Prozent der Mitglieder sind jünger als 30 Jahre alt.

Die Partei hat seit Anfang 2005 einen „Beobachterstatus" bei der „Europäischen Linkspartei", einem Zusammenschluss vornehmlich kommunistischer und linkssozialistischer Parteien. Zu den Jugendorganisationen der Partei gehören die „Sozialistische Deutsche Arbeiterjugend" und die „Assoziation Marxistischer StudentInnen". In der „Vereinigung der Verfolgten des Naziregimes – Bund der Antifaschistinnen und Antifaschisten" wirken Kräfte der DKP an vorderer Stelle. Die „Marx-Engels-Stiftung" ist die Kaderschmiede der Partei.

Fazit

Die DKP, bis zur friedlichen Revolution in der DDR der Interventionsapparat der SED-Westarbeit, spielt nach dem Untergang des „realen Sozialismus" keine Rolle mehr. In ihr versammeln sich linksextremistische Kräfte, ausgerichtet vorwiegend am Sozialismus sowjetischer Prägung. Die Beziehungen zur Linkspartei.PDS sind solidarisch, jedoch zunehmend gespannt.

 Literatur

Moreau, Patrick/Jürgen P. Lang (1996), Linksextremismus. Eine unterschätzte Gefahr, Bonn.
Roik, Michael (2006), Die DKP und die demokratischen Parteien 1968-1984, Paderborn.
Wilke, Manfred/Hans-Peter Müller/Marion Brabant (1990), Die Deutsche Kommunistische Partei (DKP). Geschichte, Organisation, Politik, Köln.

 Internet

www.dkp.de

Eckhard Jesse

Deutsche Liga für Volk und Heimat (Deutsche Liga/DLVH)

Die Deutsche Liga für Volk und Heimat (DLVH) entstand 1991 zunächst als Verein unter der Bezeichnung „Deutsche Allianz – Vereinigte Rechte", musste diesen Namen aber aufgrund der Klage eines Versicherungskonzerns ändern. Die Organisation versammelte insbesondere enttäuschte Anhänger aus rechtsextremistischen Parteien, deren Spaltung man durch bündnispolitische Arbeit und ideologische Neupositionierung überwinden wollte. Zu ihren Sprechern gehörten etwa der ehemalige REP-Funktionär Harald Neubauer und der ehemalige NPD-Funktionär Jürgen Schützinger. Noch im gleichen Jahr gründete sich die DLVH dann als Partei mit dem Anspruch, eine Alternative zu →DVU, →NPD und →Re-

publikanern zu sein. Sie konnte allerdings weder eine nennenswerte Anhängerschaft gewinnen noch bei Wahlen auch nur ansatzweise Erfolge verzeichnen: Die
Mitgliederzahlen bewegten sich zwischen 200 und 900 mit abnehmender Tendenz.
Bei der Landtagswahl 1992 in Baden-Württemberg erreichte die DLVH 0,5 Prozent
der Stimmen. Ansonsten gab es beachtenswerte elektorale Zustimmung nur im
kommunalen Bereich. Hierbei war die regionale Bekanntheit einzelner Kandidaten
von Bedeutung. Aufgrund von Parteiübertritten übernahm die DLVH zeitweise
Mandate in den Landesparlamenten von Bremen (1991-1993) und Schleswig-
Holstein (1993-1996). Da Wahlerfolge ausgeblieben waren, wandelte man sich 1996
wieder in einen Verein um. Zwar versteht sich dieser nach wie vor als Sammlungsbewegung, er hat aber trotz der Unterstützung durch bekannte Personen
und Publikationen des rechtsextremistischen Lagers selbst für dieses keine größere
Bedeutung erlangen können.

 Literatur

Grumke, Thomas/Bernd Wagner, Hg. (2002), Handbuch Rechtsradikalismus. Personen –
    Organisationen – Netzwerke vom Neonazismus bis in die Mitte der Gesellschaft,
    Opladen, S. 366 f.
Pfahl-Traughber, Armin (1995), Rechtsextremismus. Eine kritische Bestandsaufnahme nach
    der Wiedervereinigung, 2. Auflage, Bonn, S. 75 ff.

 Internet

www.dlvh.de

Armin Pfahl-Traughber

DEUTSCHE PARTEI (DP)

Die Deutsche Partei (DP) geht auf die bereits 1869 entstandene „Deutsch-
Hannoversche Partei" zurück, die sich 1933 auflöste und 1946 als „Niedersächsische Landespartei" neu konstituierte. 1947 benannte man sich in DP um. Damit
sollte einerseits der christlich-konservative Anstrich der Partei, andererseits das
Ziel einer deutschlandweiten Ausdehnung zum Ausdruck gebracht werden. 1949
nahm Adenauer die DP als Koalitionspartner in die erste Bundesregierung auf,
man verlor danach bei den Wahlen aber zunehmend an Stimmen. Dieser mit
einem Rückgang an Aktivitäten und Verlust an Mitgliedern verbundene Nieder-

gangsprozess führte 1980 dazu, dass die DP ihre Rechtsstellung als Partei verlor. 1993 kam es dann zur Neu- bzw. Wiedergründung als Partei, die zu dieser Zeit allerdings keine besonderen Aktivitäten entfaltete. Auf die DP aufmerksam wurde man erst wieder durch die im Jahre 2000 beabsichtigte Vereinigung mit zwei anderen nicht-etablierten Kleinparteien – dem →Bund Freier Bürger (BFB) und der →Deutschen Sozialen Union (DSU), welche aber aufgrund interner Auseinandersetzungen scheiterte. Nachdem sich der BFB 2000 aufgelöst hatte, übernahm dessen Vorsitzender, der frühere FDP-Landtagsabgeordnete Heiner Kappel, 2001 den Bundesvorsitz der DP. Die Mitgliedschaft wuchs vorübergehend auf rund 500 Personen an. Die DP organisierte sich in 15 Landesverbänden, wovon allerdings nur wenige Aktivitäten entwickelten. Immerhin gelang der DP mit 0,5 Prozent der Stimmen bei der Bürgerschaftswahl in Bremen 2003 zumindest ein Achtungserfolg. Noch im gleichen Jahr erfolgte der Zusammenschluss mit der →Freiheitlichen Deutschen Volkspartei (FDVP), was zur Änderung des Parteinamens in „Deutsche Partei – Die Freiheitlichen" führte. Unmittelbar danach kam es allerdings zu einer internen Krise, die sich an der Bündnisstrategie entzündete. Kappel hatte 2004 die Bereitschaft zu einer engen Kooperation mit DSU und Republikanern bekannt gegeben und damit für Irritationen gesorgt. Bereits zuvor hatte die DP die Bereitschaft zur Kooperation mit der NPD bekundet und sich in einem „Deutschland-Manifest" mit fremdenfeindlichem Unterton zur Ausländerpolitik geäußert. An der elektoralen Misere änderte sich dadurch nichts: Bei der Europawahl 2004 erhielt die DP gerade Mal 0,2 Prozent der Stimmen. 2005 wurde Kappel seines Amtes enthoben und aus der Partei ausgeschlossen. Ulrich Pätzold und das ehemalige →DVU-Mitglied Claudia Wiechmann übernahmen daraufhin den Vorsitz der Partei, der es aber auch unter der neuen Führung kaum gelingen dürfte, aus dem Schatten der anderen rechtsextremen Vertreter im deutschen Parteiensystem herauszutreten.

 Literatur

Ministerium des Innern Sachsen-Anhalt, Hg. (2004), Verfassungsschutzbericht 2003, Magdeburg 2004, S. 47 ff.

Schmollinger, Horst W. (1986), Deutsche Partei, in: Richard Stöss (Hg.), Parteien-Handbuch. Die Parteien der Bundesrepublik Deutschland 1945-1980, Opladen, S. 1025-1111.

 Internet

www.deutschepartei.org

Armin Pfahl-Traughber

DEUTSCHE SOLIDARITÄT, Union für Umwelt und Lebensschutz (ÖKO-UNION)

Die Partei Deutsche Solidarität ist die Schöpfung eines schwer einzuordnenden Einzelgängers der „deutschen Rechten" gewesen, des Göttinger Arztes Horst Götting. Götting hatte bereits ein langes und wechselhaftes politisches Leben hinter sich, als er 1978 die „Vierte Partei Deutschlands – Union für Umwelt und Lebensschutz" (VPD) gründete, welche 1980 in „Union für Umwelt und Lebensschutz" umbenannt wurde. 1986 kam es zur Namensergänzung „Deutsche Solidarität" und 1989 zur Ergänzung um die Kurzbezeichnung „Öko-Union". Die Partei wurde bald nach dem Tode Göttings 1996 wieder aufgelöst.

Bei der Öko-Union handelt es sich um eine klassische „Ein-Mann-Partei", die mit der Person ihres Gründers nahezu identisch gewesen ist. Dieser war parteipolitisch alles andere als ein unbeschriebenes Blatt. Nach anfänglichem Engagement in der →FDP hatte Götting 1957 die „Deutsche Volkspartei" (DVP) gegründet und sich später der „Gesamtdeutschen Partei" (GDP) und der →NPD angeschlossen. In der NPD gehörte Götting zu den Unterstützern des ersten Bundesvorsitzenden Friedrich Thielen, der sich jedoch nicht gegen die Versuche seines parteiinternen Herausforderers Adolf von Thadden durchsetzen konnte, linke Strömungen des deutschen Nachkriegsnationalsozialismus in die Partei zu integrieren. Nach der Ablösung Thielens durch von Thadden 1967 folgte Götting zusammen mit weiteren dreizehn Nationaldemokraten dem abgesetzten Thielen in die „Nationale Volkspartei" (NVP).

Einige Jahre nachdem das NVP-Projekt gescheitert war, wurde Götting wieder aktiv und gründete 1974 die Liberalsoziale Union (LSU), bevor er 1975 in die „Aktionsgemeinschaft Vierte Partei" (AVP) eintrat. Bei der AVP handelte es sich um den Versuch, im Umfeld der Auseinandersetzungen zwischen CDU und CSU um die Kanzlerkandidatur Helmut Kohls 1976 – wenn möglich zusammen mit einer bundesweiten CSU – eine rechtskonservative Alternative zur Union im damaligen Dreiparteiensystem zu etablieren. Dem Versuch war aber – wie schon dem NVP-Projekt – kein Erfolg beschieden. Dies lag auch an Götting, dessen eher nationalliberale Positionen den nationalkonservativen Mehrheiten in der AVP entgegenstanden. 1978 schied der von Götting angeführte niedersächsische Landesverband aus der AVP aus, um sich anschließend als VPD, der Vorläuferorganisation der Öko-Union, neu zu konstituieren.

Götting, der zu dieser Zeit den Umwelt- und Naturschutz als neues Anliegen für sich entdeckt hatte, engagierte sich fortan verstärkt auf der kommunalen Ebene. Als Vertreter der Freien Wählergemeinschaft (FWG) in Göttingen zog er in den Stadtrat ein und wurde Fraktionssprecher. Kurz bevor Götting im November 1996 als ältestes Ratsmitglied die konstituierende Sitzung eröffnen sollte, verstarb er im Alter von achtzig Jahren.

Mit VPD und Deutscher Solidarität trat Götting zu den niedersächsischen Landtagswahlen 1978 sowie zu den Bundestagswahlen 1987 an, kam dabei aber genauso wie mit der Öko-Union, die 1989 bei der Europawahl sowie 1990 bei der Bundestagswahl und der niedersächsischen Landtagswahl kandidierte, über minimale Stimmenanteile nicht hinaus.

Lazaros Miliopoulos

Deutsche Soziale Union (DSU)

Überlegungen, eine nationalkonservative Kraft als vierte Partei jenseits der CDU zu etablieren, hat es in der Bundesrepublik seit den siebziger Jahren gegeben. Sie wurden zum Teil von außen, zum Teil innerhalb der Union selbst – und hier vor allem von der CSU – angestellt und verfolgten das Ziel, die 1969 verloren gegangene Mehrheitsfähigkeit des Mitte-Rechts-Lagers zurückzugewinnen. 1974 nahm der Plan durch die Gründung zweier Parteien konkrete Gestalt an. Eine dieser Parteien trat als „Bund Freies Deutschland" (BFD) mit starker publizistischer Unterstützung der Springer-Presse 1975 zur Abgeordnetenhauswahl in Berlin an und erzielte dort mit 3,4 Prozent das beste Landtagswahlergebnis einer nichtetablierten Kleinpartei in den siebziger Jahren überhaupt. Die andere Partei entstand zur selben Zeit in Nordrhein-Westfalen und nannte sich Deutsche Soziale Union (DSU). Ihr gelang es allerdings nicht, die organisatorischen Voraussetzungen für eine Teilnahme an der Landtagswahl zu schaffen. Der Kreuther Trennungsbeschluss der →CSU und die Nominierung von Franz Josef Strauß zum gemeinsamen Kanzlerkandidaten der Union für die Bundestagswahl 1980 brachten das Projekt einer vierten Partei ab Mitte der siebziger Jahre weitgehend zum Erliegen. Erst mit dem Beitritt der fünf ostdeutschen Bundesländer sollte die Idee wiederaufleben.

Die Geburtsstunde der DSU schlug während des Umbruchs in der DDR. Am 20. Januar 1990 vereinigten sich ein Dutzend bürgerlich-konservativer Kräfte in Leipzig zur Deutschen Sozialen Union (DSU). Wichtigste Persönlichkeiten der Anfangsphase waren der Vorsitzende Wilhelm Ebeling sowie Generalsekretär Peter-Michael Diestel. Vor allem im Süden der Republik konnte die Partei schnell Zuwachs gewinnen, zumal ihr mit der bayerischen CSU ein starker Partner zur

Seite stand. So übernahm die DSU auch Teile von deren Programmatik, etwa den Slogan „Freiheit statt Sozialismus". Die Ost-CDU, die eine Kooperation mit ihrer westdeutschen Schwesterpartei angebahnt hatte, stand der DSU zunächst skeptisch gegenüber, nahm sie aber im Vorfeld der Volkskammerwahlen gemeinsam mit dem Demokratischen Aufbruch ins Bündnis „Allianz für Deutschland" (AfD) auf. Mit 6,3 Prozent trug die DSU zum Wahlsieg des Bündnisses am 18. März 1990 bei. Diestel (Inneres) und Ebeling (Entwicklungshilfe) übernahmen in der ersten und letzten frei gewählten Regierung der DDR Ministerposten.

Im ersten Jahr ihres Bestehens wurde die DSU von mehreren Führungskrisen erschüttert. Joachim Hubertus Nowack amtierte nach der Entmachtung Ebelings und Diestels als Vorsitzender, schließlich übernahm Hansjoachim Walther dieses Amt. Es kam zu mehreren Austrittswellen und zahlreichen Übertritten in die CDU. Der Zusammenbruch der Partei lässt sich auch in den Wahlergebnissen nachvollziehen, denn bei den Kommunalwahlen am 6. Mai 1990 erreichte sie DDR-weit nur noch 3,4 Prozent. Die Landtagswahlen am 14. Oktober 1990 setzten den Abwärtstrend fort: In kein Parlament der neuen Länder gelang der Einzug (Sachsen 3,6 Prozent, Thüringen 3,3 Prozent, Sachsen-Anhalt 1,7 Prozent, Brandenburg 1,0 Prozent, Mecklenburg-Vorpommern 0,7 Prozent). Die erste gesamtdeutsche Bundestagswahl bildete mit 0,2 Prozent den vorläufigen Tiefpunkt – im Wahlgebiet Ost kam die DSU nur auf 1,0 Prozent.

Die parlamentarische Arbeit der DSU in der Volkskammer stand ganz im Zeichen ihres wichtigsten Programmpunktes – der Erlangung der deutschen Einheit. Dies charakterisiert sie bis zu einem gewissen Grade als „Ein-Punkt-Partei". Zu den wichtigsten Forderungen gehörten des Weiteren die radikale Zerschlagung der Machtstrukturen des SED-Staates, die Einführung der sozialen Marktwirtschaft, freilich bei einem starken Sozialstaat. Ferner trat die DSU für eine rasche Privatisierung der Volkseigenen Betriebe, Unterstützung beim Aufbau des Mittelstandes sowie günstige Voraussetzungen für Investitionen ein. Neue sozialistische Experimente seien abzulehnen, da sie auf dem Rücken der „kleinen Leute" ausgetragen würden.

Trotz der massiven Einbrüche nach ihrem Auftakterfolg konnte die DSU bis heute überleben, wenn sie auch nur noch im kommunalen Rahmen kleine Siege feierte. Auf der Landesebene blieben 0,6 Prozent bei der Wahl in Sachsen 1994 ihr bestes Resultat. Die CSU kündigte ihrer seit 1993 von Roberto Rink angeführten „Schwesterpartei" die Unterstützung auf, nachdem diese ihre Aktivitäten auch auf andere Bundesländer ausweiten wollte. Überhaupt rückte die DSU in den neunziger Jahren immer weiter nach rechts und kooperierte mit rechtskonservativen Kräften wie dem →Bund Freier Bürger, der →Deutschen Partei und den →Republikanern. Die Frage des Umgangs mit der →NPD gehört derzeit zu den innerparteilich am heftigsten umstrittenen Punkten. Wenn auch kein Bündnis mit den Rechtsextremen zu erwarten steht, so dürfte wohl nur in der Zusammenarbeit mit bislang konkurrierenden konservativen Kleinparteien eine Überlebenschance der DSU liegen. Ein entsprechendes Bündnis mit der →Partei Rechtsstaatlicher Offensive und der →Statt Partei zur Landtagswahl 2006 in Sachsen-Anhalt (Offensive D) erreichte allerdings nur 0,3 Prozent.

 Literatur

Jäger, Wolfgang/Michael Walter (1998), Die Allianz für Deutschland: CDU, Demokratischer Aufbruch und Deutsche Soziale Union 1989/1990, Köln.

Schulze, Andreas (2004), Kleinparteien in Deutschland. Aufstieg und Fall nicht-etablierter politischer Vereinigungen, Wiesbaden, S. 174 ff.

Stöss, Richard (1986), Aktionsgemeinschaft Vierte Partei, in: ders. (Hg.): Parteien-Handbuch. Die Parteien der Bundesrepublik Deutschland 1945-1980, Opladen, S. 349 f.

 Internet

www.deutschesozialeunion.de

Andreas Schulze

DEUTSCHE VOLKSUNION (DVU)

Entstehungs- und Entwicklungsgeschichte
Die Deutsche Volksunion (DVU) entstand 1971 zunächst als Verein, der die Anhänger der nach der Wahlniederlage von 1969 zerfallenden →NPD versammeln wollte. Gründer war der Münchener Verleger und Herausgeber der „Deutschen National-Zeitung" Gerhard Frey. Ihm gelang es im Laufe der siebziger Jahre, aus der DVU die größte rechtsextremistische Organisation Deutschlands zu machen. Von knapp 5.000 im Jahr 1976 stieg die Mitgliederzahl auf über 10.000 im Jahre 1980 rasch an. 1985 gehörten 12.000 und 1990 bereits 22.000 Personen der rechtsextremen Partei an. Gleichwohl beschränkten sich die Aktivitäten der Anhänger zumeist auf den Besuch von DVU-Veranstaltungen mit politischen Vorträgen oder die Lektüre der Bücher und Presseerzeugnisse des Frey-Verlages. Inhaltlich konzentrierte man sich dabei auf die Darstellung der Zeit des Dritten Reichs und des Zweiten Weltkriegs, die in ein positiveres Licht gerückt werden sollte.

Parteipolitische Aktivitäten der DVU hatte deren Vorsitzender lange Zeit ausgeschlossen, konzentrierte sich Frey doch ganz auf seine wirtschaftlichen Unternehmungen. Erst Mitte der achtziger Jahre kam es zu einer Umorientierung, die sich in Wahlempfehlungen zugunsten der NPD ausdrückte. Beide Organisationen näherten sich einander an, sahen ihre Vorrangstellung im rechtsextremen Lager aber zugleich durch die aufkommenden →Republikaner bedroht. In dieser Situation rückte Frey vom überparteilichen Charakter der DVU ab und gründete 1987 die Deutsche Volksunion – Liste D als Partei. Mitglieder des Verlags wurden nach einer Satzungsänderung direkt in die Partei übernommen, sofern sie dem nicht ausdrücklich widersprachen. Mit der NPD zusammen entwickelte man ein Kooperationskonzept, wonach abwechselnd bei Wahlen die NPD mit Unterstützung der DVU oder die DVU mit Unterstützung der NPD antreten sollte. Arbeitsteilig lieferte dabei die NPD die Aktivisten sowie die Organisationsstruktur, während die DVU die finanziellen Mittel sowie über den Verlag das Wahlkampfmaterial bereit stellte. Da dieser Kooperation aber wenig Erfolg beschieden war, wurde sie von Frey Ende 1990 beendet. Erst 2004 erneuerten beide Parteien ihre Zusammenarbeit. Nach dem DVU-(Wieder-)Einzug in den brandenburgischen und dem NPD-Einzug in den sächsischen Landtag, denen ein Verzicht auf eine Konkurrenzkandidatur vorausgegangen war, schlossen sie 2005 den „Deutschlandpakt". Danach soll bis ins Jahr 2009 jeweils nur eine Partei mit Kandidaten der anderen Partei auf ihrer Liste zu den Wahlen antreten. Bereits zuvor war es 1994 und 1998 zu Wahlabsprachen mit den Republikanern zur Verhinderung einer Konkurrenzkandidatur gekommen, woraus sich allerdings keine weitere Kooperation ergeben hatte.

Wahlergebnisse und Wählerschaft
Zwar konnte sich die DVU bislang nicht bundesweit als Wahlpartei etablieren, bei mehreren Landtagswahlen verzeichnete sie aber zum Teil spektakuläre Erfolge. Der Sprung in ein Landesparlament gelang ihr zum ersten Mal 1987 in Bremen. Bei der Wahl zur Bürgerschaft hatte sie zwar nur 3,4 Prozent der Stimmen erhalten, konnte aber aufgrund der getrennten Geltung der Fünf-Prozent-Klausel in Stadtbremen und Bremerhaven dennoch einen Abgeordneten in das Parlament entsenden. Überhaupt sollte sich Norddeutschland für die DVU zu einer Hochburg entwickeln. 1991 erhielt die Partei in Bremen 6,2 Prozent, 1992 in Schleswig-Holstein 6,3 Prozent und 1997 in Hamburg 4,97 Prozent der Stimmen, womit sie nur knapp den Einzug in die Bürgerschaft verpasste. Im April 1998 erreichte die DVU das beste Ergebnis, das eine rechtsextreme Partei in der Bundesrepublik bei Landtagswahlen jemals erzielt hat, als sie in Sachsen-Anhalt mit 12,9 Prozent der Stimmen triumphierte. Auch bei den nachfolgenden Wahlen in den ostdeutschen

Ländern gelangen der DVU vereinzelt Erfolge: So zog sie 1999 mit 5,3 Prozent in den Landtag von Brandenburg ein und konnte 2004 mit 6,1 Prozent der Stimmen dort sogar noch zulegen. In den Altbundesländern datiert ihr letzter größerer Wahlerfolg aus dem Jahre 1999, als sie in Bremerhaven erneut die Fünf-Prozent-Hürde übersprang und so in das Landesparlament zurückkehrte.

Was die soziale Zusammensetzung und Motivation ihrer Wähler betrifft, zeigen sich bei der DVU die für die Wahl rechtsextremer Parteien typischen Besonderheiten. Es handelt sich überdurchschnittlich stark um junge Männer mit formal niedriger oder mittlerer Bildung, die zur Gruppe der Arbeiter gehören oder arbeitslos sind. Geographische Schwerpunkte bilden seit Ende der neunziger Jahre die neuen Bundesländer, wo auch bei Ergebnissen unter fünf Prozent häufig Achtungserfolge zwischen zwei und vier Prozent zu verzeichnen sind. Gleichwohl lässt sich aus dieser Sozialstruktur der Wählerschaft, die in der Literatur gern mit dem Begriff „Modernisierungsverlierer" belegt wird, nicht auf ein reines, ideologiefreies Protestmotiv der Wähler schließen. Wie die Ergebnisse der empirischen Sozial- und Wahlforschung zeigen, muss zum Protestwahlverhalten eine latente oder manifeste rechtsextreme Gesinnung hinzukommen, wenn man für eine derartige Partei votiert. Bestätigt wird diese Einschätzung auch durch den relativ frühen Zeitpunkt für die Entscheidung zugunsten einer Wahl der DVU, die demnach nicht nur spontan aus einer Laune des Unmutes wenige Tage vor der Abstimmung entspringen kann.

Ergebnisse bei Bundestags-, Europa- und Landtagswahlen

Jahr	Bundestagswahlen	Europawahlen	Landtagswahlen
1987			HB 3,4
1989		1,6	
1991			HB 6,2
1992			SH 6,3
1993			HH 2,8
1995			HB 2,5
1996			SH 4,3
1997			HH 4,97
1998	1,2		ST 12,9
1999			HB 3,0 BB 5,3 TH 3,1
2001			HH 0,7
2003			HB 2,3
2004			BB 6,1
2006			ST 3,0

Programmatik

Zwar gab sich die DVU nach ihrer Gründung als Partei ein Programm; dieses bestand aber nur aus einem eng bedruckten DIN-A-4 Papier mit diffusen Schlagworten wie „Deutschland soll deutsch bleiben", „Deutschland zuerst" und „Gleichberechtigung für Deutschland" oder allgemeinen Forderungen zur Schaffung von Arbeitsplätzen, der Sicherung der Renten oder dem Schutz vor Kriminalität. Ähnlich verhält es sich mit dem ausführlicheren Parteiprogramm von 1993, worin in bekannter rechtsextremistischer Manier die „Bewahrung der deutschen Identität" und die Begrenzung des „Ausländeranteils" gefordert sowie gegen die „Abtrennung der deutschen Gebiete östlich von Oder und Neiße" und die „Zuweisung von Kollektivschuld" agitiert wird. Eine nähere Begründung und Erläuterung dieser Forderungen findet man dort nicht. Die DVU sieht also davon ab, sich in ihrem Programm zu zentralen politischen Fragen möglichst genau zu positionieren. Weitaus stärker lässt sich die politische Ausrichtung der Partei in der „National-Zeitung" (Auflage: 40.000 Exemplare) erkennen. Hierbei handelt es sich formal zwar nicht um ein DVU-Organ, gleichwohl kommt der Wochenzeitung eine solche Funktion de facto zu. Hier werden aktuelle Entwicklungen im In- und Ausland meist in inhaltlich platter Form und mit insinuierend rechtsextremistischer Ausrichtung kommentiert. Darüber hinaus dient das Blatt zur Einschwörung der Mitglieder auf den jeweiligen politischen Kurs der Partei, etwa bei der Kandidatur zu Wahlen oder in Bezug auf das Verhältnis zu anderen rechtsextremistischen Organisationen. Offiziell bekennt sich die DVU in Presseerklärungen und ihren Publikationen zum Grundgesetz und distanziert sich formal von Nationalsozialismus und Neonazismus. Gegenwärtig arbeitet sie allerdings im Rahmen der „Deutschen Volksfront" über die NPD auch mit deren neonazistischen Kooperationspartnern zusammen. Von den Verfassungsschutzbehörden wird die Partei seit Jahren auch unabhängig von dieser Zusammenarbeit als rechtsextremistisch eingeschätzt.

Organisation

Zwar nahm die Mitgliederzahl der DVU im Laufe der neunziger Jahre – von kurzen Phasen des Anstiegs und der Stagnation unterbrochen – kontinuierlich ab: Von 22.000 im Jahre 1990 sank sie auf 15.000 im Jahre 1995 und – nach einem kurzen Wiederanstieg auf 17.000 im Jahre 2000 – auf 9.000 Mitglieder im Jahre 2005. Gleichwohl handelt es sich nach wie vor um die mitgliederstärkste rechtsextremistische Organisation. Die DVU unterhält in allen Bundesländern Landesverbände und unterhalb davon auch zahlreiche Kreis- und Ortsverbände. Aber von einem aktiven Parteileben im engeren Sinne lässt sich kaum sprechen. Überwiegend handelt es sich bei den Mitgliedern um ältere Personen, die sich an der

Arbeit der Partei kaum beteiligen. Symptomatisch für die Überalterung und geringe organisatorische Entwicklung der DVU ist, dass sie über keine eigenen Jugend- oder Studentenorganisationen verfügt. Diese strukturelle Schwäche stellt auch ein Problem für die Durchführung von Wahlkämpfen dar, die zwar durch die finanziellen Mittel des Parteivorsitzenden aufwendig geführt, aber nicht von größeren Teilen der Mitglieder aktiv mitgetragen werden. Bei den Mandatsträgern in den Landtagen handelt es sich neben den wenigen engen Gefolgsleuten Freys mehrheitlich um unbedarfte, politisch unerfahrene ältere Sympathisanten mit eher diffusen politischen Vorstellungen und geringem intellektuellen Potenzial. Mit Ausnahme der Fraktion im Landtag von Brandenburg zerbrachen in der Vergangenheit die DVU-Parlamentsfraktionen immer wieder aufgrund von internen Konflikten, die sich meist mehr aus persönlichen denn politischen Gründen speisten. Insofern stellt die mitunter als „Phantom-Partei" oder „virtuelle Partei" bezeichnete DVU hinsichtlich ihrer Organisationsstruktur tatsächlich eine Besonderheit im Parteienspektrum dar. Von Beginn an wurde die DVU von ihrem Vorsitzenden, der gleichzeitig der Hauptfinanzier der Partei ist, autoritär geführt. An demokratischen Strukturen innerhalb der Organisation mangelt es vollständig. Selbst die Landtagsfraktionen standen und stehen in enger Abhängigkeit von Frey und der Münchener Zentrale und enthalten meist von dort direkte Weisungen für ihre Arbeit.

Fazit

Bei der DVU handelt es sich um eine rechtsextremistische Partei, die zwar über eine relativ hohe Mitgliederzahl und große finanzielle Mittel verfügt, aber aufgrund ihrer nur rudimentär ausgebildeten politischen Programmatik und Organisationsschwäche über den Status einer vergleichsweise unbedeutenden Randpartei nicht hinausgekommen ist. Trotz gelegentlicher Landtagswahlerfolge und der sich neuerdings abzeichnenden verstärkten Zusammenarbeit mit der NPD dürfte es ihr auch in Zukunft nicht gelingen, sich bundesweit als politisch relevante Kraft zu etablieren. Dies gilt zumal, als das von Frey betriebene Zusammengehen mit der NPD keineswegs unumstritten ist. Es stößt gerade bei den DVU-Parlamentariern in Brandenburg auf Vorbehalte, die sich um ein gemäßigtes Erscheinungsbild ihrer Partei bemühen. Neue innerparteiliche Zerreißproben sind damit vorprogrammiert.

 Literatur

Bundesamt für Verfassungsschutz, Hg. (1998), „Deutsche Volksunion" (DVU). Strukturanalyse einer rechtsextremistischen Partei, Köln.

Holtmann, Everhard (2003), Die angepassten Provokateure. Aufstieg und Niedergang der rechtsextremen DVU als Protestpartei im polarisierten Parteiensystem Sachsen-Anhalts, Opladen.

Obszerninks, Britta/Matthias Schmidt (1998), DVU im Aufwärtstrend – Gefahr für die Demokratie?, Münster.

Pfahl-Traughber, Armin (2006), Rechtsextremismus in der Bundesrepublik Deutschland, 4. Auflage, München, S. 28 ff.

Pfahl-Traughber, Armin (2004), Wer wählt warum rechtsextremistisch? Sozialstruktur und Motivation der Wähler von DVU, NPD und REP im Vergleich, in: Mut. Forum für Kultur, Politik und Geschichte Nr. 447, S. 60-65.

 Internet

www.dvu.de

Armin Pfahl-Traughber

Deutsche Zentrumspartei (Zentrum)

Die Deutsche Zentrumspartei wurde 1870 gegründet und ist damit eine der ältesten deutschen Parteien. Als Vertreterin des politischen Katholizismus gehörte sie zu den einflussreichsten Parteien in der Kaiserzeit und der Weimarer Republik, bis sie sich 1933 auf Druck der Nationalsozialisten auflöste. Im Oktober 1945 gründete sich die Partei wieder, stand jedoch von Anfang an in Konkurrenz zur als überkonfessionellen Sammlungspartei gegründeten CDU. In den fünfziger Jahren entsandte die Partei noch Abgeordnete in den Bundestag sowie in die Landtage von Nordrhein-Westfalen und Niedersachsen. Danach wurde sie auf bundes- und landespolitischer Ebene bedeutungslos. Lediglich auf kommunaler Ebene konnte das Zentrum im Rhein- und Münsterland einige Mandate erringen. Einen kurzfristigen starken Anstieg der Mitgliederzahlen erfuhr das Zentrum Mitte der achtziger Jahre, als aktive Lebensrechtler in die Partei strömten. Dies stieß jedoch bei einem Teil der vorhandenen Mitglieder auf Widerstand. Die Auseinandersetzungen endeten damit, dass der christlich-radikale Flügel aus der Partei wieder herausgedrängt wurde und sich in konkurrierenden Parteien – der →Christlichen Liga und der →Christlichen Mitte – neu formierte. Das Zentrum wurde dadurch organisatorisch weiter geschwächt. Seit den neunziger Jahren befindet sich die Partei in einem Konsolidierungs- und Aufbauprozess, zu dem auch der Übertritt der „Christlichen Partei Deutschlands" im Jahre 2003 beigetragen hat; dennoch spielt sie in der deutschen Parteienlandschaft bis heute nur eine marginale Rolle.

Letzteres lässt sich daran ablesen, dass das Zentrum seit 1980 nur an wenigen überregionalen Wahlen teilgenommen hat. Im Zeitraum 2000 bis 2006 kandidierte die Partei nur zu den Bundestags- und Europawahlen sowie zu den Landtagswahlen in Baden-Württemberg und Nordrhein-Westfalen, wo sie aber mit 0,0 bzw. 0,1 Prozent der Stimmen völlig bedeutungslos blieb. Nur auf kommunaler und Kreisebene errang das Zentrum in Nordrhein-Westfalen und Sachsen-Anhalt vereinzelte Mandate – und dies auch nur in den Gemeinden, in denen sich die Mitglieder des Bundesvorstandes engagierten. Lokale Hochburgen der Partei sind Stendal in Sachsen-Anhalt und das nordrhein-westfälische Dormagen, der Wohnort des Bundesvorsitzenden Gerhard Woitzik, der dort bis 1999 auch stellvertretender Bürgermeister war.

Die elektorale Bedeutungslosigkeit spiegelt sich auch in der Organisationsschwäche der Partei wider, die nach den innerparteilichen Auseinandersetzungen und Abspaltungen der achtziger Jahre heute nur noch 600 Mitglieder zählt und sechs Landesverbände unterhält. Parteivorsitzende waren seit 1980 Gerhard Woitzik, Adelgunde Mertensacker (die später zur Christlichen Mitte überwechselte), Gerhard Ribbeheger und erneut Gerhard Woitzik. In Hamburg sind mit Norbert Frühauf und Dirk Nockemann kürzlich zwei bekannte Vertreter der ehemaligen →Schill-Partei zur Zentrumspartei übergetreten.

Programmatisch orientiert sich das Zentrum an der christlich-sozialen Werteordnung und verbindet eine gemeinwohlorientierte Ausrichtung seiner Positionen mit der aus der Bibel abgeleiteten christlichen Ethik. So entsteht insgesamt eine eher konservativ ausgerichtete Programmatik mit Schwerpunkt im Bereich der Familien- und Sozialpolitik, die im Grundsatzprogramm der Partei den meisten Raum einnimmt und auch in der kommunalen Arbeit dominiert.

Auf der überregionalen Ebene gibt es für ein solches, dezidiert christlich ausgerichtetes Programm im deutschen Parteiensystem heute offensichtlich keinen Bedarf mehr, nachdem es die CDU mit Unterstützung der Kirche und ehemaliger Zentrumsmitglieder verstanden hat, die Positionen des politischen Katholizismus nach 1945 in eine überkonfessionelle Partei zu integrieren. Die Wähler honorierten dies ebenso und verwiesen das Zentrum damit auf einen Nischenplatz. Als bürgerlich-konservative Kleinpartei mit streng katholischem Weltbild bewegt sich die Zentrumspartei heute in einem Spektrum, das einerseits von der Union dominiert und zum anderen von zahllosen weiteren, nicht-etablierten Kleinparteien bevölkert wird. An ihre große Vergangenheit wird sie aus der derzeitigen Randposition heraus daher nicht mehr anknüpfen können.

Literatur

Hoyer, Guido (2001), Nichtetablierte christliche Parteien. Deutsche Zentrumspartei, Christliche Mitte, Christliche Partei Deutschlands und Partei Bibeltreuer Christen im Parteiensystem der Bundesrepublik Deutschland, Frankfurt a.m.

Schmidt, Ute (1987), Zentrum oder CDU. Politischer Katholizismus zwischen Tradition und Anpassung, Opladen.

Thielking, Kai Oliver (1999), Zwischen Bibel und Grundgesetz. Christliche Kleinparteien in der Bundesrepublik Deutschland, Marburg.

 Internet

www.zentrumspartei.de

Kai Oliver Thielking

Deutschland

→ Ab jetzt ... Bündnis für Deutschland

Elternpartei – für eine familienfreundliche Politik (Eltern)

Die Elternpartei wurde im Januar 2005 gleichzeitig als Bundes- und Landesverband Brandenburg in Dahlewitz, einem Ort südlich von Berlin, gegründet. Seit Mai 2005 besteht neben dem Landesverband Brandenburg auch ein Landesverband in Sachsen-Anhalt und seit Januar 2006 der Landesverband Berlin. Die Initiative zur Gründung einer Partei, die primär die Interessen von Eltern vertritt, entstand bei Mitgliedern der bereits in den achtziger Jahren gegründeten →Familienpartei, nachdem diese Ende 2004 mit der →Ökologisch-Demokratischen Partei (ödp) Verhandlungen über eine mögliche Fusion beider Organisationen aufgenommen hatte. Einige Mitglieder und Anhänger der vor allem in den westlichen Bundesländern verankerten Familienpartei befürchteten, mit dem Zusammenschluss könne die programmatische Ausrichtung auf die Familienförderung in den Hintergrund geraten und betrieben deshalb die Gründung der Elternpartei. Als Initiatoren der Parteigründung gelten der ehemalige Generalsekretär der Familienpartei, Dieter Gohlke, sowie dessen Ehefrau Wiebke Gohlke, die von Anfang an das Amt der Bundes- sowie der brandenburgischen Landes-vorsitzenden der Elternpartei bekleidet. In den drei Landesverbänden verfügt die Elternpartei nach eigenen Angaben über insgesamt 350 Mitglieder, davon 165 in Sachsen-Anhalt und 80 in Berlin.

Die Elternpartei nahm mit Landeslisten bislang an zwei Landtagswahlen teil. In Sachsen-Anhalt konnte sie im März 2006 aus dem Stand 1,6 Prozent der Zweitstimmen gewinnen, bei der Berliner Abgeordnetenhauswahl im September desselben Jahres waren es 0,7 Prozent. Bei den gleichzeitig stattfindenden Wahlen zu den Berliner Bezirksverordnetenversammlungen gelangte die Partei in keinem der Bezirke über die Drei-Prozent-Hürde und konnte somit keine Parlaments-mandate erringen. Ihr bestes Ergebnis auf kommunaler Ebene erreichte sie im bürgerlichen Bezirk Steglitz-Zehlendorf mit 1,4 Prozent der Stimmen.

Im Wahlkampf zur Berliner Abgeordnetenhauswahl 2006 wurde die Eltern-partei mehrfach mit der im Januar 2006 in Berlin gegründeten Partei „Berliner Eltern – die Bildungspartei" verwechselt, da diese in der lokalen Berichterstat-tung stets als „Berliner Elternpartei" firmierte. Nachdem sich die Elternpartei über die Verletzung ihrer Namensrechte beschwert hatte, wurde die Neugrün-dung nur noch als „Bildungspartei" bezeichnet. Nicht auszuschließen ist jedoch, dass die mögliche Verwechslung der Elternpartei zu zusätzlichen Wählerstim-men verholfen hat. Seit der Berliner Wahl strebt die Elternpartei eine Kooperation mit der Familien- sowie der Berliner Bildungspartei an.

Programmatisch setzt sich die Elternpartei von der Berliner Bildungspartei durch ihre bundespolitische Ausrichtung ab. Als typische Kleinst- und Single-Issue-Partei stellt sie die Familienförderung und Kinderpolitik ganz in den Mit-telpunkt ihrer Forderungen. Das Familienbild der Elternpartei basiert auf dem Prinzip der gegenseitigen Verantwortung über Generationengrenzen hinweg, wobei neben den Eltern mit Kindern auch erwachsene oder ältere Kinder mit pflegebedürftigen Eltern in den Blick genommen werden. Außerdem wird der klassische Familienbegriff um die soziale Elternschaft beispielsweise in Patch-work-Familien oder bei gleichgeschlechtlichen Elternpaaren erweitert. Kinderlose Ehepaare gelten dagegen im Sinne der Elternpartei nicht als fördernswert. In erster Linie tritt die Elternpartei für eine „Erneuerung der sozialen Marktwirt-schaft" durch eine konsequente Bevorzugung von Familien, Kindern und Eltern ein. Die zunehmende Kinderlosigkeit in Deutschland wird als „Folge des finan-ziellen und sozialen Abstiegs" betrachtet, der nach der Geburt eines Kindes dro-he. Daher fordert die Partei ein Erziehungsgehalt für Eltern, einen Kita-Rechtsanspruch ab dem ersten Lebensjahr, bessere Ausstattung von Schulen, Kinder- und Jugendeinrichtungen, die Begrenzung der regelmäßigen Wochenar-beitszeit auf 35 Stunden sowie eine Absenkung des Wahlalters auf 14 Jahre.

Daneben sollen Eltern für jedes Kind unter 14 Jahren eine weitere Wahlstimme erhalten. Insgesamt folgt die Partei einem solidarischen Leitbild, das von den besser gestellten Gesellschaftsschichten ein vermehrtes Engagement für sozial Schwache verlangt. Als ihre Zielgruppe definiert die Elternpartei alle Menschen, die selbst Kinder haben oder in Zukunft Kinder haben möchten, egal welcher sozialen Gruppe oder Schicht sie angehören.

 Internet

www.elternpartei.de

Melanie Haas

Europäische Arbeiterpartei (EAP)

Die Europäische Arbeiterpartei (EAP) wurde 1974 gegründet. Sie war ein Ableger der 1971 vom US-Amerikaner Lyndon Hermyle LaRouche aufgebauten „US Labour Party". Als Bundesvorsitzende und Kanzlerkandidatin (!) der EAP fungierte LaRouches Ehefrau, Helga Zepp-LaRouche. Ein Teil der bis zu 1.000 Mitglieder der EAP wurde zunächst aus studentischen Kreisen rekrutiert, ein weiterer Teil war bereits in den „European Labour Committees" (ELC) vertreten, die 1973 in Deutschland erstmals als „Europäische Arbeiter Fraktion" auftraten. Die Programmatik der EAP orientierte sich ausschließlich an den quasireligiösen, apokalyptischen Inhalten der Lehre LaRouches, der ursprünglich stark vom Trotzkismus beeinflusst worden war. LaRouche prognostizierte einen nahenden Zusammenbruch der westlichen Zivilisation, falls es nicht zur Umsetzung seines umfassenden gesellschafts- und wirtschaftspolitischen Reformprogramms komme, das mittels Technologietransfer und friedlicher Nutzung der Kernenergie eine gerechtere Weltordnung und ein neues Währungs- und Finanzsystem etablieren müsse. Die Partei entwarf ein ausgeprägtes Freund-Feind-Szenarium mit Verschwörungstheorien und Allmachtsansprüchen. Als Hauptfeinde der Menschheit identifizierte sie die CIA und „Rockefeller-Kräfte", die eine faschistische Weltdiktatur errichten wollten. Kritiker warfen der LaRouche-Bewegung, die sich selbst als Erbe des europäischen Humanismus versteht, einen sektenähnlichen Aufbau vor. Die Mitglieder müssten sich dem charismatischen Führer voll unterwerfen und würden veranlasst, jegliche Kontakte zur Außenwelt abzubrechen. Das Bundesamt für Verfassungsschutz ordnete die EAP nicht in die herkömmlichen Kategorien des Linksextremismus ein, obwohl diese sich selbst als revolutionäre

Bewegung bezeichnete, die danach strebe, einen freien, am Rätesystem orientierten Sozialismus zu verwirklichen. Andere Kritiker hielten der EAP vor, sie sei rechtsextrem. Die Charakterisierung der Partei(anhänger) als antisemitisch und „Nazis ohne Hakenkreuz" wurde allerdings gerichtlich untersagt.

Seit 1986 nahm die EAP nicht mehr an Wahlen teil. Wo sie zuvor kandidiert hatte, waren ihre Stimmenanteile marginal geblieben. Als Nachfolgeorganisationen entstanden in nahezu vollständiger programmatischer und personeller Kontinuität die „Patrioten für Deutschland" und die →Bürgerrechtsbewegung Solidarität (BüSo). Letztere existiert bis heute und nimmt gelegentlich an Wahlen teil – so wie die EAP allerdings ohne jeden Erfolg. Auch das Zentralorgan „Neue Solidarität" und die Jugendbewegung „LaRouche Youth Movement" (LYM) bestehen weiter fort.

 Literatur

Beyes-Corleis, Aglaja (1994), Verirrt: Mein Leben in einer radikalen Politorganisation, Freiburg im Breisgau.
Fichter, Michael (1986), Die Europäische Arbeiterpartei, in: Richard Stöss (Hg.), Parteien-Handbuch. Die Parteien der Bundesrepublik Deutschland 1945-1980, Opladen, S. 1279-1294.
Knoblauch, Herbert/Wolfgang Weirauch (1987), EAP. Idee, Geschichte, Programm, Praxis, Hintergrund, Flensburg.

Stefan Braun

Europäische Föderalistische Partei – Europa-Partei (EFP/EP)

Die „Europäische Föderalistische Partei – Europa-Partei" (EFP) wurde am 12. Januar 1965 unter dem Namen Europa Partei (Europäische Föderalistische Partei, EP) als deutsche Sektion der Föderalistischen Internationale (FI) der Europäischen Föderalistischen Parteien in Bremen gegründet. Der von dem Österreicher Otto Molden 1959 aus der Taufe gehobene Bund der Europaparteien verfolgte das Ziel, die „Einigung und Erneuerung Europas sowie die Befreiung Osteuropas auf friedlichem Wege" voranzutreiben (zit. nach Stöss 1986: 1297). Im November 1974 wurde die FI in Genf von Delegierten aller europäischen Partnerparteien als gesamteuropäische Partei neu gegründet, womit eine Abkehr vom ursprünglichen Konzept eines bloßen Bundes nationaler europaorientierter Parteien einherging. 1971 verkürzte die Partei ihren Namen auf Europäische Föderalistische

Partei und seit 1984 nannte sie sich Europäische Föderalistische Partei – Europa-Partei (EFP).

In ihrem Gründungsjahr 1965 nahm die EFP in Bremen erstmals an einer Bundestagswahl teil, wo sie aber lediglich 1.015 Zweitstimmen (entsprechend 0,0 Prozent) gewinnen konnte. Auch bei den Landtagswahlen, zu denen sie danach in unregelmäßiger Folge antrat, bewegten sich ihre Stimmenanteile in bescheidenen Größenordnungen (zwischen 0,0 und 0,3 Prozent). Ihr bestes Wahlergebnis erzielte die EFP 1976 mit 0,7 Prozent bei der Landtagswahl in Baden-Württemberg, bei Bundestagswahlen war sie 1969 mit 0,2 Prozent der Wählerstimmen am erfolgreichsten. Besonders schmerzlich war, dass die EFP, die als Europapartei stets für die Einführung der Direktwahl zum Europäischen Parlament eingetreten war, auch bei den Europawahlen keinerlei Erfolg hatte. 1979 und 1989 musste sie aufgrund interner Streitigkeiten auf eine Kandidatur ganz verzichten, und 1984 erreichte sie gerade Mal 0,1 Prozent. Seit 1991 zu keiner Wahl mehr angetreten, löste sich die EFP wegen Zahlungsunfähigkeit im November 1995 auf, nachdem sie die Parteiarbeit bereits 1994 hatte einstellen müssen.

Programmatisch war die EFP ganz auf das Ziel der staatlichen, wirtschaftlichen und gesellschaftlichen Vereinigung Europas ausgerichtet. Dabei sollten vor allem Wirtschaft und Politik nach föderalistischen Gesichtspunkten organisiert und den Individuen auf der Grundlage des Subsidiaritätsprinzips weitmöglichste Partizipations- und Selbstbestimmungsrechte eingeräumt werden. Nach der Abwendung von der Idee eines Europäischen Bundesstaates, wie sie die FI in den sechziger Jahren vertreten hatte, propagierte die EFP in den siebziger Jahren den „integralen Föderalismus" als neue programmatische Grundlage. An die Stelle des vom Ost-West-Gegensatzes geprägten materiellen Besitz- und Sicherheitsstrebens traten die Vision einer herrschaftsfreien und genossenschaftlich organisierten Gemeinschaft und eine Öffnung für ökologische Ziele. Aus ihrer Ablehnung der industriellen Gesellschaftsform machte die EFP nun keinen Hehl mehr. In der Literatur wird sie deshalb als teiloppositionelle und gelegentlich sogar systemoppositionelle Partei bezeichnet.

Das Organisationsprinzip der EFP war das einer gesamteuropäischen (Dach)partei mit einzelnen Sektionen in den Mitgliedsländern. In der Bundesrepublik verzeichnete sie 1980 mit 1.200 ihren höchsten Mitgliederbestand. Organisatorisch blieb sie schwach entwickelt, obwohl man in allen Bundesländern vertreten war (in Rheinland-Pfalz allerdings erst ab 1976). Als Parteivorsitzende amtierten Ernst Ruban (1964-1970), auf dessen Initiative die Gründung der deutschen Sektion erfolgt war, Hans-Wittich von Gottberg (1970-1975), Karl Hahn (1975-1976), Hans Joachim Krüger (1977-1979), Lutz Roemheld (1979-1987), Kurt Duwe (1987-1989), Lothar Gügel (1989-1992) und Reinhard Bauer (1992-1994).

Literatur

Boom, Dirk van den (1999), Politik diesseits der Macht? Zu Einfluss, Funktion und Stellung von Kleinparteien im politischen System der Bundesrepublik Deutschland, Opladen, S. 191 ff.

Roemheld, Regine (1983), Minorisierung als Herrschaftssicherung. Zur Innovationsfähigkeit des westdeutschen Parteiensystems, Frankfurt a.M., S. 255 ff.

Stöss, Richard (1986), Die Europäische Föderalistische Partei (EFP)/Europa Partei (EP), in: ders. (Hg.): Parteien-Handbuch. Die Parteien der Bundesrepublik Deutschland 1945-1980, Opladen, S. 1296-1310.

Melanie Haas

FAG FlughafenAusbauGegner Hessen (FAG Hessen)

Mehr als zwanzig Jahre ist es her, dass zum Teil militante Demonstranten gegen den Bau der Startbahn West am Frankfurter Flughafen erbitterten Widerstand leisteten. Die politische Auseinandersetzung um die weitere Expansion des Airports sollte auch danach nicht abreißen. Als Ende 1997 Forderungen des damaligen Vorstandsvorsitzenden der Lufthansa AG, Jürgen Weber, laut wurden, am Rhein-Main-Flughafen eine neue Nordwest-Landebahn zu schaffen und dies auf positive Resonanz der hessischen Landesregierung unter Ministerpräsident Hans Eichel stieß, formierten sich erneut zahlreiche Bürgerinitiativen gegen das Vorhaben (inzwischen sind es über 60). Die Wählergemeinschaft FlughafenAusbau-Gegner Hessen gründete sich am 18. September 2002 in Frankfurt a.M. mit dem Ziel, bei den Landtagswahlen am 2. Februar 2003 zu kandidieren und den Widerstand in das Landesparlament zu tragen.

Die FAG Hessen ging aus der am 11. November 2000 gegründeten Wählergemeinschaft FlughafenAusbauGegner Frankfurt hervor, die seit der Kommunalwahl am 18. März 2001 mit vier Abgeordneten im Frankfurter Stadtparlament vertreten war. Nach längerem Hin und Her beschloss diese auf einer Mitgliederversammlung am 18. September 2002 mit Zwei-Drittel-Mehrheit, aus technischen und organisatorischen Gründen nicht zur Landtagswahl anzutreten. Eine solche Kandidatur war zunächst erwogen worden, nachdem der aus Frankfurt stammende Bundesaußenminister Joschka Fischer auf einer Kreisversammlung der Grünen Unterstützung für einen „ökologisch verträglichen Ausbau" des Rhein-Main-Flughafens signalisiert hatte. Tatsächlich zogen sich die Pro- und Contra-Positionen zur geplanten Landebahn durch alle Parteien: Auf der Bundesebene hatten die Grünen Mitte 2000 ein Konzept der Bundesregierung mit beschlossen, das einen nachfragegerechten Ausbau der deutschen Flughäfen anstrebte. Auf der Landesebene traten die CDU unter Ministerpräsident Roland Koch sowie die FDP für den Ausbau ein. Die SPD war zunächst skeptisch, schwenkte dann aber auf die Pro-Linie um, da der Flughafenausbau zahlreiche neue Arbeitsplätze in der Region versprach. Allein die Landesgrünen stellten sich im Laufe des Jahres 2002 klar gegen den Ausbau.

Auf der kommunalen Ebene gab es in den am stärksten betroffenen Gemeinden wie z.b. Flörsheim eine gemeinsame Front aller Parteien gegen die Pläne. Dies ging soweit, dass die örtliche CDU ihrer Landesregierung im Wahlkampf die Unterstützung verweigerte. Besonders prekär war die Situation in der Stadt Frankfurt, wo die Grünen eine Kompromisslinie verfolgten, indem sie statt der Nordtrasse eine Landebahn im Süden der Stadt favorisierten. Aus diesem Grund hielt eine Gruppe innerhalb der FAG um Volker Hartmann eine Kandidatur bei der Landtagswahl für zwingend geboten, konnte man doch nicht darauf vertrauen, dass SPD oder Grüne die Ausbaupläne tatsächlich stoppen würden. Der Fraktionschef der FAG Frankfurt, Horst Schäfer, bezeichnete die neue Wählergemeinschaft als „fundamentalistischen Zweig", deren Mitglieder damit rechnen müssten, aus der FAG Frankfurt ausgeschlossen zu werden. Davon ließen sich Hartmann und seine Gefolgsleute allerdings nicht irritieren. Nachdem sie die notwendige Zahl von Unterstützungsunterschriften beigebracht hatte, wurde die FAG Hessen zur Landtagswahl am 2. Februar 2003 zugelassen und erzielte dort 0,6 Prozent der Stimmen; das beste Einzelergebnis erreichte sie in Flörsheim mit 6,3 Prozent. Am 21. Juli 2005 löste sich die Wählergemeinschaft aus finanziellen Gründen auf. (Da die Vereinigung weder staatliche Mittel aus der Wahlkampfkostenerstattung erhielt noch über Sponsoren verfügte, mussten die Mitglieder die Wahlkampagne aus eigener Tasche finanzieren.) Die kommunale FAG blieb im Frankfurter Römer unterdessen weiter vertreten, nachdem sie bei der Kommunalwahl 2006 erneut vier Mandate in der Stadtverordnetenversammlung erringen konnte.

Bei der Wählergemeinschaft FAG handelte es sich um eine Bürgerinitiative in Parteiform, deren Programmatik ganz auf die angestrebte Verhinderung des Flughafenausbaus abgestellt war. Davon abgeleitet setzte sie sich zugleich für ein generelles Nachtflugverbot und die Abschaffung der steuerlichen Privilegien des Flugverkehrs ein. Andere Politikbereiche wie Bildungs- oder Familienpolitik wurden ebenfalls angesprochen, spielten aber nur eine untergeordnete Rolle. Auch wenn sie als fundamentalistisch kritisiert wurde, trug die Wählergemeinschaft keine extremistischen Züge; insbesondere legte sie Wert darauf, nicht mit den gewalttätigen Demonstranten der achtziger Jahre in einen Topf geworfen zu werden.

Die FAG Hessen zählte bei ihrer Gründung 11 Mitglieder, die aus verschiedenen Bürgerinitiativen, aber auch aus der FAG Frankfurt zu der neuen Gruppierung hinzustießen. Später stieg die Mitgliederzahl auf etwa 30 an. Auf der von Volker Hartmann angeführten Landesliste kandidierten 19 Personen, die größtenteils aus mittleren und gehobenen Statusgruppen stammten (Ingenieure und Freiberufler). Dass die FAG keinen größeren Zulauf fand und bei der Landtagswahl 2003 nur 0,6 Prozent der Stimmen erreichte, dürfte im wesentlichen an zwei Gründen gelegen haben: Zum einen konnte sie das Flughafenthema nicht für sich monopolisieren, da sich die Grünen auf Landesebene ebenfalls gegen den Ausbau ausgesprochen hatten. Zum anderen gab es außerhalb der unmittelbar betroffenen Gemeinden in Hessen eine klare mehrheitliche Unterstützung der Ausbaupläne durch die Bevölkerung. Auch darf nicht vergessen werden, dass das Land Hessen, der Bund und die Stadt Frankfurt als größte Anteilseigner des Flughafens an dessen wirtschaftlichem Erfolg ein natürliches Interesse haben. Angesichts dieser geballten Macht kann es sich die FAG durchaus als Erfolg anrechnen, dass sie durch die Mobilisierung öffentlichen Widerstandes den Ausbau zumindest verzögert hat.

Sandra Fischer

FAMILIEN-PARTEI DEUTSCHLANDS (FAMILIE)

Entstehungs- und Entwicklungsgeschichte
Die Familien-Partei Deutschlands wurde 1981 unter dem Namen "Deutsche Familienpartei" gegründet. Nachdem sie 1982 an der bayerischen Landtagswahl erfolglos teilgenommen hatte, stellte die Partei ihre Aktivitäten ein. Wiederbelebt wurde sie ab 1989 von Franz-Joseph Breyer, einem Kinderarzt, der aus der CDU zur Familienpartei übergetreten war. Vor der Europawahl 1994 änderte die Partei ihren Namen und trat fortan als „Familienpartei Deutschlands" an. 1998 nahm sie erstmals an einer Bundestagswahl teil. Seither geht es langsam, aber deutlich aufwärts mit der Partei – sowohl was den Wählerzuspruch als auch die Mitgliederzahlen betrifft. Um ihre Wahlchancen weiter zu verbessern, entschloss sich die Familienpartei im Jahre 2005 zu einer engeren Zusammenarbeit mit der →Ökologisch-Demokratischen Partei (ödp). Beide Parteien vereinbarten, bei Wahlen nicht gegeneinander anzutreten und die Möglichkeit zu schaffen, auf den Listen der jeweils

anderen Partei eigene Kandidaten zu platzieren. Als längerfristige Perspektive wird an eine formelle Verschmelzung der beiden Organisationen gedacht.

Wahlergebnisse und Wählerschaft
Bei der Bundestagswahl 2005 konnte die Familienpartei ihren Stimmenanteil auf 0,4 Prozent steigern (1998 und 2002 hatte sie jeweils 0,1 Prozent erzielt). Bei den Wahlen zum Europäischen Parlament erreichte sie 2004 1,0 Prozent der Stimmen. (1994 und 1999 hatte sie hier nur im Saarland kandidiert.) Erstaunlich gut schnitt die Partei bei den Landtagswahlen in Brandenburg und im Saarland ab, wo sie 2004 2,6 bzw. 3,0 Prozent der Stimmen erzielte. Letzteres war das zweitbeste Ergebnis, das eine nicht-etablierte (und zugleich nicht-extremistische) Kleinpartei mit bundesweitem Anspruch in den letzten Jahren bei einer Landtagswahl in der Bundesrepublik erzielen konnte. Bei den Landtagswahlen in Schleswig-Holstein (Februar 2005) und Mecklenburg-Vorpommern (September 2006) blieb der Wähleranteil mit 0,8 bzw. 1,2 Prozent geringer. Auf lokaler Ebene gelang es der Familienpartei außerdem, in ihrer Hochburg Saarland, wo der Parteivorsitzende Breyer wohnhaft ist, wie auch in Brandenburg einige Mandate zu erringen (in Sankt Ingbert, Saarpfalz-Kreis, Bad Liebenwerda und Potsdam). Über die soziale Zusammensetzung der Wählerschaft liegen zur Zeit noch keine Daten vor.

Tabelle: Ergebnisse bei Bundestags-, Europa- und Landtagswahlen

Jahr	Bundestagswahlen	Europawahlen	Landtagswahlen
1990			SL 0,2
1994		0,0	SL 0,5
1995			NRW 0,0
1998	0,1		
1999		0,0	SL 1,0
2000			NRW 0,0
2001			BaWü 0,0
2002	0,1		
2003			
2004		1,0	SL 3,0 BB 2,6
2005	0,4		SH 0,8 NRW 0,1
2006			MV 1,2

Programmatik
Ideologisch ist die Familienpartei schwer einzuordnen. Selbst bezeichnet sie sich als Interessenpartei ohne Ideologie, und bekennt sich zur politischen Mitte (in der Präambel des Grundsatzprogramms). Familienpolitik durchdringt in ihrem Pro-

gramm fast alle Politikbereiche. Minderjährige Kinder sollen genauso wie erwachsene Bürger eine Wählerstimme erhalten, die allerdings von ihren Eltern
stellvertretend abgegeben werden müsste. Erziehungsarbeit soll Erwerbsarbeit
gleichgestellt und vom Staat mit einem Erziehungsgehalt belohnt werden. Darüber hinaus wird die Einführung eines Familiensplittings im Steuersystem anstelle des heutigen Ehegattensplittings gefordert. Diese und ähnliche Forderungen
werden bei anderen Parteien meist in den Rahmen einer konservativen Ideologie
gestellt. Die Familienpartei definiert die Familie aber nicht im konservativen
Sinne, sondern relativ fortschrittlich als „dauerhafte Lebensgemeinschaft von
Eltern mit Kindern"; auch nicht verheiratete und getrennt lebende Eltern gehören
dazu.

Das Parteiprogramm enthält auch Forderungen, die nicht unmittelbar mit
den Interessen der Familien verbunden zu sein scheinen. Die Familienpartei
möchte etwa das politische System reformieren, die „Verparteiung" des Staates
zurückdrängen und die Bürger und Bürgerinnen direkt an politischen Entscheidungen beteiligen. Damit soll die Gemeinwohl- und Zukunftsorientierung der
Politik und des politischen Systems gestärkt werden. Die Familienpartei begründet diese und sonstige Forderungen (etwa im Bereich des Umweltschutzes) mit
dem Prinzip „Nachhaltigkeit": „Keine Generation darf zu Lasten oder auf Kosten
der folgenden Generationen leben. Dies bezieht sich sowohl auf die Geldtransfer-
leistungen in den Sozialsystemen als auch auf die Entnahme von natürlichen
Ressourcen, die Beeinträchtigung der Umwelt und das Hinterlassen unausgegli-
chener Staatsfinanzen", heißt es in ihrem Programm. Um die Nachhaltigkeit zu
fördern, schlägt die Partei einen neuen Generationenvertrag vor, der drei Generationen – die aufwachsende, die arbeitsfähige und die in den Ruhestand versetzte
– zusammenbinden soll. Ein Schritt weiter und man hätte den englischen Vordenker des Konservativismus Edmund Burke zitieren können. Von diesem
stammt der Satz, dass die Gesellschaft auf einen Vertrag zwischen den lebenden
und ihren toten Vorfahren und der noch-nicht geborenen Nachwelt beruht. Implizit steht die Familienpartei dem Konservativismus ziemlich nahe – allerdings
einer weltoffenen, sozialen und demokratischen Variante dieser Ideologie. Damit
im Einklang scheint auch die vorsichtige Kritik zu stehen, die sie an Individua-
lismus und Kapitalismus übt. So heißt es im Parteiprogramm z.B., dass „Kapital
auch zum sozialen Handeln verpflichte." Arbeitnehmer sollen nach den Vorstellungen der Familienpartei am Produktivvermögen beteiligt werden; das „sich
gegenwärtig abzeichnende Modell einer allgemeinen Konkurrenz- und Ellenbo-
gengesellschaft" sei „auf allen politischen Ebenen und Wegen zu bekämpfen." In
Brandenburg hat die Partei sich an Protestaktionen gegen ‚Hartz IV' und eine
Aufweichung des Kündigungsschutzes beteiligt. Besonders im gesellschaftspoli-

tischen Bereich nähert sie sich somit auch sozialdemokratischen Positionen an. Tatsächlich gehört die Familienpartei also zur politischen Mitte – sie steht irgendwo zwischen dem linken (christlich-sozialen) Flügel der CDU und der SPD, aber ziemlich weit entfernt von der eher individualistisch orientierten FDP.

Organisation
Organisatorisch ähnelt die Familienpartei den etablierten Volksparteien, allerdings in kleinerem Umfang. Der Bundesvorstand – seit mehr als einem Jahrzehnt geführt von Breyer – wird vom Bundesparteitag gewählt, der sich überwiegend aus Delegierten der Landesverbände zusammensetzt. Zur Zeit (2006) gibt es 13 Landesverbände mit etwa 600 Mitgliedern. Die Partei ist langsam gewachsen, ihre Mitgliederzahl hatte im Jahre 1998 erst 200 und im Jahre 2002 erst 400 betragen. Unmittelbar aktiv sind die Mitglieder auf der kommunalen Ebene in Brandenburg und im Saarland, wo die Familienpartei Mandate errungen hat. Das Ziel der parlamentarischen Vertretung steht für die Parteiorganisation generell im Vordergrund. Es ist wichtiger als außerparlamentarische Aktionen, programmatische Arbeit, politische Bildung und Bewusstseinsarbeit, obwohl auch diese Bereiche nicht völlig vernachlässigt werden.

Fazit
Die Familienpartei Deutschlands versteht sich in erster Linie als eine Interessenpartei für kinderreiche Familien. Implizit vertritt sie aber auch eine weltoffene sozial-konservative Ideologie. Elektoral und organisatorisch ist sie langsam gewachsen. Das könnte sich auch in Zukunft fortsetzen, besonders auf lokaler und regionaler Ebene.

 Literatur

Rosenbaum, Kaspar (2004), „Das wird vom dümmsten Wähler nicht honoriert! Braucht Deutschland noch eine sozialdemokratische Partei?" Interview mit Franz-Joseph Breyer und Wolfgang Britz, ef-magazin Nr. 48.

 Internet

www.familien-partei.de

Paul Lucardie

Feministische Partei DIE FRAUEN (DIE FRAUEN)

Entstehungs- und Entwicklungsgeschichte
Auslöser für die Gründung der Feministischen Partei DIE FRAUEN war der
Frauenstreiktag am 8. März 1994. Anfang der neunziger Jahre war die Frauenbe-
wegung in der Bundesrepublik stark zersplittert, marginalisiert und damit poli-
tisch bedeutungslos. Um sie wiederzubeleben und die Diskriminierung von
Frauen in allen gesellschaftlichen Bereichen in den Mittelpunkt des öffentlichen
Bewusstseins zu rücken, beschlossen Frauen aus dem Raum Köln/Bonn im
Herbst 1992, dem Vorbild des Schweizer Frauenstreiks von 1991 zu folgen und
am Internationalen Frauentag 1994 einen bundesweiten Frauenstreiktag zu organisieren. Nach dem Streikaufruf fanden sich auf lokaler Ebene mehrere Dutzend
Streikkomitees zusammen, deren Aktionen auf einem überregionalen Vorberei-
tungstreffen in Kassel koordiniert wurden. Mit rund einer Million Teilnehmerin-
nen geriet der Streiktag zu einem unerwarteten Erfolg. Die Organisatorinnen
überlegten deshalb, ob und wie man die vorhandenen Strukturen aufrecht erhalten und „politikfähiger" machen könne. Dabei standen sie vor derselben Alternative wie der →DFD, die →Frauenpartei oder der →UFV vor ihnen, nämlich der
Organisation in einem Verein/Verband/Netzwerk oder einer politischen Partei.
Während sich 22 der anwesenden 60 Frauen dazu entschlossen, mit der Gründung einer feministischen Partei den zuletzt genannten Weg zu beschreiten, rief
ein Teil der anderen Frauen im Januar 1995 das „Bundesweite Feministische
Bündnis" (BfB) ins Leben, das an die losen Strukturen des Streikbündnisses an-
knüpfte und sich als Brücke zwischen ost- und westdeutschen Frauen verstand.
Tatsächlich wurde der am 11. Juni 1995 in Kassel gegründeten „Feministischen
Partei DIE FRAUEN" mit Blick auf die Herkunft ihrer Funktionsträger, die zuvor
überwiegend bei den Grünen und der SPD aktiv gewesen waren, eine gewisse
Westlastigkeit vorgeworfen. Diese spiegelte sich allerdings nicht unbedingt im
Wählerverhalten wider, denn ihr bis heute bestes Landtagswahlergebnis erzielte
die Partei ausgerechnet in einem ostdeutschen Bundesland (0,5 Prozent 1999 in
Thüringen).

Kurz nach der Gründungsversammlung, auf der über 300 Frauen anwesend
waren, brachen die ersten innerparteilichen Konflikte los: Nachdem die ehemalige Grünen-Bundestagsabgeordnete Jutta Oesterle-Schwerin, die eine der Haupt-
initiatorinnen der Gründung gewesen war und der Feministischen Partei nun als
Bundesgeschäftsführerin und Bundessprecherin vorstand, eine vom Arbeitsamt
mitfinanzierte Stelle als Politische Referentin erhalten hatte, sahen Kritikerinnen
das Machtgleichgewicht innerhalb der siebenköpfigen Bundessprecherinnenrun-

de gefährdet. Ähnlich wie bei der Frauenpartei entwickelte sich in der Folge eine heftige parteiinterne Diskussion über das Problem der Ämterhäufung und Machthierarchie – ein Dorn im Auge vieler parteipolitisch aktiver Frauen. Die von der Bundessprecherinnenrunde verhängten Ausschlussanträge gegen vier „Dissidentinnen", die sich mit Gleichgesinnten zu einer „Feministischen Plattform" zusammen gefunden hatten, mussten auf Beschluss einer außerordentlichen „Bundesmitfrauenversammlung" im April 1997 zurückgenommen werden. Des Weiteren sprach sich die Feministische Partei gegen eine Fusion mit der bereits bestehenden Frauenpartei zu diesem Zeitpunkt aus. Zum Zusammenschluss beider Organisationen kam es erst, nachdem die internen Streitigkeiten in der Feministischen Partei bereinigt waren. Ermöglicht wurde dies zum einen durch die Wahl einer „Dissidentin" in die Bundessprecherinnenrunde, zum anderen durch den freiwilligen Rückzug von Oesterle-Schwerin von ihren Vorstandsämtern. Am 2. März 1997 beteiligten sich die Kreisverbände Darmstadt und Frankfurt als erste Gebietsverbände der Feministischen Partei an einer Wahl – den Kommunalwahlen in Hessen: Sie erreichten 1,9 Prozent in Darmstadt sowie 0,7 Prozent in Frankfurt a.M. Seit 2001 hat die Partei mit einer Abgeordneten im Darmstädter Stadtparlament ein kommunales Mandat inne. Die Feministische Partei nahm auch an mehreren Landtags-, Bundestags- sowie Europawahlen teil. Bei den Bundestagswahlen 1998, 2002 und 2005 erreichte sie jeweils 0,1 Prozent der Stimmen. Bei den Europawahlen 1999 konnte sie 0,4 Prozent der Stimmen auf sich vereinigen, 2004 waren es sogar 0,6 Prozent, was sie in den Genuss der staatlichen Parteienfinanzierung brachte. Zwischen 1998 bis 2006 nahm die Feministische Partei an insgesamt neun Landtagswahlen teil, bei denen sich ihre Stimmenanteile zwischen 0,2 und 0,5 Prozent bewegten.

Programmatik

Programmatisch ist die Feministische Partei eine Ein-Punkt-Partei: Laut der Präambel ihres Programms stellt sie „die Sichtweisen von Frauen in den Mittelpunkt ihrer Politik", um zu einer gerechteren Politik für alle Menschen zu kommen. Dementsprechend tritt sie für eine Wirtschafts-, Finanz-, Steuer-, Gesundheits-, Bildungs-, Stadtplanungs- und Verkehrspolitik ein, die ganz auf die Interessen von Frauen abstellt. Auch die pazifistische, antimilitaristische und internationalistische Ausrichtung des Programms (einschließlich der Forderung nach einem Atomausstieg) baut auf feministischen Grundpositionen auf bzw. wird aus diesen abgeleitet. Die Feministische Partei bekämpft jegliche Gewalt gegen Frauen und Kinder, auch in Form von Prostitution und Pornographie. Leitgedanke ihrer Politik ist das Prinzip der „gleichwertigen Vielfalt". Folgerichtig wendet sich die Partei gegen Antisemitismus und Rassismus und setzt sich für die politische, wirtschaftliche und soziale Gleichberechtigung von Migrantinnen und Flüchtlingen ein. Der Gleichstellungsbegriff der Feministischen Partei geht von einem strikten Individualprinzip aus. Jeder Einzelne soll danach unabhängig von seinem Familienstand sozial abgesichert sein und besteuert werden. In der Familienpolitik möchte die Feministische Partei den Frauen das alleinige Sorgerecht für die Kinder zugestehen. Außerdem tritt sie für die ersatzlose Streichung des Abtreibungsparagraphen 218 ein, da es allein Sache der Frauen sei zu entscheiden, ob sie eine Schwangerschaft austragen oder nicht.

Konsequent radikal sind auch die institutionenpolitischen Forderungen. Hier setzt sich die Feministische Partei für die gesetzliche Festschreibung des Frauenanteils im Bundestag sowie in allen Landtags- und Kommunalparlamenten auf mindestens 52 Prozent ein (was ihrem Bevölkerungsanteil entsprechen würde). Um dieses Ziel zu erreichen, sollen die von den Landesparteitagen aufzustellenden Landeslisten der Parteien so quotiert werden, dass mindestens 80 Prozent der Kandidaten Frauen sind.

Obwohl die Positionen der Feministischen Partei ein deutlich linkes Profil aufweisen, ordnet sich die Partei nach eigenen Angaben nicht in das linke Parteienspektrum ein, dessen Vertreter die Frauenfrage nur als Nebenfrage betrachteten. In diesen Vorwurf werden ausdrücklich auch die Grünen einbezogen. Die von ihr propagierte Abschaffung des Patriarchats charakterisiert die Feministische Partei als systemkritisch bzw. systemverändernd, doch handelt es sich um keine extremistische Partei, der es um den Umsturz der staatlichen Ordnung und des politischen Systems geht. Angestrebt wird vielmehr ein Paradigmenwechsel innerhalb des Systems, ein schrittweiser Bewusstseinswandel, der sich auf die von der Gesellschaft getragenen rechtlichen, wirtschaftlichen und kulturellen Institutionen auswirkt und diese nach feministischen Prinzipien umgestaltet.

Organisation

Die Feministische Partei DIE FRAUEN hat sich bei ihrer Gründung nach durchaus kontroverser Diskussion bewusst dazu entschieden, den in der Alltagssprache eher negativ besetzten Begriff „feministisch" im Parteinamen zu verwenden, um ihren systemverändernden Anspruch zum Ausdruck zu bringen. Auch in der Satzung werden aus diesem Grund andere Begriffe für die Parteistruktur verwendet als normalerweise üblich. Die Bundespartei gliedert sich in Ortsmitfrauenverbände, in Kreis- bzw. Bezirksmitfrauenverbände sowie in Landesmitfrauenverbände. Letztere bestehen zur Zeit in zwölf Bundesländern. Das wichtigste Parteiorgan auf Bundesebene ist die Bundesmitfrauenversammlung (großer Parteitag). Die anderen Bundesparteiorgane sind die Bundessprecherinnenrunde (Bundesvorstand) mit mindestens drei und höchstens sechs Sprecherinnen sowie einer Bundesschatzmeisterin, die Bundesmitfrauenkonferenz (kleiner Parteitag) und die Runde der „Weisen Frauen", der eine beratende Funktion zukommt. Darüber hinaus unterhält die Bundespartei ein Schiedsgericht sowie mehrere Arbeitsgemeinschaften. Die Mitglieder der Feministischen Partei heißen „Mitfrauen". Da nach dem Parteiengesetz Männern die Mitgliedschaft nicht verweigert werden kann, dürfen Männer ebenfalls Mitfrauen werden. Allerdings bleibt ihnen die Übernahme von Ämtern solange verwehrt, bis die Quote von 52 Prozent weiblicher Abgeordneter in den Parlamenten erreicht ist. Insgesamt zählt die Feministische Partei DIE FRAUEN heute rund 1.000 Mitglieder, von denen nur ganz wenige männlichen Geschlechts sind.

Fazit

Wie bei den anderen Frauenparteien klafften Anspruch und Wirklichkeit bei der Feministischen Partei von Beginn an auseinander: Man erhob den Anspruch, Politik von Frauen durch Frauen für Frauen zu betreiben, konnte aber mit diesem Anspruch nur einen sehr kleinen Teil der Frauen erreichen. Das Dilemma muss den Initiatorinnen der Partei bewusst gewesen sein, die einen Alleinvertretungsanspruch entsprechend nie für sich reklamiert hat. Dies drückt sich auch im Begriff „feministisch" aus: Allein auf das Geschlecht abzustellen, ist kein politisches Programm, feministisch zu sein aber schon, denn dies bedeutet im Selbstverständnis der Partei, für eine herrschaftsfreie Gesellschaft einzutreten, von der im Endeffekt nicht nur Frauen profitieren. Ähnlich wie die Frauenpartei hatte die Feministische Partei in ihren Anfängen mit strukturellen Problemen zu kämpfen, die in der Organisationsform der Partei begründet lagen: Einerseits sollte auf diesem Wege die Frauenbewegung vernetzt werden, andererseits konterkarierte es deren basisdemokratische Grundüberzeugungen und die Kritik am existierenden patriarchalischen Parteiensystem. Trotz fehlenden Rückhalts in der Bevölkerung und den Medien, der auch in einem weitgehenden Desinteresse der Wissenschaft Ausdruck findet, konnte die Feministische Partei sich organisatorisch soweit aufstellen, dass sie als einzige Frauenpartei der Bundesrepublik bis heute Bestand hat. Dabei kamen ihr auch die Mittel aus der staatlichen Parteienfinanzierung zugute. Gemessen an den Wahlergebnissen ist ihr Erfolg dennoch bescheiden geblieben.

 Literatur

Abromeit, Heidrun (1988), Die Stellung der Frau im politischen System – oder: Vom Sinn und Unsinn einer Frauenpartei, in: Gegenwartskunde 37 (2), S. 183-192.

Boom, Dirk van den (1999), Politik diesseits der Macht? Zu Einfluss, Funktion und Stellung von Kleinparteien im politischen System der Bundesrepublik Deutschland, Opladen, S. 243 ff.

Oesterle-Schwerin, Jutta (1998), Feministische Partei DIE FRAUEN: Chancen und Hindernisse, in: Ingeborg Mues (Hg.), Was Frauen bewegt und was sie bewegen, Frankfurt, S. 243-252.

Schiele, Gisela (1997), Frauenbewegung und Frauenparteien in der Bundesrepublik Deutschland, unveröffentl. Magisterarbeit, Univ. München.

 Internet

www.feministischepartei.de

Sandra Fischer

FlughafenAusbauGegner Hessen

→ FAG FlughafenAusbauGegner Hessen

FORUM

→ NEUES FORUM

DIE FRAUEN

→ Feministische Partei DIE FRAUEN

FRAUENPARTEI (FRAUEN)

Entstehungs- und Entwicklungsgeschichte
Die Frauenpartei wurde am 30. September 1979 im westfälischen Warendorf von 25 Frauen und einem Mann (Knut Morgenroth) gegründet. Maßgebliche Initiato-

rin der Gründung war Morgenroths Lebensgefährtin Eva Rath, die vorher SPD-Mitglied und stellvertretende Vorsitzende der Arbeitsgemeinschaft sozialdemokratischer Frauen (AsF) in Schleswig-Holstein gewesen war, bis sie schließlich 1979 aus der Partei austrat. Rath war enttäuscht über die Stellung der Frau in der SPD und wollte eine Partei gründen, in der sie ohne interne Widerstände ausschließlich Frauenpolitik machen konnte. Daher nahm sie Kontakt zu interessierten Frauen in der Bundesrepublik auf, um vorläufige Ideen für das Programm einer Frauenpartei zu sammeln, deren Gründung sie im Herbst/Winter 1979 plante. Dass die Gründung dann doch überstürzt vonstatten ging, lag an der Anfang Oktober 1979 stattfindenden vierten Sommeruniversität der Frauen in Berlin. Rath vermutete, dass ihre Idee der Gründung einer Frauenpartei heftiger Kritik von seiten der Frauenbewegung ausgesetzt sein würde. Also wollte man die „Bewegungsfrauen" vor vollendete Tatsachen stellen, indem man die Gründung kurzerhand vorzog. Geschäftsführerin der neuen Partei wurde Eva Rath, den Posten der ersten Vorsitzenden übernahm Sibylle Schücking-Helfferich. Während die Gründungsmitglieder um Rath die Parteigründung als eine Art Endpunkt der Frauenbewegung ansahen, bemängelten die „Bewegungsfrauen", dass eine traditionelle, zentralistische und hierarchische Partei dem basisdemokratischen Gedanken der Frauenbewegung zuwiderlaufe und damit auch nicht zu einer Verbesserung der Situation von Frauen beitragen könne.

Doch nicht nur die fehlende Unterstützung der Partei durch die Bewegungsfrauen stellte ein Problem dar: In den vier Monaten nach der Parteigründung brachen auch interne Differenzen offen aus, die sich vordergründig am „Thema Mann" entzündeten. Ein Teil der Frauen, unter ihnen auch Rath, befürworteten die Mitgliedschaft von Männern, zum einen aus verfassungsrechtlichen Gründen (Verstoß gegen den Gleichheitsgrundsatz des Art. 3 GG), zum anderen weil sie nicht nur die Emanzipation der Frauen, sondern auch die der Männer vorantreiben wollten. Allerdings sollten Männer ihrer Meinung nach vorerst keine Ämter in der Partei bekleiden dürfen. Der andere Teil der Frauen um Schücking-Helfferich lehnte eine Mitgliedschaft von Männern dagegen strikt ab.

Ein weiteres Problem betraf die Zusammensetzung des Parteivorstandes, der nach den Vorstellungen Raths lediglich fünf oder sechs Personen umfassen sollte. Außerdem war die Einrichtung einer Schiedskommission vorgesehen. Am Gründungstag wurden jedoch alle anwesenden 25 Frauen in den Vorstand gewählt: Es gab sechs Vorsitzende, sechs Stellvertreterinnen und 13 Beisitzerinnen, dafür aber keine Schiedskommission. Hier wird deutlich, dass auch ein großer Teil der Parteimitglieder den basisdemokratischen Idealen der Frauenbewegung anhing. Versuche einer radikalen Minderheit, die Führung im Vorstand zu übernehmen und eine Neudefinition des Gewaltbegriffs durchzusetzen, mündeten in

eine juristische Auseinandersetzung vor dem Landgericht Kiel, aus der der gemäßigte Flügel um Eva Rath als Sieger hervorging. Daraufhin kam es zu einer
Spaltung: Nachdem 14 Mitglieder, unter ihnen Schücking-Helfferich, aus der
Frauenpartei ausgeschlossen worden waren, schlossen sie sich mit Gleichgesinnten zu einer neuen Gruppierung, „Frauen ins Parlament", zusammen, die allerdings nach einiger Zeit wieder aufgelöst wurde.

Im August 1980 erlangte die Frauenpartei den Rechtsstatus einer politischen
Partei. An ihrem kurz darauf stattfindenden ersten Bundesparteitag nahmen 30
Frauen und vier Männer teil, die einen dreiköpfigen geschäftsführenden Vor-
stand sowie eine Schiedskommission wählten. Erste Vorsitzende wurde Eva
Rath. Beginnend mit Niedersachsen entstanden in der Folge in allen Bundeslän-
dern Landesverbände.

Zwischen 1982 und 1990 nahm die Frauenpartei an vier Landtagswahlen (NI
1982, SH 1983, HB 1983, HE 1987), zwei Bundestagswahlen (1987 und 1990) und
einer Europawahl (1984) teil, blieb dabei aber notorisch erfolglos. Ihre Stimmenanteile bewegten sich lediglich zwischen 0,0 und 0,4 Prozent. Besonders nachteilig war, dass die 1979 gegründete Partei der Grünen (→Bündnis 90/Die Grünen)
der Frauenpartei mit feministischen Themen Konkurrenz machte.

1993 benannte sich die Frauenpartei in „FRAUENPARTEI für eine menschli-
che Politik" um. Da sie sechs Jahre in Folge weder an einer Bundestags- noch an
einer Landtagswahl teilgenommen hatte, wurde ihr 1996 der rechtliche Status als
Partei gemäß § 2 Abs. 2 des Parteiengesetzes aberkannt. Als Organisation blieb
sie aber weiter bestehen. Nach langwierigen Querelen schloss sich die Frauenpartei Anfang 1998 mit der 1995 neu gegründeten →Feministischen Partei DIE
FRAUEN zusammen, die zu diesem Zeitpunkt über eine wesentlich größere
Mitgliederstärke verfügte (um die 900 Mitglieder im Vergleich zu knapp 100
Mitgliedern der Frauenpartei).

Programmatik

Bei der Frauenpartei handelte es sich um eine typische Single-Issue-Partei, die
„ein Programm vor allem mit Themen der Frauen bzw. aus der Sicht von Frauen"
vertrat (Rath). Im Vordergrund standen drei Grundanliegen: erstens die Frauenpolitik im engeren Sinne, worunter Gewalt gegen Frauen, Abtreibung, Pornographie, Prostitution, Frauenhandel sowie Erziehung und Bildung subsumiert wurden, zweitens der Pazifismus und drittens die Ökologie. Die von ihr geforderte
Streichung des Abtreibungsparagraphen aus dem Strafgesetzbuch begründete
die Frauenpartei anders als die Frauenbewegung mit ihrer „Mein Bauch gehört
mir"-Parole: Wenn man die Frau gemäß § 218 bestrafen könne, müsse das für den
Mann als Mitverursacher der Schwangerschaft im Prinzip genauso gelten. Oder

umgekehrt: Geht der Mann straffrei aus, dürfe auch die Frau nicht belangt werden. Folglich sei der § 218 ersatzlos zu streichen. Diese Argumentationskette passt sich nahtlos in den Anspruch der Partei ein, auch die Emanzipation der Männer betreiben zu wollen. Auf dem Gebiet der Friedenspolitik forderte die Frauenpartei das Ausscheiden der Bundesrepublik aus der NATO und eine unbewaffnete Neutralität innerhalb der Staatengemeinschaft. Im Bereich Ökologie trat sie unter anderem für den Ausstieg aus der Kernenergie ein. Des Weiteren forderte die Partei eine Änderung der Wahlrechtsgrundsätze des Art. 38 GG. Um die demokratische Repräsentation der Bevölkerung besser zu gewährleisten, solle dort festgeschrieben werden, dass „im Bundestag je zur Hälfte Frauen und Männer vertreten sein müssen." Schließlich setzte sich die Frauenpartei für die Einführung von Volksbegehren und Volksentscheiden ein. Insgesamt kann die Partei ins linksliberale Spektrum eingeordnet werden. Extremistische Züge trug sie nicht. Einerseits hatte man die Sorge, kommunistisch unterwandert zu werden. Andererseits war sich die Führung um Eva Rath durchaus bewusst, dass sie die Situation der Frauen nur verbessern konnte, wenn sie sich dabei männlich geprägter Organisationsformen, Machtmittel und Spielregeln bediente.

Organisation

Geführt wurde die Frauenpartei von einem dreiköpfigen Bundesvorstand. Unterhalb der Bundesebene gründeten sich zwischen 1981 und 1986 zahlreiche Kreisverbände und in allen Ländern Landesverbände. Die Bundesgeschäftsstelle befand sich im schleswig-holsteinischen Kronshagen. Eine Reihe von Parteimitgliedern hatten schon parteipolitische Erfahrungen sammeln können, vor allem in der SPD. Mit der Frauenbewegung hatten sie meist keinen direkten Kontakt, waren aber von ihr inspiriert. Ähnliches gilt für die Friedensbewegung. Die Frauenpartei verfügte nach eigenen Angaben über nie mehr als 200 zahlende Mitglieder. Etwa 5 Prozent davon waren Männer – meist die Lebensgefährten, Ehemänner oder Freunde der Parteifrauen. Bis 1997 halbierte sich die Zahl der Mitglieder auf knapp 100, die nach der Fusion mit der Feministischen Partei in diese überführt wurden.

Fazit

Zwei Hauptgründe lassen sich für das Scheitern der Frauenpartei benennen. Zum einen war ihre Organisation viel zu schwach, um öffentliche Resonanz zu erzeugen und eine halbwegs erfolgversprechende Wahlkampfführung zu betreiben. Hier machten sich auch die fehlenden Mittel aus der staatlichen Wahlkampfkostenerstattung negativ bemerkbar, da die Partei bei Wahlen stets unterhalb der 0,5-Prozent-Marke blieb. Zum anderen gibt es aber auch strukturelle Probleme für

Frauenparteien im Allgemeinen: Frauen sind in ihren sozialen Merkmalen und Interessenlagen viel zu unterschiedlich, als dass sie nur aufgrund ihres Geschlechts einer Frauenpartei ihre Stimme geben würden. Tatsächlich haben Wahlanalysen gezeigt, dass Frauen nicht notwendigerweise anders wählen als Männer. Fehlender Rückhalt in der weiblichen Bevölkerung und ideologische Machtkämpfe in den eigenen Reihen haben einen Durchbruch der Frauenpartei im deutschen Parteiensystem vereitelt. Dennoch hat sie immerhin 18 Jahre bestanden und insoweit als Kleinpartei zumindest eine Signalfunktion erfüllt.

 Literatur

Abromeit, Heidrun (1988), Die Stellung der Frau im politischen System – oder: Vom Sinn und Unsinn einer Frauenpartei, in: Gegenwartskunde 37 (2), S. 183-192.

Boom, Dirk van den (1999), Politik diesseits der Macht? Zu Einfluss, Funktion und Stellung von Kleinparteien im politischen System der Bundesrepublik Deutschland, Opladen, S. 243 ff.

Rath, Eva (1982), Küche und Parlament. Ein leidenschaftliches Manifest für die FRAUEN-PARTEI, Kronshagen.

Schiele, Gisela (1997), Frauenbewegung und Frauenparteien in der Bundesrepublik Deutschland, unveröff. Magisterarbeit, Univ. München.

Sandra Fischer

Freie Demokratische Partei (FDP)

Entstehungs- und Entwicklungsgeschichte

Die FDP wurde im Dezember 1948 als Zusammenschluss von liberalen Landesorganisationen aus den drei westlichen Besatzungszonen und Berlin gegründet. Der Heppenheimer Zusammenschluss der Westzonenparteien bedeutete organisatorisch die Überwindung der historischen Spaltung des liberalen Lagers in Deutschland. Vielfach war die Geschichte liberaler Parteien in Deutschland eine Geschichte ihrer Zerwürfnisse und Spaltungen gewesen. Nach dem Zusammenschluss besaßen die Landesverbände zunächst ein hohes politisches und programmatisches Eigengewicht. Die Landesparteien gründeten im Südwesten und in den Hansestädten für lange Zeit in einem spezifisch bürgerlich-liberalen Milieu des alten protestantischen Mittelstandes. Die Landesverbände in Hessen, Niedersachsen und Nordrhein-Westfalen verstanden sich in der Anfangsphase als rechte Sammlungsparteien mit stark nationalliberalen Einfärbungen. Erst langsam erhielt die Bundespartei ein Eigengewicht. Die FDP trat 1949 der von Adenauer geführten Mehrparteienkoalition bei und hielt der Union im Bund bis in die Mitte der sechziger Jahre die Treue. Mit Theodor Heuss stellte sie den ersten Bundespräsidenten, mit Hermann Höpker-Aschoff den ersten Präsidenten des Bundesverfassungsgerichts. →CDU/CSU und FDP teilten die Vorstellungen einer marktwirtschaftlichen Ordnung, im Unterschied zur Union obwaltete bei der FDP bis weit in die sechziger Jahre jedoch Skepsis gegenüber den durch Umlageverfahren finanzierten sozialen Sicherungssystemen. Auch in Kulturfragen unterschied sich die FDP von der Union, sie trat immer für eine strikte Trennung von Staat und Kirche ein, vor allem im Schulbereich. In den sechziger Jahren ging die FDP zunehmend auf Distanz zu Adenauer und dessen Westintegrationspolitik, die nach Auffassung der FDP einer Wiedervereinigung im Wege stand. Unstimmigkeiten über die Steuerpolitik führten 1965/66 zum Koalitionsbruch.

Bis dahin konnte die FDP als eine liberale Milieupartei reüssieren. Dann musste sie allerdings feststellen, dass der sozialstrukturelle Wandel der Wählerschaft die Milieubindung der Partei untergrub. Die FDP versuchte sich nun als reformorientierte Partei der Modernisierung für soziale Aufsteiger und die neuen Bildungsschichten zu positionieren. In der Zeit der ersten Großen Koalition von 1966 bis 1969 profilierte sie sich als Programmpartei, die insbesondere für die Stärkung des Rechtsstaates, Bildung als Bürgerrecht und eine neue Deutschland- und Ostpolitik eintrat. Dieser Kurs der Erneuerung war innerparteilich umstritten, das Wahlergebnis von 1969 blieb hinter den Erwartungen zurück, wenngleich sich als Resultat die sozial-liberale Koalition aus →SPD und FDP bildete. Die FDP erhielt zentrale Ministerien, darunter das Außen-, Innen- und Wirtschaftsministerium. Kanzler Willy Brandt und Außenminister Walter Scheel prägten die neue Deutschland- und Ostpolitik. Das konstruktive Misstrauensvotum der Union 1972 überlebte die sozial-liberale Koalition, und sie wurde bei den anschließenden Wahlen eindrucksvoll bestätigt.

Aus der Reformpartei FDP wurde dann nach 1974 eine Funktionspartei. Mit dem Wechsel in der Kanzlerschaft von Brandt zu Schmidt und von Walter Scheel zu Hans-Dietrich Genscher im Außenministerium (Scheel wurde dann Bundespräsident) veränderte sich ihr Erscheinungsbild. Im Vordergrund stand nun nicht mehr die politische Programmatik, wie sie beispielsweise in den Freiburger Thesen von 1971 – wenn auch nicht unumstritten – entwickelt worden war, sondern gouvernementaler Pragmatismus und der Versuch, sich von der SPD abzugrenzen. Vor allem die Korrektiv- und auch die Verhinderungsfunktion der FDP trat immer stärker in den Vordergrund: Es ging darum, sogenannte sozialistische Experimente in der Wirtschaftspolitik von Seiten der Sozialdemokratie zu verhindern. Darüber hinaus wurde auch die zweite Funktion der FDP zunehmend deutlicher, nämlich die Verluste des großen Koalitionspartners bei Wahlen zu kompensieren, um auf diese Weise die bestehende Koalition und die Teilhabe der FDP an der Regierung zu stabilisieren. So gingen Mehrheits- und Korrektivfunktion Hand in Hand, ein für die FDP sehr erfolgreiches Rezept, um ihre immer schwächere Verankerung in der Wählerschaft zu überspielen.

Die Strategie der eigenen Existenzsicherung durch auf Dauer gestellte Regierungsteilhabe funktionierte dann ebenfalls sehr erfolgreich in der Koalition mit CDU und CSU nach 1982. Vor allem in der Außenpolitik verkörperte die neue Regierung – insbesondere durch die Person von Hans-Dietrich Genscher – die Kontinuität der Ende der sechziger Jahre begonnenen Entspannungspolitik. Hier konnte die FDP sich von Positionen innerhalb der CDU/CSU genauso absetzen wie auf dem Gebiet der Innen- und Rechtspolitik, wo sie als Hüterin des Rechtsstaates auftrat. Und in der Wirtschafts- und Finanzpolitik, verkörpert durch Otto Graf Lambsdorff, kündigte sich der Bruch zur Sozialdemokratie bereits nach der von der sozial-liberalen Koalition gewonnenen Bundestagswahl 1980 frühzeitig an, bevor er 1982 mit der Begründung der christlich-liberalen Koalition unter der Führung von Helmut Kohl und Genscher vollzogen wurde. Der Wechsel von der SPD zur Union inmitten einer Legislaturperiode hatte zunächst jedoch die FDP vor eine innerparteiliche Zerreißprobe gestellt, die zu einem Verlust von überwiegend linksliberal eingestellten Mitgliedern und einer Existenzgefährdung der Partei bei Wahlen auf Bundes- und Landesebene führte. So scheiterte die FDP im Juni 1984 auch erstmalig bei einer nationalen (Europa-)Wahl. In der Folge erholte sich die Partei aber wieder. Es gelang ihr, am Ende der achtziger Jahre die Verluste der Union bei den Haupt- und Zwischenwahlen zu kompensieren und auf diese Weise die Koalition zu stabilisieren. Auch profitierte sie von der wachsenden Unzufriedenheit innerhalb der CDU/CSU mit der Person Helmut Kohls, der seine unbestrittene Führungsposition als Kanzler und CDU-Vorsitzender erst im Zuge des deutschen Einigungsprozesses zurückgewinnen sollte.

Am 11. und 12. August 1990 erfolgte auf einem Sonderparteitag in Hannover die Vereinigung von FDP/West mit den Parteien aus der DDR, einerseits mit den alten Blockparteien „Liberal-Demokratische Partei Deutschlands" (LDPD) und „Nationaldemokratische Partei Deutschlands" (NDPD), die sich zuvor schon zum „Bund Freier Demokraten" (BFD) zusammengeschlossen hatten, sowie andererseits mit den nach der „Wende" in der DDR erfolgten Neugründungen FDP der DDR und „Deutsche Forumpartei" (DFP). Damit war es der FDP als erster Partei gelungen, den gesamtdeutschen Zusammenschluss zu schaffen. Die Fusion der vier Ost-Parteien mit den westdeutschen Liberalen zur gesamtdeutschen FDP war indes nicht problemlos verlaufen. Vor allem die Konflikte zwischen Erneuerern und alten „Blockflöten"-Mitgliedern mussten entschärft werden. Doch mit dem Zusammenschluss war die FDP über Nacht zu einer großen mitgliederstarken Partei geworden. Aus dem zügig vorangetriebenen Vereinigungsprozess versprach sich die FDP einen Startvorteil im Parteienwettbewerb und eine Verbesserung der Ausgangsposition für die nachfolgenden Wahlen.

Tatsächlich verzeichneten die Liberalen bei der ersten gesamtdeutschen Bundestagswahl Ende 1990 einen erheblichen Stimmenzuwachs, was angesichts der Turbulenzen der achtziger Jahre eine große Überraschung war. Auch gelang es ihr, bei allen Landtagswahlen in den neuen Ländern auf Anhieb in die Parlamente einzuziehen. Das gute Abschneiden der FDP war nicht zuletzt der Lohn für den Einsatz von Hans-Dietrich Genscher, der aus Reideburg bei Halle a. d. Saale stammt, bei der Herstellung der deutschen Vereinigung. So schien sich zunächst die „liberale Kraft" nachdrücklich im Parteiensystem des vereinten Deutschlands etabliert zu haben. Die FDP setzte die Koalition mit der Union auf Bundesebene fort, scheiterte indes mit ihren Politikkonzepten zum Aufbau der neuen Länder, die unter anderem ein Niedrigsteuergebiet und die Finanzierung der deutschen Einheit mittels Haushaltseinsparungen und Subventionskürzungen vorgesehen hatten. 1993 wendete sich das Blatt für die FDP auf dramatische Weise, weil ihr bis September 1994 bei allen Landtagswahlen der Wiedereinzug in die Landesparlamente versagt blieb und sie auch bei der Europawahl im Juni 1994 die Fünf-Prozent-Hürde nicht überspringen konnte. Das „Superwahljahr" 1994 mit seinen 19 Wahlen auf Kommunal-, Landes-, Bundes- und Europaebene markierte einen Tiefpunkt für die FDP. Und von den 33 Bundes-, Landes- und Europawahlen im Zeitraum zwischen September 1993 bis zum Jahre 2000 konnte die FDP nur bei zwei Bundestagswahlen und fünf Landtagswahlen reüssieren. Die FDP stand einmal mehr, so wie zu Beginn der siebziger und Mitte der achtziger Jahre, vor einem Überlebenskampf. Ein Generationenwechsel in der Parteiführung hatte sich schon 1990 angekündigt, als Otto Graf Lambsdorff bekannt gab, den Parteivorsitz im Jahre 1993 abgeben zu wollen. Dieser Prozess sollte sich freilich über viele Jahre hinziehen und von Klaus Kinkel (1993), der auch die Nachfolge des 1992 überraschend vom Amt des Bundesaußenministers zurückgetretenen Hans-Dietrich Genscher antrat, über Wolfgang Gerhardt (1995) bis zu Guido Westerwelle (2001) reichen. Begleitet wurde er von harten innerparteilichen Auseinandersetzungen, die den allgemeinen Kurs der Partei und die Besetzung ihrer Spitzenämter in Fraktion und Regierung betrafen, in denen der nordrhein-westfälische Landesvorsitzende und spätere stellvertretende Bundesvorsitzende Jürgen W. Möllemann eine Schlüsselrolle spielte.

Bei der Bundestagswahl 1998 konnte sich die FDP mit 6,2 Prozent der abgegebenen Stimmen auf niedrigem Niveau stabilisieren. Allerdings war es für die

Liberalen das zweitschlechteste Bundestagswahlergebnis überhaupt. Dabei hatte sich, wie bereits 1994, ein deutliches West-Ost-Gefälle gezeigt. Als sich das Bild bei den darauf folgenden Landtagswahlen weiter verdunkelte und man zeitweilig nur noch in vier von sechzehn Landesparlamenten vertreten war, drohte die Situation für die FDP ausweglos zu werden, weil sie nach der Bundestagswahl 1998 und der Bildung der rot-grünen Regierungskoalition im Bund die ungewohnte Oppositionsrolle spielen musste. Es fehlten ihr damit die Selbstdarstellungsmöglichkeiten als Regierungspartei, die ihr zuvor geholfen hatten, ihre Existenz zu behaupten. Die Freien Demokraten hatten damit ihre Schlüsselstellung im Prozess der Regierungsbildung verloren: Sie waren ihrer Mehrheitsbeschaffungsfunktion verlustig gegangen und konnten sich weder als Königsmacher noch als Korrektiv in einer Koalition in Szene setzen.

Die gleichermaßen ungeliebte wie ungewohnte Oppositionsrolle führte dazu, dass die FDP auch bei den Landtagswahlen immer häufiger scheiterte. Um aus der Misere herauszukommen, leitete der 2001 gewählte Parteivorsitzende Westerwelle, der zuvor als Generalsekretär amtiert hatte, einen Kurswechsel ein. Die FDP versuchte sich nun personell neu aufzustellen und das Image einer jungen, dynamischen und unverbrauchten Partei zu kommunizieren. Zugleich verpflichtete sich die FDP auf eine Strategie, an deren Ende ein Bundestagswahlergebnis von 18 Prozent stehen sollte. Möllemann, der auf dem Düsseldorfer Parteitag 2001 mit Westerwelle um den Parteivorsitz konkurrierte und der zuvor bei den Landtagswahlen in Nordrhein-Westfalen mit 9,8 Prozent ein unerwartet gutes Ergebnis für die Liberalen eingefahren hatte, war es gelungen, die FDP auf seinen Kurs der unorthodoxen, medial wirksamen Werbe- und Wahlkampfmethoden einzuschwören. Die Partei rief dann kurze Zeit später auch noch ihren Parteivorsitzenden als Kanzlerkandidaten für die Bundestagswahl aus. Aus der vielfach totgesagten FDP schien nun eine Partei geworden zu sein, die an sich glaubte und eine Eigendynamik zu inszenieren wusste, die das politisch interessierte Publikum in den Bann zog. In der Folge gelang der Partei in einigen Bundesländern und Stadtstaaten wieder der Einzug in die Parlamente. Auch innerparteilich konnte sich die FDP konsolidieren. So verzeichnete sie als einzige Bundespartei Mitgliederzuwächse, die – entgegen dem sonst üblichen Trend – vor allem von den jüngeren Jahrgängen gespeist wurden.

Für die Bundestagswahl 2002 setzte sich die Partei drei Ziele: zum einen Unabhängigkeit und Eigenständigkeit, zum zweiten wollte man eine „Partei für das ganze Volk" sein, und drittens sollte an der FDP vorbei keine Regierungsbildung erfolgen können. Die FDP inszenierte sich als mediale „Spaßpartei" und konnte mit dieser Image-Kampagne bis zum Mai 2002 in den Umfragen erheblich zulegen. Doch dann setzte mit der Möllemann/Karsli-Affäre, in deren Verlauf als antiisraelisch und antisemitisch gewertete Äußerungen getan wurden, eine dramatische Wendung ein. Auch der politische Themenwechsel in den Wochen vor der Wahl, die Flutkatastrophe in Ostdeutschland und die Krise im Irak, ließen die FDP-Strategie ins Leere laufen, zumal die Programmatik, die sich im wesentlichen auf die Senkung der Steuern und die Reform des Sozialstaates konzentriert hatte, hinter die Imagekampagne zurückgetreten war. Bei der Bundestagswahl 2002 konnte die FDP mit 7,4 Prozent der Wählerstimmen zwar ein um 1,2 Prozentpunkte besseres Ergebnis als 1998 erzielen. Gemessen an ihrem mit viel Aplomb vertretenen „Projekt 18" war die FDP jedoch die große Verliererin, zumal sie mit der sicher geglaubten Regierungsbeteiligung und Ablösung von Rot-Grün auch ihr anderes großes Wahlziel verfehlt hatte.

In der Folgezeit konnte sich die FDP aber auf dem Wählermarkt überraschend schnell konsolidieren. Durch Erfolge bei Landtagswahlen gelang ihr in einigen Ländern der Sprung in die Regierung. Um ihre koalitionspolitische Eigenständigkeit zu unterstreichen, ging sie dabei, wie schon in früheren Jahrzehnten, unterschiedliche Koalitionen ein, in Niedersachsen beispielsweise mit der CDU, in Rheinland-Pfalz mit der SPD. Auf Bundesebene versuchte die Partei nach dem enttäuschenden Bundestagswahlergebnis Korrekturen am Erscheinungsbild vorzunehmen, wenngleich der Tod Möllemanns (Juni 2003) eine kritische Diskussion über die zurückliegende Wahlkampfstrategie, die stark von Möllemann bestimmt und von Westerwelle mitgetragen worden war, im Keim erstickte. Unverkennbar war jedoch, dass die FDP anstelle des Images der Spaßpartei nun auf neue Seriosität und Solidität zu setzen versuchte. Erfolge bei den Landtags- und Europawahlen gaben dem Kurs Recht. Den Eindruck einer „Wackelpartei" vermied die FDP, indem sie sich im Vorfeld der vorgezogenen Bundestagswahl klar zu einer Koalition mit den Unionsparteien bekannte. Einer rechnerisch möglichen „Ampelkoalition" mit SPD und Grünen erteilte Westerwelle nach der Wahl eine Absage, aus der die Liberalen mit 9,8 Prozent der Stimmen als Überraschungssieger hervorgegangen waren. Obwohl das Ergebnis auch diesmal nicht für die erhoffte schwarz-gelbe Mehrheit reichte, hielt sich die Trauer darüber bei der FDP in Grenzen. Die erzwungene Bildung einer Großen Koalition bestärkt sie in ihrem eigenständigen Kurs und dürfte ihr – zumindest mittelfristig – weitere unzufriedene Wähler aus dem Unionslager zutreiben.

Wahlergebnisse und Wählerschaft
Erfolg und Misserfolg liegen bei der FDP eng beieinander. Das liegt daran, dass die FDP eine feste sozialstrukturelle Verankerung weder in einer bestimmten Wählerschicht noch in gesellschaftlichen Vorfeldorganisationen wie Gewerkschaften oder Kirchen besitzt, die ein natürliches Milieu darstellen könnten und

ihr eine sichere Kernwählerschaft garantieren. Die Wähler der FDP sind überdurchschnittlich gut ausgebildet, weisen ein über dem Durchschnitt liegendes
Einkommen auf und rekrutieren sich überwiegend aus dem alten Mittelstand
und der neuen Mittelschicht. Jenseits dieser allgemeinen Merkmale kennzeichnet
sie kein spezifisches Sozialprofil. Auch eine besondere regionale Verankerung ist,
sieht man von einigen Regionen Württembergs ab, nicht mehr feststellbar.

Ergebnisse bei Bundestags- und Europawahlen seit 1983

Jahr	Bundestagswahlen	Europawahlen
1983	7,0	
1984		4,8
1987	9,1	
1989		5,6
1990	11,0	
1994	6,9	4,1
1998	6,2	
1999		3,0
2002	7,4	
2004		6,1
2005	9,8	

In den fünfziger Jahren konnte die FDP noch als Partei des protestantischen alten
Mittelstandes gekennzeichnet werden. Ihre Hochburgen lagen sowohl in den
städtischen Dienstleistungszentren als auch in den ländlichen Regionen des protestantischen Deutschlands. Der Modernisierungsprozess der FDP in den Jahren
1966 bis 1972 basierte auf einer Umschichtung in der Wählerstruktur, die sich in
der Abwanderung von Selbständigen sowie der Abnahme der Wähler aus dem
ländlichen Raum ausdrückte, während gleichzeitig der Anteil der Beamten und
Wähler aus den Großstädten zunahm. Die allgemeine Veränderung in der Be-
rufsstruktur fand sich damit in zugespitzter Form in der veränderten Wählerstruktur der FDP wieder. Von den beiden Koalitionswechseln der FDP im Bund
(1969 und 1982) blieb die Grundstruktur der sozialen Zusammensetzung ihrer
Wählerschaft im Wesentlichen unberührt: deutlich unterrepräsentiert in der Arbeiterschaft, überrepräsentiert dagegen bei den Selbständigen und freien Berufen,
den mittleren und höheren Beamten und leitenden Angestellten, bei den Wählern
mit hoher formaler Bildung sowie bei nicht-katholischen Wählern. Erst in letzter
Zeit, bei den Wahlen 2002 und 2005, legte die FDP auch bei Arbeitern und Ange-

Struktur der Wählerschaft (Bundestagswahlen 1983 bis 2005)

FDP	1983	1987	1990 West	1994 West	1998 West	2002 West	2005 West	1990 Ost	1994 Ost	1998 Ost	2002 Ost	2005 Ost
Selbständige/Landwirte	8	15	10	9	17	13	20	8	7	7	10	17
Angestellte/Beamte	6	9	8	4	6	6	10	11	3	2	4	8
Arbeiter	4	5	1	3	1	8	8	6	1	3	6	6
Gewerkschaftsmitglieder	4	6	4	3	2	4	5	-	0	0	5	6
Arbeiter	3	0	1	1	0	3	5	-	0	0	5	6
Angestellte/Beamte	5	11	7	2	3	3	6	-	0	0	5	7
kein Mitglied	7	9	8	5	6	8	11	-	3	3	6	8
Katholiken	6	7	7	5	5	7	10	8	4	0	2	10
Protestanten	5	8	7	5	5	8	10	10	2	4	9	8
Andere/Konfessionslose	4	11	4	3	6	7	12	8	3	3	4	8
Männer	7,2	9,2	10,6	8,0	6,9	8,4	11,3	13,0	4,0	3,3	6,8	8,4
18-24	5,4	8,6	10,4	7,0	6,9	11,2	12,4	11,4	4,0	5,5	12,4	11,5
25-34	6,3	7,9	9,4	6,0	5,7	11,1	15,1	11,7	4,0	3,5	10,5	12,6
35-44	8,8	10,7	11,8	8,0	5,6	7,9	11,2	14,5	4,0	2,6	7,2	9,8
45-60	8,0	10,3	11,9	10,0	8,0	8,1	9,9	14,7	5,0	3,6	5,9	7,6
60 und mehr	6,8	7,9	8,9	10,0	7,7	6,9	10,5	11,0	2,0	2,8	3,7	5,4
Frauen	6,3	8,3	10,0	7,0	6,9	6,8	9,3	13,0	3,0	3,3	6,0	7,7
18-24	5,2	8,0	9,9	7,0	6,7	8,7	10,0	12,2	3,0	5,4	9,8	10,1
25-34	6,2	7,3	8,8	5,0	5,9	8,5	11,6	12,6	3,0	1,6	8,6	11,1
35-44	8,3	10,5	12,0	7,0	6,0	6,4	8,9	15,5	4,0	4,3	6,9	8,8
45-60	6,7	9,4	11,7	8,0	8,9	7,4	9,0	14,4	4,0	3,0	5,8	7,6
60 und mehr	5,4	6,9	8,3	8,0	6,6	5,7	8,8	10,8	3,0	3,4	3,9	5,6

Quellen: 1983, 1987, 1990, 1994, 1998, 2002: Harald Schoen (2005), Soziologische Ansätze in der empirischen Wahlforschung, in: Jürgen W. Falter/ders. (Hg.), Handbuch Wahlforschung, Wiesbaden, S. 163 f.; 177 f.; 2005: Wahltagsbefragung der Forschungsgruppe Wahlen (Bundestagswahl. Eine Analyse der Wahl vom 18. September 2005); 2005: nur Selbständige ohne Landwirte; nur Angestellte ohne Beamte. Wahlbeteiligung und Stimmabgabe der Männer und Frauen nach Altersgruppe: Statistisches Bundesamt (Hg.). Bei den Bundestagswahlen 1994 und 1998 wurde die Repräsentativstatistik ausgesetzt. Daher werden die Ergebnisse der Wahltagsbefragungen von Infas, Infratest dimap und der Forschungsgruppe Wahlen verwendet.

stellten wieder etwas zu. Auch ist die Wählerschaft der FDP jünger geworden. Ob sie mit der Öffnung für neue Wählerschichten, wie es Guido Westerwelle beabsichtigt, zu einer liberalen „Partei für das ganze Volk" werden kann, bleibt allerdings fraglich. Immerhin scheint sie in der Wahrnehmung der Wahlbevölkerung vom Image einer „Partei der Besserverdienenden" abzurücken, wie sich die FDP selbst einmal in einem – nicht offiziellen – Positionspapier bezeichnete. Die Wählerklientel in den ostdeutschen Bundesländern ist äußerst unbeständig. 1990 konnte die FDP hier sowohl bei der Bundestagswahl wie auch bei den Landtagswahlen reüssieren. Mitte der neunziger Jahre drohte sie dann in der früheren DDR auf das Niveau einer unbedeutenden Kleinpartei abzusinken. Das änderte sich erst wieder mit der Bundestagswahl 2002, bei der die FDP in einigen ostdeutschen Bundesländern bemerkenswerte Zugewinne verbuchte.

Umschichtungsprozesse in der Wählerschaft sind auch durch die Koalitionswechsel der FDP verursacht worden. Hier hat die Partei von Wählern profitiert, die eine bestimmte Koalition präferieren und sie entweder als Mehrheitsbeschaffer oder koalitionsinternes Korrektiv unterstützen. Ausdruck findet dieses Wahlverhalten im Stimmensplitting: Die FDP erhält entschieden mehr Zweit- als Erststimmen. Das seit 1965 stark zunehmende Stimmensplittingverhalten der FDP-Wähler, die rückläufige Parteiidentifikation sowie abrupte Wechsel in der Links-Rechts-Einschätzung der FDP haben gezeigt, dass die Freien Demokraten vom Wähler primär in ihrer Funktion als Regierungs- und Koalitionspartei geschätzt werden. Nicht von ungefähr ist die FDP deshalb auch als eine „Partei der zweiten Wahl" (Dittberner) bezeichnet worden. Die Bundestagswahl 2002 hat diesen Trend fürs erste gestoppt. Das Stimmensplittingverhalten, sonst Ausdruck eines gezielten Koalitionswählens, ging zurück. Die FDP konnte einen deutlich über fünf Prozent liegenden Anteil an Erststimmen für sich verbuchen. Nachdem sie im Bund nicht mehr als Koalitionspartei fungiert, wird sie im System des Parteienwettbewerbs also wieder stärker als eigenständige Kraft wahrgenommen.

Programmatik
Programmatisch hat sich die FDP ganz überwiegend als wirtschafts-, rechtsstaats- und kulturliberale Partei dargestellt. Das Bekenntnis zu freier Marktwirtschaft und weltanschaulich-religiöser Liberalität überformte Konfliktlinien und Flügelbildungen innerhalb der Partei, die zu Beginn der fünfziger Jahre zwischen den liberal-demokratischen und nationalliberal orientierten Landesverbänden bestanden hatten. Ende der sechziger Jahre suchte die FDP als einzige parlamentarische Oppositionspartei Anschluss an den Reformgeist jener Jahre zu gewinnen. Die Freiburger Thesen von 1971 formulierten einen sozialliberalen Ansatz zur „Reform des Kapitalismus" und waren die Legitimationsbrücke zur Koalition mit

der SPD. Die Emphase national-staatlicher Wiedervereinigung, die 1957 zur mehrheitlichen Ablehnung des EWG-Vertrags geführt hatte, war in den sechziger Jahren einem realistischen Verständnis der Deutschland- und Ostpolitik gewichen, was zugleich die Brandt/Scheel-Regierung begründen half. Mitte der siebziger Jahre gewann der marktwirtschaftliche Flügel wieder größeres innerparteiliches Gewicht. Das führte zunächst zur koalitionsinternen Abgrenzung zur SPD, bevor die „Wende" zur CDU/CSU 1982 auch formell vollzogen wurde. Konnte sich die FDP in den siebziger Jahren noch auf einer Reihe von Politikfeldern, etwa der Bildungs- und Rechtsstaatspolitik profilieren, so war in den achtziger Jahren die Programmarbeit einem gouvernementalen Pragmatismus gewichen. Zudem verhinderten die Kompromisszwänge der Koalition die Durchsetzung liberaler Positionen in der Steuer- und Sozialstaatspolitik. Deutlich wurde dies vor allem bei der Einführung der Pflegeversicherung, wo die FDP lange Zeit im Unterschied zu CDU/CSU (und der SPD) ein kapitalgedecktes Finanzierungsmodell favorisiert hatte. Hier sollte sie ebenso auf die Linie des großen Koalitionspartners einschwenken, wie dies im Fall des sogenannten „großen Lauschangriffs" der Fall war. In der Auseinandersetzung um den Einsatz nachrichtendienstlicher Mittel und des Schutzes der Unverletzlichkeit der Wohnung musste die FDP einen innerparteilichen Konflikt durchstehen, der zum Rücktritt der zum rechtsstaatsliberalen Flügel gerechneten Justizministerin Sabine Leutheusser-Schnarrenberger führte. Im Vorfeld der Bundestagswahl 2002 versuchte die FDP wieder an programmatischem Profil zu gewinnen. Sie stellte vor allem die Forderung nach Steuersenkungen und einer grundlegenden Reform der sozialen Sicherungssysteme in den Vordergrund, konnte damit aber angesichts ihrer Image-Kampagne als „Spaßpartei" nicht durchschlagen. Im Vorfeld der Bundestagswahl 2005 wurde die Programmarbeit nochmals forciert. Die FDP versuchte nun wieder Anschluss zu gewinnen an ein umfassenderes Selbstverständnis als liberale Partei, die neben dem Wirtschaftsliberalismus den rechtsstaats- und kulturliberalen Traditionen verpflichtet ist. Die auf die Wende vom 19. ins 20. Jahrhundert zurück gehende Tradition des sozialen Liberalismus, die in den siebziger Jahren durch die Freiburger Thesen wiederbelebt wurde, hat jedoch in diesen neuen programmatischen Bemühungen keinen Niederschlag gefunden.

Organisation

Die Grundlage der Organisationsstruktur ist die Satzung der Partei. Oberstes Organ der FDP ist der Bundesparteitag, der alljährlich stattfindet. Weitere Organe der Bundespartei sind der Bundeshauptausschuss („Kleiner Parteitag") sowie der Bundesvorstand, der sich aus den Mitgliedern des Präsidiums, weiteren gewählten Beisitzern sowie den von der FDP gestellten Bundesministern, Länderregierungschefs und Mitgliedern der EU-Kommission zusammensetzt. Bundesvorsitzende waren Theodor Heuss (1948-1949), Franz Blücher (1950-1954), Thomas Dehler (1954-1957), Reinhold Maier (1957-1960), Erich Mende (1960-1968), Walter Scheel (1968-1974), Hans-Dietrich Genscher (1974-1985), Martin Bangemann (1985-1988), Otto Graf Lambsdorff (1988-1993), Klaus Kinkel (1993-1995), Wolfgang Gerhardt (1995-2001) und Guido Westerwelle (seit 2001).

1971 wurde das Amt des Generalsekretärs eingeführt. Zur gesonderten Bearbeitung von politischen oder organisatorischen Aufgaben kann der Bundesvorstand der FDP Bundesfachausschüsse für wichtige Politikfelder einrichten. Die Bundesgeschäftsstelle der FDP, das Thomas-Dehler-Haus, wurde im Zuge des Regierungsumzugs nach Berlin verlegt. Im Vergleich zu den anderen Bundestagsparteien verfügt die Parteizentrale über einen recht bescheidenen Apparat. Dies liegt zum Teil am großen Eigengewicht der Landesverbände, zum Teil an der geringen Finanzausstattung. Organisation und personelle Besetzung der Bundesgeschäftsführung sind erheblichen Schwankungen ausgesetzt. Erst im letzten Jahrzehnt hat sich die Bundesgeschäftsstelle professionalisiert und modernisiert. Gleichwohl bleibt sie stark von der Finanzlage der Partei abhängig. Die Bundespartei war bis 1987 über viele Jahre hinweg überschuldet. 1975 hatte sie sich sogar in einer konkursähnlichen Situation befunden, die nur durch eine Umschuldungsaktion abgewendet werden konnte. In der Folge wurde die Abhängigkeit der Partei von Spenden aus der Wirtschaft, die seit Gründung ihres Bundesverbandes bestanden hatte, immer sichtbarer. Die Parteispendenaffäre, die 1987 mit der Verurteilung der ehemaligen Wirtschaftminister Hans Friderichs und Otto Graf Lambsdorff wegen Steuerhinterziehung beziehungsweise Beihilfe zur Steuerhinterziehung einen vorläufigen Abschluss fand, ließ das Spendenaufkommen deutlich zurückgehen. Im Gegenzug nahm der staatliche Finanzierungsanteil zu. Seit 1987 verfolgt die FDP ein Finanzkonzept, das auf Ausgabendisziplin und Kostenbegrenzung setzt, auf der Einnahmenseite jedoch weiterhin auf die staatlichen Mittel angewiesen bleibt. Wahlerfolge der FDP tragen zu einer Konsolidierung bei, gleichwohl bleibt die Finanzlage der Bundespartei prekär.

Eine echte Mitgliederpartei ist die FDP nur im Zeitpunkt der Vereinigung mit ihren ostdeutschen Schwesterorganisationen gewesen. Im Vergleich zu SPD und Unionsparteien weist sie die geringste Mitgliederdichte auf (Korrelation zwischen Mitgliederzahl und Wählerstimmen). In den fünfziger und sechziger Jahren schwankte die Mitgliederzahl der Freien Demokraten zwischen 50.000 und 70.000. Größere Einbrüche standen meist in Zusammenhang mit ihren Koalitionswechseln. Zwischen 1981 und 1987 hat die FDP beispielsweise einen saldierten Verlust von rund einem Viertel ihrer Mitgliedschaft hinnehmen müssen. Die Parteienvereinigung von 1990 ließ den Mitgliederbestand vorübergehend auf

178.000 anschwellen. Eine Karteibereinigung und Austritte aus den ostdeutschen Landesverbänden führten aber dazu, dass schon Mitte der neunziger Jahre das alte Niveau (von etwa 65.000 Mitgliedern) wieder erreicht war. Seit dem Jahr 2000 lässt sich bei der FDP – gegen den Trend der anderen Parteien – ein leichter Mitgliederzuwachs beobachten.

Mitgliederzahlen seit 1982

Jahr	Mitglieder	Jahr	Mitglieder
1982	73.952	1994	87.992
1983	71.643	1995	80.431
1984	68.872	1996	75.038
1985	65.762	1997	69.621
1986	63.946	1998	67.897
1987	64.905	1999	64.407
1988	64.417	2000	62.721
1989	65.485	2001	64.063
1990	178.625	2002	66.560
1991	137.853	2003	65.192
1992	103.488	2004	64.146
1993	94.197	2005	65.022

Quelle: Bundesgeschäftsstelle der FDP

Fazit

Die FDP konnte wegen ihrer Rolle als Königsmacherin im Prozess der Regierungsbildung für viele Jahrzehnte einen für eine kleine Partei bemerkenswerten Einfluss ausüben. Erst mit der Veränderung des Parteiensystems seit den achtziger Jahren, die zunächst zur Etablierung der Grünen und später – bedingt durch die deutsche Einheit – zum Hinzutreten der postkommunistischen PDS geführt hat, büßte sie die Scharnierfunktion ein, die sie seit 1953 zwischen Union und Sozialdemokratie ausgeübt und ihr eine Schlüsselstellung in der deutschen Politik gesichert hatte. Die FDP reüssierte – auf Bundesebene – als Partei mit der längsten Regierungsbeteiligung, wobei die Rolle als Mehrheitsbeschafferin und koalitionsinternes Korrektiv ihre programmatische Ausrichtung als liberale Partei bisweilen überdeckte. Gleichwohl stabilisierte sie lange Zeit das deutsche Parteiensystem, orientierte es auf die politische Mitte hin und verkörperte die Kontinuität im Wandel. Der Preis für ihre machtvolle Position waren innerparteiliche Zerreißproben und Überlebenskämpfe, die bis an den Rand der Existenzfähigkeit gingen. Die immer wieder totgesagte FDP hat länger überdauert als jede andere liberale Partei in der deutschen Geschichte. Das Vielparteiensystem und ihre gegenwärtige Rolle als Oppositionspartei zwingen sie allerdings verstärkt zu einer Strategie der Eigenständigkeit, wenn sie an diese Erfolgsgeschichte auch in Zukunft anknüpfen will.

 Literatur

Dittberner, Jürgen (1987), F.D.P. – Partei der zweiten Wahl. Ein Beitrag zur Geschichte der liberalen Partei und ihrer Funktionen im Parteiensystem der Bundesrepublik Deutschland, Opladen.

Lösche, Peter/Franz Walter (1996), Die FDP. Richtungsstreit und Zukunftszweifel, Darmstadt.

Vorländer, Hans (1992), Die Freie Demokratische Partei, in: Alf Mintzel/Heinrich Oberreuter (Hg.), Parteien in der Bundesrepublik Deutschland, Bonn, S. 266-318.

Vorländer, Hans (2002), Die FDP – Eine Partei erfindet sich neu, in: Tilman Mayer/Reinhard C. Meier-Walser (Hg.), Der Kampf um die politische Mitte, München, S. 102-112.

Vorländer, Hans (2004), Die Schattenpartei. Mit Erfolg aus dem Scheinwerferlicht verschwunden: Die FDP, in: Hans Zehetmair (Hg.), Das deutsche Parteiensystem, Wiesbaden, S. 159-171.

 Internet

www.fdp.de

Hans Vorländer

Freie Wähler (FW/FWG)

Abgrenzungsschwierigkeiten
Freie Wähler sind eine Nicht-Partei, wenn nicht gar eine Anti-Partei, manchmal eine „Anstatt-Partei". Ihr Wirkungsfeld ist die Kommunalpolitik, weshalb sie auch nach ihrem Zielort gelegentlich „Rathausparteien" genannt werden. Indem sie als Organisationen auf Dauer angelegt sind und sich um politische Mandate bei Wahlen bewerben, erfüllen sie den Status einer Partei, auch wenn das Bundesparteiengesetz und einige Landeswahlgesetze die Teilnahme an Bundestags- bzw. Landtagswahlen dafür zur Voraussetzung machen. Auch von ihren Funktionen her stellen sie in politikwissenschaftlicher Hinsicht Parteien dar, obliegen ihnen doch die Interessenartikulation und -aggregation, die Auslese und Soziali-

sation des politischen Personals, die ideologische Orientierung und die Ausübung von Regierungsmacht. Teilweise sind die Freien Wähler bei der Werbung
um Mandate sehr erfolgreich, so in Baden-Württemberg, Bayern und Schleswig-
Holstein, wo sie bei Kommunalwahlen der Zahl der Mandate nach landesweit
den ersten bzw. zweiten Platz belegen. Sie bilden damit sogar ein gewisses Ge-
gengewicht zur jahrzehntelangen, strukturellen Dominanz einer Partei auf Landesebene, etwa der CDU in Baden-Württemberg oder der CSU in Bayern. Mit
ihrer Drohung, gegebenenfalls bei Landtagswahlen anzutreten, können sie Einfluss auf die dominierende Landespartei ausüben. Insofern sind die Freien Wähler in den Ländern, in denen sie stark vertreten sind, auch ein Machtfaktor von
landespolitischem Gewicht, selbst wenn sie im Landtag nicht vertreten sind.

Der Charakter einer Nicht-Partei macht es schwierig, Freie Wähler wissen-
schaftlich-lexikalisch zu erfassen. Schon die Definition birgt Probleme: Gehören
nur jene Gruppierungen dazu, die ausdrücklich den Namen „Freie Wähler" führen und/oder Mitglied im Bundes- bzw. in den Landesverbänden der Freien
Wähler sind, für die der Name rechtlich (weitgehend) geschützt ist? Oder alle
Gruppierungen, die als freie Listen bei (Kommunal-)Wahlen antreten? Die Grenzen sind fließend, was sogar als Wesensmerkmal Freier Wähler angesehen werden kann. So können auch freie Listen gegeneinander konkurrieren. Es gibt sogar
– vorwiegend in kleineren Gemeinden – Kommunalwahllisten, die ausschließlich
aus parteifreien Angeboten bestehen. Freie Wähler, ganz gleich ob Dachver-
bandsmitglieder oder nicht, können von Ort zu Ort ein unterschiedliches Gesicht
aufweisen: Sie können das gesamte mögliche Angebot aller Sozialaktiven in einer
Gemeinde umfassen, die überhaupt für eine Wahl in Frage kommen; sie können
die Haus- und Grundbesitzer, Ladeninhaber oder selbständigen Unternehmer
vertreten; selbst Frauenlisten können sich zu den Freien Wählern rechnen und
Mitglied im Verband sein. Gleiches gilt für Junge Listen, sowohl als Listen junger
Parteimitglieder und Sympathisanten als auch als parteidistanzierte Jugendliche,
die mit den bestehenden kommunalen Verhältnissen unzufrieden sind, ausgelöst
möglicherweise durch einen konkreten Konfliktfall. Ein Beispiel ist die Gründung
einer Liste von Jugendlichen (unter dem Namen „Unabhängige Liste UL") im
oberschwäbischen Bad Schussenried 1980 durch den nachmaligen Grünen-
Politiker Oswald Metzger, die von einem Konflikt um ein Jugendzentrum ange-
stoßen wurde. Die UL konnte auf Anhieb zweitstärkste Gruppierung im Gemeinderat werden, nach der CDU und vor der SPD. Immer wieder ist der Übergang von einer Bürgerinitiative zur Bildung einer Liste zu beobachten. Freie Listen können auch verkappte Parteilisten sein, die Mitglieder und Nahestehende
umfassen, manchmal in der Konstellation: „Oppositionsgruppierungen" zusammengefasst gegen die lokal dominierende Partei. Oder es handelt sich um zuge-

zogene Parteimitglieder und deren Sympathisanten, die mit ihrem lokalen Partei-
establishment nicht zurechtkommen. Auch Abspaltungen von im Gemeinderat
vertretenen Parteien firmieren als freie Listen, ein Fall, der in den süddeutschen
Ländern nicht selten vorkommt. Je nach politischer Ebene können freie Listen ein
unterschiedliches Profil aufweisen. So sind die Freien Wähler auf der Ebene von
Landkreisen (in Kreistagen) zu einem Gutteil Listen parteiloser Bürgermeister,
die beim Streben nach einem überörtlichen Mandat ihre parteipolitische „Un-
schuld" nicht verlieren möchten (in Bayern ist jeder dritte, in Baden-Württemberg
sogar jeder zweite Bürgermeister parteilos): Da im Kreistag Entscheidungen getroffen werden, die die Interessen der Gemeinden berühren (einschließlich der
Finanzierung des Kreises durch die von den Gemeinden aufzubringende Kreis-
umlage) sind Bürgermeister dort, wo sie es dürfen, stark an einem Kreistagsman-
dat interessiert.

Organisation und Geschichte
Die weiteren Ausführungen konzentrieren sich auf jene Gruppierungen, die Mitglied im Bundes- und Landesverband der Freien Wähler sind. Die Definitions-
schwierigkeiten, die Individualität und der amorphe Charakter freier Listen er-
lauben es nur begrenzt, ein Gründungsdatum der Freien Wähler zu fixieren und
ihre Entwicklungs- und Erfolgsgeschichte präzise zu verfolgen. Aus demselben
Grund tun sich die Statistischen Ämter schwer, Präsenz und Entwicklung der
freien Listen zu dokumentieren. Da die Freien Wähler als eingetragener Verein
keine Partei sein wollen und eine Organisation auf überlokaler Ebene allenfalls
als notwendiges Übel mit Minimalfunktionen betrachten, sind zentrale Geschäftsstellen auf Bundes- und Landesebene – anders als bei Parteien – nur rudimentär vorhanden. Nicht zuletzt aufgrund solcher Schwierigkeiten macht die
Wissenschaft gerne einen Bogen um die Freien Wähler. Bezeichnenderweise
enthält das von Rüdiger Voigt 1984 herausgegebene „Handwörterbuch zur
Kommunalpolitik" weder einen Beitrag über Freie Wähler, noch kommen diese
als Stichwort im Sachregister vor. Auch sonst wird den Parteien und Gruppierungen auf kommunaler/lokaler Ebene in der Wissenschaft wenig Aufmerksamkeit entgegengebracht.
    Die Fragen nach dem Gründungsdatum, nach den näheren Umständen, An-
lässen und Gründen der Entstehung Freier Wählergemeinschaften lassen sich
letztlich nur für jeden Einzelfall beantworten. Bereits unmittelbar nach dem Ende
des Zweiten Weltkriegs wurden solche Gemeinschaften gegründet, mit einem
Schwerpunkt in den Jahren 1947 bis 1954. Sie trugen unterschiedliche Namen wie
z.B. die Unabhängige Bürgerliste (UBL) in Stuttgart, die bereits in ihrem Gründungsjahr 1953 auf Anhieb 10 Prozent der Stimmen holte. Freie Gruppierungen

gab es jedoch bereits vor 1933. Manchmal wird die Kontinuität an den Namen ablesbar. So traten z.b. einzelne freie Wählergruppierungen in der Weimarer Republik unter dem Namen „Haus- und Grundbesitzer" auf. Diese Bezeichnung übernahmen sie nach dem Zweiten Weltkrieg, bevor sie sich den Namen „Freie Wählervereinigung" (FWV) zulegten. Die Organisationsscheu führte relativ spät zu übergeordneten Verbandsgründungen. So wurden der Landesverband Baden-Württemberg erst 1956, der in Bayern sogar erst 1978 gegründet. Der „Bundes-verband der Freien und Unabhängigen Wählergemeinschaften" konstituierte sich 1965. Bundesvorsitzender ist seit 1994 Armin Grein, der Landrat des Main-Spessart-Kreises, in dessen Kreisstadt Karlstadt am Main sich auch die Bundesge-schäftstelle befindet. Überörtliche Organisation wurde erforderlich, um die Inte-ressen im Parteienstaat wahren zu können, so etwa beim Zugriff auf Ämter (z.B. Rundfunkrat) und Geld (z.B. Haushaltsmittel zur Förderung kommunalpoliti-scher Bildungsarbeit), vor allem aber, um ungünstige Wahlrechtsregelungen zu verhindern. Die Teilnahme an Landtagswahlen kann dabei als Drohpotenzial genutzt werden, was aber bislang kaum von Erfolg gekrönt war.[2] Noch am er-folgreichsten schnitten die Freien Wähler in Bayern ab, wo sie 1998 und 2003 aber lediglich 3,7 bzw. 4,0 Prozent der Stimmen holen konnten.

Ergebnisse bei Landtagswahlen seit 1987

Jahr	Landtagswahlen
1987	RP 1,5
1994	BB 0,2 BY 0,1 SL 0,5
1998	BY 3,7
1999	BB 0,6 HE 0,4 SL 0,7
2001	RP 2,5
2003	BY 4,0
2004	TH 2,6
2006	RP 1,6

[2] Ins öffentliche Bewusstsein drang dieser Zusammenhang erstmals im November 2006, als der Vorsit-zende der Freien Wähler in Hessen, Thomas Braun, der dortigen CDU unter Ministerpräsident Roland Koch vorwarf, sie habe die Freien Wähler als Gegenleistung für eine Beteiligung an der staatlichen Parteienfinanzierung zu einem Verzicht auf eine Kandidatur bei der 2008 anstehenden Landtagswahl zwingen wollen. Die CDU stellte die Ereignisse etwas anders dar: Die Freien Wähler hätten selbst seit Jahren darauf gedrängt, Mittel aus der Wahlkampfkostenerstattung zu bekommen, und damit gedroht, ansonsten auch bei Landtagswahlen anzutreten. Vgl. „Unmoralisches Angebot", in: Der Spiegel vom 13. November 2006, S. 40 f.

Wahlerfolge und kommunales Wahlsystem
Variablen, die den Wahlerfolg der freien Listen erklären, sind das Wahlsystem,
die lokale politische Kultur sowie die Gemeindegröße. Der Einfluss der letzteren
ist dabei geringer als häufig vermutet: Zwar nimmt die Bedeutung der freien
Listen mit zunehmender Ortsgröße ab – was primär mit der ideologischen Orien-
tierungsfunktion zu tun hat, die in größeren Gemeinden von Parteien besser zu
leisten ist. Doch halten die Freien Wähler auch in Gemeinden ab 10.000 Einwohner einen durchschnittlichen Wähleranteil von bundesweit knapp 10 Prozent und
sind damit nach den Volksparteien die drittstärkste Gruppierung. Selbst in Großstädten mit über 500.000 Einwohnern wie Frankfurt a.M. (6 von 93), und Stuttgart
(4 von 60) sind sie in den Räten gut vertreten (Zahlen für 2006). Befürchtungen,
dass in Folge der Zusammenlegung von Gemeinden in den sechziger und siebziger Jahren die Bedeutung der freien Listen reduziert würde, haben sich nicht
bestätigt. So sind freie Listen in Baden-Württemberg nach wie vor mit konstant
über 40 Prozent der Mandate die stärkste politische Kraft in den Gemeinderäten.

Vertretung in Gemeinderäten und Kreistagen (in Prozent der Mandate für das Jahr 2006)

Land	Gemeinderäte	Kreistage
Baden-Württemberg	43	20
Bayern	40	16
Brandenburg	25	7
Hessen	12	6
Mecklenburg-Vorpommern	20	5
Niedersachsen	10	6
Nordrhein-Westfalen	9	2
Rheinland-Pfalz	32	8
Saarland	5	2
Sachsen	32	5
Sachsen-Anhalt	30	4,5
Schleswig-Holstein	45	3,5
Thüringen	52	4

Eine wichtigere Variable als die Gemeindegröße ist das Wahlsystem: Elemente
der Persönlichkeitswahl wie Kumulieren und Panaschieren begünstigen die Frei-
en Wähler, die von der Bekanntheit und Wertschätzung ihrer Kandidaten leben.
Sie präjudizieren jedoch das Wahlergebnis nicht, sondern machen das Wahlsystem lediglich durchlässiger für die Präferenzen der Wähler. Damit ist die Perzep-
tion der Kommunalpolitik durch die Wählerschaft, und mithin die lokale politische Kultur die entscheidende Variable für den Erfolg Freier Wähler. Nachdem

jahrzehntelang allein Baden-Württemberg und Bayern die Möglichkeit des Kumulierens und Panaschierens in ihren Kommunalwahlgesetzen verankert hatten, wurden die Elemente der Persönlichkeitswahl ab 1990 Zug um Zug in allen Flächenländern übernommen; nur das Saarland und Nordrhein-Westfalen haben auf ihre Einführung bislang verzichtet.

Gegenwärtig haben die Freien Wählergemeinschaften nach Angaben ihres Bundesverbandes in Deutschland rund 260.000 Mitglieder, die Zahl ihrer Mandatsträger wird mit ca. 40.000 angegeben. Der Anteil der von den Freien Wählern gehaltenen Mandate bewegt sich (nach derselben Quelle, die von der amtlichen Statistik überprüft werden kann) in den Gemeinderäten zwischen 5 (Saarland) und 52 Prozent (Thüringen), in den Kreistagen zwischen 2 (Nordrhein-Westfalen und Saarland) und 20 Prozent (Baden-Württemberg). (Siehe Tabelle S. 292).

Erfolgsbedingungen und sozialstrukturelle Merkmale
Betrachtet und bewertet man die Stellung der freien Wählergruppierungen in der Kommunalpolitik, so lässt sich die These vom vordringenden Parteienstaat auf allen politischen Ebenen nicht aufrecht erhalten. Die Erfolge der Freien Wähler beruhen darauf, dass sie recht gut zu den lokalen Milieus und den verbreiteten Vorstellungen von Kommunalpolitik passen, wonach es auf kommunalpolitischer Ebene um pragmatisch zu treffende Sachentscheidungen gehe und polarisierende Auseinandersetzungen fehl am Platze seien: Kooperation statt Konflikt, Konkordanz statt Konkurrenz prägen das Bild. Wenn es weniger um parteipolitisch akzentuierbare und an übergreifenden politischen Programmen festzumachende Aufgabenstellungen als um „vernünftige" Lösung von Sachproblemen geht, dann kommt es darauf an, die „richtigen" Personen in den Gemeinderat zu wählen. Von daher sind für die Freien Wähler die Personen das Programm, mit denen geworben wird: „gestandene" Männer und Frauen, die im richtigen Moment das Richtige zu tun wissen, frei von ideologischen und parteipolitischen Scheuklappen. So zumindest die Eigenwahrnehmung der Freien Wähler und zu einem Gutteil auch die Wählersicht. Kandidaten der Freien Wähler werben somit um Vertrauen zu ihrer Person, nicht um ein Programm. Für den Wahlerfolg als Gruppierung ist zentral, die „richtigen" Persönlichkeiten als Kandidaten zu präsentieren: Vertreter von lokalem Gewerbe und Handel, freien Berufen und/oder Heilberufen (mit ihrem Image als „Wohltäter"); zudem gehört das lokale Vereinsengagement zwingend dazu. Es sind die besser Ausgebildeten und Verdienenden, mit langer Wohndauer in der Gemeinde, Haus- und Grundbesitz, guter Ortskenntnis, lokalem Engagement und untadeligem Ruf, die den typischen Repräsentanten der Freien Wähler ausmachen. Sozialstrukturell, programmatisch

und in der parteipolitischen Präferenz bei staatlichen Wahlen stehen die mittelständischen Honoratioren der Freien Wähler den bürgerlichen Parteien Union
und FDP damit näher als der SPD. In der Konkurrenzsituation des kommunalen
Parteiensystems üben die Freien Wähler deshalb gerade auf diese Parteien einen
starken Druck aus, ihr Kandidatenangebot in ähnlicher Richtung zu profilieren.

 Literatur

Andreas Kost/Hans-Georg Wehling, Hg. (2003), Kommunalpolitik in den deutschen Län-
    dern, Wiesbaden.
Theodor Pfizer/Hans-Georg Wehling, Hg. (2000), Kommunalpolitik in Baden-Württemberg,
    3. Auflage, Stuttgart.

 Internet

www.freie-waehler-deutschland.de

Hans-Georg Wehling

Freiheitliche Deutsche Arbeiterpartei (FAP)

Die Freiheitliche Deutsche Arbeiterpartei (FAP) entstand 1979 als Nachfolgerin der
„Sozial-Liberalen Deutschen Partei" (SLP). Betrieben wurde die Neugründung
und Umbenennung von Martin Pape, der bis 1988 Vorsitzender der Partei bleiben
sollte. Bereits in der Frühphase wies die FAP eine rechtsextremistische Prägung
auf, war aber aufgrund der geringen Mitgliederzahl selbst in ihrem eigenen politischen Spektrum bedeutungslos. Erst nach dem 1983 erfolgten Verbot der neonazistischen „Aktionsfront Nationaler Sozialisten/Nationale Aktivisten" (ANS/NA)
traten der Partei zahlreiche Anhänger dieser Organisation bei und dominierten sie
fortan ideologisch und personell. Entsprechend stiegen die Mitgliederzahlen von
300 im Jahre 1985 auf 500 im Jahre 1987 an. Gleichzeitig kam es zu einem internen
Konflikt um die Homosexualität des bekannten Neonazis Michael Kühnen, der
zur Spaltung der Partei und einem starken Rückgang der Mitgliederzahl auf nur
noch 150 Personen im Jahre 1991 führte. Obwohl sie auf allen Ebenen kandidierte,
spielte die neonazistisch ausgerichtete FAP bei Wahlen keine Rolle, bewegten sich
ihre Ergebnisse doch allesamt unter 0,1 Prozent der Stimmen. 1989 übernahm der
bekannte Neonazi Friedhelm Busse den Vorsitz der Partei, dessen Auseinander-

setzungen mit anderen Neonazis zu weiteren Austritten führten. 1995 erkannte das Bundesverfassungsgericht der FAP den Parteienstatus ab; als Verein wurde sie anschließend vom Bundesminister des Innern verboten.

 Literatur

Christians, Georg (1990), „Die Reihen fest geschlossen". Die FAP – Zu Anatomie und Umfeld einer militant-neofaschistischen Partei in den achtziger Jahren, Marburg.

Pfahl-Traughber, Armin (1995), Rechtsextremismus. Eine kritische Bestandsaufnahme nach der Wiedervereinigung, 2. Auflage, Bonn, S. 77 ff.

Armin Pfahl-Traughber

Freiheitliche Deutsche Volkspartei – Die Freiheitlichen in Deutschland (FDVP)

Die Freiheitliche Deutsche Volkspartei (FDVP) konstituierte sich im Jahre 2000 in Sachsen-Anhalt. Ihre Gründer waren ehemalige Funktionäre und Mandatsträger der →DVU, die 1998 mit einem Sensationsergebnis von 12,9 Prozent den Sprung in den Magdeburger Landtag geschafft hatte. Innerhalb der Landtagsfraktion kam es schon bald zu heftigen Konflikten, die mehrere Abgeordnete veranlassten, aus Partei und Fraktion auszutreten und sich in einer neuen Gruppierung zusammenzuschließen. Die FDVP verfügte dadurch auf Anhieb über sieben Landtagsmandate, die allerdings bei der Landtagswahl 2002 wieder verloren gingen, bei der die Partei nur noch 0,8 Prozent der Stimmen erreichte. Mit dem Namenszusatz „Die Freiheitlichen" wollte sich die FDVP den Anstrich einer deutschen Variante der seinerzeit noch erfolgreichen „Freiheitlichen Partei Österreichs" (FPÖ) unter Jörg Haider geben. Zu einer Kooperation mit der österreichischen „Schwesterpartei" kam es allerdings nicht. Programmatisch wich die FDVP nicht von den Positionen der DVU ab. Offenbar erklärten weitaus stärker persönliche denn politische Konflikte den Bruch mit der von Gerhard Frey aus München ferngesteuerten Partei und die anschließende Neugründung. Zwar entstanden in drei ostdeutschen Ländern eigene Verbände, eine Ausweitung der FDVP zu einer bundesweit verankerten Partei erfolgte aber nicht. Die Mitgliederzahlen bewegten sich im Bereich von 200 Personen. Die wenig erfolgversprechende Situation führte dazu, dass die FDVP im Jahre 2003 mit der →Deutschen Partei (DP) fusionierte; damit hörte sie auf, als eigenständige Gruppierung zu existieren.

Literatur

Ministerium des Innern Sachsen-Anhalt, Hg. (2001), Verfassungsschutzbericht 2000, Magdeburg, S. 66 ff.

Ministerium des Innern Sachsen-Anhalt, Hg. (2003), Verfassungsschutzbericht 2002, Magdeburg, S. 58 f.

Armin Pfahl-Traughber

Die Freiheitlichen

→ BUND FREIER BÜRGER

DIE FRIEDENSLISTE (FRIEDEN)

„Wir würden es sehr begrüßen, wenn zu den bald stattfindenden Europawahlen ein Bündnis demokratischer und linker Kräfte kandidieren würde." Diese Bemerkung des DKP-Vorsitzenden Herbert Mies auf dem 7. DKP-Parteitag am 6. Januar 1984 war die vermutlich früheste öffentliche Ankündigung der „Friedensliste". Schon eine Woche später informierte das DKP-Zentralorgan „Unsere Zeit" über einen „Aufruf zur Diskussion über ein Personenbündnis zur Wahl des Parlaments der Europäischen Gemeinschaft". Sie böte nach dem Beginn der Stationierung amerikanischer Mittelstreckenraketen Gelegenheit zu „Protest und zur Absage an die Raketenbefürworter", so die Unterzeichner, „Personen aus Wissenschaft und Kunst, aus Kirchen, aus Gewerkschaften, aus unterschiedlichen Parteien und Organisationen". Bei letzteren handelte es sich vor allem um die →DKP und deren Vorfeldorganisation „Deutsche Friedens-Union" (DFU) sowie um die 1982 gegründeten „Demokratischen Sozialisten" (DS). Auf dem Gründungskongress der Friedensliste am 18. März 1984 gab sich das „parteienunabhängige Personenbündnis" einen Vorstand aus 32 Personen, von denen zwei Drittel Kommunisten oder langjährige Aktivisten in kommunistischen Vorfeldorganisationen waren.

Der Versuch, zu Absprachen oder gemeinsamen Listen mit den Grünen zu kommen, scheiterte. Mit dem Ausstieg der Demokratischen Sozialisten aus der Friedensliste begann die „Breite des Bündnisses" zu schrumpfen. Der Aufbau einer bundesweiten Struktur blieb fragmentarisch und auch umstritten. Eine Mitgliederbefragung im Sommer 1988 ergab den Wunsch, zur Europawahl 1989 nicht anzutreten. Im April 1989 stellte der Bundesvorstand fest, unter den veränderten politischen Rahmenbedingungen gebe es für die Fortsetzung der bundesweiten Aktivitäten der Organisation keine erfolgversprechenden Möglichkeiten. Eine offizielle Auflösung ist nicht bekannt geworden, doch ging Anfang 1990 der Versuch des Bundestages, eine 1984 erfolgte Wahlkampfkostenvorauszahlung von 1,28 Mio. DM per Vollstreckung zurückzufordern, ins Leere.

Bei der Wahl zum Europäischen Parlament am 17. Juni 1984 erreichte die Friedensliste einen Stimmenanteil von 1,3 Prozent, bei der Landtagswahl in Nordrhein-Westfalen im Mai 1985 kam sie nur noch auf noch 0,7 Prozent der Stimmen. Zur Bundestagswahl 1987 trat die Partei ausschließlich mit Direktkandidaten an: 186.888 Erststimmen entsprachen hier einem Anteil von 0,5 Prozent. Ein letzter Versuch bei einer Bürgerschaftswahl in Hamburg 1987 fiel mit 0,3 Prozent noch schlechter aus. Ihre besten Ergebnisse hatte die Friedensliste schon 1984 in Universitätsstädten erzielt. Dort konkurrierte sie als Bündnis selbsternannter „Persönlichkeiten" in einem spezifisch linken Mittelschichtenmilieu eher ungewollt mit den Grünen. In traditionellen Arbeitermilieus blieben ihre Ergebnisse hingegen unterhalb der zuvor von der DKP erzielten; diese verzichtete regelmäßig auf eine Kandidatur, wenn die Friedensliste antrat.

Kernanliegen der Programmatik der Friedensliste war die Bekämpfung verteidigungspolitischer Maßnahmen des westlichen Bündnisses. Kritik an sowjetischer Rüstung unterblieb. Bereits 1984 gab es zusätzlich einen breiten Katalog gängiger linker sozial-, wirtschafts- und gesellschaftspolitischer Forderungen. Die Programmatik war so formuliert, dass ihre einzelnen Punkte – isoliert betrachtet – auch von Demokraten unterstützt werden konnten. Der extremistische Charakter der Partei ergab sich aus ihrer völligen Kongruenz mit den taktischen Nahzielen der DKP, vor allem aber aus der Dominanz offener oder verdeckter kommunistischer Kader in ihren Gremien. Der Verfassungsschutz wertete die Friedensliste als „DKP-gesteuert" oder „DKP-beherrscht". Der Bundesvorstand der Grünen bezeichnete sie 1985 als „Bündnis von Gescheiterten" und „plumpes Manöver der DKP."

Das Spannungsverhältnis zwischen lockerem Wahlbündnis von Einzelpersonen und einer förmlich verfassten Partei, die zudem von einem außerhalb stehenden Apparat fremdgesteuert wurde, belastete die Friedensliste stets. Insgesamt neun Bundesversammlungen bis 1989 „wählten" Bundesvorstände (zuletzt 45 Personen), denen fünf Bundessprecher vorstanden. Unter ihnen hatten die DKP-Parteigänger die Mehrheit. Seit Gründung dabei war das Mitglied des DKP-Vorstandes Uwe Knickrehm; er gilt als eigentlicher „Architekt" der Partei. Auch die

Bundesgeschäftsführer waren Mitglieder bzw. Vertrauenspersonen der DKP; einer der Bundespressesprecher wurde vom MfS als „Inoffizieller Mitarbeiter" (IM) geführt. Doppelmitgliedschaften in anderen Parteien waren zulässig. Als Mitglieder galten die rund 1.500 Abonnenten des „Friedensliste-Rundbriefes". Sitz der Partei war Bonn.

Die Friedensliste war eine Emanation sorgfältig ziselierter „Bündnispolitik" orthodoxer Kommunisten. Gemessen an der elektoralen Misserfolgsgeschichte der DKP war sie zunächst recht erfolgreich, geriet aber in den Strudel des organisatorischen und ideologischen Scheiterns dieser Partei. In die demokratische Linke hinein konnte sie keine Ausstrahlungskraft entwickeln, obwohl sie mit der Theologin Uta Ranke-Heinemann über eine vergleichsweise prominente Spitzenkandidatin verfügte. (Diese sollte sich noch Jahre später als Zählkandidatin der PDS zur Wahl des Bundespräsidenten verdingen.)

 Literatur

Manfred Wilke/Hans-Peter Müller/Marion Brabant (1990), Die Deutsche Kommunistische Partei (DKP). Geschichte - Organisation - Politik, Köln, S. 151-194.

Rudolf van Hüllen

Für ein Deutschland nach GOTTES Geboten

→ **Christliche Mitte**

Für eine familienfreundliche Politik

→ **Elternpartei**

Für eine neue Linke

→ **REGENBOGEN**

Für Kinder

→ Zukunft für alle Kinder

future! – die jugendpartei (future!)

Im Sommer 1997 bauten Mitarbeiter des Magdeburger Stadtmagazins „Günther" einen Stand auf dem Alten Marktplatz auf und simulierten zum Zwecke einer Titelgeschichte eine neue Jugendpartei. Als die Magdeburger nicht so irritiert reagierten wie erwartet, kamen Mitarbeiter des Magazins auf die Idee, ernsthaft zur Gründung einer solchen Partei aufzurufen. Dem Aufruf folgten am 22. November 1997 rund hundert Menschen zwischen 14 und 45 Jahren, woraufhin noch am gleichen Tag ein Programm beschlossen und die Partei gegründet wurde.

future! trat zum ersten Mal bei den Landtagswahlen im April 1998 in Sachsen-Anhalt an und wurde mit 0,8 Prozent der Stimmen stärkste Partei unter den sogenannten „Sonstigen". Ihr bestes Wahlkreisergebnis erreichte die Partei erwartungsgemäß in Magdeburg. Nach diesem erfolgreichen Start konnte future! bei der Kommunalwahl im Juni 1999 in Magdeburg sogar einen Sitz im Stadtrat gewinnen (mit 1,6 Prozent der Stimmen). Der damals 18-jährige Parteivorsitzende Michael Stage schloss sich nach der Wahl mit den Grünen zu einer gemeinsamen Fraktion zusammen und konzentrierte sich auf die Kommunalpolitik. Dementsprechend trat die Partei bei den Landtagswahlen in Sachsen-Anhalt 2002 nicht an. Nachdem future! bei der Magdeburger Kommunalwahl im Juni 2004 das Ergebnis noch einmal erheblich steigern konnte (man erreichte 3,5 Prozent der Stimmen und ist seitdem mit zwei Sitzen als eigenständige Fraktion im Stadtrat vertreten), trat die Partei zur Landtagswahl im März 2006 mit der hochgesteckten Zielsetzung an, die 1-Prozent-Marke zu übertreffen. Am Ende sollte es jedoch nur für 0,4 Prozent der Stimmen reichen.

future! versteht sich als eine Jugendpartei mit bundesweiter Ausrichtung, auch wenn fast alle (etwa 35) jungen Mitglieder in Magdeburg wohnen und leben. Sie ist auch ihrem Selbstverständnis nach eine typische Interessen- und Klientelpartei, gibt sie doch vor, die ihrer Ansicht nach stark vernachlässigten Belange von Kindern und Jugendlichen in der Politik zu vertreten. Dies sei gerade in Sachsen-Anhalt besonders dringlich, das nach dem Wegzug vieler junger Arbeitssuchender zu einem „Jugendnotstandsgebiet" geworden sei.

Der Schwerpunkt der Programmatik von future! liegt auf der Bildungspolitik. Hier tritt die Partei für mehr Zentralismus, die Einführung von „Gemeinschaftsschulen" nach „skandinavischem Vorbild", die Einführung einer Schulpflicht ab fünf Jahren, den Ausbau der Vorschulerziehung sowie für eine staatlich alimentierte Nachmittagsbetreuung der Schüler ein. Studiengebühren werden explizit abgelehnt. Allgemein wird eine „oft praxisferne Bildung" bemängelt. Daher wird die Forderung erhoben, Fächer wie Medienbildung oder „Leben und Gesellschaft" in den Schulen einzuführen und die sogenannten „soft skills" zu stärken. „Learnteams" und Berufspraktika schon ab der fünften Klasse, aber auch zentralisierte Prüfungen werden hierfür als probates Instrument angesehen. In der Wirtschaftspolitik werden Maßnahmen wie die Einrichtung von permanenten Gesetzesbeiräten zum Zwecke der Entbürokratisierung oder „Gesetzesprobezeiten" eingefordert. Die im engeren Sinne jugendpolitischen Forderungen der Partei zielen auf eine stärkere Vertretung von „jungen Menschen" in den Parlamenten und die bundesweite Absenkung des Wahlalters auf 16 Jahre. Ein auffällig radikaler Programmpunkt findet sich schließlich im Nichtraucherschutz: Außer in speziell dafür vorgesehenen Räumen soll das Rauchen in der Öffentlichkeit verboten werden. Insgesamt gibt sich die Partei als problemorientiert, „bürgernah", „realistisch", „flexibel" und ideologiefrei und wendet sich gegen „Eitelkeit, Machterhaltung [sic!] und Fraktionsdenken" im „alltäglichen Politgeschehen".

Die Zahl der Mitglieder von future! ist mit knapp über 30 sehr überschaubar, was nicht verwunderlich ist, da die Organisation der Partei über Magdeburg und Umgebung kaum hinausreicht. Das Durchschnittsalter liegt erwartungsgemäß mit unter 25 Jahren sehr niedrig – das älteste Mitglied ist nach Angaben der Partei 36 Jahre alt. Unter den Mitgliedern finden sich nicht nur Schüler und Studenten, sondern auch Arbeitnehmer und Selbständige. Der Parteivorsitzende Michael Stage, der auch der Fraktion im Magdeburger Stadtrat vorsitzt, ist z.B. gelernter Bankkaufmann und studiert nebenher Kulturwissenschaften.

Auch wenn Bedarf für eine spezielle Interessenvertretung Kinder und Jugendlicher bestünde, wäre es angesichts der kaum entwickelten Parteiorganisation ein Wunder, wenn future! über Magdeburg hinaus landes- oder sogar bundesweite Aufmerksamkeit auf sich ziehen könnte. Dies gilt zumal, als die programmatischen Aussagen und Lösungsangebote der Partei der Lebenswirklichkeit der jungen Menschen in Deutschland (auch im Osten) nur zum Teil entsprechen.

 Literatur

Schmid, Sandra (2005), Die alten Hasen scheuchen, in: Das Parlament Nr. 44 vom 31. Oktober, S. 3.

Internet

www.jugendpartei.de

Lazaros Miliopoulos

Gerechtigkeit – Umwelt – Tierschutz

→ **DIE GRAUEN**
→ **Mensch Umwelt Tierschutz**
→ **Ökologisch-Demokratische Partei**

DIE GRAUEN – Graue Panther (GRAUE)

Entstehung und Entwicklungsgeschichte
Die Partei Die Grauen blickt auf eine für Kleinparteien relativ lange Geschichte zurück. Zwar wurde sie erst am 12. Juni 1989 gegründet, doch reicht die Entwicklung der Bewegung bis ins Jahr 1970 zurück. Inzwischen zählt die Partei zu den festen Größen der deutschen Politik, obwohl sie sich parlamentarisch noch nicht hat etablieren können – den Grauen gelang weder der Sprung in den Bundestag noch in eines der Landesparlamente; lediglich auf kommunaler Ebene hält die Partei einige Mandate.

Hervorgegangen ist die Partei aus dem 1975 in Wuppertal initiierten Seniorenschutzbund „Graue Panther e.V.", der sich die Wahrung der Rechte älterer Menschen als Ziel gesetzt hat und deren Diskriminierung in der Gesellschaft entgegen tritt. Mit Demonstrationen und der Gründung von Schutzwohnungen und Wohngemeinschaften sorgten die Aktivisten schnell für Aufsehen. Die Keimzelle der „Grauen Panther" liegt in den USA, wo 1970 die damals 65-jährige Maggie Kuhn aus Protest gegen ihre Pensionierung einen Verband gründete, der später den Namen „Gray Panthers" trug. Auch in der Schweiz ist diese Vereinigung aktiv.

Die deutsche Sektion der „Grauen Panther" versucht mit der Partei Die Grauen, ihre Interessen auch parlamentarisch zu vertreten. Als Vorbild haben hier die Niederlande gedient, wo 1994 zwei Senioren-Parteien – Algemeen Ouderen Verbond (AOV) und 55 Plus – mit insgesamt 4,5 Prozent der Stimmen und sieben Mandaten für eine Legislaturperiode ins Parlament einziehen konnten. Dabei sieht die Partei in den alten Menschen nicht ihre alleinige Zielgruppe, sondern bezeichnet sich selbstbewusst als überspannende „Generationenpartei": Unter dem Motto „Heute wir – morgen ihr" tritt sie für ein Zusammenwirken der Generationen ein. Diese Breite zeichnet sie auch strukturell aus. In den Gründungsgrundsätzen wurden z.b. Proporzregelungen festgeschrieben, die das Selbstverständnis der Grauen als „Überpartei" zum Ausdruck bringen sollten. Alle Ämter und Kandidatenlisten mussten danach mit 50 Prozent „Grauen Panthern", 50 Prozent Frauen und 50 Prozent über 45-jährigen besetzt sein. In der aktuellen Satzung sind diese Regelungen nicht mehr enthalten.

Zentrale Persönlichkeit der Grauen ist die 1925 geborene Trude Unruh. Sie engagierte sich bereits in der SPD und der FDP und gehörte in den siebziger Jahren zu den Mitbegründern von Vorläuferorganisationen der Grünen sowie der „Bürgerpartei" (BÜP). 1987 gelang Unruh als parteiloser Kandidatin auf der Landesliste Nordrhein-Westfalen der Grünen der Einzug in den Deutschen Bundestag. Nach ihrem Austritt aus der grünen Bundestagsfraktion am 13. September 1989 gehörte sie bis zum Ende der Legislaturperiode dem Parlament als fraktionslose Abgeordnete an. Damit war sie die einzige Vertreterin der Grauen im Bundestag. Mit ihrer schillernden Persönlichkeit und Streitlust gelang es Unruh, die Grauen auch überregional bekannt zu machen und die Anliegen der Partei öffentlichkeitswirksam zu vertreten.

Obwohl die Grauen bei ihrer ersten Teilnahme an einer Bundestagswahl 1990 den erhofften Sprung ins Parlament deutlich verfehlten, erreichten sie mit 0,8 Prozent ein durchaus beachtliches Resultat. Die ihr nun zufließenden Mittel aus der staatlichen Parteienfinanzierung ermöglichten es der Partei, den Ausbau der Organisation voranzutreiben. In allen 16 Bundesländern gelang der Aufbau von Landesverbänden, zum Teil auch von Gliederungen auf Kreisebene. Die inhaltliche Arbeit über Vorfeldorganisationen verbesserte sich durch das 1991 gegründete Generationenbildungswerk „Graue Panther" Nordrhein-Westfalen e.V., das als Trägerverein der „Trude Unruh-Akademie für politische Bildung" fungiert. Zudem entstand 1996 eine „Graue-Panther-Stiftung" unter Vorsitz des Rechtsanwaltes Volker Thieler; 2005 rief die Vorsitzende einen „Truhe-Unruh-Literaturwettbewerb" ins Leben. Bereits 2000 war das Projekt „Volkstag für Bundestag – Demokratie durch Volk" gestartet worden.

Einen juristischen Erfolg feierten die Grauen im Jahre 2004, als das Bundesverfassungsgericht ihrer gemeinsam mit der →Ökologisch-Demokratischen Partei (ödp) eingebrachten Klage gegen die sogenannte „Drei-Länder-Regelung" im Parteiengesetz stattgab, die die Hürde für die Inanspruchnahme der staatlichen Parteienfinanzierung deutlich heraufgesetzt hätte.

Wahlergebnisse und Wählerschaft

Gemessen an ihren Wahlergebnissen sind die Grauen die erfolgreichste unter den nicht-etablierten (und zugleich nicht-extremistischen) Kleinparteien in der Bundesrepublik. Ihre annähernd flächendeckende Organisation hat sie in die Lage versetzt, bei fast allen Wahlen auf Bundes- oder Landesebene mit Direktkandidaten und Listen anzutreten. Der Sprung in eines der Parlamente gelang ihnen dabei allerdings nicht. Bei allen nationalen Wahlen (mit Ausnahme der Europawahl 2004) und den meisten Landtagswahlen blieben die Grauen unter einem Prozent der Stimmen. Lediglich in sieben Fällen konnten sie die Ein-Prozent-Marke überspringen, darunter allein sechs Mal in den Stadtstaaten. Einen Achtungserfolg verbuchte die Partei mit 1,7 Prozent bei der Bürgerschaftswahl 1991 in Bremen. In Berlin konnte sie diesen Wert 1995 noch einmal wiederholen. Auffällig sind die starken Schwankungen sowohl zwischen den Ländern als auch im Vergleich zu den jeweils vorangegangen Wahlen. So gelang es den Grauen, bei der Abgeordnetenhauswahl im September 2006 in Berlin, mit 3,8 Prozent der Stimmen das beste Landtagswahlergebnis einer nicht-etablierten Kleinpartei mit bundesweitem Anspruch in der Bundesrepublik überhaupt zu erzielen, während sie beim gleichzeitig stattfindenden Urnengang in Mecklenburg-Vorpommern über 0,7 Prozent nicht hinauskamen. In den norddeutschen Ländern und hier vor allem den Stadtstaaten schneiden die Grauen wesentlich besser ab als im Osten und Süden der Republik; in Bayern ist die Partei noch nie bei einer Landtagswahl angetreten. Bei der Landtagswahl in Sachsen-Anhalt im März 2006 kandidierten die Grauen erstmals über eine Listenvereinigung gemeinsam mit zwei anderen Gruppierungen, der →Tierschutzpartei und der →ödp. Das unter dem Titel „Gerechtigkeit-Umwelt-Tierschutz" (GUT) an den Start gegangene Bündnis konnte aber auch hier nur bescheidene 0,8 Prozent der Wählerstimmen erzielen.

Daten zur Struktur der Wählerschaft der Grauen liegen nicht vor. Somit lässt es sich auch nicht feststellen, ob die Partei tatsächlich überwiegend von älteren Menschen gewählt wird, wie man aufgrund ihres ursprünglichen programmatischen Profils annehmen könnte. Das herausragende Ergebnis bei den Berliner Abgeordnetenhauswahlen 2006 könnte sich freilich auch damit erklären lassen, dass die Grauen für ein gewisses Protestpotenzial anziehend wirken, das nicht für eine extremistische Partei stimmen möchte und stattdessen für die „Generationenpartei" votiert.

Ergebnisse bei Bundestags-, Europa- und Landtagswahlen[1]

Jahr	Bundestagswahlen	Europawahlen	Landtagswahlen
1990	0,8		
1991			HB 1,7
1993			HH 1,6
1994	0,5	0,8	
1995			BE 1,7
1998	0,3		
1999		0,4	BE 1,1
2001			BE 1,4
2002	0,2		
2004		1,2	HH 1,1 SL 1,4
2005	0,4		
2006			BE 3,8

[1]Landtagswahlergebnisse über 1 Prozent

Programmatik

Die Grauen sehen sich als Generationenpartei, im Mittelpunkt ihrer Programmatik steht die Menschenwürde, bezogen auf alle Altersgruppen und sozialen Schichten. Die Partei kritisiert jegliche Benachteiligung, vor allem die allmähliche Hinausdrängung älterer Menschen aus Gesellschaft und Arbeitswelt. Angesichts des finanziellen Drucks auf die Sozialsysteme der westlichen Industriegesellschaften und vor dem Hintergrund des demographischen Wandels wird Seniorenpolitik zu einem immer wichtigeren Politikfeld: Während die Bevölkerung aufgrund der niedrigen Geburtenrate in Deutschland insgesamt schrumpft, werden die Menschen – nicht zuletzt infolge des medizinischen Fortschritts – immer älter.

Die Grauen fordern eine steuerfreie Mindestrente ab 65, die nicht mehr aus personenbezogenen Löhnen, sondern aus den Einkommen aller steuerpflichtigen Personen und Körperschaften finanziert wird. Ein durch die Bundesbank verwalteter „Nationaler Sicherheitsfond für Sozial-Wirtschaft" soll die bisherigen Renten- und Arbeitslosenkassen ablösen. Die Höhe dieser Mindestrente orientiert sich an der Mindestpension der Beamten in der niedrigsten Besoldungsgruppe.

Auch in der Gesundheitspolitik engagiert sich die Partei stark. Sie tritt für ein gleichberechtigtes Nebeneinander von Schulmedizin und alternativer Medizin ein, ebenso für Patientenschutzkammern und Aufklärungszentren, lehnt den „Gläsernen Patienten" ab und fordert eine Reform des Heimgesetzes. Altern in Würde statt Siechtum und Abschiebung ins Heim – diesem Prinzip soll die Behandlung pflegebedürftiger Menschen nach Auffassung der Grauen folgen.

Weitere Forderungen beziehen sich auf die Einführung von Volksentscheiden bei verfassungsrelevanten Fragen, auf eine Zusammensetzung der Parlamente aus Vertretern aller gesellschaftlichen Schichten (Projekt „Volkstag"), auf die Erhöhung der Sicherheit auf Straßen und in öffentlichen Verkehrsmitteln durch Neustrukturierung der Polizei, auf den Abbau von Bürokratie, auf die Förderung von Klein- und Mittelbetrieben sowie auf die Unterstützung von Kindern und Familien.

Organisation
Die Partei Die Grauen – Graue Panther ist mit Landesverbänden in allen Bundesländern vertreten. Die Bundesgeschäftsstelle liegt in Wuppertal, dem Ursprungsort der Partei. In Berlin existiert darüber hinaus ein Hauptstadtbüro. Auch beim Aufbau von Kreisverbänden erzielten die Grauen große Fortschritte – in Berlin beispielsweise ist man fast flächendeckend organisiert; im Vorfeld der Wahl zum Abgeordnetenhaus 2006 gründeten sich mehrere Kreisverbände. Ortsverbände gibt es dagegen nur in den wenigen Hochburgen. Neben diesen Strukturen finden sich mehrere verbandsübergreifende Bündnisse, etwa Programmkommissionen oder inhaltliche Arbeitsgruppen. Publizistisch ist die Partei ebenfalls aktiv: Der Bundesvorstand gibt die „Pantherpost" heraus, auch in einigen Bundesländern erscheinen Mitgliederzeitschriften. Die Grauen verfügen zudem über eine Jugendorganisation, die unter der Bezeichnung „Jung und Grau" (JunG) 1998 in Ludwigsburg gegründet wurde. Die Angaben zur Mitgliederzahl der Partei schwanken zwischen 8.000 und 15.000.

 Literatur

Boom, Dirk van den (1999), Politik diesseits der Macht? Zu Einfluss, Funktion und Stellung von Kleinparteien im politischen System der Bundesrepublik Deutschland, Opladen, S. 140 ff.
Unruh, Trude (1987), Aufruf zur Rebellion. Graue Panther machen Geschichte, 2. Auflage, Essen.

 Internet

www.die-grauen.de

Andreas Schulze

Die Grünen

→BÜNDNIS 90/DIE GRÜNEN

Hamburger Liste für Ausländerstopp (HLA)

Die Hamburger Liste für Ausländerstopp (HLA) wurde 1982 aus den Reihen der →NPD gegründet und trat erstmals zu den Bürgerschaftswahlen im Juni 1982 an. Hintergrund war der elektorale Niedergang der NPD, die bei den Bürgerschaftswahlen 1974 und 1978 nicht einmal mehr 1 Prozent der Stimmen bekommen hatte (nach 3,9 Prozent im Jahre 1966 und 2,7 Prozent im Jahre 1970). Mit 0,7 Prozent schnitt die HLA bei der Bürgerschaftswahl 1982 zwar besser ab als die NPD vier Jahre zuvor (0,3 Prozent); dennoch verfehlte sie ihr Ziel, über die Konzentration auf das Ausländerthema eine breitere Protestwählerschaft zu gewinnen, deutlich. Selbst ihre höchsten Stadtteilergebnisse blieben mit 2,7 Prozent klar unter der Fünf-Prozent-Hürde. Bis 1991 trat die HLA regelmäßig bei Bürgerschaftswahlen an, erreichte jedoch nie mehr als 1 Prozent. Bei den gleichzeitig stattfindenden Wahlen zu den Bezirksversammlungen gelang es ihr mit insgesamt 1,1 Prozent ebenfalls nicht, größere Erfolge zu erzielen, anders als dies in den neunziger Jahren bei →DVU und →Republikanern der Fall war.

Seit 1993 kandidierte die HLA nicht mehr eigenständig in Hamburg, sondern rief zur Wahl anderer Parteien aus dem rechtsextremen Spektrum auf (1993 für die DVU und 1997 für die NPD). Anfang der neunziger Jahre verlegte sie ihre Aktivitäten zeitweise nach Mecklenburg-Vorpommern, trat mit einschlägigen Aktionen unter anderem in Rostock auf („Rostock bleibt deutsch") und wirkte 1992 an der Gründung der rechtsextremen Gruppierung „Mecklenburg-Vorpommern bleibt unser" (MBU) mit. Ab 1995 zog sich die HLA wieder auf ihr Kerngebiet Hamburg zurück, trat jedoch nicht mehr mit größeren Aktionen in Erscheinung.

Programmatisch präsentierte sich die HLA als Single-Issue-Partei, die ihre bereits im Parteinamen zum Ausdruck kommende ausländerfeindliche Position in verschwörungstheoretisch unterlegten Forderungen wie der nach Wohnraum nur für Deutsche zum Ausdruck brachte. Zur Verbreitung ihrer Thesen diente die Schrift „HLA-Nachrichten", in der u.a. zu lesen war: „Die Indianer haben sich nicht gewehrt. Daher leben sie heute in Reservaten. Wir wehren uns!" Im Übrigen blieben ihre Aussagen weitgehend deckungsgleich mit denen der NPD.

Die enge Verbindung zur NPD zeigte sich auch personell: Vorsitzender der HLA war Ulrich Harder, der von 1994 bis November 2005 als Landesvorsitzender der NPD in Hamburg amtierte und noch bei der Bundestagswahl 2005 für die NPD in Hamburg kandidierte. Der stellvertretende Vorsitzende der HLA, Michael Andrejewski, der auch Landesvorsitzender der MBU war, ist nach wie vor als Kommunalpolitiker und (seit 2006) Landtagsabgeordneter für die NPD in Mecklenburg-Vorpommern aktiv.

Im Verfassungsschutzbericht der Freien und Hansestadt Hamburg wurde die HLA zuletzt 1999 erwähnt. Nach Einschätzung des Verfassungsschutzes handelte es sich bei einem Bestand von ca. 40 Mitgliedern bereits damals nur noch um eine „Organisationshülle", die keinerlei eigene Aktivitäten mehr aufwies.

 Literatur

Walter, Thomas (1982), Die Wahl zur Hamburger Bürgerschaft vom 6. Juni 1982: Übergangsergebnis mit weitreichenden Folgen, in: Zeitschrift für Parlamentsfragen 13 (4), S. 482-503.

Maegerle, Anton (2005), Hoffnungsträger, in: Blick nach rechts 22 (15), S. 5.

Julia von Blumenthal

Humanistische Partei (HP)

Die Humanistische Partei (HP) wurde am 23. September 1984 in Berlin gegründet. Sie ging aus der internationalen „Humanistischen Bewegung" hervor, die sich in den sechziger Jahren um den Argentinier Mario Rodriguez Cobo, genannt Silo, zusammengefunden hatte und seitdem die Lehre des „Siloismus" verbreitet. Die „Humanistische Bewegung" steht im Verdacht, eine nach „radikalem Führerkult" organisierte „frühfaschistische" Psychosekte zu sein. Diese hat in mehreren europäischen und südamerikanischen Ländern gleichlautende Parteien als Tarnorganisationen zur weiteren Mitgliederrekrutierung und Kaschierung ihres Sektenimages aus der Taufe gehoben.

Programmatisch gibt sich die deutsche HP das Image einer linksliberalen, basisdemokratischen Partei, die in erster Linie ein neues Modell einer „solidarischen und gewaltfreien Gesellschaft" vertritt und dementsprechend alle gewaltlosen Aktionen gegen Gewalt und Diskriminierung unterstützt. Sie formuliert ihre Politik auf der Grundlage des von Silo geprägten „Neuen Humanismus", nach dessen Grundprinzip alle Politikfelder bearbeitet werden: „Nichts über dem Menschen und kein Mensch unter einem anderen!" Im einzelnen plädiert die Partei in ihrem Programm für eine „reale und direkte Demokratie", Minderheitenrechte, Vorrang für Gesundheit und Bildung und keine Privatisierungen in diesen Bereichen, die Integration von Ausländern sowie eine faire Wirtschaft, die nach einem kooperativen Modell organisiert werden soll, welches „Mitbeteiligung und Selbstverantwortlichkeit der Arbeiter" sowie die „Verteilung der Gewinne an alle" verbürgt.

Mit diesem Programm versucht die Partei vor allem junge Wähler für sich zu gewinnen, doch blieb sie Zeit ihres Bestehens bei Wahlen erfolglos. Bislang konnte die HP nie ein Ergebnis im Dezimalbereich erlangen. Ihr bestes Ergebnis in Absolutzahlen erzielte sie bei der Europawahl 1999 mit 11.505 gewonnenen Stimmen. Zum ersten Mal trat die Partei 1985 bei der Landtagswahl in Nordrhein-Westfalen an, seitdem nahm sie an acht weiteren Landtags-, zwei Europa- und vier Bundestagswahlen teil (wo sie aber nur in wenigen Wahlkreisen kandidierte). Bei der vorgezogenen Bundestagswahl im Herbst 2005 trat die HP mit eigenen Wahlkreiskandidaten in Köln, Leverkusen, Düsseldorf, Berlin und München an, die insgesamt 2.029 Stimmen erlangen konnten. Die fehlende flächendeckende Organisation – die HP unterhält Landesverbände lediglich in Bayern, Berlin und Nordrhein-Westfalen – und die damit einhergehende Finanzschwäche machen eine erfolgversprechende Wahlkampfführung unmöglich. Auch bei den Wahlen auf Länderebene ist die Partei in den meisten Fällen unter 1.000 Stimmen geblieben.

Inwieweit direkte Verbindungen zwischen der deutschen Humanistischen Partei und der streng autoritär geführten Siloistischen Bewegung bestehen, bleibt umstritten. In der Schweiz konnten dagegen laut der „Evangelischen Informationsstelle Kirchen – Sekten – Religionen" personelle Übereinstimmungen sowie direkte Befehlsketten zwischen Sekte und Partei eindeutig nachgewiesen werden.

Nach ihrer Gründung in den achtziger Jahren versuchte die deutsche HP vor allem in Berlin, sich ein alternatives, ökologisches Image zu geben und mit pazifistisch-libertären Forderungen ins grün-alternative Milieu einzudringen. Durch den in den achtziger Jahren verwendeten Namen "Grüne Zukunft" (GZ) wurde sogar bewusst die Verwechslung mit der Grünen Partei provoziert. Gleichzeitig sieht sich die HP in Deutschland bis heute aber auch Verdächtigungen ausgesetzt, eine rechtsgerichtete Partei mit autoritärer Organisation und faschistoiden Methoden der Mitgliederintegration zu sein. Allerdings konnten bislang weder programmatische noch organisatorische Verbindungen zum Rechtsextremismus nachgewiesen werden.

Ende der achtziger und Anfang der neunziger Jahre trat die Humanistische Partei durch quartiersbezogene Aktionen und eine aggressive Mitgliederwerbung im universitären Umfeld in Erscheinung. Eine von Studentenvertretern, der evangelischen Kirche und aus linken Kreisen initiierte Kampagne gegen die Partei führte zu ihrem fast vollständigen Rückzug bis Mitte der neunziger Jahre. Seit einigen Jahren bemühen sich sowohl Bewegung als auch Partei jedoch wieder verstärkt um Zulauf.

Der HP standen seit 1984 folgende Personen als Vorsitzende vor: Madelaine Zorilla (1984-1985), Lutz Jahnen (1985-1987), Beate Altmann (1987-1990), Lucas Parra (1990-1993), Gerhard Kufner (1993-1994), Matthias Holl (1994-2005) sowie Lutz Jahnen (seit November 2005).

 Literatur

Eggenberger, Oswald (1990), Die „Bewegung" und die Humanistische Partei, aus: Informationsblatt Nr. 4/1990 der Evangelische Informationsstelle: Kirchen – Sekten – Religionen.

Weiland, Felix/Markus Wende (1990), Führerkult als Parteiprogramm. „Grüne Zukunft" und „Humanistische Partei": Lockvögel des siloistischen Okkultismus, hrsg. von der AG Sekten beim Allgemeinen StudentInnenausschuss der Freien Universität Berlin.

 Internet

www.humanistischepartei.de
www.humanism.org

Melanie Haas

Initiative Pro D-Mark – neue liberale Partei (Pro DM)

Entstehungs- und Entwicklungsgeschichte
Die Initiative Pro D-Mark – neue liberale Partei wurde am 24. April 1998 in Düsseldorf von Bolko Hoffmann gegründet. Hoffmann, millionenschwerer Unternehmer und Herausgeber des Börsenblattes „Effecten Spiegel", hatte vorher mehrmals andere Kleinparteien in Wahlkämpfen finanziell unterstützt, darunter auch die →Republikaner. Die Entstehung der Initiative Pro D-Mark verdankte sich ausschließlich Hoffmanns Aktivität, der mit der Partei gegen die bevorstehende Einführung des Euros protestieren wollte. Großflächige Anzeigen, die

Hoffmann in überregionalen Tageszeitungen schalten ließ, verschafften der Initiative eine gewisse Bekanntheit. Nachdem sie ihr Ziel, den Euro zu verhindern, nicht erreichen konnte, änderte die mit „Pro DM" abgekürzte Partei ihren Namen kurzerhand in „Pro Deutsche Mitte". Vor der Bürgerschaftswahl 2001 in Hamburg führte Hoffmann mit dem überregional bekannt gewordenen Amtsrichter Ronald Barnabas Schill Gespräche über ein etwaiges Zusammengehen, die aber zu keinem Ergebnis führten. Später prozessierten beide gegeneinander. Hoffmann verhinderte juristisch, dass die von Schill frisch gegründete Partei Rechtsstaatlicher Offensive (→Schill-Partei) weiter die Kurzbezeichnung „PRO" führen dürfe. Eine Verwechslung mit seiner Partei müsse ausgeschlossen werden. Die Tatsache, dass infolge des Gerichtsbeschlusses statt PRO „Schill" auf den Hamburger Wahlzetteln auftauchte, erwies sich für den Richter im Nachhinein als unverhoffter Glücksfall, konnte er dadurch doch in der Öffentlichkeit einen direkten Bezug der Partei zu seiner Person herstellen. Die Schill-Partei erreichte bei der Bürgerschaftswahl im September 2001 sensationelle 19,4 Prozent. Nachdem Hoffmann behauptet hatte, Ronald B. Schill habe für eine geplante Zusammenlegung eine Million Mark gefordert, stellte jener Strafantrag wegen Verleumdung. Dass Schill nach seiner Entlassung als Innensenator von der eigenen Fraktion ausgeschlossen wurde, hatte ebenfalls unmittelbare Konsequenzen für Pro DM. Fünf Gefolgsleute gründeten mit ihm – einen Wahlantritt im Hinterkopf – die „Ronald-Schill-Fraktion." Diese tat sich jetzt trotz der vorangegangenen Streitigkeiten mit Pro DM zusammen, da eine gemeinsame Kandidatur für beide Seiten Nutzen versprach. Hoffmann hoffte so von der Bekanntheit und populistischen Zugkraft des abgesetzten Innensenators zu profitieren, während dieser auf den Parteiapparat und die finanziellen Mittel von Pro-DM zurückgreifen konnte. Eine kuriose Folge des Zusammengehens war, dass Schills ehemalige Partei, die PRO, der neuen Gruppierung nun ihrerseits untersagte, den Namen „Schill" zu führen. Hoffmann und Schill einigten sich deshalb für die bevorstehende Kandidatur zur vorgezogenen Bürgerschaftswahl auf das Kürzel „Pro DM/Schill". Nachdem die Wahl nicht das erhoffte Ergebnis brachte und „Pro DM/Schill" den Einzug in das Landesparlament klar verfehlte, erklärte Schill seinen Rückzug aus der Politik. Offiziell amtierte er allerdings weiter als Hamburger Landesvorsitzender der Pro DM.

Wahlergebnisse und Wählerschaft
Zum ersten Mal trat die Initiative Pro D-Mark bei der Bundestagswahl 1998 an und erreichte dort 0,9 Prozent. Bei der parallel stattfindenden Landtagswahl in Mecklenburg-Vorpommern kam sie auf 1,4 Prozent. Ihre Unterstützung schöpfte sie aus zumeist akademisch gebildeten Euro-Gegnern im bürgerlichen Lager. In

Thüringen gab es eine Absprache mit dem →Bund Freier Bürger und den →Republikanern zur Gründung einer gemeinsamen Liste zur Landtagswahl im September 1999, doch schlug dieses Unterfangen fehl. Die Landtagswahl von Sachsen im Oktober desselben Jahres war mit 2,1 Prozent ein großer Erfolg für die Partei. Er verdankte sich nicht zuletzt dem massiven Ressourceneinsatz: Das von Pro DM aufgewandte Wahlkampfbudget übertraf mit 2,5 Millionen Mark das aller anderen Parteien. Verwendet wurde das Geld u.a. für 240.000 Wahlplakate und zumeist ganzseitige Anzeigen in Tageszeitungen. Trotz des Erfolgs in Sachsen nahm die Partei auch nachfolgend nur unregelmäßig an Wahlen teil. Bei der Hamburger Bürgerschaftswahl im September 2001 und der Landtagswahl in Sachsen-Anhalt im Mai 2002 wurde sie mit 0,2 Prozent bzw. 0,4 Prozent der Stimmen marginalisiert, und zur Bundestagswahl 2002 trat sie erst gar nicht an. Ihr bestes Ergebnis erzielte Pro DM bei der Bürgerschaftswahl 2004 in Hamburg mit 3,1 Prozent, was aber ausschließlich auf das Zusammengehen mit Schill und dessen Prominenz zurückzuführen war. Eine Anfechtung der Wahl wegen angeblich gezielter Zerstörung von Wahlplakaten durch die politische Konkurrenz blieb erfolglos. Nach dem Rückzug Schills konnte Pro DM keinen Elan mehr entwickeln. Bei der vorgezogenen Bundestagswahl von 2005 trat sie noch einmal an, erreichte aber lediglich 0,02 Prozent der Stimmen.

Programmatik
Pro DM war lange Zeit eine Ein-Themen-Partei, deren Programmatik starke Übereinstimmungen mit dem →Bund Freier Bürger aufwies. Eine Zusammenarbeit mit dem BFB kam nicht zustande, weil die von Manfred Brunner gegründete Partei aus Hoffmanns Sicht zu rechtslastig war. Mit Blick auf den Euro blieb man sich allerdings einig. Hoffmann prophezeite für den Fall, dass dieser eingeführt würde, ein wirtschaftliches Horrorszenario mit Unternehmenspleiten, wachsender Inflation und einer Absenkung des allgemeinen Lebensstandards. Im sächsischen Landtagswahlkampf 1999 schlug die Partei ein börsenfinanziertes Investitionsprogramm zur Schaffung von 100.000 neuen Arbeitsplätzen vor. Auch ansonsten sollten die Unternehmen mit mehr Kapital ausgestattet werden. Der Rest des Parteiprogramms erschöpfte sich in Allgemeinplätzen, die auf wirtschafts-, europa- und finanzpolitische Themen begrenzt blieben. Auf nationalistische und fremdenfeindliche Töne verzichtete die Partei. Nach dem Wegfall des Euro-Themas unternahm sie jedoch den Versuch, auch andere Probleme wie z.B. die Innere Sicherheit anzusprechen, woraus sich die inhaltlichen Berührungspunkte mit Ronald B. Schill ergaben.

Organisation

So wie Pro DM inhaltlich ganz auf das Euro-Thema ausgerichtet war, so erwies sie sich auch in organisatorischer Hinsicht als „Ein-Mann-Partei" ihres Gründers und Finanziers Bolko Hoffmann. Dieser führte die Partei zentralistisch und bestritt deren – im Vergleich zu anderen Kleinparteien – äußerst aufwändig betriebene Wahlkämpfe aus seinem eigenen Vermögen. Ab 1998 kamen auch Mittel aus der staatlichen Wahlkampffinanzierung hinzu. Hoffmanns Dominanz blieb aber eine verdeckte, ausschließlich nach innen gerichtete, da der Vorsitzende der Pro DM-Partei öffentlich kaum in Erscheinung trat und ihm – ähnlich wie Manfred Brunner – die Begabungen eines populistischen Agitators fehlten.

Fazit

Pro DM ist das Beispiel einer fast „virtuellen Ein-Mann-Partei", die ganz von der Initiative Bolko Hoffmanns und dessen „Portokasse" lebt. Hoffmanns Versuche, die Partei in ihren punktuellen Wahlteilnahmen vor allem als Widerstandsbewegung gegen den Euro zu positionieren, scheiterten genauso wie die parallelen Bemühungen des Bundes freier Bürger unter Manfred Brunner, weil man die Mobilisierungskraft des Währungsthemas gewaltig überschätzt hatte. Dasselbe galt für den späteren Neuanfang in Hamburg mit Ronald B. Schill. Das Zusammengehen mit dem populistisch begabten früheren Amtsrichter und Innensenator hätte der Partei eine längerfristige Perspektive durchaus eröffnen können, doch war Schill nach seinen Eskapaden Anfang 2004 bereits so sehr diskreditiert, dass es nur bei einem kurzen Rückzugsgefecht blieb. Die weitere Entwicklung von Pro DM wird insofern ganz vom personellen und finanziellen Engagement Bolko Hoffmanns abhängen.

 Literatur

Brümmer, Ulrich H. (2006), Parteiensystem und Wahlen in Sachsen, Wiesbaden, S. 179 f.

Hartleb, Florian (2004), Rechts- und Linkspopulismus. Eine Fallstudie anhand von Schill-Partei und PDS, Wiesbaden, S. 175.

Jesse, Eckhard (2000), Die Landtagswahl in Sachsen vom 19. September 1999: Triumphale Bestätigung der CDU, in: Zeitschrift für Parlamentsfragen 31 (1), S. 69-85.

 Internet

www.prodm-online.de

Florian Hartleb

die jugendpartei

→ future!

LIGA

→ CHRISTLICHE LIGA

Die Linke

→ Linkspartei.PDS
→ Arbeit & soziale Gerechtigkeit

Linke Alternative – Wehrt Euch (Linke Alternative)

Bei der Gruppierung Linke Alternative – Wehrt Euch handelt es sich um ein Wahlbündnis verschiedener linker und nach Einschätzung des Hamburgischen Verfassungsschutzes auch linksextremer Splittergruppen. Ziel war es, bei der Bürgerschaftswahl 1993 die Spaltung der äußersten Linken zu überwinden, um so dem Ziel eines Einzugs in die Bürgerschaft näher zu kommen. Mobilisierend wirkte dabei auch die Kandidatur von →Republikanern und →DVU, die mit 4,8 bzw. 2,8 Prozent der Stimmen den Einzug in die Bürgerschaft nur knapp und wegen ihres getrennten Antretens verpassten. Zudem verstand sich das Bündnis als „schlechtes Gewissen der GAL" (Kutter), des Hamburger Landesverbandes von → Bündnis 90/Die Grünen, dem man vorhielt, dass er zu weit nach rechts gerückt sei. Das Bündnis trat mit einer Liste von zehn Kandidaten ausschließlich zur Bürgerschaftswahl an. Auf eine Kandidatur bei den gleichzeitig stattfindenden Wahlen zu den Bezirksversammlungen verzichtete man. An dem Bündnis beteiligt waren unter anderem die →PDS mit drei Kandidaten, die →Alternative Liste, die „Vereinigung der Verfolgten des Naziregimes" (VVN), die →DKP, die vier Kandidaten der Liste stellte, die →Marxistisch-Leninistische Partei Deutschlands (MLPD) mit einem Bewerber sowie die „Volksfront gegen Reaktion, Faschismus und Krieg" (VF), eine Bündnisorganisation des Bundes Westdeutscher Kommunisten (BWK), ebenfalls mit einem Kandidaten. Wochenlange Diskussionen der beteiligten Gruppen führten zu einer neunseitigen Wahlplattform, die unter den für linksextreme Parteien üblichen Schlagworten subsumiert wurde: „Antipatriarchalisch, antinational, antikapitalistisch, antirassistisch – gegen den Zeitgeist" (Kutter). Obwohl die „Linke Alternative" bei der Bürgerschaftswahl nur 0,5 Prozent der Wählerstimmen erzielte, wurde das Bündnis von den beteiligten Organisationen positiv bewertet. Zu einer nochmaligen Kandidatur bei den im folgenden Jahr stattfindenden Wahlen zum Europäischen Parlament und zum Deutschen Bundestag kam es allerdings nicht. Auch bei der Hamburger Bürgerschaftswahl 1997 trat die Partei nicht mehr an.

 Literatur

Kutter, Kaija (1993), „Schlechtes Gewissen der GAL", in: die tageszeitung vom 19. Juli 1993, S. 17.

Julia von Blumenthal

Linke Liste

→ **Die Linke.PDS**
→ **Linkspartei.PDS**

Linkspartei.PDS (Die Linke)

Entstehungs- und Entwicklungsgeschichte
Die Geschichte der PDS (seit 2005: Linkspartei.PDS) ist wie die keiner anderen deutschen Partei mit der deutschen Teilung verbunden. 1946 entstand aus der Zwangsvereinigung von SPD und KPD in der SBZ die Sozialistische Einheitspartei Deutschlands (SED). Mit dem Zusammenbruch kam der SED ihre Funktion der Staatspartei abhanden. In der Umbruchs- und Zerfallsphase der DDR 1989/1990 versuchte die SED ihr Machtmonopol zu sichern, während sie sich

gleichzeitig an die veränderten politischen Rahmenbedingungen anpassen musste. Diese Ambivalenz – gleichermaßen geistiger Erbe der DDR-Diktatur wie neue sozialistische Partei in einer Demokratie zu sein – sollte für die PDS charakteristisch werden. Dabei war die Einheit der Partei für die Mitglieder und Eliten der PDS immer handlungsleitend und hat so manchen Konflikt entschärft.

Die eigenständige Geschichte der PDS beginnt mit dem Rücktritt der SED-Parteiführung und der Neuwahl eines Vorstandes auf dem ersten von zwei außerordentlichen Parteitagen. Am 9. Dezember 1989 wurde Gregor Gysi zum letzten Vorsitzenden der SED gewählt. Die Hoffnung auf weitere Machtteilhabe, die Angst vor dem Verlust ihrer Privilegien, die Sorge, materielle Ressourcen des Staatsvermögens einbüßen zu müssen, motivierten die Partei, nicht den Weg von Auflösung und Neubeginn zu gehen. Der Parteitag beschloss offiziell den Bruch mit stalinistischen Strukturen. Auf der zweiten Tagung des außerordentlichen Parteitages (16./17. Dezember 1989) erfolgte die Umbenennung in SED-PDS. Am 4. Februar 1990 beschloss der Parteivorstand, sich zukünftig nur noch PDS zu nennen. Am 24./25. Februar 1990 wurden auf dem Wahlparteitag ein neues Parteiprogramm und Statut sowie das Wahlprogramm für die erste freie Volkskammerwahl vom 18. März 1990 verabschiedet. Damit hatte die Partei den formalen Anforderungen der Demokratie genüge getan. Ihre Versuche, die verlorene Macht zu restaurieren, blieben erfolglos. Spätestens als Michail Gorbatschow am 30. Januar beim Besuch von Hans Modrow in Moskau erklärte, die Sowjetunion habe gegen die deutsche Vereinigung nichts einzuwenden, war das Schicksal der DDR besiegelt.

Die PDS ist zwar durch Umbenennung aus der SED entstanden. Es wäre jedoch zu vordergründig, sie als SED-Nachfolgepartei zu bezeichnen, hat sie doch mit zentralen Dogmen der diktatorischen Staatspartei gebrochen. So beansprucht sie nicht mehr das Wahrheitsmonopol des Marxismus-Leninismus als der einzig richtigen Weltanschauung. Sie definiert sich nicht mehr als „führende Partei" der Arbeiterklasse, sondern beschreibt sich selbst als Sammelbecken der Linken. Vom innerparteilichen „demokratischen Zentralismus" hat sie sich verabschiedet. Dennoch bleibt die PDS die Erbin der SED, da hier ihre ideologischen und organisatorischen Wurzeln liegen.

Für die PDS begann nach den Turbulenzen des Staatsverfalls und mit dem Prozess der deutschen Vereinigung der Kampf ums politische Überleben. Innerhalb weniger Monate waren die funktionsfähigen Arbeits- und Organisationsstrukturen implodiert. Sie schrumpfte binnen eines Jahres auf ca. 8 Prozent ihrer ursprünglichen Größe. Die 1990 stattfindende Bundestagswahl zwang die Partei zum schnellstmöglichen Umbau der Parteiorganisation und dem Aufbau einer gesamtdeutschen Partei. Während der Umbau im Osten relativ gut bewerkstelligt

wurde, misslang (bis heute) die Etablierung im Westen. In den alten Ländern
entfaltete die PDS nur für linksextremistische Kader der K-Parteien, der →DKP
und der sonstigen linksextremen Splittergruppen Attraktivität. Die Mitgliedschaft der SPD und der Grünen blieb – von einzelnen Ausnahmen abgesehen –
für sie unerreichbar. Alle Versuche, andere Bündnispartner zu finden (z.B. in der
Friedensbewegung, den Gewerkschaften oder den Kirchen) scheiterten weitgehend. Seit 2005 hofft die PDS, durch die bevorstehende Vereinigung mit der
→Wahlalternative für →Arbeit & soziale Gerechtigkeit (WASG) eine funktions-
fähige Organisation und neue Ansprechpartner zu gewinnen, die ihr helfen, die
Isolation auf dem Wählermarkt im Westen zu überwinden.

Die PDS konnte bei der Bundestagswahl 1990 mit 2,4 Prozent der Stimmen
17 Abgeordnete in den Bundestag schicken. Dabei profitierte sie von der getrennten Anwendung der Fünf-Prozent-Klausel in den beiden Wahlgebieten Ost und
West. Weil diese Sonderregelung nur für die erste gesamtdeutsche Wahl gelten
würde, schätzte man die Chancen der Postkommunisten auf eine dauerhafte
Etablierung im bundesdeutschen Parteiensystem als eher gering ein. Umso erstaunlicher ist die Tatsache, dass es der PDS von 1991 bis 1994 gelang, sich strukturell zu festigen, obwohl die Auseinandersetzung der unterschiedlichen Flügel
auch durch die Verabschiedung des zweiten Programms (1993) nicht einge-
dämmt werden konnte. 1993 wurde der Brandenburger Fraktionschef Lothar
Bisky Nachfolger von Gregor Gysi, der seit 1990 Vorsitzender der Bundestagsfraktion war. Die Vergangenheit holte die PDS mit einer Auseinandersetzung um
die Verstrickung Gysis in das DDR-Regime ein. Seit 1993 schwelt der Rechts-
streit um dessen Stasi-Akten, die den Verdacht nährten, Gysi habe während seiner Zeit als Rechtsanwalt Informationen über seine Mandanten an das Ministerium für Staatssicherheit (MfS) weitergegeben.

Das Wahljahr 1994 wurde für die PDS zum politischen Comeback. Von der
wirtschaftlichen Entwicklung des vereinten Deutschlands enttäuscht und die
eigene Vergangenheit verklärend („Ostalgie"), wandten sich Wähler in den neu-
en Ländern wieder den Postkommunisten zu. Auch wenn sie die Fünf-Prozent-
Hürde knapp verpasste, konnte die PDS 1994 bei der Bundestagswahl durch den
Gewinn von 4 Direktmandaten in Berlin 30 Abgeordnete im Parlament stellen.
Schon zuvor hatte die Landtagswahl in Sachsen-Anhalt die Partei – wenn auch
nur am Katzentisch – zurück in die politische Verantwortung gebracht. Obwohl
die Bundes-SPD sich für eine Große Koalition ausgesprochen hatte, entschied sich
Ministerpräsident Reinhard Höppner im April für eine Tolerierung der rot-
grünen Minderheitsregierung durch die PDS (sogenanntes „Magdeburger Modell"). Die echte Teilnahme an einer Regierung war von da an nur noch eine
Frage der Zeit und der politischen Opportunität.

Spätestens mit der Tolerierung der Minderheitenregierung in Sachsen-Anhalt hatte sich in der PDS der Machtkonflikt zwischen sogenannten Orthodoxen und Reformern zugunsten der Reformer entschieden. Doch waren die Jahre von 1994 bis 1998 vor allem durch heftige Angriffe der Orthodoxen auf die Reformer geprägt. Im Mittelpunkt stand und steht die Frage, welcher Weg zum Ziel Sozialismus führen soll. Auch wenn die Einteilung in zwei Lager die Spannungslinien grob vereinfacht, lässt sich das Konfliktpotenzial idealtypisch beschreiben. Während der orthodoxe Teil der Partei jeglichen „Reformismus" ablehnt und durch die Mobilisierung gesellschaftlicher „Gegenmächte" auf einen revolutionären Systemwechsel hinarbeiten möchte, befürwortet das Lager der „Reformer" eine schrittweise Transformation der Gesellschaft nach dem Konzept Gramscis (Erringen der kulturellen Hegemonie). Dieser schwelende Konflikt kulminierte 1995 in einer massiven Auseinandersetzung. Nach der Tolerierung der Regierung in Sachsen-Anhalt grassierte die Angst, dass eine Anpassung an das „System" dazu führen könne, das eigentliche Ziel, die Verwirklichung des Sozialismus, aus den Augen zu verlieren. Vorschub wurde dem durch ein vom Parteivorstand verabschiedetes Papier geleistet („10 Thesen zum weiteren Weg der PDS"), das einen „Gesellschaftsvertrag" vorschlug. Nach massiver Kritik beschloss der Parteitag ein modifiziertes „Fünf-Punkte-Papier". Wesentlich für den innerparteilichen Konsens war die darin enthaltene Aussage, dass die PDS als sozialistische Partei „nicht anti-kommunistisch" sein kann („Sie ist nicht bereit, auf demokratisch-kommunistische Positionen in ihren Reihen zu verzichten"). Die Reformer konnten durchsetzen, dass sie nicht nur in „prinzipieller Opposition zu den herrschenden Verhältnissen" stehen müssen, sondern sich auch in der Situation einer Tolerierung oder einer Regierungskoalition befinden können und sich „in die Gesellschaft hineinbegeben" dürfen. Doch schwelte der innerparteiliche Streit weiter. Unter dem Titel „In großer Sorge" bezogen die späteren Gründer des Marxistischen Forums (MF) Gegenposition zum Reformflügel; gemeinsam mit der Kommunistischen Plattform bildeten sie die prominentesten Zusammenschlüsse der Orthodoxen. Jedoch schaffte es das Lager der Traditionalisten nicht mehr, den Weg der Reformer aufzuhalten. Der orthodoxe Flügel zwang die Partei in eine programmatische Stagnation, während in der politischen Realität längst Regierungsbeteiligungen stattfanden. Beispielhaft zeigt sich dies an der Auseinandersetzung bei der Verabschiedung des Parteiprogramms. Mehrere Anläufe versandeten durch die wechselseitigen Blockaden der Parteiflügel im Nichts. Erst 2003 gelang es der Partei, ein von beiden Flügeln akzeptiertes Programm zu verabschieden.

Im Frühjahr 1998 hoffte die PDS in Sachsen-Anhalt auf eine volle Regierungsbeteiligung, doch reichte es erneut nur für eine Tolerierung (diesmal einer

SPD-Alleinregierung). Zur ersten formellen rot-roten Koalition kam es ein halbes Jahr später in Mecklenburg-Vorpommern. Hier profitierten die Postkommunisten von dem Umstand, dass Bundes- und Landtagswahl am gleichen Tag stattfanden. Im Windschatten der Bundespolitik konnten beide Parteien dadurch relativ unbehelligt ihr Zusammengehen besiegeln. Auch auf der Bundesebene zahlte sich der vorübergehende Waffenstillstand zwischen den verfeindeten Lagern aus. Der PDS gelang es hier zum ersten Mal, ohne Umweg über die Grundmandatsklausel in den Bundestag einzuziehen, indem sie die Fünf-Prozent-Hürde knapp überschritt (5,1 Prozent).

2000 musste die Parteiführung bei ihrem ersten in den alten Ländern abgehaltenen Bundesparteitag (Münster) eine herbe Niederlage einstecken, die zum Rückzug von Gregor Gysi und Lothar Bisky führte. Der Parteitag verweigerte dem Vorstand die Zustimmung zu einem Antrag zu Auslandseinsätzen der Bundeswehr unter UN-Mandat. Dabei stand nur vermeintlich der Pazifismus im Vordergrund. Wie auch nach den Anschlägen am 11. September 2001 war die Beschlusslage von unverhohlenem Antiamerikanismus geprägt. Noch im selben Jahr (2000) wurde Gabriele Zimmer zur Parteivorsitzenden gewählt, die versuchte, sich zwischen Kontinuität und Erneuerung zu positionieren. In ihre Ära fiel die Entschuldigung für die Zwangsvereinigung von KPD und SPD. Zum Mauerbau 1961 blieb die Haltung jedoch ambivalent.

Nach dem Bankenskandal in Berlin konnte die PDS 2001 bei der Abgeordnetenhauswahl mit ihrem Spitzenkandidaten Gregor Gysi ein hervorragendes Wahlergebnis einfahren (22,6 Prozent), das die Grundlage ihrer zweiten Regierungsbeteiligung bildete. Weniger erfolgreich war sie ein halbes Jahr später in Sachsen-Anhalt. Obwohl sie die SPD-Regierung nur toleriert hatten, wurden die Postkommunisten hier von ihrer eigenen Klientel für die oft schmerzhaften Maßnahmen der Regierung in Mithaftung genommen, sodass sie – gegen den Trend der anderen Landtagswahlen in Ostdeutschland – nicht mehr zulegen konnten und zusammen mit der SPD, die ebenfalls dramatische Verluste zu verzeichnen hatte, wieder die Oppositionsbank drücken mussten.

Die Amtszeit der Parteivorsitzenden Gabriele Zimmer war von Richtungsstreitigkeiten und Glücklosigkeit geprägt. Insbesondere die verlorene Bundestagswahl 2002, bei der die PDS mit 4,0 Prozent der Zweitstimmen an der Sperrklausel scheiterte und nur noch zwei direkt gewählte Abgeordnete ins Parlament entsenden konnte, galt als Folge der innerparteilichen Selbstblockaden. Auch der Rücktritt Gregor Gysis vom Amt des Berliner Wirtschaftssenators im Zuge der sogenannten „Bonusmeilen-Affäre" belastete die Partei im Wahlkampf erheblich. Nach der Bundestagswahl stürzte die PDS in eine tiefe Krise, was u.a. in der Abstrafung des Reformerflügels bei den Vorstandswahlen zum Ausdruck kam.

Als Retter in der Not wurde Lothar Bisky 2003 erneut zum Parteivorsitzenden gewählt, dem es in der Folge tatsächlich gelang, die Partei zu befrieden und die lang erwartete Verabschiedung des Grundsatzprogramms in die Wege zu leiten. 2004 zeigte sich die Partei von ihrer Niederlage bei der Bundestagswahl deutlich erholt. Bei den Landtagswahlen und der Europawahl stabilisierte und verbesserte sie ihre Vorwahlergebnisse. Dabei profitierte sie von der Unzufriedenheit mit der rot-grünen Bundesregierung, die in den Protesten gegen die Sozialreformen der Bundesregierung (Hartz IV) ihren Ausdruck fanden und von der PDS aktiv begleitet wurden.

Mit dem Übertritt des ehemaligen SPD-Vorsitzenden Oskar Lafontaine in die WASG im Juni 2005 hat sich die strategische Ausrichtung der PDS verschoben. Die ursprünglich aus Protest gegen die rot-rote Koalition in Berlin sowie gegen die rot-grüne Bundesregierung gegründete WASG soll sich bis 2007 mit der PDS vereinigen. Bei der Bundestagswahl 2005 kandidierten Mitglieder der WASG auf PDS-Listen. Die Umbenennung am 17. Juli 2005 in Linkspartei.PDS (Die Linke) nahm symbolisch die Vereinigung der beiden Parteien vorweg. Ohne die Kooperation der Parteien und ohne den populären Spitzenkandidaten Lafontaine ist der Wahlerfolg der Linkspartei.PDS bei der Bundestagswahl 2005 nicht erklärbar. Mit bundesweit 8,7 Prozent erzielte sie ihr bis dahin bestes Bundestagswahlergebnis und konnte sich damit vor den Grünen als viertstärkste Kraft im Parteiensystem positionieren. Der Erfolg ist in erster Linie auf die gewachsene Unterstützung in den alten Ländern zurückzuführen, wo die Linkspartei/WASG 4,9 Prozent der Stimmen erreichte. Hier wirkte sich vor allem der Protest gegen den Reformkurs der Regierungskoalition von SPD und Grünen wählermobilisierend aus.

Auf der Landesebene zeigten die Wahlergebnisse demgegenüber ein gemischtes Bild. Wo die PDS in der Opposition war, konnte sie im Vergleich zu den Vorwahlen zum Teil deutlich zulegen (Brandenburg 2004, Thüringen 2004, Sachsen-Anhalt 2006). Wo sie selber regierte, stagnierte sie dagegen oder musste sie Verluste verzeichnen (Mecklenburg-Vorpommern 2002, Berlin 2006). Besonders dramatisch war der Absturz in der Wählergunst bei der Wahl zum Abgeordnetenhaus 2006 in Berlin, wo die PDS – in absoluten Zahlen – nahezu die Hälfte ihrer vormaligen Wähler verlor.

Immer wieder wurde die PDS von der Vergangenheit eingeholt. Die Skandale reichten von der Aufdeckung von Spitzeltätigkeiten für das Ministerium für Staatssicherheit bis hin zu dubiosen und kriminellen Finanztransaktionen. IM-Tätigkeiten der Partei-Eliten wurden in der Öffentlichkeit enthüllt. In einigen Fällen blieb es bei Hinweisen auf Tätigkeiten für das MfS, ohne dass diese zweifelsfrei bewiesen werden konnten. (Zu den IMs gehören u.a. André Brie, Rolf

Kutzmutz, Hanno Roman Harnisch, Kerstin Kaiser-Nicht, Wolfram Adolphi, Heinrich Fink.) Der Beschluss aus dem Jahr 1993, nach dem alle Kandidaten gegenüber der Partei ihre Tätigkeit für das MfS offen legen sollen, hat nicht zu einer größeren Transparenz geführt. Zuletzt kam es 2005 zu Verstößen.

Ein Dauerthema ist auch der Verbleib des SED-Vermögens. 1991 wurde das Vermögen der PDS unter die Verwaltung der Treuhand gestellt. Nach zwei mit der UKPV (Unabhängige Kommission zur Ermittlung des Vermögens der Parteien und Massenorganisationen der DDR) getroffenen Vergleichen erhielt sie wie alle anderen Parteien das Eigentum zurück, das sie rechtmäßig erworben und nicht enteignet hatte. Hierzu zählt u.a. die Parteizentrale (Karl-Liebknecht-Haus), die sich bereits in der Weimarer Zeit im Besitz der KPD befunden hatte. Doch ist bis heute ungeklärt, wie viel Vermögen der SED durch die Löcher der staatsanwaltlichen Ermittlungen schlüpfen konnte. Aufgrund der hohen Priorität, die die Sicherung der finanziellen Ressourcen für die SED hatte, ist nicht auszuschließen, dass die PDS auch heute noch von deren illegal einbehaltenem Vermögen profitiert.

Wahlergebnisse und Wählerschaft
Die PDS hat ihr von Forschern regelmäßig vorhergesagtes Ende nicht nur dementiert, sondern kann sogar eine erstaunliche Erfolgsbilanz vorweisen. Sie ist in den neuen Ländern seit 1990 in allen Landtagen vertreten, stellte in jedem Bundestag Abgeordnete (Einzelabgeordnete, mit Gruppenstatus und in Fraktionsstärke) und sitzt seit 1999 auch im Europäischen Parlament. Bis September 2006 war sie dreimal Mitglied in einer Regierungskoalition. Legt man die letzten Landtagswahlergebnisse zugrunde, so steht sie heute in vier der sechs neuen Bundesländer (einschließlich Berlins) auf Platz zwei. Der PDS ist es seit 1990 fast kontinuierlich gelungen, ihr Wählerpotenzial auszubauen. Verluste hatte sie nur dort zu verkraften, wo sie selbst Teil der Landesregierung oder in die Regierungspolitik mittelbar einbezogen war (Berlin, Mecklenburg-Vorpommern, Sachsen-Anhalt).

Die PDS hat seit der Bundestagswahl 1994 eine Strategie der offenen Listen betrieben. So zogen z.B. die Schriftsteller Stefan Heym und Gerhard Zwerenz sowie das ehemalige Mitglied des National-Komitees ,Freies Deutschland', Heinrich Graf von Einsiedel, für die Partei in den Bundestag. Die PDS erhoffte sich davon, ihr Ansehen verbessern und neue Wählerschichten erschließen zu können. Auch aus dem Lager der SPD und der Grünen versuchte man Überläufer zu rekrutieren, was allerdings nur in Ausnahmefällen gelang (z.B: Heidi Lippmann-Kasten, Fred Gebhardt, Uwe Hiksch). Auf den Kandidatenlisten zur Bundestagswahl 2005 wurden schließlich – in Vorwegnahme der beabsichtigten Fusionierung – eine Reihe von WASG-Vertretern platziert, die größtenteils aus den

Gewerkschaften und der SPD stammten (z.B. Klaus Ernst, Oskar Lafontaine, Ulrich Maurer).

Ergebnisse der PDS bzw. Linkspartei.PDS bei Bundestags- und Europawahlen

Jahr	Bundestagswahlen	Europawahlen
1990	2,4	
1994	4,4	4,7
1998	5,1	
1999		5,8
2002	4,0	
2004		6,1
2005	8,7	

Ergebnisse bei Landtagswahlen in den neuen Ländern und Berlin

Jahr	BB	BE	MV	SN	ST	TH
1990	13,4	9,2	15,7	10,2	12,0	9,7
1994	18,7		22,7	16,5	19,9	16,6
1995		14,6				
1998			24,4		19,6	
1999	23,3	17,7		22,2		21,4
2001		22,6				
2002			16,4		20,4	
2004	28,0			23,6		26,1
2006		13,4	16,8		24,1	

Die Wählerschaft der PDS hat sich deutlich verändert. Bis 1993 trug sie Merkmale einer Eliten- und Protestpartei. Die Wähler der PDS waren überdurchschnittlich gut qualifiziert und mit vergleichsweise hohem Einkommen ausgestattet. Ende 1993 setzte ein Nivellierungstrend ein. Die PDS hat sich dadurch in den neuen Ländern zur Volkspartei entwickelt, deren Wähler dem Bevölkerungsdurchschnitt in vielen Merkmalen entsprechen. Im Unterschied zu den Wählerschaften anderer Parteien war die Altersstruktur der PDS-Wähler zunächst recht homogen. Arbeiter blieben unterrepräsentiert und Angestellte, vor allem leitende, fanden sich überdurchschnittlich häufig. Nachdem die Partei 2002 auf ihre Kernklientel geschrumpft war, zeigte sich die Wählerschaft deutlich gealtert. Bei der Bundestagswahl 2005 ist die PDS die bevorzugte Adresse des sozialen Protests geworden. Der Schwerpunkt der Wählerschaft verlagerte sich nun in Richtung der unteren Schichten. Den stärksten Zuwachs (plus 15 Prozentpunkte) hatte die Partei bei Arbeitslosen. Typisch für die PDS-Anhängerschaft ist der hohe Anteil konfessionsloser Wähler.

Struktur der Wählerschaft (Bundestagswahlen 1990 bis 2005)

PDS Linkspartei.PDS	1990 West	1994 West	1998 West	2002 West	2005 West	1990 Ost	1994 Ost	1998 Ost	2002 Ost	2005 Ost
Selbständige/Landwirte	-	2	-	2	3	0	19	11	10	14
Angestellte/Beamte	-	1	1	1	5	8	22	22	18	26
Arbeiter	-	1	1	2	6	5	14	19	12	29
Gewerkschaftsmitglieder	-	1	1	2	8	-	28	32	21	30
Arbeiter	-	1	0	3	8	-	20	29	11	31
Angestellte/Beamte	-	1	1	2	9	-	32	33	28	31
kein Mitglied	-	1	1	1	4	0	17	18	14	25
Katholiken	-	0	1	1	4	0	4	3	9	12
Protestanten	-	1	1	1	4	2	7	6	5	16
Andere/Konfessionslose	-	2	2	4	10	10	25	24	19	31
Männer	0,4	1,0	1,5	1,4	6,1	12,3	20,0	20,8	17,3	26,2
18-24	0,7	2,0	2,2	1,8	4,9	11,6	22,0	18,2	11,8	19,2
25-34	0,7	2,0	2,0	1,5	5,1	11,5	19,0	18,9	12,5	19,4
35-44	0,6	2,0	1,5	1,5	6,2	11,9	20,0	22,4	15,3	24,3
45-60	0,2	1,0	1,0	1,7	8,3	11,9	19,0	22,1	19,1	30,8
60 und mehr	0,2	0,0	1,2	0,9	4,8	14,3	23,0	20,1	21,1	28,5
Frauen	0,2	1,0	1,0	0,9	3,8	10,9	20,0	21,9	16,6	24,4
18-24	0,3	2,0	2,7	1,3	4,3	11,4	25,0	25,8	11,9	20,5
25-34	0,4	1,0	1,2	1,3	4,2	12,0	26,0	24,6	13,0	20,5
35-44	0,3	1,0	1,3	1,1	4,4	11,3	23,0	21,7	16,8	25,5
45-60	0,1	1,0	0,7	1,0	5,0	10,6	20,0	18,7	18,5	28,8
60 und mehr	0,1	0,0	0,6	0,4	2,3	10,2	13,0	21,9	17,4	22,8

Quellen: 1990, 1994, 1998, 2002: Harald Schoen (2005), Soziologische Ansätze in der empirischen Wahlforschung, in: Jürgen W. Falter/ders. (Hg.), Handbuch Wahlforschung, Wiesbaden, S. 163 f.; 177 f.; 2005: Wahltagsbefragung der Forschungsgruppe Wahlen (Bundestagswahl. Eine Analyse der Wahl vom 18. September 2005); 2005: nur Selbständige ohne Landwirte; nur Angestellte ohne Beamte. Wahlbeteiligung und Stimmabgabe der Männer und Frauen nach Altersgruppe: Statistisches Bundesamt (Hg.). Bei den Bundestagswahlen 1994 und 1998 wurde die Repräsentativstatistik ausgesetzt. Daher werden die Ergebnisse der Wahltagsbefragungen von Infas, Infratest dimap und der Forschungsgruppe Wahlen verwendet.

Im Unterschied zur Sozialstruktur weisen die Einstellungen der PDS-Wähler deutliche Unterschiede zu anderen Anhängerschaften auf. Die PDS lebt von dem Ost-West-Cleavage. Maßgeblich ist das Gefühl, von der Gesellschaft der Bundesrepublik benachteiligt zu werden und Bürger zweiter Klasse zu sein. Die PDS wurde so die Partei der DDR-Nostalgiker, Vereinigungskritiker und -verlierer, der Zukunftsskeptiker und Politikverdrossenen. Aufgrund des „Kümmerer-Images", das sie vor Ort pflegt, gilt sie in Fragen der sozialen Gerechtigkeit als besonders kompetent. Als Problemlösungspartei wird sie dagegen nur selten wahrgenommen. Ihren Erfolg verdankt die PDS in erster Linie der Fähigkeit, sozialen und politischen Protest zu mobilisieren. Insofern profitiert sie von den Vertrauensdefiziten, die gerade in Ostdeutschland gegenüber den politischen und gesellschaftlichen Institutionen bestehen.

Programmatik
In der wissenschaftlichen Bewertung der ideologisch-programmatischen Ausrichtung der PDS lassen sich grob zwei Strömungen unterscheiden. Zum einen diejenigen, die die Partei dem linksextremen Spektrum zuordnen, zum anderen diejenigen, die bestreiten, dass es einen sozialistischen Extremismus überhaupt gibt (geben kann). Ordnet man sie nur ideologisch zu, ist die PDS eine neokommunistische oder post-kommunistische Partei. Sie selbst verortet sich in der Tradition der kommunistisch/sozialistischen Parteien. Die KPD betrachtet sie als eine ihrer Vorgängerinnen.

Die PDS befindet sich nach wie vor in einer Grauzone zwischen Demokratie und Extremismus. Sie ist ein von Wählern legitimierter Teil des politischen Systems und trägt Regierungsverantwortung. In der praktischen Politik zeigt sie kaum extremistische Züge. Doch gibt sie sich auch wenig Mühe, ihre extremistischen Strukturen zu verbergen. Sie gibt vielfältigen Facetten des linksextremistischen Spektrums eine politische Heimat bzw. unterstützt Linksextremisten außerhalb der Partei bei ihren politischen Zielen (z.B. die sogenannte antifaschistische Szene). „Der Wertekanon des demokratischen Verfassungsstaates und die ihm entspringenden Prinzipien leiteten weder Denken noch Handeln der PDS", fasst Jürgen Lang zusammen. Die PDS bekennt sich zwar deklamatorisch zur Demokratie, doch sind ihre politischen Ziele nur schwer mit dem demokratischen Verfassungsstaat zu vereinbaren.

„Für sozialistische Politik nach unserem Verständnis bilden Widerstand und Protest, der Anspruch auf Mit- und Umgestaltung sowie über den Kapitalismus hinaus weisende Alternativen ein unauflösbares strategisches Dreieck." So lautet der Formelkompromiss, den die PDS auf der 1. Tagung des 9. Parteitages 2004 beschlossen hat und der einen endgültigen Schlussstrich unter die immer wieder aufflackernde Diskussion um den richtigen Kurs der Partei ziehen sollte. Das Selbstverständnis der PDS, zugleich Regierungspartei und parlamentarische Opposition sowie Speerspitze der außerparlamentarischen Opposition sein zu wollen, ist eine schwierige Gratwanderung. Auch wenn die PDS häufig den Eindruck hinterlässt, hoffnungslos zerstritten zu sein, sind sich Reformer und Orthodoxe über das angestrebte Ziel einer sozialistischen Gesellschaft einig. Diskutiert wird über den richtigen Weg dorthin. Opponieren, koalieren und regieren wurden ursprünglich als sich ausschließende Politikkonzepte beurteilt, spätestens seit dem Potsdamer Parteitag 2004 werden sie als gleichermaßen legitime Politikformen verstanden („strategisches Dreieck").

Generell versteht sich die Partei als Opposition gegen die herrschenden Verhältnisse. Das Ziel der Systemopposition ist die Überwindung des Kapitalismus, also die Beseitigung der „bürgerlichen" Demokratie. Bezugspunkt der sozialistischen Utopie ist das kommunistische Manifest. In allen Programmen wird als Ziel eine Gesellschaft definiert, „in der die freie Entwicklung einer und eines jeden zur Bedingung der freien Entwicklung aller geworden ist." Die Konkretisierung der sozialistischen Utopie bleibt vage. Einig ist sich die PDS bei der Ausweitung öffentlichen Eigentums und der „Demokratisierung" (Verstaatlichung) von Eigentum. Sie will die „Vorherrschaft der Kapitalverwertungsinteressen" abschwächen und schließlich „überwinden und die ihnen zu Grunde liegenden Macht- und Eigentumsverhältnisse" verändern, wie es in ihrem Programm von 2003 heißt.

Seit 1990 hat die PDS drei Grundsatzprogramme erarbeitet. Ein viertes Programm befindet sich in Planung; es soll nach der geplanten Fusion von WASG und PDS beschlossen werden. Das Programm von 1990, das in den Wirren der Wende entstanden ist, stellt im Grunde nur ein lose verwobenes Textfragment dar. Karl Marx, Friedrich Engels, Wilhelm Liebknecht, August Bebel, Eduard Bernstein, Karl Kautsky, Rosa Luxemburg, Karl Liebknecht, W. I. Lenin und Antonio Gramsci werden hier von der PDS als geistige Väter (und Mütter) unterschiedslos vereinnahmt, ohne die sich daraus ergebenden Widersprüche im Politikverständnis zu reflektieren. Wurde 1990 noch zugestanden, dass der „Kapitalismus wirtschaftlich effizient" sei und die „Weltzivilisation bereichert" habe, kommt die PDS 1993 wieder zum Nukleus der sozialistischen Weltanschauung zurück. Um das Programm zu verabschieden, musste zwischen den verfeindeten Flügeln mancher Formelkompromiss geschlossen werden. Die Reformer akzeptierten den Text, den sie als nicht zeitgemäß empfanden, nur widerwillig. Der strikte Antikapitalismus und die Betonung des außerparlamentarischen Kampfes zwängte sie in ein enges Korsett, dem sie sich in der Praxis jedoch schon bald entzogen (durch die Tolerierung der Minderheitenregierung in Sachsen-Anhalt).

Auch das Geschichtsbild wurde als zu beschönigend empfunden. Während ein Teil der Partei nach neuen strategischen Optionen suchte, wollte ein anderer seinen Traum vom real existierenden Sozialismus verteidigen. So finden sich die kommunistischen Geschichtslegenden auch im Programm von 1993.

Zehn Jahre lähmten sich die unterschiedlichen Strömungen gegenseitig und so kam es erst 2003 zu dem heute gültigen Programm. In diesem Programm wurde der Widerspruch zwischen Reform und Revolution ebenso wenig aufgelöst wie in den vorherigen. Die PDS hat im Unterschied zu 1993 ihr Geschichtsbild minimal revidiert, doch die grundsätzlich positive Bezugnahme auf die DDR bleibt bestehen. Zu den nach wie vor unveräußerlichen Glaubensartikeln der PDS gehört die These, dass es sich bei der Gründung der DDR um eine „legitime", weil „antifaschistische" Alternative zur westdeutschen Bundesrepublik gehandelt habe. Diesen Baustein hat die PDS von 1993 an über alle Programmentwürfe beibehalten. Dass von Anfang an in der DDR eine totalitäre Diktatur etabliert wurde, wird prinzipiell negiert, die fehlende demokratische Legitimation bleibt unerwähnt. Die PDS betont vielmehr, dass der Aufbau der „besseren" Gesellschaftsordnung und des „friedliebenden" Deutschlands keiner „Entschuldigung" bedürfe.

Die strikt antikapitalistische Grundausrichtung bleibt der Markenkern der PDS. „Wir kämpfen für die Überwindung des Kapitalismus, weil wir in einer Gesellschaft von Freiheit, Gleichheit und Solidarität leben wollen", lautet der Schlusssatz des Programms. „Wir wollen, dass diese gesellschaftlichen Strukturen zurückgedrängt und schließlich überwunden werden, damit die Menschheit einen Ausweg aus dieser zerstörerischen Entwicklung findet. In diesem Sinne sind wir konsequent antikapitalistisch."

In ihren Wahlprogrammen setzt die PDS häufig auf das „Protestpferd". Sie spricht sich für einen weiteren Ausbau sozialstaatlicher Leistungen aus (soziale Grundrente, solidarische Bürgerversicherung, öffentliche Daseinsvorsorge) und die sozialen Grundrechte. In diesem Kontext wurde z.B. die sozial- und arbeitsmarktpolitische Reformagenda der rot-grünen Bundesregierung von ihr mit allen Mitteln bekämpft. Die Schaffung eines dritten Arbeitsmarktes (öffentlicher Beschäftigungssektor) ist eines der wesentlichen und dauerhaften Ziele der PDS, die im Rahmen der von ihr mitverantworteten Landespolitik in Mecklenburg-Vorpommern ansatzweise verwirklicht werden konnten. Des Weiteren streben die Postkommunisten eine verstärkte Umverteilung privaten Vermögens von „oben" nach „unten" an (Erhöhung der Erbschafts- und Wiedereinführung der Vermögenssteuer), um soziale Unterschiede zu nivellieren. Sich selbst bezeichnet die PDS als antifaschistisch, antikapitalistisch und pazifistisch. Der US-amerikanischen Politik und dem westlichen Verteidigungsbündnis steht sie ablehnend bis feindlich gegenüber.

Obwohl die PDS mit ihren innen- und außenpolitischen Positionen einen bundesweiten und mithin gesamtdeutschen Anspruch vertritt, werden diese Positionen stets mit besonderem Blick auf die ostdeutsche Bevölkerung artikuliert, als deren wahre Interessenvertreterin sich die Partei stilisiert. Dieser selbst reklamierte Monopolanspruch könnte allerdings ins Wanken geraten, wenn das Projekt Westausdehnung Erfolg hat und die beabsichtigte Fusion mit der WASG gelingt.

Organisation
Die PDS unterhält 16 Landesverbände und regionale Gliederungen. Sie verfügt zudem über vielfältige Teil- und Unterorganisationen (Arbeits- und Interessengemeinschaften), die nach Beschluss von Parteivorstand und Parteirat auch Delegierte zu Parteitagen entsenden können.

Die Transformation der SED zur PDS drückt sich vor allem in dem rapiden Mitgliederschwund aus. Von den 2,3 Millionen Mitgliedern der SED blieben der PDS innerhalb eines Jahres lediglich 170.000 erhalten. Weitere Austritte und fehlende Neueintritte haben seit 1991 zu einer starken Überalterung der Mitgliedschaft geführt. 2003 waren 67,8 Prozent der PDS-Mitglieder über 60 Jahre alt. Über den Anteil ehemaliger SED-Mitglieder gibt es nur Schätzungen. Er dürfte aber allein aus biologischen Gründen rückläufig sein.

Die PDS ist nach wie vor eine ostdeutsche Regionalpartei. In den alten Ländern hat sie bis heute nicht Fuß fassen können, was z.B. daran ablesbar ist, dass sie hier erst einen Parteitag durchführte (2000 in Münster). 1996 wurde in der Partei sogar darüber debattiert, ob man sich nicht selbst eingestehen müsse, eine ostdeutsche Regionalpartei zu sein. Die PDS versuchte sich in den alten Ländern vor allem mit der klassisch-kommunistischen Strategie der Bündnispolitik zu etablieren. Doch waren die wenigen zum Bündnis bereiten Kreise nicht in der Lage, Wählerschaften an die PDS heranzuführen. Große Teile der vagabundierenden, vor allem linksextremistischen Westlinken, schlossen sich der PDS an. Zulauf erhielt die PDS aus dem gesamten Spektrum der zersplitterten Altlinken (→DKP, Kommunistischer Bund, Vereinigte Sozialistische Partei, Bund Westdeutscher Kommunisten). Auch von den vereinzelten Überläufern der SPD und der Grünen ging keine Sogwirkung aus. Durch die bevorstehende Vereinigung mit der WASG hofft die PDS, ihre organisatorische Basis im Westen verbessern zu können.

Der Aufbau einer flächendeckenden Organisation in den alten Ländern ist der PDS nicht geglückt. 2005 hatte sie in den neuen Ländern 55.265 Mitglieder; in den alten waren es lediglich 6.057. Als Bundesvorsitzende amtierten Gregor Gysi (1989-1993), Lothar Bisky (1993-2000), Gabriele Zimmer (2000-2003) und seit 2003 erneut Lothar Bisky.

Mitgliederzahlen seit 1991

Jahr	Mitglieder	Jahr	Mitglieder
1991	172.579	1999	88.594
1992	146.742	2000	83.478
1993	131.406	2001	77.845
1994	123.751	2002	70.805
1995	114.940	2003	65.753
1996	105.029	2004	61.385
1997	98.624	2005	61.489
1998	94.627		

Fazit

Die PDS ist in vielerlei Hinsicht eine heterogene und widersprüchliche Partei. Sie ist eine ostdeutsche Regionalpartei mit Volksparteicharakter. Sie kann gleichzeitig regieren und außerparlamentarischen Protest gegen die „Herrschenden" mobilisieren. Sie ist in das politische System integriert, das sie „überwinden" will. Sie setzt „antisoziale" Politik um und will den Sozialismus einführen. Sie gibt sich pragmatisch-gemäßigt und ist doch hoch ideologisch mit zum Teil extremistischen Zügen. Sie setzt auf kurzfristig wirksamen Populismus und hofft langfristig die kulturelle Hegemonie zu erringen. Unbeschadet solcher Widersprüche ist sie jedoch vor allem eines: politisch erfolgreich. Die PDS hat ihre Krisen stets überwinden und sich – entgegen allen Prognosen – im Parteiensystem der Bundesrepublik als feste Größe etablieren können. Nach wie vor beschäftigt sie sich die meiste Zeit mit sich selbst. Organisatorisch kämpft sie gegen den Mitgliederverlust im Osten und ihre fehlende Verankerung im Westen an. Inhaltlich ringt sie – bis zur Selbstblockade – permanent um den richtigen Weg zum Sozialismus. Dem Wählerzuspruch tut das keinen Abbruch. Hier profitiert die PDS nicht nur von ihrer Selbststilisierung als Interessenvertretung des Ostens, sondern auch von dem Umstand, dass sie sich in Opposition zu den von der Regierung eingeleiteten Arbeitsmarkt- und Sozialreformen vor der Wählerschaft als Hüterin eines überkommenen Wohlfahrtsstaates empfehlen konnte. Das elektorale Vakuum, das durch die vermeintliche Hinwendung der Sozialdemokratie zum neoliberalen Mainstream entstanden ist, die Weigerung der SPD, auf der Bundesebene mit den Postkommunisten zu kooperieren, und die gleichzeitige Schwäche des Rechtspopulismus und -extremismus bieten der Linkspartei.PDS auch künftig gute Gelegenheiten. Ob sie diese nutzen und ihre Position im Parteiensystem halten bzw. noch weiter ausbauen kann, hängt in erster Linie von ihr selber ab. Von der Klärung der Führungsfrage über die kulturellen Mentalitätsunterschiede zwischen der eher idealistisch gesinnten WASG im Westen und der sich pragmatisch gebenden PDS im Osten bis hin zu den weiter schwelenden Richtungskonflikten innerhalb der PDS gibt es hier so viele Unwägbarkeiten und Fallstricke, dass eine gesicherte Prognose kaum möglich scheint.

 Literatur

Gerth, Michael (2003), Die PDS und die ostdeutsche Gesellschaft im Transformationsprozess. Wahlerfolge und politisch-kulturelle Kontinuitäten, Hamburg.

Koß, Michael/Dan Hough (2006), Die Linkspartei.PDS und die Verlockungen des Populismus, in: Uwe Jun/Henry Kreikenbom/Viola Neu (Hg.), Kleine Parteien im Aufwind, Frankfurt a.M., S. 179-200.

Lang, Jürgen P. (2004), Ist die PDS eine demokratische Partei?, Baden-Baden.

Moreau, Patrick (2002), Politische Positionierung der PDS – Wandel oder Kontinuität?, München.

Neu, Viola (2004), Das Janusgesicht der PDS. Wähler und Partei zwischen Demokratie und Extremismus, Baden-Baden.

Neugebauer, Gero/Richard Stöss (1996), Die PDS. Geschichte. Organisation. Wähler. Konkurrenten, Opladen.

Niedermayer, Oskar (2006), Die Wählerschaft der Linkspartei.PDS 2005: sozialstruktureller Wandel bei gleich bleibender politischer Positionierung, in: Zeitschrift für Parlamentsfragen 37 (3), S. 523-538.

 Internet

www.sozialisten.de

Viola Neu

Liste D

→ DEUTSCHE VOLKSUNION

Marxistisch-Leninistische Partei Deutschlands (MLPD)

Entstehungs- und Entwicklungsgeschichte
Die Marxistisch-Leninistische Partei Deutschlands (MLPD) wurde als Nachfolge-
organisation des „Kommunistischen Arbeiterbundes Deutschlands" (KABD) am
17./18. Juni 1982 auf einem Parteitag in Essen gegründet. Dieser war seinerseits
teils ein Entmischungsprodukt der in der Regierungszeit der Großen Koalition
(1966 bis 1969) aufgekommenen Außerparlamentarischen Opposition (APO), teils
das Ergebnis maoistischer Absplitterungen der 1956 verbotenen sowjetkommunistischen KPD. Die MLPD gab sich ein offen verfassungsfeindliches Programm
und eine auf dem „demokratischen Zentralismus" beruhende innere Ordnung.
Ihre bislang sieben allesamt konspirativ durchgeführten Parteitage dienten im
Wesentlichen dazu, Beschlüssen des Zentralkomitees zu akklamieren. „Parteivorsitzender" oder „Politischer Leiter des ZK" ist seit 1982 ununterbrochen der 1954
geborene Schlosser Stefan Engel. Die MLPD ist eine Splittergruppe geblieben;
Versuche, sich über örtliche und regionale Schwerpunkte in Baden-Württemberg
und im Ruhrgebiet hinaus auszudehnen, blieben weitgehend erfolglos. Sitz der
Partei ist Gelsenkirchen.

Wahlergebnisse und Wählerschaft
Die Beteiligung an parlamentarischen Wahlen hat für marxistisch-leninistische
Parteien lediglich taktische Bedeutung. Die MLPD hat sie stets als Plattform für
eine „agitatorische Offensive" gesehen, mit der sie ihre eingestandenermaßen
„relative Isolierung" durchbrechen wollte. Bei den Bundestagswahlen 1983, 1990,
2002 und bei den Europawahlen 1984 und 2004 entschied sie sich für Abstinenz
oder „aktiven Wahlboykott". Bei den Bundestagswahlen 1987, 1994 und 1998
sowie bei den Europawahlen 1989 konnte sie jeweils zwischen 4.000 und 13.000
Stimmen erringen; nicht in allen Fällen hat sie flächendeckend Einzelkandidaten
und Listen aufgestellt. Bei der Bundestagswahl 2005 zog die Partei über 16 Landeslisten 45.166 Zweitstimmen (0,1 Prozent). Einzelkandidaten in Thüringen und
Sachsen-Anhalt erzielten bis zu 0,5 Prozent der Stimmen. Diesen bescheidenen
Zuspruch fand die MLPD vermutlich vor allem bei sozial Schwachen, Langzeit-
arbeitslosen und „Vereinigungsverlierern".

Programmatik
Die MLPD sieht in den „Mao-Tse-tung-Ideen" und dem rotchinesischen Modell
vor 1976 – unter Einschluss seiner Massenverbrechen – das Vorbild für einen
„wahren Sozialismus". Das sowjetische Modell nach 1956 betrachtet sie als „revi-

sionistisch entartet". An Stalin kritisiert sie hauptsächlich, er sei bei der Liquidierung von Gegnern zu bürokratisch vorgegangen. Sich selber sieht sie berufen, auf dem Weg zu einer Diktatur des Proletariats die „Massen zu lenken und zu leiten".

Wesentliches Moment der Ideologie und zugleich Instrument innerparteilicher Disziplinierung ist die „Lehre von der (proletarischen) Denkweise". Diese sei jedoch selbst innerhalb der Partei durch Relikte der mit ihr unvereinbaren „kleinbürgerlichen Denkweise" bedroht. Der Parteivorsitzende beansprucht das Auslegungsmonopol über die Inhalte der „proletarischen Denkweise"; er verfügt damit über eine beliebige Handhabe zur Durchführung der in der MLPD häufigen – typisch stalinistischen – „Säuberungen".

Organisation

Der Parteiaufbau der MLPD orientiert sich nach Statut und täglicher Praxis an der KPD in der Zeit des Hochstalinismus. Nahezu alle Aspekte des innerparteilichen Lebens und des Politikstils weisen ausgeprägte sektenhafte Merkmale auf. MLPD-Mitglieder verkehren bevorzugt unter Genossen. Das Zentralorgan „Rote Fahne" gibt wöchentlich die Agitationsthemen vor und instruiert zur Parteilinie. Die Zusammensetzung des Zentralkomitees wird nur zum Teil bekannt gegeben. Es besteht überwiegend aus hauptamtlichen Funktionären der sogenannten 68er-Generation (Geburtsjahrgänge ca. 1945 bis 1954). Durch fortwährende „Säuberungen" wurde es auf einen dem Parteivorsitzenden völlig ergebenen Personenkreis reduziert. Zu Mitgliederzahlen schweigt die Partei. Sie betrugen – den jährlichen Berichten des Bundesamtes für Verfassungsschutz zufolge – bis Mitte der achtziger Jahre um die 1.000 Personen. Die Partei profitierte danach von der Krise der →DKP und wuchs bis auf aktuell etwa 2.000 Mitglieder. Im Unterschied zu den Kadern stammen die einfachen MLPD-Anhänger überwiegend aus der „Arbeiterklasse" bzw. aus sozial schwachen Schichten. Ihre Fluktuation ist hoch. Intellektuelle werden nicht geschätzt und auch vom ideologischen Niveau der Partei abgeschreckt.

Die MLPD verfügt über einen Immobilienbesitz im Wert von mehr als 10 Millionen Euro. Das Parteivermögen stammt aus Mitgliedsbeiträgen, Spenden und bisweilen auch Zuwendungen aus Erbschaften. Die gemessen am Sozialstatus der MLPD-Anhänger oft erheblichen Summen gelangen – je nach Sichtweise – durch freiwillige Opferbereitschaft oder durch moralischen Gruppendruck in die Parteikasse.

Fazit
Die MLPD ist eine marxistisch-leninistische Kampf- und Kaderpartei mit deutlich sektenhaften Zügen. Historisch hat sie ihre Wurzeln einerseits in den diversen ML-Sekten der siebziger Jahre. Zugleich bietet sie als Wiedergänger der 1956 verbotenen KPD den bizarren Anblick eines gewissermaßen tiefgefrorenen Hochstalinismus.

 Literatur

Langguth, Gerd (1983), Protestbewegung – Entwicklung, Niedergang, Renaissance, Köln, S. 102 ff.

 Internet

www.mlpd.de

Rudolf van Hüllen

Mensch Umwelt Tierschutz (Die Tierschutzpartei)

Entstehungs- und Entwicklungsgeschichte
Am 13. Februar 1993 trafen sich neun Tierfreunde im Hotel Continental in Bonn, um eine politische Partei zu gründen. Da man keine „Ein-Punkt-Partei" anstrebte, sondern den Tierschutz mit anderen Themen verbinden wollte, entschied man sich für den Namen „Mensch Umwelt Tierschutz", abgekürzt MUT. Dieses Kürzel führte jedoch bereits ein eingetragener Verein in seinem Namen, daher verwendete man stattdessen den Untertitel „Die Tierschutzpartei". Professor Ingeborg Bingener, die Initiatorin und erste Bundesvorsitzende der neuen Partei, hatte schon vor der Parteigründung ein Grundsatzprogramm entworfen, das 2002 erweitert und neuen Entwicklungen angepasst wurde, in den Grundzügen jedoch erhalten blieb. Im Jahr 1995 übernahm Gisela Bulla den Bundesvorsitz. Sie wurde 2001 von Jürgen Gerlach abgelöst, der die Partei bis zum heutigen Zeitpunkt führt.

Wahlergebnisse und Wählerschaft
Schon im Gründungsjahr 1993 beteiligte sich die Tierschutzpartei an der Bürgerschaftswahl in Hamburg und erzielte 0,3 Prozent der Stimmen. Im Jahre 1994 nahm sie mit zunächst drei Landeslisten (Bayern, Niedersachsen und Nordrhein-

Westfalen) erstmals an einer Bundestagswahl teil. Ihr Ergebnis von 0,2 Prozent konnte sie bei den Bundestagswahlen 1998 und 2002 auf 0,3 Prozent geringfügig verbessern. Aufgrund der schwierigen Bedingungen bei der um ein Jahr vorgezogenen Bundestagswahl 2005 – in nur wenigen Wochen mussten über 2.000 Unterstützungs-Unterschriften gesammelt werden – konnte die Tierschutzpartei nur in vier Bundesländern antreten, sodass das Stimmenergebnis wieder leicht zurückging (0,2 Prozent). Bei der Europawahl hatte sie im Jahr zuvor mit 1,3 Prozent einen Achtungserfolg verbucht. Bei Landtagswahlen erzielte man die besten Ergebnisse in Berlin (1999: 1,1 Prozent) und in Sachsen (2004: 1,6 Prozent). Darüber hinaus ist es der Tierschutzpartei gelungen, auf lokaler Ebene das eine oder andere Mandat zu erringen, so z.b. in Darmstadt-Dieburg (2001), in Magdeburg (2004) und in Frankfurt a.M. (2005). Über die Wählerschaft der Tierschutzpartei gibt es keine zuverlässigen Daten. Die Partei konzentriert sich allerdings nicht auf bestimmte Wählerschichten.

Ergebnisse bei Bundestags-, Europa- und Landtagswahlen

Jahr	Bundestagswahlen	Europawahlen	Landtagswahlen
1993			HH 0,3
1994	0,2		
1998	0,3		
1999		0,7	HE 0,5 BE 1,1
2001			RP 0,9
2002	0,3		
2003			HE 0,8
2004		1,3	SN 1,6
2005	0,2		
2006			BE 0,8

Programmatik
Obwohl sie sich aufgrund ihres umfassenden Programms selbst nicht als Ein-Punkt-Partei sieht, dürfte die Tierschutzpartei doch als Interessenpartei eingestuft werden, deren primäres Anliegen es ist, die von den etablierten Parteien vernachlässigten Belange der Tiere aufzugreifen. Manche Politikwissenschaftler wie z.B. Dirk van den Boom kennzeichnen die Programmatik der Tierschutzpartei als linksliberal und ökologisch. Andere charakterisieren sie als „ganzheitlich", da sie die drei Bereiche Mensch, Tier und Natur als untrennbare Einheit auffasse und ihre politischen Forderungen danach ausrichte. Eindeutig ist die lapidare Feststellung im Grundsatzprogramm von 2002, wonach „Ökologie vor Ökonomie" geht.

Etwa ein Viertel des Programms ist dem Tierrecht und dem Tierschutz im engeren Sinne gewidmet. Die Partei begrüßt, dass der Tierschutz im Jahr 2002 ins Grundgesetz aufgenommen wurde, kritisiert aber, dass dies nur mit einem Anhängsel geschehen ist und nicht mit einem eigenen Artikel. Als skandalös wird empfunden, dass nach wie vor den Tierschutzorganisationen das Verbandsklagerecht versagt wird. Letzteres sei die entscheidende Voraussetzung dafür, den Tieren bei Interessenkonflikten Recht zu verschaffen. Die Forderung nach artgerechter Tierhaltung in der Landwirtschaft nimmt im Programm einen prominenten Platz ein. Besonders empfohlen wird dabei die vegane Ernährungsweise (ohne jegliche Tierprodukte), die die einzige sei, die dem Begriff „Tierrecht" voll entspreche. Die Partei fordert die Beendigung sämtlicher Ausbeutungspraktiken im Zusammenhang mit Tieren, seien es Tierversuche, die Produktion und der Import von Pelzen, das Sportangeln oder die Einfuhr von exotischen Tieren. Ihre radikalen Positionen in Bezug auf Tierrechte resultieren aus dem jahrzehntelangen erfolglosen Bemühen von Tierschützern und Tierrechtlern, die etablierten Parteien dazu zu bewegen, ihre anthropozentrisch ausgerichtete Politik auf die Tiere als unsere Mitgeschöpfe auszudehnen und ihnen Rechte einzuräumen. Unterscheidet sich die Tierschutzpartei in diesem Bereich eindeutig von den Grünen, so tut sie das weniger in der Umweltpolitik, wo sie den sofortigen Ausstieg aus der Kernenergie und ein Verbot der Gentechnik verlangt.

Im Bereich der Wirtschafts- und Sozialpolitik könnte man das Programm als sozial-liberal bezeichnen. Die Tierschutzpartei möchte staatliche Subventionen, öffentliche Schulden und Bürokratie abbauen, aber auch staatlich geförderte Mindestlöhne einführen. In Einklang mit einem sozialen Liberalismus stehen auch die eher präventiv als repressiv angelegten Konzepte der Kriminalitätsbekämpfung. Eher sozial-konservativ geprägt erscheint dagegen die Familienpolitik, wo die Partei u.a. die Streichung des Ehegattensplittings zugunsten eines Familiensplittings ab dem ersten Kind fordert. Die Befürwortung von Volksinitiativen und Volksbegehren könnte man als populistisch oder radikaldemokratisch deuten. Dasselbe gilt für die Kritik an der Globalisierung, die an der Macht der Großkonzerne und der Politik der Europäischen Union festgemacht wird, obwohl sich hier auch Berührungspunkte mit konservativem Gedankengut ergeben.

Organisation

Als anerkannte Partei im Sinne des Parteiengesetzes weist die Tierschutzpartei in ihrer Organisation keine wesentlichen Unterschiede zu den etablierten Parteien auf. Der Bundesparteitag, das oberste Organ der Partei, funktioniert zurzeit noch als Vollversammlung für alle Mitglieder. Er wird zweimal im Jahr abgehalten. Es gibt zur Zeit 14 Landesverbände, allerdings sind nicht alle aktiv. Kreis- oder

Ortsverbände existieren nur vereinzelt. Seit 2000 verfügt die Partei über ein Presseorgan namens „Zeitenwende", das viermal im Jahr erscheint. Die Mitgliederzahl wächst langsam, aber stetig, und hat sich von 1998 bis 2006 nahezu verdoppelt (von 548 auf 1.062). Etliche Mitglieder beteiligen sich nicht nur an den in der Bundessatzung vorgeschriebenen Arbeitskreisen, sondern auch an Wahlkämpfen, Demonstrationen und sonstigen außerparlamentarischen Aktionen, z.B. gegen Jagd, Tierversuche, Pelztierausbeutung oder Gentechnik – selbstverständlich ohne den einer Partei vorgegebenen rechtlichen Rahmen zu überschreiten. Außerhalb der Partei durchgeführte Tierbefreiungsaktionen werden allerdings als legitim betrachtet, da sie der „legalen Ungerechtigkeit" entgegenwirkten.

Fazit
Die Tierschutzpartei kann als eine Interessenpartei ohne explizite Ideologie betrachtet werden, gehört in der politischen Praxis aber zur linken (ökologischen und sozial-liberalen) Mitte. Sie unterscheidet sich von allen anderen Parteien durch ihr Bestreben, den Begriff der Mitmenschlichkeit auf den der Mitgeschöpflichkeit auszudehnen und entsprechend politisch zu handeln.

 Literatur

Boom, Dirk van den (1999), Politik diesseits der Macht? Zu Einfluss, Funktion und Stellung von Kleinparteien im politischen System der Bundesrepublik Deutschland, Opladen.
Grässer, Ingeborg (2003), „Die Tierschutzpartei: Wie alles begann – meine ganz persönlichen Erinnerungen", in: Zeitenwende 4 (12), S. 9 f.

 Internet

www.tierschutzpartei.de

Paul Lucardie

Die Mündigen Bürger (Mündige Bürger)

Bereits in den sechziger Jahren hatte Erika Herbst in Feucht bei Nürnberg einen „Aufklärungsdienst" für esoterische Literatur begründet. Ausgehend von alternativen Krebstherapien wandte sie sich gegen die Nutzung der Kernkraft und rief – nach eigener Aussage „bis dahin völlig unpolitisch" – 1975 die Partei Die

Mündigen Bürger als „Wählerorganisation Mündige Bürger" ins Leben. Gleichzeitig gab sie die Flugblattzeitung „Fortschritt für alle" heraus.

Die Mündigen Bürger nahmen allerdings erst ein Jahrzehnt später an Wahlen teil, da es zuvor nie gelang, ausreichend Unterstützungsunterschriften zu sammeln. Ihr bestes Ergebnis erreichten sie bei der Europawahl 1984 mit knapp 53.000 Stimmen (0,2 Prozent), fünf Jahre später kamen sie noch auf 0,1 Prozent. Bei Bundestagswahlen erreichte die Partei 1987 0,1 und 1990 0,0 Prozent. Auch die Beteiligung an den Landtagswahlen in Nordrhein-Westfalen 1985 und in Hessen 1987 blieb völlig erfolglos.

Das Programm der Partei bestand aus einem inkohärenten Sammelsurium von Zitaten und Gedankenbruchstücken teils renommierter Experten, teils obskurer Persönlichkeiten. In insgesamt 24 Punkten präsentierte es „Lösungen" für den Sieg über den Krebs, das Verbot von Tierversuchen, das Waldsterben, das Energieproblem sowie Inflation, Arbeitslosigkeit und Staatsverschuldung. Explizit bezog sich das Programm auf Ideen des „Weltbundes zum Schutze des Lebens". Im allerersten Punkt postulierte es die „Abschaffung der Parteiendiktatur".

Organisatorisch blieben die Mündigen Bürger auf einen engen Unterstützerkreis um Herbst beschränkt, die selbst beklagte, dass „niemand von den Lebensschützern die Notwendigkeit einer Parteigründung begriffen habe und kaum einer mitmachen wollte." Nach eigener Auskunft hatte die Partei einige hundert Mitglieder.

Die Mündigen Bürger lösten sich 1991 auf, weil – so Herbst – die Massenmedien sie totschwiegen und es somit unmöglich sei, sich in der Wählerschaft bekannt zu machen. Eine von Herbst geleitete „Selbsthilfegruppe Mündige Bürger" besteht bis heute fort.

 Literatur

Herbst, Erika (1984), Alle suchen nach Lösungen – wir haben sie, Feucht.

Uwe Kranenpohl

MUT

→ **Tierschutzpartei**

Nationaldemokratische Partei Deutschlands (NPD)

Entstehungs- und Entwicklungsgeschichte

Die NPD ist von den existierenden rechtsextremistischen Parteien der Bundesrepublik Deutschland die älteste. Gegründet am 28. November 1964 als Sammelbecken des „nationalen Lagers" unter Einschluss kleiner national-konservativer Kreise, trat die NPD die Nachfolge der erfolglosen Deutschen Reichspartei an, die den organisatorischen Kern der neuen Partei bildete. Nach den Erfolgen in der zweiten Hälfte der sechziger Jahre setzte ein jahrzehntelanger Abwärtstrend ein, der in den letzten Jahren gestoppt werden konnte.

Der erste Vorsitzende Friedrich Thielen (1964-1967), von der national-konservativen →Deutschen Partei zur NPD gestoßen, war eine bloße Galionsfigur und musste bald Adolf von Thadden (1967-1971) Platz machen. Von Thadden, als früherer Vorsitzender der Deutschen Reichspartei fest im „nationalen Lager" verhaftet, verfocht einen eher besitzbürgerlich orientierten Rechtsextremismus und setzte sich von der nationalsozialistischen Ideologie ab. Die Niederlage bei der Bundestagswahl 1969 zeitigte bald personelle Konsequenzen. Von Thadden trat auf dem Parteitag 1971 zurück, weil die Partei nicht mehr „führbar" sei. Unter Thaddens Nachfolger Martin Mußgnug, der die NPD von 1971 bis 1990 mehr verwaltete als führte, blieb die Partei ein „braver Haufen" Ewiggestriger ohne jede Ausstrahlung. Nach dem kläglichen Abschneiden bei der ersten gesamtdeutschen Bundestagswahl im Dezember 1990 erklärte Mußgnug seinen Rücktritt. Auf dem Bundesparteitag im Juni 1991 setzte sich Günter Deckert, ein wegen Verfassungsfeindlichkeit aus dem Schuldienst entlassener Gymnasiallehrer, bei der Wahl zum Vorsitzenden gegen Jürgen Schützinger durch, der (wie Mußgnug) die NPD in die →Deutsche Liga für Volk und Heimat überführen wollte. Unter Deckert (1991-1995) konzentrierte sich die Partei verstärkt auf die „Ausländerfrage". Zudem verstand sich der Vorsitzende als „Geschichtsrevisionist", der deswegen mehrfach gerichtlich belangt wurde. In der von Deckert bestimmten Phase geriet die Partei wieder stärker in die Schlagzeilen, wenngleich nur in negative.

Wegen Veruntreuung von Parteigeldern wurde Deckert in einem innerparteilich sehr umstrittenen Verfahren seines Amtes enthoben. Dies hielt ihn nicht davon ab, im Mai 1996 auf dem Bundesparteitag in Bad Dürkheim erneut um den Vorsitz zu kandidieren, wobei er Udo Voigt, einem ehemaligen Hauptmann der Bundeswehr und diplomierten Politikwissenschaftler, nur knapp (mit 88 gegen 83 Stimmen) unterlag. Unter Voigt öffnete sich die Partei Kräften mit zum Teil neonationalsozialistischen Positionen, nicht zuletzt bedingt durch den Zulauf von Mitgliedern verbotener Vereinigungen in der ersten Hälfte der neunziger Jahre.

Voigt sorgte mit seinem strategischen Konzept von 1997, das auf dem Parteitag von 1998 abgesegnet wurde, in der Partei selbst und in der Öffentlichkeit für beträchtliche Aufmerksamkeit. Es stützt sich auf drei Säulen: Mit der „Schlacht um die Köpfe" ist die Programmatik gemeint, mit der „Schlacht um die Straße" die Massenmobilisierung, mit der „Schlacht um die Wähler" die Wahlteilnahme. Laut Voigt ist keine der Säulen „ohne die anderen sinnvoll oder auch nur möglich. Alle Mitglieder, insbesondere die Amtsträger der NPD sind aufgefordert, je nach eigenen Stärken und Schwächen den Schwerpunkt ihres Einsatzes innerhalb dieses Dreiecks zu wählen, das von drei Säulen aufgespannt wird, ohne jedoch eine einzelne Säule aus den Augen zu verlieren" (zit. nach Apfel 1999: 360). Die Radikalisierung der Partei war unverkennbar.

Nachdem es schon in der Zeit der ersten Großen Koalition unter Innenminister Ernst Benda zu einer halbherzig geführten Verbotsdiskussion gekommen war, ließen es die etablierten Parteien im Jahre 2000 nicht mehr mit bloßen Absichtserklärungen bewenden: Alle drei dazu berechtigten Verfassungsorgane reichten gegen die NPD einen Verbotsantrag ein (am 29. Januar 2001 die Bundesregierung; am 30. März 2001 jeweils der Bundestag und der Bundesrat). Das Bundesverfassungsgericht bat in der Folge aufgrund bestimmter Verdachtsmomente um Aufklärung zu denjenigen Personen aus den Vorständen der NPD, die mit staatlichen Stellen zusammengearbeitet hatten. Nach den Angaben der Verfassungsschutzbehörden waren rund 15 Prozent V-Leute in den Vorständen der NPD tätig, also etwa 30 von 200. Am 18. März 2003 gab der Zweite Senat des Bundesverfassungsgerichts die Einstellung des Verfahrens gegen die Partei bekannt. Für drei der sieben Richter stellte das Problem der V-Leute ein nicht behebbares Verfahrenshindernis dar. Dieses Quorum genügte für das Scheitern des Verfahrens. Ausgerechnet der einstige Linksterrorist Horst Mahler – ein Wanderer zwischen den ideologischen Welten – hatte als Rechtsvertreter der NPD fungiert und bizarre Stellungnahmen verfasst. Bis heute behält die Partei ihren klar rechtsextremistischen Kurs bei. Sie ist bei allen tragenden gesellschaftlichen Gruppen geächtet.

Wahlergebnisse und Wählerschaft
Die NPD zog zwischen 1966 und 1968 in sieben Landesparlamente ein, unter anderem bedingt durch eine ökonomische Rezession und die Bildung der Großen Koalition im Bund: im November 1966 in Hessen (7,9 Prozent) und in Bayern (7,4 Prozent), im April 1967 in Rheinland-Pfalz (6,9 Prozent) und in Schleswig-Holstein (5,8 Prozent), im Juni 1967 in Niedersachsen (7,0 Prozent), im Oktober 1967 in Bremen (8,8 Prozent). Das beste Ergebnis erzielte die Partei nach den „Osterunruhen" der Aaußerparlamentarischen Opposition 1968 im Gefolge des Atten-

tats auf Rudi Dutschke in Baden-Württemberg (9,8 Prozent). Dem relativ knappen Scheitern an der Fünf-Prozent-Klausel bei der Bundestagswahl 1969 mit 4,3 Prozent der Stimmen folgte ein tiefer Absturz. Bei den Bundestagswahlen 1972 erreichte die Partei nur noch 0,6 Prozent. Die Union konnte als konservative Kraft Unzufriedenheit bündeln und die Wähler am rechten Rand integrieren. Der Ausgang der Bundestagswahlen zwischen 1976 und 2002 war für die NPD nicht weniger deprimierend: Sie erzielte 1976 ganze 0,3 Prozent, 1980 und 1983 jeweils 0,2 Prozent, 1987 0,6 Prozent und 1990, im Jahr der Vereinigung, von der sie nicht zu profitieren vermochte, 0,3 Prozent. 1994 verzichtete die Partei ganz auf die Wahlteilnahme. Bei den Bundestagswahlen 1998 (0,3 Prozent) und 2002 (0,4 Prozent) verfehlte sie erneut das für die staatliche Teilfinanzierung wichtige Quorum von 0,5 Prozent. Auch bei den Landtagswahlen scheiterte sie in den siebziger, achtziger und neunziger Jahren klar an der Fünf-Prozent-Hürde. Lediglich bei den Kommunalwahlen in Frankfurt a.M. verbuchte die Partei 1989 mit 6,6 Prozent der Stimmen einen singulären Erfolg.

Erst 2004 sollte die Misserfolgsserie abreißen. Bekamen die Rechtsextremen bei der Landtagswahl in Thüringen am 13. Juni 2004 1,6 Prozent und bei der im Saarland am 5. September 4,0 Prozent der Stimmen, setzte bei der Landtagswahl in Sachsen 14 Tage später ein Höhenflug ein: Mit 9,2 Prozent konnte die Partei unter Spitzenkandidat Holger Apfel erstmals an ihre Ergebnisse aus den sechziger Jahren anknüpfen. Der Erfolg in Sachsen erklärt sich wesentlich mit der aggressiven Kampagne gegen die von der rot-grünen Bundesregierung betriebenen Neuregelung der Arbeitslosenunterstützung („Hartz IV"). Die NPD hielt sich im Wahlkampf mit offen ausländerfeindlichen Parolen zurück, schürte jedoch Ängste vor einer Osterweiterung der EU. Im eher konservativ geprägten Sachsen war der NPD in einigen Gebieten, vor allem in der Sächsischen Schweiz, eine gewisse soziale Verankerung gelungen. Mit dem Unfalltod von Uwe Leichsenring im Sommer 2006 verlor die Partei dort ihren populärsten Politiker.

Die Partei erreichte bei der Bundestagswahl 2005 1,6 Prozent der Zweitstimmen. Das ist das beste Ergebnis bei einer Bundestagswahl nach 1969. In den neuen Ländern kam sie auf 3,6 Prozent (in Sachsen sogar auf 4,8 Prozent), in den alten Bundesländern dagegen nur auf 1,1 Prozent. Hier fallen ihr angesichts einer stärkeren Parteiidentifikation, einer gefestigteren politischen Kultur und besserer ökonomischer Bedingungen Erfolge wesentlich schwerer als im Osten, wo die Angebots- und Gelegenheitsstrukturen für sie günstiger sind.

Bei der Landtagswahl in Mecklenburg-Vorpommern im September 2006 knüpfte die (dort von Udo Pastörs geführte) NPD mit 7,3 Prozent an den Erfolg in Sachsen an. Sie war im Bundesland mit der höchsten Arbeitslosigkeit und großer Perspektivlosigkeit vieler zumal jüngerer Menschen in einer komfortablen

Situation: Im Bund regierte eine Große Koalition, im Land eine rot-rote Koalition aus →SPD und →Linkspartei.PDS. Für den Wähler, der eine „Opposition zum System" anstrebte, bot sich die vor allem sozialpopulistisch argumentierende NPD an, die auch bei diesem Wahlkampf Anklänge an neonationalsozialistische Parolen weitgehend mied. Sie wurde tatkräftig von „freien Kameradschaften" und Vertretern des sächsischen Landesverbandes um Holger Apfel unterstützt.

Tabelle: Ergebnisse bei Bundestags-, Europa- und Landtagswahlen seit 1982

Jahr	Bundestagswahlen	Europawahlen	Landtagswahlen
1982			BY 0,6
1983	0,2		RP 0,1
1984		0,8	
1985			SL 0,7
1986			BY 0,5
1987	0,6		RP 0,8
1988			BaWü 2,1 SH 1,2
1990	0,3		NI 0,2 NRW 0,0 BB 0,1 MV 0,2 SN 0,7 SL 0,2 ST 0,1 TH 0,2
1992			BaWü 0,9
1994		0,2	NI 0,2 BY 0,1 MV 0,1
1995			HB 0,1 HE 0,3
1996			RP 0,4
1997			HH 0,1
1998	0,3		BY 0,2 MV 1,1
1999		0,4	BE 0,8 BB 0,7 HB 0,3 HE 0,2 SN 1,4 TH 0,2
2000			SH 1,0
2001			BaWü 0,2 RP 0,5 BE 0,9
2002	0,4		MV 0,8
2004		0,9	HH 0,3 SL 4,0 SN 9,2 TH 1,6
2005	1,6		SH 1,9 NRW 0,9
2006			BaWü 0,7 RP 1,2 BE 2,6 MV 7,3

Die NPD sog bereits in der zweiten Hälfte der sechziger Jahre ein beträchtliches Protestwählerpotenzial auf. Sie war vor allem dort stark, wo die NSDAP ihre Hochburgen gehabt hatte (in ländlich-mittelständischen Gebieten mit einem hohen Anteil an Protestanten). Auch bei der Arbeiterschaft gewann die Partei überproportional viel an Stimmen. Die NPD war bei den Männern und den Älte-

ren überrepräsentiert. Die jüngsten Erfolge gehen zum Teil auf andere Wählergruppen zurück. Die Partei ist vor allem in den unteren Schichten stark vertreten.
Wie die repräsentative Wahlstatistik für Sachsen zeigt (die Angaben treffen cum
grano salis ebenso auf andere Länder zu), schnitt die NPD bei Männern (12,6
Prozent) deutlicher besser ab als bei Frauen (5,9 Prozent), bei Jüngeren (18- bis 24-
Jährige: 16,0 Prozent) weitaus besser als bei Älteren (ab 60 Jahre: 4,3 Prozent). Das
beste Ergebnis erzielte sie bei den 18- bis 24-jährigen Männern (20,0 Prozent), das
schlechteste bei den über 60-jährigen Frauen mit 2,7 Prozent. Allerdings übertraf
die Zahl der über 60-jährigen Frauen, die NPD gewählt haben, die Zahl der 18-
bis 24-jährigen Männer. Die Ergebnisse bei der Bundestagswahl 2005 verdeutli-
chen nicht nur den Unterschied zwischen den Geschlechtern und den Altersgruppen, sondern auch den zwischen Ost und West: Die NPD bekam bei den 18-
bis 24-jährigen Männern in den neuen Bundesländern 9,5 Prozent der Stimmen,
aber nur 0,4 Prozent bei den über 60-jährigen Frauen in den alten Bundesländern.

Die Bereitschaft, einer Partei wie der NPD im Osten (bei Bundestags- wie
Landtagswahlen) eher die Stimme zu geben als im Westen, geht im Kern auf die
demokratisch weniger gut konsolidierten Verhältnisse zurück. Zwei spezifische
Faktoren liegen der geringeren Immunisierung gegen den Rechtsextremismus
zugrunde: zum einen die Erblast des „realen Sozialismus" (die DDR war keine
weltoffene Gesellschaft, die den Umgang mit „Fremden" eingeübt hatte), zum
anderen der nicht zuletzt ökonomisch schwierige Transformationsprozess (der
Übergang von der Diktatur zur Demokratie produzierte „Vereinigungsverlierer"). Wie die Wahlforschung zeigt, verficht nur ein kleiner Teil der Wähler ein
festes rechtsextremistisches Weltbild.

Programmatik
Das Grundsatzprogramm der NPD von 1967, welches das „Manifest der NPD"
(1964) abgelöst hatte, das Parteiprogramm von 1967, das „Wertheimer Manifest"
(1970), das „Düsseldorfer Programm" (1973) und das neueste, 1996 in Frankfurt
a.M. verabschiedete Programm, zeichnen sich durch betont vorsichtige, ver-
schleiernde Formulierungen aus. Den „Grundgedanken" folgen 15 vage gehaltene Ziele. Ihnen ist die Programmatik nicht recht zu entnehmen. Deutlicher und
konkreter fällt das Aktionsprogramm der Partei aus. Es besteht aus zehn, wiederum in Unterpunkte gegliederten Themenkomplexen. Der sechste Komplex
etwa lautet „Außenpolitik" und umfasst die folgenden Punkte: „Nationalismus
sichert Frieden", „Die ‚neue Weltordnung' der US-Ostküste", „Der US-Propagan-
daapparat", „Die Erscheinungsformen des US-Imperialismus", „Die Welt der
tausend Völker", „Frieden statt Universalismus". In der Einleitung dieses Akti-
onsprogramms heißt es unter anderem: „Bei all diesen Entwicklungen handelt es

sich keineswegs um zufällige Fehlentwicklungen, die die Folge katastrophaler Fehlentscheidungen unfähiger Politiker sind. Die Realität der BRD spiegelt vielmehr die Folgen der Herrschaft des Kapitals und der Spekulanten wider." Hier wird aggressiver Sozialpopulismus erkennbar. In der praktischen Politik spielten Grundsatz- und Aktionsprogramme bislang nur eine marginale Rolle. Mit dem Germersheimer Parteitag 1982 schlug die Partei einen national-neutralistischen Kurs ein, um die Wiedervereinigung zu fördern. Die im „Wertheimer Manifest" von 1970 verkündete militärische Anlehnung an die USA gab die NPD damit auf. Diese war wiederum eine Reaktion auf den bis dahin geltenden gaullistischen Kurs.

Der von seinen Vorgängern nach außen hin demonstrierten Verfassungstreue, schon bei Günter Deckert bloß halbherzig betrieben, befleißigt sich der Vorsitzende Voigt nicht mehr. Er predigt revolutionären Kampf, macht keinen Hehl aus seiner Auffassung, die Verfassungsordnung in Deutschland zu stürzen. Die Partei halte sich an die Gesetze, solange die Bundesrepublik existiere, aber sie strebe deren „Abwicklung" an. Kennzeichnend für die NPD ist mithin die klare Ablehnung des demokratischen Verfassungsstaates. Nach dem sensationellen Erfolg in Sachsen fügte der Parteivorsitzende auf dem Parteitag in Leinefelde im Oktober 2004 dem Drei-Säulen-Konzept eine neue Säule hinzu: den „Kampf um den organisierten Willen". Mit dem „organisierten Willen" ist die Bündelung aller Kräfte des „nationalen Lagers" gemeint – von der →Deutschen Volksunion bis zu den „Freien Kameradschaften".

War die Partei früher eher besitzbürgerlich orientiert, tritt sie heute als nationalrevolutionäre Kraft nahezu klassenkämpferisch auf und wendet sich vehement gegen die Globalisierung, gegen die USA und gegen den Kapitalismus. Die Idee der „Volksgemeinschaft" nimmt dabei breiten Raum ein. Für die NPD spielt der Antikommunismus als Klammer – im Gegensatz zur Zeit vor 40 Jahren – kaum mehr eine Rolle, auch wenn er bei der letzten Bundestagswahl partiell revitalisiert worden ist. Im Bundestagswahlkampf 2005 warb die Partei unter anderem mit folgenden Parolen: „Arbeit für Deutsche", „Inländerfreundlich", „EU abwählen", „Schnauze voll – Lügner abstrafen", „Quittung für Hartz IV". Der Slogan „Fremdarbeiter stoppen" stellte eine Anspielung auf Oskar Lafontaine dar. Da die Linkspartei offenkundig in einem Teil ihres Wählerreservoirs „fischte", griff die NPD diesmal wieder zu antikommunistischen Parolen. Der Text eines Wahlplakats mit Honecker und Lafontaine lautete: „Alles schon vergessen? – Nein zum Linksbündnis".

Das monatliche Parteiorgan „Deutsche Stimme" (seit 1976), das die „Deutschen Nachrichten" (1965-1973) und den „Deutschen Kurier" (1974-1975) abgelöst hatte, ist (bei einer Auflage von 21.000) gegenüber früher anspruchsvoller und zugleich radikaler geworden. Die Mitglieder- und Anhängerschaft soll so auf den Kurs der Partei eingeschworen werden. Hier finden sich Äußerungen im Sinne von Antisemitismus, Fremdenfeindlichkeit, Rassismus und Antipluralismus. Der Rechtsextremismus der Partei ist heute klar antikapitalistisch fundiert. Nicht nur die Positionen in der „Deutschen Stimme" sind dafür ein Beleg.

Organisation
Die NPD besitzt in allen Bundesländern Landesverbände. Diese gliedern sich in mehr oder weniger gut funktionierende Kreisverbände. Die Partei zeichnet sich weithin durch eine hierarchische Struktur aus. Bei ihr gibt es sogar Elemente einer Kaderpartei. Mit Ausschlüssen ist die Partei schnell bei der Hand. Die Stellvertreter des auf dem 31. Parteitag im November 2006 mit 95,2 Prozent wiedergewählten Parteivorsitzenden Voigt sind Holger Apfel, Peter Marx und Sascha Roßmüller. In seiner Funktion als Vorsitzender der „Jungen Nationaldemokraten" gehört auch Stefan Rochow dem Vorstand an. Die Jugendorganisation zählte 2005 350 Mitglieder. Der „Nationaldemokratische Hochschulbund" ist demgegenüber in der Versenkung verschwunden.

Die NPD hatte zur Zeit ihrer großen Wahlerfolge Ende der sechziger Jahre über 25.000 Mitglieder. Deren Zahl sank nach dem Scheitern bei der Bundestagswahl 1969 schnell (1970: 21.000; 1973: 12.000; 1977: 9.000). Zwischen 1981 und 2005 pendelte die Zahl zwischen 7.000 (1989) und 3.500 (1996). Auch wenn die Mitgliederzahl dies nicht ausweist, ist die NPD unter Udo Voigt deutlich gefestigter als unter Martin Mußgnug. Dessen fehlgeschlagener Versuch, die NPD in eine rechtsextreme Sammlungsbewegung unter dem Namen „Deutsche Allianz" (später: Deutsche Liga für Volk und Heimat) überzuleiten, führte zur Abspaltung eines Teils der Mitglieder und damit zu einer weiteren Schwächung der Partei. Bereits Anfang der siebziger Jahre hatten nationalrevolutionäre Kräfte um den damaligen bayerischen Landesvorsitzenden Siegfried Pöhlmann die NPD verlassen.

Gerhard Frey, der Herausgeber einer verbreiteten Postille unter wechselndem Namen (heute: „National-Zeitung"), der zur Zeit der Parteigründung im Abseits gestanden hatte, scheiterte 1975 bei dem Versuch, den stellvertretenden Vorsitz in der NPD zu erlangen, und wandelte 1987 seine bereits 1971 als Vereinigung ins Leben gerufene Deutsche Volksunion (DVU) in eine Partei um. Seinerzeit kam es kurzfristig zu einer Annäherung zwischen den beiden Rechtsaußenformationen und zu Wahlabsprachen. Dies wiederholte sich in den letzten Jahren: Am 15. Januar 2005 schlossen DVU und NPD einen „Deutschland-Pakt", so der pompöse Ausdruck. Die beiden Parteien wollen bis Ende 2009 nicht mehr gegeneinander antreten, der „Bruderkampf" sei eingestellt. Frühere Absprachen innerhalb des rechtsextremistischen Spektrums hatten angesichts programmatischer Unterschiede und personeller Eifersüchteleien nicht lange gehalten. Die Verbindung der NPD mit den militanten „Freien Kameradschaften" kommt ebenso einer Gratwanderung gleich. Die Organisation der NPD ist damit weniger gefestigt, als es nach außen erscheinen mag. Symptomatisch dafür ist der Austritt von drei Abgeordneten aus der sächsischen Landtagsfraktion. (Ein vierter Abgeordneter wurde im November 2006 ausgeschlossen, womit die Fraktion auf zwei Drittel ihrer ursprünglichen Stärke geschrumpft ist.) Auch finanziell steht die Partei trotz der in den letzten Jahren reichhaltig gesprudelten staatlichen Wahlkampfmittel zur Zeit eher schlecht da, nachdem ihr wegen falsch verbuchter Spenden von Seiten der Bundestagsverwaltung erhebliche Rückforderungen ins Haus stehen.

Fazit

Die NPD war lange eine rechtsextremistische Partei mit eher deutschnationaler Orientierung. Durch Günter Deckert und vor allem durch Udo Voigt radikalisierte sich ihr Kurs. Heute wendet sie sich vehement gegen die Globalisierung, den Kapitalismus und die USA. Ab Mitte der sechziger Jahre und erneut seit 2004 konnte die gesellschaftlich isolierte, ja geächtete Partei Erfolge erzielen, die bis zum Einzug in Landesparlamente führten (zuletzt 2004 in Sachsen und 2006 in Mecklenburg-Vorpommern). Der 2001 unternommene Versuch, die aggressiv auftretende Partei durch das Bundesverfassungsgericht verbieten zu lassen, wurde von den Antragstellern unprofessionell vorbereitet und scheiterte zwei Jahre später an juristischen Hürden. Die jüngsten Wahlerfolge können nicht darüber hinwegtäuschen, dass der organisatorische Zusammenhalt der NPD fragil bleibt. Dies gilt erst recht für das Bündnis mit der DVU und den „Freien Kameradschaften". Neue Zerreißproben sind damit vorprogrammiert – zumal, wenn sich die in hohem Maße von kurzfristig mobilisierbaren Protestthemen abhängige Erfolgskurve der Partei wieder nach unten neigt.

Auch bei einem besseren organisatorischen Zusammenhalt scheint es kaum vorstellbar, dass das von der NPD verfolgte „Drei-Säulen-Konzept" (Kampf um die Straße, um die Köpfe und um die Parlamente) nennenswerte Früchte abwerfen könnte – dafür bleibt die gesellschaftliche Basis der Partei außerhalb ihrer sächsischen Hochburgen zu schwach. Solange die NPD an ihren neo-nationalsozialistischen Tendenzen festhält, dürfte sich daran im Prinzip nichts ändern. Im kleinräumigen Kontext einer Gemeinde oder Region mag es der Partei gelingen, ein virulentes Protestwählerpotenzial ideologisch an sich zu binden. Im Kontext der nationalen Politik stößt eine solche Strategie jedoch rasch an ihre Grenzen.

Literatur

Apfel, Holger, Hg. (1999), „Alles Große steht im Sturm". Tradition und Zukunft einer nationalen Partei, 35 Jahre NPD – 30 Jahre JN, Stuttgart.

Brandstetter, Marc (2006), Die NPD im 21. Jahrhundert. Eine Analyse ihrer aktuellen Situation, ihrer Erfolgsbedingungen und Aussichten, Marburg.

Flemming, Lars (2005), Das NPD-Verbotsverfahren. „Vom Aufstand der Anständigen" zum „Aufstand der Unfähigen", Baden-Baden.

Hoffmann, Uwe (1999), Die NPD – Entwicklung, Ideologie und Struktur, Frankfurt a.M.

Miliopoulos, Lazaros (2006), Die NPD als Machtfaktor im deutschen Parteiensystem, in: Uwe Jun/Henry Kreikenbom/Viola Neu (Hg.), Kleine Parteien im Aufwind, Frankfurt a.M./New York, S. 223-245.

Steglich, Henrik (2005), Die NPD in Sachsen. Organisatorische Voraussetzungen ihres Wahlerfolgs 2004, Göttingen.

 Internet

www.npd.de

Eckhard Jesse

NATURGESETZ PARTEI, AUFBRUCH ZU NEUEM BEWUSSTSEIN (NATURGESETZ)

Die Naturgesetz Partei, Aufbruch zu neuem Bewusstsein war die deutsche Ausformung der „Natural Law Party" (NLP). Diese wurde 1992 von Mahesh Prasad Warma weltweit gegründet. Der indische Yogi konzipierte die Partei als politischen Arm seines Maharishi-Kultes, der Transzendentalen Meditation (TM). In Deutschland hatte die Partei zwischen 600 und 800 Mitglieder – zumeist Angehörige der TM – und war in drei Landesverbände gegliedert. Zwischen 1993 und 2000 nahm sie an jeweils zwei Bundestags- und Europawahlen sowie 15 Landtagswahlen teil. Ihre Stimmenanteile bewegten sich dabei zwischen 0,0 und 0,3 Prozent.

1976 hatte Warma bereits eine „Weltregierung für das Zeitalter der Erleuchtung" ausgerufen. Zwei Jahre später erklärte er die „Unbesiegbarkeit für jede Nation" durch Anwendung spezieller Meditationstechniken. Mit deren Hilfe wollte er mittels Bewusstseinsänderung das Leben der gesamten Gesellschaft in eine ursprüngliche Harmonie versetzen. 1984 folgte eine erste Parteigründung unter dem Namen „Vertreter des Volkes – Die goldene Partei Deutschlands", deren Ziel die Etablierung einer Weltregierung im Zeitalter der Erleuchtung war, um die Probleme aller Regierungen durch transzendentale Meditation zu lösen. Verbesserungen sollten in den Bereichen Gesundheitsvorsorge samt Drogenprophylaxe und Heilbehandlung, Verteidigung und Strafgefangenenrehabilitation erreicht werden. Die Partei warf der herrschenden politischen Klasse vor, sowohl für Verbrechen als auch für Gesundheitsschäden verantwortlich zu sein. Dagegen setzte sie ihre „Yogischen Flieger". Ein Prozent der Bevölkerung könne als staatstragende Gruppe von Meditierenden zur Schaffung einer harmonischen Atmosphäre beitragen. In ihrem Programm warb die Naturgesetz-Partei mit folgenden Zielen: Unterstützung der Nation durch die Naturgesetze, Vereinfachung der nationalen Verwaltung, Wirtschaftswachstum und Wohlstand, Steuersenkung, Ausbildung zu höherem Bewusstsein, unbesiegbare nationale Verteidigung, Freiheit von Kriminalität und Umweltverschmutzung. Ab 2000 traten die Forderungen nach Auflösung der NATO und Nicht-Einführung des Euros in den Vordergrund. In Folge der Anschläge vom 11. September 2001 in New York empfahl die Partei, Soldaten in transzendentaler Meditation und yogischem Fliegen auszubilden, um Deutschland vor terroristischen Angriffen zu schützen. Zeitgleich beschloss die Naturgesetz Partei, nicht mehr an Wahlen teilzunehmen. 2003 und 2004 wurde die NLP von Warma weltweit aufgelöst.

Die Naturgesetz Partei kann als Phantompartei bezeichnet werden, die ausschließlich als Wahlkampfmaschine der TM – einer religiös und weltanschaulich minoritären Kultusgemeinschaft der Moderne – zur Umsetzung der Ideologie des Yogi Mahesh Prasad Warma existierte. Ihr sektenartiger Charakter verweist sie in eine Reihe mit der →Europäischen Arbeiter-Partei oder der →Bürgerrechtsbewegung Solidarität. Wie diese wurde die Naturgesetz Partei aufgrund der politischen und ideologischen Ziele der TM und ihres Gründers von Sektenexperten gelegentlich als extremistisch charakterisiert. Dabei bezogen sie sich vor allem auf die Kritik Warmas am demokratischen System und auf den Zwang zur gesamtgesellschaftlichen Meditation.

 Literatur

Beckers, Hermann-Josef/Hubert Kohle (1994), Transzendentale Meditation, in: dies (Hg.), Kulte, Sekten, Religionen, Augsburg, S. 317-322.

Boom, Dirk van den (1999), Politik diesseits der Macht? Zu Einfluss, Funktion und Stellung von Kleinparteien im politischen System der Bundesrepublik Deutschland, Opladen, S. 174 ff.

Stefan Braun

Neue liberale Partei

→ Initiative Pro D-Mark

DIE NEUE STATT PARTEI Landesverband Niedersachsen (NEUE STATT PARTEI)

Die Neue Statt Partei gründete sich im Oktober 1993 unter dem Namen Statt Partei in Niedersachsen. Nach Teilnahme an der dortigen Landtagswahl am 13. März 1994 löste sie sich wenig später wieder auf. Die Schöpfung des Hannoveraner Studenten Andreas Dimpfel, ehemaliges Mitglied und Jugendsprecher der →Republikaner, trug zu Beginn den Namen Statt Partei. Ihre Entstehung steht in Zusammenhang mit der hastig betriebenen Bundesausweitung der Hamburger →Statt Partei, die als bürgerliche Wählerbewegung und Anti-Parteienstaats-Partei am 19. September 1993 in die Hamburger Bürgerschaft eingezogen war. Ohne die Zustimmung des Originals einzuholen, gelang es Dimpfel knapp, die erforderlichen 2.000 Unterschriften für eine Kandidatur zur Landtagswahl zu sammeln. Die Zulassung seiner Partei sorgte für eine kuriose Situation, da nun zwei Statt Parteien auf dem Wahlzettel standen – die eine mit, die andere ohne den Segen der Hamburger Wählervereinigung, welche sich obendrein zunächst selbst zur Wahl angemeldet hatte, dann aber trotz Bedenken zugunsten der niedersächsischen Formation zurückzog. Um eine Verwechselung zu vermeiden, schlug der niedersächsische Landeswahlausschuss zunächst vor, Dimpfels Partei unter dem Namen „Die zweite Statt Partei" zu führen. Die Statt Partei versuchte dagegen juristisch vorzugehen, musste sich aber vom Landgericht Hannover bescheinigen lassen, dass ihr Parteiname nur bundesweit geschützt sei. Schließlich einigte sich der Landeswahlausschuss auf den Namen „Die Neue Statt Partei"(!). Diese erreichte bei der niedersächsischen Landtagswahl 0,5 Prozent der Stimmen, während das Original mit 1,3 Prozent nur unwesentlich besser abschnitt. Eine Wahlanfechtung der Statt Partei verlief im Sande. Dabei war der Unmut über den unerwünschten Ableger durchaus verständlich, der nicht mit eigenen Forderungen aufwartete, sondern lediglich danach trachtete, aus dem populär gewordenen und rechtlich noch nicht geschützten Namen des Originals Profit zu schlagen. Mit den eigentlichen Zielen und Grundsätzen der Statt Partei hatte der Trittbrettfahrer nicht viel im Sinn. Die Neue Statt Partei symbolisierte insofern das Chaos der Hamburger Wählervereinigung, mit dem diese bei ihrer Bundesausdehnung kämpfen musste.

 Literatur

Decker, Frank (1996), STATT Reform: Protest PARTEI: Aufstieg und Fall der Hamburger STATT Partei, in: Zeitschrift für Parlamentsfragen 27 (2), S. 229-242.
Hoffmann, Jürgen (1995), Die STATT Partei. Das Scheitern einer bürgerlichen Protestpartei, in: Gellner, Winand/Hans-Joachim Veen (Hg.), Umbruch und Wandel in westeuropäischen Parteiensystemen, Frankfurt a.M. u.a., S. 195-222.

Florian Hartleb

NEUES FORUM (FORUM)

Entstehungs- und Entwicklungsgeschichte
Das Neue Forum wurde am 9. September 1989 von einer Gruppe von DDR-Oppositionellen bei Berlin gegründet. Die Gruppe veröffentlichte kurz darauf den Aufruf „Die Zeit ist reif – Aufbruch 89" mit einer Liste von 30 Erstunterzeichnern (darunter die Malerin Bärbel Bohley und der Molekularbiologe Jens Reich). Im Zentrum des Aufrufs stand die Forderung nach einer tief greifenden demokratischen Umgestaltung der DDR und nach einem gleichberechtigten Dialog zwischen Staatsführung und Bürgern. Er wurde innerhalb weniger Wochen von Tausenden von DDR-Bürgern unterschrieben und entwickelte sich schnell zum Startsignal für die Entstehung einer breiten überparteilichen Bürgerbewegung, die maßgeblichen Anteil am Sturz des SED-Regimes hatte. Der Entstehungsprozess des Neuen Forums verlief regional sehr unterschiedlich. Zunächst verbreitete es sich vor allem in Ostberlin und im Raum Leipzig, dann auch in anderen Regionen der DDR. In den Monaten Oktober und November 1989 entfaltete das Neue Forum zusammen mit anderen Bürgerbewegungen seine größte Massenmobilisierungsfähigkeit und wurde zum Träger der Montagsdemonstrationen, auf denen freie Wahlen und das Ende der Alleinherrschaft der SED gefordert wurden. Eine bedeutende Rolle spielten die Vertreter des Neuen Forums auch am zentralen Runden Tisch, der zwischen Dezember 1989 und März 1990 wichtige politische Entscheidungen in der DDR traf. Allerdings hatte das Neue Forum zu diesem Zeitpunkt bereits einen Teil seines Masseneinflusses eingebüßt, da sich nach Öffnung der Mauer am 9. November 1989 zunehmend Widersprüche zwischen den Sprechern des Neuen Forums und der breiten Volksbewegung

in der DDR entwickelten. Kritische Positionen zur deutschen Einheit und Marktwirtschaft trugen zur Abschwächung des Masseneinflusses des NF bei. Ende
1989 kam es auch intern zu Differenzen über den weiteren Kurs. Dabei ging es
vor allem um die Frage, ob sich das Neue Forum zur Wahlpartei umformieren
oder Bürgerbewegung bleiben sollte. Anfang 1990 spaltete sich die „Neue Forum
Partei", die vor allem im Süden der DDR Unterstützung fand, vom Neuen Forum
ab, blieb aber ohne nennenswerten Einfluss. Die Mehrheit des Neuen Forums
gründete im Februar 1990 mit den beiden Bürgerrechtsgruppen „Demokratie
Jetzt" (DJ) und „Initiative Frieden und Menschenrechte" (IFM) die Wahlvereinigung →Bündnis 90, um gemeinsam bei der ersten freien Volkskammerwahl am
18. März 1990 anzutreten. Im Herbst 1991 spaltete sich das Neue Forum erneut.
Während die eine Hälfte sich mit DJ und IFM im Bündnis 90 als Organisation im
Sinne des Parteiengesetzes konstituierte und für die Auflösung des Neuen Forums eintrat, hielt die andere Hälfte an den bestehenden Strukturen fest. Diese
unter dem alten Namen weiterarbeitende Gruppe beteiligte sich auch nicht an
den Verhandlungen über eine Fusion mit den westdeutschen Grünen. Seit Anfang der neunziger Jahre tritt das Neue Forum bei verschiedenen Landtags- und
Kommunalwahlen in Ostdeutschland als eigenständige Gruppierung an, erreicht
dabei aber nur noch marginale Stimmergebnisse.

Wahlergebnisse und Wählerschaft
Der elektorale Erfolg stand in keinem Verhältnis zum breiten Masseneinfluss des
Neuen Forums während des Sturzes der SED-Herrschaft. Das Unterstützermilieu,
welches das Neue Forum anfangs mobilisieren konnte, war parteipolitisch außer-
ordentlich heterogen und tendierte, nachdem sich in der DDR die Parteien nach
westdeutschem Vorbild konstituiert hatten, in unterschiedliche Richtungen. Nur
die Gruppen des kirchlich-oppositionellen und alternativen Milieus hielten dem
Neuen Forum als basisdemokratische Organisation die Treue. Kirchliche Mitarbeiter, Angehörige freier Berufe, Vertreter der technischen Intelligenz und junge,
politisch interessierte DDR-Bürger zählten zu den Kernwählern. Wie klein der
Unterstützerkreis war, zeigte sich bei den ersten freien Volkskammerwahlen im
März 1990, als das gemeinsame Wahlbündnis aus Neuem Forum sowie DJ und
IFM (→Bündnis 90) gerade einmal 2,9 Prozent der Stimmen erzielte und mit 12
Abgeordneten in die Volkskammer einzog. Die besten Resultate erreichte es bei
den Kommunalwahlen im Mai 1990, wo man in städtischen Hochburgen wie
Potsdam, Schwerin, Leipzig, Dresden und Rostock entweder allein oder im
Bündnis mit anderen Bürgerbewegungen zum Teil zweistellige Ergebnisse vor-
weisen konnte. Davon abgesehen konnte das Neue Forum aber bei keiner wichti-
gen Wahl aus eigener Kraft die Fünf-Prozent-Hürde überwinden. Nur im Bünd-

nis mit den anderen Bürgerbewegungen gelang es, bei der ersten Runde der Landtagswahlen (1990) beachtliche Erfolge zu erzielen. Wo das Neue Forum, wie in Mecklenburg-Vorpommern, als eigenständige Formation antrat, blieb es deutlich unter dieser Marke (2,9 Prozent). In der zweiten Runde der Landtagswahlen (1994) konnte das Neue Forum an die vormaligen Ergebnisse nicht mehr anknüpfen. Lediglich in Thüringen kam es hier noch über 1 Prozent der Stimmen. 1998 und 1999 fiel es dann vollends auf den Status einer unbedeutenden Splitterpartei zurück. Die bisher letzte Kandidatur fand im September 2006 bei der Wahl zum Berliner Abgeordnetenhaus statt (0,0 Prozent).

Ergebnisse bei Landtagswahlen

Datum	Land	Ergebnis	Liste/Listenverbindung
14.10.1990	Brandenburg	6,4	Neues Forum – Demokratie Jetzt (Bündnis 90)
14.10.1990	Mecklenburg-Vorpommern	2,9	Neues Forum
14.10.1990	Sachsen-Anhalt	5,3	Neues Forum – Demokratie Jetzt – Grüne
14.10.1990	Sachsen	5,6	Neues Forum – Bündnis – Grüne (Neues Forum, Demokratie Jetzt, Die Grünen, →Unabhängiger Frauenverband)
14.10.1990	Thüringen	6,5	Neues Forum – Grüne – Demokratie Jetzt
14.10.1990	Sachsen-Anhalt	5,3	Grüne Liste/Neues Forum (Neues Forum, Grüne, Demokratie Jetzt, Initiative Frieden und Menschenrechte, →Unabhängiger Frauenverband)
11.09.1994	Sachsen	0,7	Neues Forum (Sachsen)
16.10.1994	Thüringen	1,1	Neues Forum
26.04.1998	Sachsen-Anhalt	0,4	Neues Forum
19.09.1999	Sachsen	0,2	Neues Forum
19.09.1999	Thüringen	0,3	Neues Forum
18.09.2006	Berlin	0,0	Neues Forum

Programmatik
Der 1989 vom Gründerkreis des Neuen Forums veröffentlichte Aufruf „Aufbruch 89" konnte eine große Breitenwirkung erzielen, weil er auf programmatische

Festlegungen verzichtete. Stattdessen wurden die Konflikte im Verhältnis Staat und Gesellschaft in der DDR benannt und allgemeine Forderungen wie die nach einer demokratischen Umgestaltung der Gesellschaft aufgestellt. Ansonsten griff der Aufruf auf Begriffe wie Gerechtigkeit, Frieden und Demokratie zurück, die vieldeutig interpretierbar waren. Bis zum Zeitpunkt der Legalisierung des Neuen Forums im November 1989 war diese Vagheit der programmatischen Aussagen eine Grundvoraussetzung für den Erfolg. Im Wahljahr 1990, als die Macht der SED bereits gebrochen war und es zu einer Ausdifferenzierung der Parteien- und Organisationslandschaft in der DDR kam, stellte sich diese Unbestimmtheit und Profillosigkeit jedoch als ein entscheidendes Manko heraus. Vielen DDR-Bürgern waren die programmatischen Vorstellungen des Neuen Forums zu diffus. Vor allem in Bezug auf die deutsche Einheit vermissten sie klare Aussagen. Auch die internen Debatten über die Organisationsfrage (Partei oder Bewegung) wirkten auf die Wählerschaft eher abstoßend. Als kleine Splitterpartei wirbt das Neue Forum heute immer noch mit dem Image einer parteiübergreifenden Bürgerbewegung, die sich für die „Demokratie in allen Lebensbereichen" einsetzt.

Organisation

Nachdem sich im September 1989 innerhalb weniger Wochen Tausende von DDR-Bürgern dem Aufruf des Gründerkreises des NF angeschlossen hatten, kam es in vielen Städten und Gemeinden spontan zur Gründung von Basisgruppen (Orts- und Wohngebietsgruppen sowie thematisch orientierte Fachgruppen). An ihre Spitze wurden Gruppensprecher gewählt, die wiederum auf lokaler oder regionaler Ebene Sprecherräte bildeten. Im Oktober 1989 konstituierte sich aus diesen Sprecherräten in Ost-Berlin ein provisorischer landesweiter Sprecherrat und Koordinierungsausschuss. Bereits einen Monat später kam es zu einer Verstetigung der Organisationsstrukturen. Auf einer Republiksprechersitzung in Ostberlin wurde ein Landessprecherrat gebildet, der sich aus fünfzehn gewählten Sprechern der DDR-Bezirke, aus fünf Mitgliedern des Gründerkreises und aus fünf Vertretern aus dem Plenum der Republiksprecher zusammensetzte. Außerdem wurde je eine Kommission für die Erarbeitung eines Programms und eines Statuts gewählt und im Dezember 1989 ein Arbeitsausschuss ins Leben gerufen, der für die Koordination der operativen Arbeit zuständig war. Als oberstes Entscheidungsgremium wurde schließlich eine Landesdelegiertenkonferenz installiert. Vertreter der Intelligenz stellten die größte Gruppe der aktiven Mitglieder des NF, bei der Altersstruktur dominierten die Jahrgänge der 25- bis 35-Jährigen. Auf dem Höhepunkt seiner Mobilisierungsfähigkeit hatte das Neue Forum annähernd 10.000 Mitglieder. Als ostdeutsche Splitterpartei umfasst es heute nur noch wenige Mitglieder. Es hat jeweils eigene Gliederungen in den ostdeutschen Bundesländern und wird von einem dreiköpfigen Bundesvorstand vertreten, dem ein Länderrat aus neun Mitgliedern zur Seite steht. Das oberste Entscheidungsgremium ist das Bundesforum.

Fazit

Das Neue Forum spielte im Herbst 1989 als politisch heterogene Bürgerbewegung beim Sturz der SED eine zentrale Rolle, konnte aber im Wahljahr 1990 seinen Masseneinfluss aufgrund programmatischer und organisatorischer Defizite nur unzureichend in Wahlstimmen ummünzen. Starke interne Widerstände gegen eine Umwandlung in eine Wahlpartei und eine aus den Traditionen der DDR-Opposition begründete Anti-Macht-Einstellung trugen dazu bei, dass das Neue Forum bereits wenige Jahre nach seiner Gründung nur noch auf kommunaler Ebene eine Rolle spielte. Heute ist es nur noch eine marginale ostdeutsche Splitterpartei.

 Literatur

Müller-Enbergs, Helmut/Marianne Schulz/Jan Wielgohs, Hg. (1991), Von der Illegalität ins Parlament. Werdegang und Konzept der neuen Bürgerbewegungen, Berlin.

Haufe, Gerda/Karl Bruckmeier, Hg. (1993), Die Bürgerbewegungen in der DDR und in den ostdeutschen Bundesländern, Opladen.

Probst, Lothar (1993), Ostdeutsche Bürgerbewegungen und Perspektiven der Demokratie, Köln.

Lothar Probst

Ökologisch-Demokratische Partei (ödp)

Entstehungs- und Entwicklungsgeschichte

Die Ökologisch-Demokratische Partei (ÖDP, seit 1997: ödp) entstand 1982 als „Kind" der Ökologiebewegung. Zentrale Figur war Herbert Gruhl, in den siebziger Jahren CDU-Bundestagsabgeordneter und Autor des Bestsellers „Ein Planet wird geplündert", der bereits 1978 die Grüne Aktion Zukunft (GAZ) gegründet und mit dieser auch an der Bildung der Grünen mitgewirkt hatte (→Bündnis 90/Die Grünen). Dort konnten sich Gruhl und seine Anhänger aber weder mit ihrer umfassenden konservativen „Lebensschutz"-Konzeption noch mit ihrer

Zustimmung zu parlamentarischer Demokratie und Westbindung der Bundesrepublik durchsetzen.

Gerade die Verbindungen zum „Weltbund zum Schutz des Lebens", aber auch Gruhls unklare Haltung zu ökologisch verbrämten rechtsextremistischen Positionen brachten der ÖDP den Vorwurf des „Ökofaschismus" ein. Der deshalb auf dem Bundesparteitag in Saarbrücken 1989 auf Betreiben vor allem jüngerer Parteimitglieder verabschiedete Abgrenzungsbeschluss gegenüber rechtsextremistischen Parteien zog den Rücktritt Gruhls vom Parteivorsitz nach sich, an dessen Führungsstil sich schon seit längerem – mitunter auch gerichtlich ausgetragene – Konflikte entzündet hatten. Gruhl suchte seine Anhänger in einem parteiinternen Arbeitskreis zu sammeln, was die ÖDP zunächst tolerierte, um ihr – bis heute – prominentestes Gesicht nicht zu verlieren. Gruhls Weigerung, die neue Parteilinie umzusetzen, führte aber 1990 zum endgültigen Bruch und zu dessen Parteiaustritt. Zumindest einige der mit ihm ausgetretenen Aktivisten engagierten sich später tatsächlich in rechtsextremen Gruppen.

Ab Mitte der neunziger Jahre gelangen der ödp einige politische Erfolge: So klagte sie 2004 vor dem Bundesverfassungsgericht mit anderen nicht-etablierten Parteien zusammen erfolgreich gegen die Einführung des „Drei-Länder-Quorums", das die Hürden für die Inanspruchnahme der staatlichen Parteienfinanzierung heraufgesetzt hätte. Bundespolitische Bedeutung hatte 1999 auch die Feststellung des nordrhein-westfälischen Verfassungsgerichtshofs, wonach die Fünf-Prozent-Klausel bei Kommunalwahlen verfassungswidrig sei. Aufsehenerregend, wenngleich nur landespolitisch relevant, war 1996/97 schließlich ein von der ödp betriebenes erfolgreiches Volksbegehren zur Abschaffung der zweiten Gesetzgebungskammer in Bayern mit dem Slogan: „Schlanker Staat ohne Senat!"

Wahlergebnisse und Wählerschaft
Bei Wahlen hat die ödp bislang nur auf kommunaler Ebene Mandate erringen können. Bei Bundestagswahlen ist die Partei notorisch erfolglos geblieben, da sie es bis zuletzt nicht geschafft hat, in allen Bundesländern mit eigenen Landeslisten anzutreten. Auch bei den Europawahlen schnitt sie nur unwesentlich besser ab. Ihre besten Wahlergebnisse verbucht die ödp auf der Landesebene in Baden-Württemberg und in Bayern, wo sie in der Regel zwischen einem und zwei Prozent der Wähler hinter sich bringt. Angesichts dieser Erfolgslosigkeit versucht die ödp in jüngster Zeit verstärkt mit anderen Parteien zu kooperieren. So kam es z.B. zu Absprachen mit der →Familienpartei (etwa bei der Bundestagswahl 2005, zu der die ödp nicht antrat). Bei der Landtagswahl in Sachsen-Anhalt trat die ödp 2006 gemeinsam mit den →Grauen und der →Tierschutzpartei als Listenvereini-

gung „GUT Gerechtigkeit-Umwelt-Tierschutz" an, doch kam man auch hier nicht
über 0,8 Prozent der Stimmen hinaus.

Ergebnisse bei Bundestags-, Europa- und Landtagswahlen[1]

Jahr	Bundestagswahlen	Europawahlen	Landtagswahlen
1983	0,0		
1984		0,3	
1987	0,3		
1988			BaWü 1,4
1989		0,7	
1990	0,4		BY 1,7
1992			BaWü 1,9
1994	0,4	0,8	BY 2,1
1996			BaWü 1,5
1998	0,2		BY 1,8
1999		0,4	
2002	0,1		
2003			BY 2,0
2004		0,6	

[1]Landtagswahlergebnisse über 1 Prozent

Auch die kommunalpolitischen Erfolge konzentrieren sich auf Bayern, wo die
ödp 245 ihrer 336 Mandate gewinnen konnte. Nur für diese Hochburg lassen sich
auch Aussagen zur Wählerschaft machen: Die Partei hat ihre Schwerpunkte im
katholisch geprägten Altbayern, während sie in den evangelischen Landesteilen
Frankens deutlich geringeren Zuspruch findet. Die Wähler leben dabei vorwiegend auf dem Land bzw. in den Mittel- und Oberzentren ländlicher Gebiete,
weniger im Münchner „Speckgürtel".

Programmatik
Betrachtet man ihr aktuelles bundespolitisches Programm, so zeigt die ödp deutlich das Profil einer wertkonservativen bürgerlichen Ökologiepartei. Unter dem
Leitsatz „Weniger ist mehr" gliedert sich das Programm in sechs Abschnitte, von
denen zwei („Schöpfung bewahren"; „Leben schützen – von Anfang bis Ende")
stärker wertorientiert und ein weiteres („verantwortlich wirtschaften und sinnvol-
le Arbeitsplätze schaffen") stärker ökologisch ausgerichtet sind. Auf diesen Politikfeldern sind die Forderungen teilweise äußerst detailliert, so beim bereits 1993
entwickelten Konzept einer ökologischen Steuerreform oder auch in der Land-

wirtschaftspolitik. In der Abtreibungsfrage bekennt sich die ödp zum geltenden Recht, fordert aber, dass „Beratungen wirksam auf den Schutz des ungeborenen Lebens zielen" müssen. Spätabtreibungen lehnt sie ab und der Pränataldiagnostik steht sie kritisch gegenüber. Den wirksamsten Schutz des ungeborenen Lebens sieht die ödp in einer verbesserten Familienpolitik. Ein anderer Themenbereich, der in der Programmatik eine herausgehobene Rolle spielt, sind Fragen der Staats- und Demokratiereform. Hier setzt sich die ödp u.a. für den weiteren Ausbau und die verstärkte Nutzung direktdemokratischer Beteiligungsformen, eine Länder- neugliederung sowie eine Neuregelung der Parteienfinanzierung ein.

Mit seiner starken ökologischen Ausrichtung steht das bundespolitische Programm in einem gewissen Spannungsverhältnis zum Grundsatzprogramm von 1997 (zuvor wurden 1982 und 1993 bereits Grundsatzprogramme verab- schiedet), in dem sich die ödp „zu einem Menschenbild, das die Spannungsein- heit von ‚Ich' und ‚Wir' anerkennt" bekennt und „eine neue Art von umfassen- dem Gemeinsinn" fordert. Es handelte sich dabei offenbar um den Versuch, pro- grammatisch über den Status einer reinen Ökologiepartei hinauszukommen, indem man auf die sozialphilosophische Kommunitarismusdebatte Bezug nahm. Das Ergebnis wirkt aber nicht unbedingt überzeugend, sondern hinterlässt eher den Eindruck, „als wäre eine Partei auf die Suche nach einer neuen, grundsätzli- chen programmatischen Konzeption und Vision gegangen, hätte sich aus der aktuellen theoretischen Diskussion etwas ausgeborgt und dem Parteiprogramm sozusagen übergestülpt" (van den Boom).

Organisation

Die ödp gehört zu den wenigen nicht-etablierten Kleinparteien, die in allen Bun- desländern Landesverbände unterhalten. Unterhalb der Landesebene haben sich 150 Kreisverbände etabliert, davon allerdings die Hälfte in Bayern – ansonsten ist die ödp nur in Nordrhein-Westfalen (26) und Baden-Württemberg (23) mit einer größeren Zahl von Kreisverbänden präsent. Der Bundesparteitag wählt den neunköpfigen Bundesvorstand. Geleitet wird die Partei vom vierköpfigen ge- schäftsführenden Bundesvorstand mit dem Bundesvorsitzenden. Nachdem die Partei bis 1989 – trotz aller Konflikte – relativ unbestritten von Gruhl geführt wurde, hat sich seither im Vorsitz eine starke Fluktuation ergeben. Hans-Joachim Ritter amtierte als Gruhls Nachfolger immerhin noch vier Jahre (1989–1993), Bernd Richter (1993–1995) und Hans Mangold (1995–1997) waren jeweils nur zwei Jahre Vorsitzender, Susanne Bachmaier (1997–2000) und Uwe Dolata (2000– 2003) je drei Jahre. Seit 2003 führt der Kernphysiker Klaus Buchner die Partei. Neben dem Vorstand bestehen ein Bundeshauptausschuss, ein „Ökologischer

Rat" von Experten, die die Partei wissenschaftlich beraten sollen, und 15 Bundesarbeitskreise zu spezifischen Sachgebieten.

Bei ihrer Gründung hatte die ödp etwa 1.750 Mitglieder. In der Anfangszeit verlor die Partei zunächst Mitglieder (1985: 1.350), gewann dann aber stetig hinzu, bis ihr 1998 knapp 7.200 Personen angehörten. Seither ist die Mitgliederzahl wieder leicht rückläufig: 2005 betrug sie knapp 6.500, davon stammen mehr als die Hälfte (3.700) aus Bayern.

Durch die Teilnahme an der staatlichen Parteienfinanzierung (2005: € 650.000) konnte die ödp einen kleinen Personalapparat mit insgesamt 18 Teil- und Vollzeitmitarbeitern aufbauen. Der Bundesverband beschäftigt in seiner Bundesgeschäftsstelle in Würzburg und dem kommunalpolitischen Büro in Mainz sechs Mitarbeiter; außerdem verfügt er über fünf Regionalbeauftragte. Der Landesverband Bayern verfügt in der Landesgeschäftsstelle in Passau über drei Stellen und drei Regionalbeauftragte (Angaben für 2006). Die Professionalisierung zeigt sich auch im einheitlicheren Erscheinungsbild der ödp nach Einführung der neuen Corporate Identity 1997.

Neben der 1992 gegründeten Jugendorganisation „junge ökologen" (250 Mitglieder) steht der Partei die „Stiftung für Ökologie und Demokratie" nahe. Die 1989 gegründeten „Ökologisch-Demokratischen Studierenden" hatten zeitweise 500 Mitglieder (1999), lösten sich aber 2005 auf. Die Information der Mitglieder erfolgt durch das monatlich erscheinende ödp-Journal.

Nachdem in den achtziger Jahren vor allem das Problem der Abgrenzung zum Rechtsextremismus und der Führungsstil Gruhls innerparteiliche Konflikte hervorriefen, bestimmen heute primär strategische Fragen die Auseinandersetzungen. Die Wahlerfolge der ödp bleiben – wie gezeigt – weitgehend auf die Kommunen begrenzt und entfalten deshalb – ebenso wie die öffentlichkeitswirksam lancierten Volksinitiativen und -begehren – kaum überregionale politische Wirkung. So ergeben sich zwangsläufig Spannungen zwischen an der Politikdurchsetzung interessierten Kommunalpolitikern aus den „Hochburgen" und „Programmpolitikern" aus der Parteidiaspora. Angesichts der chronischen Erfolglosigkeit der ödp bei Bundestagswahlen und den meisten Landtagswahlen steht die Frage im Raum, ob man sich nicht ressourcenschonend auf die Kommunalpolitik und die erfolgreicheren Regionen konzentrieren sollte. Institutionellen Ausdruck findet der Konflikt in der starken Position des Landesverbands Bayern, der die anderen Landesverbände an Mitgliedern, Wählern, Mandatsträgern und Ressourcen weit übertrifft.

Auch auf der internationalen Ebene ist die ödp als Mitglied der 2003 gegründeten Organisation „World Ecological Parties" vernetzt, der insgesamt neun – vorwiegend europäische – Parteien angehören.

Fazit

In gewisser Weise ist die ödp in der deutschen Parteienlandschaft ein Unikum, denn sie zeichnet sich für eine nicht-extremistische Kleinpartei durch eine bemerkenswerte Lebensdauer aus. Dies gelingt ihr, weil sie mit ihrem Programm eines wertkonservativen Ökologismus gerade im von „bürgerlichen" Umweltschützern geprägten Süddeutschland eine politische Nische besetzen kann. Ihre Erfolge bei Kommunalwahlen bergen nicht nur ein gewisses Karrierepotenzial für Aktivisten, sondern tragen auch zur nachhaltigen Motivation der aktiven Mitglieder bei. Zudem ist die Anhängerschaft ausreichend groß, um die Teilnahme an der staatlichen Parteienfinanzierung und damit die Existenz eines halbwegs professionalisierten Parteiapparats aufrechtzuerhalten. Nur dieser kann ein bestimmtes Maß an Kampagnenfähigkeit absichern, um punktuelle außerparlamentarische Erfolge erringen zu können.

Andererseits scheinen die Wachstumsmöglichkeiten aber auch beschränkt: So wenig die wertkonservative ödp „libertäre" Grünen-Sympathisanten für sich gewinnen kann, so wenig ansprechend dürfte das eher Verzicht verheißende ökologische „Weniger ist mehr" für ihre traditionelle bürgerliche Wählerklientel sein. Dieses Dilemma spiegeln auch die programmatisch nicht immer überzeugenden Kooperationsversuche mit anderen Kleinparteien wider. Ähnliche Probleme stellen sich – trotz der beachtlichen Erfolge – auch für außerparlamentarische Kampagnen im Rahmen der Volksgesetzgebung. Wegen des beträchtlichen Aufwands kann die ödp hier erfolgversprechende Initiativen und Begehren nur im Bündnis mit anderen Akteuren betreiben. Bei den bayerischen Initiativen erreichte sie die größte Mobilisierungswirkung bezeichnenderweise außerhalb ihrer Hochburgen, ohne dass sie dort bei folgenden Wahlen nennenswert hinzugewinnen konnte.

 Literatur

Boom, Dirk van den (1999), Politik diesseits der Macht? Zu Einfluss, Funktion und Stellung von Kleinparteien im politischen System der Bundesrepublik Deutschland, Opladen, S. 118 ff.

Kranenpohl, Uwe (2006), Die bayerische ÖDP. Landespolitischer Reißnagel oder quantité négligeable?, in: Uwe Jun/Henry Kreikenbom/Viola Neu (Hg.), Kleine Parteien im Aufwind, Frankfurt a.M./New York, S. 298-318.

Mankau, Raphael, Hg. (1999), 20 Jahre ödp. Anfänge, Gegenwart und Perspektiven ökologisch-demokratischer Politik, Rimpar.

Schulze, Andreas (2004), Kleinparteien in Deutschland. Aufstieg und Fall nicht-etablierter politischer Vereinigungen, Wiesbaden, S. 137 ff.

Internet

www.oedp.de

Uwe Kranenpohl

ÖKO-UNION

→ DEUTSCHE SOLIDARITÄT

Offensive D

→ Schill-Partei

OFFENSIVE FÜR DEUTSCHLAND

→ BUND FREIER BÜRGER

Partei Bibeltreuer Christen (PBC)

Entstehungs- und Entwicklungsgeschichte
Die PBC wurde im November 1989 auf Initiative des Leiters der Internationalen
Zigeunermission e.V., Pastor Gerhard Heinzmann, von einer Gruppe Kirchenak-
tiver und Pfarrer aus dem Umfeld pfingstlich-charismatischer Freikirchen in
Karlsruhe gegründet. Motiv war der Wunsch, als bekennende Christen stärkeren
politischen Einfluss zu nehmen, insbesondere vor dem Hintergrund der zu dieser
Zeit aktuellen Diskussion um die Neufassung des Abtreibungsrechts. Im Gegensatz zu ihren unmittelbaren Konkurrenten →Christliche Liga und →Christliche
Mitte, die ebenfalls zum Spektrum der christlich-fundamentalistischen Parteien
gehören, ist sie keine Abspaltung einer bereits bestehenden Partei, sondern eine
echte Neugründung. Dabei gelang es der PBC vor allem, bis dato politisch nicht
aktive Christen evangelikaler Prägung für die Parteiarbeit zu gewinnen. In den

neunziger Jahren konnte sie aufgrund ihres recht professionellen Auftritts und vereinzelten Wahlerfolgen auf kommunaler Ebene in lokalen Hochburgen ihre Mitgliederzahlen kontinuierlich steigern. Heute ist die PBC die größte der christlichen Kleinparteien in der Bundesrepublik und erhält von diesen bei Wahlen auch mit Abstand die meisten Stimmen. Im Vergleich zu anderen nicht-etablierten Kleinparteien bleibt ihr Zuspruch aber insgesamt gering.

Wahlergebnisse und Wählerschaft
Bei Europa-, Bundes- und Landtagswahlen erreichte die PBC bis jetzt immer deutlich weniger als 1 Prozent der Wählerstimmen, ihr bestes Ergebnis lag bei 0,7 Prozent bei den Landtagswahlen 2004 in Sachsen und 2006 in Baden-Württemberg. Bei allen anderen Wahlen schwankten die Stimmenanteile zwischen 0,1 und 0,5 Prozent. Dabei ist ein deutliches Süd-Nord-Gefälle festzustellen: Die PBC erreicht mehr Wähler im Süden und Südosten der Bundesrepublik als im Norden und in den Stadtstaaten. Regionale Hochburgen sind ländliche, pietistisch geprägte Teile Baden-Württembergs und strukturell wenig industrialisierte Gebiete Sachsens. Hier gelang es der Partei, auf Kreis- und Gemeindeebene einige Mandate zu erringen.

Programmatik
Die PBC richtet ihr gesamtes Programm an den moralisch-ethischen Maßstäben der Bibel aus, die sie in missionarischer Form zu verbreiten sucht. Ihr Schwerpunktthema, der Kampf gegen jede Form der Abtreibung, ist eingebettet in einen größeren Rahmen familien-, jugend-, bildungs- und sozialpolitischer Forderungen wie Verbot pornographischer Erzeugnisse, Stärkung von Ehe und Familie durch die Erschwerung des Scheidungsrechts und Unterstützung kinderreicher Familien, verpflichtenden Bibelunterricht in Schulen und Justizvollzugsanstalten, Unterstützung der Homeschooling-Bewegung, nationale Gebets- und Fastentage sowie Ächtung gleichgeschlechtlicher und außerehelicher Lebensgemeinschaften. Die PBC ist pro-israelisch, aber nicht anti-muslimisch (im Unterschied etwa zur Christlichen Mitte). Der Europäischen Integration steht sie skeptisch gegenüber.

Organisation
Zwar ist die PBC keine konfessionelle Partei im klassischen Sinne, sie orientiert sich aber stark an evangelikalen Überzeugungen und gewinnt ihre Mitglieder vornehmlich aus dem Spektrum der evangelischen Freikirchen. Nach eigenen Angaben hat die Partei heute ca. 5.000 Mitglieder. Bis 2005 war ihr Gründer, Gerhard Heinzmann, auch Bundesvorsitzender, dann wurde er von Walter Weiblen abgelöst.

Fazit

Die PBC gehört zum Spektrum christlich-fundamentalistischer Kleinparteien in Deutschland. Sie versteht sich als das Gewissen in der Politik und wirkt darauf hin, alle politischen Entscheidungen an den Normen der Bibel in wortwörtlicher Auslegung auszurichten. Ihre starke Verankerung im Umkreis evangelikaler Freikirchen, der Missionsgedanke und die faktische Konzentration auf zwei bis drei Hauptthemen hindert sie aber daran, ihre Wählerbasis in einer zunehmend stärker säkularisierten Gesellschaft auszubauen. Die PBC wird deshalb auch weiterhin nur eine Randerscheinung des deutschen Parteiensystems bleiben.

 Literatur

Hoyer, Guido (2001), Nichtetablierte christliche Parteien. Deutsche Zentrumspartei, Christliche Mitte, Christliche Partei Deutschlands und Partei Bibeltreuer Christen im Parteiensystem der Bundesrepublik Deutschland, Frankfurt a.M.

Thielking, Kai Oliver (1999), Zwischen Bibel und Grundgesetz. Christliche Kleinparteien in der Bundesrepublik Deutschland, Marburg.

 Internet

www.pbc.de

Kai Oliver Thielking

Partei der Arbeitslosen und Sozial Schwachen (PASS)

Die Partei der Arbeitslosen und Sozial Schwachen (PASS) wurde am 13. August 1993 von ehemaligen SPD-Mitgliedern unter dem Namen „Arbeitslosenpartei Berlin" gegründet. Sie ging auf eine Initiative aus Sachsen-Anhalt zurück, wo kurz zuvor ebenfalls eine →Arbeitslosen-Partei (ALP) entstanden war, die aber bereits 1995 wieder aufgelöst wurde. Gründungsanlass war laut Auskunft der Mitglieder die Ankündigung der damaligen schwarz-gelben Bundesregierung, das Arbeitslosengeld massiv kürzen zu wollen. Weil sie die Beschränkung auf die Interessen der Arbeitslosen als zu eng empfand, änderte die Berliner Partei ihren Namen am 26. Februar 1994 in „Partei der Arbeitslosen und Sozial Schwachen" (PASS). Ab 1996 firmierte sie unter der weniger negativ klingenden Bezeichnung „Partei für Arbeit und soziale Sicherheit/Partei der Arbeitslosen und Sozial Schwachen" (PASS), der sich aber aufgrund seiner Länge und Sperrigkeit als ungeeignet für die politische Arbeit erwies. Deshalb kehrte man am 1. Oktober 1998 zum vormaligen Namen „Partei der Arbeitslosen und Sozial Schwachen" (PASS) zurück.

Zum ersten Mal nahm die Partei bei der Bundestagswahl 1994 und der am selben Tag stattfindenden Landtagswahl in Mecklenburg-Vorpommern teil. Dabei erreichte sie bei der Landtagswahl aus dem Stand 0,5 Prozent der Zweitstimmen. Im Bund blieb sie mit 0,0 Prozent erfolglos, da sie lediglich in Berlin und Sachsen-Anhalt angetreten war. Seither hat die PASS an einer weiteren Bundestagswahl, zwei Europawahlen und sechs Landtagswahlen teilgenommen. Ihr bestes Ergebnis erzielte sie 1995 bei der Abgeordnetenhauswahl in Berlin mit 0,6 Prozent der Stimmen. Die Partei konzentriert ihr Wirken auf die östlichen Bundesländer (außer Thüringen) sowie auf Hessen und Bremen. Bei den nationalen Wahlen erzielte sie ihre besten Ergebnisse in Sachsen-Anhalt, Mecklenburg-Vorpommern und Brandenburg. Wegen der verkürzten Vorbereitungsphase konnte die Partei die wahlrechtlichen Hürden für eine Teilnahme an der vorgezogenen Bundestagswahl 2005 nicht überspringen. Bei der Wahl zum Berliner Abgeordnetenhaus im Herbst 2006 erreichte sie gegen die Konkurrenz zahlreicher anderer Splitterparteien lediglich 0,2 Prozent.

Die Selbstverortung der PASS lautet „Weder links noch rechts, sondern betroffen". Mit diesem Slogan will sie die Situation von Arbeitslosen und sozial Schwachen in den Mittelpunkt rücken, deren Anliegen ihrer Meinung nach von den etablierten Parteien nicht ausreichend vertreten werden. Mit ihrer Hauptforderung nach sozialer Gerechtigkeit und einer Programmatik, die zahlreiche Einzelforderungen zur Verbesserung der Lage von Arbeitslosen und Sozialhilfeempfängern enthält, beansprucht die PASS, die „wahre sozialdemokratische Partei Deutschlands" zu sein. Generell kann man die Partei als linke Protest- und Interessenpartei bezeichnen, die mit populistischen Forderungen nach Kürzungen im Kulturbereich und bei den Beamten sowie Law-and-Order-Anklängen aufwartet, aber keinen systemoppositionellen Ansatz verfolgt.

In ostdeutschen Bundesländern ist die Partei nach eigenen Angaben stärker als in westdeutschen organisiert, die letzten Mitgliederzahlen stammen von 1998 und verzeichnen ca. 700 Mitglieder bundesweit. Parteivorsitzende waren bislang Andreas Lüdecke (1993-1998), Frank Knüppel (1998-2000) sowie Peter Martin (seit 2000).

 Literatur

Bothe, Thomas (1996), Im Schatten der Macht. Kleine Parteien in der Bundesrepublik Deutschland, unveröff. Magisterarbeit, Univ. Göttingen, S. 105 ff.

Internet

www.members.aol.com/PASSpartei
www.pass-berlin.de

Melanie Haas

Partei des Demokratischen Sozialismus

→ Linkspartei.PDS

Die Partei für das Leben

→ Christliche Liga

Partei für Soziale Gleichheit, Sektion der Vierten Internationale (PSG)

Die Partei für Soziale Gleichheit, Sektion der Vierten Internationale (PSG) ist 1997 aus dem zur trotzkistischen Bewegung zählenden „Bund Sozialistischer Arbeiter, deutsche Sektion der Vierten Internationale" (BSA) hervorgegangen, der nach den Informationen des Bundeswahlleiters bereits im September 1971 von Ulrich Rippert gegründet wurde. In die Parteienliste des Bundeswahlleiters wurde die Partei allerdings erst unter dem Namen PSG am 14. Oktober 1997 aufgenommen. Die PSG ist der deutsche Ableger der international organisierten Socialist Equality Party (SEP), die weitere Sektionen beispielsweise in Australien, Großbritannien und den USA unterhält. Nachdem der BSA ab 1983 bereits bei verschiedenen Landtags-, Bundestags- und Europawahlen teilgenommen hatte, trat die PSG 1998 erstmals bei einer Bundestagswahl an, wo sie allerdings nur in sechs Bundesländern mit Landeslisten kandidierte. Mit Ausnahme der Europawahl 2004 (0,1 Prozent) kam die Partei bei ihren fünf bisherigen Wahlteilnahmen – wie schon der Vorgänger – über 0,0 Prozent der Wählerstimmen nicht hinaus.

Programmatisch postuliert die PSG die „Vereinigung der arbeitenden Bevölkerung aller Länder", um Wirtschaft und Gesellschaft nach sozialistischen Idealen umzugestalten. Dabei grenzt sie sich von Stalinismus und Kapitalismus gleichermaßen ab und strebt eine Gesellschaft an, „die auf dem Grundsatz der sozialen Gleichheit und Gerechtigkeit basiert." Die Ausrichtung der PSG ist internationalistisch, die Partei setzt sich den Aufbau der „Vereinigten Sozialistischen Staaten von Europa" als Ziel. Der Zusammenbruch der DDR wurde 1989 vom BSA als „Verrat der stalinistischen SED-PDS" interpretiert. Die Partei sah sich damit in ihrer Kritik an den „stalinistischen Bürokratien" des Ostblocks bestätigt. Die PSG steht auch heute noch für einen orthodoxen, „unverfälschten" Trotzkismus und setzt sich in ihrer Programmatik deutlich von der als bürgerlich und „nationalreformistisch" gebrandmarkten →Linkspartei.PDS, aber auch von der WASG (→Arbeit und soziale Gerechtigkeit) und der ebenfalls trotzkistischen „Sozialistischen Alternative" (SAV) ab, denen sie vorwirft, sich vor den Karren der PDS spannen zu lassen. Sowohl der BSA als auch die PSG werden Zeit ihres Bestehens vom Verfassungsschutz als Linksextremisten beobachtet, seit 2004 wird die PSG allerdings aufgrund ihrer geringen Bedeutung nicht mehr namentlich in den Verfassungsschutzberichten genannt. Bereits im Bericht von 2003 hieß es über die Partei, sie sei „unbedeutend und innerhalb des Linksextremismus isoliert", „ideologisch erstarrt" und ihre Aktivität „weitgehend beschränkt auf Agitation und ideologische Bekämpfung konkurrierender trotzkistischer Zusammenschlüsse."

Organisatorische Schwerpunkte hat die Partei für soziale Gleichheit in Hessen, Nordrhein-Westfalen und Berlin. Seit 1971 steht ihr Gründer Ulrich Rippert als Vorsitzender bzw. Nationaler Sekretär an der Spitze der Organisation. Aktuell zählt die trotzkistische Splitterpartei nach eigenen Angaben bundesweit etwa 250 Mitglieder. Neben der monatlich erscheinenden Parteizeitschrift „gleichheit" dient das vom Internationalen Komitee der Vierten Internationale herausgegebene Internetportal „World Socialist Web Site" als Hauptorgan der PSG.

 Internet

www.gleichheit.de
www.wsws.de

Melanie Haas

Partei Rechtsstaatlicher Offensive

→ Schill-Partei

Pogo-Partei

→ Anarchistische Pogo-Partei Deutschlands

Pro Brandenburg/Bürger rettet Brandenburg (BRB)

Als Abspaltung der Partei Rechtsstaatlicher Offensive (→Schill-Partei) im Bundesland Brandenburg hat sich die Partei Pro Brandenburg/Bürger rettet Brandenburg (BRB) am 2. Februar 2004 in Bernau gegründet. Die Abwahl des Landesvorsitzenden der Schill-Partei, Dirk Weßlau, im Dezember 2003 hatte zu innerparteilichen Auseinandersetzungen geführt. In der Folge sammelten sich in der BRB ehemalige Mitglieder und Kommunalpolitiker der Schill-Partei aus den Landkreisen Barnim, Havelland, Teltow-Fläming und Uckermark. Zum Landesvorsitzenden wurde das ehemalige Schill-Partei-Mitglied Andreas Lust gewählt. Die Splitterpartei BRB hatte im Jahr 2004 nach eigenen Angaben 27 Mitglieder.

Zur Landtagswahl in Brandenburg im September 2004 trat die BRB mit einer Landesliste und sieben Wahlkreiskandidaten an. Fast alle Landtagskandidaten der BRB hatten bei der brandenburgischen Kommunalwahl im Oktober 2003 für die Schill-Partei kandidiert. Der Spitzenkandidat von BRB, Knut Leitert, der seit Oktober 2003 als Vertreter der Schill-Partei dem Kreistag Havelland angehört hatte, lief im Februar 2004 zu „Pro Brandenburg" über. Im Vorfeld der Bundestagswahl 2005 wechselte er abermals die Partei und trat als einer von zwei Direktkandidaten in Brandenburg für die →Familienpartei an.

Im Landtagswahlkampf versuchte „Pro Brandenburg" wie andere Parteien auch, sich die verbreitete Anti-Hartz-IV Stimmung zu Nutze zu machen, doch blieben ihre Kampagnen beispielsweise in der Stadt Bernau ohne öffentliche Resonanz. Am Ende reichte es nur für 0,5 Prozent der Zweitstimmen. Ins Auge fällt das hervorragende Erststimmenergebnis von 10,0 Prozent für Dirk Weßlau, der im Wahlkreis Barnim II für BRB kandidiert hatte. Vor seinem Wechsel zur Schill-Partei hatte Weßlau sich als langjähriger Kommunalpolitiker der CDU regionale Bekanntheit erworben. Zudem war er als Spitzenkandidat der Schill-Partei bei der Bundestagswahl 2002 angetreten.

Der ebenfalls in Brandenburg kandidierenden Partei →50 Plus oder der Hamburger →Statt Partei vergleichbar, nimmt die Reform der demokratischen Strukturen in der Programmatik von BRB einen herausgehobenen Platz ein. Die Partei will sich für die Direktwahl des Bundespräsidenten durch das Volk und eine Erweiterung der Kompetenzen des Staatsoberhauptes einsetzen. Die Zahl der Abgeordneten im Bundestag und in den Landtagen soll um die Hälfte verkleinert werden, zugleich soll die Fünf-Prozent-Klausel wegfallen. Darüber hinaus soll der Regierungsapparat verkleinert und die Zahl der Mitarbeiter von Abgeordneten in Parlamentsfraktionen deutlich reduziert werden. Die Wiederwahl des Bundeskanzlers und der Ministerpräsidenten der Länder solle nur einmal möglich sein, alle Landtags- und Bundestagsabgeordneten sollten nur zweimal wiedergewählt werden können.

Pro Brandenburg/Bürger rettet Brandenburg ist als eine ideologisch rechts stehende populistische Partei einzuordnen. Organisatorisch und elektoral auf Brandenburg beschränkt, weisen ihre Forderungen nach weitreichenden Systemreformen über den Charakter einer bloßen Regionalpartei hinaus; der Parteiname ist insofern missverständlich. In ihrem Programm wendet sich BRB mittelbar gegen die Parteiendemokratie und den Parlamentarismus; unterstellt wird z.b., dass die Arbeit der Parlamente auch von der Hälfte der Abgeordneten erledigt werden könne. Ihr Anti-System-Populismus kommt auch in der Forderung zum Ausdruck, einen direkt gewählten Bundespräsidenten als „Kontrollorgan über die Parteien" zu stellen. Diese Aussagen zeigen, dass BRB die repräsentative Parteiendemokratie ablehnt. Programmatisches Ziel von BRB scheint eine plebiszitär basierte autoritäre Präsidialdemokratie mit einem Bundespräsidenten an der Spitze zu sein, der über den politischen Parteien steht und sie kontrolliert.

 Internet

www.pro-brb.de

Anne-Kathrin Oeltzen

Pro Deutsche Mitte
Pro DM

→ Initiative Pro D-Mark

REGENBOGEN – Für eine neue Linke (REGENBOGEN)

Im Mai 1999 traten die fünf Abgeordneten Norbert Hackbusch, Lutz Jobs, Julia Koppke, Heike Sudmann und Susanne Uhl aus der GAL, dem Hamburger Landesverband der Grünen, aus und gründeten eine eigene Bürgerschaftsfraktion unter dem Namen Regenbogen – Für eine neue Linke. Auch aus mehreren grünen Fraktionen in den Bezirksversammlungen schlossen sich Abgeordnete der Gruppierung an, die sich im November 2000 als landesweite Wählervereinigung konstituierte. Unmittelbarer Auslöser für diese Gründung war die Entscheidung der rot-grünen Bundesregierung für eine Beteiligung am NATO-Einsatz im Kosovo. Vorausgegangen waren weitere innerparteiliche Konflikte in der GAL, die sowohl mit der erstmaligen Beteiligung der Partei an einer Koalitionsregierung mit der SPD in Hamburg als auch mit dem Eintritt von Bündnis 90/Die Grünen in eine Koalition mit der BundesSPD zusammenhingen.

Zentrale Themen, die die GAL-Abspaltung zunächst gegen den rot-grünen Senat und später gegen die aus CDU, Schill-Partei und FDP gebildete Mitte-Rechts-Regierung der Hansestadt aufgriff, waren der Umgang mit Flüchtlingen, die Drogenpolitik sowie sozialpolitische und ökologische Fragen. Nicht nur programmatisch, sondern auch organisatorisch griff die neue Gruppierung dabei auf das zurück, was die Grünen/GAL (→Bündnis 90/Die Grünen) zu Beginn ihrer Geschichte gekennzeichnet hatte: Der Regenbogen organisiert sich basisdemokratisch, eine jährliche Mitgliederversammlung trifft die wesentlichen Entscheidungen, der Vorstand ist ein Kollegialorgan. Innerhalb des Vorstands haben sich in den letzten Jahren erhebliche Veränderungen ergeben, von den fünf ehemaligen Bürgerschaftsabgeordneten ist hier einzig Susanne Uhl verblieben und im Februar 2006 als Vorstandsmitglied bestätigt worden.

Der erstmalige Wahlantritt des Regenbogens zur Bürgerschaftswahl 2001 stand im Schatten der Polarisierung des Wahlkampfs zwischen den großen Parteien sowie der Konzentration der öffentlichen Aufmerksamkeit auf die →Schill-Partei. Der Regenbogen kandidierte entsprechend seinem Selbstverständnis als Wählervereinigung mit einer Listenverbindung, auf der sich auch Kandidaten von →Linkspartei.PDS, →DKP und der Sozialistischen Alternative (SAV), einer trotzkistischen Splitterpartei, befanden. Trotz einzelner zweistelliger Wahlergebnisse in den Stadtteilen erzielte die Gruppierung bei der Bürgerschaftswahl insgesamt nur 1,7 Prozent der Stimmen. Damit endete die parlamentarische Vertretung des Regenbogens, wodurch eine wichtige Aktionsplattform und organisatorische Unterstützung entfiel.

Der Regenbogen konzentrierte seine politische Tätigkeit weiterhin auf die Hansestadt und trat nur zu Bürgerschafts- und Bezirksversammlungswahlen eigenständig an. Bei den Bundestagswahlen 2002 und 2005 rief die Gruppierung zur Wahl der PDS bzw. Linkspartei.PDS auf. Zu den vorzeitig anberaumten Wahlen zur Bürgerschaft und den Bezirksversammlungen im Januar 2004 trat die Vereinigung mit einem Bündnis verschiedener linker Gruppierungen an, das in einem „20-er Rat" vorbereitet wurde, dem Vertreter der PDS, der DKP, der SAV sowie der trotzkistischen Vereinigung „Linksruck" angehörten. Die Einigung mit der PDS, unter welchem Namen der Wahlantritt erfolgen sollte, gestaltete sich schwierig. Die PDS setzte auf ihre Mitgliederstärke, während der Regenbogen sich vom inhaltlichen Selbstverständnis her als das geeignetere Dach für die verschiedenen Gruppierungen ansah. Im Ergebnis kandidierte zur Bürgerschaftswahl die Gruppierung Regenbogen, die sieben Bezirke wurden zwischen Regenbogen und PDS im Verhältnis fünf zu zwei aufgeteilt. Bei der Bürgerschaftswahl reichte es dennoch nur zu mageren 1,1 Prozent der Stimmen. Das beste Ergebnis wurde bei der Wahl zur Bezirksversammlung Hamburg-Mitte mit 3,2 Prozent erzielt. Ein Wegfall der Fünf-Prozent-Hürde auf kommunaler Ebene könnte folglich in Zukunft den Gewinn einzelner Mandate in den Bezirksversammlungen ermöglichen.

Obwohl die Wählervereinigung die Gründung der →WASG und deren erwartetes Zusammengehen mit der Linkspartei.PDS grundsätzlich begrüßt, sieht sie ihre Existenzberechtigung dadurch nicht in Frage gestellt. Die Beteiligung einzelner Mitglieder an der WASG wird befürwortet, eine Auflösung der Vereinigung trotz des enttäuschenden Wahlergebnisses in Hamburg 2004 aber nicht als der richtige Weg angesehen.

 Internet

www.regenbogen-hamburg.de

Julia von Blumenthal

DIE REPUBLIKANER (REP)

Entstehungs- und Entwicklungsgeschichte
Zwei enttäuschte CSU-Mitglieder, Ekkehard Voigt und Franz Handlos, sowie der in Bayern als Fernsehmoderator bekannte Franz Schönhuber gründeten 1983 die Partei Die Republikaner. Die Initiatoren der Neugründung und ihr Gefolge ent-

setzte, dass der bayerische Ministerpräsident und CSU-Vorsitzende Franz Josef Strauß einen Milliardenkredit der Bundesrepublik an die DDR eingefädelt hatte. In der neuen Partei sammelten sich zunächst vorwiegend Menschen, die beklagten, dass die von Helmut Kohl vor der Regierungsübernahme von 1982 angekündigte „geistig-moralische Wende" ausgeblieben sei. Im Unterschied zu →NPD und →DVU waren die REP nicht von Anfang an eine rechtsextremistische Partei. Handlos, der erste Vorsitzende, wollte eine bundesweit organisierte Partei, die sich programmatisch kaum von der →CSU unterscheiden sollte. Schönhuber stand dagegen für einen radikalen Rechtskurs nach dem Vorbild des französischen „Front National". Er förderte den Übertritt von NPD-Funktionären wie Harald Neubauer. Nachdem Schönhuber Handlos 1985 aus der Partei gedrängt hatte, übernahm er das Ruder. Erst jetzt begann die eigentliche Geschichte der REP. Die Partei positionierte sich als rechtspopulistische und rechtsextremistische Partei neu. Mit ausländerfeindlicher Wahlwerbung und dadurch gewecktem Medieninteresse errang sie 1989 überraschend Erfolge bei der Wahl zum Berliner Abgeordnetenhaus und der Europawahl. Erstmals in Parlamenten vertreten, liefen der Partei neue Mitglieder zu. Der Fall der Mauer und andauernde innerparteiliche Streitigkeiten nahmen der Partei anschließend jedoch den Wind wieder aus den Segeln. Die bundesweite Etablierung der Republikaner scheiterte. Bei der Bundestagswahl 1990 blieben die REP mit knapp über zwei Prozent der Stimmen deutlich hinter ihren vom Europawahlergebnis geschürten Erwartungen zurück. Es folgte eine lange Serie von Misserfolgen bei Landtagswahlen. Besonders schlecht waren die Ergebnisse im Osten.

Der Einzug in den Landtag von Baden-Württemberg 1992 war für die Partei das erste Licht nach einem langen Tunnel. Mit fast 11 Prozent der Stimmen stellten die REP die drittstärkste Fraktion. Seither beobachtet das Bundesamt für Verfassungsschutz die Partei. Um den Vorwurf des Rechtsextremismus gegenüber den REP zu entkräften, hatte Schönhuber bereits zuvor großen Wert auf die Abgrenzung von →DVU und →NPD gelegt. Im Ruhrstorfer Beschluss von 1990 lehnte die Partei „jegliche Zusammenarbeit mit NPD oder DVU kategorisch" ab. Im Zuge des Abwärtstrends der Partei im „Superwahljahr" 1994 vereinbarte Schönhuber jedoch mit dem DVU-Vorsitzenden Gerhard Frey, bei Wahlen nicht mehr gegeneinander anzutreten. Ein wesentlicher Teil der Parteispitze rügte dies als Verstoß gegen den Abgrenzungsbeschluss. Wegen der enttäuschenden Wahlergebnisse verschärfte sich die Kritik an Schönhuber. Schließlich konnte er sich nicht mehr an der Spitze halten und musste Rolf Schlierer das Feld überlassen. Dieser wollte die politische Position der Partei „unverändert" lassen. „Weder einen Kurswechsel zur Mitte noch einen Schwenk nach rechts außen" sollte es unter seiner Führung geben, wohl aber eine Mäßigung der Forderungen im Ton.

Wegen dieser weicheren Linie stand Schlierer von Beginn an unter dem Beschuss seiner innerparteilichen Kritiker, die sich um Schönhuber scharten und einen radikaleren Rechtskurs sowie eine Zusammenarbeit mit DVU und NPD befürworteten. Im Juni 1995 brachte Schönhuber durch seinen Austritt die Partei ins Schlingern. Zwar spalteten sich die REP nicht, aber ihr Abstieg schien unaufhaltsam. Bei den Landtagswahlen in Baden-Württemberg konnte die Partei jedoch 1996 – unerwartet – an ihren Erfolg von 1992 anknüpfen. Weitere Erfolge blieben allerdings aus. Der Abgrenzungskurs Schlierers wurde dadurch in Frage gestellt. Widerwillig musste sich der Vorsitzende in den folgenden Jahren auf Wahlabsprachen mit der DVU einlassen. An der Parteibasis war der Druck in Richtung einer engeren Zusammenarbeit mit anderen rechtsextremistischen Parteien zu groß geworden.

Seit 1996 haben die REP keine Erfolge mehr vorzuweisen. Selbst in ihrem „Stammland" Baden-Württemberg erreichten sie 2006 nur noch 2,5 Prozent der Wählerstimmen. Die rechtsextremen Konkurrenten NPD und DVU zogen unterdessen in mehrere Landesparlamente ein und üben demonstrativ den Schulterschluss. Von diesem Wahlbündnis grenzt sich Schlierer – gegen die Proteste ostdeutscher Mitglieder – demonstrativ ab. Auf nationaler Ebene ist die Partei mit Ergebnissen um 0,6 Prozent bei den Bundestagswahlen 2002 und 2005 nur noch eine Kleinstpartei.

Wahlergebnisse und Wählerschaft
Der plötzliche Aufstieg der REP im Jahre 1989 war Teil der Erfolgsgeschichte radikaler rechtspopulistischer Parteien in zahlreichen Ländern Westeuropas. In einigen Demokratien Westeuropas – Belgien, Frankreich, Italien und Österreich – haben sich rechte Flügelparteien auf nationaler Ebene inzwischen dauerhaft etabliert. Den REP gelang dies nicht. Ihre größten Erfolge in der 23-jährigen Parteigeschichte liegen inzwischen mehr als zehn Jahre zurück. Dreimal gelang der Partei der Einzug in Landesparlamente (1989 in Berlin sowie 1992 und 1996 in Baden-Württemberg). Bei der Europawahl 1989 schaffte sie als bisher einzige rechtsextreme Partei in der Bundesrepublik den Sprung über die Fünf-Prozent-Hürde auf nationaler Ebene. Anders als die österreichische FPÖ oder die Lega Nord in Italien waren die Republikaner nie an Regierungen beteiligt. Früh machten →CDU und CSU klar, dass für sie Koalitionen mit den REP nicht in Frage kamen. Gesamtdeutsch lässt sich bereits ab 1990 von einer Misserfolgsgeschichte sprechen. In den neunziger Jahren mussten die REP ihre Rolle als führende Kraft im rechtsextremen Lager an die DVU abgeben. Von den drei rechten Flügelparteien in

Deutschland weisen sie die schlechteste Bilanz in den östlichen Bundesländern auf, wo das Terrain für die Rechtsextremisten besonders günstig ist.

Ergebnisse bei Bundestags-, Europa- und Landtagswahlen[1]

Jahr	Bundestagswahlen	Europawahlen	Landtagswahlen
1986			BY 3,0
1989		7,1	BE 7,5
1990	2,1		BY 4,9 BE 3,1 SL 3,4
1992			BaWü 10,9
1993			HH 4,8
1994	1,9	3,9	BY 3,9 NI 3,7
1996			BaWü 9,1
1998	1,8		BY 3,6
1999		1,7	
2001			BaWü 4,4
2002	0,6		
2004		1,9	
2005	0,6		

[1]Landtagswahlergebnisse über 3 Prozent

Eine Schlüsselfrage mit Blick auf die Wähler der REP lautet: Wählen sie die Partei aus ideologischer Überzeugung oder wollen sie nur ihre politische Unzufriedenheit äußern? Die Untersuchungen von Jürgen Falter und Markus Klein zeigen, dass es so gut wie keine republikanischen Protestwähler gibt, die nicht zugleich über rechtsextreme Einstellungen verfügen. Die ideologische Überzeugung ist demnach eine notwendige Voraussetzung für die rechtsextreme Wahl. Sie reicht aber allein nicht aus. Es muss eine politisch motivierte Unzufriedenheit hinzukommen, damit eine Person die REP wählt.

Die Wählerschaft der REP hat folgende Struktur: Jüngere Wähler sind über-, ältere unterrepräsentiert. Männer wählen die Partei weit häufiger als Frauen. Weniger Gebildete neigen stärker zu den REP als höher Gebildete. Überdurchschnittlich stimmt – wie seit jeher für rechte Flügelparteien – der alte Mittelstand aus Bauern und Kleinhändlern für die Partei. Dazu kommt ein für moderne rechte Flügelparteien typischer überproportionaler Anteil an Arbeitern unter den Wählern, der auch in anderen europäischen Ländern nachweisbar ist. Unterrepräsentiert sind dagegen etwa Hausfrauen und Angehörige der neuen Mittelschichten. Personen mit starker Kirchen- oder Gewerkschaftsbindung wählen die REP ausgesprochen selten. Mit Blick auf die sozialstrukturellen Merkmale ihrer

Wählerschaft werden die REP bisweilen als „Volkspartei mit Unterschichten-
bauch" charakterisiert (Armin Pfahl-Traughber).

Wie lässt sich nun das Abschneiden der REP bei Wahlen erklären? Ein wesentlicher Grund für den – kurzen – Aufstieg war, dass in den westeuropäischen
Parteiensystemen eine neue programmatische Konfliktlinie zwischen libertären
und autoritären Werten aufgebrochen war. Dies begünstigte auf der linken Seite
des politischen Spektrums den Aufstieg linkslibertärer, grüner Gruppierungen,
auf der rechten Seite Erfolge von rechtsautoritären Parteien. Darüber hinaus
verschaffte die Unzufriedenheit mit der staatlichen Asylpolitik den REP 1989 ein
optimales Mobilisierungsthema, das sich kurzfristig ausbeuten ließ.

Dass die REP ihre anfänglichen Erfolge nicht verstetigen konnten, hängt
zum einen mit der schwindenden Bedeutung des Asylproblems zusammen, das
Union und SPD durch eine Gesetzesänderung bald entschärften. Zum anderen
wurde den Republikanern durch die sich abzeichnende deutsche Wiedervereinigung 1990 eines ihrer wichtigsten Themen entwunden. Die unverhoffte Entwicklung stellte die Regierung Helmut Kohls ganz in den Mittelpunkt des Geschehens. Selbst zuvor enttäuschte Unionswähler hingen nun wieder an den Lippen
des Kanzlers. Auch später wirkte es sich auf das Wahlergebnis der REP schädlich
aus, wenn der Wahlkampf auf eine Entscheidung zwischen SPD und CDU zuge-
spitzt war. Zuletzt trug dieser Faktor dazu bei, dass die REP sich 2001 nicht im
baden-württembergischen Landtag halten konnten. Überschätzt wird häufig die
Bedeutung der Zersplitterung des rechten Lagers für die Wahlchancen der REP.
Auch eine „Vereinte Rechte" aus REP, DVU und NPD hätte wahrscheinlich keine
Chance gehabt, bei Bundestagswahlen die Fünf-Prozent-Hürde zu überspringen.
Lediglich in Hamburg führte die Konkurrenz von DVU und REP dazu, dass ein-
mal die REP, einmal die DVU knapp an der Sperrklausel scheiterten.

Die REP machten sich das Leben häufig selbst schwer. Innerparteiliche Konflikte, vor allem der Zerfall der Fraktionen in Berlin und im Europaparlament
sowie zahlloser REP-Fraktionen auf kommunaler Ebene, senkten ihre Chancen
bei den kommenden Wahlen spürbar. Wenig schadete der Partei dagegen der
Rechtsextremismusvorwurf. Er wirkte sich zunächst sogar eher vorteilhaft aus,
weil einer so etikettierten Partei weit größeres Medieninteresse entgegengebracht
wird als einer nicht-etablierten demokratischen Partei. Dies lehrte das Berliner
Beispiel 1989. Der Schwund des Medieninteresses an den REP begünstigte den
Abstieg in der Wählergunst. Ein wichtiger Grund dafür lag gewiss im Abgang
Schönhubers, der die Wahlkämpfe der REP im Stile eines Volkstribuns quasi im
Alleingang bestritten hatte. Unter Schönhubers wenig charismatischem Nachfolger Schlierer konnte die Partei demgegenüber kaum noch populistische Durch-
schlagskraft entfalten.

Programmatik

Das Münchner Programm von 1983 war noch konservativ geprägt. Im „Siegbur-ger Manifest" von 1985 zeichneten sich bereits in moderatem Ton die typischen Argumentationslinien des deutschen Nachkriegsrechtsextremismus ab. Diesen Weg setzte die Partei mit den Programmen von 1987, 1990, 1993, 1996 und 2002 fort. Die REP gehören zur Parteienfamilie der populistischen und zugleich extre-men Rechten. Deren Vertreter zeichnen sich ideologisch dadurch aus, dass sie nach ethnischer Homogenität streben und die Welt in ein Freund-Feind-Schema pressen. Die Anti-Haltung zur Zuwanderung und multikulturellen „Durchmi-schung" macht den Kern der Parteiprogrammatik der REP aus. Für Ausländer gibt es danach nur zwei Alternativen: sich zu assimilieren oder das Land zu ver-lassen. Deutsche sind für die REP keineswegs alle deutschen Staatsangehörigen, sondern nur die nach strengen Maßstäben abgegrenzte Eigengruppe der ethni-schen Deutschen. „Ausländer aus fremden Kulturkreisen" gelten als uner-wünscht, die Aufnahmefähigkeit für sie sei „erschöpft, teilweise bereits über-schritten." Die Wirklichkeit verzerrend heißt es, der hohe Ausländeranteil habe in „vielen Städten und Stadtteilen dazu geführt, dass Deutsche in die Minderheit geraten" (Programm von 2002). „Ausländer aus fremden Kulturkreisen" sollen also nicht mehr zuwandern dürfen. Zugleich wird dieser Gruppe systematisch unterstellt, nicht integrationswillig zu sein. Letztlich läuft die Argumentation darauf hinaus, dass die „Fremden" in ihre Herkunftsländer zurückkehren sollen. Tun sie dies nicht freiwillig, müssen sie abgeschoben werden.

Im Vergleich zu seinen Vorgängern zeigt sich das Parteiprogramm von 2002 in der Tonlage zur Ausländerpolitik etwas gemäßigter. Die für eine Integration der Zuwanderer aufgelegten Hürden sind zwar immer noch äußerst hoch, er-scheinen aber nicht mehr unüberwindbar. Damit rücken die REP von der Position ab, dass eine Integration von Ausländern zu einer biologischen Zerstörung des deutschen Volkes führe und daher unerwünscht sei, wie sie z.B. von der NPD vertreten wird.

Spezifische Elemente des deutschen Nachkriegsrechtsextremismus bei den REP waren die Gebietsforderungen an Polen und die Ablehnung der „Vergan-genheitsbewältigung". Auch diese „geschichtsrevisionistischen" Positionen sind programmatisch zurückgestuft worden und spielen bei den REP heute eine sehr viel geringere Rolle als bei der NPD.

Wie bei anderen Vertretern des neuen Rechtspopulismus mischen sich bei den REP marktliberale Elemente mit einer wohlfahrtschauvinistischen Grundaus-richtung. Das ansonsten hochgehaltene Leistungsprinzip ordnen die REP dabei klar dem ethnischen Prinzip unter. „Das Problem der Massenarbeitslosigkeit ist von dem Problem der Masseneinwanderung nicht zu trennen. Durch den unkontrollierten Zustrom von Ausländern außerhalb der EU kommt es unmittelbar zu einem Verdrängungswettbewerb, der zu Lasten der deutschen Arbeitnehmer geht" (Programm von 1996). Auch an dieser Stelle ist das Programm von 2002 etwas gemäßigter, da es nicht mehr alle gesellschaftlichen und wirtschaftlichen Probleme auf die Zuwanderung zurückführt. Im Unterschied zur DVU und vor allem zur NPD klingen bei den REP keine sozialrevolutionären, „antikapitalistischen" Parolen an. Das hohe politische Unzufriedenheitspotenzial in den ostdeutschen Bundesländern überlässt die Partei damit der linken (→Linkspartei.PDS) und rechten Konkurrenz (DVU und NPD).

Die Mäßigung ihrer Positionen im Programm von 2002, die der Möglichkeit, Ausländer aus anderen Kulturen gesellschaftlich zu integrieren, nicht mehr generell widerstreitet, legt es nahe, die REP als semi-demokratische bzw. semi-extremistische rechte Flügelpartei einzustufen. Zwischen 1985 und 2002 war die Partei dagegen als rechtsextremistisch anzusehen.

Organisation

Die Republikaner sind bundesweit organisiert. Regionaler Schwerpunkt der Partei ist grob gesprochen der Süden Deutschlands, und hier vor allem Bayern und Baden-Württemberg. Am schwächsten sind die ostdeutschen Landesverbände. Als Schönhuber den Parteivorsitz übernahm, stieg die Zahl der Mitglieder zunächst kontinuierlich. Nach dem Einzug in das Berliner Abgeordnetenhaus und das Europarlament explodierte sie 1989 geradezu. Von den damals 25.000 Mitgliedern verlor die Partei aber aufgrund ausbleibender weiterer Wahlerfolge und innerparteilicher Streitigkeiten in den folgenden zwei Jahren rund ein Drittel. Der Einzug in den Stuttgarter Landtag kehrte den Abwärtstrend 1992 nur kurzzeitig um. Seit 1994 geht die Mitgliederzahl nahezu stetig nach unten. Inzwischen hat die Partei weniger Mitglieder als vor ihren ersten Wahlerfolgen 1989 (2005: ca. 6.500 mit fallender Tendenz).

Die strategische Gretchenfrage der REP und der Hauptanlass für innerparteiliche Streitigkeiten war von Beginn an das Verhältnis zu den anderen rechten Flügelparteien. Die Alternativen lauteten: Abgrenzung oder Zusammenarbeit. Besonders nach Wahlschlappen kochte der Konflikt hoch. In dieser Auseinandersetzung wechselte Schönhuber die Fronten. Trat er 1990 gegen Neubauer dafür ein, sich von anderen rechtsextremen Parteien abzugrenzen, so befürwortete er 1994 gegen Schlierer eine – begrenzte – Zusammenarbeit mit der DVU. Schlierer wiederum stand in der Debatte gegen seinen schärfsten innerparteilichen Konkurrenten, den baden-württembergischen Landesvorsitzenden Christian Käs, der für ein Zusammengehen mit NPD und DVU votierte. Erst 2002 gelang es Schlierer, sich in der Frage vorläufig durchzusetzen, als Käs wegen finanzieller Unregelmäßigkeiten aller Parteiämter enthoben wurde. Käs und seine Gefolgsleute verließen schließlich die REP, weil ihnen das neue Parteiprogramm von 2002 nicht radikal genug war und sie ihre Machtbasis in der Partei verloren hatten. Schlierers Kurs wurde im Dezember 2006 von einem Parteitag erneut bestätigt und der Vorsitzende selbst für weitere zwei Jahre in dieses Amt gewählt. Dennoch dürfte der strategische Konflikt in der Partei weiter schwelen. Besonders im Osten Deutschlands befürworten zahlreiche Mitglieder und Funktionäre der REP eine Zusammenarbeit mit DVU und NPD. Hierdurch sind den REP zuletzt beträchtliche Teile der sächsischen Mitgliedschaft und die Mehrheit des Hamburger Landesverbands verloren gegangen, die zur NPD-Konkurrenz überliefen.

Fazit

Die REP entwickelten sich von einer bedeutungslosen konservativen Kleinstpartei kurzzeitig zu einem erfolgreichen rechtspopulistischen Herausforderer. Die deutsche Einheit und die Neuregelung des Asylrechts machten ihrem Höhenflug schnell ein Ende. Zudem standen sich die REP selbst durch andauernde innerparteiliche Konflikte im Weg. Auch als Regionalpartei in Baden-Württemberg konnte sich die Partei letztlich nicht behaupten. Die REP befinden sich in einem Dilemma. Der Weg zurück zum demokratischen Konservatismus verspricht kein Plus an Wählerstimmen, denn konservative demokratische Kleinparteien haben in Deutschland gegen die übermächtige Konkurrenz der Unionsparteien, die dieses Wählersegment fast lückenlos abdecken, kaum eine Chance. Die Möglichkeit, sich nach dem Vorbild anderer europäischer Rechtsparteien als moderne rechtspopulistische Kraft zu etablieren, wurde ebenfalls vertan. Dazu hätte es nicht nur einer überzeugenden Führerfigur bedurft, die nach dem Abgang Schönhubers fehlte, sondern auch einer stärker sozialpopulistisch ausgerichteten Programmatik. So kämpft die Partei heute insbesondere in den neuen Ländern gegen ihre rechtsextremen Widersacher von NPD und DVU auf verlorenem Posten. Die Zukunftsaussichten der REP sind mithin düster. Während sie sich in Hessen, Bayern, Nordrhein-Westfalen, Rheinland-Pfalz und Baden-Württemberg nun schon seit Jahren mit nur vereinzelten kommunalen Wahlerfolgen begnügen müssen, könnten sie im Norden und Osten demnächst von der Landkarte ganz verschwinden.

 Literatur

Decker, Frank (2004), Der neue Rechtspopulismus, 2. Aufl., Opladen.
Everts, Carmen (2000), Politischer Extremismus. Theorie und Analyse am Beispiel der Parteien REP und PDS, Berlin.

Falter, Jürgen W./Markus Klein (1994), Wer wählt rechts? Die Wähler und Anhänger rechtsextremistischer Parteien im vereinigten Deutschland, München.

Grünke, Ralf (2006), Geheiligte Mittel? Der Umgang von CDU/CSU und SPD mit den Republikanern, Baden-Baden.

Guggemos, Peter (2000), Politische Einstellungen von Republikaner-WählerInnen: Das Angebot der Partei und die politische Nachfrage, Würzburg.

Neubacher, Bernd (2001), Die Republikaner im baden-württembergischen Landtag – von einer rechtsextremen zu einer rechtsradikalen, etablierten Partei?, Diss., Univ. Stuttgart.

Thomczyk, Stephan (2001), Der dritte politische Etablierungsversuch der Republikaner nach 1994, Konstanz.

 Internet

www.rep.de

Steffen Kailitz

Schill-Partei (Partei Rechtsstaatlicher Offensive)

Entstehungs- und Entwicklungsgeschichte

Die Partei Rechtsstaatlicher Offensive, die in der Öffentlichkeit unter dem prägnanteren Begriff „Schill-Partei" firmierte, wurde am 13. Juli 2000 vom früheren Strafrichter Ronald Barnabas Schill und 59 Gefolgsleuten in Hamburg gegründet. Als er den Einstieg in die Politik wagte, war Schill in der Hamburger Öffentlichkeit längst gut bekannt. Als Strafrichter am Amtsgericht hatte er durch mehrere drakonische Urteile auf sich aufmerksam gemacht und in Interviews und öffentlichen Stellungnahmen wiederholt eine härtere Gangart in der Kriminalitätsbekämpfung angemahnt. Die Schill-Partei hieß offiziell Partei Rechtsstaatlicher Offensive. Weil die bereits bestehende →Pro DM Partei Bolko Hoffmanns ihr die Verwendung der Abkürzung PRO gerichtlich untersagen ließ, tauchte sie auf den Wahlzetteln unter dem Kürzel „Schill" auf. In der Öffentlichkeit wurde sie bald nur noch „Schill-Partei" genannt. Diese einprägsame Kurzbezeichnung, die die Partei mit der Person ihres Gründers unmittelbar identifizierte, erwies sich für die Neugründung im Hamburger Wahlkampf als wichtiger Trumpf.

Als Strippenzieher der Parteigründung und Wahlkampforganisator agierte Mario Mettbach, der früher bei der Hamburger →Statt Partei aktiv gewesen war. Nach ihrem sensationellen Erfolg von 19,4 Prozent im September 2001 bei der Hamburger Bürgerschaftswahl wurde die Schill-Partei an der Regierung des

Stadtstaates beteiligt. Parteigründer Schill übernahm im Senat des Ersten Bür-
germeisters Ole von Beust (CDU) das Amt des Innensenators und Zweiten Bür-
germeisters, Mario Mettbach wurde Senator für Bau, Verkehr und Stadtentwick-
lung. Das Hamburger Wahlergebnis und die Regierungsbeteiligung ließen den
Ruf nach rascher Expansion laut werden. Bereits die erste Kandidatur der Schill-
Partei außerhalb Hamburgs endete aber mit einer – wiewohl achtbaren – Niederlage. Für die Landtagswahl in Sachsen-Anhalt im April 2002 hatte Schill den
Unternehmer Ulrich Marseille als Spitzenkandidat und Finanzier gewonnen,
doch blieb das Ergebnis mit 4,5 Prozent weit hinter den Erwartungen zurück.
Dennoch heizte der nur knapp verpasste Einzug in den Landtag die Spekulationen um eine Teilnahme an der Bundestagswahl an. Gegen die Warnung der Parteispitze um Ronald Schill beschloss die Partei am 22. Juni in Hamburg überraschend, zur Bundestagswahl anzutreten. Das Ergebnis gab den Warnern Recht.
Die Schill-Partei erhielt nur 0,8 Prozent der Stimmen und musste ihre Hoffnungen auf eine Bundesausdehnung begraben.

Noch weitaus bedeutsamer für die Entwicklung der Partei waren die Vor-
kommnisse in Hamburg: Das Dreierbündnis von CDU, Schill-Partei und FDP
hielt lediglich etwas mehr als die Hälfte der Legislaturperiode lang. Ronald Schill
machte als Innensenator und Zweiter Bürgermeister weniger durch Sachpolitik,
als durch öffentliche Kapriolen und tabubrecherische Provokationen von sich
reden. Am 19. August 2003 gab Ole von Beust die Entlassung Schills bekannt,
nachdem dieser ihn mit der Drohung zu erpressen versucht hatte, kompromittie-
rende Details aus von Beusts Privatleben preiszugeben. Um die Teilnahme an der
Koalition nicht zu gefährden, ging die Schill-Partei nun auf Abstand zu ihrer
einstigen Galionsfigur. Schills Machtbasis war zwar noch stark genug, dass er auf
dem Landesparteitag – wenn auch unter deutlichen Stimmeneinbußen – als Parteivorsitzender bestätigt wurde. Nachdem er aber – gegen seine Zusicherung –
nicht davon abließ, die eigene Partei und Fraktion fortwährend zu kritisieren,
sagte sich diese endgültig von ihm los und schloss Schill zuerst aus der Fraktion
und später auch aus der Partei aus.

Die Spaltung der Schill-Fraktion in der Bürgerschaft veranlasste Bürgermeister von Beust, die Koalition zu beenden und vorzeitige Neuwahlen auszurufen.
Aus dieser gingen die „Rest-PRO", die von Mettbach und Schills Nachfolger im
Amt des Innensenators, Dirk Nockemann, angeführt wurde, mit 0,4 Prozent als
klarer Verlierer hervor, während die mit der →Pro DM Partei des Düsseldorfer
Unternehmers Bolko Hoffmann zusammengeschlossene Schill-Partei auf immerhin noch 3,1 Prozent der Stimmen kam, die aber ebenfalls nicht für den Einzug in
die Bürgerschaft reichten. Schill erklärte daraufhin seinen endgültigen Abschied
von der Politik.

Die PRO, die sich nach Mettbachs Rücktritt vom Bundesvorsitz unter ihrem neuen Vorsitzenden Markus Wagner das Kürzel „Offensive D" zulegte, dümpelte unterdessen vor sich hin. Die Bundestagswahl 2005 (0,0 Prozent) und die Landtagswahlen in Brandenburg (2004: 0,3 Prozent), Schleswig-Holstein (2005: 0,1 Prozent), Nordrhein-Westfalen (2005: 0,0 Prozent), Mecklenburg-Vorpommern (2006: 0,1 Prozent) und Berlin (2006: 0,1 Prozent) endeten für sie allesamt erfolglos. Auch die verstärkte Zusammenarbeit mit anderen Kleinparteien trug bislang keine Früchte. So ging die Offensive D zur Landtagswahl 2006 in Sachsen-Anhalt ein Bündnis mit der →Statt Partei und der →DSU ein, das 0,3 Prozent der Stimmen erzielte.

Bei der Europawahl 2004 konnte die Partei noch nicht einmal die für eine Teilnahme notwendigen 4.000 Unterschriften beibringen. Inzwischen zeigen sich in den Landesverbänden deutliche Zerfallserscheinungen. Selbst in Hamburg kursierte bereits das Gerücht, der dortige Landesverband stehe kurz vor der Auflösung. Im Dezember 2006 trat Wagner vom Vorsitz der Bundespartei aus persönlichen Gründen zurück. Ihm folgte der bisherige Parteivize und Hamburger Landesvorsitzende Peter-Alexander von der Marwitz. Mit Nockemann und dem früheren Fraktionsvorsitzenden Norbert Frühauf waren kurz zuvor bereits zwei bekannte Vertreter der PRO zur →Deutschen Zentrumspartei übergelaufen. Gleichzeitig fand sich in der Hansestadt eine neue rechtskonservative Gruppierung zusammen – die „Heimat Hamburg" des früheren CDU-Justizsenators Roger Kusch –, um das nach dem Abgang Schills verwaiste Terrain am rechten Rand wieder zu besetzen.

Wahlergebnisse und Wählerschaft
14 Monate nach ihrer Gründung konnte die Schill-Partei im September 2001 bei der Hamburger Bürgerschaftswahl aus dem Stand 19,4 Prozent der Wähler gewinnen. Noch nie zuvor hatte in der Geschichte der Bundesrepublik eine neu entstandene Partei ein derart gutes Resultat erzielt. Günstige Gelegenheitsstrukturen ergaben sich für die Schill-Partei vor allem auf dem Feld der Inneren Sicherheit, wo die etablierten Parteien eine erstaunliche Passivität an den Tag gelegt hatten und sich für die Nöte der Bürger wenig empfindlich zeigten. Der Schill-Partei gelang es, das Kriminalitätsthema praktisch zu monopolisieren. Etwa drei Viertel ihrer Wähler nannten die ungelösten Probleme der Inneren Sicherheit als Hauptgrund ihrer Wahlentscheidung. Aus diesem Grund trifft die Bezeichnung „Protestwahl" die Motive der Schill-Wähler nur bedingt. Der hohe Stimmenanteil war auf spezifische Hamburger Problembelange und die Person Schills zurückzuführen, der den Wahlkampf in hohem Maße polarisierte. Das Wählerpotenzial Schills war breit gestreut; überproportionale Anteile verbuchte

die Partei bei den Angehörigen der Unter- und Mittelschichten. Während unter den Wählern mit Abitur 12 Prozent für die Partei stimmten, erreichte sie bei den Wählern mit einfacher Schulbildung rund 24 Prozent. Männer über 45 Jahre stimmten ebenfalls weit überdurchschnittlich für Schill (25 Prozent), jüngere Frauen zwischen 25 und 45 Jahre dagegen nur zu 13 Prozent. Nahezu 20 Prozent seiner Wähler konnte Schill aus dem Lager der Nichtwähler mobilisieren, was sich auch in der für eine Landtagswahl ungewöhnlich hohen Wahlbeteiligung von 71,0 Prozent widerspiegelte.

Ronald Schill zeichnete nahezu allein für den Wahlerfolg verantwortlich. Glaubwürdigkeit konnte der Newcomer erzeugen, indem er vorgab, als ehemaliger „Law-and-Order"-Amtsrichter den Rechtsstaat konsequent zu vertreten und zu verteidigen. In seinem früheren Amt hatte er die von ihm und seiner Partei propagierte Politik der „Zero Tolerance" bereits vorexerziert. Die Hamburger Boulevardpresse verpasste ihm deshalb den wenig schmeichelhaften Beinamen „Richter Gnadenlos". Schill appellierte an die Ängste und Sicherheitsbedürfnisse der Bürger, indem er seine Heimatstadt Hamburg zur „Hauptstadt des Verbrechens" erklärte. Er heizte das Thema emotional auf, gebrauchte griffige Äußerungen, die er permanent repetierte. Seine Wahlkampfäußerungen beendete er mit dem Satz „Kommen Sie gut nach Hause und lassen sie sich nicht überfallen!" Als besonders vorteilhaft erwies sich, dass seine glänzend personalisierte, themenbezogene Kampagne von der in Hamburg besonders einflussreichen Springer-Presse positiv begleitet wurde. Diese entzog Schill die Unterstützung erst, als für jedermann offensichtlich wurde, wie wenig tauglich der frischgebackene Innensenator für das alltägliche Regierungsgeschäft war.

Beim folgenden Wahlantritt in Sachsen-Anhalt im April 2002 verpasste die Schill-Partei den für eine bundesweite Ausdehnung notwendigen Wiederholungserfolg. Ein wesentlicher Grund für das knappe Scheitern an der Fünf-Prozent-Hürde lag in der Person des Spitzenkandidaten Ulrich Marseille, dem als Betreiber von Pflegeheimen und Reha-Kliniken in Ostdeutschland ein eher zweifelhafter Ruf vorauseilte. So wie in Hamburg unterstützten auch in Sachsen-Anhalt vorwiegend Männer mit eher niedrigem Bildungsniveau die Schill-Partei, diesmal allerdings vermehrt aus den jüngeren und mittleren Jahrgängen. Der Entschluss zum Wahlantritt bei der Bundestagswahl am 18. September 2002 brachte die Partei in Bedrängnis – ein Wahlkampf fand außer einer Tour Schills durch mehrere größere Städte praktisch nicht statt. Dass der selbsternannte „Politiker wider Willen" jegliche populistische Zugkraft verloren hatte, ließ sich an den wenigen versprengten Besuchern ablesen, die zu seinen Kundgebungen kamen. Entsprechend schlecht fiel mit 0,8 Prozent das Ergebnis aus. Auch bei der am gleichen Tag stattfindenden Landtagswahl in Mecklenburg-Vorpommern fiel die PRO mit nur 1,7 Prozent auf das Niveau einer unbedeutenden Kleinpartei zurück. Die weiteren Ergebnisse (Hessen 2003: 0,5 Prozent, Niedersachsen 2003: 1,0 Prozent) bestätigten den Abwärtstrend, der nur durch den Achtungserfolg bei der Bremer Bürgerschaftswahl im selben Jahr kurzzeitig gestoppt werden konnte: Dank der für Kleinparteien günstigen Stadtstaatstruktur und den mit Hamburg vergleichbaren politischen Problemen gelang der Partei hier mit 4,4 Prozent ein respektables Ergebnis. Nachdem sich Schill durch seine Amtsführung um jeden Kredit gebracht hatte und die Partei im Chaos versank, war auch in Hamburg der Abstieg vorprogrammiert. Hier konnten die beiden Schill-Parteien zusammengenommen bei der vorgezogenen Bürgerschaftswahl im Februar 2004 nur noch 3,5 Prozent erzielen. Damit hatten sie im Vergleich zur Vorwahl rund 85 Prozent ihrer Wähler verloren. Bei ihren späteren Teilnahmen an Landtagswahlen blieb die Offensive D stets unterhalb der Ein-Prozent-Marke, sodass ihr die dringend benötigten Mittel aus der staatlichen Parteienfinanzierung entgingen.

Ergebnisse bei Bundestags- und Landtagswahlen

Jahr	*Bundestagswahlen*	*Landtagswahlen*
2001		HH 19,4
2002	0,8	MV 1,7 ST 4,5
2003		HB 4,4 HE 0,5 NI 1,0
2004		HH 3,5[1] BB 0,3[2]
2005	0,0	NRW 0,0 SH 0,1
2006		BE 0,1 MV 0,1 ST 0,3[3]

[1] davon PRO 0,4 und Pro-Deutsche Mitte 3,1 Prozent
[2] Offensive D
[3] Wahlbündnis „Bündnis Offensive für Sachsen-Anhalt" mit Statt Partei und DSU

Programmatik
Die Partei Rechtsstaatlicher Offensive war von Anfang an auf das Thema „Innere Sicherheit" ausgerichtet und begrenzt. Die Etikettierung der Partei als „rechtspopulistisch" erscheint schlüssig und gerechtfertigt: Die Schill-Partei präsentierte kein geschlossenes Politikkonzept, sondern ausgewählte issues. Sie nahm den vermeintlichen „Durchschnittsbürger" und seine subjektiv empfundenen Bedrohungen durch Kriminalität, Terrorismus, Drogen oder unkontrollierte Zuwanderung in Augenschein und stilisierte sich als dessen Anwalt. Die populistische Mobilisierungsstrategie war schwerpunktartig auf das Thema Innere Sicherheit abgestellt. So forderte die Partei eine Videoüberwachung an Kriminalitäts- und Vandalismusschwerpunkten, eine sichtbare Verstärkung der polizeilichen Präsenz, den Einsatz von Brechmitteln bei tatverdächtigen Drogendealern und eine

Absenkung des Strafmündigkeitsalters auf 12 Jahre. Jenseits ihres Schwerpunktthemas bestand das Programm aus einer populistischen Mixtur, die von immigrationsfeindlichen Positionen über die Agitation gegen „Sozialschmarotzer" bis hin zur Klage über das angebliche Bürokratiemonster der Europäischen Union reichte. Mit dem Vabanquespiel „Regierungsbeteiligung" setzte zumindest für die Hamburger Schill-Partei ein Prozess der Veränderung ein. Jenseits der auch in den eigenen Reihen als nicht immer nützlich empfundenen Eskapaden Schills dominierten in der Parlamentsarbeit eher konstruktive, nüchterne Sachorientierung statt akzentuierte Effekthascherei. Auf dem Gebiet der Inneren Sicherheit musste die Schill-Partei zwar zum Teil deutliche Abstriche machen, konnte der Politik aber dennoch ihren Stempel aufdrücken. Entscheidender für die öffentliche Wahrnehmung waren gleichwohl die Misstritte Schills: Die Medien kolportierten dessen fehlenden Arbeitselan und brachten diesen in Verbindung mit konzeptionellen und handwerklichen Defiziten. Symbolische Politik zeigte der Innensenator mit der Einführung blauer Polizeiuniformen, die das Umdenken in der Hamburger Sicherheitspolitik vor Augen führen sollten. Bei späteren Wahlen erweiterte die Partei mühsam ihr inhaltliches Spektrum: In Sachsen-Anhalt versuchte sie Wirtschaftskompetenz zu vermitteln, in Bremen kam der Tierschutz als landespolitisches Thema hinzu. Rückwärtsgewandt trat die nicht-extremistische Schill-Partei zu keinem Zeitpunkt auf, von Deutschtümelei nahm sie Abstand. Vertreter aus dem nationalen Lager empfanden die Forderungen der Schill-Partei als zu halbherzig und erblickten in ihr deshalb keinen Bundesgenossen. Umgekehrt hatte die Schill-Partei frühzeitig einen Unvereinbarkeitsbeschluss für ehemalige Mitglieder rechtsextremistischer Parteien gefasst. Dies verhinderte zwar nicht alle Unterwanderungsversuche, machte es aber schwer, die Partei in der Öffentlichkeit als rechtsextrem abzustempeln. Auch Schill selbst war durch seine Herkunft aus einem anti-nazistischen Elternhaus über einen solchen Verdacht erhaben.

Organisation

Die Schill-Partei entpuppte sich als eine kopflastige Partei ohne ausreichende organisatorische Verwurzelung an der Basis. Dieser Befund verwundert nicht, war die Partei doch eine ad-hoc-Gründung mit einem ad-hoc-Erfolg. Nach dem grandiosen Ergebnis bei der Bürgerschaftswahl unterschätzte Schill, dass er den Wahlsieg in einem Stadtstaat gefeiert hatte. Dort fällt es einem Newcomer erfahrungsgemäß leichter, auch ohne professionellen Parteiapparat mit einer öffentlichkeitswirksamen Kampagne zu reüssieren. Mit der angestrebten Ausdehnung in die Fläche war die Partei hoffnungslos überfordert. Die unkontrollierte Expansion beförderte innerparteiliche Konflikte, die sich auch gegen den autoritären

Führungsstil des Parteigründers Schill richteten. Dass dieser die aussichtslose Kandidatur bei der Bundestagswahl 2002 nicht verhindern konnte, markierte symbolhaft den bevorstehenden Niedergang. Schill selbst räumte ein, seine Partei übe eine enorme Anziehungskraft auf Glücksritter aller Art aus. An der Bundespartei zeigte er fortan wenig Interesse. Dass diese ausgerechnet Mario Mettbach zum Vorsitzenden bestimmte, der mit der Statt Partei die Erfahrung einer gescheiterten Ausdehnung schon einmal gemacht hatte, mutet nicht nur im Nachhinein merkwürdig an.

Ende 2001, nach ihrem Hamburger Wahlerfolg, verfügte die Schill-Partei bundesweit über etwa 5.000 Mitglieder. Flächendeckende Strukturen wies sie aber zu keinem Zeitpunkt auf, wiewohl die Organisation mit Schwerpunkten in Ost- und Norddeutschland anfangs rasch wuchs. Der Partei waren die Risiken einer unkontrollierten Expansion durchaus bewusst. Ihre Satzung sah deshalb vor, dass der Parteiaufbau in den einzelnen Bundesländern von Koordinatoren des Hamburger Landesverbandes überwacht werden sollte. Ein Gremium prüfte die Mitgliedsanträge, um eine extremistische Unterwanderung zu verhindern. Symptomatisch für die Organisationsschwäche der Partei war, dass sie erst nach eineinhalb Jahren ihren Bundesvorstand wählte. Mit der Entlassung Schills als Innensenator und der anschließenden Spaltung von Partei und Fraktion begann die Organisation zu zerfallen. Noch vor der Bürgerschaftswahl setzte ein regelrechter Exodus der Mitglieder ein. Prominente Mitstreiter wie Ulrich Marseille verließen die Partei und kündigten an, bei der Wahl wieder die CDU zu unterstützen. Nachdem die PRO bei der Bürgerschaftswahl zur Splitterpartei abgesunken war, kehrte auch der ehemalige Regierungsflügel um Mettbach und Nockemann der Partei nahezu geschlossen den Rücken.

Fazit

Das Abschneiden der Schill-Partei bei der Bürgerschaftswahl 2001 in Hamburg hat gezeigt, dass unter den Bedingungen eines Stadtstaates rechtspopulistische Parteien durchaus über Erfolgschancen verfügen. Die polarisierende Law-and-Order-Kampagne der ad-hoc-Partei verfehlte ihre Wirkung nicht. Sie war nur aus der Oppositionsrolle heraus möglich und in den Flächenländern oder auf der Bundesebene ebenso wenig wiederholbar wie in Hamburg selbst, wo man sich nach dem Wahlsieg in die Regierungsverantwortung begeben hatte. Die fehlende organisatorische Basis der Partei, deren Mitglieder und Funktionäre politisch zumeist völlig unbedarft waren, tat ein Übriges. Aufstieg und Fall der Schill-Partei waren von Beginn an untrennbar mit der Person ihres Gründers verbunden. An Schill lässt sich beinahe idealtypisch festmachen, wie schnell der Glanz einer charismatischen Führungspersönlichkeit verblassen kann. In Schills Falle hielt er nicht einmal eine Wahlperiode lang. Wie im Nachhinein deutlich geworden ist, war das Phänomen „Schill" in hohem Maße medial konstruiert und verstärkt. Als der Nimbus des Aufsteigers schwand, brach auch die von ihm geschaffene Partei zusammen.

 Literatur

Blumenthal, Julia von (2004), Die Schill-Partei und ihr Einfluss auf das Regieren in Hamburg, in: Zeitschrift für Parlamentsfragen 35 (2), S. 271-287.

Decker, Frank (2002), Perspektiven des Rechtspopulismus in Deutschland am Beispiel der „Schill-Partei", in: Aus Politik und Zeitgeschichte, B 21, S.22-31.

Decker, Frank/Florian Hartleb (2006), Populismus auf schwierigem Terrain. Die rechten und linken Herausfordererparteien in der Bundesrepublik, in: Frank Decker (Hg.), Populismus, Wiesbaden, S.191-215.

Faas, Thorsten/Andreas Wüst (2002), The Schill Factor in the Hamburg State Election 2001, in: German Politics 11 (2), S.1-20.

Hartleb, Florian (2004), Rechts- und Linkspopulismus. Eine Fallstudie anhand von Schill-Partei und PDS, Wiesbaden.

 Internet

www.offensived.de

Florian Hartleb

Sektion der Vierten Internationale

→ Partei für Soziale Gleichheit

Sozialdemokratische Partei Deutschlands (SPD)

Entstehungs- und Entwicklungsgeschichte
Die SPD betrachtet das Jahr 1863 als die Geburtsstunde der parteipolitischen Organisation der Arbeiterschaft, mit der Gründung des Allgemeinen Deutschen Arbeitervereins (ADAV) durch Ferdinand Lassalle. Als Gegengründung zu Lassalles ADAV konstituierte sich 1869 in Eisenach die Sozialdemokratische Arbeiterpartei (SDAP) um August Bebel und Wilhelm Liebknecht. Beide Gruppierun-

gen vereinigten sich 1875 zur Sozialistischen Arbeiterpartei, die sich 1890 in Sozialdemokratische Partei Deutschlands (SPD) umbenannte. Ihre ideologischen Gegensätze wirkten über einen sehr langen Zeitraum nach. Die Lassalleaner hoben die Reformfähigkeit des Staates zur Verbesserung der sozialen Lage der Arbeiterschaft hervor und setzten in erster Linie auf parlamentarische Mehrheiten, um politische Entscheidungen durchzusetzen. Die von Marx und Engels beeinflusste SDAP forderte dagegen die Überwindung der damals bestehenden Herrschaftsstrukturen und die Abschaffung privatkapitalistischer Produktionsweisen mit dem Ziel der Emanzipation der Arbeiterschaft und des Aufbaus einer sozialistischen Gesellschaft. Personifiziert durch Eduard Bernstein und Karl Kautsky, fand der Gegensatz zwischen der revisionistischen und revolutionären Strömung im Erfurter Programm der SPD von 1891 Niederschlag.

Im Kaiserreich entwickelte sich die SPD zur reinen Klassenpartei der Industriearbeiterschaft, deren zunehmendes Gewicht innerhalb der deutschen Gesellschaft ihr zu ersten politischen Erfolgen verhalf. Regierungsverantwortung sollten die Sozialdemokraten erst in der Weimarer Republik tragen, in der sie mit Friedrich Ebert den ersten Reichskanzler und ersten Reichspräsidenten stellten. Die SPD erhielt bei der Wahl zur Nationalversammlung im Januar 1919 38 Prozent der Stimmen und bildete gemeinsam mit dem Zentrum und der DDP die sogenannte „Weimarer Koalition", die aber schon nach den Reichstagswahlen im Jahr 1920 ohne Mehrheit da stand. Bis 1922 blieb die SPD zunächst Regierungspartei; den Reichskanzler stellte sie aber erst wieder ab 1928 in einer Großen Koalition mit dem Zentrum, der DDP, der DVP und der Bayerischen Volkspartei. Eine geplante Neuregelung der Arbeitslosenversicherung führte schließlich zum Bruch der Koalition im Frühjahr 1930.

Bei allen Öffnungsversuchen blieben die Sozialdemokraten in Weimar im wesentlichen eine Klassenpartei der Arbeiterschaft, die sich in Form einer alle Lebensbereiche umfassenden Solidargemeinschaft organisierte und zu diesem Zweck ein weit umspannendes Vereinswesen ausbildete. Nach Ende des Zweiten Weltkriegs schloss die in den Westzonen wieder gegründete SPD organisatorisch und programmatisch an die Weimarer Zeit an und verfolgte weiterhin eine sozialistische Linie. Am prägnantesten kam dies in ihrem Sozialisierungskonzept zum Ausdruck, das Viktor Agartz entwickelt hatte. Der von Ludwig Erhard geprägten sozialen Marktwirtschaft stand die SPD in den Gründungsjahren der Bundesrepublik skeptisch gegenüber, auch die Westintegration und die Wiederbewaffnung lehnte sie ab. Das Wirtschaftswunder, dessen Früchte auch den Arbeitern zugute kamen, und das sowjetsozialistische DDR-Regime entzogen den marxistischen Vorstellungen aber schon bald den Boden. Die sozialdemokratische Solidargemeinschaft bekam erste Risse, die die Partei zwangen, ihren Kurs zu überdenken. Von jetzt an dominierten in der SPD zunehmend Ideen eines reformorientierten demokratischen Sozialismus. Die 1954 geprägte Formel „Wettbewerb soweit wie möglich, Planung soweit wie nötig" blieb bis zum Berliner Grundsatzprogramm von 1989 von zentraler Bedeutung. Die entscheidende Zäsur auf dem Weg zur Volkspartei bildete das 1959 verabschiedete Godesberger Programm, mit dem die SPD ihre Abkehr von der geschlossenen marxistischen Weltanschauung zugunsten eines grundwerteorientierten und pluralistischen Sozialismusverständnisses sichtbar markierte. Auch in der Außenpolitik vollzogen die Sozialdemokraten eine Anpassung an die Politik der von der Union geführten Bundesregierung, indem sie die Mitgliedschaft in der NATO und die Bundeswehr fortan mittrugen. Die Annäherung an die bürgerlichen Parteien verfolgte im wesentlichen zwei Ziele. Zum einen wollte die SPD sich damit für neue Wählerschichten öffnen und damit Mehrheitsfähigkeit herstellen. Zum anderen ging es ihr darum, als potenzieller Koalitionspartner akzeptiert zu werden und gegenüber den bürgerlichen Parteien ihre Regierungsfähigkeit zu demonstrieren.

Mit dem Image einer modernen, pragmatischen Reformpartei gelang der SPD beides: Sie erhöhte bis zur Bundestagswahl 1972 sukzessive ihren Wähleranteil und schaffte im Jahre 1966 den Sprung auf die Regierungsbank, zunächst als Juniorpartner in einer Großen Koalition mit →CDU und →CSU, ab 1969 dann als führende Regierungspartei in der sozialliberalen Koalition mit der →FDP. In der Großen Koalition wurde unter sozialdemokratischer Federführung ein Paradigmenwechsel hin zur keynesianischen Nachfragesteuerung vollzogen, die bis Ende der siebziger Jahre das dominante wirtschaftspolitische Handlungsmuster der Bundesregierung bleiben sollte. Auch in den anderen Bereichen der Sozial- und Gesellschaftspolitik verfolgte die SPD ein ehrgeiziges Reformprogramm, das einerseits auf den Ausbau demokratischer Strukturen setzte, anderseits auf industriellem Wachstum und Staatsinterventionismus basierte. Einkommensumverteilung durch Steuerpolitik und Ausbau des Wohlfahrtsstaates, Ausbau der betrieblichen und Unternehmensmitbestimmung, Humanisierung des Strafrechts und Erhöhung der Chancengleichheit durch Investitionen in das Erziehungs- und Bildungswesen bestimmten die Agenda. Vieles davon konnte in den ersten Regierungsjahren der sozialliberalen Koalition unter Willy Brandt realisiert werden. Spätestens mit der ersten Ölkrise 1973 wurden die finanzpolitischen Spielräume für eine solche Reformpolitik geringer, sodass die Euphorie rasch verflog. Der Wechsel an der Regierungsspitze im Jahre 1974 trug dem Rechnung. Unter Kanzler Helmut Schmidt dominierten von nun an Pragmatismus und Krisenmanagement die Politik der SPD/FDP-Koalition.

Als Partei zeigte sich die SPD in den siebziger Jahren deutlich verändert. Die Bindung an das Arbeitermilieu hatte sich weiter gelockert, während gleichzeitig neue Mitglieder aus der Gruppe der Beamten, Angestellten und Studenten in die Partei hineinströmten und das Bild an der Basis prägten. Die SPD wurde „verjüngt, entproletarisiert, akademisiert und ideologisiert" (Hörnle). Inhaltliche und programmatische Konflikte prägten das Verhältnis eines größer werdenden Teils der Partei zur Regierung. Ab 1977 wurden die Risse zwischen Partei und Regierung immer sichtbarer: Bestand die innerparteiliche Opposition bis dahin hauptsächlich aus den Jungsozialisten, so stellten nun auch etablierte Sozialdemokraten, Parteivorstandsmitglieder und Landesverbände der SPD den Kurs Helmut Schmidts in Frage. Die programmatische Diskussion wurde zur „Spielwiese" der neuen, akademisch gebildeten Mitglieder auf der Parteilinken, deren Einfluss bei der Ausarbeitung des „Orientierungsrahmens 85" Niederschlag fand. Die Opposition der Linken bezog sich unter anderem auf den von der Regierung Schmidt befürworteten weiteren Ausbau der Atomenergie und das aktive Eintreten des Kanzlers für den Nachrüstungsbeschluss der NATO. Als zu Beginn der achtziger Jahre die Bundesregierung auf die wirtschaftliche Rezession mit Ausgabenkürzungen im Haushalt und sozialpolitischen Einschnitten reagierte, gingen auch die bis dahin loyalen Gewerkschaften auf Distanz. Das vorzeitige Ende der sozialliberalen Koalition wurde damit unabwendbar.

Innerparteiliche Kontroversen prägten auch in der nachfolgenden Oppositionszeit das Erscheinungsbild der SPD. Die Linke beherrschte dabei die innerparteilichen Diskussionen bis hinunter auf die Aktivistenebene (Parteitage, Bezirksvorsitzende), konnte sich aber (mit Ausnahme von Lafontaines Kanzlerkandidatur 1990) weder in der Führungsfrage entscheidend behaupten noch die Mehrheitsfähigkeit der Partei auf der Wählerebene herstellen. Der bei Teilen der SPD nur schwach ausgebildete Macht- und Regierungswille trug mit dazu bei, dass die SPD 16 Jahre in der Opposition verharren musste. Die sogenannten „Enkel Brandts" bewiesen als Parteivorsitzende weder Beharrungsvermögen noch Führungsgeschick, sodass der Parteivorsitz der SPD von 1991 bis 2006 nicht weniger als sieben Mal wechselte (siehe Tabelle). Erst 1998 sollte es dem Duo Oskar Lafontaine (Vorsitz) und Gerhard Schröder (Kanzlerkandidat) gelingen, die SPD mit einem professionell geführten Wahlkampf wieder in die Regierungsverantwortung zu bringen. Den anschließenden Machtkampf zwischen Schröder und Lafontaine, der auch eine Auseinandersetzung über die Grundausrichtung der Regierungspolitik war, konnte der Kanzler für sich entscheiden. Nach knapp einem halben Jahr trat Lafontaine sowohl von seinem Amt als Finanzminister als auch vom Parteivorsitz zurück.

Parteivorsitzende seit 1982

Parteivorsitzender	Amtszeit
Willy Brandt	16.2.1964 (Bad Godesberg) – 14.6.1987
Hans-Jochen Vogel	14.6.1987 (Bonn) – 29.5.1991
Björn Engholm	29.5.1991 (Bremen) – 3.5.1993 (Rücktritt)
Johannes Rau	3.5.1993 (kommissarisch) – 25.6.1993
Rudolf Scharping	25.6.1993 (Essen) – 16.11.1995 (Abwahl)
Oskar Lafontaine	16.11.1995 (Mannheim) – 11.3.1999 (Rücktritt)
Gerhard Schröder	12.3.1999 (kommissarisch) gewählt am 12.4.1999 (Bonn) – 21.3.2004 (Rücktritt)
Franz Müntefering	21.3.2004 (Berlin) – 15.11.2005 (Rücktritt)
Matthias Platzeck	15.11.2005 (Karlsruhe) – 10.4.2006 (Rücktritt aus gesundheitlichen Gründen)
Kurt Beck	10.4.2006 (kommissarisch) gewählt am 14.5.2006 (Berlin)

Die nach der Bundestagswahl 1998 gebildete Koalition mit Bündnis 90/Die Grünen hat in den insgesamt sieben Regierungsjahren einige gesellschaftspolitische Reformvorhaben erfolgreich zum Abschluss bringen können (Atomausstieg, modernisiertes Zuwanderungsgesetz, Verbesserung der Rechte von gesellschaftlichen Minderheiten etc.). Wirtschaftspolitisch verfolgte sie nach Lafontaines Rückzug einen pragmatischen Ansatz, der vor allem auf Steuererleichterungen setzte. In der Außenpolitik propagierte die SPD einen „neuen deutschen Weg", der einerseits mehr Eigenständigkeit verhieß, andererseits aber auch versuchte, der gewachsenen internationalen Verantwortung Deutschlands durch die Entsendung von Soldaten in Krisengebiete gerecht zu werden (Afghanistan, Kosovo). Die dezidierte Ablehnung des Irakkrieges, die Schröder 2002 im Wahlkampf öffentlichkeitswirksam in den Vordergrund rückte, löste in den USA Befremden aus und führte zu einer Verschlechterung der transatlantischen Beziehungen. In der Europapolitik überwog dagegen die Kontinuität, auch wenn Schröder auf die pro-europäische Rhetorik seines Vorgängers Kohl hier weitgehend verzichtete.

Stieß die rot-grüne Außen- und Europapolitik in der Öffentlichkeit auf Wohlwollen, so machte sich über die wirtschafts- und sozialpolitischen Anstrengungen der Regierung schon bald Unmut breit. Nach einer konjunkturellen Aufhellung stieg die Arbeitslosigkeit ab 2001 wieder an und erreichte ein neues Rekordniveau. Die daraufhin eingeleiteten Gegenmaßnahmen wirkten erratisch und konzeptionslos. Erst ein halbes Jahr nach der knapp gewonnenen Bundestagswahl 2002 konnte sich Schröder mit der „Agenda 2010" in der Sozial- und Arbeitsmarktpolitik zu einem klaren Reformkurs durchringen, der freilich in der eigenen Partei auf erheblichen Widerstand stieß und dieser eine beispiellose Serie von Landtagswahlniederlagen bescherte. Obwohl Schröder zu diesem Zeitpunkt zugleich Parteivorsitzender war – 2004 sollte er das Amt an Franz Müntefering abgeben – hatte er es versäumt, die SPD programmatisch auf die Modernisierung des Sozialstaates vorzubereiten. Der Regierungschef zog daraus die Konsequenz, indem er mit einer negativ beschiedenen Vertrauensfrage den Weg für Neuwahlen freimachte. Nach der vorgezogenen Bundestagswahl 2005, bei der sie im Vergleich zur Vorwahl mehr als vier Prozentpunkte verlor, bildete die SPD zusammen mit CDU und CSU eine Große Koalition. Obwohl sie bei der Wahl besser abgeschnitten hatte als erwartet und die gemeinsame Koalitionsvereinbarung unverkennbar ihre Handschrift trägt, kam die Partei auch anschließend nicht zur Ruhe. Binnen drei Monaten verlor sie zuerst Müntefering und dann Matthias Platzeck als Vorsitzenden. Letzterer galt als Hoffnungsträger, dem man am ehesten zutraute, eine programmatische Neuorientierung der Sozialdemokratie einzuleiten. Diese Aufgabe bleibt nun Kurt Beck vorbehalten, der im Mai 2006 zum neuen Vorsitzenden gewählt wurde.

Wahlergebnisse und Wählerschaft
Die erfolgreichste Zeit der SPD waren die Jahre 1969 bis 1980. In dieser Phase stellten die Sozialdemokraten die größte Regierungspartei (in einer Koalition mit der FDP), waren einmal sogar stärkste Fraktion (1972 bis 1976) und lagen stets über der 40-Prozent-Marke. Dieses Kunststück konnte die SPD seither nur noch einmal (1998) wiederholen. Bei allen anderen nationalen Wahlen blieb sie im „30-Prozent-Turm" stecken oder fiel – wie bei der Europawahl 2004 – sogar noch darunter. Wie in den achtziger Jahren war der Stimmenanteil auch zuletzt (seit 1998) stetig rückläufig. In beiden Phasen standen die Verluste in Zusammenhang mit dem Auftreten linker Konkurrenzparteien, in den achtziger Jahren der Grü-

nen, seit 2005 der →WASG. Bei letzterer handelt es sich um eine direkte Abspaltung, die aus Protest gegen die vermeintlich neoliberale Wende der Sozialdemokratie kurz vor der Bundestagswahl 2005 gegründet worden war. Angeführt vom früheren SPD-Vorsitzenden Lafontaine als Spitzenkandidaten, erreichte sie unter dem Dach einer offenen Liste der →Linkspartei.PDS in den alten Bundesländern 4,9 Prozent der Stimmen.

Wahlergebnisse bei Bundestags- und Europawahlen seit 1983

Jahr	Bundestagswahlen	Europawahlen
1983	38,2	
1984		37,4
1987	37,0	
1989		37,3
1990	33,5	
1994	36,4	32,2
1998	40,9	
1999		30.7
2002	38,5	
2004		21,5
2005	34,2	

Mit Ausnahme von 1990 erhielt die SPD bei Bundestagswahlen durchweg mit deutlichem Vorsprung (mindestens 10 Prozentpunkte) gegenüber den Unionsparteien die Mehrheit der Stimmen der Industriearbeiter. Besonders erfolgreich war sie bei den Facharbeitern der Großindustrie in städtischen Ballungsräumen protestantischer Regionen. Obwohl sich die Wählerschaft von SPD und CDU/CSU in sozialstruktureller Hinsicht angenähert haben, bleibt die SPD in den Großstädten weiterhin erfolgreicher als im ländlichen Raum, findet sie unter Protestanten und kirchlich ungebundenen Wählern mehr Unterstützung als bei den Katholiken und schneidet sie bei den Arbeitern besser ab als bei den Angehörigen der Mittelschichten mit mittlerem oder höherem Einkommen. Die Hochburgen der SPD liegen im protestantisch geprägten Norden Deutschlands sowie – mit abgeschwächter Tendenz – in den Industrieregionen des Westens, vornehmlich in Nordrhein-Westfalen und im Saarland, während sich der Süden, insbesondere Bayern und Baden-Württemberg, für sie zum Diaspora-Gebiet entwickelt hat. Selbst in den fünf neuen Bundesländern lässt sich aus SPD-Sicht ein Nord-Süd-Gefälle ausmachen.

Struktur der Wählerschaft (Bundestagswahlen 1983 bis 2005)

SPD	1983	1987	1990 West	1994 West	1998 West	2002 West	2005 West	1990 Ost	1994 Ost	1998 Ost	2002 Ost	2005 Ost
Selbständige/Landwirte	21	19	15	15	16	19	22	22	20	24	30	23
Angestellte/Beamte	37	33	39	43	45	39	36	26	38	41	44	34
Arbeiter	48	52	56	44	53	43	40	25	33	44	41	29
Gewerkschaftsmitglied	58	55	58	46	62	52	50	-	31	42	51	35
Arbeiter	58	63	76	59	67	57	54	-	28	38	57	34
Angestellte/Beamte	56	48	54	49	50	50	47	-	35	48	48	36
kein Mitglied	32	44	28	38	43	34	32	-	35	41	39	30
Katholiken	26	29	29	29	36	30	28	25	26	19	15	23
starke Bindung	16	13	18	13	17	8	15	-	33	0	0	-
schwache Bindung	28	35	34	31	40	32	26	-	30	31	21	-
keine Bindung	38	45	35	35	43	42	35	-	36	42	28	-
Protestanten	52	42	46	47	50	42	40	19	32	32	37	31
starke Bindung	53	38	46	47	59	31	30	-	48	14	30	-
schwache Bindung	50	48	42	43	46	44	37	-	29	32	30	-
keine Bindung	54	37	52	50	53	42	43	-	33	53	44	-
Andere/Konfessionslose	55	49	48	42	44	42	38	28	36	41	46	31
Männer	38,4	38,5	36,5	37,0	41,8	36,6	33,9	24,7	32,0	35,8	37,0	28,4
18-24	37,6	37,5	35,3	34,0	35,1	34,4	36,4	21,0	23,0	26,6	36,8	31,8
25-34	38,3	39,0	40,8	38,0	45,5	34,8	31,6	23,6	31,0	34,5	32,6	26,6
35-44	35,7	37,6	38,2	41,0	44,5	38,3	34,3	22,1	33,0	31,9	34,1	25,5
45-60	39,7	39,4	34,9	37,0	42,6	37,8	35,2	25,3	32,0	38,0	36,5	25,5
60 und mehr	39,9	38,0	34,0	34,0	38,2	36,0	32,6	28,7	36,0	40,5	41,4	32,6
Frauen	39,4	37,8	36,2	37,0	42,8	39,7	36,3	23,6	31,0	34,4	42,3	32,3
18-24	40,6	38,7	39,0	38,0	39,3	40,9	39,5	23,7	30,0	29,1	43,2	34,5
25-34	40,4	39,0	42,8	45,0	44,7	39,9	35,5	24,6	34,0	31,5	39,7	30,9
35-44	36,4	36,6	38,4	37,0	44,8	41,4	36,7	21,5	30,0	34,6	39,5	29,2
45-60	39,6	38,1	34,0	37,0	45,5	39,8	37,0	22,8	33,0	35,3	41,0	29,6
60 und mehr	39,7	37,2	32,6	33,0	39,2	38,5	35,1	24,9	29,0	36,2	45,3	35,8

Quellen: 1983, 1987, 1990, 1994, 1998, 2002: Harald Schoen (2005). Soziologische Ansätze in der empirischen Wahlforschung, in: Jürgen W. Falter/ders. (Hg.), Handbuch Wahlforschung, Wiesbaden, S. 163 f.; 177 f.; 2005: Wahltagsbefragung der Forschungsgruppe Wahlen (Bundestagswahl. Eine Analyse der Wahl vom 18. September 2005); 2005: nur Selbständige ohne Landwirte; nur Angestellte ohne Beamte. Wahlbeteiligung und Stimmabgabe der Männer und Frauen nach Altersgruppen: Statistisches Bundesamt (Hg.). Bei den Bundestagswahlen 1994 und 1998 wurde die Repräsentativstatistik ausgesetzt. Daher werden die Ergebnisse der Wahltagsbefragungen von Infas, Infratest dimap und der Forschungsgruppe Wahlen verwendet

1969 und 1998 waren es die Angestellten und Beamten mit mittlerem Einkommen, die einer reformbereiten Sozialdemokratie entscheidend zum Wahlsieg verhalfen und damit den Machtwechsel ermöglichten. Offensichtlich führt für die SPD nur die Unterstützung eines sehr heterogenen Bündnisses von Modernisierungs- bzw. Reformbefürwortern aus den mittleren Einkommensgruppen und von Sozialstaatsbewahrern aus den Mittel- und Unterschichten zu einer mehrheitsfähigen Position im deutschen Parteienwettbewerb. Die im Bundestagswahlkampf 1998 eher vage gehaltene Formel von „Innovation und Gerechtigkeit" steht paradigmatisch für die erfolgreiche Bündelung dieser in ihren Interessen höchst unterschiedlichen Wählergruppen.

Was aus der Oppositionsrolle heraus gelang, ließ sich als Regierungspartei allerdings nicht wiederholen. Hier waren die Handlungs- und Verteilungsspielräume von vornherein so begrenzt, dass die SPD die erfolgsorientierten Angehörigen der neuen Mittelschichten ebenso vor den Kopf stieß wie ihre traditionelle Klientel aus der Arbeiterschaft. Bei letzterer musste sie 2005 weitere Einbrüche hinnehmen, die sich schon 2002 abgezeichnet hatten. Das gemeinsame Auftreten von Linkspartei und WASG wirkte sich hier zu ihrem Nachteil aus. In der Gruppe der gewerkschaftlich organisierten Arbeitnehmer, in der sie bis dahin stets absolute Mehrheiten erzielt hatte, erreichte die SPD 2005 nur noch 47 Prozent. Noch schlechter schnitt sie bei den Arbeitslosen ab, bei denen sie mit 31 Prozent im Vergleich zu 2002 10 Prozentpunkte einbüßte.

Die Heterogenität ihrer Wählerkoalition stellt die SPD vor schwierige strategische Probleme. Orientiert sie sich zu einseitig auf eine bestimmte Wählergruppe, könnte das nicht nur insgesamt Stimmenverluste bewirken, sondern auch das Aufkommen oder die Stärkung linker Konkurrenzparteien befördern. So wie die Vernachlässigung des sich ausbreitenden Postmaterialismus in der Regierungszeit Helmut Schmidts die Entstehung der Grünen begünstigt hatte, so trugen die Sozialstaatsreformen der rot-grünen Ära, die dem Gerechtigkeitsempfinden vieler sozialdemokratischer Traditionswähler widersprachen, zum Erstarken der Linkspartei bei. Die fortschreitende Fragmentierung des Parteiensystems und die Kompromisszwänge, die sich aus der Großen Koalition ergeben, machen es für die SPD nicht gerade leichter, den rückläufigen Stammwähleranteil durch eine zielgenaue Ansprache der disparaten Wählergruppen aufzufangen. Auch Koalitionsentscheidungen sind unter diesen veränderten Rahmenbedingungen immer schwerer zu fällen.

Programmatik und Regierungspolitik
Das wohl einflussreichste programmatische Dokument der SPD in der Geschichte der Bundesrepublik ist das Godesberger Programm von 1959. Die Sozialdemo-

kratie wollte mit diesem Programm im Sinne der noch heute vertretenen Grundwerte Freiheit, Gerechtigkeit und Solidarität die Basis für Sozialreformen schaffen. Die Marktwirtschaft wurde prinzipiell anerkannt, sollte jedoch durch staatliche Maßnahmen gezügelt, mittels umfassender Konjunkturpolitik gesteuert und durch arbeitsrechtliche und sozialpolitische Maßnahmen demokratisiert werden. Wohlfahrtsstaatliche Leistungen und keynesianische Steuerungsinstrumente prägten folgerichtig die Wirtschafts- und Sozialpolitik der SPD in ihrer Regierungszeit, die Markt und staatliche Regulierung miteinander in Einklang bringen wollte.

Die programmatische Diskussion wurde nach dem Zustrom der „Neuen Linken" in der ersten Hälfte der siebziger Jahre in der SPD mit besonderer Intensität geführt. Forderungen nach einer stärkeren Wirtschaftslenkung, Wachstumsprobleme und die Grundwerte des demokratischen Sozialismus beherrschten die von der Parteilinken dominierte Debatte. Die pragmatische, fast technokratische Politik der Krisenbewältigung in der Ära Schmidt ließ die Programmdiskussion freilich abgehoben erscheinen, zumal es der Linken an Macht fehlte, ihre Positionen innerhalb der Parteiführung durchzusetzen. Vor die Wahl gestellt, eine grundlegende Richtungsänderung der Politik zu betreiben oder den Regierungskurs mitzutragen, entschied sich die sozialdemokratische Bundestagsfraktion zumeist für das letztere, weil ihr die Alternative einer CDU/CSU-geführten Regierung ohne sozialdemokratische Mitsprache als das größere Übel erschien.

In den achtziger Jahren wurde die Programmdiskussion vor allem durch das Aufkommen der neuen sozialen Bewegungen und die veränderte wirtschafts- und gesellschaftspolitische Lage der Bundesrepublik bestimmt, die eine Modernisierung der sozialdemokratischen Politik unausweichlich machten. In weiten Teilen der SPD herrschte die Auffassung vor, dass eine Ökologisierung der Güterproduktion und des Konsumverhaltens notwendig sei, mithin ein neues Politikverständnis jenseits von Wirtschaftswachstum und materieller Umverteilung geschaffen werden müsse. Träger des Modernisierungsanspruches waren die jungen, akademisch gebildeten Neumitglieder, die in den siebziger Jahren in die Partei eingetreten waren und sich dort vorwiegend bei den Jungsozialisten engagierten. Die auf die linkslibertäre Wählerklientel zielende Strategie blieb aber innerhalb der SPD ebenso umstritten wie die inhaltlichen Ideen der Parteilinken. Gegen diese standen die traditionellen Kräfte des Mainstreams und der Parteirechten, die für wohlfahrtsstaatliche Leistungen und eine Orientierung der SPD an den Interessen der Arbeitnehmer eintraten. Ihnen ging es vor allem darum, die Verankerung der Partei in der Industriearbeiterschaft zu festigen. In den Gewerkschaften, die sich zu den Hauptbedenkenträgern gegenüber einer qualitativen Wachstumsideologie stilisierten, wussten sie dabei einen machtvollen Bündnispartner an ihrer Seite. Daraus entstand in der SPD eine strategische Blockade, die ihre Mehrheits- und Regierungsfähigkeit zumindest in Frage stellte. Die unterschiedlichen Positionen ließen sich am Verhältnis zur neu entstandenen Partei der Grünen festmachen, die von den einen als politischer Gegner betrachtet wurde, während die anderen in ihr einen möglichen künftigen Bündnispartner erblickten.

Weil keine der beiden Strömungen über eine klare Mehrheit verfügte, konnte die SPD eine konsistente programmatische Ausrichtung in ihrer Oppositionszeit nicht entwickeln. Hielten in der Umwelt-, Innen- oder Rechtspolitik ökologische und linkslibertäre Positionen Einzug, so dominierten in den für die Identität der Partei wichtigen Bereichen der Sozialpolitik weiterhin „strukturkonservative Tendenzen" (Gohr). Hier blieb die Partei im Zwiespalt zwischen Reform oder Bewahrung eines durch Anrechte, finanzielle Transfers und Bürokratisierung geprägten Wohlfahrtsstaates befangen.

Symbolhaft für die Orientierungskrise steht das 1989 verabschiedete Berliner Grundsatzprogramm, das eine programmatische Synthese von alter und neuer Linken herzustellen versuchte. Der traditionelle Wachstumsbegriff wurde darin ebenso gestrichen wie der Keynesianismus, ohne jedoch ein neues Konzept sozialdemokratischer Wirtschafts- und Sozialpolitik an dessen Stelle zu setzen. Der Leitbegriff des „demokratischen Sozialismus" blieb demgegenüber erhalten, auch wenn er in der Folgezeit kaum noch benutzt wurde oder Gegenstand innerparteilicher Diskussionen war. Erst 2003 sollte Generalsekretär Olaf Scholz einen Versuch unternehmen, ihn in der Programmdebatte neu zu bestimmen.

Von der Zeitenwende des Jahres 1989 überrollt, spielte das Berliner Grundsatzprogramm nach der deutschen Vereinigung keine nennenswerte Rolle mehr. Manche Kritiker bezeichnen es deshalb als „historisch beispiellosen Flop" (Lösche/Walter), was zumindest mit Blick auf die Außenwirkung zutreffend sein dürfte. Auch in den internen Debatten – etwa in den Zwischenberichten der Grundsatzprogrammkommission zur Erarbeitung eines neuen Grundsatzprogramms – wurde auf den Text kaum noch Bezug genommen. Obwohl sich die Rahmenbedingungen der nationalen und internationalen Politik nach dem Ende des Kalten Krieges dramatisch verändert hatten, zeigte die SPD keine Eile, die Grundsatzdebatte neu aufzunehmen. Die programmatische Diskussion um die Erneuerung des Sozialstaates trat auf der Stelle, da die bestehenden Gegensätze zwischen „Traditionalisten" und „Modernisierern" in der Partei nicht ausgetragen, geschweige denn entschieden wurden. Die neunziger Jahre gelten daher für die deutsche Sozialdemokratie als programmatisch und strategisch verlorenes Jahrzehnt.

Eine nachholende, intensivere Programmdebatte setzte erst nach der Regierungsübernahme ein, insbesondere nachdem die SPD vom wirtschafts- und sozialpolitischen Kurswechsel ihres Vorsitzenden und Kanzlers förmlich überrumpelt wurde. Die „Agenda 2010" orientierte sich an der Konzeption des „Dritten Weges", den Anthony Giddens für die Labour Party in Großbritannien entwickelt hatte. Anders als dort war die von Schröder erhoffte Modernisierung der sozialdemokratischen Programmatik in der SPD aber nur begrenzt durchsetzbar. Vorstöße des damaligen Generalsekretärs Scholz für einen erweiterten Gerechtigkeitsbegriff stießen an der Parteibasis auf wenig Gegenliebe und zeigten, wie sehr die Mitglieder und Wähler der Partei an lieb gewonnenen Wohlfahrtsstaatsvorstellungen festhielten. Entsprechend schleppend vollzog und vollzieht sich der Übergang von der „fürsorglichen" zur „aktivierenden" Sozialpolitik in der Parteiprogrammatik, obwohl das Regierungshandeln diese Richtung längst vorgezeichnet hatte. So stehen die Rentenreform mit der Einführung einer zusätzlichen kapitalgedeckten Säule („Riester-Rente") sowie die Betonung von Pflichten in der Arbeitsmarktpolitik („Hartz IV") exemplarisch für den neuen Ansatz, der die Menschen zu einem selbstbestimmten, eigenverantwortlichen Leben befähigen und ermächtigen will. Der Wohlfahrtsstaat soll danach den Anspruch auf Lebenschancen verbürgen, verstanden als „Hilfe zur Selbsthilfe". Die Systeme der sozialen Sicherung bleiben als Unterstützungs- und Einkommensersatzleistungen in ihrer Substanz erhalten, werden aber ergänzt durch wirksamere Anreize zur Aufnahme von Erwerbsarbeit, die sich auch in der Entlohnung niederschlagen. Gleichzeitig wird die Bereitschaft zu lebenslangem Lernen durch verstärkte Investitionen in Bildung und Ausbildung gefördert.

Dem Konzept des aktivierenden oder unterstützenden Sozialstaates liegt ein Gerechtigkeitsverständnis zugrunde, das sich nicht mehr in erster Linie an gleichen Ergebnissen, sondern an der Gewährung gleicher Zugangschancen zu Bildung, Erwerbsarbeit und Informationen orientiert. Damit erfordert es zugleich eine Neubestimmung des Verhältnisses von Staat und Zivilgesellschaft. Dass der Versuch, eine solche Neubestimmung vorzunehmen, erst am Ende der rotgrünen Regierungszeit begonnen wurde, hängt vor allem mit der fehlenden Kontinuität an der Parteispitze zusammen. Während Gerhard Schröder, der immerhin vier Jahre als Vorsitzender amtierte, für die Partei generell wenig Interesse aufbrachte, blieb seinen Nachfolgern Müntefering und Platzeck zu wenig Zeit, um die Arbeit an einem neuen Grundsatzprogramm voranzutreiben. Ob dieses Programm erneut eine „große Erzählung" sein wird und visionäre Kraft entfaltet, die der SPD eine klare Identität verleiht, bleibt abzuwarten. Immerhin verfügt die Partei in Gestalt der skandinavischen Länder über ein Referenzmodell des Wohlfahrtsstaates, das sie als programmatische Folie benutzen kann. Darin liegt im Vergleich zur CDU ein nicht zu unterschätzender Vorteil.

Organisation

Die Organisationsstruktur der SPD ist – wie bei einer mitgliederstarken Partei üblich – durch vertikale Ebenen und horizontale Einheiten gekennzeichnet, die durch vielfältige Verbindungslinien miteinander verknüpft sind, gleichzeitig aber auch über ein erhebliches Maß an Autonomie verfügen. Die unterste Ebene bilden die Ortsvereine, auf der nächst höheren Ebene folgen die Kreis-, schließlich die Bezirks- und Landesverbände und die Bundespartei. Auf jeder Ebene werden Vorstände gewählt, ab der Kreisebene zumeist von den Delegierten der Parteitage. Die Vorstände wiederum wählen das Präsidium. Das Parteipräsidium auf Bundesebene gilt als das eigentliche Entscheidungszentrum innerhalb der SPD; formal oberstes Gremium der Partei ist der Bundesparteitag. Zentrale machtpolitische Akteure auf der Bundesebene sind die Bundestagsfraktion (insbesondere deren Vorstand) und – gegebenenfalls – die Regierungsmitglieder. Im strategischen Zentrum der Partei agieren neben dem Parteivorsitzenden der Vorsitzende der Bundestagsfraktion, die von der SPD gestellten Ministerpräsidenten und Bundesminister sowie der Generalsekretär, dessen Amt im Jahr 1999 eingerichtet wurde. Der Generalsekretär hat die meisten Aufgaben des vormaligen Bundesgeschäftsführers übernommen, dem heute nur noch die Organisation der Parteizentrale, des Willy-Brandt-Hauses in Berlin, obliegt. Unter den bisher amtierenden Generalsekretären Franz Müntefering, Olaf Scholz, Klaus-Uwe Benneter und Hubertus Heil konnte der erstgenannte die größte Macht entfalten und als quasi „geschäftsführender Parteivorsitzender" agieren. Von daher war es folgerichtig, dass Müntefering nach Schröders freiwilligem Rückzug 2004 selbst das Vorsitzendenamt übernahm.

Auf der horizontalen Ebene der Parteiorganisation versucht die SPD durch spezifische Arbeitsgemeinschaften oder Vereinigungen verschiedene gesellschaftliche Gruppen und deren Interessen in das Parteileben zu integrieren. Besonders bedeutsam sind oder waren die Arbeitsgemeinschaft für Arbeitnehmerfragen (AfA), die Jungsozialisten (Jusos) sowie die Arbeitsgemeinschaften der Frauen und Senioren (60 plus). Nach Ansicht von Lösche gehen von diesen Unterorganisationen aber kaum noch innovative Anstöße aus. Um nicht nur Mitglieder, sondern der Partei nahestehende Sympathisanten für die Parteiarbeit zu gewinnen, haben sich des Weiteren diverse Netzwerke etabliert. Nicht vergessen werden dürfen schließlich die Aktivitäten der parteinahen Friedrich-Ebert-Stiftung, die durch die Mobilisierung externen Sachverstandes Impulse für die Programmarbeit vermittelt.

Eine größere Rolle für das Parteileben als die nach sachlichen oder Funktionsgesichtspunkten gebildeten Teil- und Unterorganisationen spielen die informellen Machtgruppen (Faktionen), die sich nach ideologischen Gesichtspunkten formieren: Der sogenannte „Seeheimer Kreis" steht für die Parteirechte, die in Abgrenzung von der „Demokratischen Linken" (vormals „Frankfurter Kreis") insbesondere in der Finanz-, Wirtschafts- und Sozialpolitik einen konsequenten Modernisierungskurs vertritt und in innenpolitischen Bereichen wie der inneren Sicherheit eher restriktivere Vorstellungen als die Parteilinke hat. Die sogenannten „Netzwerker", eine Reihe von jüngeren und pragmatisch orientierten Abgeordneten um Umweltminister Sigmar Gabriel, grenzen sich von den beiden etablierten Strömungen ab. Ihr ideologisches Profil ist unschärfer, was darauf hindeutet, dass sich das Netzwerk in erster Linie als Karrierevehikel und Rekrutierungsbecken für die nächste Führungsgeneration der SPD versteht.

Mitgliederschwund, Überalterung der Partei (mittlerweile sind gut die Hälfte aller Mitglieder über 60 Jahre alt) und Nachwuchsmangel (der Anteil der unter 35-jährigen sinkt beständig) kennzeichnen die Krise der SPD als Mitgliederpartei. Die Parteiführung hat dem in den neunziger Jahren mit verschiedenen Organisationsreformen entgegenzuwirken versucht, die auf eine Öffnung der Partei und Stärkung der Mitgliederrechte abzielten. Letzteres schlug sich vor allem in der Einführung direktdemokratischer Verfahren nieder (Urwahl des Kanzler- und der Wahlkreiskandidaten durch die Parteimitglieder, Sachabstimmungen u.ä.), die in der Praxis jedoch kaum zur Anwendung gelangten. So partizipationsorientiert und offen für neue Einflüsse sich die Partei nach außen hin präsentierte, so rigide und halbherzig gestaltete sich die Implementation der Reformen in der Praxis. In der alltäglichen Politik auf Bundesebene hat die SPD den Mitgliedern kaum mehr Macht übertragen. Auch die erhöhten Freiheitsspielräume der Parteiführung sind weniger durch eine Entmachtung der bisher tonangebenden mittleren Funktionärsebene erreicht worden, als vielmehr durch die Auswirkungen der modernisierten Medienkommunikation und eine sich ausbreitende Lethargie an der Parteibasis. Beides hat zu einer Stärkung der Autonomie der Parteispitze, des „strategischen Zentrums" geführt. Die Führung kann ihre Entscheidungsrechte und -kompetenzen ausüben, auf die Interessen der mittleren Funktionäre und Parteimitglieder muss sie dabei nur bedingt Rücksicht nehmen. Die Auseinandersetzung um die von oben dekretierte „Agenda 2010" liefert dafür ein eindrucksvolles Beispiel. Sie zeigt freilich auch, welche elektoralen Folgen es hat (oder haben kann), wenn die Führung sich von den Positionen ihrer Mitglieder und Wähler zu sehr entfernt.

Mitgliederzahlen seit 1982

Jahr	Mitgliederzahl	Jahr	Mitgliederzahl
1982	926.070	1995	817.650
1983	925.630	1996	792.773
1984	916.485	1997	776.183
1985	916.386	1998	775.036
1986	912.854	1999	755.066
1987	910.063	2000	734.667
1988	911.916	2001	717.513
1989	921.430	2002	693.894
1990	919.129	2003	650.798
1991	919.871	2004	605.807
1992	885.958	2005	590.485
1993	861.480	2006	567.925
1994	849.374		

Stichtag für 1982 bis 2005 jeweils 31. Dezember, Stichtag für 2006 30. September.
Quelle: SPD-Bundesgeschäftsstelle.

Die von Müntefering unter dem Motto „Demokratie braucht Partei" eingeläutete zweite Phase des organisationsstrukturellen Reformprozesses in den späten neunziger Jahren geriet ebenfalls schnell ins Stocken. Direkte Mitgliederentscheide auf Bundesebene sind bisher mit Ausnahme der Wahl Scharpings zum Parteivorsitzenden im Jahre 1993 nicht zustande gekommen. Lediglich in einzelnen Landesverbänden (insbesondere in Baden-Württemberg, Berlin und Bremen) hat man aus unterschiedlichen Erwägungen heraus von den Instrumenten der direkten Demokratie Gebrauch gemacht. In Bremen wurde 1995 sogar die Koalitionsfrage auf diesem Wege entschieden, wobei eine knappe Mehrheit für die Große Koalition (statt einer Koalition mit Bündnis 90/Die Grünen) votierte. Die Sozialdemokraten in Rheinland-Pfalz haben eine breit gefächerte inhaltliche Mitgliederbefragung durchgeführt, deren Ergebnisse in das Wahlprogramm für die Landtagswahlen 1996 eingeflossen sind. Auf Bundesebene dagegen hat die mittlere Funktionärsebene alle diesbezüglichen Versuche schon im Ansatz erstickt. Maßnahmen zur Umsetzung der Reformen gegen den Widerstand der Delegierten wurden von der Parteispitze nur vereinzelt ergriffen und blieben weitgehend erfolglos. Im Spannungsfeld von Partizipations- und Medienpartei bewegt sich die SPD eher in Richtung der letzteren. Auch die Trainingsprogramme für hauptamtliche Mitarbeiter zielen mehr auf die Verbesserung ihrer medialen Kommunikationskompetenz denn auf die Herstellung von mehr Bürgernähe.

Ein Versuch, die Strukturen der überkommenen Mitgliederorganisation mit den Bedürfnissen einer modernen Medienpartei in Einklang zu bringen, stellte das von Bundesgeschäftsführer Matthias Machnig ausgangs der neunziger Jahre entwickelte Konzept der „Netzwerkpartei" dar. Die Mitglieder spielen in diesem Modell keine hervorgehobene Rolle mehr, im Zentrum der Parteiarbeit steht vielmehr die Zustimmung der Mehrheit der Wahlbevölkerung zu den Programmen und Kandidaten der Partei. Entsprechend bilden die professionellen Kerne in Partei und Fraktion das Zentrum der Parteiorganisation, das umgeben ist von Mitgliedern und aktiven Unterstützern aus allen Teilen der Bevölkerung. Die traditionelle Mitgliederpartei wird durch themen- und sachspezifische Netzwerke angereichert, die aus dem Zentrum der Partei heraus zu verschienenen Bevölkerungsgruppen aufgebaut werden und unterschiedlichen Zwecken dienen. Zu nennen sind etwa: Kompetenznetzwerke (Beratung in komplexen Sachfragen), Multiplikatorennetzwerke (Integration spezifischer Zielgruppen), Diskursnetzwerke (Gesprächsrunden zu einzelnen Themen), Konsensnetzwerke (Zusammenführung der Akteure verschiedenster Interessen) oder Generationennetzwerke (bestehend aus bestimmten Altersgruppen).

Der Versuch, die Strukturen der Partei nach dem neuen Konzept auszurichten, blieb ebenso in Ansätzen stecken wie alle anderen Reformbemühungen vor ihm. Nach dem Ausscheiden Machnigs als Bundesgeschäftsführer haben zuletzt wieder traditionellere Vorstellungen die Organisationsreformen der SPD bestimmt, die ein uneingeschränktes Bekenntnis zur Mitgliederpartei enthalten und dieses mit dem Ziel verbinden, die Partei für neue soziale Gruppen zu öffnen. Gleichzeitig wurden die ohnehin nur halbherzig verfolgten Demokratisierungsmaßnahmen zurückgeschraubt.

Gemessen an den Mitgliederzahlen, dem Partizipationsgrad der Mitglieder und der Struktur der Mitgliedschaft kann von einem Erfolg der einzelnen Organisationsreformen schwerlich gesprochen werden. Insbesondere die erhoffte Öffnung und Attraktivitätssteigerung für bisher unterrepräsentierte Gruppen ist nicht eingetreten, im Gegenteil: Die in der SPD ohnehin schon stark überrepräsentierte Gruppe der Angehörigen des öffentlichen Dienstes vergrößert sich anteilsmäßig weiter. Auch unter Partizipationsgesichtspunkten weist die Organisationswirklichkeit längst in eine andere Richtung: Die Parteiarbeit wird professionalisiert, die Logiken der Mediendemokratie prägen den innerparteilichen Willensbildungs- und Entscheidungsprozess und die Arbeit der Parteiführung hat sich von der Basis erheblich gelöst. Die Großorganisation SPD wird heute nicht mehr primär durch die Zahl ihrer Mitglieder bestimmt, sondern durch deren besonders qualifizierten Kern. In der nach modernen Managementmethoden organisierten professionalisierten Medienpartei, die sich in erster Linie als Dienstleister ihrer Wählerschaft versteht, erfüllen die ressourcenstarken Partizipatoren wichtige Funktionen bei der Wählermobilisierung und Rekrutierung des politischen Personals, für die sie entsprechend ausgebildet werden müssen. Beide Funktionen werden in enger Abstimmung mit der Parteiführung wahrgenommen. Diese verfügt infolge des veränderten Wählerverhaltens über weitgehende Handlungsfreiheit bei der Strategiewahl, die sie mit Hilfe professioneller Wahlkampfberater und/oder des gewachsenen Parteiapparates vornimmt. Wie die Beispiele der aus einem eigens dafür eingerichteten Büro – der Kampa – gesteuerten Wahlkampagnen von 1998 und 2002 zeigen, kommt es dabei mitunter sogar vor, dass die Entscheidungen ganz am Parteiapparat vorbeilaufen.

Um die Mitte der Gesellschaft zu einer mehrheitsfähigen Wählerkoalition zusammenzubinden, braucht es über die Medienkommunikation hinaus auch andere Dialogformen mit gesellschaftlich relevanten Gruppen, die allerdings ebenfalls einen höheren Kommunikationsaufwand erfordern. Dies bedeutet, dass sich die hier beschriebenen Tendenzen in Zukunft noch verstärken dürften. Medienkompetenz, Professionalisierung der Kommunikationsstrategie und Parteiarbeit, Machtzuwachs der Parteiführung, Öffnung gegenüber gesellschaftlich relevanten Wählergruppen, Bedeutungsrückgang der Mitgliedschaft als Ressource – alles das zusammengenommen weist die SPD organisationsstrukturell als neuartigen Parteitypus aus, den man als „professionalisierte Medienkommunikationspartei" bezeichnen könnte.

Fazit

Der Veränderungsprozess der SPD schreitet weiter voran: von der traditionellen Klassen- oder Massenintegrationspartei, die fast ausschließlich die Interessen der Industrie- und Facharbeiterschaft vertrat, zur Volkspartei und schließlich zu einer den Bedingungen der professionalisierten Medienkommunikation angepassten modernen Großpartei. Ihre erfolgreichste Zeit in der Geschichte der Bundesrepublik hatte die deutsche Sozialdemokratie nach der Verabschiedung des Godesberger Programms in den sechziger und siebziger Jahren. Hier erreichte sie ihren bisher höchsten Mitgliederstand und das beste Wahlergebnis bei einer Bundestagswahl. In ihrer Regierungszeit setzte die SPD insbesondere auf gesellschaftspolitischem Gebiet Reformakzente, während der von ihr forcierte weitere Ausbau des Wohlfahrtsstaates langfristig eher problematische Folgewirkungen zeitigte. Nachdem die SPD die Politik ihres Kanzlers Helmut Schmidt nicht länger mittragen wollte und die sozialliberale Koalition vorzeitig zerbrach, folgte eine 16-jährige Oppositionszeit, die freilich nicht zu einer umfassenden Neuausrichtung der Partei genutzt wurde, sondern stattdessen durch programmatische und machtpolitische Kontroversen bestimmt war. Erst 1998 gelang es Gerhard Schrö-

der und Oskar Lafontaine, die ihre Rivalität zu diesem Zwecke vorübergehend
zurückgestellt hatten, die SPD erneut zur stärksten Partei zu machen. Der Wahlerfolg verdankte sich einerseits einer höchst professionell geführten Kampagne,
zum anderen war die SPD mit einem sehr flexiblen Politikangebot angetreten,
das die leistungsorientierten Angehörigen der neuen Mittelschicht ebenso ansprach wie ihre Traditionsklientel aus der Arbeiterschaft. Auch die rot-grüne
Koalition wusste auf gesellschaftspolitischem Gebiet eher zu überzeugen als in
der Sozial- und Wirtschaftspolitik. Obwohl der Weg für einen konsequenten
Reformkurs schon 1999 frei gewesen wäre (nach Lafontaines Rücktritt), lavierte
die Politik der Regierung Schröder bis zum Jahre 2002 unentschlossen zwischen
veränderungsbereiten und beharrenden Kräften. Erst 2003 unternahm der Kanzler und Parteivorsitzende den Versuch, das Ruder herumzureißen und die SPD
auf eine Politik der Erneuerung zu verpflichten. Dass dies nicht ohne erhebliche
Schwierigkeiten zu vollziehen war, ließ sich leicht vorausahnen. Selbst wenn es
Schröder gelungen wäre, die verschiedenen Reformvorhaben zu einem konsisten-
ten Gesamtkonzept zusammenzubinden und sie mit einem sinnstiftenden, wer-
tebasierten „Überbau" zu versehen, was er höchstens in Ansätzen versuchte,
musste die von oben verordnete Modernisierung die Partei in tiefe Unsicherheit
stürzen. Wofür die SPD als Partei der sozialen Gerechtigkeit stand, welche Vorstellung sie vom zukünftigen Sozialstaat hatte und was sie überhaupt noch
grundlegend von den Unionsparteien unterschied – all das war für ihre Mitglieder und Anhänger zu dieser Zeit nicht mehr erkennbar.

Als Erbe der Ära Schröder steht die SPD nunmehr in einer Großen Koalition
mit der Union vor gravierenden Herausforderungen: Die Mitgliederzahl sinkt
permanent, gleichzeitig steigt das Durchschnittsalter der Mitglieder stetig an.
Viele gesellschaftliche Gruppen sind in der Partei unter- oder gar nicht mehr
repräsentiert. Zumindest nach außen hin hält die SPD dennoch am Konzept der
Mitgliederpartei fest.

Programmatisch sucht die Partei unter den veränderten wirtschaftlichen Bedingungen nach einer Neujustierung ihrer zentralen Prinzipien Gerechtigkeit,
Freiheit und Solidarität. Dem Gerechtigkeitsbegriff gebührt dabei Priorität, weil
sich die Gleichheitsvorstellungen, die die Identität der Linken traditionell bestimmt haben, zuallererst an ihm festmachen müssen. Wie diese als Gerechtigkeit
interpretierte Gleichheit im 21. Jahrhundert verstanden werden kann – das zu
klären, wird die wichtigste programmatische Aufgabe der Sozialdemokratie in
den kommenden Jahren sein.

Die ungeklärte Identitätsfrage, die spätestens mit der Regierungspolitik der
„Agenda 2010" virulent geworden ist und sich in der Großen Koalition – zumindest kurzfristig – noch verstärken dürfte, hat zu erheblichen Stimmenverlusten

(gerade in der Stammwählerschaft) geführt und die Entstehung einer linken Konkurrenzpartei befördert. Kam die SPD bei der Bundestagswahl 2005 noch mit einem „blauen Auge" davon, so wurde sie bei den vorangegangenen Landtagswahlen reihum abgewählt, sodass sie mit dem derzeitigen Parteivorsitzenden Kurt Beck heute nur noch einen Ministerpräsidenten in einem westdeutschen Flächenland stellt. Zu Beck gab es nach den zahlreichen Rücktritten der jüngeren Vergangenheit kaum noch eine Alternative – was auf ein weiteres Problem der Sozialdemokratie hinweist, nämlich ihre dünne Personaldecke für Spitzenämter. Verglichen mit anderen Phasen der weit über 100-jährigen Parteigeschichte mag die derzeitige Verfassung der SPD noch keinen Anlass geben, von einer tiefen Krise zu sprechen. Auch wenn ihre derzeitige Position angeschlagen ist, bleibt die SPD mittelfristig ein zentraler Faktor im deutschen Parteiensystem.

 Literatur

Alemann, Ulrich von/Thelse Godewerth (2005), Die Parteiorganisation der SPD. Erfolgreiches Scheitern?, in: Josef Schmid/Udo Zolleis (Hg.), Zwischen Anarchie und Strategie, Wiesbaden, S. 158-171.

Egle, Christoph/Tobias Ostheim/Reimut Zohlnhöfer, Hg. (2003), Das rot-grüne Projekt. Eine Bilanz der Regierung Schröder, Wiesbaden.

Frenzel, Martin (2002), Neue Wege der Sozialdemokratie. Dänemark und Deutschland im Vergleich (1982-2002). Wiesbaden.

Friedrich-Ebert-Stiftung, Hg. (2004), Die neue SPD. Menschen stärken – Wege öffnen, Bonn.

Giddens, Anthony (1998), The Third Way. The Renewal of Social Democracy, Cambridge.

Gohr, Antonia (2001), Eine Sozialstaatspartei in der Opposition. Die Sozialpolitik der SPD in den 80er Jahren, in: Manfred G. Schmidt (Hg.), Wohlfahrtsstaatliche Politik, Opladen, S. 262-293.

Hörnle, Micha (2000), What's Left? Die SPD und die British Labour Party in der Opposition, Frankfurt a.M.

Jun, Uwe (2004), Der Wandel von Parteien in der Mediendemokratie. SPD und Labour Party im Vergleich, Frankfurt a.M.

Lösche, Peter (2004), Zustand und Perspektiven der SPD, in: Hans Zehetmair (Hg.), Das deutsche Parteiensystem, Wiesbaden, S. 104-116.

Lösche, Peter/Franz Walter (1992), Die SPD. Klassenpartei – Volkspartei – Quotenpartei, Darmstadt.

Machnig, Matthias/Hans-Peter Bartels, Hg. (2001), Der rasende Tanker. Analysen und Konzepte zur Modernisierung der sozialdemokratischen Organisation, Göttingen.

Merkel, Wolfgang u.a. (2006), Die Reformfähigkeit der Sozialdemokratie. Herausforderungen und Bilanz der Regierungspolitik in Westeuropa, Wiesbaden.

Meyer, Thomas (1998), Die Transformation der Sozialdemokratie. Eine Partei auf dem Weg ins 21. Jahrhundert, Bonn.

Müntefering, Franz/Matthias Machnig, Hg. (2001), Sicherheit im Wandel. Neue Solidarität
  im 21. Jahrhundert, Berlin.
Schmitt, Hermann (1990), Die sozialdemokratische Partei Deutschlands, in: Alf Mint-
  zel/Heinrich Oberreuter (Hg.), Parteien in der Bundesrepublik Deutschland, München, S. 133-171.
Walter, Franz (2003), Die SPD. Vom Proletariat zur neuen Mitte, Berlin.
Walter, Franz (2004), Abschied von der Toskana. Die SPD in der Ära Schröder, Wiesbaden.

 Internet

www.spd.de

Uwe Jun

Sozialistische Einheitspartei Westberlins (SEW)

Die Sozialistische Einheitspartei Westberlins (SEW) ging 1969 aus der Sozialistischen Einheitspartei Deutschland – Westberlin (SED-W) hervor, die bereits am 24.
November 1962 von den Westberliner Bezirksorganisationen der SED gegründet
worden war. Bereits 1959 war eine Westberliner Leitung der SED entstanden, erst
nach dem Mauerbau kam es 1962 dann allerdings zur formalen Trennung von
SED-Ost und SED-Westberlin. Seit 1969 war die SEW nach offiziellem Bekunden
eine eigenständige Partei, wenngleich ihr Überleben weiterhin nur durch die
finanzielle und logistische Hilfe der SED möglich blieb. Nach der Wende wurde
offenbar, dass die SED auch die inhaltliche Linie sowie die politische Arbeit der
SEW im Westen in hohem Maße bestimmt hatte. Obschon die SEW offiziell immer als unabhängige kommunistische Partei auftrat, stand sie Zeit ihres Bestehens unter der Kontrolle und Anleitung der Westabteilung des ZKs der SED.

Die SEW trat von 1971 bis zur Wende bei allen in Berlin (West) stattfindenden Wahlen an, sowohl auf Landes- wie auch auf kommunaler Ebene. Dabei war
sie allerdings weniger erfolgreich als die SED in den fünfziger und die SED-W in
den sechziger Jahren. Ihr bestes Ergebnis erzielte die SEW bei den Abgeordnetenhauswahlen 1971 mit 2,3 Prozent der Stimmen. Danach waren die Resultate
rückläufig, bis sie sich in den achtziger Jahren bei 0,6 Prozent der Stimmen ein-
pendelten. Nachteilig auf die SEW wirkte sich der Aufstieg der AL (Alternativen
Liste für Demokratie und Umweltschutz, später →Bündnis 90/Die Grünen) aus,
an die sie ab 1979 vor allem junge Wähler verlor. Nachdem die SEW Ende der
sechziger Jahre die Sympathien von Teilen der APO und der studentischen Protestbewegung gewonnen hatte, genoss sie innerhalb der Westberliner Lehrerge-

werkschaft und an den Hochschulen, einen gewissen Einfluss, dem sie durch eine verstärkte Orientierung auf jugendliche Wähler seit 1972 weitere Nahrung geben wollte. Die Alternativbewegungen konnten jedoch schon bald mit der rigiden und reformunfreundlichen Politik der SEW nichts mehr anfangen, die immer deutlicher mit deren radikal-demokratischen Konzepten in Widerspruch geriet. Die Treue der SEW zum DDR-Regime, die auch in Krisenzeiten wie nach dem Prager Frühling 1968, der Afghanistan-Invasion 1979 und den Reformen Gorbatschows in den achtziger Jahren unverbrüchlich war, kostete die Partei ihre Glaubwürdigkeit in der linksextremen Szene. Auch innerhalb der Partei kam es Ende der siebziger Jahre zu Richtungskonflikten mit Anhängern des sogenannten Eurokommunismus, die 1980 schließlich aus der Partei austraten. Die allmähliche Erosion des SEW ab Mitte der siebziger Jahre wurde durch die lebensverlängernden Hilfsmaßnahmen aus Ostberlin überdeckt. Erst als mit dem Ende der DDR 1989 die finanzielle, logistische und personelle Unterstützung seitens der SED ausblieb, war das Schicksal der SEW besiegelt. Zunächst gab es eine Debatte darüber, ob man die Partei ganz auflösen oder sie in die PDS eingliedern solle. Zu diesem Zeitpunkt verfügte die SEW noch über etwa 1.600 Mitglieder. Im April 1990 entschied man sich schließlich für eine dritte Möglichkeit, die Umbenennung der SEW in Sozialistische Initiative (SI) mit dem Ziel, eine neue linke Sammlungsbewegung aufzubauen. Die neue Gruppierung, die laut Angaben des Berliner Verfassungsschutzes etwa 500 Mitglieder zählte, hatte aber nur kurzzeitig Bestand. 1991 löste sie sich endgültig auf.

Die SEW war eine „systemoppositionelle Arbeiterpartei marxistisch-leninistischen Zuschnitts" (Müller), die voll auf der ideologischen Linie der KPdSU und der SED lag und den Prinzipien des „Proletarischen Internationalismus" folgte. Ihr Hauptziel war es, eine sozialistische Revolution herbeizuführen und über die anschließende Diktatur des Proletariats eine kommunistische Gesellschaft zu errichten. Die konkreten politischen Forderungen der SEW konzentrierten sich auf den Status Westberlins, das sie – einer alten sowjetischen These folgend – als selbständige politische Einheit neben der Bundesrepublik und der DDR betrachtete. So forderte die SEW eine von der „BRD" unabhängige Regierung für die Teilstadt („West-Berlin darf nicht von Bonn aus regiert werden") sowie „normale Beziehungen" zur DDR und den anderen sozialistischen Ländern. Die Partei formulierte zwei Grundsatzprogramme (1969 und 1981). Im späteren Programm rückte sie dabei von der Forderung nach einer Wiedervereinigung ab, die sie in den sechziger Jahren noch vertreten hatte. Um ihren elektoralen Abwärtstrend zu stoppen, strebte die Partei ein Bündnis mit anderen linken Kräften an. Ihre Versuche, sich für die Sozialdemokratie und die Neuen Sozialen Bewegungen zu öffnen, waren aber allesamt erfolglos. Die SEW blieb eine fremdgesteuerte Splitterpartei, die keine realistischen Lösungsansätze für die Probleme der Stadt und des Landes anzubieten hatte. Organisatorisch war die SEW nach dem Prinzip des demokratischen Zentralismus strukturiert, die innerparteiliche Willensbildung verlief also von oben nach unten. Als Leitungsorgan der Kaderorganisation fungierte das 13 Personen starke Büro des Parteivorstandes (analog dem Politbüro des ZKs der SED). Mitte der sechziger Jahre hatte die SEW nach eigenen Angaben 6.200 Mitglieder, danach veröffentlichte sie keine Zahlen mehr. Ab Ende der siebziger Jahre kam es jedoch aufgrund innerparteilicher Konflikte zu zahlreichen Austritten, sodass die Partei 1984 laut einer Schätzung des Verfassungsschutzes nur noch über 4.500 Mitglieder verfügte. Die Parteivorsitzenden der SEW waren Gerhard Danelius (bis 1978), Horst Schmitt (1978-1989) und Dietmar Ahrens (1989-1990).

 Literatur

Müller, Peter (1986), Die Sozialistische Einheitspartei Westberlins, in: Richard Stöss (Hg.), Parteien-Handbuch. Die Parteien der Bundesrepublik Deutschland 1945-1980. Opladen, S. 2241-2273.
Niederstadt, Jenny (1997), „Die Wahrheit" – Funktionsweisen einer sozialistischen Tageszeitung in Westberlin. Einfluss der SED auf Redaktion und Inhalt der „Wahrheit" in den achtziger Jahren, unveröff. Diplomarbeit, Freie Universität Berlin.

Melanie Haas

Die Spaßpartei für Deutschland (SPASSPARTEI)

Nachdem es der Magdeburger Jugendpartei →future! in Sachsen-Anhalt gelungen war, bei den Landtagswahlen 1998 0,8 Prozent der Stimmen und bei den Kommunalwahlen im Jahr darauf direkt einen Sitz im Stadtrat zu erreichen, konnte man absehen, dass andere Jugendliche versuchen würden, diesen Erfolg in irgendeiner Form nachzuahmen. So kam es schon im Februar 2002 zur Gründung der Spaßpartei für Deutschland, die Marcel Gajda, einen 23-jährigen Magdeburger Studienabbrecher und Lokaljournalisten, zum Vorsitzenden bestimmte. Auch dieser Neugründung gelang es überraschenderweise, die für eine Teilnahme an der bevorstehenden Landtagswahl notwendigen Unterschriften beizubringen.

Dass die Spaßpartei bei der Wahl auf Anhieb 0,7 Prozent der Stimmen erreichte, lag in erster Linie an der fehlenden Konkurrenz von future!, das auf eine

Kandidatur verzichtet hatte. Umso beachtlicher war die Wiederholung des Wahlerfolgs bei der Landtagswahl in Mecklenburg-Vorpommern, wo man ebenfalls 0,7 Prozent der Stimmen auf sich vereinigen konnte. Bei der Magdeburger Kommunalwahl im Juni 2004 reichte es gegen die starke Konkurrenz von future!, das mit 3,5 Prozent der Stimmen Fraktionsstatus erlangte, nur für enttäuschende 0,8 Prozent. Zur Landtagswahl in Sachsen-Anhalt trat die Spaßpartei 2006 daraufhin nicht mehr an.

Allerdings hatte sie in der Zwischenzeit über Sachsen-Anhalt und Mecklenburg-Vorpommern hinaus auch in anderen Bundesländern Strukturen aufbauen können und damit die Voraussetzungen für weitere Wahlteilnahmen geschaffen (Niedersachsen, Rheinland-Pfalz und Thüringen). Im Mai 2006 gehörten der Partei gut 400 Mitglieder an, die aus dem ganzen Bundesgebiet stammen (davon rund die Hälfte aus Sachsen-Anhalt und Mecklenburg-Vorpommern).

Programmatisch signalisiert bereits der Name, dass die Partei nicht ernst genommen werden will. In Presseinterviews im Vorfeld der Magdeburger Kommunalwahl 2004 meinte ihr Gründer Gajda – nach dem Urteil der „Magdeburger Volksstimme" ein „Polit-Clown" –, dass sich seine Partei „weiterentwickelt" habe und „vernünftiger" geworden sei. Gajdas Überzeugung scheint dabei zu sein, dass in der zentralen Forderung nach „Spaß" ein gewisser Ernst bestehe: Dort, „wo man am wenigsten zu lachen hat" (in einem strukturschwachen und perspektivenarmen Bundesland wie Sachsen-Anhalt) sollte wenigstens der intendierte „Ernst" als Glücksbarriere zum Verschwinden gebracht werden.

In diesem Kontext finden sich Programmpunkte wie die Einführung von Bordellen für Frauen als sachsen-anhaltinische Touristenattraktion, die kostenlose Verabreichung von Pillen und Kondomen durch den Staat, die Verordnung von Diäten für übergewichtige Abgeordnete, der Schutz von Hamstertieren in Privathaushalten, Rabatte und Bonuskarten für Falschparker oder die Einführung eines bundesweiten „Spaßtages", aber auch seriöser klingende Forderungen wie einfachere Steuergesetze, die Angleichung der Ostgehälter an das Westniveau oder die Einführung eines vom Einkommen der Eltern unabhängigen BAFöGs für alle Studenten (in Verbindung mit der Ablehnung von Studiengebühren). Ebenso ernsthaft scheinen auch Allerweltsfloskeln im Parteiprogramm gemeint zu sein wie z.B.: „Mehr Macht für das Volk bei politischen Entscheidungen!" Provokant klingt schließlich die Begründung der Forderung nach einer „Legalisierung der Sterbehilfe" – diese wird als „würdiger Schlusspunkt eines spaßigen Lebens" charakterisiert.

Bei den „ernsten" Forderungen handelt es sich um Elemente, die den jugendlichen Klientelcharakter der Partei deutlich machen: Tanzveranstaltungen sollen ohne jegliche zeitliche Begrenzung von Minderjährigen besucht werden dürfen, das Wahlalter auf 16 Jahre herabgesenkt, ein bundeseinheitliches Schulsystem eingeführt, Drogen legalisiert und die Wehrpflicht abgeschafft werden. Wo sie nicht „spaßig" ist, entpuppt sich die Spaßpartei mithin als linke, vom Zeitgeist geprägte Interessenpartei der jungen Generation.

Was ihre Perspektiven betrifft, dürfte die Spaßpartei wohl das Schicksal der vor ihr entstandenen Jugendpartei future! teilen, die aufgrund ihres einseitigen Profils an der Befindlichkeit von großen Teilen der ostdeutschen Jungwähler vorbeigeht. Solange die Zeiten des „anything goes" dem „Ernst der Lage" in Deutschland noch standhalten – und sei es auch nur symbolisch – kann die Demokratie vor einer „Spaßpartei" allerdings auch in Zukunft nicht wirklich sicher sein.

 Internet

www.spasspartei.de

Lazaros Miliopoulos

STATT Partei DIE UNABHÄNGIGEN (STATT Partei)

Entstehungs- und Entwicklungsgeschichte
Zur Gründung der Statt Partei kam es, nachdem das Hamburgische Verfassungsgericht im Mai 1993 die Hamburger Bürgerschaftswahl von 1991 aufgrund schwerwiegender Demokratieverstöße beim Kandidatenaufstellungsverfahren der CDU für ungültig erklärt und eine Wiederholung der Wahl angeordnet hatte. Bereits im März 1991 hatte sich unter dem Namen Vereinigung Demokratische Offenheit (DemO) in Hamburg eine parteiübergreifende Initiative konstituiert, um ihren Unmut über den inneren Zustand der politischen Parteien öffentlich kundzutun. Vom Kleinverleger Markus E. Wegner über den Bezirksabgeordneten und Publizisten Helmut Stubbe da Luz bis hin zum Politikwissenschaftler und Hochschulprofessor Winfried Steffani versammelten sich darin eine Reihe von prominenten CDU-Mitgliedern. Dazu gesellten sich weitere bekannte Hamburger Politiker wie der frühere Juso-Vorsitzende Ulf Skirke und der Grünen-Bürgerschaftsabgeordnete Martin Schmidt. Zugleich hatte sich in der Hamburger CDU eine innerparteiliche Fronde gegen den Landesvorsitzenden Jürgen Echternach und dessen als autoritär kritisiertes Herrschaftsgebaren gebildet, die vom ehemaligen RCDS-Funktionär Wegner angeführt wurde. Weil Wegner die DemO als nicht durchsetzungsstark genug betrachtete, um die von ihm gewünschte

innerparteiliche Demokratisierung (nicht nur der CDU) in Gang zu setzen, suchte er nach Möglichkeiten für eine Parteigründung. Nachdem das Hamburger Verfassungsgericht der von Wegner maßgeblich mit betriebenen Anfechtung der Bürgerschaftswahl stattgegeben hatte, bildeten sich auf Bezirksebene zunächst mehrere Initiativkreise, bevor es am 30. Juni 1993 zur offiziellen Gründung der Wählervereinigung Statt Partei kam.

Die Statt Partei verzichtete bewusst auf ein umfangreiches Programm im Stile der „Altparteien"; ihre Wahlkampfplattform bestand aus wenigen Grundsätzen, die im wesentlichen demokratiepolitischer Natur waren und auf eine Stärkung der Eigenverantwortung von Bürgern, Abgeordneten und Senatoren zielten. Damit wollte man vor allem unzufriedene Wähler aus dem bürgerlichen Lager ansprechen.

Die Strategie war kurzzeitig von Erfolg gekrönt: Am 19. September 1993 erhielt der Newcomer aus dem Stand 5,6 Prozent der Stimmen. Damit hatte die SPD unter Bürgermeister Henning Voscherau ihre lange während absolute Mehrheit in der Hansestadt verloren. Nachdem die Koalitionsverhandlungen mit der Grün-Alternativen Liste (GAL) scheiterten, ließ sich Voscherau auf eine koalitionsähnliche Zusammenarbeit mit der Statt Partei ein. Die Wählervereinigung lehnte den Begriff Koalition ab und sprach stattdessen von einer „Kooperation" mit den Sozialdemokraten. Ihre Reserve gegen den Parteienstaat brachte die Statt Partei dadurch zum Ausdruck, dass sie die ihr zustehenden beiden Senatorenposten mit parteiungebundenen Persönlichkeiten besetzte.

Die selbst auferlegte Regierungsbeteiligung ließ sich mit dem Verständnis als „Anti-Parteien-Partei" jedoch kaum vereinbaren. Die Basis der Partei erzürnte sich daran, dass Stand und Positionen in den Kooperationsverhandlungen mit der SPD, die Wegner entscheidend mitbestimmte, geheim gehalten wurden, womit die Wählervereinigung gegen ihre hehren Transparenz- und Demokratieprinzipien verstieß. Federn musste die Wählervereinigung zudem im Regierungsalltag lassen. Die Statt Partei mutierte in der öffentlichen Wahrnehmung zum bloßen Anhängsel der regierungserprobten SPD. Am 22. Januar 1994, nur ein gutes halbes Jahr nach der Gründung, fasste die Statt Partei den vorschnellen Beschluss, sich als Bundespartei zu konstituieren. Damit stand sie vor einer schweren Zerreißprobe. Aus Protest gegen die Abkehr vom Modell einer lokalen Wählervereinigung trat eine Reihe von Gründungsmitgliedern wieder aus. Die Hamburger Führungsspitze um Wegner erkannte den niedersächsischen Landesverband zunächst nicht an. Dieser hatte wiederum mit einem Trittbrettfahrer von rechtsaußen zu kämpfen, der als →Neue Statt Partei auftrat. Die Gruppierung, die sich in Nordrhein-Westfalen unter dem Namen „Die Unabhängigen" zusammenfand und die Anerkennung als Landesverband begehrte, stand ebenfalls im

Verdacht, von rechtsextremen Anhängern der →Republikaner unterwandert zu sein.

Auf der konstituierenden Bundesversammlung Ende März 1994 in Baunatal wurde der Münchener Strafrechtsprofessor Bernd Schünemann zum ersten Bundesvorsitzenden gewählt. Daraufhin entbrannte ein Machtkampf zwischen Wegner und Schünemann, den der Parteigründer zunächst für sich entscheiden konnte. Schünemann wurde des Amtes enthoben und durch den Wegner-Intimus Mike Bashford ersetzt. Die zum Teil über die Medien, zum Teil vor Gericht ausgetragenen Auseinandersetzungen hatten das öffentliche Erscheinungsbild der Partei zu diesem Zeitpunkt bereits ruiniert. An Wegners autoritärem Führungsstil entlud sich an der Basis massive Kritik, die bis zu Handgreiflichkeiten reichte. Legendär wurde eine im Fernsehen gezeigte Szene am Rande eines Bundesparteitages, als aufgebrachte Mitglieder den Parteigründer an seiner Krawatte durch den Versammlungsraum zogen. Die Auseinandersetzungen mündeten im juristischen Chaos. Sie gingen soweit, dass im Vorfeld der Münchener Stadtratswahlen im Juni 1994 auf zwei angekündigten Großveranstaltungen der Statt Partei innerhalb von 14 Tagen zwei verschiedene Bundesvorsitzende auftraten und sich gegenseitig die Legitimation absprachen. Im Juni 1995 trat Parteigründer Wegner (zusammen mit dem Bürgerschaftsabgeordneten Klaus Scheelhaase) aus Fraktion und Partei aus, nachdem er den Posten als Fraktionschef in Hamburg schon im November 1994 hatte räumen müssen. Die Statt Partei verlor daraufhin ihren Fraktionsstatus und konnte mit fünf Abgeordneten nur mehr als parlamentarische Gruppe agieren.

Für die Bürgerschaftswahl 1997 bot die Statt Partei mit dem früheren Präsidenten des Hamburger Sportvereins Jürgen Hunke einen vorzeigbaren, von den Querelen der Vorjahre unbelasteten Spitzenkandidaten auf, der das Image der Wählervereinigung kurzfristig aufbesserte. Mit 3,8 Prozent erreichte die Partei trotz des verpassten Wiedereinzugs in die Bürgerschaft einen Achtungserfolg. Hunke übernahm daraufhin den Landesvorsitz, konnte den weiteren Abstieg der Statt Partei aber nicht mehr verhindern, die in der Öffentlichkeit anschließend kaum noch Präsenz entwickelte. Das Modell Statt Partei war damit gescheitert. Die Partei blieb formell weiter bestehen, nahm aber kaum noch an Wahlen teil. Selbst in ihrem Stammland Hamburg verzichtete sie 2004 auf eine Kandidatur, nachdem sie bei der vorangegangenen Bürgerschaftswahl mit 0,4 Prozent der Stimmen auf den Status einer unbedeutenden Splitterpartei abgesunken war. Auch in den anderen Landesverbänden sind alle zaghaften Versuche, die Partei zu revitalisieren, bisher gescheitert. Die Statt Partei sucht seither verstärkt nach Möglichkeiten der Zusammenarbeit mit anderen Kleinparteien. So ging sie beispielsweise zur Landtagswahl 2006 in Sachsen-Anhalt ein Bündnis mit der Offensive D (der ehemaligen →Schill-Partei) und der →DSU ein, das 0,3 Prozent der Stimmen erzielte, nachdem sie schon vorher ein Kooperationsabkommen mit den „Liberalen Demokraten" (LD) geschlossen hatte.

Wahlergebnisse und Wählerschaft
Die Statt Partei wurde überwiegend von Wählern aus der bürgerlichen Mitte unterstützt. Die Bürgerschaftswahl vom 19. September 1993 bescherte ihr sensationelle 5,6 Prozent der Stimmen. Zudem gelang der neuen Partei der Einzug in fünf der sieben Hamburger Bezirksversammlungen: Sie zog bei der Hamburger Bürgerschaftswahl Bessergebildete, Gutsituierte und parteipolitisch wenig Gebundene an, die einerseits Protest üben wollten, andererseits den Volksparteien prinzipiell wohlwollend gegenüberstanden. Die Wählervereinigung setzte ganz auf Wegner, der die Rolle des gegen die etablierten großen Parteien kämpfenden Politrebellen zunächst glaubhaft verkörperte. Das mündete in Wahlslogans wie „Statt ärgern – Markus Wegner wählen" oder „Robin Hood statt Dagobert Duck". Wie die repräsentative Wahlstatistik zeigt, hatten sich Erst- und Jungwähler mit 8,6 Prozent am häufigsten für die Partei entschieden. Überdurchschnittliche Ergebnisse erzielte die Wählervereinigung mit 7,6 Prozent auch bei den 45- bis 60-Jährigen. Bei den über 60-Jährigen sank sie dagegen deutlich ab. Generell gaben der Partei deutlich mehr Männer als Frauen die Stimme.

Hinter dem Hamburger Wahlerfolg standen im Wesentlichen vier Faktoren, die für günstige Gelegenheitsstrukturen sorgten: *Erstens* sprach aus den Motiven der Wähler eine generelle Politik- und Parteienverdrossenheit, die auch von der Politik der christlich-liberalen Bundesregierung genährt wurde. *Zweitens* hatte die örtliche CDU durch ihr undemokratisches Gebaren bei der Kandidatenaufstellung in der eigenen Wählerschaft stark an politischem Kredit verloren. Die Etikettierung der Statt Partei als „bürgerliche Protestpartei" scheint vor diesem Hintergrund gerechtfertigt. *Drittens* richtete sich das Votum zugleich gegen die Abnutzungserscheinungen der in Hamburg seit mehr als drei Jahrzehnten ununterbrochen regierenden SPD und den von ihr angehäuften „roten Filz". Und *viertens* profitierte die Wählervereinigung von den institutionellen Bedingungen des Stadtstaates: Dort fällt es Newcomern erfahrungsgemäß leichter, die Fünf-Prozent-Hürde zu überwinden und ohne professionellen Parteiapparat zu reüssieren.

Dass diese Bedingungen auf andere Flächenländer oder die Bundesebene nicht einfach übertragbar waren, zeigten die anschließenden Misserfolge. Bereits bei der niedersächsischen Landtagswahl im März 1994 blieb die Statt Partei mit 1,3 Prozent der Zweitstimmen hinter den hohen Erwartungen zurück – auch beeinträchtigt durch den unerwünschten Ableger →Neue Statt Partei, der auf 0,5

Prozent kam. Bei der Europawahl (insgesamt 0,5 Prozent) sank der Stimmenanteil in Hamburg verglichen mit der Bürgerschaftswahl 1993 auf weniger als ein Viertel (1,8 Prozent). Wo sie an Landtagswahlen teilnahm, blieb die Statt Partei in der Folge zumeist unterhalb der kritischen Ein-Prozent-Marke, sodass ihr die dringend benötigten Mittel aus der staatlichen Parteienfinanzierung entgingen. Lediglich auf der kommunalen Ebene konnte sie vereinzelt Mandate erringen. 1997 schied die Wählervereinigung dann auch aus der Bürgerschaft und allen sieben Hamburger Bezirksversammlungen aus.

Programmatik

Die Bezeichnung Statt Partei erwies sich durch ihren Doppelsinn als besonders geschickt gewählt. Einerseits wollte man so zum Ausdruck bringen, dass man sich nicht als herkömmliche Partei verstand, sondern als eine Initiative unabhängiger Bürger, die sich zu einer Wählervereinigung zusammenschließen. Anderseits signalisierte der Name einen Gegenentwurf zu den etablierten Parteien – eine Partei als moderne Dienstleistungsorganisation, befähigt zur Pflege einer demokratischen Streitkultur. Die Statt Partei sah deshalb größtenteils davon ab, sachpolitische Aussagen zu machen und äußerte sich zu den wichtigsten Politikfeldern nur kryptisch. Sie wollte die Selbstentscheidung der Bürger und eine inhaltliche Ausrichtung der Gesetzgebung am Gemeinwohl. Ein Höchstmaß an Demokratie in der eigenen Organisation sollte ihre Glaubwürdigkeit untermauern. Besondere Bedeutung hatten unabhängige Experten. Konsequenterweise nominierte die Wählervereinigung als Partner der SPD zwei Fachmänner ohne Parteibuch für den Senat.

In der Finanz- und Wirtschaftspolitik trat die Statt Partei für stärkere Einsparungen im Haushalt ein, ansonsten hielt sie sich hier programmatisch bedeckt. Ins Detail ging sie nur beim Thema direkte Demokratie, wo sie die Einführung von Volksinitiativen und -begehren auf allen Ebenen des politischen Systems und ein obligatorisches Referendum bei Souveränitätsübertragungen auf supranationale Organisationen forderte. Unter dem Motto „Bürgerbeteiligung *statt* Parteienfilz" propagierte sie die direkte Partizipation des „Volkes" am politischen Prozess. Wegner schlug vor, die Ministerpräsidenten und den Bundespräsidenten künftig direkt vom Volk wählen zu lassen und im Falle des Bundespräsidenten dabei nicht nur den politischen Parteien ein Vorschlagsrecht einzuräumen. Darüber hinaus setzte sich die Partei für eine Demokratisierung des überkommenen Verhältniswahlrechts ein, um den Bürgern einen stärkeren Einfluss auf die personelle Zusammensetzung der Parlamente zu ermöglichen.

Sieht man von der Einführung einer freilich sehr restriktiv ausgestalteten Volksgesetzgebung in die Hamburger Verfassung ab, konnte die Statt Partei keine dieser Forderungen umsetzen. Im Rahmen der 1996 beschlossenen Verfassungs- und Parlamentsreform gelang es noch nicht einmal, das „Feierabendparlament" abzuschaffen, das ein Relikt aus vergangenen Zeiten war. Die Überforderung der Statt Partei spiegelte sich auch darin wider, dass sie auf die zugegebenermaßen schwierige Frage nach der Gestalt der ihr vorschwebenden Bürgergesellschaft keine überzeugenden Antworten geben konnte – weder in Bezug auf die institutionelle Seite noch bei der alltäglichen Gestaltung der Bürgerpolitik, die sie mitunter mit bloßer Interessen- oder Kirchturmspolitik verwechselte.

Die Statt Partei war von ihrer Konzeption her eine populistische Partei: Sie pflegte einen antielitären Habitus, übte Kritik am „Parteienstaat" und propagierte Volks- und Bürgernähe. Ihr ideologischer Standort war und ist nicht leicht zu bestimmen. Genuin rechte Positionen transportierte die Wählervereinigung nicht. Themenfelder wie die Europäische Union, Innere Sicherheit oder Immigration wurden nur gestreift. Markus Wegner sprach sich beispielsweise uneingeschränkt für die Zuwanderung und Integration von Ausländern aus, die er als Gewinn ansah. Insofern lässt sich die Statt Partei nicht durchweg als „rechtspopulistisch" charakterisieren. Gleichwohl hatten ihr Anfangserfolg und die bewusste Offenheit ihrer politikinhaltlichen Forderungen einen unerwünschten Nebeneffekt, entwickelten sie doch eine natürliche Anziehungskraft auf Kräfte von „rechtsaußen".

Organisation

Ihre inneren Widersprüche vermochte die Statt Partei nicht aufzulösen: Als lokale Wählervereinigung konzipiert und gegründet, konstituierte sie sich bereits im Frühjahr 1994 als Bundespartei. Das organisatorische Chaos wie die An- bzw. Aberkennung von Landesverbänden, die unter dem zunächst nicht geschützten Etikett wie Pilze aus dem Boden sprossen, bereitete ihr Schwierigkeiten. Sehr unterschiedlich entwickelte sich der Organisationsgrad in den einzelnen Landesverbänden. In Hamburg und – mit einigem Abstand – Baden-Württemberg, Bayern und Niedersachsen war die Partei am besten aufgestellt, in den übrigen Bundesländern, insbesondere im Osten, konnte sie nicht Fuß fassen. Sorge bereiteten die juristischen Scharmützel, die enorme Anwaltskosten verursachten und die Partei damit auch finanziell rasch an den Abgrund brachten. Die Querelen hatten ihre Ursache einerseits im umstrittenen Führungsstil Wegners, zum anderen waren sie durch die Unprofessionalität und Unerfahrenheit der meisten Mitglieder und Funktionäre vorgezeichnet. Nach dem unfreiwilligen Rückzug ihres Gründers agierte die Partei zumindest auf Bundesebene mehr oder weniger „kopflos". Auch in Hamburg konnte Jürgen Hunke die nach Wegners Abgang entstandene Lücke nur kurzzeitig füllen.

Der schnelle Aufstieg und ebenso schnelle Niedergang der Statt Partei lässt sich an der Entwicklung der Mitgliederzahlen ablesen. Zum Zeitpunkt der Konstituierung des Bundesverbandes Ende März 1994 zählte die Partei etwa 2.000 bis 2.500 Mitglieder, wobei rund ein Viertel auf den Landesverband Hamburg entfielen. Die Mehrzahl der Mitglieder waren gut situiert und vor dem Eintritt in die Wählervereinigung parteipolitisch nicht in Erscheinung getreten. Bis Juni 1994 wuchs die Zahl bundesweit auf 4.000 an, bevor sie als Folge der internen Streitigkeiten binnen weniger Monate auf 2.800 zurückging. Im Februar 1998 zählte die Statt Partei bundesweit noch 1.000 Mitglieder. Heute (2006) dürfte ihre Zahl nicht mehr als 200 betragen, die sich auf sechs verbliebene Landesverbände verteilen.

In völlige Bedeutungslosigkeit gefallen, machte die Partei zuletzt erneut durch Auseinandersetzungen zwischen dem Bundesvorstand und dem Hamburger Landesverband von sich reden. Im November 2004 leitete der Bundesvorstand, der unter dem ehemaligen NPD-Mitglied Gerhard Sundmacher politisch weit nach rechts gerückt war, gegen den von Jürgen Hunke angeführten Hamburger Landesvorstand ein Parteiausschlussverfahren ein, woraufhin sich der dortige Landesverband kurzzeitig auflöste. Nach einem Erneuerungsprozess gewann der von Hamburg aus reorganisierte liberale Flügel im Folgejahr jedoch wieder die Oberhand in der Bundespartei, die seither von ihrem früheren Schatzmeister Robert W. Hugo geführt wird.

Fazit

Die Statt Partei stellt ein Unikum in der deutschen Parteienlandschaft dar. Programmatisch ganz auf das Thema „Parteienstaatskritik" fixiert, konnte sie die günstigen Gelegenheitsstrukturen bei der Bürgerschaftswahl 1993 in Hamburg optimal ausschöpfen und einen Überraschungserfolg landen. In der Folge scheiterte sie jedoch an ihren inneren Widersprüchen. Die viel zu rasch in Angriff genommene Bundesausdehnung stieß auf den Unwillen derjenigen Mitglieder, die in der Statt Partei in erster Linie eine lokale Wählervereinigung wähnten, obwohl deren Programmgrundsätze in der prinzipiellen politischen Stoßrichtung über die kommunale Ebene zweifellos hinauswiesen. Dasselbe gilt für die selbst auferlegte Regierungsbeteiligung, die sich mit dem Parlamentarismusverständnis der Statt Partei kaum vereinbaren ließ. Beide Herausforderungen waren viel zu groß, als dass sie die mehrheitlich völlig unerfahrenen Mitglieder und Funktionäre der neu entstandenen Partei hätten bewältigen können. So endete der Versuch, in der Bundesrepublik eine „Anti-Parteien-Partei" zu etablieren, fast zwangsläufig im politischen und juristischen Chaos.

Literatur

Decker, Frank (1994), Die Hamburger STATT Partei. Ursprünge und Entwicklung einer bürgerlichen Wählerbewegung, in: Jahrbuch für Politik 4 (2), S. 249-358.

Decker, Frank (1996), STATT Reform: Protest PARTEI. Aufstieg und Fall der Hamburger STATT Partei, in: Zeitschrift für Parlamentsfragen 27 (2), S. 229-242.

Gluchowski, Jürgen/Jürgen Hoffmann (1994), STATT Partei. Aufstieg und schneller Fall einer Protestpartei, Sankt Augustin.

Hoffmann, Jürgen (1995), STATT Partei. Das Scheitern einer bürgerlichen Protestpartei, in: Winand Gellner/Hans-Joachim Veen (Hg.), Umbruch und Wandel in westeuropäischen Parteiensystemen, Frankfurt a.M. u.a., S. 195-221.

Hoffmann, Jürgen/Norbert Lepszy (2000), Splitterparteien, in: Uwe Andersen/Wichard Woyke (Hg.), Handwörterbuch des politischen Systems der Bundesrepublik Deutschland, 4. Auflage, Opladen, S. 580-589.

Wegner, Markus E. (1994), Für eine offene Demokratie. Ein Mann kämpft gegen die „Polit-Mafia" und für die Erneuerung des Gemeinwesens, München/Leipzig.

 Internet

www.statt-partei.de

Frank Decker / Florian Hartleb

Südschleswigscher Wählerverband (SSW)

Entstehungs- und Entwicklungsgeschichte
Schleswig, das ursprünglich dänisch war aber seit 1386 zur deutschen Grafschaft Holstein gehört, weist von jeher eine deutsche und dänische Bevölkerung auf. Hinzu kommen die (Nord-)Friesen, von denen sich ab den zwanziger Jahren ein Teil nicht mehr als deutscher Stamm, sondern als eigenständige Volksgruppe, als „Nationalfriesen", definierte. Nach den Volksabstimmungen des Versailler Vertrages wurde Schleswig 1920 in einen deutschen Süd- und einen dänischen Nordteil geteilt. In Südschleswig leben ca. 50.000 Dänen vor allem im Raum Flensburg und ca. 12.000 Friesen an der nordfriesischen Nordseeküste. Im Reichstag waren die Dänen bis 1933 mit einzelnen Abgeordneten des „Schleswigschen Vereins" vertreten, die Nationalfriesen organisierten sich in den zwanziger Jahren kommunalpolitisch in einer „Liste Friesland", die mit dem Schleswigschen Verein kooperierte. Die ca. 20.000 Deutschen in Nordschleswig werden von der „Schleswigschen Partei" vertreten.

Die durch das Dritte Reich ausgelösten Spannungen zwischen Deutschen und Dänen und der immense Zustrom an Flüchtlingen – in Schleswig-Holstein kamen auf 1,6 Mio. Einwohner 1 Mio. Flüchtlinge – führten dazu, dass sich die Situation für die einheimische Bevölkerung in den Nachkriegsjahren verschärfte. Die pro-dänische Stimmung in Südschleswig erhielt dadurch starken Auftrieb. Forderungen nach einem Referendum über den Anschluss Südschleswigs an Dänemark, wie 1920, gewannen zeitweilig die Sympathien der Mehrheit der einheimischen Bevölkerung; der – wiedererstandene - „Südschleswigsche Verein" (SSV bzw. SSF, für dänisch „Sydslesvigsk Forening") erfreute sich eines bis dahin nicht gekannten Zulaufs. Von deutscher Seite sahen sich die pro-dänischen Bevölkerungskreise dem Vorwurf ausgesetzt, aus opportunistischen Gründen – um dem Nachkriegselend und der Zuweisung von Flüchtlingen zu entgehen und auch in den Genuss skandinavischer Hilfslieferungen zu gelangen – die nationale Identität gewechselt und sich ihrer vermeintlich dänischen Wurzeln erinnert zu haben; das Wort von den „Speckdänen" machte die Runde.

Bei den ersten Kommunalwahlen im Oktober 1946 entfiel ein Drittel der Stimmen auf die „Unabhängigen SSV-Kandidaten". In Flensburg, wo mit der pro-dänischen SPD-Abspaltung „Sozialdemokratische Partei Flensburgs" (SPF) eine weitere südschleswigsche Regionalpartei kandidierte, stellte das dänische Lager sogar 32 von 39 Ratsmandaten sowie den Oberbürgermeister. Bei der ersten Landtagswahl im April 1947 errang der SSF landesweit 9,3 Prozent der Stimmen und damit sechs Sitze im schleswig-holsteinischen Landtag. Betrachtet man nur die einheimische Bevölkerung, betrug der Stimmenanteil 55,1 Prozent. Dies markiert zugleich den Höhe- und Wendepunkt der pro-dänischen Bewegung.

Die westalliierten Besatzungsmächte unterbanden alle Separationsbestrebungen. Als deutlich wurde, dass es keine Grenzverschiebung geben würde, und sich überdies die Verhältnisse im Land zu konsolidieren begannen, schwand in der Folge auch der Zuspruch für SSF und SSW. Die „Bonn-Kopenhagener-Erklärung" der deutschen und der dänischen Regierung von 1955, die die Rechte der nationalen Minderheiten in beiden Staaten und für Südschleswig insbesondere das eigene dänische Schulwesen garantierte, trug zur Entspannung der Situation bei. Als fest verbürgter Grundsatz galt fortan: „Däne ist, wer will."

Für eine Anerkennung als Partei verlangte die britische Besatzungsmacht vom SSF, er müsse wie jede andere deutsche Partei arbeiten und insbesondere seine Verknüpfungen mit dem dänischen Ausland einstellen. Dadurch sahen sich seine Mandatsträger zur Gründung einer eigenen politischen Organisation, des „Südschleswigschen Wählerverbandes" – das Wort „Partei" wurde bewusst vermieden – gezwungen. Der SSW konstituierte sich am 25. Juni 1948, die SSF-Mandatsträger bildeten nun überall SSW-Fraktionen. Die Bindung an den SSF blieb jedoch eng, die Vorstände von SSW und SSF waren per Satzung verflochten, tagten stets zusammen und legten eine gemeinsame Linie fest; dies blieb bis 1968 der Fall.

Das Verhältnis zu den anderen Parteien war insbesondere im Landtag angespannt, der SSW forderte nicht mehr offen die Separation, propagierte aber – als legalen Schritt in diese Richtung – die Schaffung eines eigenen Bundeslandes Südschleswig. Der SSW stand in scharfer Gegnerschaft zur Flüchtlingspartei „Bund der Heimatvertriebenen und Entrechteten" (BHE), die bei der Landtagswahl 1950 auf Anhieb 23,4 Prozent der Stimmen erzielt hatte. Der SSW warnte vor einer völligen „Majorisierung der einheimischen Bevölkerung"; SSW-Vertreter propagierten teils in polemischer Weise die Bildung eines „Blocks der Heimatbedrohten und Entrechteten". Die feindselige Haltung des SSW trieb den BHE in die Arme des „Bürgerblocks" aus CDU, FDP und →Deutsche Partei (DP), dem damit die Ablösung der bisherigen SPD-Landesregierung gelang. Die neue Landesregierung reagierte auf die Spannungen in Südschleswig mit einem Förderprogramm – „Programm Nord" – für die strukturschwache Region; gleichzeitig setzte sie 1951 die Sperrklausel von 5 auf 7,5 Prozent hinauf, um den SSW auszuschalten. Der SSW klagte dagegen erfolgreich vor dem Bundesverfassungsgericht, verfehlte jedoch bei der Landtagswahl 1954 die Fünf-Prozent-Hürde und war nicht mehr im Landtag vertreten. Infolge der Bonn-Kopenhagener-Erklärung waren Parteien nationaler Minderheiten ab 1955 von der Fünf-Prozent-Hürde ausgenommen.

Mit seinem späteren Vorsitzenden Hermann Clausen errang der SSW bei der ersten Bundestagswahl 1949 sein bislang einziges Bundestagsmandat. Clausen, der für Konrad Adenauer als ersten Bundeskanzler gestimmt hatte, trat 1952 der Fraktion „Föderalistische Union" – einem Zusammenschluss aus →Zentrum und →Bayernpartei – als Hospitant bei, um Mitglied im Wahlrechtsausschuss werden zu können. Hier hat er die Ausnahme der Parteien nationaler Minderheiten von der ab 1953 geltenden Fünf-Prozent-Klausel maßgeblich betrieben. Seit 1961 hat der SSW an keiner Bundestagswahl mehr teilgenommen.

1958 konnte der SSW mit zwei Mandaten wieder in den Landtag einziehen. Zu dieser Zeit hatten sich die sozialen Spannungen in Südschleswig auch infolge des „Wirtschaftswunders" gelegt, das Verhältnis zu den anderen Parteien normalisierte sich und den beiden SSW-Abgeordneten wurde sogar der Fraktionsstatus zuerkannt. Die Stellung der Minderheiten war geklärt, eine etwaige Grenzverschiebung kein Thema mehr. Dementsprechend schien auch kein Bedürfnis mehr für eine Minderheitenpartei zu bestehen, wie sich am sinkenden Wähleranteil für den SSW ablesen ließ, der sein Landtagsmandat 1971 und 1975 mit jeweils rund 20.000 Stimmen (1,4 Prozent) nur knapp verteidigen konnte. In den sechziger

Jahren begann der SSW daher, seine Rolle und sein Verhältnis zum SSF zu überdenken. 1960 kandidierte der SSF-Vorsitzende Hermann Tychsen, der eine Fusion
beider Organisationen anstrebte, für den SSW-Vorsitz, unterlag aber schließlich
Karl Otto Meyer, der den SSW auf einen eigenständigen Kurs bringen wollte.
Damit begann der SSW aus dem Schatten des SSF herauszutreten.

In den reformfreudigen Jahren der sozialliberalen Koalition gewann das sogenannte „nordische Gesellschaftsmodell" eines Wohlfahrtsstaates in Deutschland viele Sympathien und bescherte dem SSW neue Aufmerksamkeit. Karl-Otto
Meyer, der nach dem Tod des eher bürgerlich orientierten Berthold Bahnsen 1971
dessen Landtagsmandat übernommen hatte, trat offensiv für gesellschaftliche
Reformen nach skandinavischem Vorbild ein und bezog auch zu Themen der
„großen" Politik Stellung. Mit Meyer positionierte sich der SSW politisch links
der Mitte und beschränkte sich nicht mehr nur auf Minderheiten- bzw. Regional-
politik. Dies trug dem SSW einerseits Kritik ein, verschaffte ihm aber andererseits
ein neues Profil und seit Ende der siebziger Jahre stetige Stimmenzuwächse –
während der Kulturverband SSF immer mehr Mitglieder verlor. Im Vorfeld der
Landtagswahl 1979 gab der SSW mit der Ankündigung, SPD und FDP zur Mehrheit verhelfen zu wollen, seine bis dahin nach dem Motto „weder stützen noch
stürzen" geübte Neutralität gegenüber dem deutschen Parteiensystem auf. Um
dem SSW bei künftigen Mehrheitsbildungen die Rolle des „Zünglein an der
Waage" zu nehmen, änderte die CDU-Mehrheit das Wahlgesetz und erhöhte die
Zahl der Abgeordneten von 73 auf 74. Dies wurde der Union wenige Jahre später
zum Verhängnis: Infolge der „Barschel-Affäre" um den CDU-Ministerpräsidenten Uwe Barschel ergab sich bei der Landtagswahl 1987 ein Patt zwischen den
bisherigen Koalitionspartnern CDU und FDP auf der einen sowie SPD und SSW
auf der anderen Seite. Der SSW-Abgeordnete Meyer stimmte im entscheidenden
dritten Wahlgang mit der SPD und erzwang so Neuwahlen, aus denen 1988 die
SPD unter Björn Engholm als klarer Sieger hervorging. Zuvor hatte ein SSW-
Sonderparteitag Meyers Position einstimmig bestätigt. Ein Auftritt Meyers zusammen mit SPD-Kanzlerkandidat Oskar Lafontaine auf einer SPD-Wahlveran-
staltung im Bundestagswahlkampf 1990 stieß dagegen bei vielen Mitgliedern auf
Kritik, die darin eine Gefährdung der parteipolitischen Unabhängigkeit des SSW
erblickten.

Nach dem Ausscheiden Meyers, der das Gesicht des SSW jahrzehntelang
geprägt hatte, trat 1996 mit Antje Spoorendonk und Peter Gerckens eine neue
Führungsriege der Regionalpartei an. Zwischen den beiden Flügeln kam es jedoch schon bald zu erheblichen Spannungen. Während Spoorendonk die Nähe
zur Landesregierung suchte, standen Gerckens und seine Gefolgsleute dem Regierungskurs eher kritisch gegenüber. Auch in der inhaltlichen Ausrichtung gab

es deutliche Unterschiede. Spoorendonk forcierte schwerpunktmäßig die weicheren Themen der Kultur- und Bildungspolitik, Gerckens wollte den SSW vor allem in der Wirtschafts- und Strukturpolitik profilieren. Die von der Presse als „Ost-West-Konflikt" bezeichnete Auseinandersetzung ging soweit, dass Gerckens auf eine erneute Kandidatur bei der Landtagswahl 2000 verzichtete.

Trotzdem erzielte der SSW bei dieser Wahl mit 4,1 Prozent sein bestes Ergebnis seit 1950 und stellte nun drei Landtagsabgeordnete. Der Erfolg verdankte sich nicht zuletzt der kurz zuvor beschlossenen Einführung des Zweistimmenwahlrechts in Schleswig-Holstein, durch das der SSW erstmals im ganzen Land wählbar war. Dies brachte der Regionalpartei eine (am Ende erfolglose) Wahlanfechtungsklage ein. Wenn der SSW – so monierten die Klageführer – im ganzen Land antrete, sei er offenkundig keine dänische Minderheitenpartei mehr und könne daher nicht länger von der Fünf-Prozent-Klausel befreit bleiben. Auch innerhalb des SSW führte diese Frage zu heftigen Diskussionen. Teile der Partei hegten die Befürchtung, dass der SSW seine Identität verändere, wenn ein Großteil der Wählerschaft sich nicht mehr mit der dänischen Minderheit identifiziere.

Bei der Landtagswahl im Februar 2005 erfuhr der lang anhaltende Aufwärtstrend ein vorläufiges Ende. Der SSW fiel auf 3,6 Prozent der Stimmen zurück und musste ein Mandat abgeben. Da weder Rot-Grün noch CDU und FDP über eine Mehrheit im Landtag verfügten, befand sich der von Spoorendonk und Lars Harms vertretene SSW im Landtag erneut in der Rolle des „Königsmachers". Bereits vor der Wahl hatte Spoorendonk angekündigt, gegebenenfalls eine Minderheitsregierung zu tolerieren, zumal die rot-grüne Landesregierung schlechte Umfragewerte aufwies. Im März 2005 unterzeichneten SPD, Grüne und SSW eine Tolerierungsvereinbarung. Einer der Hauptpunkte, der den SSW mit Rot-Grün inhaltlich verband – und ihn von CDU und FDP trennte –, war die flächendeckende Einführung der Einheitsschule nach skandinavischem Vorbild. Das von der Presse als „Dänen-Ampel" bezeichnete Tolerierungsmodell scheiterte am 17. März 2005, als Ministerpräsidentin Heide Simonis (SPD) in allen Wahlgängen die Mehrheit für eine Wiederwahl verfehlte; in Schleswig-Holstein regiert seitdem eine Große Koalition unter Führung der CDU. Diesen dramatischen Vorgängen waren heftige Attacken auf den SSW vorausgegangen, dem nicht nur von CDU-Seite vorgeworfen wurde, seine minderheitenpolitisch begründete Ausnahmestellung zu missbrauchen. In der Folge entwickelte sich eine öffentliche Debatte über die Angemessenheit der Befreiung nationaler Minderheitenparteien von der Fünf-Prozent-Klausel. Kritik erfuhr der SSW dabei auch aus dem eigenen Lager. Vertreter der Föderalistischen Union Europäischer Volksgruppen (FUEV), der auch der SSF angehört, kritisierten, mit der Tolerierung habe der SSW dem Anliegen des Minderheitenschutzes einen Bärendienst erwiesen. Nach dem Schei-

tern der „Dänen-Ampel" verstummte die Kritik am SSW und dessen Befreiung
von der Sperrklausel wieder, der Fraktionsstatus wurde den beiden SSW-
Abgeordneten allerdings nicht mehr zuerkannt.

Wenige Tage vor der vorgezogenen Bundestagswahl im September 2005
übernahm Flemming Meyer, Sohn der „SSW-Legende" Karl Otto Meyer, den
Vorsitz des SSW. Flemming Meyer steht für einen weiterhin links orientierten
Kurs und plädiert für eine Beteiligung der Regionalpartei an Bundestagswahlen.
Letzteres erscheint plausibel, nachdem der SSW bei der letzten Landtagswahl
10.000 Stimmen mehr gewonnen hat, als für die Erringung eines Bundestags-
mandats in etwa notwendig wären. Dennoch entschied sich der SSW auf einem
Parteitag mit Zweidrittelmehrheit gegen eine Kandidatur zur Bundestagswahl
2005.

Wahlergebnisse und Wählerschaft
Nach den großen Wahlerfolgen der Nachkriegszeit blieb der SSW seit den sechziger Jahren auf sinkende Stimmenzahlen aus dem schrumpfenden Umfeld der
dänischen und friesischen Minderheit beschränkt. Angesichts der seit 1987 stark
rückläufigen Wahlbeteiligung bescherte eine relativ konstante Stammwählerschaft dem SSW prozentual steigende Stimmenanteile. Zudem gewann der SSW
seit Ende der siebziger Jahre vermehrt „politikverdrossene" Sympathiewähler,
die mit den etablierten Parteien unzufrieden waren; hierfür spricht auch seine
hinsichtlich Alter und Geschlecht durchschnittliche Wählerstruktur. 2000, mit
Einführung der Zweitstimme, war der SSW auch in Holstein wählbar, wo er ein
Drittel seiner Stimmen erhielt und insbesondere in Kiel und Umland überdurchschnittliche Ergebnisse verbuchte. Berücksichtigt man auch die landesteilüber-
greifenden Wahlkreise, so stammt heute sogar fast die Hälfte der Stimmen von
außerhalb des eigentlichen Stammgebiets Südschleswig. Auf kommunaler Ebene
errang der SSW bei den Kommunalwahlen 2003 mit 2,5 Prozent der Stimmen
annähernd soviel Mandate wie 1998 (134 bzw. 137).

Ergebnisse bei den Landtagswahlen in Schleswig-Holstein seit 1983

Jahr	Ergebnis	Mandate
1983	1,3	1
1987	1,5	1
1988	1,7	1
1992	1,9	1
1996	2,5	2
2000	4,1	3
2005	3,6	2

Programmatik

Das erste Parteiprogramm von 1948 definierte den SSW in der Präambel nicht als Partei der dänischen Minderheit, sondern vielmehr als „Heimatverband aller Bevölkerungskreise in Südschleswig". Es konzentrierte sich auf die Forderung eines eigenständigen Bundeslandes Südschleswig (nachdem man den eigentlich angestrebten Anschluss an Dänemark nicht offen propagieren konnte) und war im Übrigen von den sozialen Spannungen in der Nachkriegszeit geprägt; so wurde z.b. die Umsiedlung der Flüchtlinge gefordert, denen nur ein Gaststatus ohne Wahlrecht zuerkannt werden sollte.

Mit seinem zweiten Programm von 1966 trug der SSW einer veränderten Situation Rechnung. Die sozialen Spannungen waren durch das „Wirtschaftswunder" überwunden, weshalb die Regionalpartei ihr Ziel, als „Heimatverband" die Mehrheit der einheimischen Bevölkerung zu mobilisieren, genauso aufgeben musste wie den Anschlussgedanken. Der SSW war zur Partei der beiden nationalen Minderheiten geworden. Seine politische Kernforderung bestand nun im Ausbau eines Wohlfahrtsstaates nach Vorbild des „nordischen Gesellschaftsmodells" sowie Fördermaßnahmen für das strukturschwache Südschleswig. Das Programm von 1981 erweiterte diese Grundausrichtung um ausführliche Stellungnahmen zu den Themen der „großen" Politik: Der SSW sprach sich z.b. gegen Atomenergie und den „Radikalenerlass", sowie für Abrüstung und ein „Recht auf Arbeit" aus. Damit hatte sich der Verband zu einer linksliberal ausgerichteten Programmpartei nach skandinavischem Vorbild entwickelt. Das aktuelle Parteiprogramm von 1999 schreibt diese Entwicklung fort, zeugt jedoch von einem veränderten Selbstverständnis, wenn es den SSW als Minderheiten- und Regionalpartei definiert: Der Schwerpunkt der politischen Arbeit soll nun auf der konstruktiven Mitarbeit an der Meinungsbildung im gesamten Staat unter besonderer Verantwortung für die Region Südschleswig und ihre Einwohner ruhen. Damit legitimierte der SSW seine Wählbarkeit im Landesteil Holstein und trug einer offensichtlich gewachsenen Attraktivität für die außerhalb der Minderheiten stehenden Sympathiewähler Rechnung. Zugleich schließt dieses neue Selbstverständnis – neben einer bundespolitischen Option – auch die grundsätzliche Bereitschaft zur Übernahme von Regierungsverantwortung mit ein. Damit definiert sich der SSW nicht mehr als – dem deutschen Parteiensystem gegenüber neutrale – Minderheitenvertretung, sondern als „normale" politische Partei mit einem regionalpolitischen Schwerpunkt. Im Wahlprogramm 2005 hat der SSW speziell für Arbeitsmarktreformen und die flächendeckende Einheitsschule nach dem Vorbild Dänemarks geworben.

Organisation

Mit knapp 4.000 Mitgliedern ist der SSW die nach CDU und SPD stärkste Partei in Schleswig-Holstein. Der SSW beschränkt seine Präsenz und politische Tätigkeit vollständig auf das Gebiet des Landesteils Südschleswig, wo er vier Kreisverbände mit 103 Ortsverbänden unterhält. Die Mehrzahl der Mitglieder wie auch der Funktions- und Mandatsträger des SSW gehören nach wie vor zur dänischen und in geringerem Maße zur friesischen Bevölkerungsgruppe. Vorsitzender des SSW ist seit 2005 Flemming Meyer, Vorsitzende der Landtagsgruppe seit 1996 Anke Spoorendonk. Der SSW unterhält den Jugendverband „SSW-Jugend". Seit 2005 erscheint vierteljährlich das Parteiorgan „Stimme des Nordens".

Fazit

Mit der Entwicklung von der südschleswigschen Heimat- und Sammlungsbewegung zur Programmpartei hat der SSW eine deutliche Entwicklung in Richtung des Spektrums der linken politischen Mitte vollzogen. Für eine Minderheitenpartei, die alle Kreise ihrer Volksgruppe sammelt, erscheint das zunächst ungewöhnlich.

Historisch haben dabei die Einflüsse, die von der „Sozialdemokratischen Partei Flensburgs" (SPF) ausgingen, und die sozialen Spannungen in der Zeit nach dem Ersten Weltkrieg eine Rolle gespielt, die als Ausgangspunkt der pro-dänischen Hoffnungen in Südschleswig dienten. Prägender für den SSW war und ist allerdings die politische Orientierung der Minderheit am sozialdemokratisch geprägten „Mutterland" Dänemark und dem hier vorgelebten „nordischen Gesellschaftsmodell", das auch in der bundespolitischen Diskussion Maßstäbe setzt – man denke an die jüngsten Debatten um Sozialversicherungsreform, Arbeitsmarktpolitik, Kinderbetreuung oder Schulsystem nach dem „PISA-Schock". Als „skandinavischer Ableger" in der (nord-)deutschen Politik – Schleswig-Holstein rühmt sich gerne seiner Brückenfunktion zu Skandinavien – kann der SSW offensiver als die anderen deutschen Parteien für die Orientierung an der politischen Kultur Skandinaviens werben. Dies verschafft ihm Aufmerksamkeit, zumal anschauliche Beispiele, wie z.B. das eigene dänische Schulwesen in Südschleswig, in der Region präsent sind. Auch das Eintreten für die in den skandinavischen Ländern gängige Variante einer Minderheitsregierung, mit der sich der bundesdeutsche Parlamentarismus bis heute schwer tut, muss vor diesem Hintergrund gesehen werden.

Auch von der gestiegenen Politik- bzw. Parteienverdrossenheit dürfte der SSW seit den neunziger Jahren profitiert haben. Neben den festen Blöcken der beiden großen Volksparteien mit ihren grünen oder liberalen Koalitionspartnern und den radikalen Protestparteien konnte sich der SSW als fest in der Region verwurzelte, konstruktive Kraft abseits der Machtpolitik den Wählern der Mitte empfehlen. Dabei profitierte er auch von Skandalen wie der Parteispendenaffäre um Altbundeskanzler Helmut Kohl im Jahre 2000 oder den Nachwirkungen der Barschel- und Schubladen-Affäre, die Schleswig-Holstein Ende der achtziger und Anfang der neunziger Jahre erschüttert hatten und die etablierten Parteien viel Glaubwürdigkeit kosteten. Die Minderheitenpartei SSW mit ihrem regionalpolitischen Profil hat dadurch mehr und mehr die Gestalt einer „alternativen Volkspartei" gewonnen, die auch Wähler außerhalb der dänischen und friesischen Bevölkerungsgruppen anzusprechen vermag. Dieser Entwicklung in Richtung einer (regionalen) Programmpartei hat der Verband mit seiner Bereitschaft, in ein Tolerierungsbündnis mit SPD und Grünen einzutreten und somit mittelbar Regierungsverantwortung zu übernehmen, nach der Landtagswahl 2005 konsequent Rechnung getragen.

 Literatur

Klatt, Martin/Jorgen Kühl (1999), SSW – Minderheiten- und Regionalpartei in Schleswig-Holstein, Flensburg.

Dietsche, Hans-Jörg (2004), Die kleineren Parteien im Zweikräftefeld des deutschen Volksparteiensystems – Eine funktionalistische Typologie unter Vergleich mit dem Vereinigten Königreich, Frankfurt a.M. u.a., S. 166-177.

Holtmann, Everhard (2005), Dürfen die das, wo sie doch Dänen sind? Über den Umgang mit Macht und Minderheiten in Deutschland, in: Zeitschrift für Parlamentsfragen 36 (3), S. 616-629.

Varain, Heinz-Josef (1964), Parteien und Verbände – Eine Studie über ihren Aufbau, ihre Verflechtungen und ihr Wirken in Schleswig-Holstein 1945 – 1958, Köln/Opladen.

 Internet

www.ssw.de

Hans-Jörg Dietsche

Die Tierschutzpartei

→ **Mensch Umwelt Tierschutz**

Die Unabhängigen

→ STATT Partei

Unabhängiger Frauenverband (UFV)

Entstehungs- und Entwicklungsgeschichte
Der Unabhängige Frauenverband (UFV) hat seine Ursprünge in der DDR-Frauenbewegung, die sich Anfang der achtziger Jahre – hauptsächlich unter dem Dach der Evangelischen Kirche und außerhalb des regimetreuen → Demokratischen Frauenbundes (DFD) – zu formieren begann. Die erste größere öffentlichkeitswirksame Mobilisierung von Frauen ging von den Gruppen „Frauen für den Frieden" aus. Diese bildeten sich als Reaktion auf das 1982 erlassene neue DDR-Wehrdienstgesetz, das vorsah, bei Mobilmachung auch Frauen in den aktiven Wehrdienst mit einzubeziehen. Gleichzeitig formierten sich Lesben- und feministische Gruppen, die weniger an Friedens- als an Frauenarbeit interessiert waren. Auch in der Wissenschaft beschäftigten sich Frauen mit der Lage von Frauen in der DDR. Je mehr Frauengruppen entstanden, umso stärker wurde der Wunsch, sich untereinander zu vernetzen. Ab 1984 organisierte die in Halle ansässige Gruppe der „Frauen für den Frieden" jährliche Treffen mit dem Ziel, eine DDR-weite Frauenfriedensbewegung aufzubauen. Allerdings wurde ab Mitte der achtziger Jahre deutlich, dass es durchaus Meinungsunterschiede innerhalb der Frauengruppen gab. Während sich die „Frauen für den Frieden" als „politische" Gruppen und Gegner des DDR-Regimes verstanden, richtete sich die Kritik der Lesben- und feministischen Gruppen auf das Patriarchat per se. So kam es, dass sich die „Frauen für den Frieden" im Verlauf der achtziger Jahre verstärkt den gemischtgeschlechtlichen Oppositionsgruppen wie z.B. „Demokratie Jetzt" oder der „Initiative Frieden und Menschenrechte" anschlossen, während die stärker feministisch orientierten Gruppen ihre Interessen in einer eigenen Organisation, dem UFV, bündelten.

Am Gründungskongress des UFV am 3. Dezember 1989 in Berlin nahmen ca. 1.500 Frauen teil, die rund 60 Initiativen und Gruppen vertraten und aus ganz unterschiedlichen Bereichen der DDR-Gesellschaft stammten. Unter dem Eindruck der Einberufung des Zentralen Runden Tisches der DDR konstituierte sich der UFV bewusst als „politische Vereinigung". So konnte er in fast alle Arbeitsgemeinschaften des Runden Tisches eine Vertreterin entsenden. Am Runden

Tisch war ein zentrales Anliegen die Forderung nach Gleichstellungsbeauftragten. Darüber hinaus setzte sich der Verband für eine Sozialcharta ein, die schließlich am 7. März 1990 von der Volkskammer verabschiedet wurde. Eine Vertreterin des UFV, Tatjana Böhm, wurde Ministerin ohne Geschäftsbereich in der Regierung Modrow. Um an den Volkskammerwahlen teilnehmen zu können, gab
sich der UFV – erneut unter Zeitdruck – am 17. Februar 1990 auf einem weiteren
Kongress ein Programm und ein Statut. Er schloss mit der Grünen Partei ein
Wahlbündnis, das mit 2,0 Prozent der Zweitstimmen insgesamt acht Mandate
errang, die aber allesamt an die Grünen fielen. Bei den Kommunalwahlen am 6.
Mai 1990 und den Landtagswahlen am 14. Oktober 1990 konnte der UFV nur dort
vereinzelte Mandate gewinnen, wo er in Listenverbindungen mit anderen Partei-
en bzw. Vereinigungen antrat, so z.B. in Sachsen, Sachsen-Anhalt und Berlin. Das
beste Landtagswahlergebnis bei einer eigenständigen Kandidatur erreichte er in
Thüringen mit 0,7 Prozent. Bei der ersten gesamtdeutschen Bundestagswahl am
2. Dezember 1990, bei der nach Ost und West getrennt gewählt wurde, zogen mit
Christina Schenk und Petra Bläss zwei Vertreterinnen des UFV in den Bundestag
ein – die eine auf der Liste des Wahlbündnisses Die Grünen/Bündnis 90 – Bürger-
rInnenbewegung, die andere auf der Linken Liste/PDS. An der zweiten Runde
der Landtagswahlen in den neuen Ländern nahm der UFV 1994 – jetzt in der
Rechtsform des Vereins – nicht mehr teil. Auch dort, wo seine Vertreterinnen auf
den Listen anderer Parteien platziert wurden, gelang diesen nicht der Einzug in
die Parlamente. Lediglich Schenk und Bläss kamen auf diesem Wege 1994 erneut
in den Bundestag. So wie der DFD, mit dem er nur auf der lokalen Ebene gelegentlich kooperierte, hatte sich der UFV 1991 entschlossen, seine Organisation in
die Rechtsform eines Vereins umzuwandeln. Seine letzteren größeren Aktionen
fanden zum „Frauenstreiktag" am 8. März 1994 statt. Danach konnte er keine
Listenverbindungen mehr eingehen oder gar selbständig zu Wahlen antreten.
1998 löste sich der politisch marginalisierte Verband aufgrund interner Streitigkeiten und organisatorischer Probleme endgültig auf. Heute existieren noch einzelne rechtlich selbständige regionale UFV-Vereine.

Programmatik
Der UFV wollte Politik für Frauen durch Frauen machen. Wie die anderen Bür-
gerbewegungen trat der Verband im Herbst 1989 in dem von Ina Merkel verfass-
ten „Manifest für eine autonome Frauenbewegung" für einen reformierbaren
Sozialismus und gegen die Vereinigung der DDR mit der Bundesrepublik ein, da
dies „in der Frauenfrage drei Schritte zurück" bedeuten würde. Nachdem der
Zug in Richtung Einheit nicht mehr aufzuhalten war, rückte der UFV in seinem
Programm vom 17. Februar 1990 von seiner Anti-Wiedervereinigungs-Haltung

ab und setzte sich für eine „Einigung der deutschen Nation in einem wechselseitigen Reformprozess" ein. Eingebettet in gesamtgesellschaftliche Gestaltungsvor-
schläge, wie z.b. die Forderungen nach deutsch-deutscher Entmilitarisierung und
umfassender Demokratisierung von Politik, Wirtschaft und Gesellschaft, waren
die Positionen, die sich auf die Lebenssituation von Frauen bezogen: Chancengleichheit für Frauen in politischen, wirtschaftlichen und gesellschaftlichen Prozessen sollte u.a. durch Quotierungen, ein bedarfsdeckendes Netz an Kinderbetreuungseinrichtungen, die Anerkennung aller Formen menschlichen Zusam-
menlebens sowie die Abschaffung des Abtreibungsparagraphen 218 herbeige-
führt werden. Der UFV ordnete sich selbst der linken, kapitalismuskritischen
Strömung innerhalb der Bürgerbewegungen zu, in der Kooperation mit den Grünen sympathisierte er mit deren fundamentalistischem Flügel.

Organisation
Der UFV wurde von eigenständigen Gruppen bzw. Initiativen getragen. Das
Statut vom 17. Februar 1990 sah für seine Organisation ein rätedemokratisches
Modell vor: Das höchste Entscheidungsgremium war ein jährlich zusammentre-
tender Kongress, unterhalb davon gab es einen monatlich tagenden, Koordinierungsrat genannten Arbeitsausschuss und an der Basis wiederum die sogenannten Basisgruppen. Um die Entscheidungsprozesse zu beschleunigen, führte man
im März 1990 zusätzlich einen Sprecherinnenrat ein, der vom Koordinierungsrat
gewählt wurde. Entgegen seinen statutarisch festgelegten Funktionen übernahm
der Sprecherinnenrat bald die Rolle eines Vorstandes, was zu Kritik führte, da es
einer „Hierarchisierung" der Parteistrukturen Vorschub leistete. Auch als der
UFV sich im Zuge der deutschen Vereinigung im September 1991 die Rechtsform
eines Vereins geben musste, blieben diese Strukturen intakt. Im Dezember 1994
wurde eine Bundesgeschäftsführerin eingestellt und im Juni 1995 der Sprecherinnenrat in einen Vorstand umgewandelt. Mitglied im UFV („Mitfrau") konnte bis
1991 nur werden, wer seinen Wohnsitz in der DDR hatte. Männer durften zwar
beim UFV mitarbeiten, konnten diesem aber nicht beitreten. Die gleichzeitige
Mitgliedschaft in anderen Parteien war dagegen ausdrücklich erlaubt. Die Mitgliederzahl des UFV, die Anfang 1990 nach eigenen Angaben noch bei ca. 3.000
gelegen hatte, ging bis 1993 auf 700 zurück. Das Gros der Mitglieder stellten
Frauen aus jüngeren Altersgruppen.

Fazit
Das organisatorische Dilemma des UFV lag darin, dass er sowohl Dachverband
als auch loses Netzwerk sein wollte. Des Weiteren stand er – wie andere Frauenparteien auch – vor der Herausforderung, als Einpunkt-Partei oder -Netzwerk,

unterschiedlichste Fraueninteressen auf eine Linie bringen zu müssen. Seinen Alleinvertretungsanspruch für alle Frauen konnte er vor diesem Hintergrund nicht glaubwürdig vermitteln. Anders als der DFD hat sich der UFV verhältnismäßig spät mit der DDR-Vergangenheit seiner Mitglieder auseinandergesetzt, was zu Austritten führte. Auch haben die im UFV engagierten Frauen den Informationsaustausch mit ihren westdeutschen Geschlechtsgenossinnen oft als Bevormundung empfunden: Während der DFD dem Deutschen Frauenrat beitrat, hat sich der UFV von diesem und anderen Verbänden ferngehalten. Allerdings konnte der UFV auch auf politische Erfolge verweisen: Ein Netz von Gleichstellungsbeauftragten sowie die Verabschiedung der Sozialcharta durch die Volkskammer gingen auf seine Initiative zurück. Insofern war er der bedeutendste frauenpolitische Akteur in der Wendezeit.

 Literatur

Hampele Ulrich, Anne (2000), Der Unabhängige Frauenverband. Ein frauenpolitisches Experiment im deutschen Vereinigungsprozess, Berlin.

Eckert, Rainer (1999), Die Aktivitäten kleinerer oppositioneller Gruppen, in: Eberhard Kuhrt (Hg.), Opposition in der DDR von den 70er Jahren bis zum Zusammenbruch der SED-Herrschaft, Opladen, S. 695-717.

Miethe, Ingrid (2000), Frauenbewegung in Ostdeutschland – Angekommen in gesamtdeutschen Verhältnissen?, in: Beiträge zur feministischen Theorie und Praxis, Heft 54, S. 9-22.

Sandra Fischer

Unabhängige Wählergemeinschaft Schleswig-Holstein (UWSH)

Die Unabhängige Wählergemeinschaft Schleswig-Holstein (UWSH) wurde 1986 als Landespartei gegründet und trat 1987 und 1988 zweimal bei Landtagswahlen in Schleswig-Holstein an. Landesvorsitzender und Gründer der Gruppierung war Reinhardt Guldager, Professor für Entwicklungswesen und Siedlungsplanung an der Technischen Universität Braunschweig. Guldager war zuvor bereits kommunalpolitisch in seiner Heimatgemeinde Hennstedt erfolgreich in Erscheinung getreten. 1986 erreichte die von ihm gegründete Unabhängige Wählergemeinschaft Dithmarschen beachtliche 11,2 Prozent der Wählerstimmen bei der

Kreistagswahl. Die kommunalpolitischen Erfolge ließen sich auf der Landesebene nicht wiederholen, mit 1,3 Prozent blieb die UWSH 1987 weit hinter den Erwartungen zurück. Aus den Reihen der UWSH wurde dies zum Teil auch der Tatsache angelastet, dass es im Zuge der Barschel-Pfeiffer-Affäre Versuche gegeben hatte, gezielt Zwietracht in der Gruppierung zu säen. Infolge dessen verließ Emil Schlee, später Landesvorsitzender und Europaabgeordneter der →Republikaner, bereits im März 1987 die UWSH. Die unklaren Mehrheitsverhältnisse und die Nachwirkungen der Barschel-Pfeiffer-Affäre machten 1988 eine vorzeitige Neuwahl nötig. Zu dieser trat die UWSH erneut eigenständig an, obwohl einige Mitglieder ein Zusammengehen mit der von einem ehemaligen CDU-Politiker neu gegründeten Schleswig-Holstein-Partei (SHP) befürwortet hatten. Die UWSH erzielte nur 0,8 Prozent der Wählerstimmen und verlor somit den letzten Rest an landespolitischer Bedeutung, nachdem man ihr in einer kurzen Phase vor der Wahl 1987 durchaus relevante Stimmgewinne zulasten der CDU zugetraut hatte.

Programmatisch konzentrierte sich die UWSH auf die Interessen der Landwirtschaft und die regionale Wirtschaftsförderung, wobei sie der damaligen EG-Agrarpolitik mit ihren angeblich negativen Folgen für die bäuerlichen Kleinbetriebe ablehnend gegenüber stand. Mit der Forderung nach „3.000 Windrädern für Dithmarschen" sah sie einen Weg, diese Ziele zu erreichen. Die UWSH präsentierte sich als eher konservative und der CDU zugeneigte, aber auch ökologische Kraft und stellte so in den Kreisen der schleswig-holsteinischen Westküste zumindest kurzfristig auf kommunaler Ebene eine Konkurrenz zu den Grünen dar. Das politische Personal der UWSH wie auch die Wählerschaft rekrutierte sich vorrangig aus ehemaligen CDU-Anhängern, unter denen sich wiederum überdurchschnittlich viele Landwirte befanden.

 Literatur

Bürklin, Wilhelm P. (1988), Die schleswig-holsteinische Landtagswahl 1987: Politische Affären und parlamentarisches Patt, in: Zeitschrift für Parlamentsfragen, 19 (1), S. 43-59.

Julia von Blumenthal

Union für Umwelt und Lebensschutz

→ **DEUTSCHE SOLIDARITÄT**

Volksinteressenbund Thüringen (VIBT)

Der Volksinteressenbund Thüringen (VIBT) ist eine regionale Interessenpartei und ausschließlich in Thüringen aktiv. Er entstand im Vorfeld der Landtagswahl 1999 als Zusammenschluss mehrerer lokaler Bürgerinitiativen. Diese einte der Protest gegen die hohen kommunalen Gebühren, vor allem bei Wasser und Abwasser. Ende April 1998 gründete sich der VIBT als Partei; Vorsitzender wurde Rudolf Andreas, langjähriger Generalsekretär der →Deutschen Sozialen Union (DSU).

Allerdings konnte der VIBT nicht sehr viele Anhänger gewinnen, sodass er die Fünf-Prozent-Hürde bei der Landtagswahl 1999 – trotz der geringen Wahlbeteiligung – mit nur 0,9 Prozent der Stimmen deutlich verfehlte. Nur im Raum Gotha lag das Zweitstimmenresultat weit über dem Durchschnitt. Bei den Kommunalwahlen im Jahre 2004 schnitt der VIBT im Norden des Freistaates am besten ab, vor allem im Kyffhäuserkreis, wo er seit 2004 drei Mandate im Kreistag hält. Der VIBT-Kandidat für das Amt des Landrates gewann hier 2006 beachtliche 8,1 Prozent der Stimmen. In einer Gemeinde stellte der VIBT bis 2004 sogar den Bürgermeister.

Bei der Landtagswahl 2004 traf der VIBT auf verstärkte Konkurrenz im eigenen Lager, denn auch die →Freien Wähler in Thüringen hatten sich den Protest gegen die hohen Gebühren auf die Fahnen geschrieben. In drei südwestthüringischen Wahlkreisen kamen die FW dabei auf zweistellige Ergebnisse (landesweit 2,6 Prozent), während der VIBT unter seinem Spitzenkandidaten Rudolf Andreas eine klare Niederlage hinnehmen musste und mit 0,3 Prozent sogar nur ein Drittel der Stimmanteile von 1999 bekam.

Der VIBT kritisiert die im Thüringer Kommunalabgabengesetz geregelte Beitrags- und Gebührenpolitik als „weder sozial noch gerecht". Stattdessen wird eine reine Gebührenfinanzierung von Wasser und Abwasser gefordert, ebenso für Straßenbau. Die Partei begründet dies mit der Wirtschaftsstruktur im ländlichen Thüringen und der geringen Ertragskraft der dort ansässigen Handwerksbetriebe bzw. Kleinunternehmen, was die Gefahr der Abwanderung nach sich ziehe. Um letzterem vorzubeugen, sei die Reform der Beitrags- und Gebührenordnung ein erster Schritt. Die anderen Programmpunkte beziehen sich ebenfalls auf regionalpolitische Themen Thüringens, so die Forderung nach einer Verbesserung der Infrastruktur in den ländlichen Randgebieten, einer Liberalisierung des Strommarktes sowie einem Umdenken in der Bildungs- und Jugendpolitik, um ein weiteres Abwandern von Jugendlichen zu verhindern.

Internet

www.vibt-grossbartloff.de

Andreas Schulze

Wählergemeinschaft Schleswig-Holstein (WSH)

Die Wählergemeinschaft Schleswig-Holstein (WSH) wurde im Juni 1995 als Partei gegründet, um bei der Landtagswahl 1996 anzutreten. Laut ihrem Programm präsentierte sie sich als „bürgergerechte" Alternative mit dem Ziel, ein „alleiniges rot-grünes Regierungsbündnis" ebenso zu verhindern „wie de(n) Wiedereinzug der Rechtsradikalen in den Landtag". Mit 1,9 Prozent der Stimmen fiel das Ergebnis enttäuschend aus. Die WSH machte damit wie die acht Jahre zuvor entstandene Unabhängige Wählergemeinschaft Schleswig-Holstein (UWSH) die Erfahrung, dass sich der Erfolg kommunaler Wählervereinigungen nicht ohne weiteres auf die Landesebene übertragen lässt (→Freie Wähler). Bereits bei der folgenden Kommunalwahl 1998 kandidierte die WSH nicht mehr eigenständig, sondern schloss sich mit dem →Bund freier Bürger (BFB) von Manfred Brunner zusammen. Zur Landtagswahl im Jahr 2000 verzichtete man auf eine Kandidatur, nach eigener Aussage um das konservative Stimmpotenzial nicht unnötig zu zersplittern. Von 1997 bis Ende 2001 halbierte sich die Mitgliedschaft der WSH ausweislich ihrer beim Bundestag vorgelegten Rechenschaftsberichte von 49 auf 25 Mitglieder, nachdem sie nach eigenen Aussagen in ihrer Hochphase 150 Mitglieder gezählt hatte. Das politische Personal der Wählergemeinschaft stammte zunächst vorrangig aus den Reihen der CDU, ihr erster Landesvorsitzender Karlheinz Stegemann saß für die Union als Abgeordneter in den achtziger Jahren kurze Zeit im schleswig-holsteinischen Landtag. Das Programm der WSH zielte zum einen mit Forderungen nach der (inzwischen eingeführten) Direktwahl von Bürgermeistern, dem Ausbau plebiszitärer Beteiligungsrechte und der Verkleinerung des Parlaments auf die Stimmen parteiverdrossener Bürger. Zum anderen griff es die Interessen der Wählerschaft in den ländlichen Küstenregionen Schleswig-Holsteins auf. Im Mai 2005 wurde die Partei nach einstimmigem Beschluss der verbliebenen Mitglieder aufgelöst.

Julia von Blumenthal

Wählerinitiative Berliner Kleingärtner und Bürger
Wählerinitiative Bürger und Kleingärtner (WBK)

Die Wählerinitiative Berliner Kleingärtner und Bürger (WBK) gründete sich am 26. Februar 1995 aus Protest gegen die Politik des Berliner Senats, in Person des damaligen Bausenators Wolfgang Nagel (SPD), gegenüber den Besitzern und Pächtern von Berliner Kleingartenanlagen. Sie nahm 1995, 1999 und 2001 an den Abgeordnetenhauswahlen und den Wahlen zu den Berliner Bezirksverordneten-versammlungen teil. Am 18. März 1998 beschloss die WBK, sich in „Wählerinitiative Bürger und Kleingärtner" umzubenennen. Damit wollte man die Ausdehnung der Partei ins Brandenburger Umland ermöglichen, die dann aber doch nicht erfolgte. 1999 traf die WBK eine Wahlabsprache mit dem seit 1994 bestehenden Bürgerbund, was ihr jedoch nicht den erhofften Stimmenzuwachs brachte (1995: 0,8 Prozent, 1999: 0,2 Prozent). Nachdem die WBK 2001 nur noch in zwei Bezirken (Charlottenburg-Wilmersdorf und Treptow-Köpenick) mit Wahlkreis-kandidaten zur Abgeordnetenhauswahl antrat und dabei jeweils nur 0,1 Prozent der Erststimmen auf sich vereinen konnte, stellte sie ihre Arbeit 2004 aus Mangel an Mitgliedern endgültig ein.

Programmatische Hauptforderungen der WBK waren die Bestandssicherung der Berliner Kleingärten – etwa durch die Verhinderung des Havelausbaus –, ein Dauerwohnrecht in Lauben, soziale Pachtverträge sowie mehr Umweltschutz. Die Partei nannte sich überparteilich, war allerdings deutlich rechtskonservativ ausgerichtet. Ehemalige Mitglieder von Bündnis 90/Die Grünen und der PDS wollte sie nicht aufnehmen. Der Verband der Gartenfreunde grenzte sich aus diesem Grund stark von der Wählerinitiative ab, da er die Gartenbewegung als Teil einer linken Tradition betrachtete, die aus der Arbeiterbewegung hervorgegangen war.

Vor der Berliner Abgeordnetenhauswahl 1995 konnte die Interessenpartei für Kleingärtner nach eigenen Angaben auf ca. 190 Mitglieder zählen. Organisatorisch gab es weiße Flecken vor allem im Ostteil Berlins, ihre Mitgliederschwerpunkte hatte die Partei in den Bezirken Neukölln und Spandau. Die Vorsitzenden der WBK waren Hans-Bernd Bärfelde (1995-1999) und Siegfried Lange (2000-2004).

Melanie Haas

Zukunft für alle Kinder

Wahlalternative Arbeit und soziale Gerechtigkeit

→ Arbeit & soziale Gerechtigkeit – Die Wahlalternative

Wehrt Euch

→ Linke Alternative

Zentrum

→ Deutsche Zentrumspartei

Zukunft für alle Kinder (Für Kinder)

Die Wählervereinigung Zukunft für alle Kinder wurde 1993 in Hamburg gegründet. Die ca. 20 aktiven Mitglieder der Partei waren selbst Eltern, in Elternbeiräten und vielfach auch gewerkschaftlich engagiert und/oder in sozialen Berufen tätig. Sie waren der Meinung, dass Themen der kindgerechten Stadt von den etablierten Parteien nicht ausreichend vertreten wurden. Befördert wurde die Gründung zudem durch den öffentlichen Konflikt über das notwendige Ausmaß des vom Senat geplanten Ausbaus von Kinderbetreuungseinrichtungen und das in diesem Zusammenhang vorgesehene neue System der Elternbeiträge, das zu erheblichen Gebührenerhöhungen führte. Zukunft für alle Kinder nahm 1993 und 1997 an den Wahlen zur Hamburgischen Bürgerschaft teil und erzielte jeweils 0,5 Prozent der Stimmen. Bei der Wahl zur Bezirksversammlung Eimsbüttel kam die Gruppierung 1997 immerhin auf 1,5 Prozent, ihr bestes Stadtteilergebnis lag bei 2,1 Prozent in Schnelsen, dem Wohnort des bis heute amtierenden Landesvorsitzenden Andreas A. Simon.

Zentrale Forderungen der Vereinigung waren neben dem Ausbau der Kinderbetreuung und der Senkung der dafür erhobenen Gebühren ein besseres Schul- und Freizeitangebot für Jugendliche, die Einführung von Tempo-Begrenzungen auf Schulwegen und die Bereitstellung von geeignetem Wohnraum für

Familien. Auch die Forderung nach mehr Rechten der Bürgerbeteiligung gehörte zum Programm der Wählerinitiative.

Die Wählervereinigung wurde offiziell nicht aufgelöst, seit der Bürgerschaftswahl 1997 entfaltet sie jedoch keine eigenen Initiativen mehr. Einzelne Mitglieder haben bei der Bürgerschaftswahl 2001 die damals neu gegründete Gruppierung „Familienpower" unterstützt, die aber ebenfalls nicht über 0,2 Prozent der Stimmen hinauskam.

Julia von Blumenthal

Verzeichnis der Abbildungen und Tabellen

Abbildungen

Autoren

Dr. Julia von Blumenthal, Helmut Schmidt-Universität Hamburg

Prof. Dr. Frank Bösch, Ruhr-Universität Bochum

Dr. Stefan Braun, PRGS-ECCO, Berlin

Prof. Dr. Frank Decker, Rheinische Friedrich-Wilhelms-Universität Bonn

Dr. Hans-Jörg Dietsche, CDU-Bundesgeschäftsstelle, Berlin

Sandra Fischer, Doktorandin an der Technischen Universität Chemnitz

Melanie Haas, Freie Universität Berlin

Dr. Florian Hartleb, Technische Universität Chemnitz

Prof. Dr. Eckhard Jesse, Technische Universität Chemnitz

Prof. Dr. Uwe Jun, Universität Trier

PD Dr. Steffen Kailitz, Technische Universität Chemnitz

Dr. Andreas Kießling, Bertelsmann-Stiftung, Gütersloh

Dr. Uwe Kranenpohl, Universität Passau

Dr. Paul Lucardie, Universität Groningen

Dr. Heike Merten, Heinrich Heine-Universität Düsseldorf

Dr. Lazaros Miliopoulos, Rheinische Friedrich-Wilhelms-Universität Bonn

Prof. Dr. Patrick Moreau, Centre national de la recherche scientifique, Paris

Dr. Viola Neu, Konrad-Adenauer-Stiftung, Berlin

Prof. Dr. Oskar Niedermayer, Freie Universität Berlin

Anne-Kathrin Oeltzen, Doktorandin an der Georg August-Universität Göttingen

Prof. Dr. Armin Pfahl-Traughber, Fachhochschule des Bundes Brühl

Dr. Lothar Probst, Universität Bremen

Dr. Andreas Schulze, Konrad-Adenauer-Stiftung, Erfurt

Dr. Kai Oliver Thielking, Politikwissenschaftler, Walldürn (Odenwald)

Dr. Rudolf van Hüllen, Politikwissenschaftler, Krefeld

Prof. Dr. Hans Vorländer, Technische Universität Dresden

Prof. Dr. Hans-Georg Wehling, Eberhard Karls-Universität Tübingen

Personenregister

Tandler, Gerold 225
Thadden, Adolf von 247, 336
Thatcher, Margaret 209
Thiele, Ilse 238
Thielen, Friedrich 247, 336
Thieler, Volker 302
Trampert, Rainer 174, 184
Trittin, Jürgen 184
Troost, Axel 156
Tychsen, Hermann 414

Uhl, Susanne 365
Ullmann, Willy 144f.
Unruh, Trude 302

Völkl, Herbert 221
Vogel, Bernhard 209
Vogel, Hans-Jochen 385
Voigt, Ekkehard 366
Voigt, Udo 336f., 341ff.
Volkholz, Ludwig 219f.
Vollmer, Ludger 184
Voscherau, Henning 405
Voß, Wilfried 139

Wagner, Andreas 160
Wagner, Markus 376

Waigel, Theo 224ff., 232
Walther, Hansjoachim 249
Warma, Mahesh Prasad 344f.
Weber, Jürgen 262
Weber, Manfred 232
Webers, Wigor 191
Wedemeier, Klaus 151
Wegner, Markus E. 404ff.
Weiblen, Walter 358
Weiske, Christine 184
Weizsäcker, Richard von 42
Wendland, Wolfgang 150
Weßlau, Dirk 363
Westerwelle, Guido 279ff., 284, 286
Wettstädt, Rolf 190
Widekind, Justus von 191
Wiechmann, Claudia 246
Woitzik, Gerhard 256
Wulff, Christian 204

Zepp-LaRouche, Helga 193, 259
Zierl, Max 167
Zimmer, Gabriele 318, 327
Zimmermann, Friedrich 224
Zorilla, Madelaine 309
Zwerenz, Gerhard 320